CW01653109

HET GROTE GEVECHT

Jeroen Smit

HET GROTE GEVECHT

& het eenzame gelijk van Paul Polman

2019 Prometheus Amsterdam

Omslagontwerp Robbie Smits
Beeldredactie Peter Boer
Foto auteur Ilja Keizer
Lithografie afbeeldingen BFC, Bert van der Horst, Amersfoort
Zetwerk Mat-Zet bv, Soest
www.uitgeverijprometheus.nl
ISBN 978 90 446 3471 6

I recommend that the Statue of Liberty on the East Coast is supplemented by a Statue of Responsibility on the West Coast.

Viktor Frankl, psychiater, Auschwitz-overlever
(*Man's Search for Meaning*, 1962)

It is difficult to get a man to understand something, when his salary depends upon his not understanding it!

Upton Sinclair, onderzoeksjournalist in 1906, honderd jaar later
door Al Gore geciteerd in zijn film *An Inconvenient Truth*

Inhoud

Een bijna-doodervaring *10 februari 2017* 11

HET GELD & het goede **1994-2007**

1. Mea culpa, we zitten helemaal fout 25
Voeding & verzorging, Nederlands & Brits, nv & plc, lokaal & mondiaal. Het grote maar hopeloos verdeelde Unilever probeert met het milieuvriendelijke Omo Power de succesvolle Amerikaanse concurrent Procter & Gamble eindelijk eens een keer te vlug af te zijn.

2. Twee kapiteins rukken aan één roer 46
Waarom boeken zo veel getalenteerde mensen zulke matige resultaten? Snakkend naar vertrouwen, transparantie en een duidelijke verantwoordelijkheid gaat het leiderschap van Unilever eerst op zoek naar zichzelf. Maar de twee voorzitters verstaan elkaar helemaal niet.

3. Muitende mannen; zo kan het niet langer 68
Heel lang houden de Unilever-mannen hun wereld, hun hiërarchie in stand. Ze spreken dezelfde taal. Daar worden ze ook op geselecteerd. En omdat de mensen moeten eten en wassen houdt Unilever het echt nog wel even vol. Tot het gebrek aan diversiteit te pijnlijk wordt.

4. Franse boekhouder zet beurskoers centraal 91
Sommigen zeggen dat hij Unilever redt, anderen vinden dat hij het bedrijf bijna om zeep brengt. Patrick Cescau is trots op de beheersing van de kosten en de constante verbetering van de winst per aandeel. Maar veel energie gaat nog steeds naar interne perikelen en dus blijft de zo gewenste groei uit.

5. Buitenwacht aan de macht 108

Nog een reorganisatie, nog een verandering in de structuur. Het besef dringt door dat juist de cultuur van een bedrijf allesbepalend is en dat de mensen die een probleem veroorzaken het niet kunnen oplossen. Het trotse Unilever moet veel beter in de spiegel kijken en op zoek gaan naar hulp van buiten.

HET GOEDE & het geld 2008-2016

6. Alleen verantwoordelijke bedrijven leven lang 127

De financiële crisis is een vertrouwenscrisis. Paul Polman is ervan overtuigd dat multinationals dat vertrouwen alleen maar terug kunnen winnen als het beter maken van de wereld hun eerste prioriteit is. Om dat overtuigend uit te kunnen dragen zal een bedrijf als Unilever wel hard moeten groeien.

7. Groeien, groeien, groeien... en het goede doen 145

Het succes in Azië biedt Unilever de ruimte om te investeren. Niet alleen in merken maar vooral ook in de cultuur, in de mensen die er werken. Net als William Lever en Paul Polman moeten ze allemaal op zoek naar hun roeping. Wat is hun betekenis voor deze wereld?

8. Het is geen baan, het is een roeping 170

Je moet eerst jezelf redden voordat je de wereld kunt redden. Voor Unilever vormt het Unilever Sustainable Living Plan dat geweten, het interne kompas. Maar de financiële markten kijken naar omzet, winst en de koers en consumenten gaan voor de laagste prijs.

9. Op het schild gehesen 183

Ngo's en overheden zijn lyrisch. Zij applaudisseren het hardst. Als dit de multinational van de toekomst is, dan kunnen ze echt samenwerken. Dan komt het goed. Polman waarschuwt: er is een andere manier van denken nodig, een ander systeem.

10. Maar we kunnen het echt niet alleen 195

Concurrenten, overheden en ngo's zullen het samen moeten doen. Maar ze kijken de kat uit de boom, wie verdient wat? Terwijl Unilever versnelt en de lat voor zichzelf nog hoger legt. Want zolang er armoede is, zal de wereld nooit duurzaam worden.

11. Geld verdienen mag nooit het doel zijn 216
Polman wil de ziel van het kapitalisme redden. Zolang de financiële sector de resultaten van het Unilever Sustainable Living Plan niet serieus neemt en nergens in mee laat tellen, wordt de wereld niet duurzamer. En faalt het huidige systeem.

12. We zijn de grootste ngo 233
Het schiet niet op en dus wil Polman harder gaan dan zijn bestuur. Maar de resultaten beginnen tegen te vallen. Waarom trekt hij nog meer verantwoordelijkheden naar zich toe? Waarom bouwt hij geen team, werkt hij niet meer samen?

13. Meer 'priester' dan CEO 249
Polman zit in een spagaat. Het gaat niet snel genoeg, zowel binnen Unilever als daarbuiten, met dat zo belangrijke vliegwiel van ngo's en overheden. De scepsis houdt aan, vooral in de media en op de financiële markten. De sdg's en het Parijse klimaatakkoord moeten voor versnelling en draagvlak zorgen.

14. Te ver voor de troepen uit 274
Terwijl Polman doordendert en zich verbindt met zo veel mogelijk leiders die met hem de wereld willen redden, neemt die wereld een andere afslag. De Britten willen uit de EU, de Amerikanen kiezen Donald Trump. Niet de zorgen over het einde van de wereld, maar de zorgen over het einde van de maand zijn voor verreweg de meeste mensen bepalend voor hun gedrag.

HET GELD & het goede **2017-2019**

15. 'Gered' door Warren Buffett 299
Unilever gaat door het oog van de naald. Maar de gevolgen zijn ingrijpend, het concern moet zich nu opeens toch weer op de belangen van de aandeelhouders richten. Een hoge koers is de beste bescherming tegen een ongewenste overname. Paul Polman vindt dat hij dit zelf moet doen.

16. Burgemeester in oorlogstijd 317
Unilever moet in een veilige haven worden geloodst. Vooral de Brexit jaagt het hoofdkantoor weg uit Londen en in Nederland heeft de aandeelhouder niet alle macht. Maar daar is de ongelukkige dividendbelasting wel een groot obstakel.

17. Uitgemolken Nederlands DNA moet verkocht 332
In Rotterdam zitten ze in een achtbaan. Met pijn in het hart en aanhoudend onbegrip moet de 125 jaar oude 'Hogeschool voor de marketing' worden verkocht. Zou Polman die veilige haven voor één hoofdkantoor in Rotterdam weten te vinden? Begrijpen ze dat in Den Haag, en in de rest van het land?

18. 'Rotterdoom': Mission impossible 355
Mark Rutte vreest voor het vertrek van Unilever en Shell uit Nederland, dat wil hij niet op zijn geweten hebben. Ook Polman voelt het gewicht van deze historische beslissing. Ze lijken te zijn vergeten dat de Britten graag economisch met de waarheid omgaan en het voor hen ondenkbaar is dat Unilever Londen verlaat.

19. De pionier voelt zich onbegrepen 379
In Engeland wordt het gevierd als een overwinning van de aandeelhoudersdemocratie, in Nederland wordt het gevierd als de overwinning van de democratie op de belangen van een paar multinationals. Maar eigenlijk zijn er alleen maar verliezers.

20. Het eenzame gelijk van Paul Polman 396
Unilever heeft het goed gedaan, maar Polman is niet waar hij had willen zijn. Met vallen en opstaan heeft hij tien jaar lang gevochten tegen een aanhoudende scepsis als het over zijn bedoelingen ging. De erkenning van de pionier komt pas later, toch zijn er duidelijke tekenen dat zijn eenzame gelijk aan de winnende hand is.

Verantwoording 411
Noten 415
Fotoverantwoording 423
Literatuurlijst 425
Personenregister 429

Een bijna-doodervaring

Vrijdag 10 februari 2017

Of hij 200 miljoen dollar wil verdienen? Paul Polman kijkt Alexandre Behring verwonderd aan. Zou zijn gast echt denken dat hij te koop is, dat hij zijn missie los zou laten voor een grote zak geld? Heeft de bestuursvoorzitter van Kraft Heinz zich dan helemaal niet verdiept in Unilever, in waar hij mee bezig is?

De afgelopen acht jaar wilde hij laten zien dat je als ondernemer het goede moet doen, dat bedrijven die op de wereld zijn om geld te verdienen geen bestaansrecht hebben. De CEO van Unilever heeft zijn bedrijf zelfs 'een van de grootste goededoelenorganisaties ter wereld' genoemd.

Bij Kraft Heinz gaat het voor alles om het zo snel mogelijk nog rijker maken van de aandeelhouders. Het is voor Polman volstrekt ondenkbaar dat Unilever door zulke mensen wordt overgenomen. Zou Behring dit niet weten of zou hij het niet begrijpen?

Het is waarschijnlijk het laatste. Deze types geloven echt dat alles te koop is. Die gedachte maakt hem woedend. Hij moet oppassen dat hij niet te emotioneel wordt. Dan kan hij zomaar volschieten. Dat zou de man die tegenover hem zit niet begrijpen. Voor deze Braziliaan is het zakenleven een rekensom, een spel met winnaars en verliezers. En wie het meeste geld verdient, die wint.

Dit zijn de mensen die de wereld opeten, kapotmaken: steenrijke zakenlui, miljardairs, die helemaal niet bezig zijn met de miljarden mensen die niks hebben. Ze zijn alleen maar met zichzelf bezig, met het vergroten van hun eigen rijkdom, hun eigen ruimte, hun vrijheid. Ze begrijpen niet dat die enorme vrijheid en rijkdom een grote verantwoordelijkheid met zich meebrengen. Ben je rijk ten koste of ben je rijk ten bate van die ander die zoveel minder heeft?

Polman laat Behring weten dat, mocht het toch zover komen, hij die zak geld als bloedgeld zal beschouwen. Dat hij iedere cent ervan zal inzetten om tegen hun manier van werken te vechten. In de ogen van Paul Polman is een man als Alexandre Behring eigenlijk maar een half mens.

Dit is niet hun eerste ontmoeting. Nadat het bestuur vorig jaar het besluit had genomen om de spreadsdivisie met merken als Becel, Flora en Blue Band te verkopen, had Unilever met verschillende mogelijk geïnteresseerde bedrijven voorzichtig contact gezocht. Met Danone, van de kaasjes en yoghurts, maar ook met Kraft Heinz. Polman had Behring eind 2016 tijdens een ontmoeting in New York gevraagd na te denken over de overname van deze 'smeersels-divisie' van Unilever. Dat was in het grootste geheim gebeurd.

De verkoop ligt zeer gevoelig. Het is het Nederlandse DNA van Unilever. Polman wil er eigenlijk al sinds 2009 vanaf. Toen, bij zijn aantreden, had hij een bedrijf aangetroffen dat in tien jaar tijd bijna een kwart in omvang was gekrompen. Er was weinig over van wat ooit trots de 'Hogeschool van de marketing' werd genoemd. Hij wist dat hij de gedemotiveerde medewerkers maar op één manier aan de praat kon krijgen. Met de belofte: we gaan groeien. De man, die carrière had gemaakt bij aartsrivalen Procter & Gamble en Nestlé, had ze voorgehouden dat ze over tien jaar weer in dezelfde *league* konden spelen. Dat ze dan weer net zo groot zouden kunnen zijn als die twee bedrijven die Unilever vanaf 1994 hadden ingehaald en inmiddels veel groter zijn.

Hij had ze wakker geschud en geroepen dat de omzet zou kunnen verdubbelen tot 80 miljard euro. Die stijging zou vooral komen uit groeiende economieën, landen met miljarden arme mensen die snakken naar hygiëne, naar persoonlijke verzorgingsproducten, huishoudelijke producten, maar ook naar wat meer luxe voedsel, zoals ijs en goede thee. Margarines, zo stelde Polman, kunnen in deze groeiambitie geen rol spelen, die kennen ze daar niet eens. En waar de boterhammen wel met Becel of Flora worden besmeerd, in de VS en Europa, loopt de omzet al sinds de jaren negentig terug.

Het was niet eenvoudig geweest om zijn collega's ervan te overtuigen dat het beter zou zijn om deze activiteiten te verkopen. Vooral de Nederlanders vonden het moeilijk. Ze waren hun carrière vaak begonnen bij Van den Bergh & Jurgens, vernoemd naar de twee Ossche ondernemers Simon van den Bergh en Antoon Jurgens, die vanaf 1872 succesvol waren geweest met de productie van margarine, toen het voedzame en vooral goedkope alternatief voor echte boter. De fabriek aan de Nassaukade in Rotterdam staat daar vastgeklonken aan het hoofdkantoor van Unilever Benelux. Het ruikt er al 125 jaar naar margarine. Constant was Polman er door zijn collega's op gewezen dat de omzet weliswaar daalde maar dat er met die smeersels nog steeds goed geld werd verdiend, dat die verdiensten nodig waren om de dividenden te kunnen betalen en in het Verre Oosten te kunnen investeren. De Nederlanders verweten Polman liefdeloosheid voor de margarines. Met als gevolg dat er in hun ogen jarenlang stelselmatig te weinig geïnvesteerd was in de vernieuwing van de smeerselsdivisie. Het was nu zelfs zo erg dat het jonge Unilever-talent daar niet meer wilde werken. Natuurlijk was de omzet verder onderuitgegaan. Unilever had die activiteit helemaal uitgemolken.

Voor Polman is de verkoop een *no-brainer*. Hij wil met Unilever laten zien dat het mogelijk is om geld te verdienen door het goede te doen. Hij heeft bovendien veel meer affiniteit met het Britse DNA van Unilever, dat komt van William Hesketh Lever. Deze Lord Leverhulme, oprichter van de Lever Brothers, had zich aan het einde van de negentiende eeuw met zijn zeep gericht op het verbeteren van de hygiënische levensomstandigheden in victoriaans Engeland. William Lever is Polmans grote voorbeeld, die man begreep toen al dat een bedrijf er in de eerste plaats is om voor een gemeenschap te zorgen.

Anderhalf jaar geleden had Polman besloten om de smeersels in een aparte divisie te zetten. Toen hongerige financieel analisten – de CEO van Unilever noemt ze consequent *spreadsheet monkeys* – vroegen of de smeersels nu in de etalage stonden, had hij dat natuurlijk ontkend. Zoiets toegeven zou de prijs drukken. Er was een nieuw managementteam geformeerd en beloofd om alles op alles te zetten om de smeersels beter te laten renderen. Intern was besloten om, onder de radar, op zoek te gaan naar een koper.

Eind januari was Alexandre Behring langsgekomen om te vertellen dat Kraft Heinz niet geïnteresseerd was in alleen maar die smeersels. Het was een bizarre ontmoeting geweest. Met een grote glimlach had de Braziliaan aan Polman gevraagd of ze samen niet iets veel groters konden doen. Hij wilde niet op de details ingaan maar leek de mogelijkheid van een fusie of overname van Unilever door het veel kleinere Kraft Heinz te opperen.

Polman was zich rot geschrokken. De afgelopen jaren hadden ze in het bestuur steeds vaker gesproken over activistische aandeelhouders die een klein belang nemen om het bestuur met veel publicitair lawaai onder druk te zetten. Over de mogelijkheid van een complete overname was nooit gesproken. Wie zou minstens 130 miljard euro op tafel kunnen leggen? Voor een bedrijf dat bovendien moeilijk over te nemen is omdat het al sinds de oprichting gevangenzit in een ingewikkelde Brits-Nederlandse structuur.

Polman had meteen tegen Behring gezegd daar weinig in te zien, dat de bedrijven te verschillend zijn. Hij had Behring uitgelegd dat Unilever het creeren van aandeelhouderswaarde als resultaat ziet, niet als doel. Dat het bedrijf de consumenten en de samenleving waarin het opereert op een zo duurzaam mogelijke manier wil bedienen. Dat hij ervan overtuigd is dat dit het enige model is dat werkt omdat het welvaart voor alle betrokken stakeholders brengt. Niet alleen in het hier en nu, maar juist ook voor toekomstige generaties. Maar Polman wilde beleefd blijven en dus had hij ook gezegd erover na te zullen denken.

Ze hadden afgesproken elkaar deze tiende februari weer te zien. Voor deze ontmoeting had Polman zich wel kunnen voorbereiden. De afgelopen tien dagen was hij op reis geweest naar dochterbedrijven van Unilever in Azië. Ondanks de schrik en de behoefte om uit te zoeken wat er moest gebeuren had hij besloten dat die reis gewoon door moest gaan. Op het laatste moment zo'n trip afzeggen zou vragen oproepen, voor veel onrust zorgen. Al reizend had hij de tijd gekregen zich te verdiepen in zijn tegenstander. Hij had het boek *Dream Big* gelezen over de grondleggers van 3G Capital, de investeringsmaatschappij van de steenrijke Braziliaanse zakenmannen die achter deze overval zitten. Naast bestuursvoorzitter van Kraft Heinz is Alexandre Behring ook managing partner van 3G Capital.

3G Capital is vooral het bedrijf van Jorge Paulo Lemann, Carlos Alberto Sicupira en Marcel Herrmann Telles. Ondernemende Brazilianen die elkaar in de jaren zeventig vonden in hun gemeenschappelijke passie. Van harpoenvissen tot het laten groeien van hun bedrijven; steeds gaat het erom de ander te verslaan, de grootste te willen worden. In het hart van de filosofie van 3G Capital zit de diepe overtuiging dat mensen de ruimte moeten krijgen om met hun talenten te woekeren en ze daar dan goed voor te belonen. Al tientallen jaren zoekt Jorge Paulo Lemann, de onbetwiste leider, naar wat hij PSD's noemt: *poor, smart and a deep desire to get rich*. Jonge, vaak arme Brazilianen die hij op zijn kosten naar de beste Amerikaanse universiteiten stuurt, waarna ze als superloyale werknemers bij hem in het bedrijf komen.

3G Capital is al jaren bezig om de krachten van wereldwijde merken die zichzelf hebben bewezen, te bundelen. Van banken tot bier en van hamburgers tot ketchup. Centraal staat de opdracht om goed naar de kosten te kijken. Want kosten zijn als nagels, die moeten constant worden geknipt. Het disciplineren ervan is de snelste weg naar meer winst. Door de beloning van het management met enorme bonussen aan dat snelle resultaat te koppelen zijn ze al jaren extreem winstgevend.

Polman had bestudeerd hoe 3G Capital via een trits overnames met AB InBev de grootste bierbrouwer ter wereld had gebouwd. En hoe ze nu met de overname van eerst Heinz en daarna Kraft bezig waren nog een gigantisch bedrijf te bouwen.

De ambitie van het door 3G Capital en Warren Buffetts investeringsfonds Berkshire Hathaway gedomineerde Kraft Heinz, ze zijn samen goed voor 49 procent van de aandelen, klinkt een beetje zoals die van Unilever. Kraft Heinz wil consumenten 'rijk' maken door ze goed te bedienen met prima voeding voor een lage prijs. Maar in de ogen van de Brazilianen is het de belangrijkste opdracht om zo lang mogelijk zo veel mogelijk geld te verdienen voor de eigenaren, de aandeelhouders. Natuurlijk hou je je daarbij altijd aan de wet, maar als je bij wijze van spreken van de lokale overheid een stuk oerbos plat mag branden en je kunt daar veel geld mee verdienen, dan ben je een slechte ondernemer als je dat niet doet. En als je je zorgen maakt over het klimaat en bomen belangrijk vindt, dan kun je als privépersoon natuurlijk besluiten jouw spaargeld te investeren in het planten van bomen. Een ondernemer die de wereld wil redden, is geen goede ondernemer. Dat is niet zijn rol.

Kopen, uitpersen, kopen, uitpersen, kopen, et cetera. Zo vat Polman het bedrijfsmodel van de Brazilianen samen. Sinds de overname van Kraft twee jaar geleden hadden ze daar in no time 13.000 banen geschrapt. De marge was omhooggeschoten in tegenstelling tot de omzet. Nu zijn er kennelijk weinig kosten meer om uit de combinatie Kraft Heinz te persen en moet er een nieuwe grote prooi worden verorberd om ditzelfde spel te herhalen.

Natuurlijk had Polman zich ook verdiept in de opmerkelijke vriendschap tussen Jorge Paulo Lemann en Warren Buffett. Hoe ze sinds 2013 samen optrekken in hun zakelijke avonturen. De vaak als 'succesvolste Amerikaanse belegger' aangeduide Buffett was zo grootaandeelhouder in Kraft Heinz geworden, en zit daar zelfs in het bestuur. De lovende woorden die Buffett regelmatig overheeft voor het werk van Lemann hadden Polman verbaasd. De 86-jarige Amerikaan koestert toch graag het imago van een rustige, betrokken en op duurzame resultaten gerichte belegger?

Alexandre Behring had voor deze ontmoeting met zijn bestuur afgesproken dat hij het voorstel om Unilever helemaal over te nemen alleen zou presenteren als hij gedurende de ontmoeting de indruk zou hebben dat dit idee welwillend door Polman zou worden ontvangen. Maar ja, wat is welwillend? Is dat niet ook vooral een kwestie van geld? Behring heeft de ontmoeting eind januari in ieder geval geïnterpreteerd als een misschien, als een opening. Zo heeft hij het ook aan zijn eigen bestuur gepresenteerd.

Voorafgaand aan die tweede ontmoeting met Polman had hij gebeld met Kees Storm. De twee kennen elkaar goed. De Nederlander was tot voor twee jaar terug zowel commissaris bij AB InBev als bij Unilever. Behring had Storm laten weten dat hij constructief met Polman had gesproken, dat hij het eigenlijk best goed met de CEO van Unilever kon vinden. Storm had de bestuursvoorzitter van Kraft Heinz gewaarschuwd en hem verteld dat hij Polman niet goed las, dat de CEO van Unilever alles op alles zou zetten om te voorkomen dat hij de geschiedenis in zou gaan als de man die de multinational heeft verkocht.

Maar Behring vindt dat hij ook vandaag geen keihard 'nee' uit de mond van Polman heeft gehoord. En dus legt hij de samenvatting van het plan om heel Unilever over te nemen op tafel. Tot zijn verbijstering krijgt Polman een beknopt maar uitgewerkt plan gepresenteerd. Behring heeft het over de structuur van de nieuwe onderneming. Hij legt uit hoe ze ongeveer een derde van de kosten uit de nieuwe combinatie zullen halen, vooral uit de Unilever-dochters. Glimlachend stelt Behring vast dat de combinatie qua omzet na Nestlé de grootste producent van *fast-moving consumer goods* zal worden. Hij vertelt over de plannen om het hoofdkantoor van de nieuwe gigant in New York neer te zetten.

Om deze droom uit te laten komen zal Kraft Heinz ruwweg 143 miljard dollar (135 miljard euro) voor Unilever betalen. Een premie van 18 procent op de huidige beurswaarde van het bedrijf. Behring onderstreept dat dit een openingsbod is. Dat geldt trouwens ook voor de 200 miljoen euro die ze voor Polman hebben gereserveerd.

De CEO van Unilever laat in krachtige bewoordingen weten niets in het voorstel te zien. Om daarop te laten volgen dat de wereld snel verandert en dat het verstandig is om alle opties altijd goed te onderzoeken. Polman maakt ook duidelijk dat de beslissing natuurlijk niet aan hem is. Dit moet hij voorleggen aan zijn commissarissen. Dat bestuur zal vervolgens een aanbeveling moeten doen aan de aandeelhouders van Unilever. Die zullen het lot van het bedrijf bepalen door hun aandelen wel of niet aan Kraft Heinz te verkopen. Nog steeds heeft Behring in zijn beleving geen harde afwijzing gehoord, hij laat het voorstel bij Polman achter.

Nadat Alexandre Behring is vertrokken belt Polman met Marijn Dekkers, sinds een klein jaar zijn president-commissaris, de voorzitter van zijn bestuur. Hij leest hem het voorstel voor. Ze zijn er snel uit. Het bestuur van Unilever is niet geïnteresseerd. De verschillen in cultuur zijn veel te groot en als er kosten uit Unilever kunnen worden gehaald, kunnen ze dit veel beter zelf doen. Ze concluderen ook dat die 18 procent premie veel te laag is. Dekkers vindt dat Kraft Heinz zichzelf hiermee in de vingers snijdt. Het aandeel Unilever was een paar maanden geleden ongeveer waard wat de Brazilianen er nu voor overhebben. Het is relatief makkelijk om hier als bestuur je schouders over op te halen en de aandeelhouders binnen afzienbare tijd minstens eenzelfde waardering te beloven. De twee mannen realiseren zich dat als Kraft Heinz dit met succes door wil zetten, het bod flink zal moeten worden verhoogd.

En ze beseffen tegelijkertijd dat ze zich zullen moeten wapenen voor zo'n gevecht. Ze besluiten het bestuur van Unilever dit weekeind bij elkaar te roepen. Het legertje aan bankiers, juristen, pr-specialisten dat de afgelopen tien dagen al bezig is geweest, zal verder worden versterkt. Ze moeten de slagkracht van de tegenstander inschatten en de verschillende scenario's wegen en doorrekenen. Dit zal allemaal in het grootste geheim moeten gebeuren. Als de buitenwereld nu lucht krijgt van het overnamebod kan de koers omhoogschieten en dreigt het bestuur de controle op het proces kwijt te raken.

Besloten wordt daarom dit keer geen gebruik te maken van de diensten van het Crowne Plaza-hotel dat pal naast het Blackfriars-hoofdkantoor van Unilever in Londen ligt. Ze zullen in het Mandarin-hotel hun kamp opslaan. Polman bedenkt dat zijn *board members* dit in ieder geval op prijs zullen stellen. Ze hebben regelmatig aangegeven het Crowne Plaza eigenlijk onder hun niveau te vinden.

Als hij de telefoon heeft neergelegd voelt de zestigjarige Polman zich beroerd, heel beroerd. Dat dit nu gebeurt is ook zijn schuld. Hij staat hier aan het roer, deze ongewenste aanval komt niet voor niets op zijn pad. Als Unilever straks in de klauwen van Kraft Heinz wordt vermalen, dan komt dat omdat hij niet goed heeft opgelet. Als dit misgaat, is dat zijn verantwoordelijkheid.

Polman kijkt naar buiten. Alweer acht jaar zit hij in dit kantoor, op de plek die bijna honderd jaar geleden door Lord Leverhulme is gekocht. Het schitterende art-decohoofdkantoor werd na diens dood in 1933 opgeleverd. Vanaf de zesde verdieping heeft de CEO een magistraal uitzicht, van St. Paul's Cathedral, bijna op een steenworp afstand, tot het gigantische Tate Modern, verderop aan de andere kant van de Theems.

Nee, hier mag het verhaal van Unilever niet ophouden. Hier mag zijn verhaal niet ophouden. Want dat is het ook. Polman is zich de laatste jaren meer en meer gaan realiseren dat Unilever een vehikel voor hem is. Pas in deze rol had hij beseft waarom hij op aarde is. Met Unilever moet hij het bewijs leveren dat multinationals een cruciale rol spelen bij het oplossen van de grote vraagstukken van deze tijd. Zij moeten zich ontfermen over het oplossen van het klimaatvraagstuk, zich verantwoordelijk voelen voor de aanhoudende armoede in de wereld.

Daarom had hij het roer bij Unilever radicaal omgegooid. Eerst had hij de presentatie van kwartaalresultaten afgeschaft, daarna in het Unilever Sustainable Living Plan (USLP) onder woorden gebracht hoe Unilever gaat bijdragen aan een duurzame wereld. Een plan met een horizon van tien jaar. In 2020 zou Unilever in omvang zijn verdubbeld terwijl de belasting van het milieu als gevolg van de productie en consumptie van Unilever-producten zou zijn gehalveerd.

Steeds explicieter had hij zich de afgelopen jaren afgezet tegen de dominante denktrant op de beurs, de werkwijze van financieel analisten. Sukkels vindt hij het. In die acht jaar hadden ze hem niet één keer een vraag gesteld over de cruciale ambities en prestaties van zijn Unilever Sustainable Living Plan. Door de dominantie van het kortetermijndenken op de financiële markten hebben multinationals verzuimd te doen waarvoor ze op aarde zijn: oplossingen bedenken voor de toekomstige behoeften van de mensheid. Door dat niet te doen loopt de wereld grote risico's, loopt de nog steeds groeiende wereldbevolking grote risico's.

De crisis van 2008 had hem ervan doordrongen dat de eenzijdige financiele analyse van de economie veel te dominant is geworden, dat daardoor de ruimte voor lange termijn verantwoordelijk ondernemerschap vreselijk is beperkt. Het grote publiek was zich terecht gaan afvragen of ze wel voor de gemeenschap werken die ze heeft voortgebracht. Zelf nota bene begonnen als *financial controller* bij Procter & Gamble en bij Nestlé in 2008 afgezwaaid als *chief financial officer* had hij zich voorgenomen zich nooit meer in dat keurslijf te laten dwingen. Dit was zijn grote gevecht, een gevecht om de ziel van het kapitalisme.

Natuurlijk had hij zich gerealiseerd dat Unilever zo'n ingrijpende verandering van het systeem niet alleen kan afdwingen. Hij had zich enorm ingespannen om ook andere bedrijven in zijn kamp te krijgen. Maar vooral was hij bezig geweest om het vertrouwen te krijgen van overheden en van ngo's. Alleen in dit soort samenwerkingsverbanden kan een bedrijf werkelijk bijdragen aan het verduurzamen van de economie. Hierdoor was hij geïnspireerd geweest. In deze, ook voor hem nieuwe wereld had hij zijn belangrijkste lessen geleerd.

In opdracht van de Verenigde Naties had hij mee geschreven aan de zeventien nieuwe duurzaamheidsdoelen. Hij had veel energie gestopt in het tot stand brengen van het Parijse klimaatakkoord eind 2015. Hij had met de paus meegedacht over diens encycliek *Laudato Si'* en er zo voor gezorgd dat 'de plaatsvervanger van Christus op aarde' beter zou begrijpen dat juist het bedrijfsleven moet worden ingeschakeld. Hij zag zichzelf als de CEO die het speelveld zo voor Unilever, voor het bedrijfsleven, heeft vergroot.

Bergen scepsis was hij tegengekomen. Dag in, dag uit. Binnen Unilever en daarbuiten. In de wereld van het geld en in de media was hij eigenlijk constant gewantrouwd. Hij was beticht van *greenwashing*. Het zou maar een marketingtrucje zijn, passend bij de tijdgeest.

Aan de andere kant had hij veel applaus gekregen en genoten van het enthousiasme en de erkenning in de wereld van ngo's en goede doelen. Door hen was hij gezien als de eerste CEO die verder keek, met wie ze konden praten. Hij was gelauwerd in tal van landen en bij de Verenigde Naties, waar hij als 'Champion of the earth' de hoogste onderscheiding had gekregen voor mensen die zich inzetten voor een duurzame wereld.

Jarenlang was het goed gegaan. De omzet van Unilever groeide, de koers ging omhoog en met vallen en opstaan werden ook verschillende doelen van het USLP gerealiseerd. Polman had erover gedroomd dat in 2016 de wereld een draai zou maken. Dat er wereldwijd afspraken zouden worden gemaakt over het klimaat, over de belasting van CO_2-uitstoot, over het bestrijden van armoede en het bevorderen van de gelijkheid tussen mannen en vrouwen.

Omdat het bedrijf dan alweer jaren zou zijn gestuurd door de doelen van het USLP, zou Unilever vooroplopen, hiervan profiteren.

Maar de wereld had dat jaar een andere afslag genomen. De Britten hadden voor een vertrek uit de EU gestemd en de Amerikanen hadden Donald Trump tot president gekozen. Die had de Verenigde Staten zelfs uit het Parijse klimaatakkoord teruggetrokken. Polman vindt dit onbegrijpelijk. Hij voelt zich een wereldburger. Een wereldburger die de problemen van de wereld op wil lossen. Problemen die alleen maar groter zullen worden als mensen, bedrijven en landen zich meer op hun eigen kleine lokale belangen gaan richten. Dat is de weg terug. Net als bij Kraft Heinz staat zo'n ieder-voor-zich-en-God-voor-ons-allenhouding voor een bedrijfsmodel dat op zijn laatste benen loopt. Waarom kost het toch zo veel moeite om de wereld hiervan te overtuigen?

Polman kijkt naar de papieren voor zich op tafel. Hij neemt het voorstel van Alexandre Behring nog een keer door. Samen hebben zijn belagers vreselijk diepe zakken. Zijn ogen blijven hangen bij 'Warren Buffett'. De beroemde miljardair neemt waarschijnlijk een groot deel van de cashfinanciering voor zijn rekening, net als bij hun eerdere deals. Polman realiseert zich dat het de komende dagen ongelooflijk spannend zal worden.

Kraft Heinz is daarbij in het voordeel. Het heeft zich maandenlang kunnen voorbereiden op deze aanval, alle mogelijke middelen klaargezet om adequaat op de verschillende ontwikkelingen te kunnen inspelen. De Britse wet werkt ook in het voordeel van de aanvaller. Zodra er een bod ligt dat voor de aandeelhouders van Unilever interessant zou kunnen worden, staat het management aan de zijlijn. Allerlei op kortetermijnwinsten gerichte aandeelhouders, vooral *hedgefunds*, stappen dan in omdat ze hopen een forse koersstijging mee te kunnen pakken, een snelle rit naar boven te kunnen maken. Unilever mag bovendien niet met de eigen aandeelhouders in gesprek gaan om ze te overtuigen de kant van het zittende management te kiezen. In de beleving van Polman vecht zijn Unilever met één hand op de rug. De Britse *Takeover Code* stimuleert dit in zijn ogen foute proces. Het zorgt ervoor dat de kopende en verkopende partij als het ware biedend en lovend met elkaar kunnen onderzoeken of ze tot de juiste prijs kunnen komen. Daar krijgen ze 28 dagen voor. Hij haat die Britse spelregels.

Polman maakt zich geen illusies. Zijn aandeelhouders zullen gewoon verkopen als er genoeg geld op tafel wordt gelegd. Veel grote pensioenfondsen hebben de mond vol over het belang van duurzaamheid, maar als hij de afgelopen jaren ergens door is teleurgesteld, dan zijn het die grote beleggers. Ze moeten op de lange termijn zorgen voor pensioenen en verzekeringen maar worden geregeerd door kortetermijnprikkels. Terwijl ze hun aandelen Unilever aan een partij als Kraft Heinz verkopen zullen ze schouderophalend zeggen dat ze wel moeten, dat het rendement nodig is om hun maatschappelijke plicht te kunnen vervullen, om voor goede pensioenen te kunnen zorgen.

Hij heeft het er net nog met Dekkers over gehad. Als Kraft Heinz het bod verhoogt, bijvoorbeeld naar 35 procent, dan komt Unilever serieus in de problemen. Ze moeten echt voorkomen dat de aandeelhouders van Unilever gouden bergen gaan zien. Maar hoe? Adviseurs hebben al uitgerekend dat een premie van 35 procent voor Kraft Heinz financierbaar is. En misschien nog wel veel meer. En dat komt niet alleen door de gigantische rijkdom van die vier miljardairs. Dat weet Polman inmiddels ook. Ze kunnen zoveel bieden omdat er relatief weinig schulden op de balans van Unilever staan. Ze kunnen daar voor tientallen miljarden aan nieuwe schulden op zetten.

Opeens dringt het tot Polman door. Unilever zal deze zeer ongewenste overname grotendeels zelf financieren. Hoe heeft hij dit kunnen laten gebeuren? Dit is een nachtmerrie, het voelt als een bijna-doodervaring.

Paul Polman kijkt naar de handtekeningen die onder het voorstel staan. Hij kent er eentje. Die van Warren Buffett heeft hij acht jaar geleden ook onder een briefje zien staan. Toen feliciteerde de Amerikaanse miljardair hem met zijn besluit om te stoppen met het publiceren van kwartaalresultaten en zich te gaan richten op een duurzame bedrijfsvoering. Polman was er verguld mee geweest, had het compliment van een van de succesvolste investeerders ter wereld aan verschillende collega's voorgelezen.

Zou Buffett zich wel helemaal realiseren waar hij nu in stapt? Had de Amerikaan zeven jaar geleden, toen als grootste aandeelhouder van Kraft, de 19 miljard dollar kostende overname van Cadbury niet hard veroordeeld als een domme deal? Het merk Cadbury is vergelijkbaar met Marmite van Unilever, dat is zo Brits, daar mag niemand aan komen. Maar na de overname was Kraft de gedane toezeggingen over het openhouden van een fabriek en het behouden van werkgelegenheid niet nagekomen. De naam Kraft was sindsdien besmet geweest in het Verenigd Koninkrijk.

Decennialang heeft de hoogbejaarde investeerder gebouwd aan zijn imago van een op langetermijnwaarde gerichte investeerder. Had Buffett ook niet verschillende keren publiekelijk beweerd dat hij faliekant tegen vijandige overnames is? Dat hij daar helemaal niet in gelooft? Hoe ouder mensen worden hoe gevoeliger ze zijn voor hun erfenis, voor hun imago, toch?

Waarom zou Warren Buffett nu opeens wel in zijn voor een vijandige overname? Is dat logisch? Zou hij eigenlijk wel weten dat hij nu in zo'n gevecht dreigt terecht te komen? Polman bedenkt dat de Amerikaan naïef is, dat hij te veel vertrouwen in de Brazilianen heeft.

De Brazilianen hebben hun tanden duidelijk in Unilever gezet, zij zullen nu niet meer loslaten. Maar zonder de financiële vuurkracht van Buffett redden ze het niet. De CEO van Unilever besluit dat hij zijn pijlen waarschijnlijk het best op de hoogbejaarde Amerikaan kan richten.

Hoeveel tijd heeft hij nog? Een week, twee weken misschien? Dit is het gevecht van zijn leven. Als hij Unilever niet uit de handen van Kraft Heinz weet te houden is het allemaal voor niks geweest. Dan heeft hij gefaald. Dan is het niet gelukt om te laten zien dat een grote beursgenoteerde multinational zoals Unilever genoeg geld kan verdienen door het goede te doen.

HET GELD
&
HET GOEDE

1994-2007

1 Mea culpa, we zitten helemaal fout

1994-1998

Laat Unilever het maar uitvinden, dan brengen wij het wereldwijd wel aan de man. Paul Polman en zijn collega's bij Procter & Gamble maken graag grappen over de veel grotere concurrent. De 37-jarige directeur van P&G in Spanje kijkt met verwondering naar de arrogante Brits-Nederlandse multinational. Wat zijn ze daar aan het doen?

Begin jaren negentig veroveren bedrijven als P&G en Nestlé in hoog tempo de wereld. Dreft, Ariel of Maggi en Nescafé worden met internationale reclamecampagnes op grote schaal slim en efficiënt aan de man gebracht. Unilever heeft daar eigenlijk al jaren geen goed antwoord op. Het bedrijf wordt geleid door eigenwijze voor lokale activiteiten verantwoordelijke directeuren die met elkaar meer dan tweeduizend relatief kleine merken in de lucht houden. Daarom lukt het ze ook niet om van overgenomen grote merken als Calvin Klein, Elizabeth Arden en Pond's een succes te maken. Die vragen om een centrale, wereldwijde aanpak, maar zoiets krijgen ze bij het gedecentraliseerde Unilever niet van de grond.

Polman vindt het veelzeggend dat de baas van een categorie producten op het hoofdkantoor bij Unilever 'coördinator' wordt genoemd. Dat riekt toch vooral naar overleg en een trage bureaucratie. Hij hoort 'Unileverianen' regelmatig klagen over 'de matrix' waarin ze gevangenzitten. Daarin is de verantwoordelijkheid voor het resultaat op een ingewikkelde manier verdeeld tussen bazen van regio's en bazen van productcategorieën.

Er wordt veel geklaagd. De Britten, die vooral geld proberen te verdienen met verzorgingsproducten als Dove en Omo, mopperen over de andere kant van het bedrijf. Daar zitten overwegend Nederlanders die met voedingsproducten als Blue Band en Unox bezig zijn. Die vinden dat de Britten hier weinig van begrijpen.

Voeding en Verzorging, de twee grootste activiteiten van Unilever, zijn voor marketeers twee werelden op zich. De keuze om iets te kopen wat je op je huid smeert wordt in hun taal gedomineerd door de ratio van de linkerhersenhelft. Wat je eet gaat over lekker en gezond, dat raakt emotioneel dieper en wordt vooral door de rechterhersenhelft gestuurd. Waarom maakt Unilever geen keuze? Als analisten deze vraag stellen geeft Unilever steeds hetzelfde antwoord: ze horen bij elkaar, het zijn allemaal fast-moving consumer goods, consumentenproducten die snel geconsumeerd worden, die meestal via dezelfde retailkanalen, vooral supermarkten, worden verkocht.

Bij Unilever gaat veel energie naar het in balans houden van ingewikkelde verhoudingen. Het bedrijf heeft een bijzondere, alleen vanuit de historie verklaarbare structuur. Vijfenzestig jaar na de fusie bestaat het concern nog steeds uit twee bedrijven. De Nederlandse bv en de Britse plc (public limited company) hebben allebei een eigen voorzitter en een eigen raad van bestuur. Die twee besturen bestaan uit dezelfde twaalf tot vijftien personen. Ze vergaderen de ene keer in Rotterdam en de andere keer in Londen.

Polman begrijpt wel waarom zijn collega's bij Unilever er vooral over dromen om de baas van een belangrijk land te worden. Door dit tweekoppige overlegorgaan zit veel macht in de ruim 150 landen waarin Unilever opereert. Zolang ze genoeg verdienen kunnen lokale directeuren daar min of meer hun gang gaan. In de Unilever-matrix benutten ze dan volop de ruimte om hun eigen keuzes te maken, ze investeren in van alles en nog wat. De belangrijkste centrale controle op al die lokale activiteiten loopt via de financiële rapportage.

Bij Procter & Gamble wordt de hele operatie juist strak en hiërarchisch geleid, vanuit het hoofdkantoor in Cincinnati. Constant worden centraal plannen gemaakt om harder te kunnen groeien en de krachten te bundelen om de concurrentie mondiaal te kunnen verslaan. Iedereen heeft een duidelijke verantwoordelijkheid en wordt daarop afgerekend. Wie het goed doet kan snel carrière maken. Het Amerikaanse bedrijf is nog maar dertig jaar actief in Europa, maar één voor één worden markten en hele regio's veroverd. Succesvolle managers als Paul Polman gaan daarin voorop.

Sommige, vooral jonge Unilever-managers zijn jaloers op de snelheid van die in hun ogen state-of-the-art-marketingmachine. Maar de meesten halen hun schouders op over het Amerikaanse geweld. Unilever is in hun ogen nog steeds de 'Hogeschool van de marketing', wie succesvol is als marketeer van fast-moving consumer goods kan alles aan de man brengen. Met bijna 9 miljard gulden beschikken ze over het grootste reclamebudget ter wereld. Ze maken zich niet echt zorgen. De wereldbevolking groeit, wordt rijker en zal altijd betrouwbare voeding en hygiëne nodig hebben. Vanwege het koloniale verleden van de twee 'moederlanden' is Unilever bovendien diepgeworteld in de zich nu ontwikkelende economieën. Die lokale betrokkenheid daar beschouwt Unilever als een grote kracht en belofte voor toekomstige successen.

Voor veel arme mensen is een dokter te duur. Om te voorkomen dat ze ziek worden kiezen ze voor de wat duurdere maar veilige merkartikelen van Unilever. Die vertrouwen ze meer dan de lokaal geproduceerde alternatieven. In die landen lopen bovendien nog miljarden mensen rond die niet eens weten wat bijvoorbeeld een deodorant is. De cijfers over 1994 laten een stijging van omzet en winst zien. Op een omzet van bijna 38 miljard euro wordt een operationele winst geboekt van ruim 3 miljard euro. Genoeg geld om te investeren en de aandeelhouders ieder jaar wat meer dividend te betalen.

Het zijn indrukwekkende getallen. Maar niet in de ogen van de analisten die in dienst van grote banken de sector volgen. Zij vergelijken de prestaties van de verschillende spelers in de markt. In hun spreadsheets legt Unilever het steeds vaker af tegen Procter & Gamble, met ruim 30 miljard dollar omzet een stuk kleiner maar wel bijna twee keer zo winstgevend.

Niall FitzGerald maakt zich daar zorgen over. De ambitieuze 49-jarige coördinator van de wasmiddelen is een atypische Unilever-man. De zoon van een douanebeambte en een journalist was lang geleden zelfs lid van de Communistische Partij. Omdat een vriend in opdracht van Unilever kandidaten voor sollicitatiegesprekken moest leveren, ging hij met het bedrijf praten. Tot zijn verrassing werd hij aangenomen. Langs de financiële kant van het bedrijf maakte de katholieke Ier vervolgens snel carrière tussen de op vooral Oxford en Cambridge gestudeerde Britten.

De Nederlanders behandelen hem als Brit, maar omdat hij ook uit een klein land komt, kijkt hij met enige afstand naar die regelmatig haperende Brits-Nederlandse samenwerking. Achter de schijnbare consensus gaat veel wantrouwen schuil. Dat gebrek aan vertrouwen wordt volgens FitzGerald veroorzaakt doordat zijn collega's steeds op zoek gaan naar de verborgen agenda van de andere kant. Hoewel er continu discussies en vergaderingen plaatsvinden werken de verschillende onderdelen binnen het bedrijf – zoals marketing en onderzoek – vaak niet goed met elkaar samen.[1]

De Britten en de Nederlanders, ze begrijpen elkaar niet echt goed. De Britten vinden de mensen uit de *Low Countries* vooral te direct, op het onbeleefde af. Ze vragen zich af of die Nederlanders wel goed over de dingen nadenken. Hollanders vertellen wat ze van dingen vinden, spreken zich hard en duidelijk uit, maar hebben niet in de gaten dat dit niet altijd effectief is.

De Nederlanders op hun beurt vertrouwen de Britten niet, omdat die juist nooit zeggen wat ze er echt van vinden. Hun Britse collega's vinden het heel normaal om een genomen besluit in de uitwerking stap voor stap terug te draaien. Als een Britse collega zegt dat hij iets erg interessant vindt, bedoelt hij meestal dat het voorstel wat hem betreft meteen de prullenbak in kan. Ze klinken steeds geïnteresseerd en beleefd, maar ze zijn niet eerlijk. Als ze dat verwijt krijgen leggen ze altijd vriendelijk glimlachend uit dat ze wel degelijk eerlijk zijn maar vooral 'economisch met de waarheid' omgaan.

De Britten stralen vaak uit dat ze die Nederlanders maar een dom volkje vinden. Althans, zo voelen die Nederlanders dat. In reactie daarop doen de Nederlanders verwoede pogingen om tot de arrogante Britten door te dringen, wat in Britse ogen dan vaak weer als lomp wordt ervaren.

Vooral op het Londense hoofdkantoor, dat door de Britten wordt beschouwd als het enige echte hoofdkantoor, vormen de Nederlanders een hecht clubje. Ze hebben constant het gevoel in het Engelse geweld overeind te moeten blijven. Wat veel Nederlanders frustreert is de presentatiekracht van de Britten. Vooral de wat meer klassiek geschoolden – en daar lopen er veel van rond in de top – zijn erin opgevoed om op een charmante manier het podium te nemen, zich duidelijk en theatraal uit te spreken. Hoe goed hun Engels meestal ook is, daar kan geen Nederlander tegenop. Soms kunnen ze de neiging niet onderdrukken om dan maar Nederlands te gaan praten. In reactie zetten hun Britse collega's dan hun moeilijkste, voor Nederlanders onnavolgbare vocabulaire in. Slechts een paar Britten hebben de moeite genomen zich in de Nederlandse taal te verdiepen. De taal is sowieso een handicap. Omdat het hun taal is pakken de Britten tijdens veel bijeenkomsten de rol van secretaris op om er vervolgens ook hun samenvatting van te maken.

De 'top-down-toon' ervan valt bij de Nederlanders vaak verkeerd. Britten begrijpen niets van de Nederlandse overlegcultuur, de ontmoetingen met ondernemersraden en de wens van hun Nederlandse collega's om een goede relatie met de vakbonden te onderhouden. Vakbonden zijn in hun ogen de tegenstanders, die kun je niet vertrouwen, willen alleen maar staken.

Dat sluimerende onbegrip, dat steeds weer op de loer liggende wantrouwen helpt niet in een ingewikkelde matrixorganisatie waarin veel moet worden afgestemd. Alle lokale Unilever-activiteiten zijn verdeeld tussen de nv en de plc, soms hebben ze in beide een belang. Het opgetelde belang van de nv, die onder Nederlands recht valt, is al vanaf de start in 1929 55 procent. Een stuk groter dus dan dat van de plc, die onder Brits recht opereert. Onder meer het koloniale verleden bepaalt waar welke dochter onder valt. Omzet en winst van Indonesië vallen in de nv, de resultaten van India vallen onder de plc. Via een complexe set van regels, de zogenaamde egalisatieovereenkomst, worden de verschillen gecompenseerd en de verhoudingen steeds gelijkgetrokken. Uitgangspunt is dat de verschillende aandeelhouders in beide bedrijven precies gelijk worden behandeld. Als blijkt dat er aan de plc–kant van het bedrijf te weinig winst is gemaakt om de aandeelhouders hetzelfde dividend te kunnen betalen als aan de nv-kant, dan moet de plc geld lenen om een onderdeel van de nv over te hevelen, zodat het resultaat dat daar is gemaakt het verschil goed kan maken. Er is al jaren, vooral onder analisten en beleggers, veel kritiek op deze ondoorzichtige gang van zaken. Ze vinden dat de wendbaarheid en de slagkracht van het bedrijf worden gefrustreerd. Unilever moet overnames altijd cash betalen omdat het technisch vrijwel niet mogelijk is om in twee verschillende aandelen, van de nv en de plc, te betalen.

Analisten suggereren vaak dat het voor iedereen toch beter is om de boel maar op te splitsen. Maar zodra die suggestie wordt gedaan, sluiten de Britten en de Nederlanders elkaar in de armen. Dat nooit. Ondanks het onderlinge gemopper en het wederzijdse wantrouwen erkennen ze ook dat ze elkaar al decennialang succesvol aanvullen. De Britten zijn goed in het maken van plannen en tot in detail bespreken wat er allemaal moet gebeuren. De Nederlanders beginnen halverwege het gepraat dingen te doen. Nederlanders zijn van de implementatie. Ze weten dat ze profiteren van de slagkracht en de schaal van de Britten, van hun machtige geschiedenis, hun Gemenebest van Naties, de toegang die ze tot veel markten in de wereld hebben.

Wat de Unileverianen van beide nationaliteiten ook helpt is het simpele feit dat ze vaak met elkaar in een vreemd land avonturen beleven. Ver weg van Londen of Rotterdam zijn ze op elkaar aangewezen. Bovendien beschikken ze over eenzelfde gevoel voor humor: kunnen ze grappen over zichzelf en dus over elkaar maken. Op momenten van ontspanning vinden ze elkaar. Ten slotte helpt het ook dat de afgelopen tien jaar steeds meer managers met verschillende andere nationaliteiten aan de vergadertafels zitten.

Ondanks het aanhoudende gemopper bestaat het overgrote deel van de leiding uit *lifers*. Ze werken er hun hele leven. Unilever is hun club. De managers, zowel aan Britse als Nederlandse kant, zijn met elkaar opgegroeid. Vaak kennen ze elkaar nog van de studentenvereniging, soms hebben ze zelfs bij elkaar in het studentenhuis gewoond, in dezelfde jaarclub gezeten. Sommigen gaan wat harder omhoog en hebben door die gemeenschappelijke geschiedenis grote moeite die levenslange vriendschap een zakelijke toon te geven. Laat staan dat ze in staat zijn om zo'n 'vriend' die wat minder presteert te ontslaan. De cultuur is daarom gericht op het bewaren van de lieve vrede, een permanente inspanning om de Britten en de Nederlanders bij elkaar te houden.

Vanuit het hoofdkantoor wordt steeds geprobeerd dat informele clubgevoel te onderhouden. Dat is de lijm in het bedrijf. Op het moment dat die over de hele wereld uitgewaaierde directeuren naar Londen komen, worden ze enorm in de watten gelegd. Ze vliegen eerste klas, als het nodig is met het hele gezin. In Londen bivakkeren ze meestal in het vijfsterren Grosvenor House Hotel, met eigen appartementen, gevulde koelkasten en assistenten die helpen met het maken van reserveringen voor restaurants en theatervoorstellingen. Om die te kunnen bezoeken worden ze rondgereden in de Bentley van de zaak.

De top-100 van Unilever bestaat vrijwel helemaal uit hetzelfde type keurig getrouwde mannen. Zeker als het om de vaak op vergaderingen aansluitende sociale evenementen gaat, worden ze vreemd aangekeken als hun vrouw niet in hun gezelschap is. Is er wat aan de hand? Zo'n zware carrière, dat doe je toch samen?

Het zijn ambitieuze mannen die steeds op tijd van een nieuwe uitdaging moeten worden voorzien. Wie de beste is voor een bepaalde positie levert vaak discussie op. Na de benoeming van een Brit op een zware post vinden de Nederlanders dat zij nu recht hebben op een zware post en vice versa. Door managers om de paar jaar een nieuwe en als het goed gaat iets grotere verantwoordelijkheid te geven, blijven ze loyaal aan het hoofdkantoor.

De afspraak is daarbij wel dat je naar alle feestjes komt waar mensen worden benoemd of met pensioen gaan. Dat je daarvoor soms twintig uur in een vliegtuig moet zitten speelt geen rol: je bent erbij! Door elkaar in die informele context regelmatig te zien, wordt de verbondenheid onderstreept. En wat ook helpt is de wetenschap dat er altijd een lekker plekje voor je wordt gevonden in de luwte van het bedrijf als je wat minder presteert. Zo hebben ze samen, de Margarine Unie en Lever Brothers, sinds 1929 een gigant gebouwd.

De wasmiddelenactiviteiten van Niall FitzGerald zijn goed voor 22 procent van de omzet van Unilever. Maar zelfs in Nederland is het bedrijf begin jaren negentig het marktleiderschap kwijtgeraakt. In de zo'n 7,5 miljard euro grote Europese wasmiddelenmarkt rukt Procter & Gamble, in 1837 ontstaan uit een samenwerking tussen kaarsenfabrikant William Procter en zeepzieder James Gamble, met zijn wereldmerken en nagesynchroniseerde reclames op. Omdat deze markt nauwelijks meer groeit, zorgt de stijging van het marktaandeel van de een altijd voor de daling van de ander. Vooral Ariel (P&G) heeft in Europa inmiddels bijna 15 procent van de markt en is bijna twee keer zo groot als Omo-Persil (Unilever).

Niall FitzGerald wil daarom nu scoren. Hij is opgewonden over een in zijn ogen revolutionaire vinding. In een van de vier grote laboratoria van Unilever, het Britse Port Sunlight, is een nieuw organisch molecuul ontwikkeld. In deze als 'Accelerator' gedoopte bleekkatalysator zit het metaal mangaan verwerkt. Dat zorgt ervoor dat bij lage temperaturen de was ook goed schoon wordt. Met veel lawaai in de media heeft Unilever aangekondigd een revolutie in wasmiddelenland te zullen veroorzaken. Het nieuwe wasmiddel wordt in het Verenigd Koninkrijk Persil Power genoemd en in Nederland Omo Power.

Het moet een revolutie op meerdere fronten worden, want FitzGerald wil voor het eerst in de geschiedenis van Unilever het nieuwe wasmiddel vrijwel tegelijkertijd in heel Europa uitrollen. Omdat de lokale, voor een land verantwoordelijke managers vrijwel allemaal de hete adem van de Amerikanen in hun nek voelen, hebben ze ermee ingestemd. FitzGerald heeft de hele operatie de codenaam 'Winnipeg' gegeven: 'winnen van P&G'. Een succesvolle introductie is trouwens ook voor hem persoonlijk van groot belang. De Ier staat op het punt als 'derde man' toe te treden tot het hoogste bestuurdersgremium van de Brits-Nederlandse multinational, het driekoppige Special Committee. Die derde man zal uiteindelijk een van de twee oppermachtige voorzitters worden. In zijn geval van de Britse plc.

De kleine Nederlandse markt mag als eerste met Omo Power kennismaken. Het nieuwe wasmiddel is met grote beloftes aangekondigd. Het is geconcentreerd, wast schoon op lage temperaturen en is milieuvriendelijk.

Stef Kranendijk is meteen in opperste staat van paraatheid. De directeur van Procter & Gamble in de Benelux stuurt honderd dozen Omo Power naar het laboratorium van P&G in België. Wat is dit voor spul? Na twee dagen wassen geloven zijn collega's hun ogen niet. Op 30 graden gaat het goed, maar bij hogere temperaturen worden kleren na dertig, veertig wasbeurten finaal aan flarden gewassen.

Ed Artz, de CEO van Procter & Gamble, belt meteen met FitzGerald. De aartsvijand wil dat Unilever onmiddellijk stopt met Omo Power. Bij iedere temperatuursverhoging van 10 graden gaat de chemische reactie van de leekkatalysator twee keer zo snel. Bij hogere temperaturen oxideert niet alleen het vuil maar wordt ook het textiel aangetast. Het effect is dramatisch. Mensen zullen hun kleren letterlijk kapot wassen. En omdat ze regelmatig van merk wisselen kunnen ze gaan denken dat het door Ariel komt. Artz zegt te vrezen voor enorme schade aan de gehele industrie.

Omdat het telefoontje niet het gewenste effect heeft, besluit Artz samen met Roel van Neerbos, baas marketing wasmiddelen Europa, en een koffer vol stukgewassen kleren bij de concurrent op het Londense hoofdkantoor op bezoek te gaan.

FitzGerald reageert ingetogen. Hier klopt niks van, bij Unilever wordt zorgvuldig gewerkt. Ruim negenduizend onderzoekers spenderen jaarlijks 700 miljoen euro in eigen onderzoek, dat vaak op wetenschappelijke leest is geschoeid. De producten worden bovendien uitgebreid getest voor ze de markt op gaan. Er is niks mis met Omo Power, die Amerikanen zijn gewoon jaloers op de vinding van Unilever. Ook FitzGerald heeft het net verschenen, spraakmakende boek *Soap Opera* van *Wallstreet Journal*-journaliste Alecia Swacy gelezen. Daarin wordt Procter & Gamble neergezet als een extreem agressieve speler die er niet voor terugdeinst om op de grens van het betamelijke concurrenten te verpletteren. Ed Artz, door analisten geprezen omdat hij de winst heeft verdubbeld, wordt in het boek *Prince of Darkness* genoemd. FitzGerald is vastbesloten zich niet door hem te laten intimideren. Dit bezoek heeft hem gesterkt in de overtuiging dat de concurrent het in zijn broek doet: we hebben beet, volle kracht vooruit!

Stef Kranendijk is blij als hij een paar weken later door een journalist van het *Algemeen Dagblad* wordt gebeld met de vraag of Procter & Gamble inderdaad gelooft dat Omo Power kleren kapot wast. Na overleg met zijn advocaten gaat hij over tot de aanval. Wat hem woedend maakt is de impliciete claim van Unilever dat het wasmiddel geschikt is voor alle temperaturen en voor alle wasgoed – *all-purpose*, zoals ze dat noemen. Volgens Kranendijk is het bij alle temperaturen gevaarlijk spul, maar op wat hogere temperaturen gaat het in ieder geval helemaal mis.

'Oorlog om wasmiddel', kopt de krant een dag later. In het artikel verdedigt directeur Unilever Nederland Willem Selman zich: 'Omo Power maakt het mogelijk bij lagere temperaturen nog schoner te wassen. Dat is van cruciaal belang voor het milieu. Het is onze uitvinding en ik kan mij voorstellen dat anderen in de markt daar bezorgd over zijn.' Unilever heeft berekend dat 60 procent van de CO_2-uitstoot van wasmiddelen wordt veroorzaakt door consumenten omdat ze te warm wassen.

Maar Selman bekent ook dat Unilever zich niet heeft bekommerd om de kwaliteit van de gewassen spullen. De 'treksterkte-krachtproef', bedoeld om te onderzoeken of de kracht van het textiel door het nieuwe wasmiddel wordt aangetast, is niet uitgevoerd. Er is alleen naar de 'waswerking' gekeken, volgens Selman omdat 'weefstelaantasting gewoon geen probleem meer is'. Selman laat weten juridische stappen te overwegen tegen de concurrent.

Het bericht gaat de hele wereld over, de media zetten de 'soap-story' groot neer. Na vele jaren te zijn doodgegooid met de vaak stomvervelende 'witter dan wit'- en 'nu nog schoner'-reclames scheppen ze er een zeker genoegen in om dit nieuws te brengen. Hoe smeriger dit gevecht hoe beter.

En smerig wordt het. Twee weken nadat het nieuws naar buiten is gegaan staat Stef Kranendijk samen met zijn secretaresse de in Brussel op het R&D-centrum van Procter & Gamble kapot gewassen onderbroeken en leggings in grote bruine enveloppen te stoppen. Samen met een stapel foto's van stukgewassen kleren worden ze naar de grote media in het land gestuurd. Tot zijn afgrijzen vindt Willem Selman de volgende dag niet alleen de kranten met daarin de dramatische foto's op zijn deurmat, maar ook een enveloppe met stukgewassen kleren.

In heel Europa worden de foto's verspreid. In Spanje krijgt Paul Polman de opdracht die dramatische beelden naar de media te sturen. Hij vindt dat zijn bazen nogal paniekerig op de hele situatie reageren. Maar opdracht is opdracht en hij weet ook dat slechts 30 procent van de klanten loyaal is aan een wasmiddel. Zodra een wasmiddel van een concurrent ergens in de aanbieding is – en dat zijn ze constant – stappen kopers over. En omdat het mangaan op de kleren blijft zitten, kunnen consumenten gaan denken dat de schade aan hun textiel door de laatste wasbeurt in 'zijn' Ariel is ontstaan.

Dit cross-overeffect moeten ze zien te voorkomen.

Polman kan een succesje bovendien wel gebruiken. De activiteiten in Spanje zijn een zorgenkindje van Procter & Gamble. Hij heeft de opdracht gekregen ervoor te zorgen dat deze bijna failliete operatie een succes wordt. Deze actie kan daarbij helpen. Zo laat P&G zien dat het bedrijf zich om de belangen van de Spaanse consument bekommert.

Het pleit is snel beslecht. Al na een paar maanden besluit Unilever de 'revolutionaire vinding' uit de handel te nemen. De 800 miljoen gulden die in marketing en R&D is geïnvesteerd moet worden afgeschreven. Maar wat veel erger is: het vertrouwen van consumenten is beschaamd. En dat is Unilevers grootste kapitaal. Een grotere nederlaag is nauwelijks denkbaar. Het zelfvertrouwen van veel Unileverianen is opeens heel breekbaar geworden. Hoe kon dit gebeuren? Onmiddellijk wordt er naar elkaar gewezen. De onderzoekers geven de marketeers de schuld, maar die wijzen op hun beurt naar de onderzoekers. Op het Rotterdamse hoofdkantoor geven de Nederlanders de Britten de schuld, en fantaseren ze zelfs over het opbreken van het concern.

Door alle aandacht voor de mislukte introductie van een wasmiddel is het de buitenwacht vrijwel ontgaan dat Morris Tabaksblat ondertussen voorzitter is geworden van de Nederlandse nv. Samen met de baas van de Britse plc, Michael Perry, staat hij nu aan het roer van de ruim 300.000 medewerkers. Tabaksblat volgt Floris Maljers op. Die twee kennen elkaar al bijna 35 jaar, zijn allebei lifers.

Maljers kreeg in de jaren tachtig al in de gaten dat vanuit de dominante Amerikaanse bedrijfscultuur steeds meewariger naar Unilever wordt gekeken. Ze begrijpen het niet, beschouwen het als een halve fusie. En vragen zich dus regelmatig af of de bedrijven los van elkaar niet meer waarde hebben. Unilever kreeg volgens Maljers zelfs signalen dat het concern bij sommige grote Amerikaanse overnamespecialisten hoog op de lijst stond als interessant doelwit. In een afscheidsinterview met NRC *Handelsblad* sprak hij zijn zorgen uit: 'Het enige wat ons op het oog bescherming bood, was de buitensporig ingewikkelde juridische structuur, die teruggaat tot de oorspronkelijke Brits-Nederlandse contracten uit 1929. Maar die barrière had kunnen worden genomen. Wij waren in de merkwaardige situatie dat we zo'n goed gevulde kas hadden dat, wanneer je Unilever gekocht had voor de beurswaarde plus een overnamepremie, een substantieel deel daarvan vervolgens betaald had kunnen worden van ons eigen geld.'

Maljers vond dat Unilever veel meer moest kiezen. Hij ergerde zich al jaren aan een cultuur waarin lokale directeuren hun gang gaan en slechte presteerders niet worden aangepakt. Een strategische heroriëntatie moest voor meer focus en discipline in het bedrijf zorgen.[2] Maljers had er zo voor gezorgd dat het concern zich de afgelopen tien jaar was gaan concentreren op vier gebieden: levensmiddelen, wasmiddelen, persoonlijke verzorgingsproducten en chemische specialiteiten. Door die keuze had hij Unilever gedwongen afscheid te nemen van talloze, door die machtige lokale directeuren geïnitieerde activiteiten. Variërend van de productie van behang in Schotland, een ferrydienst tussen Scheveningen en het Verenigd Koninkrijk, papierfabrieken in Duitsland, kookboeken in Zwitserland en een scheepvaartlijn in Nigeria of taxfreewinkels in de Arabische Golfstaten. Het werd allemaal afgestoten.

Opvolger Tabaksblat wil op dit pad door. Ook hij vindt dat Unilever lijdt aan behoudzucht. Bij het snellere Procter & Gamble kijken ze in zijn ogen meer naar de overeenkomsten dan naar de verschillen tussen markten en culturen. Ze leggen ook veel meer de nadruk op technologische oplossingen voor die overlappende consumentenbehoeften. Bij de Amerikaanse concurrent worden slecht presterende managers bovendien keihard afgerekend: ze moeten het bedrijf vaak verlaten.

De nieuwe voorzitter weet dat er binnen Unilever met afgunst naar het zakelijke succes van Procter & Gamble wordt gekeken. Aan de andere kant stellen ze ook graag tevreden vast dat je een soort robot moet zijn, een 'Proctoid', om daar te kunnen werken. De 57-jarige Tabaksblat, zelf groot geworden als marketeer, is blij dat er bij Unilever ruimte is voor echte creatieve mensen. 'Zijn' Unilever heeft volgens hem een veel speelsere cultuur dan Procter & Gamble.[3] Maar de nieuwe voorzitter vindt ook dat zijn collega's het vaak te snel opgeven. Dat ze niet echt worden aangepakt. Hij is jaloers op het doorzettingsvermogen van de mensen van P&G. Dat is een terriërachtige organisatie, waar ze het gewend zijn om net zo lang te proberen tot het wel lukt. Tabaksblat vraagt zich af of het niet tijd is om kritisch naar de eigen werkwijze en gezagsverhoudingen te kijken.

Dat de Amerikanen erin zijn geslaagd om hun Omo Power om zeep te brengen zorgt niet alleen voor gekrenkte trots bij marketeers zoals Tabaksblat. Bij veel onderzoekers gaat de pijn waarschijnlijk nog dieper. Een van hen, Hans Broekhoff, is enorm teleurgesteld. De directeur wasmiddelenresearch van het Unilever Research Laboratorium in Vlaardingen was enorm trots op de nieuwe vinding die ze samen met de Britse collega's in Port Sunlight hadden ontwikkeld. Drie jaar zijn ze bezig geweest, met tweehonderd man. Een milieuvriendelijk wasmiddel moest het worden. Bij lage temperaturen goed schoon wassen betekent immers een enorme energiebesparing. Dat is waar de wereld in deze tijd behoefte aan heeft. Juist in 1994 heeft 'duurzaamheidsdenker' John Elkington het treffend samengevat met zijn 3P's: *People, Planet, Profit*. Die Brit was weer geïnspireerd door de Rio Conferentie twee jaar eerder. Daar legden regeringsleiders in de 'Agenda 21' vast dat de mensheid op een 'allesbepalend kruispunt' staat. Gaan we door met het laten groeien van de verschillen tussen arm en rijk, met het uitputten van de natuurlijke voorraden en het in het gevaar brengen van ons ecosysteem? Of kiezen we gezamenlijk voor een duurzame ontwikkeling van de wereldeconomie? Dat is een uitdaging die de 1200 wetenschappers van Unilever aanspreekt.

Qua onderzoek doet de R&D-afdeling van Unilever niet onder voor een universiteit. Er wordt zelfs fundamenteel wetenschappelijk onderzoek gedaan. Dat is volgens die researchers onontbeerlijk, want welke claim de marketeers van Unilever ook maken, het gaat over voeding en hygiëne, daar mag je niet mee sollen. Als je bijvoorbeeld de steun van de medische wereld wilt hebben voor de gezondheidsclaims van Becel, dan is eigen fundamenteel onderzoek noodzakelijk. Dat soort steun is niet te koop, dokters willen het echte bewijs zien.

Heel lang was het daarom een belangrijke spelregel dat marketeers niet te veel rechtstreeks contact met onderzoekers mogen hebben. Die zouden kunnen worden afgeleid door kortetermijnbelangen als marktaandeel en marge. Die spelregel is tot leedwezen van Broekhoff en zijn collega's de laatste jaren flink onder druk komen te staan. Het valt de onderzoekers ook op dat ze nauwelijks meer door de raad van bestuur worden uitgenodigd om in een proefopstelling te laten zien wat ze hebben ontdekt. Om sneller te kunnen opereren is in 1987 het onderzoek bij de verschillende divisies en productgroepen ondergebracht, dichter bij de markt en bij de marketeers. Met als gevolg dat de coördinatoren van die productgroepen veel meer te zeggen hebben gekregen over het onder hen vallende onderzoek. Dat heeft erin geresulteerd dat de altijd veeleisende marketeers onder druk van de concurrentie steeds makkelijker naar de onderzoekers lopen om vernieuwingen van hun producten te eisen. Vernieuwingen die ze goed in de markt kunnen zetten, vernieuwingen waarmee ze voorop kunnen lopen. Omo Power was een van de resultaten geweest.

De onderzoekers voelen zich nu door de marketeers van hun eigen bedrijf in hun hemd gezet. Natuurlijk weet een man als Broekhoff dat het nieuwe wasmiddel schade aanricht als het bij te hoge temperaturen wordt gebruikt. Sterker nog, hij heeft zelf de testen laten doen: na honderd wasbeurten op hogere temperaturen bleven alleen de teen- en hielstukken van sokken over, de rest was stukgewassen. De wetenschappers in Vlaardingen maakten zich in de maanden voor de introductie van Omo Power grote zorgen omdat uit de eigen wastesten al was gebleken dat het middel bij hogere temperaturen slijtage veroorzaakt.[4]

Broekhoff heeft ervoor gezorgd dat die testresultaten ook in Engeland zijn gemeld. Volgens verschillende collega's heeft hij de marketeers daar zo ongeveer gesmeekt het wasmiddel niet 'voor alle temperaturen geschikt' in de markt te zetten. Tegen *NRC Handelsblad* zegt een collega die anoniem wil blijven: 'De hele ontwikkeling van Omo Power stond in het teken van maar één streven: te komen tot een absoluut milieuvriendelijk wasmiddel. Dat was onze opdracht en dan verwacht je ook dat het zo zou worden gepresenteerd. Dat is tot onze grote teleurstelling niet gebeurd. De marketingafdeling heeft gegokt op de hele markt, dat is fout geweest. Men heeft verzuimd de kaart van het milieu te spelen en had duidelijk moeten kiezen voor de lage temperaturen. Door deze misser heeft het hele lab een deuk opgelopen.' Het trotse R&D-laboratorium, de plek waar de innovatie vandaan moet komen, heeft het afgelegd tegen de marketeers, die, opgejaagd door de grote concurrent, de belangen van de consumenten uit het oog zijn verloren.

Vlak na het Omo Power-drama zoekt Niall FitzGerald de confrontatie met zijn ondergeschikten op. Hij kijkt naar de 31 bedrukte, sombere gezichten om hem heen. Hij stelt vast dat ze met elkaar goed zijn voor een kleine duizend jaar marketing- en R&D-ervaring als het om wasmiddelen gaat. Duizend jaar! De voor Omo Power verantwoordelijke managers zitten in de boardroom op het Londense hoofdkantoor om de balans op te maken. De charismatische Ier kondigt aan dat ze deze ruimte niet zullen verlaten voordat helemaal duidelijk is wat er is misgegaan. Hoe is het mogelijk dat het grote, machtige Unilever zo de fout in is gegaan?

Het is in ieder geval duidelijk dat consumenten de kleine lettertjes op de verpakking niet lezen. Dat ze nauwelijks letten op de hoeveelheid wasmiddel, of de temperatuur. Uren praten ze met elkaar, waarom wisten ze dit niet? Waarom waren ze blind gegaan voor een wasmiddel dat spectaculair schoon waste, zo radicaal schoon dat het niet alleen de vlekken verwijderde maar ook het textiel van hun klanten vernielde?

Dan heeft FitzGerald een ingeving. Hij vraagt de aanwezigen wie hier zijn eigen kleren eigenlijk wast. Hij gaat voorop en geeft ruiterlijk toe dat hij dat in ieder geval zelf niet doet. Geen van zijn collega's steekt een hand op. Niemand wast zijn eigen kleren. Dan valt het kwartje. Ze realiseren zich dat ze bij de ontwikkeling van Omo Power de belangrijkste stem niet hebben gehoord, omdat de klant zich niet in hun midden bevindt.

FitzGerald vindt dat hij verantwoordelijk is voor de grootste marketingblunder in de geschiedenis van Unilever. Hij dient zijn ontslag in bij de Britse plc-voorzitter Michael Perry. Maar die wil daar niks van weten. Perry stelt dat Unilever net 350 miljoen pond in zijn opleiding heeft geïnvesteerd. Als deze jongeman nu denkt die enorme investering zomaar naar een concurrent te kunnen brengen, dan heeft hij het mis. Ga het maar terugverdienen, zegt Perry. Aan de slag!

Robert Polet is vooral blij dat FitzGerald mag blijven. Unilever moet meer lef tonen als het in het gevecht met bedrijven als Procter & Gamble overeind wil blijven. Net als Niall FitzGerald is de directeur van Van den Bergh &

Jurgens gefrustreerd door het gebrek aan ondernemerschap om hem heen. In 1992 wilde Polet vloeibare margarine op de markt brengen. Dat is gezonder omdat er minder geharde (trans)vetten in zitten, het is bovendien handiger, je krijgt er geen vieze vingers van. Maar langs de formele weg liepen zijn plannen in eerste instantie spaak, zijn bazen vonden het te risicovol. Polet besloot toen stiekem aan de slag te gaan. Achter in de fabriek in Rotterdam, in een apart kamertje, zette hij een machine neer die de vloeibare margarine ging produceren. Ze testten het product heel voorzichtig op de markt. Het moest onder de radar blijven. Toen zijn bazen erachter kwamen, waren de positieve onderzoeksresultaten stevig genoeg en kreeg Polet toch de ruimte om het nieuwe product op de markt te brengen. Het werd een groot succes.

Dat succes betekent trouwens niet dat er nu beter naar Polet wordt geluisterd. Zijn suggestie dat Unilever veel sneller producten direct via het groeiende internet moet gaan verkopen, kost hem bijna zijn baan. De top van het bedrijf is als de dood voor de directe klanten van Unilever, de grote retailers. Als die erachter komen dat hun leverancier om hen heen producten probeert te verkopen aan de consument, dan zijn de rapen gaar. Grote retailers zoals Ahold in Nederland en Tesco in het Verenigd Koninkrijk zijn de belangrijkste afnemers van Unilever, via hun schappen moeten de producten van Unilever bij de consument terecht zien te komen.

Er zijn meer managers die proberen op onconventionele wijze collega's ervan te doordringen dat het toch echt anders moet. In 1995 is Tex Gunning benoemd tot directeur van de Unilever Vlees Groep. De 45-jarige voormalige accountant is een van de zeer weinige carrièremakers binnen het bedrijf die zijn werkende leven niet bij Unilever is begonnen. Gunning heeft de opdracht gekregen de Unilever Vlees Groep weer aan de praat te krijgen. De winstgevendheid holt achteruit. Bovendien kampen ze met een dramatisch verlies aan kwaliteit, waardoor al een paar keer op grote schaal producten moesten worden teruggehaald uit de winkels.

De nieuwe directeur gelooft zijn ogen niet als hij door de productiehal loopt. Sommige werknemers zijn totaal niet productief meer, staan de hele dag niets anders te doen dan machines af te stoffen. Het lijkt wel een sociale werkplaats. Er is jaren nauwelijks iets gedaan aan het opleiden van mensen. Het is Gunning al snel duidelijk dat minstens een kwart van de 1200 banen moet worden geschrapt.

Hij is boos op het vorige management. Wat hebben die eigenlijk gedaan om deze werknemers op te leiden, nieuwe perspectieven te bieden? Het is toch immoreel om ze maar wat te laten aanmodderen, straks staan ze op straat, zonder zicht op een baan. Ze hebben hier jarenlang zelfingenomen op hun lauweren gerust. Veel te makkelijk geld verdiend. Het lijkt erop dat ze helemaal vergeten zijn wat kwaliteit is. Kennelijk hebben ze hier in Oss al die tijd gedacht: wij zijn de bakermat van Unilever, hier zijn Simon van den Bergh en Antoon Jurgens meer dan honderd jaar geleden begonnen met de productie van kunstboter, wie maakt ons wat?

Gunning nodigt alle 1200 medewerkers uit om met hem in de bus te stappen. Sommigen denken dat ze worden getrakteerd op een dagje Efteling. Maar de bussen stoppen voor een grote opslagplaats. Als ze binnenkomen schalt het *Requiem* van Mozart door de hal. De gettoblaster staat op een van de 3700 op elkaar gestapelde pallets met afgekeurde producten. Lekkende blikjes saus, afgekeurde worsten, bedorven soep. De stank is niet te harden. Boven iedere stapel pallets hangt een groot bord waarop staat vermeld op welke dag en tijdens welke dienst de onverkoopbare spullen zijn gemaakt. Vet gedrukt staat de waarde van de goederen die straks zullen worden verbrand. Hier 160.000 gulden, daar 220.000 gulden, het zijn gigantische bedragen. Er zal in totaal voor ongeveer 4,3 miljoen gulden aan onverkoopbare spullen moeten worden vernietigd. Een van de productieleiders houdt zijn emoties niet in de hand, gooit woedend de gettoblaster op de grond. De muziek stopt.

Maar Gunning schrikt niet. Hij is ervan overtuigd dat hij nooit ergens bang voor hoeft te zijn, als hij maar uit zijn hart spreekt. Op een geïmproviseerd podium neemt hij het woord. Het is een verwarrend gezicht, gehuld in een lamswollen trui ziet de kleine man er niet uit als een directeur en al helemaal niet als een Unilever-directeur.

Terwijl hij praat wordt zijn toon steeds feller: 'Wat een enorme verspilling, zien jullie het? Beschouwen jullie jezelf als getalenteerd? Hoe is het dan mogelijk dat jullie zo'n beroerde kwaliteit maken?' Hij vraagt de verbouwereerde medewerkers om langs de stinkende pallets te lopen en goed in zich op te nemen hoe beroerde kwaliteit eruitziet. Hij wil dat ze het voelen, dat ze zich schamen.

De meeste werknemers begrijpen er helemaal niks van. Waar gaat dit over? Wat is hier aan de hand? Er wordt toch ieder jaar netjes winst gemaakt? Waarom zijn ze niet gewaarschuwd? Gunning maakt ze duidelijk dat het bedrijf richting afgrond gaat. Dat ze lui zijn geweest en dat als gevolg daarvan de omzetten, de marktaandelen en de marges al jaren dalen en dat dit echt helemaal hun eigen schuld is. Hoe kan het anders dat concurrenten als Campbell en Heinz de afgelopen jaren wel tweecijferige groeipercentages konden laten zien? Realiseren ze zich niet dat ze een grote verantwoordelijkheid hebben? Het gaat over de voeding van mensen. 'Jullie zijn zelf toch ook mensen,' roept hij, 'waarom zijn jullie niet echt verbonden met wat jullie doen?'

In Rotterdam vinden velen het onbegrijpelijk dat Niall FitzGerald niet is ontslagen. Het gerucht doet de ronde dat de Ier de Britse leden uit de raad van bestuur bij hem thuis heeft uitgenodigd om ze ervan te overtuigen om zijn voordracht als opvolger van Perry veilig te stellen.

Tabaksblat begrijpt wel waarom FitzGerald mag blijven. Omo Power was in zijn ogen een poging om iets op een andere manier te doen, die mensen hebben daarvoor toch hun nek uitgestoken. Tabaksblat wil geen wraakactie, geen *public hanging*. Ook omdat FitzGerald binnen Unilever het symbool van ondernemerschap is. Hij gelooft bovendien dat het zelden of nooit mensen zijn die met opzet de zaak verstieren. Het gaat meestal mis in de processen.[5]

De Nederlandse bestuursvoorzitter besluit zich te concentreren op het goed houden van de interne verhoudingen. Maar helemaal zonder gevolgen kan de blunder niet blijven. Perry en Tabaksblat besluiten dat de voorgenomen benoeming van FitzGerald tot 'derde man' in het Special Committee wordt uitgesteld. Hij moet eerst de door hem veroorzaakte problemen oplossen. Voor het eerst in de geschiedenis van Unilever komt er geen derde man in het Special Committee. Een besluit met grote gevolgen.

Die 'derde man' heeft er de afgelopen zestig jaar vaak voor gezorgd dat de twee kapiteins aan het roer van Unilever dezelfde koers bleven varen. Sinds 1929 is het driekoppige Special Committee erop gericht om rivaliteit tussen Britten en Nederlanders te voorkomen. De twee voorzitters, tot nu toe altijd een Brit en een Nederlander, zitten om de beurt de vergadering van de aan het Special Committee rapporterende raad van bestuur voor.

Natuurlijk botsen ze regelmatig. Deze mannen, deze ego's, zijn niet zomaar tot grote hoogte gestegen. Het is dan die derde man die het conflict sust, die optreedt als mediator tussen de kemphanen. Hij probeert hun stellingname op neutrale manier samen te vatten, last een adempauze in of vraagt ze zich in de ander te verplaatsen. De derde man maakt bovendien vaak aantekeningen en kan op een rust brengende manier een vergadering of discussie samenvatten. Daarbij runt hij het secretariaat, waarin de persoonlijke assistenten van de voorzitters zitten, die ervoor zorgen dat hun baas de spullen precies zo krijgt aangeleverd als hij wil.

Om het Special Committee te laten werken is één spelregel essentieel: wat er binnen het Special Committee aan discussie voorbijkomt, blijft altijd binnenskamers. Het is een 'black box'. De drie mannen spreken naar buiten toe altijd met één mond. Ook tijdens vergaderingen met ondergeschikten. Dat zijn aparte bijeenkomsten. Ze duren nooit lang en hebben een strakke agenda. Slechts één van de twee voorzitters spreekt. De andere twee bestuurders knikken hooguit, ze zeggen niets. Het is ook niet de bedoeling dat je zo'n voorzitter interrumpeert. Eigenlijk mag je als ondergeschikte alleen iets zeggen als om jouw mening wordt gevraagd. Zo wordt de eenheid van het Special Committee op rigoureuze wijze bewaakt en kun je als ondergeschikte nooit naar buiten lopen met het idee dat die andere voorzitter er misschien toch anders over denkt. Het idee alleen al zou je immers op de gedachte kunnen brengen om daar nog even met jouw plannen te gaan winkelen.

Door met één stem te spreken willen de twee kapiteins duidelijk maken dat het Brits-Nederlandse concern toch echt één bedrijf met één koers is. Zo zeggen ze tegen die duizenden managers onder hen: of je nou voor de nv of de plc werkt, of je Brits of Nederlands bent, van de *food*- of van de *care*-kant van Unilever, jullie moeten naar buiten toe ook altijd en overal met één stem spreken. Wij zijn de leiders omdat wij het goede voorbeeld geven, zoals we dat al 65 jaar doen. Alleen daarom is Unilever er nog.

Niet dat die buitenwereld het echt begrijpt. Wie is hier nou de baas? In de Nederlandse media wordt de voorzitter van de nv steevast aangeduid als de bestuursvoorzitter van Unilever en de Britse voorzitter als diens rechterhand, in de Angelsaksische media is de voorzitter van de plc vaak de enige echte baas en speelt de Nederlandse voorzitter de tweede viool. Floris Maljers klaagde vaak dat het hem nog nooit was gelukt om goed uit te leggen dat dit systeem echt werkt. Hij gebruikte daarbij het voorbeeld van een hommel: die heeft een groot lichaam met twee heel kleine vleugeltjes. Wie ernaar kijkt vraagt zich af hoe hij kan vliegen, maar hij doet het wel.

Feit is dat het door die dubbele structuur met twee voorzitters die allebei zowel president-commissaris als CEO zijn voor veel partijen verwarrend blijft wie nou de baas is. En belangrijker nog: wie houdt er dan toezicht op die baas?

Tabaksblat gelooft niet dat deze constructie nog lang houdbaar is. In 1992 heeft een Britse commissie onder leiding van Sir Adrian Cadbury, drie jaar eerder afgetreden als bestuursvoorzitter van de gelijknamige chocoladefabrikant, nieuwe richtlijnen opgesteld voor een goede *corporate governance*. In Engeland is een bestuursmodel met een combinatie van uitvoerende en niet-uitvoerende bestuurders, de *one-tier-board*, nu de norm. Met als belangrijkste spelregel dat de rollen van voorzitter van het bestuur en van CEO niet meer in één persoon mogen zijn verenigd. Bovendien moet er een meerderheid van niet-uitvoerende bestuurders in dat bestuur zitten die streng toezicht houden op de uitvoerende directeuren, alsmede de hoogte van hun beloning bepalen.

Het is voor Tabaksblat duidelijk dat Unilever deze checks-and-balances niet op orde heeft. Op dat driemanschap wordt door niemand toezicht gehouden. Unilever heeft alleen een 'advisory board', een acht leden tellende raad van advies, de leden ervan worden gevraagd door de top van het bedrijf. Ze kijken mee maar ze hebben geen enkele formele macht of zeggenschap om in te grijpen. Op de vraag wat de raad van advies precies doet, was Maljers altijd duidelijk geweest: die geeft advies als wij daarom vragen. Niemand kan de leden van het Special Committee op hun feilen wijzen, laat staan ze ontslaan.

Anno 1994 kan dat niet meer. Tabaksblat wil daarom het liefst naar zo'n one-tier-board: een gremium met daarin een paar uitvoerende bestuurders en een meerderheid van niet-uitvoerende bestuurders, die gezamenlijk verantwoordelijk zijn voor het gevoerde beleid. Die laatsten houden toezicht op de bestuurders die van dag tot dag leidinggeven aan het concern.[6] Tabaksblat constateert dat steeds meer bedrijven, ook in Europa, afstappen van het collegiale bestuursmodel en overgaan op het benoemen van één eindverantwoordelijke bestuursvoorzitter, een CEO. Hij verklaart dit vooral vanuit de toenemende individualisering.[7] Een ontwikkeling die wordt versterkt door de al jaren sterk groeiende focus op het creëren van aandeelhouderswaarde.

Die snel toegenomen aandacht voor de dagelijkse ontwikkeling van de aandelenkoers zorgt voor een groeiende roep om eenduidig en communicatief sterk leiderschap. Een sterke leider als boegbeeld. Steeds meer CEO's krijgen daardoor een zekere bekendheid, zoeken dat ook op. Tabaksblat vindt dit geen goede ontwikkeling. Dergelijke topmanagers worden enorme kwaliteiten toegedicht en als een soort alleskunners gezien. Als dat applaus maar lang genoeg aanhoudt kunnen ze het zelf gaan geloven, met alle dramatische gevolgen van dien. Ook voor Unilever is er een reëel risico dat de twee voorzitters zich zowel intern als extern groter en groter maken. Dat ze zich als het ware op het schild laten hijsen. Tabaksblat denkt hier veel over na. Dit zal de discipline die ervoor nodig is om met één mond te blijven spreken, je af en toe klein te maken en de opvattingen van de ander over te nemen, verzwakken. Zeker als het tij een keer tegenzit. Er zijn nu geen toezichthouders die dan kunnen ingrijpen.[8]

Tabaksblat hoopt met een one-tier-board de trage besluitvorming in de top aan te pakken. Maar de weerstand bij de oude garde is groot. Zij geloven dat je die twee uitvoerende voorzitters van de nv en de plc nodig hebt, dat die elkaar juist in de gaten moeten houden. In hun ogen is dit de basis voor het Brits-Nederlandse succes. De leden van de raad van advies blijken ook niet echt zin te hebben in een duidelijke verantwoordelijkheid, die vinden het wel best zo. Ze krijgen een aardige beloning en hoeven nergens voor te tekenen.

Maar Tabaksblat wil onderzoeken of Unilever zich niet meer moet gaan conformeren aan wat normaal is. Het ontbreken van iedere controle op het Special Committee, intern ook wel 'de heilige drie-eenheid' genoemd, is niet gezond. Tabaksblat vraagt FitzGerald om hierover mee te denken.

Op voorstel van FitzGerald krijgt de raad van advies in 1996 een benoemings- en beloningscommissie. Maar de stap naar één CEO en een daarop toezichthoudende bestuursvoorzitter durven ze niet aan. Wel wordt de rol van de derde man geschrapt en vervangen door een vijftal bestuurders: een eindverantwoordelijke voor de voedingsmiddelen, eentje voor de wasmiddelen en persoonlijke verzorging, een financieel directeur, een personeelsdirecteur en een directeur strategie. De Special Committee wordt omgedoopt tot Executive Committee.

Daaraan zullen voortaan veertien 'business group presidents' gaan rapporteren. Zij worden verantwoordelijk voor de resultaten van hun onderdeel. Vijf van hen bekommeren zich om de twee grootste markten, de Verenigde Staten en Europa, goed voor 70 procent van de omzet. De rest om de ontwikkeling van de verschillende categorieën. Het bedrijf wordt vanaf nu zoveel mogelijk langs twee productgroepen bestuurd: voeding en (persoonlijke en huishoudelijke) hygiëne. Besloten wordt om de chemiedivisie te verkopen.

De dertig jaar oude matrixspanningen worden, tot chagrijn van velen, niet opgelost. De voorzitters verontschuldigen zich in de media. 'Het leven is helaas ingewikkeld,' aldus Perry. In Rotterdam zijn ze in ieder geval blij dat FitzGerald – na een jaar op het strafbankje toch benoemd als opvolger van Perry – voorlopig wel goed in de gaten zal worden gehouden door de als bestuursvoorzitter meer ervaren Tabaksblat.

Verschillende directe collega's van Tabaksblat maken zich ondertussen zorgen over deze nieuwe structuur. Met één mond praten was voor een driemanschap misschien nog te organiseren, maar als die twee nog steeds oppermachtige voorzitters voor een 'publiek' van vijf collega's het niet met elkaar eens blijken te zijn, zal het niet eenvoudig zijn om dat binnen vier muren te houden. Het risico van 'twee kapiteins op één schip' is zo een stuk groter geworden. Qua bestuurbaarheid zou Unilever wel eens van de regen in de drup kunnen komen.

De Nederlandse bestuurders zijn het erover eens dat de missie van Tabaksblat om tot een slagvaardiger bestuur te komen is vastgelopen. Ook hier blijkt de Omo Power-affaire door te etteren. Ze denken dat Tabaksblat in Londen veel van zijn goodwill en slagkracht is kwijtgeraakt nadat hij, zonder overleg met zijn Britse collega's, tijdens een reis met de pers naar China zijn excuses heeft gemaakt voor dat drama. Die reis had vooral over China moeten gaan. Daar was Unilever heel voorzichtig begonnen te investeren. Maar de altijd behoedzame Tabaksblat had zich niet kunnen inhouden toen hij in de bus naast de voor China verantwoordelijke Alexander Kemner was gaan zitten. Tabaksblat had gefoeterd op Niall FitzGerald, die niet meteen en openlijk had willen toegeven dat hij fout zat. Kemner waarschuwde zijn baas nog dat hij niet zo hard moest praten tussen alle journalisten, die voor een belangrijk deel Nederlands verstonden. Toen tijdens de persconferentie een paar uur later werd gevraagd wat hij vond van de gang van zaken rond Omo Power besloot Tabaksblat heel eerlijk te zijn: Unilever had dit niet goed gedaan.

In Rotterdam geloven ze dat 'hun bestuursvoorzitter' met deze onomwonden mea culpa de eenheid binnen Unilever heeft gered. In Londen denken ze daar anders over. Een Nederlander die zich verexcuseert voor Britse fouten, dat vinden ze onvergeeflijk.

Binnen Procter & Gamble doen de Nederlanders het erg goed. Na de Amerikanen hebben ze de meeste *level six*-posities en hoger binnen het bedrijf: van de top-300 zijn er tien Nederlands. Paul Polman vindt dat logisch. Vanuit Amerikaans perspectief zijn de Nederlanders redelijk dichtbij. Ze spreken behoorlijk Engels en lijken, sinds de val van de Muur, het Angelsaksische marktdenken enthousiast te omarmen. Bovendien staat het Europese hoofdkantoor in de Benelux.

Die Nederlanders kennen elkaar allemaal, houden elkaar in de gaten. Na afloop van vergaderingen drinken ze gezamenlijk een borrel. De meest succesvolle is de Fries Durk Jager, er wordt gezegd dat hij, als eerste buitenlander, chief executive officer van de Amerikaanse gigant zou kunnen worden.

Stef Kranendijk is enthousiast over Paul Polman. Tussen 1984 en 1987 heeft hij intensief met die katholieke tukker uit Enschede samengewerkt, hij als marketingmanager, Polman als financieel manager. De plannen die Kranendijk maakte moesten door Polman worden doorgerekend. Het was Kranendijk toen al opgevallen dat Polman steeds het gesprek met hem aanging, veel vragen stelde. De meeste collega's van de afdeling financiën schreven gewoon op wat de marketeers van hen vroegen, en gingen vervolgens zitten rekenen. Maar de vier jaar jongere Polman dacht actief met Kranendijk mee, wilde weten hoe marketing werkte, hoe marketeers dachten. Het was duidelijk dat hij de business wilde doorgronden. Kranendijk had Polman geadviseerd om over te stappen naar de marketingkant van Procter & Gamble. Het is een ongeschreven regel dat je het marketingvak onder de knie moet hebben als je managing director wilt worden.

Polman had zijn carrière aan de finance-kant van het bedrijf onderbroken en een stap opzij gezet, de marketing in. In Frankrijk was hij verantwoordelijk geworden voor Pampers. Daar had hij geleerd dat marketing een soort oorlogvoering is. Je bent constant met de vijand in de weer. Samen met marketeer Roel van Neerbos had hij bijvoorbeeld een gedetailleerd aanvalsplan op de marktpositie van Pampers moeten maken vanuit het perspectief van een grote concurrent als Kimberley Clark of SCA (Libero). Alle mogelijke scenario's hadden ze bedacht en doorgerekend, inclusief de effecten voor de winst-en-verliesrekening. Op die manier waren ze goed voorbereid zodra zo'n aanval zich zou voordoen. Ook Van Neerbos begrijpt wel waarom Paul Polman zo snel carrière maakt. Er zijn maar weinig mensen die zo veel informatie kunnen verwerken, analyseren en onthouden. Hij is bovendien fysiek sterk, heeft niet veel slaap nodig en werkt altijd harder dan iedereen om hem heen. En heel belangrijk: een organisatie als P&G voelt zich veilig bij een marketeer die ook de financiële kant van het bedrijf doorgrondt.

Voor de meeste van zijn collega's is het inmiddels wel duidelijk dat Paul Polman op het steile pad naar boven zit. Nadat hij de relatief kleine en verlieslatende operatie van Procter & Gamble in Spanje winstgevend heeft weten te maken is hij in 1996 beloond met het directeurschap van de Britse dochter. Een forse promotie. Engeland is de grootste markt voor P&G in Europa en is goed voor de helft van de totale Europese winst.

Zijn kantoor staat in Newcastle. Een stad die met veel zware industrie een hoofdrol speelde tijdens de industriële revolutie maar het nu zwaar te verduren heeft. De economische malaise in het begin van de jaren negentig zorgt er voor een recordwerkloosheid. De voorganger van Polman, Mike Clasper, komt uit de regio en heeft zich de afgelopen jaren op allerlei manieren ingezet om de lokale economie uit het slop te trekken. Als directeur van een van de grootste werkgevers van de regio zit hij pro bono in allerlei besturen van onder meer een universiteit en van een publiek-private organisatie, Newcastle Initiative, die investeert in het verbeteren van de economische infrastructuur. Van Polman wordt verwacht dat hij die rollen overneemt. En dus doet hij dat.

Hij voelt zich meteen thuis in dit vrijwilligerswerk. Polman, tweede van zes kinderen, heeft gezien hoe zijn ouders zich altijd belangeloos voor anderen hebben ingezet. Zijn vader deed veel vrijwilligerswerk. Hij hielp bijvoorbeeld zo veel mogelijk Turkse gastarbeiders in textielstad Enschede met het invullen van hun belastingaangifte. Dat was de centrale boodschap in zijn katholieke opvoeding: altijd klaarstaan voor een ander. En dan vooral voor de ander die het minder heeft.

Zijn vader heeft lang twee banen gehad om zijn gezin te kunnen onderhouden. Dat was nodig omdat zijn moeder, onderwijzeres, in de jaren vijftig onmiddellijk was ontslagen toen het eerste kind zich aandiende. Als Polman aan zijn vader denkt, schiet hij nog steeds vol. Zijn grote voorbeeld was nog maar 68 jaar toen hij in 1993 plotseling stierf. De man heeft zich letterlijk doodgewerkt om het voor al zijn kinderen mogelijk te maken om te kunnen studeren. Wat heeft hij veel van hem geleerd, wat heeft hij veel aan hem te danken.

Zijn vader zat in het bestuur van de kerk. En dus zat de jonge Polman bij de katholieke padvinders, in het clubhuis naast de kerk. Omdat hij het goed deed op school – hij haalde negens, want de tien is voor God – werd hij eerst misdienaar en later hoofdmisdienaar. Thuis speelde hij priestertje, bouwde zijn eigen altaar. Daar ging hij voor staan, terwijl zijn ouders in zijn kerk zaten te luisteren. Zijn heeroom, pater Valentius, die in het klooster zat, kwam veel bij de familie op bezoek. Op twaalfjarige leeftijd besloot Polman dat hij priester wilde worden. Zijn ouders stemden hiermee in. Bijna een jaar zat de jonge Polman op het kleinseminarie in Apeldoorn. Het was er koud, spartaans. Er zaten nog maar weinig kinderen. Toen hij heimwee kreeg, haalden zijn ouders hem weer naar Enschede.

Daarna moest en zou hij dokter worden. Maar ondanks zijn schitterende cijferlijst werd hij uitgeloot. Omdat hij goed voorbereid wilde beginnen had hij tijdens zijn studie economie maar vast de boeken voor zijn medicijnenstudie in huis gehaald en bestudeerd. Hij moest toch wat studeren, maar na drie keer te zijn uitgeloot vond zijn vader het genoeg: er moest een boterham worden verdiend. Zoonlief had ondertussen bedacht dat hij zijn kansen op de arbeidsmarkt zou vergroten door aan een Amerikaanse universiteit verder te studeren. Tijdens zijn kandidaats economie in Groningen was hem duidelijk geworden dat het belangrijkste nieuwe gedachtegoed over bedrijfsleven en economie uit de VS kwam.

Opnieuw had zijn vader hem geholpen. Via diens werk als administrateur bij bandenfabrikant Vredestein, eigendom van het Amerikaanse BFGoodrich, bleek een Amerikaanse collega bereid zijn zoon een logeerplek in Cincinnati aan te bieden. Daar aangekomen had de jonge Polman zich meteen ingeschreven voor twee opleidingen: finance en internationale marketing en economie. Tijdens een cursus 'Collectief onderhandelen met vakbonden' was hij stapelverliefd geworden op de drie jaar oudere, aan het conservatorium studerende Kim Strauss.

Omdat hij zijn studie daar zelf moest betalen had hij 's avonds en 's nachts als manusje-van-alles op het hoofdkantoor van Procter & Gamble gewerkt. Hij was voortdurend in touw geweest om zijn ouders te laten zien dat hun inspanningen niet voor niks waren geweest, ook al zou hij geen dokter worden. Procter & Gamble, werkend aan plannen om Europa op de concurrentie te veroveren, had de hardwerkende Nederlander na zijn afstuderen in 1977 meteen een baan als *cost analyst* aangeboden.

Zijn vader had hem bij zijn afstuderen getrakteerd op een Delfts blauw tegeltje. Daarop had hij de tekst laten zetten: 'Een econoom is ook maar gewoon een mens'. Dat tegeltje ligt nog altijd in een laatje van zijn bureau. Het is een variant op een uitspraak die Polman zo vaak van zijn ouders heeft gehoord: vergeet nooit waar je bent geboren. Zijn moeder woont nog steeds in hetzelfde huis. Hij komt er nog iedere maand. Paul Polman weet heel goed waar hij vandaan komt.

De CEO van Procter & Gamble in Engeland bedenkt dat hij hier in Newcastle, door te werken aan al die goede doelen, een beetje zoals zijn vader kan worden. Dat hij van een half mens zo eindelijk een heel mens wordt. Hij schaamt zich daar een beetje voor, hij is toch al bijna veertig jaar. Maar beter ten halve gekeerd. Vanaf nu wil hij een mens zijn dat zich ten dienste stelt van de mensen die het minder hebben. Zijn vader zou trots op hem zijn geweest.

2 Twee kapiteins rukken aan één roer

1998-2001

Antony Burgmans schaamt zich. Unilever gaat 8 miljard dollar teruggeven aan de aandeelhouders. Hoe is het mogelijk? De omzet van het concern is over 1998 met 2 procent gedaald. Kunnen we nu echt niks verzinnen om in te investeren, om het bedrijf weer te laten groeien? Het irriteert de vicevoorzitter van de nv dat Procter & Gamble en Nestlé nog steeds harder groeien. Vooral de groei van de Zwitsers zit hem dwars, dat is ook een Europees bedrijf, die hebben toch ook te maken met veel bureaucratie?

Veel Unilever-managers vinden dit ingewikkeld. We vinden onszelf toch zo goed en belangrijk? Vooral na de verkoop van de chemieactiviteiten, goed voor een omzet van meer dan 4 miljard euro, vindt Burgmans dat het tijd is voor een grote overname ter versterking van de voedingsmiddelenkant van het bedrijf. Daar ontbreken de grote merken die kunnen profiteren van de wereldwijde distributienetwerken van Unilever, zoals dat wel met vallen en opstaan steeds beter lukt aan de verzorgingskant van het bedrijf. Hij fantaseert al een tijdje over het Amerikaanse Bestfoods, met merken als Knorr en Hellmann's. Maar daar krijgt hij de handen niet voor op elkaar. Tabaksblat durft zo'n minstens 20 miljard dollar kostende overname niet aan. En het wordt er niet makkelijker op nu de opbrengst van de verkoop van de chemieactiviteiten, die 8 miljard dollar, aan de aandeelhouders wordt gegeven.

Burgmans heeft zelf inmiddels ook een flink pakket aandelen. Hij vindt het helemaal niet erg om daarmee zijn inkomen aan te vullen, maar hij vraagt zich wel af of er niet te veel aandacht is voor het creëren van aandeelhouderswaarde op de korte termijn. Vooral aan de Britse kant van het bedrijf wordt dit steeds belangrijker gevonden. Burgmans vindt een forse variabele beloning eigenlijk niet bij Unilever passen. Ga je harder werken als je daar een bonus voor krijgt? Dat voelt bijna als een belediging: je doet toch altijd je best? Maar hij realiseert zich dat er geen ontkomen aan is: voor de Angelsaksische kant van het bedrijf is dit te belangrijk. Burgmans bedenkt dat er straks een hoop werk aan de winkel is, als hij het stokje van de Nederlandse voorzitter heeft overgenomen en naast Niall FitzGerald aan het roer komt te staan.

FitzGerald heeft inmiddels spijt. Twee jaar geleden hadden hij en Morris Tabaksblat de aandeelhouders beloofd dat zij die 8 miljard dollar zouden krijgen als Unilever er niet in zou slagen binnen twee jaar een goede bestemming voor dat geld te vinden. De bedrijven die ze hadden onderzocht bleken te duur, te ingewikkeld, te risicovol, er was altijd een reden geweest. Dit zou hij zo nooit meer doen. Unilever kan geen kant op. Om te voorkomen dat de fiscus een groot deel van het dividend opeist, is met de belastingdiensten overeengekomen een deel van het geld terug te geven in de vorm van nieuwe preferente aandelen die minimaal vijf jaar aan de beurs genoteerd blijven. Het zal de koers van Unilever, in ieder geval even, goed doen.

Deze expliciete aandacht voor het creëren van aandeelhouderswaarde maakt aan de andere kant van de oceaan wel wat los, merkt hij. FitzGerald wordt verrast door een telefoontje van Warren Buffett. De twee kennen elkaar al langer. Een van de meest succesvolle beleggers ter wereld overweegt een groot belang in Unilever te nemen. FitzGerald reageert opgetogen. Als Buffett ergens in stapt gaat het meestal om veel geld en een langetermijnverbintenis. Dat zou mooi zijn, rust en vertrouwen geven. De Ier vraagt Buffett of hij hem hierbij kan helpen. Maar een paar maanden later belt Buffett terug met de mededeling dat hij zijn opties zorgvuldig op een rijtje heeft gezet en toch verder gaat investeren in scheermesjesfabrikant Gillette. Om daar grappend op te laten volgen dat die markt in ieder geval als vanzelf groeit, iedere dag weer.

Vooral de wat oudere garde binnen het bedrijf maakt zich zorgen. Decennialang werd binnen het concern nauwelijks over de aandeelhouders gesproken, was niemand serieus met de koers van het aandeel bezig. Dat zat wel goed. Het was volstrekt helder dat de aandeelhouders nooit iets te klagen zouden hebben als Unilever de klanten, werknemers en samenleving goed zou bedienen met zijn producten. Ze moesten soms misschien een beetje geduld hebben en erop vertrouwen dat Unilever in de juiste zaken investeerde. Uiteindelijk zou er voldoende worden verdiend om aan de aandeelhouders een mooi dividend uit te kunnen keren. Een dividend dat ieder jaar een beetje omhoogging.

Waar komt die snelgroeiende angst voor de toorn van de aandeelhouders vandaan? De wat oudere lifers hebben er maar één verklaring voor: het oprukkende, opportunistische kortetermijndenken op de aandelenbeurzen. Met een druk op de knop verschuiven aandeelhouders hun vermogen en bepalen zo de koers van het aandeel en daarmee in toenemende mate het lot van ondernemingen. Zo geven ze het leiderschap van genoteerde bedrijven als het ware iedere dag een rapportcijfer. Een dalende koers is het bewijs van falend leiderschap en maakt een bedrijf een interessante prooi om over te nemen en dat management zo snel mogelijk te vervangen.

Beleggers worden daarbij opgejaagd door bankiers en analisten. Die maken steeds frequenter vergelijkingen met de concurrentie. Lijstjes waaruit blijkt wie het beter doet. Die analisten beginnen tegenwoordig ieder kwartaal te mopperen en te dreigen als de resultaten tegenvallen. Dan geven ze een verkoopadvies aan de beleggers. Hierdoor opgejaagd beloven managers om de drie maanden een verbetering van de resultaten. Zo laten ze zich steeds meer sturen door de verwachtingen van de financiële markten. Een CEO die een omzet- of winstwaarschuwing moet afgeven omdat zijn bedrijf de beloofde doelen niet gaat halen, staat al met één been buiten. Op de beurs geldt een gouden regel: wat je belooft moet je doen.

Binnen het bedrijf strijden afkeer en opwinding om voorrang. Steeds meer Unilever-managers hebben een direct belang bij een stijgende koers, ze zijn inmiddels zelf aandeelhouder. De afgelopen jaren krijgen ze naast hun salarisbrief steeds langere reglementen opgestuurd waarin wordt uitgelegd wat het betekent dat ze opties en/of aandelen van hun werkgever krijgen. Sinds een paar jaar mogen ze een kwart van hun bonus investeren in aandelen Unilever, mits ze deze vijf jaar vasthouden. Deze werknemers willen, als ze hun aandeelhouderspet opzetten, graag optimaal worden bediend. Dit gaat over hun pensioen, hun eigen portemonnee.

Een 'exorbitant staaltje van aandeelhouderskapitalisme'. Zo noemt GroenLinks-voorman Paul Rosenmöller de aandeleninkoop in de Nederlandse media. Hij vindt het onbegrijpelijk dat een bedrijf zo veel geld aan aandeelhouders kan teruggeven en tegelijkertijd driftig schrapt in het personeelsbestand, dat in een paar jaar tijd met enkele tienduizenden werknemers is gedaald naar 265.000. Toch kan de nog steeds toenemende aandacht voor het creëren van aandeelhouderswaarde ook voor de linkervleugel in de politiek geen heel grote verrassing zijn. Ook het Nederlandse beursgenoteerde bedrijfsleven is er de afgelopen jaren steeds meer van in de ban geraakt. De een noemt het neoliberaal, de ander Angelsaksisch. Zelfs grote Nederlandse systeembanken als ABN Amro en ING hebben het over het laten stijgen van hun koersen als belangrijkste doel. De aandeelhouder gaat voor. Laat de markt zijn werk doen. Er vloeit steeds meer geld naar beursgenoteerde bedrijven. Het afgelopen jaar, 1997, is het aantal Nederlandse huishoudens dat belegt met 21 procent gestegen tot 1,9 miljoen. Dat gegeven alleen al zorgt voor het oplopen van de meeste koersen. En dus gaat de discussie in de boardrooms steeds vaker over het tevredenstellen van de aandeelhouder, van de financiële markten. Zolang de koers op peil blijft, hebben ze een *license to operate*.

De meeste politici van (sociaal)liberale signatuur in de Paarse kabinetten in Nederland vinden dit trouwens een prima ontwikkeling, ze willen graag meedenken over regelgeving die dit verder stimuleert. Zolang de koersen stijgen en het vertrouwen in de economie toeneemt, zullen zij daar bij de volgende verkiezingen voor worden beloond.

Unilever doet eigenlijk wat voor steeds meer beursgenoteerde bedrijven normaal is, de financiële belangen van aandeelhouders en management aan elkaar koppelen in de hoop dat de laatsten zo harder gaan lopen. In het jaarverslag draait het steeds nadrukkelijker om de erkenning van aandeelhouders en dan vooral de vergelijking van de prestaties op de beurs met de concurrenten en met andere sectoren.

In mei 1998 constateren Morris Tabaksblat en Niall FitzGerald in het voorwoord van het jaarverslag opgewekt dat Unilever weer drie plaatsen is opgeschoven in de referentiegroep van 21 bedrijven. Hierin zitten de twintig grootste producenten van vergelijkbare consumentenproducten. Als het gaat om deze *total-shareholder-return*-score, het totale rendement voor aandeelhouders, staat het bedrijf nu op de zevende plek. Ze zien het als een van hun prioriteiten om 'de beloningssystemen nog meer te koppelen aan resultaten en medewerkers zo meer mogelijkheden te bieden om te participeren in de waardevermeerdering van het bedrijf, bijvoorbeeld door deelname in aandelenbezit'.

Dat blijkt vooral in de top aan te tikken, daar wordt steeds meer in eigen aandelen beloond en geïnvesteerd. Verdiende de top-20 van Unilever over 1996 in totaal 300.000 euro aan het verzilveren van opties, de verdubbeling van de koers zorgt er een jaar later voor dat die verdiensten oplopen tot 7 miljoen euro. 'Top Unilever krijgt voor anderhalf miljoen opties' kopt NRC *Handelsblad*. Tabaksblat en FitzGerald hebben 138.000 opties gekregen, die op papier 1,5 miljoen gulden waard zijn. De krant legt op bijna verontschuldigende toon aan de lezers uit dat het door Britse regelgeving komt dat er nu zo precies kan worden bericht over de beloning van de Unilever-bestuurders. Tabaksblat heeft daar trouwens geen problemen mee, hij vindt het Engelse systeem voor toezicht en verantwoording superieur aan het Nederlandse.

Een enkeling durft de confrontatie aan. Jeroen Bordewijk, verantwoordelijk voor het duurzaam maken van de landbouwgrondstoffenketen van Unilever, vindt dat Tabaksblat te veel wil sturen met het geven van financiële prikkels. Bordewijk koestert, net als veel andere vooral Nederlandse lifers, de inhoudelijke, 'zachte' cultuur van Unilever – die schept ruimte voor kwaliteit. Door de beurskoers en kwantitatieve doelstellingen heilig te verklaren en daar allerlei bonussen aan te koppelen, werkt de leiding het verkeerde gedrag in de hand. Zo wijst Bordewijk zijn baas erop dat sommige directeuren van werkmaatschappijen de verleiding niet kunnen weerstaan om alvast een deel van de omzet van het nieuwe jaar bij de tegenvallende omzet van het huidige jaar op te tellen, zodat ze toch hun beloofde omzetstijging en daarmee bonus realiseren. Tabaksblat vindt deze kritiek niet leuk, valt hard naar Bordewijk uit maar stuurt hem vervolgens een persoonlijk briefje waarin hij zijn uitval relativeert. Hij belooft er nog eens goed over na te denken en het niet uit de hand te laten lopen. Het is een dilemma voor Tabaksblat. Hij gelooft dat meer transparantie over de resultaten, die tot uitdrukking komt in de koers van het aandeel en daaraan gekoppelde verantwoordelijkheden, ervoor zal zorgen dat de ouderwetse ouwe-jongens-krentenbroodsfeer binnen Unilever wordt doorbroken.

Met het verzoek om dat clubgevoel stevig aan te pakken laat Arjan Overwater zich in de zomer van 1998 overhalen om naar Unilever te komen. Aanvankelijk had hij helemaal geen zin in die ouderwetse, corporale club. Maar de in het Executive Committee voor personeelszaken verantwoordelijke Jan Peelen overtuigt hem om de overstap van Coca-Cola te maken. Peelen legt hem uit dat er straks onder het leiderschap van FitzGerald en Burgmans iemand nodig is die hun agenda in concrete doelen, verantwoordelijkheden en beloningen vertaalt.

Een van zijn eerste opdrachten is te laten zien hoe de top-100 wordt beloond en wat de impact van variabele beloning precies is. Overwater wordt al snel bevestigd in zijn vooroordeel. De Nederlanders boven in het bedrijf kennen elkaar allemaal zo'n vijfentwintig tot dertig jaar, vanaf het begin van hun carrières. Ze houden elkaar allemaal de hand boven het hoofd. Precies hetzelfde gebeurt aan de Britse kant. Dit ziet hij terug in de wijze waarop met beloningen wordt omgegaan. Gemiddeld krijgen ze er allemaal tussen de 16 en 24 procent van hun jaarsalaris aan bonus bij. Het maakt dus nauwelijks uit hoe je functioneert.

Overwater stelt voor het bonusplafond op te trekken tot 100 procent en af en toe zelfs helemaal geen bonus te geven. Dit voorstel wordt hem niet door iedereen in dank afgenomen. Met het groeien van de verschillen in bonussen groeit ook de discussie over de gronden waarop deze dan zouden moeten worden toegekend. Ze zitten allemaal in dezelfde matrix, welke resultaten wegen dan het zwaarst, die van het land of de regio waarin ze opereren, of van de categorie waarvoor ze verantwoordelijk zijn? Is dit nou de manier om die wat luie, naar binnen gerichte en vergevingsgezinde cultuur van Unilever in beweging te krijgen?

'O leuk,' zegt Burgmans als Tabaksblat hem vraagt of hij het stokje wil overnemen. Die bedenkt meteen dat Burgmans het zelf in ieder geval een volstrekt terechte keuze vindt.[1] Tabaksblat kiest voor deze lifer omdat hij als baas Europa heeft laten zien dat hij durft in te grijpen. Door fabrieken te sluiten en

20.000 banen te schrappen heeft Burgmans de winstmarge daar met 2 procent vergroot tot 12 procent. Burgmans staat in zijn ogen vooral voor de daadkracht die het concern ontbeert. Hij vindt hem een opvallende, aanwezige, stevige man, zowel qua postuur als meningen. Je kunt letterlijk en figuurlijk niet om hem heen. Dat zal de komende jaren hard nodig zijn. Ook omdat er een stevige Nederlander naast de charmante maar dominante FitzGerald moet worden gezet. Tabaksblat vindt hem bovendien een integere bestuurder, die zich oprecht kwaad kan maken om misstanden.

Burgmans moet het vanaf mei 1999 met Niall FitzGerald gaan doen. Samen zullen zij alle besluiten moeten nemen. Over één ding zijn ze het helemaal eens: het concern is te complex en te versnipperd om goed te kunnen managen. Met als gevolg dat ze steeds verder achteropraken bij de concurrentie. Ten opzichte van Nestlé en P&G ligt de koers van het aandeel Unilever structureel bijna 30 procent lager. Wie drie jaar geleden, in 1995, aandelen Unilever kocht, heeft afgezien van het dividend niets verdiend, terwijl bijvoorbeeld de Nederlandse beursindex AEX in diezelfde periode verdubbelde.

Het trotse Unilever wordt steeds vaker neergezet als een bedrijf uit het verleden. Het helpt niet dat beleggers nu enorm aangetrokken worden door de jonge, veelbelovende IT-sector. Het internet belooft zelfs een nieuwe economie. Beleggers blijven Unilever zien als een ondoorgrondelijk conglomeraat van bedrijven, dat per definitie met een lagere waardering te maken heeft. Ze vinden ook dat het slecht wordt geleid. In de top vraagt men zich steeds vaker af: zal het echte talent nog wel bij ons willen werken?

Burgmans en FitzGerald ergeren zich bij de start van hun samenwerking aan het ontbreken van duidelijke verantwoordelijkheden, richting en afstemming. De duizenden managers onder hen zijn vooral bezig hun eigen belangen te behartigen. Als ze ondernemend zijn, is dat in hun eigen, lokale context. Via een informeel netwerk werken ze als het ware steeds om het grotere systeem, het grotere belang heen. Ze laten elkaar met rust, spreken elkaar niet aan op tegenvallende resultaten, zijn vooral vriendelijk en vergevingsgezind, in de wetenschap dat ze de ander misschien nog een keer nodig hebben. Zo zijn ze meer bezig met hun eigen carrière dan met het verslaan van de concurrentie.

De twee bestuursvoorzitters zijn ervan overtuigd dat de markt deze luiheid en inefficiëntie niet veel langer zal tolereren. Als zij niet heel hard en duidelijk ingrijpen, dan gaat het mis. Dan loopt de zeventigjarige multinational op zijn laatste benen. De twee voorzitters geloven dat de cultuur van de Brits-Nederlandse multinational helemaal op de schop moet.

In het voorjaar van 1999 vragen ze aan twintig veelbelovende, gemiddeld 32 jaar jonge managers te onderzoeken hoe de consument van de toekomst eruitziet. Zes maanden lang mogen ze overal heen, documenten opvragen en iedereen bellen. Welke nieuwe wegen moet het concern in het nieuwe millennium inslaan? Burgmans vraagt managementgoeroe C.K. Prahalad mee te denken. Prahalad gelooft dat juist multinationals als Unilever een belangrijke rol kunnen spelen bij het uit de armoede halen van de 4 miljard mensen die nu jaarlijks minder dan 1500 dollar te besteden hebben. De Indiër is enthousiast over de wijze waarop Hindustan Lever, een dochter van Unilever en in zijn ogen de best geleide onderneming van India, hier al mee bezig is.[2]

Het is een van de conclusies van dit project Foresight: de toekomst van Unilever zal steeds minder in de volwassen westerse markten liggen, maar in het voorzien van de voedings- en hygiënische behoeften in het armere deel van de wereld, met name Azië en Zuid-Amerika. De belangrijkste conclusie die de jonge managers trekken is behoorlijk ontwrichtend: schrap zo veel mogelijk merken. Aan de hand van de zich snel ontwikkelende Braziliaanse markt laten ze zien dat het loont om je te concentreren op de vierhonderd grootste merken, goed voor 90 procent van de omzet. In Brazilië heeft een vergelijkbare keuze voor de belangrijkste merken voor fors hogere omzetten en een verbetering van de marge met 1 procent gezorgd.

Eind 1999 kondigen Burgmans en FitzGerald aan dat Unilever 1200 merken zal schrappen: ze zijn in hun ogen te klein en zijn samen goed voor 10 procent van de omzet. Ze gaan in de verkoop of de productie wordt gestopt. De resterende vierhonderd merken moeten een nummer 1- of 2-positie in hun markt waar gaan maken. Op een bijeenkomst met analisten belooft FitzGerald binnen drie jaar een kostenbesparing van meer dan 1 miljard pond. Hij gebruikt Dove als voorbeeld. In 1991 werd het merk in dertien landen verkocht, nu in 75. Toen was het een zeepje, inmiddels een hele range aan huidverzorgingsproducten. De omzet steeg in acht jaar tijd van 350 naar 800 miljoen dollar. Zo moet het.

'Pad naar groei' noemen FitzGerald en Burgmans hun strategie, met als hoogste prioriteit het laten groeien van de nu snel dalende omzet. Die moet jaarlijks met 5 à 6 procent kunnen gaan stijgen. Door enorme kostenbesparingen en efficiënter werk zal onder de streep de (operationele) winstmarge bijna 4 procent hoger uitkomen op 16 procent. Per saldo moet zo de winst jaarlijks met dubbele cijfers kunnen groeien.

Burgmans legt in *Het Financieele Dagblad* uit dat het 'Pad naar groei'-programma er in eerste instantie op is gericht om obstakels weg te nemen. We zitten in de goede markten, zegt hij, we hebben daar prima posities, maar we zijn nu de helft van onze tijd kwijt aan het managen van de complexiteit van 1600 merken in al die landen, met gesplitste verantwoordelijkheden, een forse bureaucratie, et cetera. Vooral de Europese markt, goed voor 52 procent van de omzet, is nog veel te gefragmenteerd. De inkoop moet worden gecentraliseerd en zo'n honderd van de 250 fabrieken zullen worden gesloten. Er zullen zo'n 25.000 banen worden geschrapt, bijna 10 procent van het totaal. De kosten van de hele reorganisatie worden op 5 miljard euro geschat. Burgmans vertelt het niet aan de buitenwereld, maar houdt er rekening mee dat deze cijfers de komende jaren wel eens kunnen verdubbelen. Omdat de reclame-uitgaven moeten groeien, zal 1,5 miljard euro extra worden geïnvesteerd in de vierhonderd overblijvende merken. Met die 1200 merken neemt Unilever afscheid van in totaal zo'n 4 miljard euro aan omzet. 'Snijden, snoeien en sluiten,' concludeert de krant.

Een paar maanden na de aankondiging 1200 merken te schrappen, april 2000, koopt Unilever er twee bekende Amerikaanse merken bij. In de media wordt het omschreven als een schizofrene aankondiging: op dezelfde dag koopt Unilever zowel Slim-Fast voor 2,3 miljard dollar als ijsfabrikant Ben & Jerry's voor 326 miljoen dollar. 'Het is een bijzondere mix, maar vreemde bedgenoten worden steeds normaler in de voedingsmiddelenindustrie, die naarstig op zoek is, in alle hoeken van de kruidenierswinkels, naar producten waar nog groei kan worden gerealiseerd,' schrijft *The Wall Street Journal*. 'Unilever heeft twee van die groepen gevonden: consumenten die maar niet genoeg kunnen krijgen van ijs en consumenten die juist bezig zijn met zo gezond mogelijk te eten.' Omdat beide merken vooral in de Verenigde Staten worden verkocht, verwachten analisten dat Unilever ze in de rest van de wereld zal gaan introduceren. Sommige analisten maken zich zorgen over de dure overname van Slim-Fast. Kunnen ze de jaarlijkse omzetgroei van 20 procent vasthouden nu Nestlé heeft aangekondigd zich groot op de afslankmarkt te zullen storten?

Het beste ijs van de wereld maken, sociale vooruitgang promoten en zorgen voor nette financiële verdiensten voor de werknemers en, o ja, de aandeelhouders. Dat is de driedubbele missie waarmee oprichters Ben Cohen en Jerry Greenfield alweer 22 jaar bezig zijn. Hun geschiedenis leest een beetje als die van William Lever. In 1978 begonnen ze met de ambitie om 'het beste ijs van de wereld te maken dat voor iedereen betaalbaar is'. De twee mannen willen goed zorgen voor de wereld om hen heen. IJs helpt daarbij, is het ideale *comfort food* om de emoties bij verhitte discussies af te laten koelen. Geld verdienen is een afgeleide, het staat op het tweede plan. Bij Ben & Jerry's gaat de roeping voor het resultaat.

De ijsmakers willen laten zien dat het mogelijk is om als bedrijf de samenleving te repareren en tegelijkertijd geld te verdienen. Ieder jaar moet minimaal 7,5 procent van de winst aan goede doelen worden uitgekeerd. Ben en Jerry bedenken op ludieke wijze steeds weer nieuwe ijssmaken die gekoppeld worden aan sociale zaken. De 'Rainforest Crunch' bijvoorbeeld gebruikt noten die in Brazilië door inheemse stammen worden verbouwd en verkocht. De verpakking van het ijs wordt regelmatig ingezet om tegen in de ogen van de oprichters verderfelijke zaken als het gebruik van groeihormonen te protesteren.[3] Op de vraag waarom hij altijd zo vol zelfvertrouwen is en altijd heeft geloofd dat zijn gekke ideeën werkelijkheid zouden worden, zegt Ben Cohen: 'Het is grappig maar hoe meer ik in een idee geloof, hoe creatiever ik word.'[4]

De twee oprichters willen groeien, 'want hoe groter we worden hoe meer geld we weg kunnen geven'. Met wisselend succes: de afgelopen jaren is de omzet gestegen, maar de geloofwaardigheid als succesvol bedrijf achtergebleven, evenals de koers van het aandeel. Niet alle aandeelhouders zijn zo sociaal betrokken dat ze daar hun schouders over ophalen. Wat erger is: het snel gegroeide Ben & Jerry's is voor de distributie van hun ijs afhankelijk van Dreyers, hetzelfde bedrijf dat nu samen met Nestlé aartsvijand Häagen Dazs in de VS zal gaan distribueren.

Unilever-managers keken al een tijdje begerig naar Ben & Jerry's. Hun bedrijf speelt eind jaren negentig geen rol in het lucratieve premiumsegment in de Verenigde Staten, de grootste ijsmarkt van de wereld. De overname van Ben & Jerry's lijkt een laatste kans. In de hoop Ben & Jerry's te motiveren zich door Unilever over te laten nemen, voedt de multinational het gerucht dat ze overwegen een eigen nieuw merk te introduceren.

Ben & Jerry's zit helemaal klem. Als het onafhankelijk wil blijven, dan zullen de ambities om hard verder te groeien, onder meer in Europa, moeten worden geschrapt. In een dramatische bijeenkomst stemmen vijf van de acht bestuursleden voor verkoop van het bedrijf. Het besluit is extra pijnlijk omdat Jerry meent dat 'verkopen de minst slechte route is', terwijl medeoprichter Ben tegenstemt.

Ben & Jerry's stelt enorme eisen aan een overname door Unilever. Dat mag straks maar twee van de elf zetels in het bestuur bezetten. Dat bestuur moet erop toezien dat Unilever niet gaat morrelen aan de kwaliteit van het ijs en de sociale doelstellingen. In het gevecht met Dreyers, dat ook probeerde Ben & Jerry's in te lijven, heeft Unilever steeds meer toezeggingen gedaan. Unilever moet allerlei goede doelen blijven steunen, miljoenen storten in een stichting van de oprichters, het moet de dure maar verantwoorde melk van de koeien in Vermont gebruiken. Mocht de leiding toch het idee krijgen dat Unilever het gedachtegoed van Ben & Jerry's wil aantasten, dan kan het onmiddellijk een rechtszaak beginnen en de advocatenkosten bij Unilever declareren.

Dit is allemaal nieuw voor de Unilever-managers, normaal gesproken kopen ze een bedrijf en daarmee de volledige zeggenschap. De juristen van Unilever bedachten daarom een constructie waarbij Ben & Jerry's als een soort coöperatie kan blijven werken. De enige aandeelhouder, Unilever, mag na 'overleg in goed vertrouwen' de CEO benoemen en ontslaan. Maar het bestuur van Ben & Jerry's mag de CEO verbieden om de kwaliteit van de producten zo te veranderen waardoor schade aan het merk kan worden aangericht. Wel moeten alle bestuurders van Ben & Jerry's de gedragscode van Unilever ondertekenen. Op het laatste moment eist Ben & Jerry's van Unilever dat het ervoor zal zorgen dat aan alle werknemers die voltijd in dienst zijn altijd een '*living wage*' zal worden betaald. Een leefbaar loon dat niet is gebaseerd op het minimumloon in de VS maar op een schatting van een inkomen dat nodig is om 'minimaal comfortabel en veilig' in Vermont te kunnen leven. Het bestuur van Ben & Jerry's zal die inschatting maken.

'We hebben hart en ziel van Ben & Jerry's gered,' stelt CEO Perry Odak bij het ondertekenen van de deal. De werknemers van Ben & Jerry's spreken dan ook hardnekkig van een fusie in plaats van een overname. Niet iedereen is enthousiast. Over de dag waarop het bedrijf werd verkocht zegt Ben Cohen: het was de ergste dag van mijn leven.[5]

Verschillende collega's horen Burgmans vooral opscheppen over deze bijzondere overname. Hij stelt dat Unilever van dat ijsbedrijfje kan leren, dat de multinational over vijftien tot twintig jaar op eenzelfde leest is geschoeid. Overigens is hij totaal niet onder de indruk van Ben & Jerry's als het om het verminderen van de milieubelasting gaat. Tijdens zijn eerste bezoek aan Vermont wordt hem trots uitgelegd dat ze de bleek uit het kartonnetje hebben gehaald. Burgmans komt tot de conclusie dat ze bij Ben & Jerry's veel lawaai kunnen maken maar dat er nog maar weinig substantie is. FitzGerald gaat een stap verder en laat de Amerikanen weten: 'Jullie kunnen jullie kleine dingetje hier in Vermont blijven doen, of jullie kunnen onderdeel gaan uitmaken van ons en het samen met ons overal gaan doen.'[6]

Analisten klagen dat er veel aandacht voor deze overname is, terwijl die maar weinig substantie heeft. Die zit wel in een deal waar in het grootste geheim ondertussen al een paar maanden aan wordt gewerkt. Eind 1999, een paar maanden na het aantreden van Burgmans, lag het idee om Bestfoods over te nemen opeens weer op tafel. Omdat de koersen van veel aandelen in de stagnerende voedingsmiddelenindustrie fors zijn gezakt, lijkt het bedrijf met een beurswaarde van rond de 13 miljard dollar betaalbaar te zijn. Een bedrag dat in de top van Unilever nog steeds als ongemakkelijk wordt gezien zo vlak nadat 8 miljard dollar aan de aandeelhouders is teruggegeven.

Bestfoods staat al vijftien jaar op het lijstje van Unilever. Het is een van de grootste Amerikaanse producenten van voedingsmiddelen, veel producten en markten sluiten goed aan bij die van Unilever. Met Knorr als belangrijkste merk, samen met Maggi van Nestlé wereldwijd dominant in bouillonblokjes. Royco van Unilever doet nauwelijks mee. Knorr zou na de overname meteen het grootste merk van Unilever worden. De opwinding is groot, want het mooie van bouillonblokjes is dat ze, in tegenstelling tot margarine, in de hele wereld in verschillende varianten worden gebruikt. Dat ze eigenlijk overal een ingang in huishoudens vormen. Vooral ook in de minder ontwikkelde landen waar Unilever graag verder wil groeien.

Van dag tot dag is de koers van Bestfoods in de gaten gehouden. In april 2000 benadert Burgmans CEO Dick Shoemate op diens vakantieadres en laat hem weten 20 procent boven de koers van dat moment te willen betalen. De totaal verraste Shoemate laat een dag later weten dat hij het bod te laag vindt. Een door Unilever verhoogd bod wordt opnieuw afgewezen. Maar Burgmans laat niet los en biedt twee weken later 66 dollar per aandeel (ruim 18 miljard dollar). Hij voegt daaraan toe dit 'serieus geld' te vinden en dat het nu logisch is dat het management van Bestfoods met Unilever in gesprek gaat. 'Het verbaast ons dat ze nog steeds niet met ons willen praten, terwijl we nu 34 procent boven hun laatste koers zitten,' aldus Burgmans tegen *The Wall Street Journal*. Hij belooft niet alleen de merken maar ook het management over te nemen. 'We kennen ze goed, ze krijgen leidinggevende rollen in de nieuwe structuur.'

De top van Bestfoods is ondertussen naarstig op zoek naar mogelijkheden om samen te gaan met een Amerikaanse concurrent. Er wordt met Campbell en met Heinz gepraat. Het feit dat ze dit nieuws laten lekken naar *The Wall Street Journal*, helpt Unilever verder in het zadel. Nu is tenminste voor iedereen duidelijk dat ze *in play* zijn. Unilever verhoogt zijn bod met nog eens 12 procent. Uiteindelijk zijn het de Bestfoods-aandeelhouders die duidelijk maken dat ze het zo wel genoeg vinden.

Begin juni betaalt Unilever 73 dollar per aandeel voor Bestfoods, ruim 20 miljard dollar in totaal, en neemt bovendien voor ruim 4 miljard aan schulden over. Unilever koopt een bedrijf met 44.000 werknemers, 132 fabrieken en 9 miljard dollar omzet. 'We passen in strategisch opzicht erg goed bij elkaar, dit moest gebeuren,' zegt Burgmans tegen *The New York Times*.

Vooral in Rotterdam wordt de overname met gejuich ontvangen. Burgmans zet de 'Nederlandse' voedingskant van Unilever weer nadrukkelijk op de kaart. Al jaren groeit de overwegend Britse verzorgingskant van het bedrijf sneller, zo wordt het evenwicht mooi hersteld.

Zorgen zijn er ook. Het zal een grote kluif worden om Bestfoods in Unilever te integreren. Op veel plekken ontstaan dubbelfuncties, er zal gekozen moeten worden tussen directeuren van Unilever en Bestfoods. Afgesproken is dat een derde van alle managers aan de food-kant van Unilever straks van Bestfoods afkomstig zal zijn. Het wordt de taak van Patrick Cescau, net benoemd tot directeur Voedingsmiddelen, om de boel in elkaar te schuiven en ervoor te zorgen dat het met 25 miljard geleende dollars overgenomen bedrijf snel een bijdrage gaat leveren aan het resultaat. Door de nv-plc-structuur was het helaas niet mogelijk de overname met aandelen te betalen.

Het nieuws slaat in als een bom. Het is met afstand de grootste overname ooit door een Nederlands AEX-fonds gedaan. De Britse marketingmanager van Bestfoods, Anthony Simon, wordt overspoeld met vragen van zijn Amerikaanse collega's. Wat moeten ze hiervan vinden? Simon vindt de logica onontkoombaar: als Unilever verder wil in de voedingsmiddelen, dan moeten ze iets doen. Die toekomst kun je niet bouwen op een margarinehandel die in de bestaande markten steeds verder onderuitgaat en in de rest van de wereld nooit voet aan de grond zal krijgen.

Zijn collega's bij Bestfoods zijn ook niet echt verrast door de overname. Ze weten dat ze te klein zijn om wereldwijd in de top mee te kunnen spelen, dat daarvoor een bundeling van krachten nodig is. Een overname door Unilever ligt alleen niet goed bij de Amerikanen. Ze vinden het maar een raar bedrijf, en zijn ervan overtuigd dat Unilever qua managementcultuur meer van de Amerikanen kan leren dan omgekeerd. Ze hadden gehoopt op het in hun ogen meer capabele Nestlé, maar dat zouden de mededingingsautoriteiten nooit goed hebben gevonden. Ze geloven bovendien dat deze overname vooral uit de koker van Burgmans komt, die de food-kant van het bedrijf wil versterken. Die heeft dit doorgedrukt. Maar vindt die andere voorzitter, FitzGerald, dit wel een goed idee? Die Britten zijn toch meer van de wasmiddelen en de persoonlijke verzorging, gaan die wel helemaal achter deze overname staan? Wat is dat trouwens voor vreemde structuur met twee kapiteins aan één roer? Wie is hier de baas?

Die tweehoofdige leiding baart ervaringsdeskundige Tabaksblat steeds grotere zorgen. Op talloze recepties en reünies hoort hij dat de spanningen tussen Burgmans en FitzGerald flink zijn opgelopen nu hun eerste resultaten over 1999 tegenvallen. Hij vindt het ook erg ambitieus wat zijn opvolgers willen. Het zal niet meevallen om de in het 'Pad naar groei' beloofde dubbelslag – groei van omzet en verbetering van de marge – tegelijkertijd te kunnen waarmaken. Een margeverbetering vraagt om besparingen, omzetgroei vereist vooral investeringen. De voorzitter van de nv wil kennelijk vooral omzetgroei, de voorzitter van de plc wil vooral een forse verbetering van de marge.[7] Tabaksblat houdt zijn hart vast en waarschuwt voorzichtig in kleine kring: als de twee voorzitters niet met één mond gaan spreken maar allebei een andere kant op blijven kijken, dan komt het bedrijf in no time in de problemen. Weer realiseert Tabaksblat zich dat Unilever nu een echte raad van commissarissen, met voldoende non-executives in het bestuur, nodig heeft. Toezichthouders die op zo'n moment kunnen ingrijpen, de mannen tot de orde kunnen roepen, of ze eventueel kunnen ontslaan.

Ook de buitenwacht constateert dat de lat wel heel erg hoog ligt. Je kunt beide doelen alleen realiseren als je heel sterke, onontkoombare wereldmerken hebt en een geoliede organisatie. Die zul je eerst moeten bouwen. Het is bovendien de zoveelste tijd en geld vretende reorganisatie die bol staat van beloftes, waarom zou het nu wel lukken?

Maar FitzGerald twijfelt niet, bijna dagelijks houdt hij zijn collega's voor: 'You have to walk and chew the gum at the same time.' Burgmans gelooft ook dat het kan. Natuurlijk zullen daarvoor de inefficiëntie, de bureaucratie en de luiheid nu snel uit het bedrijf moeten worden geperst.

Als hij er met zijn collega's over praat, tekent Burgmans een driehoek. Op de drie hoeken staan de woorden 'richting', 'empowerment' en 'verantwoordelijkheid'. In het hart schrijft hij 'transparantie' en 'vertrouwen'. Meer en meer realiseert hij zich dat Unilever op dit moment onvoldoende transparant is en wat nog erger is: het onderlinge vertrouwen is flinterdun. Spreekt de waarheid in dit bedrijf wel voldoende met de macht; horen ze bovenin wel wat er werkelijk speelt? Daar moet aan gewerkt worden. Maar hoe? Natuurlijk heeft hij gehoord over de leiderschapsreizen die Tex Gunning de afgelopen jaren met het management van VdBN heeft gemaakt. Misschien is dat een goed idee?

Gunning is er ondertussen in geslaagd om de 'arrogante Rotterdammers' van de vetten met de 'Brabantse boeren' van vleeswaren en soepen te laten samenwerken. In een paar jaar tijd heeft hij de fusie tussen de Unilever Vlees Groep Nederland (UVGN) en Van den Bergh Nederland (VdBN) tot een succes gemaakt. Binnen Unilever zoemt het van de verhalen over de energieke manager. De 47-jarige Gunning gaat nogal onconventioneel te werk. Geïnspireerd door het gedachtegoed van de populaire managementgoeroe Stephen Covey en zijn 'zeven eigenschappen van effectief leiderschap', was Gunning begin 1998 op zoek gegaan naar manieren om zijn collega's uit te dagen. Covey stelt dat het veranderen van organisaties begint met het veranderen van het individu. Die moet uit zijn comfortzone worden geduwd. Dat vindt Gunning altijd erg leuk om te doen. Zo choqueert hij zijn collega's met de stelling dat de binnen Unilever heilige consumentenonderzoeken onzin zijn, die vertellen vandaag wat de klant gisteren wilde, daar komt steeds hetzelfde uit. Gunning heeft een enorme afkeer van de binnen Unilever zo belangrijk gevonden objectieve analytische kracht. Wat een flauwekul, het interesseert hem niet dat je op basis van een slimme analyse een goed verhaal kunt houden. Hij wil dat je hem vertelt wat je ermee gaat doen. Gunning wil dat in de persoonlijke ontwikkelplannen voortaan de waaromvraag centraal komt te staan. Als je mensen blij wilt maken met lekkere soep, onderzoek dan met chef-koks wat echt lekkere soep is en ga die vervolgens gewoon maken. Of stel jezelf de vraag waarom je worst verkoopt. Volgens Gunning verkopen ze met Unox-worsten vooral gezelligheid. Prompt worden de Unox-mutsen bedacht en het sponsoren van de nieuwjaarsduik, die meteen veel gratis reclame in de media oplevert. De worsten dragen inmiddels weer bij aan de winst van het bedrijf.

Met het belangrijkste product, margarine, wordt nog steeds heel veel geld verdiend, er zit een marge van bijna 40 procent op. Het probleem is alleen dat er steeds minder margarine wordt gesmeerd. Gunning kan razend worden als collega's daarover komen klagen en gelaten constateren dat de markt nu eenmaal dalende is. Terwijl hij ze met priemende ogen aankijkt zegt hij dan dingen als: de markt daalt niet, jij daalt, jullie dalen. Er zijn geen verzadigde markten, er zijn alleen verzadigde marketeers. Om ze dat goed in te peperen nodigt hij ze regelmatig uit in de margarinefabriek. Hij wil dan van ze horen hoeveel mensen er werken, hoeveel gezinnen afhankelijk zijn van hun verkoopsuccessen. Als ze, gehuld in witte jassen en mutsjes, geen idee blijken te hebben, haalt hij uit. Dan stelt Gunning dat ze er een potje van maken, dat ze zich ook hiervoor verantwoordelijk moeten voelen. Hij wil dat ze tien minuten stilstaan aan de lopende band, deze boodschap overdenken, zodat ze haar nooit meer vergeten. Keer op keer vraagt Gunning zich hardop af: hoe komt het toch dat zo veel geweldig getalenteerde mensen zulke matige resultaten boeken?

Rob Rijnders voelt die arrogantie aan den lijve. Hij is eind 1999 bij Van den Bergh Nederland de eerste manager die van buiten komt. In zijn vorige baan bij Bols Wessanen had Rijnders enorm opgekeken tegen het grote, machtige Unilever. De eerste maanden zijn loodzwaar. Rijnders moet zich invechten. Hij wordt constant afgezeken. Rijnders vindt zijn nieuwe collega's lui. Ze vergroten omzet en winst door de prijs te verhogen en doen verder eigenlijk niks. Maar als Rijnders daar commentaar op levert zeggen die collega's botweg dat ze natuurlijk niet van plan zijn te luisteren naar iemand die van het kleine Bols Wessanen komt.

Al na een paar maanden overweegt hij de handdoek in de ring te gooien maar op advies van zijn vader zet Rijnders toch door. Niet in de laatste plaats omdat hij gefascineerd is door Tex Gunning. Dat vindt hij een geweldenaar. Bovendien lijkt Gunning net als hijzelf ook een grote hekel te hebben aan de zelfgenoegzaamheid die veel Unilever-mensen eigen is.

Om zijn boodschap kracht bij te zetten organiseerde Gunning verschillende reizen. Reizen die zijn managers ervan moesten doordringen dat ze aan hun persoonlijke groei moeten werken. Alleen als mensen persoonlijk groeien, kunnen ze hun bedrijf laten groeien. Door de groei van het bedrijf ontstaat dan weer ruimte om persoonlijk verder te groeien. Gunning had zijn collega's tijdens die reizen gevraagd wat ze eigenlijk met hun levens willen en welke rol Unilever daarin krijgt. Hij had ze uitgelegd dat hij geen werknemers om zich heen wil, maar echte mensen, gelukkige mensen. Want 'gelukkige koeien geven meer melk'. Hij wilde ze laten nadenken over hun rol bij Unilever. Verkopen ze margarine of verkopen ze gezondheid? Alleen met dat laatste geef je je werk betekenis.

Het waren heftige reizen geweest, fysiek zwaar en emotioneel uitputtend. Zo was het ideale moment gecreëerd, meestal zittend om een groot vuur, voor het delen van het echte verhaal, het persoonlijke levensverhaal. Gunning was daarin vooropgegaan en eerlijk geweest. Hij vertelde over het sneuvelen van zijn vader in Korea toen hij een jaar oud was, over het verdriet van zijn moeder, over het misbruik door zijn stiefvader, over zijn lange verblijf op een kostschool. Hij vertelde over zijn dramatische schoolcarrière, over de moeite die hij heeft moeten doen om zijn studie economie aan de Erasmus Universiteit te kunnen financieren en over zijn tijd bij de marine, waar hij door een provocatie oneervol werd ontslagen. En dat hij uit dit alles een grote les heeft geleerd: ik zal niks bereiken als ik maar blijf vechten tegen het systeem. Aan het eind was hij in tranen uitgebarsten.

Vervolgens hadden alle teamleden hun levenslijn gedeeld. Ze hadden van elkaar ontdekt wie ze werkelijk zijn, mensen met kwaliteiten en tekortkomingen. Voor vrijwel alle betrokkenen was het een overdonderende ervaring geweest om zo diep bij elkaar naar binnen te kijken en zich als mensen aan elkaar te verbinden. Sommigen waren boos geworden, hadden het gevaarlijk gevonden om werk en privé met elkaar te vermengen. Wat heeft de baas te maken met persoonlijke zielenroerselen? Ze hadden zich geërgerd aan Gunning, hem verweten dat hij zich als een sekteleider liet bewieroken. Maar de fans waren in de meerderheid geweest en gedreven aan de slag gegaan. De top-180 van Van den Bergh & Jurgens was zo een hecht team geworden. De resultaten over 1998 en 1999 hadden een opgaande lijn laten zien.

Voor de organisatie van die reizen was Gunning door een van zijn vertrouwelingen, de 29-jarige Kees Tielenius-Kruythoff, op diens oude hockeymaat Erik-Jan de Rooij gewezen. Deze jonge antropoloog wil met zijn bedrijfje MultiLevelTravel het potentieel dat in mensen zit losmaken door ze op de juiste manier in contact te brengen met andere mensen en hun waarheden. Hij was uitgenodigd om zijn verhaal te doen.

De Rooij had ze verteld dat mensen bij hun kern komen als je ze overgiet met natuurlijk schoonheid. Want de schoonheid van de natuur is vanzelfsprekend en onontkoombaar. Je kunt niet sceptisch zijn als je een waterval ziet, daar kun je geen nee tegen zeggen. In zo'n indrukwekkende omgeving is de bereidheid tot introspectie groot. Dat geldt ook voor de bereidheid om wat je tijdens die reis tegenkomt met anderen te delen. Dat delen moet gebeuren, om echt contact te kunnen maken. Na zijn presentatie had Gunning gevraagd of De Rooij 'de assets' heeft om zulke reizen te organiseren. De Rooij had geen idee wat hij daarmee bedoelde maar had instemmend geknikt. Voor de zekerheid had Gunning aan het hoofd managementtrainingen gevraagd te helpen met de organisatie van deze reizen.

Mark Rutte was verguld geweest met dat verzoek. Samen met een bevriende collega-personeelschef, Rob Schaerlaeckens, heeft Rutte geanalyseerd wat Gunning tot zo'n bijzondere leider maakt. Dat begint met het werkelijk kennen van jouw eigen waarden en normen. Een leider weet het antwoord op vragen als: waarom ben ik hier, wat is mijn betekenis? Ten slotte moet een leider met zichzelf afspreken daar nooit meer van af te wijken en er altijd duidelijk over te zijn. Dat lukt alleen als zijn verhaal uit z'n hart komt, alleen dan is het overtuigend en is hij onder alle omstandigheden onverslaanbaar. Alleen dan krijgt hij anderen mee.

Tex Gunning lijkt als geen ander in staat om dat leiderschap in mensen wakker te maken, ze bewust te laten worden van hun eigen intenties. Hij leert ze die onder woorden te brengen, aan te scherpen. Hij helpt de club jonge managers om hem heen zich met zichzelf te verbinden, opdat ze in staat zijn anderen aan zich te verbinden.

De historicus Rutte is in 1992 eigenlijk bij toeval bij Unilever terechtgekomen. Als begaafd pianist had hij met de gedachte gespeeld om naar het conservatorium te gaan. De voormalige voorzitter van de jongerenbeweging van de VVD, de JOVD, is vooral gefascineerd door de politiek, gelooft dat je vooral daar een verschil kunt maken. Hij had daarom bedacht eerst carrière te maken om dan op z'n 50ste de Tweede Kamer in te gaan. Het gesprek bij Shell liep niet goed af maar bij Unilever waren ze geïnteresseerd.

Toen tijdens een eerste bijeenkomst met alle nieuwe trainees werd gevraagd hoe hun ambitie eruitziet, fantaseerden de meesten erover dat ze bij Unilever misschien de baas van een land kunnen worden. Rutte liet zijn verbijsterde nieuwe collega's weten dat het zijn ambitie is om minister-president van Nederland te worden. Dat geld verdienen niet zijn belangrijkste drijfveer is, maakte hij meteen duidelijk bij zijn aanstelling als trainee bij de specialevettenfabriek in Wormerveer. Op verontwaardigde toon liet Rutte de personeelschef daar weten een bonus als een belediging te ervaren. Mark Rutte doet altijd zijn best.

In die eerste jaren als personeelsman raakte hij ervan overtuigd dat hij daarin niet uniek is, dat vrijwel alle mensen als het goed is door iets anders worden gemotiveerd dan geld verdienen. Hij vindt het dan ook fascinerend om te zien hoe Gunning mensen zelfvertrouwen geeft en is laaiend enthousiast over de leiderschapsreizen naar onder meer de Ardennen en Schotland. Tijdens die reizen speelde Rutte regelmatig de rol van moderator. Hij leerde en genoot, zag zichzelf als een soort clown die ervoor moest zorgen dat de sfeer goed blijft. Hij kan het goed met Eric-Jan De Rooij vinden, die noemt hem enthousiast de ultieme verbinder.

Burgmans en FitzGerald besluiten twee jaar later om dezelfde jonge mannen die Gunning hebben geholpen te vragen ook hun reis te organiseren. De

Rooij is Rutte dankbaar dat hij, inmiddels verantwoording afleggend aan Arjan Overwater, erin is geslaagd het hoogste leiderschap van Unilever voor zijn aanpak te enthousiasmeren. Om het in hun ogen toch erg fysiek-intuïtieve karakter van de door De Rooij georganiseerde reis te laten vertalen naar juiste zakelijke kaders worden IMD-business school-professor Tom Malnight en Annie McKee van Hay-consultants ook mee gevraagd. Deze 'world-class-mensen' spreken tenminste de taal die ze ook op het hoofdkantoor met elkaar spreken.

De top van Unilever, in totaal 98 mannen, gaat begin januari 2001 op reis met onbekende bestemming. Ze weten alleen dat ze zich deze zondagochtend moeten melden op de Ocean Drive in Miami. Het is een vreemd gezicht. Op het strand trekken tientallen mannen zwetend hun rolkoffertjes door het rulle zand. De meesten hebben voor de zekerheid toch maar hun pak aangetrokken. Verbaasde voorbijgangers vragen aan een agent of dit misschien Cubaanse vluchtelingen zijn op zoek naar Amerikaanse vrijheden.

Op het strand is een tent gebouwd waar ze makkelijke kleding en een rugzak krijgen. Hun rolkoffers zullen ze vijf dagen later pas weer terugzien. Het enige wat ze daaruit mee mogen nemen is het object dat hun denken typeert. Bij de een is dat een foto van zijn gezin, voor de ander een boek of een klein muziekinstrument.

In 24 Cessna's vliegen de heren naar Costa Rica. Een van de piloten grapt dat de Cubaanse kustwacht toch even door deze vloot is gealarmeerd. De drie sterren boven de ingang van hun hotel doen ze fronsen. Vervolgens is er flinke consternatie. Een aantal mannen meldt zich na het inchecken bij de balie, er is kennelijk een vergissing in het spel, er zit nog iemand anders in hun kamer. De mededeling dat ze allemaal een kamer moeten delen dringt maar langzaam door. Dat is lang geleden. Als Niall FitzGerald na het eten 's avonds naar zijn kamer gaat, staat zijn rugzak buiten voor de deur. Ook zijn kamergenoot is nog niet gewend aan de gedachte dat hij zijn kamer moet delen. Dat zal de bestuursvoorzitter wel even aan hem uitleggen. Delen wie ze zijn, zich echt met elkaar verbinden, daar is deze reis voor bedoeld. Dat is hard nodig. Niet in de laatste plaats als het om de slechte relatie tussen hem en zijn Nederlandse collega-voorzitter gaat.

De tweede dag van hun reis bezoeken de mannen het Instituto Nacional de Biodiversidad. Daar worden ze getrakteerd op een verhaal over het belang van een gezonde biodiversiteit, de inspanningen van Costa Rica om de natuur gezond te houden. Na de lunch rijden ze in 32 Range Rovers naar de kust. Burgmans en FitzGerald, allebei staand bij een van de twee grote vuren, openen het gesprek: vertel het maar, wat is er mis, wat bevalt je niet? Er komt een hoop ellende voorbij. Er wordt geklaagd over de traagheid van de besluitvorming, over het gebrek aan groei, over de gebrekkige kwaliteit van de leiding. Waar willen ze met dit bedrijf naartoe? Ze praten over elkaar en over de door Tom Malnight als *must-win battles* geïnventariseerde gevechten die ze de komende tijd in de markt moeten winnen. Die nacht liggen ze met z'n zessen in een tent. Veel tijd om zich aan elkaar te ergeren hebben ze niet. Ze zijn uitgeput.

De volgende ochtend staan ze mopperend om halfvijf op. Op het strand liggen dertig kleine bootjes. Die moeten ze met elkaar door een indrukwekkende branding varen naar een grotere boot die een stuk verderop ligt. Eenmaal op die boot verbetert de sfeer. In van tevoren samengestelde groepjes moeten vijf à zes collega's met elkaar in gesprek. Wat zijn de hoogte- en dieptepunten in hun leven? Wat willen ze nog doen? Annie McKee heeft bedacht dat ze een lijst van 27 wensen moeten opstellen. Omdat ze altijd zullen beginnen met een lijst aan persoonlijke doelen worden ze op deze manier gedwongen ook onder woorden te brengen wat ze op hun werk willen bereiken. Door deze oefening komen werk en privé voorzichtig bij elkaar. De collega's verrassen elkaar, mensen die je denkt te kennen, blijk je helemaal niet te kennen. Langzaam maar zeker verandert een collega in een mens, met herkenbare problemen en zorgen. Het helpt daarbij enorm dat ze inmiddels twee zeer matige nachten hebben gehad in een warm klimaat, in vreemde omstandigheden. Door vermoeidheid zijn ze kwetsbaar geworden.

Daarna wandelen ze in groepen van tien door de jungle. Midden in die jungle slaan ze hun kamp op en delen de leiders hun levensverhaal, vanaf de dag dat ze geboren zijn. Omringd door kolibries vertellen ze wie ze werkelijk zijn, waar ze vandaan komen, wat hen heeft gevormd. Burgmans en FitzGerald zitten samen voor de groep. Burgmans vertelt over zijn jeugd, als enig kind van een veeleisende Nederlandse vader en een Britse moeder. Een moeder waar hij zich als klein kind voor schaamde omdat ze niet Nederlands was. Hij was veel alleen, zijn vader was kapitein op een koopvaardijschip. Omdat hij jong te maken kreeg met kinderverlamming werd hij op school vaak gepest.

Ook FitzGerald vertelt over zijn verdrietige jeugd. Hoe die werd gedomineerd door zijn vader, een douanebeambte, maar vooral ook alcoholist. Hij vertelt over zijn broer, die aan kanker overleed toen hij elf was. En over zijn oude liefde: het communisme. En dat hij eigenlijk per ongeluk bij Unilever is terechtgekomen.

Die avond delen de mannen, opgedeeld in groepjes, veel met elkaar, krijgen ze respect voor de mens achter de collega. Er wordt gelachen en een beetje gehuild. Ze slapen midden in de jungle, in hangmatten. Op verschillende plekken breekt een hangmat af, maar dat maakt niet uit. De mannen zijn compleet uitgeput, fysiek en emotioneel. De laatste ochtend lopen verschillende topmanagers vrijwel naakt door het tentenkamp naar de paar geïmproviseerde douches.

Er is echt wat met deze mannen gebeurd. Zelfs het hoofd van de auditafdeling is overtuigd. Die had voor vertrek een woedende mail naar personeelszaken gestuurd: jullie behandelen ons als padvinders, dit past Unilever niet. Nu staat hij voor de groep op en biedt zijn excuses aan. Als deze groep leiders zich vanaf nu gaat concentreren op het succes van onze mensen in plaats van op het succes van onze onderneming, stelt FitzGerald vast, dan kunnen ze beide realiseren.

De laatste dag staat de driehoek van Burgmans centraal. De bestuursvoorzitter is tevreden, tijdens deze reis wordt veel duidelijk. Het wederzijdse vertrouwen is gegroeid, dat moet de basis bieden voor een duidelijke richting, empowerment en verantwoordelijkheid.

Het valt verschillende deelnemers wel op dat de twee bazen, die nu toch eensgezindheid zouden moeten uitstralen, elkaar nauwelijks aankijken. Ze hebben mooie woorden maar hun lichaamstaal maakt duidelijk dat de leiders van de nv en de plc elkaar nog niet hebben gevonden. Ze staan met de rug naar elkaar. Verschillende managers merken op dat het misschien beroerd klinkt als Burgmans iets zegt, maar dat het duidelijk is dat hij het echt meent. Terwijl het uit de mond van FitzGerald juist heel goed klinkt maar je constant twijfelt of hij het wel echt meent.

In de openhartige sfeer wordt hardop geconstateerd dat hun leiders niet bang zijn. Dat ze met het 'Pad naar groei' hun nek op het hakblok hebben gelegd. Iemand merkt op dat ze eigenlijk kwaliteiten hebben die elkaar aanvullen, de meer intuïtieve Burgmans en de analytische geest van FitzGerald. Dat Unilever een gouden tijd tegemoetgaat als ze elkaar beter zouden vinden. Er wordt ook opgemerkt dat ze natuurlijk beiden sterke ego's hebben, maar dat het in hun leiderschapsrol toch belangrijk is dat ze hun ego's ondergeschikt maken aan het belang van Unilever.

Richard Greenhalgh, baas van Unilever in het Verenigd Koninkrijk, vraagt de twee leiders half grappend waarom ze elkaar niet even omhelzen. Daarop kijken Burgmans en FitzGerald elkaar onzeker lachend aan en pakken ze elkaar zelfs even vast. Het gaat niet van harte. Dat voelen ze allebei ook.

Bestfoods-veteraan Anthony Simon, aan de food-kant van het bedrijf verantwoordelijk voor het snijden in de 1600 Unilever-merken, is niet enthousiast over deze reis. Natuurlijk heeft hij genoten van de eerlijke persoonlijke verhalen van zijn nieuwe collega's. Die hebben hem geraakt. Maar wat levert dit nou op, een paar vreselijke nachten met elkaar in tentjes slapen? Wat heeft dit met het werk te maken? Er is zoveel te doen, nu is iedereen vijf dagen weg van de zaak. En het kost ook nog eens absurd veel geld. Waarom zijn ze hier? Natuurlijk is het persoonlijk verrijkend, maar wat kun je hier nou concreet mee? Werk is werk, daar gaat het echt over andere dingen. Het is helemaal niet verstandig om vriendjes te worden met je collega's, dat is alleen maar verwarrend. Simon vindt het een typisch door de softe Hollandse maffia bedachte bijeenkomst.

Hij is het ook helemaal niet eens met de strategie van Unilever. Hij vindt het een domme opdracht om 1200 merken af te stoten. Er zitten juweeltjes tussen, merken met enorme potentie, merken die veel omzet kunnen genereren. In zijn ogen heeft de door hem gerespecteerde collega-marketeer Burgmans het hier afgelegd tegen de financiële man FitzGerald. De laatste wil zich op de grote merken concentreren omdat hij zo veel kleine merken te ingewikkeld vindt om te managen. Te veel gedoe, te bureaucratisch, te inefficiënt. Al die merken en markten passen niet op zijn financiële dashboard. FitzGerald begrijpt in Simons ogen niks van marketing. De Ier vindt kennelijk dat een *global company* zich moet concentreren op *global brands* en daarmee houdt zijn denken op.

Het bedrijf wordt volgens Simon veel te veel top-down door finance-mensen gedreven, en die maken in zijn ogen met hun haast nu heel veel moois kapot. Simon windt zich op over hun geheimzinnige, afstandelijke benadering, ze lijken zelfs neer te kijken op de vakmensen, de marketeers. Hij vindt het doodzonde. Simon is opgegroeid in een Amerikaans bedrijf dat zich helemaal richt op het creëren van aandeelhouderswaarde, maar in Bestfoods kenden de finance-mensen wel hun plek: zij zijn er om de marketeers te ondersteunen, niet om ze te controleren en te wantrouwen. Bijna iedereen is nu bezig met deze rationalisatieslag. Er is nauwelijks ruimte voor iets anders, alle kaarten worden gezet op de grote merken, zoals de Bestfoods-merken Knorr en Hellmann's.

Als Gunning naar de twee voorzitters kijkt ziet hij twee kapiteins die vastzitten in een slecht huwelijk. Misschien verklaart dat ook waarom de reis niet goed in elkaar zat. Gunning gelooft dat je zo'n proces bovenin moet beginnen. Deze twee mannen hadden intensief met elkaar op pad moeten gaan, eerst elkaar helemaal moeten vinden. Pas daarna hadden ze, sprekend met één stem, hun Executive Committee mee moeten nemen, zich met zijn zevenen aan elkaar moeten verbinden, en pas daarna met deze grote groep. Zo heeft hij het bij Van den Bergh & Jurgens gedaan. Dit is veel te veel de grote Niall-en-Antony-show geworden. Wat belangrijker is: hun boodschap valt hem tegen, het is deze dagen eigenlijk alleen maar gegaan over het nemen van verantwoordelijkheid. Dat is een sluitstuk, mensen pakken hun verantwoordelijk pas echt goed op als ze weten hoe ze er zelf door kunnen groeien. Dan valt het kwartje en kunnen ze hun persoonlijke groei inzetten om hun business te laten groeien. Dat had hij Burgmans allemaal kunnen vertellen als zijn baas hem om advies had gevraagd. Maar dat heeft hij niet gedaan. Want dan had Burgmans zich moeten laten coachen door een ondergeschikte, die zelf mee op reis zou gaan. Dat zou ongemakkelijk zijn geweest. Een gemiste kans. Tex Gunning beseft vooral dat deze mannen het slechtste in elkaar losmaken. Elkaar geen ruimte geven, niet naar de ander kunnen luisteren.

De twee voorzitters verstaan elkaar steeds slechter naarmate de tijd vordert. Dat heeft ook met hun karakters te maken. Burgmans is bot, soms op het onbeholpene af, maar meent wat hij zegt. FitzGerald is charmant, heeft brille, is goed voor de bühne, maar springt als de meeste Engelsen 'economisch met de waarheid om'. FitzGerald is van de analyse, hij richt zich in Angelsaksische traditie meer op de winstgevendheid van Unilever in het belang van de aandeelhouders. Burgmans heeft niet zoveel met cijfers, is meer een intuïtieve marketeer-verkoper. Hij richt zich op de omzetkant, de belangen van de consumenten. Hun directe collega's zijn het erover eens dat het beiden razend slimme leiders zijn met grote ego's. Met hart en ziel aan Unilever verbonden, zouden ze allebei het bedrijf goed kunnen leiden. Maar niet samen. De afgelopen twee jaar is gebeurd waar Tabaksblat bang voor was: ze praten niet met één stem.

Dat valt Jeroen van der Veer ook op. Sinds kort is hij lid van de raad van advies van Unilever. Eind 2001 was hij gebeld door Frits Fentener van Vlissingen, die hem op het hart had gedrukt dat hij dit echt moest doen. Dat hij veel kan leren van de gang van zaken bij Unilever, dat andere grote Brits-Nederlandse bedrijf. Van der Veer begreep meteen wat Fentener van Vlissingen bedoelde. Sinds twee jaar is hij president-directeur van de Koninklijke Nederlandsche Petroleum Maatschappij. Deze Nederlandse nv is goed voor 60 procent van de Koninklijke Shell Groep, de andere 40 procent is in handen van de Britse Shell Transport en Trading Company plc. Ook dit in 1907 gefuseerde bedrijf kent twee raden van bestuur, gezamenlijk het 'Comité van Groepsdirecteuren' genoemd. En ook dit bedrijf wordt al vele jaren bekritiseerd door de buitenwacht. Het gebrek aan transparantie, de trage besluitvorming, de ondoorgrondelijke verdeling van verantwoordelijkheden, steeds weer keren deze onderwerpen terug, in de media, maar ook aan zijn bureau. Van der Veer, vicevoorzitter van het comité, ziet het als zijn grootste opdracht om de complexiteit bij het enorme olieconcern te verminderen. Dat is hard nodig, complexiteit kan ongelukken veroorzaken.

Van der Veer was meteen geïntrigeerd geweest door dit verzoek. Hij weet dat Fentener van Vlissingen al twaalf jaar in die raad van advies van Unilever zit. De voormalige topman van het SHV-familiebedrijf is daarmee verreweg het langst zittende lid, de pater familias. Hij weet wat er nodig is en legt aan Van der Veer uit dat het weliswaar geen echte raad van commissarissen, laat staan een one-tier-board is, maar dat door een stevige samenstelling met de juiste personen wel degelijk sprake is van een tegenwicht ten opzichte van de twee bestuursvoorzitters.

Het helpt Van der Veer dat hij weet dat Fentener van Vlissingen op zijn spoor is gezet door een van die twee: Antony Burgmans. Als Shell-man kan hij bovendien vast wat leren van deze marketeers. Een ontmoeting met Lord Simon of Highbury, de voormalige topman van concurrent British Petroleum en sinds twee jaar lid van Unilevers adviesraad, vond hij bovendien erg inspirerend. Simon is duidelijk de sterke man aan de Britse kant. En wat de 55-jarige Van der Veer ook prettig vindt: de acht jaar oudere, bij BP inmiddels gepensioneerde Simon staat duidelijk boven het Brits-Nederlandse gedoe. Hij vindt zijn Britse evenknie een uitstekende bestuurder en bedenkt dat ze straks als twee oliemannetjes wel eens het verschil zouden kunnen maken. Na zijn 'ja' had hij meteen een positie in de benoemingscommissie van de raad van advies gekregen. Gezien zijn jarenlange ervaring binnen die andere Brits-Nederlandse samenwerking vindt hij dat logisch. Lord Simon en Bertrand Collomb zijn de twee andere onafhankelijke leden van deze commissie, waar ook Burgmans en FitzGerald deel van uitmaken.

In de eerste ontmoetingen met de Unilever-bestuurders merkt de Shellman dat er erg veel spanning zit tussen de Britten en de Nederlanders. Tijdens de vergaderingen proberen ze zich niet te veel te laten kennen. Maar tijdens de koffiepauzes wordt hij vaak even apart genomen om te horen wat er volgens een Brit of een Nederlander echt speelt, hoe hij bepaalde opmerkingen van de ander moet lezen. Hij realiseert zich ook al snel dat de raad van advies het moet hebben van de persoonlijke overtuigingskracht van de individuele leden. In zijn ogen is dit een voorbeeld van slecht toezicht. Van der Veer vraagt zich af hoelang dit nog houdbaar is.

3 Muitende mannen; zo kan het niet langer

2001-2005

Mannen, de top van Unilever bestaat helemaal uit mannen. Zelf staan ze daar trouwens nauwelijks bij stil. Ze vinden het wel prettig zo, want ondanks hun verschillende culturen spreken ze toch min of meer dezelfde taal. Daarin staan scherpe analyses en slimme rekensommen centraal. Deze mannen percipiëren de wereld als een plek van markt en strijd. Wie daarin overeind wil blijven moet de concurrentie verslaan, de grootste willen worden. Wie klanten, werknemers en aandeelhouders tevreden wil houden moet vooral heel hard werken. Zo vinden ze elkaar.

André van Heemstra ziet hoe de twee voormannen aan het roer keihard staan te ploeteren. De in het Executive Committee voor personeelszaken verantwoordelijke bestuurder heeft het niet makkelijk, moet oppassen dat hij niet tussen deze twee molenstenen wordt vermalen. Van Heemstra is constant bezig de ruziënde Burgmans en FitzGerald bij elkaar te brengen. De ambassadeurszoon gedraagt zich een beetje als de derde man die tot 1994 decennialang het evenwicht tussen de twee voorzitters bewaakte en nu eigenlijk wordt gemist. Hij moet alle zeilen bijzetten; de twee voorzitters zitten inmiddels liever niet meer met elkaar aan een vergadertafel. Ook privé hebben Burgmans en FitzGerald het niet makkelijk, hun huwelijken hebben geen stand gehouden.

Van Heemstra stelt voor om vanuit de leiding het goede voorbeeld te geven en op zoek te gaan naar een gezonde *work-life*-balans. Ze spreken af voortaan wekelijks 56 uur te werken, 56 uur te rusten en 56 uur iets anders te doen. De bestuurders zullen die uren precies bijhouden. Omdat ze in een vliegtuig vaak stukken lezen, telt die tijd voor de helft mee als werk. Om die 56 uur 'iets anders' optimaal in te vullen kunnen de leden van het Executive Committee zich inschrijven voor drie sporten of voor yoga of tai chi. Daarbij mogen ze aangeven wanneer en waar ze die vrije uren willen besteden, dat zal allemaal voor ze worden geregeld. Zeven van de acht leden van het hoogste bestuursorgaan houden hun uren een tijd lang precies bij. Alleen Patrick Cescau vindt het onzin.

Vlak voor vertrek naar Costa Rica had Niall FitzGerald aan Van Heemstra gevraagd ervoor te zorgen dat in ieder geval 20 procent van de deelnemers aan die reis vrouw is. Van Heemstra had hem laten weten dat dit onmogelijk is, dat ze de boel dan enorm voor de gek zouden houden.

'We zijn in 2001 wakker geschud door onze reis met de top-100 naar Costa Rica, daar zat niet één vrouw bij. Het schiet niet op, we hebben al in 1991 aan vrouwelijke managers gevraagd hoe ze het vonden om bij Unilever te werken, we zijn hier al zo lang mee bezig. Zonder diversiteit heb je een club identieke mannen die het allemaal steeds met elkaar eens zijn. Dat is dodelijk voor de creativiteit, dodelijk voor ons "Pad naar groei". We moeten onszelf leren om verschillen niet als een bedreiging maar als iets positiefs te zien,' aldus Burgmans in een interview voor een intern personeelsblad.

FitzGerald vult aan: 'Als mensen zich niet echt thuis voelen in een organisatie nemen ze een belangrijk deel van zichzelf niet mee naar hun werk, terwijl Unilever juist dat talent nodig heeft.'[1] Op de vraag of de twee voorzitters op dit onderwerp van mening verschillen, reageert FitzGerald geprikkeld: 'Mensen moeten niet steeds op zoek gaan naar de verschillen tussen ons. Voor wat betreft diversiteit krijg je geen speld tussen ons. We verschillen op de manier waarop we onszelf uiten, maar op de inhoud is dit niet het geval.'

Na Costa Rica hebben ze besloten dat het aantal vrouwen in de top snel moet worden vergroot. Van Heemstra vraagt de Filipijnse Rhodora Palomar-Fresnedi deze taak op zich te nemen. Hij maakt haar 'hoofd diversiteit'. In de anderhalf jaar die ze nu op het Londense hoofdkantoor rondwandelt, heeft Palomar-Fresnedi zich enorm verbaasd. Hoe is het mogelijk dat het leiderschap van Unilever zo eenvormig is. Bijna 90 procent van de hier gemaakte producten wordt nota bene door vrouwen gekocht. Maar in ieder kantoor, in iedere vergadering ziet ze dezelfde gezichten. *Stale-pale-male*: oudbakken, vooral witte mannen. Slimme, keurige mannen die het zonder twijfel goed bedoelen, maar die in haar ogen het contact met de werkelijkheid zijn kwijtgeraakt. Dit is nou een schoolvoorbeeld van gevaarlijke *groupthink*, dit zijn mannen die elkaar steeds bevestigen in hun eenzijdige blik op de wereld. Als Palomar-Fresnedi aan haar mannelijke collega's vraagt hoe het komt dat er zo weinig vrouwen in de leiding van het bedrijf zitten is het antwoord eensluidend: vrouwen willen onze banen niet. Die mannen twijfelen nooit aan hun analyse: om binnen een bedrijf als Unilever serieus carrière te kunnen maken moet je een grote *footprint* ontwikkelen, je moet in verschillende buitenlanden succes hebben geboekt. Je moet in staat zijn om in verschillende culturen verschillende categorieën producten te verkopen. Eigenlijk moet je op zes, zeven plekken in het buitenland hebben gewerkt om een plek in de top te verdienen. Dat betekent dat je steeds na drie jaar weer moet verkassen.

Mannen nemen hun gezinnen daarbij op sleeptouw. Maar het lukt vrouwen nauwelijks om hun mannen op die manier in hun kielzog mee te nemen. Die mannen vinden het nou eenmaal moeilijk om hun vrouw te volgen, dat betekent bijna altijd dat ze zelf geen echte carrière kunnen maken. Of erger nog: dat ze in het *ladies program* terechtkomen als hun vrouw een belangrijke vergadering heeft. Dat ze dan met de andere partnersvrouwen naar een museum moeten of gaan winkelen. Die mannen vrezen de afkeuring van hun vrienden die vaak wel succesvolle carrières hebben. Met als gevolg dat de getalenteerde vrouwen binnen Unilever niet doorgroeien en vaak langjarig op een van de twee hoofdkantoren in staffuncties werken. Die vrouwen hebben op een gegeven moment wel de diepte, de kennis, maar niet de breedte, de ervaring. En dan lopen ze vast, ook omdat al die mannen die zich ondertussen wel in de breedte hebben ontwikkeld het erg lastig vinden om iets aan te nemen van iemand die hun ervaring niet heeft.

Palomar-Fresnedi vindt in de archieven inderdaad de stapels onderzoeken waar Burgmans het over heeft. Onderzoeken waarin wordt vastgesteld dat Unilever hier dringend mee aan de slag moet. Maar er gebeurt helemaal niks. Palomar confronteert haar mannelijk collega's met hun lakse zelfingenomenheid. Aan een collega met twee dochters vraagt ze of hij denkt dat die meiden later zijn baan zouden willen hebben. Terwijl hij daarover nadenkt, waarschuwt ze: als het antwoord nee is hebben we een probleem. Ze wijst al die mannen erop dat het niet aan de vrouwen ligt, maar dat vrouwen gewoon geen zin hebben in hun banen en hun manier van werken.

Ze verwijt die mannen ook dat ze weliswaar af en toe praten over de betekenis van hun werk, hun *purpose,* maar dat ze in de praktijk bezig zijn met omzet, winst en marge. Dat is hun spel. Hun intenties zijn misschien goed, maar ze zijn totaal niet verbonden met de echte wereld en wat daar speelt. Als ze willen dat vrouwen carrière maken binnen Unilever moeten ze andere dingen belangrijk gaan vinden en daar ook naar gaan handelen.

Palomar-Fresnedi vraagt zich af hoe al die bijna identieke mannen de 'Pad naar groei'-ambities denken te realiseren. Hoe willen ze Bestfoods gaan integreren? Verwijzend naar de uitkomsten van het Foresight-project waarin de trends voor de komende vijftien jaar in kaart zijn gebracht, probeert Palomar-Fresnedi haar collega's te prikkelen. Als we straks meer dan de helft van onze omzet uit niet-westerse landen willen halen, zullen we ook in de top veel meer moeten investeren in diversiteit, in lokaal talent. En betekent het simpele feit dat geen enkele vrouw hier ook maar bij benadering de top haalt niet dat we bezig zijn met een enorme kapitaalvernietiging van dat talent? Denken ze echt zonder diversiteit de steeds toenemende complexiteit van onze markten te kunnen doorgronden?

Het onderwerp komt voorbij op de zestien *Business for growth*-bijeenkomsten die door Mark Rutte zijn georganiseerd. Om ervoor te zorgen dat de lessen van Costa Rica niet bij de top-100 blijven hangen is hem gevraagd om in de zomer van 2001 voor zo'n vijfhonderd managers sessies te organiseren op een comfortabel kasteel ten zuiden van Parijs. Burgmans en FitzGerald zullen ze om beurten modereren.

Burgmans spreekt over de noodzaak om te groeien. Hij benadrukt het toenemende belang van groei buiten Europa en de Verenigde Staten. Palomar-Fresnedi kijkt om zich heen en vraagt zich af hoe Unilever dit wil realiseren: meer dan 80 procent van de top-100 bestaat uit Europese mannen, 50 procent zelfs uit Britten en Nederlanders. De rest bestaat uit via Bestfoods binnengekomen Amerikanen en hier en daar een Indiër. Het valt haar op dat de Europeanen zoals gebruikelijk weer veel lawaai maken en elkaar proberen af te troeven terwijl de managers met Aziatische wortels vooral hun mond houden.

Tijdens zijn presentatie vraagt Burgmans aan zijn gehoor of ze geloven dat de leiding van het bedrijf altijd de waarheid vertelt. Met een paar anderen steekt Palomar-Fresnedi haar hand op. Burgmans wijst haar aan. In het moment van stilte dat daarop volgt, heeft de Filipijnse het idee dat alle ogen die op haar gericht zijn maar één ding willen zeggen: hou je mond, doe het niet, dit is het einde van jouw carrière. Maar ze doet het wel.

'Nee, jullie vertellen niet altijd de waarheid,' zegt ze. Palomar-Fresnedi stelt dat de leiding alsmaar praat over het verbeteren van de levensomstandigheden van mensen, maar dat het uiteindelijk alleen maar over de kwartaalresultaten gaat. Dat de managers hiermee bezig zijn omdat ze bang zijn door bankiers en analisten te worden bekritiseerd. Ze vindt het ook hypocriet dat al jarenlang wordt gezegd dat diversiteit zo belangrijk is, dat Azië veel meer door Aziaten moet worden geleid omdat ze alleen zo tot een diep begrip van de lokale omstandigheden kunnen komen en de juiste producten kunnen aanbieden. Ze benadrukt dat het bedrijf ook al jaren roept dat er meer vrouwen in leiderschapsrollen moeten worden gezet. Maar kijk eens om je heen, hoeveel vrouwen zitten hier en hoeveel Aziaten? Het schiet niet op.

Als ze uitgesproken is, blijft de zaal stil. Palomar-Fresnedi wil zeggen dat het haar spijt dat ze zo brutaal is geweest om haar hart te laten spreken. Ze is bijna in tranen. Maar dan barst de zaal uit in een groot applaus. Collega's vallen haar om de hals. In de pauze komt Burgmans op haar af en omhelst haar ook. Hij feliciteert haar met haar moed en nodigt haar uit om verder te praten. Hij wil onderzoeken hoe ze er samen wat aan kunnen gaan doen.

Om de doorstroming van vrouwen aan de top te versnellen stelt Van Heemstra voor om vijftien vrouwen die carrière proberen te maken ieder kwartaal in groepjes van drie de leden van het Executive Committee te laten coachen. Zij kunnen die mannen wijzen op de problemen waar vrouwen in het bedrijf tegenaan lopen. De dames ontmoeten in het begin veel scepsis: waarom moeten we het hierover hebben? De mannen zijn het duidelijk niet gewend met zo veel vrouwen in hun kantoor te zitten. En al helemaal niet met vrouwen die ze de maat proberen te nemen. Dat wordt als bedreigend ervaren. De vrouwen merken al snel dat ze met deze mannen niet te veel over gevoelens moeten praten. Ze proberen de gesprekken daarom zo concreet mogelijk te houden. Ze noemen het 'moedige ontmoetingen'. Ieder kwartaal brengen ze verslag uit aan het voltallige Executive Committee.

Rhodora Palomar-Fresnedi vervult die rol zelf bij zowel FitzGerald als Burgmans. Ze ziet dat het geen vrienden zijn, dat ze allebei sterk zijn en moeite hebben om ruimte voor de ander te maken. Maar ze merkt ook dat ze allebei maar één ding willen: Unilever overeind en bij elkaar houden. Deze mannen zitten opgescheept met een Brits-Nederlandse erfenis van tientallen jaren. Daar kunnen zij ook niks aan doen. Ze zullen hier met elkaar uit moeten komen. Ze heeft met de twee mannen te doen.

In een van de ontmoetingen citeert ze Albert Einstein, die ooit opmerkte dat je problemen niet kunt oplossen met de mensen die ze hebben veroorzaakt. Ze roept de mannen op verder te kijken dan de mensen die ze kennen en vertrouwen. Als ze het leiderschap van de toekomst willen ontwikkelen zullen zij 'de ander' naast zich moeten uitnodigen. Ze merkt ook dat die boodschap begint door te dringen, dat Burgmans en FitzGerald zich realiseren dat de verandering die ze willen bij henzelf moet beginnen. Burgmans zegt tegen haar dat hij misschien wel de laatste Nederlandse voorzitter is en onderkent dat het nodig is om ook op het allerhoogste niveau open te staan voor verandering.

De rationalisatie van de merkenportefeuille, de besparingen en de overname van Bestfoods – het grijpt allemaal diep in. Per saldo groeit de omzet over 2001, vooral omdat de overname van Bestfoods voor het eerst een heel jaar meetelt, met 8 procent naar 52 miljard euro. Door forse kostenbesparingen groeit het bedrijfsresultaat zelfs met 56 procent tot 5,1 miljard euro. Al met al zijn de afgelopen jaren honderd fabrieken gesloten, zijn 87 bedrijven verkocht en zo'n 40.000 banen geschrapt.

De brutowinstmarge is gestegen van 12 naar 13,9 procent. De twee voorzitters zijn tevreden als ze in het jaarverslag de balans opmaken: 'We liggen op koers om onze doelstelling voor 2004: gemiddeld 5-6 procent omzetgroei en een brutomarge van minstens 16 procent van de omzet te bereiken.' Analisten weten niet zo goed wat ze met deze cijfers aan moeten. Is dit niet vooral het effect van Bestfoods, is er onderliggend echt iets veranderd? De koers van het aandeel beweegt nauwelijks.

We moeten het nu echt gaan doen. Die boodschap wordt steeds herhaald tijdens de sessies in het Franse kasteel. Door de geschiedenis, de plc-nv, de decentrale machten, de verschillende producten en markten is het heel verleidelijk om maar met elkaar te blijven praten over strategie en coördinatie. Eindeloos te blijven bakkeleien over wie waarvoor verantwoordelijk is en welke kosten zou moeten dragen en elkaar zo steeds op een slimme manier vliegen af te vangen. In de top van het bedrijf beloven ze elkaar te stoppen met praten en aan de slag te gaan. Maar hoe doe je dat?[2]

Unilever-managers voelen succes of falen steeds nadrukkelijker in de eigen portemonnee. Voor het vaststellen van de hoogte van hun beloning laat de raad van advies zich ieder jaar voorlichten door bureaus als Hay en Towers Perrin. Deze consultants brengen in kaart wat vergelijkbare bedrijven, de concurrentie, hun bestuurders betalen. Omdat iedereen altijd de beste mensen wil kunnen inhuren en vasthouden en de overtuiging diep zit dat je daarvoor net iets beter moet betalen dan de rest, zorgen die vergelijkingen voor een aanhoudende opwaartse druk van de beloningen.

In het jaarverslag stelt de beloningscommissie van de raad van advies, onder voorzitterschap van Frits Fentener van Vlissingen, ervan overtuigd te zijn dat de financiële belangen van het management nog nadrukkelijker moeten worden gekoppeld aan de financiële belangen van de aandeelhouders. Unilever-managers worden gestimuleerd een substantieel deel van hun bonus in aandelen Unilever te stoppen, voor ieder aandeel dat ze kopen krijgen ze er eentje van het bedrijf. De top moet minimaal anderhalf keer hun jaarsalaris in aandelen Unilever hebben geïnvesteerd. De leden van het Executive Committee krijgen voor 500.000 euro aan aandelen voorwaardelijk toegekend. Burgmans en FitzGerald krijgen in 2001 per persoon voor 800.000 euro aandelen. Als Unilever in de vergelijking van een driejaarlijks gemiddelde met twintig andere bedrijven in de top-7 komt te staan, kunnen ze hier miljoenen mee verdienen. In die referentiegroepvergelijking staat de beloning van de aandeelhouders, in termen van koerswinst en dividend, centraal. Afgesproken wordt ook dat ze er de komende jaren alleen aandelen bij krijgen als ze gemeten over drie jaar in de top-11 staan. Als het bedrijf op de huidige teleurstellende vijftiende plek blijft hangen wordt er niets toegekend. Als de zevende plek wordt bereikt mogen de mannen 100 procent cashen, bij een top-1- of -2-positie zelfs 200 procent.

Over 2002 verbetert de marge verder met één procent tot 14,9 procent. De winst per aandeel gaat zelfs met 21 procent omhoog. Trots melden de bestuursvoorzitters dat Unilever inmiddels veertien merken heeft die meer omzetten dan 1 miljard euro, tien jaar geleden was dat er maar één. De omzet van de 'leidende merken' is met 5,4 procent toegenomen.

Er gaat veel aandacht naar die 'leidende merken' maar de omzet van het hele concern is met een dramatische 6,5 procent afgenomen tot 48,3 miljard euro. En waar analisten zich ook zorgen over maken: het bedrijfsresultaat is ook licht afgenomen. FitzGerald krijgt weer de vraag of het niet tijd wordt om de huishoudelijke en *personal care*-divisies eindelijk eens af te splitsen van de veel trager groeiende voedingsdivisie. Hij herhaalt de oude boodschap: 'Wij zien heel grote voordelen in de combinatie. Negentig procent van onze consumenten zijn hetzelfde, 80 procent van de klanten en 70 procent van de toeleveranciers.'[3] In het jaarverslag melden de twee voorzitters monter: 'We liggen nog steeds goed op koers om onze doelstellingen van 'Pad naar groei' te bereiken: een duurzame omzetgroei van 5 tot 6 procent en een bruto winstmarge van 16 procent in 2004.'

Om een goed idee te krijgen van de resultaten van Unilever zetten analisten ze constant naast die van een paar grote concurrenten. De omzet van Nestlé is met 6 procent toegenomen, het bedrijfsresultaat met 10 procent. Procter & Gamble presenteert een omzetgroei van 3 procent en een stijging van het bedrijfsresultaat van 49 procent.

Patrick Cescau, verantwoordelijk voor de voedingsdivisie, worstelt ondertussen met de integratie van Bestfoods. De belofte om een derde van de managementfuncties binnen Unilever met mensen van Bestfoods te vullen, roept veel weerstand op. Unileverianen vinden het onbegrijpelijk: wie heeft nou wie overgenomen? Cescau vraagt Kees van der Graaf, lid van de Europese directie Voedingsmiddelen, naar de taakverdeling van de Europese activiteiten te kijken. Met behulp van een extern bureau worden alle potentiële kandidaten voor een positie gerangschikt op hun kwaliteiten. Per positie wordt, met redenen omkleed, iemand van Unilever of van Bestfoods naar voren geschoven.

Door de jaren heen heeft Van der Graaf geleerd hoe hij Burgmans moet managen. Hij kent zijn botte, vaak onvoorspelbare gedrag. Iedere ontmoeting begint Van der Graaf daarom met de makkelijke dossiers. Zo kan hij het humeur van zijn baas testen. Als de stemming verslechtert, stelt hij altijd voor om op een ander moment verder te praten en terug te komen met de rest van zijn voorstellen en vragen.

Dit keer gaat het makkelijk. Burgmans stemt in met zijn voorstellen, maar laat zijn collega weten dat hij ze nu ook nog aan FitzGerald moet presenteren voor ze er een klap op kunnen geven. Van der Graaf begrijpt niet waarom Burgmans deze rol niet op zich neemt, FitzGerald is toch zijn evenknie, ze praten toch met één mond? Als hij zijn selectie aan FitzGerald presenteert, begint Van der Graaf met de mededeling dat Burgmans al akkoord is. Achteraf realiseert hij zich dat dit niet handig is geweest. FitzGerald heeft meteen veel commentaar, zijn voorstel moet helemaal op de schop. Er gaat weer veel tijd verloren, veel mensen weten nog steeds niet waar ze aan toe zijn.

Collega's horen Burgmans aan de lopende band mopperen op FitzGerald. Het kost ze steeds meer tijd om besluiten goedgekeurd te krijgen. Alle belangrijke zaken moeten door beide voorzitters worden getekend. Ook Cescau heeft er last van. De animositeit tussen die twee zorgt ervoor dat de eenheid in het leiderschap verloren gaat. Ze werken elkaar tegen, begrijpen elkaar niet. De veel geciteerde constatering dat Britten te fatsoenlijk zijn om eerlijk te zijn en Nederlanders te eerlijk om fatsoenlijk te blijven, past voor de Fransman precies op deze twee karakters. Wat een drama. Hij ziet keer op keer hoe Niall probeert mensen te verleiden om ergens mee aan de slag te gaan en hoe Burgmans daarop reageert met keiharde afwijzingen. Als een steen zo hard. De intenties zijn goed, maar doordat deze twee mannen elkaar niet verstaan, slagen ze er juist helemaal niet in om de managers die aan hen rapporteren ergens in mee te krijgen. Ze schieten ook helemaal niet op met het reduceren van de complexiteit van het bedrijf. De marge verbetert door alle kosten die omlaag gaan, maar het bedrijf krimpt.

Unilever wordt gemangeld tussen aan de ene kant de grote merken van multinationals als Nestlé en Procter & Gamble en aan de andere kant de opkomende, kleine, lokale merken. Dat laatste wordt deels veroorzaakt doordat Unilever zelf zo veel kleine merken heeft afgestoten.

Om de personeelszaken in zijn voedingsdivisie op orde te krijgen heeft Cescau de Amerikaan Sandy Ogg weggehaald bij Motorola, producent van mobiele telefoons. Opnieuw kijkt een buitenstaander verwonderd naar de ambities van het Brits-Nederlandse concern. In zijn ogen is er helemaal geen sprake van een 'Pad naar groei', het is vooral een reorganisatie, die via enorme bezuinigingen naar meer winst moet leiden. Ogg gelooft dat Unilever geen idee heeft hoe het moet groeien. De oude, decentrale strategie werkt allang niet meer, maar om vanuit die oude cultuur de boel te centraliseren zoals Procter & Gamble dat doet, werkt niet. Wat het 'Pad naar groei' ambieert, is in de ogen van Ogg een *road to hell*. Hoe kun je zo veel managers, die vooral hun eigen gang willen gaan en gewend zijn zich als koningen te gedragen, disciplineren? Hij moet verdorie toestemming vragen aan de baas van Italië als hij daar op bezoek wil komen!

Ogg begrijpt ook niets van de 'elf kenmerken voor groeiend leiderschap' die de adviseurs van Hay op verzoek van FitzGerald en Burgmans op papier hebben gezet. Ze hangen overal aan de kantoormuren. Hij heeft begrepen dat de consultants die kenmerken hebben geformuleerd op basis van een serie interviews met de meer succesvolle leiders binnen Unilever, mensen als Rob Polet, Harish Manwani en Tex Gunning. Het resultaat lijkt er vooral op gericht om de status quo te bevestigen. Het gaat er bij Unilever nog steeds om dat je informeel de goede relaties legt, die goed onderhoudt en zo probeert stap voor stap beter met elkaar samen te werken. Ogg vindt het allemaal vreselijk traag en wat erger is: het houdt de bestaande koninkrijkjes in stand.

De generatie managers die vijf jaar geleden onder de vleugels van Tex Gunning is begonnen en nu carrière maakt, begint zich ook steeds meer zorgen te maken. Conny Braams vraagt zich af of dat 'Pad naar groei' niet een pad naar de ondergang is. Ze is binnen Unilever Nederland verantwoordelijk voor de businessunit met de smeersels en kookproducten. Ook zij heeft de opdracht gekregen verschillende wat kleinere merken te verkopen. De afgelopen tijd heeft Burgmans haar al een paar keer gevraagd of ze het botermerk Zeeuws Meisje nou eindelijk heeft verkocht. Maar dat vindt Braams onverstandig. Ze vindt dat je niet alleen moet kijken naar de prestaties van een merk, maar ook naar de functie van dat merk binnen de hele categorie. Je kunt de minder winstgevende merken wel verkopen, maar dan haal je wel een concurrent jouw markt in. Een concurrent die niet al te veel voor jouw merk betaalt, je wilt er immers toch vanaf, gaat vervolgens flink investeren in wat jij in al die jaren hebt opgebouwd.

Dit 'Pad naar groei'-beleid vindt ze vooral heel dom. Het levert even wat geld op, maar op termijn moet je harder investeren in de resterende merken in die categorie om de nieuwe concurrenten de baas te blijven. Braams vindt dat er veel te veel wordt gecentraliseerd, alle aandacht gaat naar die steeds kleiner wordende groep *global brands*. Kleinere lokale merken zoals Zeeuws Meisje zijn nu misschien te weinig winstgevend maar zitten wel heel dicht bij hun klanten in de buurt.

Braams is bovendien tot de conclusie gekomen dat Unilever veel te veel geld voor Bestfoods heeft betaald. Dat de financiële ruimte om te investeren in fabrieken, in groei enorm wordt beperkt door de berg schulden die nu moet worden afbetaald. Met hulp van verontwaardigde media en een aantal van haar Nederlandse collega's lukt het Braams om lokale merken als Zeeuws Meisje, Robijn en Unox te omarmen en binnen Unilever te houden. Kennelijk kan ook Burgmans het niet over zijn hart verkrijgen om door te duwen.

Kees Kruythoff werkt nog steeds voor Tex Gunning. Onder diens leiding probeert hij de voedingsactiviteiten in Azië te laten groeien. Dat valt niet mee. Ook hij komt tot de conclusie dat vooral de overname van Bestfoods een gigantische fout is geweest. Er is niet alleen veel te veel voor betaald. In de belangrijke groeimarkten in onder meer Azië kun je niet veel met de producten van dit Amerikaanse bedrijf, die passen niet in het voedingspatroon. Wat ook Kruythoff steeds meer zorgen baart is het gebrek aan eensgezindheid aan de top. Tijdens een leiderschapsreis naar IJsland heeft hij gezien dat Burgmans en FitzGerald niet met elkaar praten. Dat gebrek aan afstemming en eensgezindheid zet de hele boel op slot.

In mei 2003 gaat er een schok door het bedrijf, er moet een omzetwaarschuwing worden afgegeven. Tot nu toe werd steeds een omzetgroei uit de leidende merken van 5 à 6 procent beloofd, nu wordt uitgegaan van maximaal 3 procent. Het is een rampzalig bericht omdat altijd is ingezet op een stevige omzetgroei van de grootste merken, dat is de hoeksteen waarop het 'Pad naar groei' leunt. Beleggers zijn totaal verrast en laten het aandeel Unilever vallen als een baksteen. In één dag verliest het concern 8,5 procent van zijn waarde. Wie vier jaar geleden, bij de start van 'Pad naar groei', zijn geld in een aandeel Unilever heeft gestopt is nu ongeveer een kwart van die inleg kwijt. Wie hetzelfde bedrag in aandelen Nestlé heeft geïnvesteerd is er ongeveer 10 procent op vooruitgegaan. Hetzelfde geldt voor een belegging in Procter & Gamble.

Naast hun botsende persoonlijkheden komt de structuur waarin de twee bestuursvoorzitters werken steeds meer onder vuur te liggen. In het voorjaar van 2003 confronteren controlerende accountants de bestuurders met de beperkte houdbaarheid van de krakkemikkige *governance*. De 'Cadbury-code' en de op stapel staande Nederlandse 'code-Tabaksblat' vragen steeds nadrukkelijker om toepassing of om een verantwoording waarom ze niet zijn toegepast. Tot nu toe kwam Unilever daar wel mee weg, ook omdat het inmiddels 65 jaar oude afspraken zijn. De adviseurs wijzen Burgmans en FitzGerald erop dat schandalen bij Enron en WorldCom in de Verenigde Staten hebben geleid tot een discussie over het belang van krachtiger toezicht en dus tot nieuwe, strengere wetgeving. Als Unilever aan de Amerikaanse beurs genoteerd wil blijven zal het aan de slag moeten met deze nieuwe wet, de Sarbanes-Oxley Act. Die schrijft voor dat er in het audit committee van genoteerde bedrijven een meerderheid van niet-uitvoerende bestuurders moet zitten, die met name toezicht houden op de financiële bestuurders in het bedrijf. Dit moeten bovendien mensen zijn met kennis van zaken. Unilever ontkomt er niet aan nog eens goed te kijken naar het veranderen van de toezichtstructuur. Het bedrijf moet serieus gaan overwegen om niet-uitvoerende bestuurders te benoemen, toezichthouders die de uitvoerende bestuurders kunnen ontslaan als ze hun werk niet goed doen. Onderling grappen de adviseurs na afloop van een ontmoeting met Burgmans en FitzGerald dat die twee ze doen denken aan twee neefjes die elkaar niet aardig vinden maar wel samen de leiding van een familiebedrijf vormen. Ze vragen zich af of ruziënde neefjes wel in staat zullen zijn de bestuursstructuur van Unilever op orde te krijgen.

In de raad van advies wordt het gebrek aan samenwerking tussen de twee voorzitters wel gezien maar niet besproken. Dat frustreert Wim Dik. Hij zit nu twee jaar in deze raad van advies en is gewend om te zeggen wat hij denkt. Het is voor hem zonneklaar dat het 'Pad naar groei' is mislukt en dat de oorzaak ligt bij die twee mannen die zo graag allebei de baas willen zijn. Hoe kun je twee paarden die elkaar alsmaar willen trappen voor één wagen spannen? Probleem is dat op de agenda van de raad van advies geen concrete situaties staan die duidelijk maken dat dit leiderschap faalt. En dus wordt het nooit formeel besproken. Wim Dik kent Unilever goed. Hij werkte er van 1964 tot 1981 toen hij door D66 werd gevraagd staatssecretaris van Economische Zaken te worden. Dit niet kunnen ingrijpen frustreert hem, maar hij realiseert zich ook dat de behoefte om de Britse en Nederlandse belangen in de top te waarborgen het duale leiderschapsmodel feitelijk onaantastbaar maakt. Unilever zit opgesloten in een toezichtmodel dat voor deze situatie geen uitweg biedt. Beide kanten zijn als de dood dat ze hun invloed verliezen zodra daaraan wordt getornd.

Nee, hij maakt zich geen zorgen over de omzet en de vraag naar Unilever-producten. 'Mensen gaan echt wel door met eten en wassen,' zegt FitzGerald in een interview met *The Guardian* in de zomer. Hij windt zich op over het gebrek aan vertrouwen van de samenleving in *captains of industry*. Zonder de namen te noemen van de grote schandalen die op de achtergrond spelen, bij Enron, Ahold en Parmalat, legt FitzGerald uit dat er drie categorieën zijn: boeven, incompetente leiders en meestal competente leiders. De eersten moeten gevangen worden gezet, de tweede categorie moet een baan krijgen die bij ze past en de laatsten moeten worden beoordeeld op wat ze klaarspelen. Het grote probleem is alleen dat 86 procent van het grote publiek inmiddels gelooft dat alle leiders in het bedrijfsleven boeven zijn. Terwijl dat in misschien 5 procent werkelijk het geval is. FitzGerald waarschuwt: als deze emoties uitgangspunt worden bij het versterken van toezichthoudende rollen, dan zullen competente leiders, zeker als ze af en toe ook risico willen kunnen nemen, het bedrijfsleven de rug toekeren. 'Ik vind het niet leuk om van mijn kinderen de vraag te krijgen of ik ook een boef ben.'[4]

Burgmans ergert zich aan de manier waarop zijn collega zijn mening uitdraagt. Hij vraagt zich vaak af of dat nou verstandig is. Waarom moet hij steeds de bühne op om van alles te vinden? Als FitzGerald in de *Financial Times* uitlegt dat familiewaarden voor hem heel belangrijk zijn, zijn verschillende collega's woedend. De man heeft het met een jongere vrouw aangelegd, ligt in scheiding. Dat is toch hypocriet? Burgmans vindt het niet handig, maar hij realiseert zich ook dat FitzGerald een Ierse katholiek is die hiermee worstelt. Dit is kennelijk zijn manier om hiermee om te gaan.

Het stoort Burgmans ook dat het hele bedrijf steeds harder gonst van de verhalen dat hij en FitzGerald het niet goed met elkaar kunnen vinden. Dat valt best mee. Het valt hem op dat vooral collega's vlak onder het Executive Committee, mannen die het net niet hebben gered, mopperen op de leiding. Door de ingrijpende reorganisaties zijn de mogelijkheden om door te stromen naar boven de afgelopen jaren fors minder geworden. Er zijn veel minder banen in de top van het bedrijf.

Burgmans voelt zich eenzaam daar helemaal bovenin. Hij besluit af en toe een aantal Nederlandse vertrouwelingen, zoals Tex Gunning en Kees van der Waaij, 's avonds bij hem thuis uit te nodigen. Hij wil voeling houden met de organisatie, horen wat er speelt. Misschien krijgt hij zo, via een informeel netwerk, nieuwe ideeën, inspiratie. In zijn wijnkelder worden de nodige flessen geopend en ontstaat een sfeer van openheid. Burgmans deelt zijn zorgen over de toekomst. Hij zoekt naar richting, weet niet goed meer hoe het verder moet. De aanwezigen hebben hem nog nooit zo gezien, zijn pantser is weggevallen. Een van de onderwerpen is de vraag of het duovoorzitterschap nog wel kan, nog wel van deze tijd is. Ze waarschuwen Burgmans dat hij zich de kaas niet van zijn brood moet laten eten. Er wordt gepraat over de noodzaak om misschien toch naar één CEO te gaan. Maar wie zou dat dan moeten zijn?

In de Londense wandelgangen wordt gefluisterd dat de 58-jarige FitzGerald, 35 jaar in dienst van Unilever waarvan alweer bijna acht jaar bestuursvoorzitter, bezig is zijn bakens te verzetten. Hij zou het voorzitterschap bij mediabedrijf Reuters ambiëren. Geruchten die sterker worden omdat hij daar inmiddels is begonnen als niet-uitvoerende bestuurder.

FitzGerald heeft al in 1996 met zichzelf afgesproken dat hij deze baan niet langer dan acht jaar zal doen. Als in die periode niet is gelukt wat hij wil bereiken, jammer dan. Langer blijven is geen optie. Hij weet wat macht met mensen kan doen en vertrouwt zichzelf niet, hij zou zichzelf bovendien gaan vervelen. In 2004 wordt het tijd voor iets anders. FitzGerald heeft deze afspraken met zichzelf in een verzegelde brief aan de juridische adviseur gegeven en gevraagd ervoor te zorgen dat die brief in 2003 aan hem wordt gegeven. Natuurlijk is de Ier moe van de niet-aflatende worsteling met Burgmans. Ze lijken in niets op elkaar. Het is finance versus marketing, cultuur versus natuur, details versus het grote verhaal, analyse versus intuïtie, focus op winstgevendheid versus focus op omzet, charme versus botheid. Ooit leerde hij van zijn moeder dat hij, om succesvol te zijn, er vóór alles voor moet zorgen het beste in de mensen om zich heen te leren waarderen. Dat is hem met zijn belangrijkste collega, Antony Burgmans, niet gelukt.

De stemming is somber als de top-25 van Unilever in november 2003 in het Ierse Limerick bij elkaar komt. FitzGerald heeft voorgesteld deze bijeenkomst in zijn geboorteplaats te organiseren. Hr-man André van Heemstra heeft voorgesteld om de twaalf business group presidents en een tiental stafdirecteuren, de laag die rapporteert aan het Executive Committee, in groepjes van vier à vijf man, onder leiding van een van de leden van de ExCo, hun gal te laten spuwen. En na te denken over oplossingen. FitzGerald kan zich wel een voorstelling maken van de uitkomst, maar zegt dit niet tegen Burgmans. Hij stelt hem voor het idee een kans te geven. Burgmans gaat akkoord.

Zonder met elkaar te overleggen rapporteren de ExCo-leden Clive Butler, CFO Rudy Markham, Keki Dadiseth, Patrick Cescau, Charles Strauss en André van Heemstra de conclusies de volgende dag aan de twee voorzitters. De verwijten zijn heftig. Jullie luisteren niet naar ons, er blijft veel te veel liggen. Omdat jullie geen zin hebben met elkaar te overleggen schuiven jullie van alles onder het tapijt. Dit houden we niet vol zo. Er dreigt oproer. In de vijf groepjes is onafhankelijk van elkaar steeds dezelfde, ondubbelzinnige conclusie getrokken: we willen geen twee kapiteins meer. Het verlamt de organisatie. Als het aan de laag onder de ExCo ligt, komt er zo snel mogelijk een einde aan het zo lang gekoesterde duovoorzitterschap.

Geconfronteerd met deze massieve afwijzing realiseren FitzGerald en Burgmans zich dat ze hier iets mee moeten doen. Als deze mensen dat allemaal zo ervaren, dan hebben zij in hun samenwerking gefaald. Ook als ze dat zelf niet eens zo voelen en weten dat ze ondanks hun meningsverschillen de afgelopen jaren allebei met hetzelfde zijn bezig geweest: het bij elkaar houden van het bedrijf waar ze zoveel van houden.

Voor FitzGerald is deze conclusie makkelijker te verwerken dan voor Burgmans. De Ier zal in september 2004 Unilever verlaten om voorzitter van Reuters te worden. Een jaar voordat hij officieel met pensioen zou moeten. FitzGerald kondigt in Limerick aan dat Patrick Cescau hem dan zal opvolgen als voorzitter van de plc.

Er worden verder geen besluiten genomen, maar er wordt wel druk gespeculeerd. Aanwezigen hebben het idee dat FitzGerald Burgmans de pas zou willen afsnijden door Patrick Cescau straks naar voren te schuiven als eerste CEO van het hele bedrijf. Cescau is net als FitzGerald een echte financiële man. Iemand maakt een grap die het hele bedrijf door zal gaan; zo'n Fransman heeft in ieder geval twee voordelen: hij is geen Nederlander en hij is geen Brit.

Voor Burgmans is de toekomst nu onzeker, hij is een paar jaar jonger dan FitzGerald, gaat officieel pas in 2007 met pensioen. Natuurlijk wil hij na het vertrek van FitzGerald de eerste uitvoerende CEO van heel Unilever worden. Verschillende aanwezigen bedenken dat dit een logische wens is, de manier om in zijn laatste jaren als CEO het mislukken van de samenwerking met FitzGerald uit te wissen.

Voor ze weer naar huis gaan spelen de mannen een potje voetbal. Groen tegen rood: een clubje vooral Nederlandse mannen onder leiding van Antony tegen een clubje vooral Britse mannen onder leiding van Niall. De laatste mist een penalty, de eindstand is 1-1. Daar moeten ze allemaal wel om lachen.

Drie maanden later verrast Burgmans Kees van der Graaf met de uitnodiging de plek van Cescau over te nemen als eindverantwoordelijke voor de voedingsdivisie. Van der Graaf weet niet wat hem overkomt, hij slaat zo een hele laag leidinggevenden over. Diezelfde ochtend, een paar minuten voor de eerste ontmoeting met zijn nieuwe team, laat de secretaresse van Cescau weten dat hij te druk is om de overdracht te begeleiden.

Het wordt een dramatische bijeenkomst. Mannen die een paar uur eerder in hiërarchie nog boven Van der Graaf stonden, zijn verbouwereerd. De meesten kijken hun nieuwe baas niet eens aan. Ze reageren niet als hij voor de groep staat, het woord probeert te nemen, ze blijven met een paar collega's in de hoek van het kantoor hangen. Van der Graaf voelt zich de verkeerde persoon op het verkeerde moment op de verkeerde plaats. Het meest glorieuze moment in zijn carrière is meteen ook het meest verschrikkelijke.

Robert Polet is ervan overtuigd dat Burgmans met de benoeming van een vertrouweling zo zijn positie wil versterken. Polet laat Cescau ook weten dat hij de indruk heeft dat de Fransman hier niks te vertellen heeft. Hij vindt Cescau vooral een technocraat, niet iemand die een organisatie op sleeptouw kan nemen, erg politiek bovendien en vooral bezig met zijn eigen positie.

Hoewel Polet, als baas van Van der Graaf, in de ogen van zijn collega's het meest gehavend is door deze bijzondere benoeming, raakt hem dit niet echt meer. Binnenkort zal hij zijn nieuwe baan aankondigen. De lifer, directeur van de ijs-en-bevroren-voeding-afdeling, wordt de CEO van modehuis Gucci. De 48-jarige Polet snakt naar vrijheid. Na 26 jaar Unilever is hij moe van de lange vergaderingen. Moe van de mensen die na afloop zeggen dat ze echt vonden dat je gelijk hebt, maar het niet hardop durfden te zeggen omdat ze bang waren dat hun chef misschien toch iets anders zou vinden.[5] Moe van het eindeloze, stroperige gedoe. Hoe kun je nou een beslissing nemen met twintig man? Daar heeft hij zich vaak over verbaasd. Dan kreeg hij te horen dat er een belangrijk besluit was genomen en als hij vervolgens vroeg wie dat besluit genomen had, was het antwoord: 'De vergadering'. Maar hoe kan een vergádering een beslissing nemen? Welke visie steekt daarachter, wie neemt dan de verantwoordelijkheid? Polet is blij dat hij weg kan.

Acht jaar geleden was hij er niet in geslaagd samen met Tabaksblat een one-tier-board te realiseren, nu pakt Niall FitzGerald door. Na afloop van de bijeenkomst in Limerick heeft hij Burgmans verteld dat hij de raad van advies gaat vragen ervoor te zorgen dat Unilever voortaan één CEO heeft en daarmee een bestuur met een meerderheid van onafhankelijke, serieus toezichthoudende bestuurders. Hij laat Burgmans ook weten dat hij Patrick Cescau zal voorstellen als eerste CEO. FitzGerald ervaart het als een pijnlijk gesprek.

Van der Veer en Lord Simon zijn blij met dit besluit. Het is volstrekt duidelijk dat het zo niet verder kan. Er is de afgelopen jaren veel schade aangericht doordat deze twee mannen niet door één deur konden. Maar ook doordat de raad van advies daar feitelijk niets aan kon doen.

De heren roepen een commissie in het leven om naar de governance te kijken. Omdat FitzGerald op het punt staat te vertrekken, zal hij daar niet in gaan zitten. Antony Burgmans, ook al lid van de benoemingscommissie, wordt wel uitgenodigd. Al snel wordt duidelijk dat ze niet van plan zijn Burgmans voor te dragen als de eerste echte CEO. Dat zou in hun ogen niet logisch zijn na het debacle van de afgelopen jaren. Het is tijd voor een frisse wind, een nieuwe bezem. Er moet richting worden gegeven, puin worden geruimd. Ze willen dat Patrick Cescau vanaf mei als enige kapitein aan het roer gaat staan. Het feit dat Cescau een Fransman is beschouwen ze als een groot voordeel. Het is bovendien een financiële man, het verlagen van de kosten blijft de hoogste prioriteit. Burgmans telt zijn knopen en laat zijn collega's weten over zijn schaduw heen te zullen springen. Hij stelt voor dat hij twee jaar als de eerste bestuursvoorzitter van de nieuwe one-tier-board zal fungeren. Hij vindt dat hij daar recht op heeft, formeel gaat hij dan pas met pensioen. FitzGerald schrikt als hij dit hoort, hij had Van der Veer en Lord Simon geadviseerd om Burgmans niet langer dan een jaar voorzitter van het bestuur te maken. Twee jaar is in zijn ogen veel te lang. Burgmans zal het Cescau niet makkelijk maken. Niet in de laatste plaats omdat Burgmans die voorzittersrol fulltime zal gaan vervullen. Maar kennelijk is dit het wisselgeld om de raad van advies te kunnen transformeren in een one-tier-board. Bovendien heeft Cescau aan Burgmans laten weten het geen probleem te vinden als hij zich maar niet met de dagelijkse gang van zaken gaat bemoeien, dat wordt zijn taak.

In de net in Nederland gepresenteerde code-Tabaksblat wordt juist uitdrukkelijk gewaarschuwd voor het risico dat voormalige uitvoerende bestuurders over hun graf heen regeren. Het is niet de bedoeling dat uitvoerende bestuurders doorschuiven naar de rol van toezichthoudende bestuurders. Burgmans begrijpt die zorg van zijn voorganger maar verdedigt de nieuwe rolverdeling met de constatering dat dit nou eenmaal een bijzondere situatie is. Hem is gevraagd de overgang naar deze nieuwe bestuursvorm te begeleiden. Het gaat om het belang van Unilever en zo'n code is er toch alleen om er af en toe van af te wijken?

Met pijn in het hart erkent Burgmans dat er geen andere opties zijn: 'We hebben niet snel genoeg gereageerd op de moeilijke marktomstandigheden en op de toegenomen concurrentie. De structuur met twee voorzitters die ook

Chief Executive waren, heeft 75 jaar lang goed gewerkt. Om het bestuur van de onderneming en de effectiviteit van de organisatie te verbeteren, hebben we nu echter besloten dat het bedrijf beter is gediend met één voorzitter, die niet-uitvoerend bestuurder is en die verantwoordelijk is voor het leiden van de raden van bestuur en één chief executive officer die verantwoordelijk is voor de operationele activiteiten.'[6]

Als Burgmans en FitzGerald de uitkomst van hun worsteling samen uitleggen aan de top-150 wordt hier en daar gegniffeld. Wat een feest, ze zijn het ergens over eens, dit moet de eerste keer zijn. Als Burgmans de opluchting op hun gezichten ziet, laat hij lachend weten dat FitzGerald en hij het nu opeens zo goed met elkaar kunnen vinden dat ze toch graag de optie willen openhouden om nog een paar jaar samen door te gaan. De hele zaal valt lachend over ze heen: nee, nee, alsjeblieft niet. De opluchting regeert.

Ze proberen de stemming er ondertussen nog even in te houden in hun laatste gezamenlijke voorwoord, in het jaarverslag over 2003: 'Het doet ons genoegen dat we er in een moeilijk jaar in zijn geslaagd de winst per aandeel met 11 procent te laten groeien. Ons doel – winst per aandeel in lage dubbele cijfers – hebben we ieder jaar van onze strategie "Pad naar groei" bereikt of overtroffen.' Ze wijzen erop dat de brutowinstmarge met 15,7 procent bijna op het gewenste niveau van 16 procent zit. Dat het aantal merken dat meer dan 1 miljard euro per jaar omzet is verdrievoudigd naar twaalf, dat de vierhonderd grootste merken goed zijn voor 95 procent van de omzet in plaats van de 75 procent van vijf jaar geleden. Er zijn 140 fabrieken gesloten, bijna 52.000 banen geschrapt. Unilever is een stuk winstgevender geworden.

Maar ondertussen is het bedrijf ruim 10 procent gekrompen, de omzet daalde verder van 47,7 naar 42,9 miljard euro. Dat vinden de heren teleurstellend maar ook verklaarbaar. Ze wijzen er nog een keer op: 'Pad naar groei' is ontwikkeld om de bedrijfsvoering te vereenvoudigen en middelen vrij te maken ter ondersteuning van een select aantal grote merken. 'Te gemakkelijk zou uit het oog kunnen worden verloren wat we al hebben bereikt. Ons voornemen is om eind 2004, op een uitzondering na, al onze ambitieuze doelen te hebben behaald of overtroffen.'

Analisten fronsen hun wenkbrauwen als ze dit lezen: die ene uitzondering is wel de belangrijkste doelstelling; ieder bedrijf zal voor alles de omzet moeten laten groeien wil het op termijn bestaansrecht hebben. Bovendien hadden FitzGerald en Burgmans een jaar geleden nog nadrukkelijk gesteld dat ze 'goed op koers' lagen om een omzetgroei van 5 à 6 procent te bereiken. Verderop in het jaarverslag worden Slim-Fast en de margarinedivisie aangewezen als de grote spelbrekers. Het kost Unilever steeds meer moeite om de weliswaar nog steeds zeer winstgevende kunstboter aan de man te brengen. Maar Slim-Fast, daar zijn de heren het roerend over eens, dat was een miskoop.

Onder hun leiding is vijf jaar lang veel energie gericht op het overtuigen van de aandeelhouders. Zonder succes. Sterker nog, het vertrouwen is afgenomen. Wie vijf jaar geleden bij de aankondiging van 'Pad naar groei' 10.000 euro in aandelen Unilever zou hebben geïnvesteerd, zou nu op papier 1500 euro armer zijn, eenzelfde investering in P&G, Nestlé of Danone zou gemiddeld ongeveer 1500 euro aan koerswinst hebben opgeleverd. Wie twee jaar terugkijkt, is wel beter af. De koers van de aandelen Unilever (nv en plc) ligt sinds december 2001 boven die van de AEX- en FTSE-indexen. Vergeleken met de mate waarin de aandeelhouders van de twintig andere bedrijven in de referentiegroep zijn bediend, staat Unilever nu op de zesde plaats, wat betekent dat de bestuurders 100 procent van hun in 2001 toegekende aandelen kunnen verzilveren.

Dat is misschien reden om toch nog maar een keer lachend met elkaar op de foto te gaan: 'Met haar vertrouwde merken, getalenteerde mensen en inspirerende missie is Unilever naar onze mening sterker dan ooit. We bereiden ons voor op de volgende fase van onze strategie: overal ter wereld, 150 miljoen keer per dag, kiezen mensen voor onze merken. Omdat onze merken ze helpen zich goed te voelen, er goed uit te zien en meer van het leven te genieten. We vatten dit samen in het woord "vitaliteit". Consumenten zijn ook burgers en zij verlangen dat bedrijven voldoen aan steeds hogere normen van verantwoord ondernemen. We zijn trots op onze reputatie van goed ondernemingsbestuur, transparantie en betrokkenheid bij de samenleving en het milieu: we beschouwen de naam Unilever als een waardevol bezit. Tegen de tijd dat we medio 2005 ons 75-jarig jubileum vieren, zullen onze verpakkingen, briefhoofden en bedrijfsnaamborden de naam Unilever dragen.'

Het is of de duivel ermee speelt. De man die ervoor heeft gezorgd dat Unilever de afgelopen vijf jaar vooral was gericht op het tevreden houden van de aandeelhouders wordt in zijn laatste maand als Unilever-voorzitter gedwongen om een winstwaarschuwing af te geven. Het is voor het eerst in het bestaan van het concern. Het bedrijf rekende met een stijging van de winst van 10 tot 15 procent. Beleggers moeten nu rekening houden met maximaal 5 procent. In een persbericht gaan FitzGerald en Burgmans met de billen bloot, ze stellen dat ze deze resultaten niet acceptabel vinden. Het is het laatste bericht van FitzGerald. Er zijn maar weinig Nederlanders op zijn afscheidsreceptie in Londen.

Analisten vragen zich hardop af wat deze opnieuw tegenvallende resultaten voor de positie van Burgmans zullen betekenen. Ze stellen in koor vast dat het bedrijf de afgelopen jaren veel te veel heeft bezuinigd, te weinig in de eigen merken en reclame heeft geïnvesteerd. Tegen *The Economist* zegt CFO Rudy Markham dat het bedrijf worstelt met het concurrentievermogen en dat het na zeven tegenvallende kwartalen hard aan de slag moet om de geloofwaardigheid bij beleggers op te krikken.

Om de eenheid binnen Unilever te onderstrepen en eens en voor altijd af te rekenen met suggesties dat het bedrijf maar beter gesplitst kan worden, is besloten dat alle werkmaatschappijen voortaan de naam Unilever zullen dragen. Probleem is alleen dat het merk Unilever eigenlijk alleen op de beurs bestaat. Consumenten kennen het nauwelijks en de werknemers werken vooral voor merken als Dove, Magnum of Omo. Behalve de aandeelhouders lijkt niemand warm te lopen voor het merk Unilever. En al helemaal niet voor die twee door een dun lijntje verbonden industriële schoorsteenpijpen die nu de 'U' in het logo van Unilever vormen.

Op de aandeelhoudersvergadering wordt uitgelegd dat Unilever geen afstandelijke houdstermaatschappij meer wil zijn, dat het bedrijf met een nieuw logo op de voorgrond wil treden en duidelijk wil maken waar het voor staat. Het gaat vanaf nu over 'One Unilever'. Burgmans: 'We willen als onderneming verantwoordelijkheid nemen voor samenleving en milieu. We willen vitaliteit toevoegen aan het leven. Dat klinkt erg ambitieus, maar het is van oudsher de kern van wat we doen. We maken het alleen wat meer zichtbaar. En we geloven dat we op de goede weg zijn.'

Bestuurder Clive Butler is de mastermind achter het begrip 'vitaliteit'. Hij stelt voor dit centraal te stellen bij de nieuwe missie van Unilever: 'We voegen vitaliteit toe door te voorzien in de alledaagse behoeftes van onze klanten, als het gaat om voeding, persoonlijke verzorging en hygiëne. We helpen mensen zich beter te voelen, er beter uit te zien, meer uit het leven te halen.' Het nieuwe logo is een dikke 'U' geworden, gevuld met een palm, een zon, een hand, lippen, golven, een vogel, een vis, et cetera. Symbolen die de 25 succesvolste producten van het concern met elkaar moeten verbinden. Vanaf een afstand ziet het er stevig en solide uit, legt ontwerper Wolff Olins uit, wie dichterbij komt, ziet de diversiteit.

Burgmans is laaiend enthousiast. Dit logo, dat straks op de verpakkingen van alle Unilever-producten staat, drukt de verbondenheid van Unilever met de samenleving uit. Die 'U' moet staan voor zo duurzaam mogelijk gemaakte spullen. Die duurzaamheid heeft hij op zijn Rotterdamse kantoor vormgegeven door er een groot aquarium te laten bouwen waarin Kaapse zeepaardjes zwemmen. De diertjes worden met uitsterven bedreigd, Unilever financiert daarom een door het maritiem onderzoekscentrum van Blijdorp opgezet fokprogramma.

De meesten van Burgmans' collega's missen de zakelijke uitstraling van de vorige 'U'. Ze vinden dit veel te soft. We zijn toch een bedrijf? Waar is het euro- of dollarteken in dit logo? Tijdens de interne presentatie wordt links en rechts gefluisterd dat Burgmans zich nu kennelijk van zijn feminiene kant wil laten zien. Anderen zijn er blij mee. Hiermee maakt Unilever duidelijk dat het bedrijf de plicht heeft om voor de natuur, voor mensen, voor de wereld te zorgen. Dat het verantwoordelijk is voor het welzijn van de klanten maar ook voor het verstandig omspringen met eindige voorraden grondstoffen die het nodig heeft om zijn producten te maken.

Gepensioneerd Unilever-bestuurder Hans Eenhoorn, nu lid van het bestuur van Ben & Jerry's, heeft Burgmans ervan kunnen overtuigen dat er een uitzondering moet worden gemaakt voor de ijsfabrikant. De Amerikanen moeten nog steeds erg wennen aan het in hun bedrijfscultuur oprukkende Unilever, ze zijn er niet aan toe het Unilever-logo naast de portretten van hun geliefde oprichters op de excentrieke verpakkingen te zetten. Bovendien, zo stelt Eenhoorn, is het de vraag of Unilever het kan afdwingen. Bij de overname is nou eenmaal afgesproken dat ze daar hun eigen gang kunnen gaan. De Amerikaanse ijsmakers noemen de overname door Unilever nog steeds hardnekkig een fusie. Eenhoorn wijst Burgmans ook op het voordeel: als ze een of andere ludieke actie ondernemen waar Unilever mee in zijn maag zit, is het een voordeel als die 'U' juist niet op de verpakking van Ben & Jerry's staat.

In februari 2005, in een hotel in het Zwitserse Verbier, roept Paul Polman de mensen waaraan hij leiding geeft met spoed bij elkaar. Ze hebben geen idee waarom. Gaat hun baas een nieuwe promotie aankondigen? De carrière van de 48-jarige Polman heeft een vlucht genomen de afgelopen jaren. Sinds zijn aantreden vier jaar geleden als president West-Europa is de omzet hier bijna verdubbeld tot 15 miljard dollar, onder meer door de overname van het Duitse Wella. Zou Polman nu een plek krijgen direct onder CEO en chairman Alan George Lafley? Lafley is 58, zit nog maar vier jaar op die stoel, maar is misschien al bezig om Polman verder te testen?

Lafley wordt bejubeld. Procter & Gamble groeit hard, zowel qua omzet als winstgevendheid. De Nederlanders binnen het bedrijf vinden dat Lafley vooral bezig is de agressieve groeistrategie van zijn in de zomer van 2000 plotseling ontslagen voorganger Durk Jager uit te voeren. Waar Jager vooral faalde door zijn haast en zijn onhandige communicatie, is Lafley een communicator bij uitstek. Hij slaagt er als geen ander in om mensen te motiveren. Begin dit jaar heeft hij daarvoor de strategie van de 'twee momenten van de waarheid' uitgerold. Iedereen wordt getraind op het zo goed mogelijk managen van de twee momenten waarop alles moet kloppen. In het eerste moment staat de consument voor het schap en zijn er 3 tot 7 seconden waarin voor een product van Procter & Gamble kan worden gekozen. Het tweede moment is thuis als het product wordt gebruikt. Als alles klopt, komt de consument terug.

De Nederlanders missen hun Durk Jager. Zou Polman ooit op die stoel terecht kunnen komen? Hij was behoorlijk *close* met Jager. Dat is nu natuurlijk een nadeel. Er wordt bovendien gefluisterd dat door diens tumultueuze vertrek een paar jaar geleden is besloten geen buitenlanders meer in de top te benoemen. Aan de andere kant is Polman vorig jaar door *The Wall Street Jour-*

nal getooid met de European Business Leader of the Year Award. Dat moet toch indruk hebben gemaakt in Cincinnati. Hij heeft ervoor gezorgd dat de Europese activiteiten harder groeien dan de rest van de organisatie.

Polman mist Jager ook. Hij beschouwde hem als zijn mentor. Hij is geen fan van Lafley en is ervan overtuigd dat de Fries in 2000 door Lafley is verneukt door hem twee keer achter elkaar, onverwachts, met een winstwaarschuwing te confronteren. Het was een Romeinse tragedie geweest, met een hoofdrol voor dat verraad. Het stoorde Polman dat Lafley een jaar nadat hij de CEO-rol van Jager had overgenomen ook bestuursvoorzitter van P&G was geworden. In de Verenigde Staten vinden ze dat wel normaal.

Het opportunisme van zijn collega's had hem toen ook dwars gezeten. Polman had het logisch gevonden dat in magere tijden niemand recht heeft op een extra beloning, maar zijn collega's waren het niet met hem eens geweest. Juist bij een lage koers is het fijn om een pakket aandelen te krijgen, zo redeneerde men, die gaan daarna harder weer omhoog. In een omgeving met zo veel judassen wilde hij niet meer werken. Polman was zelfs zo teleurgesteld geweest dat hij in 2001 had besloten ontslag te nemen. Maar toen klopte Lafley op zijn deur. De baas van P&G Europa ging weg, of Polman die baan niet wilde hebben. Iemand van buiten inhuren was geen optie, hij was met zijn Europese ervaringen in de Benelux, Spanje en het VK de ideale man. Polman liet hem weten dat hij het alleen wilde doen als hij volledig autonoom kon werken met een duidelijke eindverantwoordelijkheid en zo weinig mogelijk contact met Cincinnati. Lafley had daarmee ingestemd.

Als hij daaraan terugdenkt, vindt hij dat hij zich toen als een angsthaas heeft gedragen en de makkelijke weg heeft genomen. Daar wordt hij nu voor gestraft. Want ondanks de gemaakte afspraken trekt het hoofdkantoor in Cincinnati toch steeds meer macht naar zich toe. En wat erger is: Bob McDonald wordt steeds machtiger. Polman heeft een gloeiende hekel aan de wereldwijde baas wasmiddelen. Dat lijkt wederzijds. McDonald creëert een laag tussen Polman en het hoofdkantoor. Een hoofdkantoor waar steeds meer besluiten worden genomen. Er worden spelletjes gespeeld waar hij niet aan mee wil doen. Polman weigert voor McDonald te werken, weigert met hem te communiceren. Dat zorgt voor een hoop onenigheid. Onhoudbare onenigheid. Hij realiseert zich dat hij in ieder geval nooit CEO bij Procter & Gamble zal worden.

Als hij voor zijn troepen gaat staan, zien zijn collega's dat het helemaal mis is. Polman maakt een verslagen indruk. Hij vertelt ze dat hij per direct zal worden vervangen. Het bericht slaat in als een bom. Meteen doet een gerucht de ronde dat Polman door McDonald ergens valselijk van is beschuldigd en dat hij er niet in is geslaagd in de daaropvolgende worsteling overeind te blijven.

Vriend en collega Robert Jongstra zoekt Polman direct na het dramatische optreden op in diens hotelkamer, misschien kan hij iets voor hem doen. Maar Paul Polman is nauwelijks aanspreekbaar, komt niet uit zijn woorden, is door emoties overmand. Na 26 jaar met hart en ziel voor Procter & Gamble te hebben gewerkt, is hij door zijn werkgever op straat gezet. Het persbericht is al verstuurd: 'Mr Polman heeft aangekondigd vanwege persoonlijke redenen en de wens om andere interesses na te kunnen streven per direct met pensioen te willen gaan.'

Opeens heeft hij tijd. Tijd om te sporten, tijd om na te denken en te lezen. Een van de eerste boeken op zijn stapel is geschreven door de blinde bergbeklimmer Erik Weihenmayer: *Touch the top of the world*. Weihenmayer beschrijft hoe hij de Mount Everest beklimt. Polman belt hem op, wil hem laten weten dat hij diep onder de indruk is. Dit is een man die geen limiet ziet aan zijn mogelijkheden. Daar houdt hij van. Weihenmayer nodigt de werkeloze Polman enthousiast uit om samen met hem de Kilimanjaro in Kenia te beklimmen. Polman stelt voor daar dan meteen iets bijzonders van te maken. Uiteindelijk krijgen acht blinde bergbeklimmers de uitnodiging om in een groep van 26 mee naar boven te gaan.

Tijdens deze tocht wordt Polman diep geraakt door de wilskracht van de blinde klimmers. Hij realiseert zich dat het niet zo erg is om blind te zijn als je maar ziet wat er nodig is in de wereld. Het is veel erger om wel ogen te hebben maar dat niet te zien.

Op de laatste avond van hun zeven dagen durende expeditie gaat Polman staan tijdens het diner en kondigt aan een stichting in het leven te roepen die tot doel heeft het leven van blinde kinderen in Afrika te verbeteren. Voorafgaand aan de tocht had Polman in Kenia scholen voor blinde kinderen bezocht en zich gerealiseerd hoe moeilijk die het daar hebben. Zonder hulp is hun leven zonder enig perspectief. Hij wil ze braillemachines geven, waardoor ze lessen kunnen gaan volgen, deel kunnen nemen aan de Keniaanse samenleving.[7]

Samen met zijn vrouw Kim en Erik Weihenmayer zal Polman het bestuur van deze Kilimanjaro Blind Trust vormen. Met Kim fantaseert hij erover om hier samen fulltime mee aan de slag te gaan. Voor het geld hoeft hij geen baan meer te zoeken. Polman heeft bovendien zijn buik vol van hoofdkantoren en de politieke spelletjes die daar worden gespeeld.

Maar dan belt zijn vriend Peter Brabeck-Letmathe. De grote baas van Nestlé vraagt of hij bij hen wil komen werken. Polman wijst het verzoek af. Maar Brabeck houdt aan en vraagt of hij zich misschien een tijdje als consultant aan het bedrijf wil verbinden. Daar heeft Polman al helemaal geen zin in. Bij een derde ontmoeting vraag Brabeck of hij zijn rechterhand wil zijn en CFO van Nestlé wil worden. Dat klinkt Polman, jaren geleden op *finance* bij P&G begonnen, wel spannend in de oren. Het wordt niet met zo veel woorden gezegd, maar zo ontstaat toch uitzicht op de CEO-positie van Brabeck-Letmathe. Ze kunnen bovendien lekker in Genève blijven wonen. Zijn vrouw Kim schrikt wel even als ze het hoort. Ze wijst op de affaires bij Parmalat, Ahold en Enron, het zijn de CFO's die voor de rechter staan, straks zit haar man ook in een gevangenis. Polman laat Brabeck weten er zin in te hebben en voegt daar grappend aan toe dat eventuele risico's wel voor de CEO zijn.

The Wall Street Journal wijst erop dat de benoeming van een outsider op deze belangrijke post voor Nestlé zeer ongebruikelijk is. Daar worden doorgaans mensen benoemd die al vijfentwintig, dertig jaar voor het bedrijf werken. De krant speculeert verder en meldt dat Brabeck eerder dit jaar ruzie heeft gekregen met zijn aandeelhouders. Die vinden het geen goed idee dat hij zowel CEO als president-commissaris bij de Zwitserse gigant is. Dat vinden ze een pet te veel. Brabeck heeft laten weten dat nodig te vinden om vaart te kunnen maken. De aandeelhouders hebben uiteindelijk ingestemd, op voorwaarde dat Brabeck de CEO-rol binnen twee tot drie jaar zal overdragen aan een ander. Dat zal hij waarschijnlijk ook wel moeten, er komt een wetswijziging aan die hem daartoe verplicht. De krant citeert analisten die zeggen te hopen dat Polman wat meer van de dynamische cultuur van P&G naar Nestlé gaat brengen.[8]

Voormalige collega's zijn verbaasd dat Polman weer terugkeert naar zijn oude vak. Anderen begrijpen het wel. Robert Jongstra zegt over Polman tegen *NRC Handelsblad*: 'Hij zuigt cijfers op en vertaalt die naar mogelijkheden. Hij kijkt veel naar cijfers. Daardoor kan hij voorstellen prima onderbouwen. Dan neem je beslissingen sneller, maar je houdt ook langer vast aan een plan. Omdat je weet dat het goed onderbouwd is.'

De president van de World Business Council for Sustainable Development, Björn Stigson is ook enthousiast: 'Hij meent dat de beurswaarde van ondernemingen allang niet meer wordt bepaald door de hoogte van de winst. Die waardering hangt volgens hem steeds meer af van merkwaarde, reputatie en hoe je organisatie in elkaar zit.' Polman heeft voor de WBCSD een werkgroep geleid die met jongeren bekijkt hoe bedrijven inhoud kunnen geven aan verantwoordelijkheden die samenhangen met klimaatverandering en energie.[9]

Unilever-man Kees van der Graaf zegt tegen dezelfde krant: 'Ik vind hem een bijzonder mens. Hij wist van onze zoektocht naar een oplossing voor de spierziekte van mijn zoon, FSHD, en belde me een tijd terug op dat hij de marathon van Parijs ging lopen en dat hij dat graag wilde doen om geld op te halen voor onze stichting. Hij heeft toen 10.000 euro voor ons binnengehaald.'

Paul Polman is inmiddels verslaafd aan hardlopen. Hij staat een paar keer per week om zes uur op om een uur te rennen. Hij wilde voor zijn 50ste een marathon lopen, dat is hem gelukt. De nieuwe CFO van Nestlé is vastberaden en neemt zich voor in zijn nieuwe baan beter naar zijn interne kompas te luisteren, zich niet meer uit te leveren aan politieke spelletjes.

4 Franse boekhouder zet beurskoers centraal

2005-2007

‘Hoe komt het toch dat we zo weinig trots zijn op wat we doen? Waarom hunkeren we steeds naar wat werkt voor Procter & Gamble of L’Oréal? Waarom wensen we iets te zijn wat we niet zijn? Ik weet eigenlijk niet of dit gebrek aan trots nou het gevolg of juist de oorzaak van de recente worstelingen is. Laten we ons concentreren op wat niemand zo goed kan als wij: het zorgen voor goede voeding, het ondersteunen van vitaliteit.’

Nihal Kaviratne kijkt even naar Antony Burgmans en Patrick Cescau. Tientallen jaren heeft hij met ze samengewerkt. De gloednieuwe bestuursvoorzitter en chief executive officer hebben de Indiër gevraagd om zijn persoonlijke gedachten met de top-200 te delen. Tijdens deze ‘O be joyful’-sessie 8 februari 2005 viert Unilever zijn 75ste verjaardag heel toepasselijk in Port Sunlight, de plek waar William Lever 120 jaar geleden zijn eerste zeep produceerde.

Voor Kaviratne zal het de laatste keer zijn, hij gaat dit jaar met pensioen. Veertig jaar heeft hij voor Unilever gewerkt. ‘Ik zie veel paradoxen in de redenen van ons succes en de oorzaken van ons falen in de afgelopen jaren. We hebben een heel simpele business onwaarschijnlijk gecompliceerd gemaakt. Die complexiteit zorgt ervoor dat we maar naar binnen gekeerd blijven. We vieren nu de besparingen als gevolg van het “One Unilever”-concept, maar vergeten dat we die kosten zelf hebben gecreëerd. Die interne gevechten hebben mij het meest gefrustreerd. Concurrenten als Procter & Gamble verslaan was een *piece of cake* vergeleken bij de interne gevechten die we met elkaar leveren.’

De man die door zijn collega’s ‘de grote verbinder’ wordt genoemd, waarschuwt: ‘Van de Val van Rome kunnen we leren dat verandering veroorzaakt door eigenbelang het begin van het einde is. Natuurlijk moeten we veranderen, al is het alleen maar om de barbaren buiten de poorten te houden. Maar ik geloof ook dat een matrixorganisatie prima kan functioneren, zolang er maar twee solide lijnen lopen. Vergelijk het met de wijze waarop een gezin werkt. Kinderen leren dat ze voor sommige zaken naar hun moeder moeten en voor andere naar hun vader. Als ze hun moeder iets vragen wat onder de verantwoordelijkheid van de vader valt, dan moet ze heel simpel tegen het kind zeggen: sorry, hiervoor moet je naar je vader. Ik geloof dat succesvolle verandering niet kan gaan over macht, maar over onderling vertrouwen in een ongelijksoortig team.'

Natuurlijk draagt het concern uit dat het met zijn producten het leven van de consumenten en daarmee de wereld beter wil maken. Maar Kaviratne heeft geleerd om nooit te denken dat Unilever iets altruïstisch heeft, het draait in de eerste plaats om het overleven van het bedrijf. Aan critici die geloven dat de wereld aan vervuiling en overconsumptie ten onder gaat en dat die wereld dus beter af is zonder Unilever heeft Kaviratne een broertje dood. Alle duurzaamheid begint door armoede te bestrijden, door welvaart te creëren. Zolang er armoede is kan de wereld niet duurzaam worden. Bedrijven als Unilever spelen een hoofdrol in de bestrijding van armoede. Daar weet hij, als Indiër, alles van. Unilever kan de wereld verder optillen én daar goed aan verdienen, dat moet het uitgangspunt zijn. Daarvoor moet het bedrijf wel investeren in innovatie, in vernieuwing van de producten. Hij maakt zich daarom grote zorgen over het afnemende belang van de R&D-afdeling binnen het bedrijf: 'Het doet me pijn te zien dat sinds de Omo Power-crisis het vertrouwen in de capaciteit en integriteit in dit belangrijke element van onze grootsheid zo is geërodeerd.'

Op vriendelijke toon waarschuwt hij de nieuwe leiding: 'De top leeft in een glazen huis, hun gedrag wordt scherp geobserveerd, inconsistenties worden vergroot. Het is natuurlijk van belang dat de leiding uit een diverse club mensen bestaat. Maar hier is de paradox: de vruchten van diversiteit kunnen alleen worden geplukt als eenheid op de eerste plaats staat. Herinneren jullie je die in Costa Rica door collega Greenhalgh uitgelokte omhelzing van FitzGerald en Burgmans nog? Hoe vaak hebben we die daarna nog gezien? Waarom splitsen we discussies over planning van de business en de cultuur van het bedrijf? Waarom verbinden we die niet aan elkaar, zoals DNA in een dubbele helix, zoals yin en yang? Het is belangrijk dat we leiders kiezen die worden gemotiveerd door wat ze helpen te creëren in plaats van wat ze daarvoor krijgen. Van alle deugden is nederigheid de meest ongrijpbare maar ook de belangrijkste.'

Kaviratne sluit af: 'Van alle leiders voor wie ik de afgelopen veertig jaar heb gewerkt heb ik drie belangrijke lessen geleerd. Het gaat voor alles om een onverbiddelijke zoektocht naar de waarheid, geworteld in de bescheiden wetenschap dat de grenzen van wat jij weet, slechts de grenzen zijn van wat je niet weet. Je moet vervolgens de bereidheid hebben om persoonlijk verantwoordelijkheid te nemen op het moment dat het misgaat. Ten slotte moet je over de discipline beschikken om bevrediging van behoeften uit te stellen.

Laat het laag hangende fruit maar over aan de anderen, een leider richt zich op de moeilijkst bereikbare hoog hangende vruchten.'

'One Unilever', dat is de boodschap die de nieuwe CEO steeds onderstreept. Het bedrijf, formeel nog steeds twee bedrijven, is gehavend en verdeeld maar moet nu onder een CEO als één bedrijf de toekomst in kunnen wandelen. Voor Patrick Cescau zijn de wensen van zijn aandeelhouders het uitgangspunt. Zolang die zijn beleid ondersteunen, blijft de koers hoog en kan het bedrijf zelfstandig door. Hij begrijpt dat de aandeelhouders nu resultaten willen zien. Hun geduld raakt op. De afgelopen acht jaar schommelde de koers rond de 20 euro. Het bestuur van de Stichting Administratiekantoor Unilever, dat het stemrecht van de uitgegeven nv-certificaten beheert, heeft Cescau en Burgmans brutaal voorgerekend dat een opsplitsing van Unilever in een voedings- en verzorgingsbedrijf de aandeelhouders een waardevermeerdering van 15 procent zal opleveren. Dan zouden de aandeelhouders niet langer een premie hoeven te betalen voor een ongrijpbaar conglomeraat.

Als een betrokken consultant half grappend opmerkt dat dit in elkaar schuiven van alle activiteiten vooral werkt als een beschermingsconstructie – want hoe krijg je goed door elkaar geroerde eieren weer uit elkaar? – reageert Burgmans geprikkeld: voeding en huishoudelijke en persoonlijke verzorging horen bij elkaar.

In hun gezamenlijke tekst in het jaarverslag over 2004 steken Cescau en Burgmans de hand eindelijk diep in eigen boezem. 'Aan het eind van "Pad naar groei" zijn we niet waar we wilden zijn. We sluiten deze periode in Unilevers geschiedenis niet af op het door ons gewenste groeiniveau. We hebben niet snel genoeg gereageerd op moeilijke marktomstandigheden en op de toegenomen concurrentie. Prioriteit nummer één is te zorgen voor een terugkeer naar gezonde groei. We zullen alerter en gedisciplineerder moeten gaan werken. We blijven ons volledig inzetten voor het realiseren van aandeelhouderswaarde in de top een derde van onze referentiegroep.' In 2004 is Unilever in dat lijstje gezakt van de zesde naar de veertiende plek.

Cescau is blij met het gevoel van crisis. Tegen *The Independent* zegt hij: 'de winstwaarschuwing heeft een bevrijdend effect. We moesten erkennen dat we niet zo goed zijn als we dachten. Dat zorgt voor nederigheid en motiveert ons om te veranderen. Niemand wil een *loser* zijn, werknemers vragen me nu of de veranderingen niet sneller doorgevoerd kunnen worden.'

Natuurlijk heeft hij de grap gehoord dat hij nu de baas kon worden omdat hij geen Brit en geen Nederlander is. Patrick Cescau kan daar wel om lachen. Wat hem betreft is zijn benoeming tot CEO juist het bewijs dat het er bij topbenoemingen niet meer over gaat of je Brit of Nederlander bent. Als een Fransman in deze Brits-Nederlandse multinational de baas kan worden, dan gaat het voortaan in de eerste plaats over talent. Dat moet toch vertrouwenwekkend zijn? De inmiddels alweer jaren in Londen wonende Fransman proeft vooral bij de Nederlanders bezorgdheid over hun positie. Dat vindt hij logisch: Nederland is een klein landje, daar komt in absolute zin beduidend minder talent vandaan, wat dat betreft hebben de Britten inderdaad minder te vrezen. Daar zijn er gewoon meer van.

Minder complexiteit, meer vertrouwen en samenwerking. Cescau realiseert zich dat hij eigenlijk voor precies dezelfde opdracht staat als zijn twee voorgangers. Het enige verschil: er is nu nog minder tijd om het voor elkaar te krijgen. Voor de 57-jarige Fransman is de oplossing even ingewikkeld als simpel: hij moet ervoor zorgen dat die onafhankelijke baasjes leren onderling van elkaar afhankelijk te zijn. Ze moeten elkaar gaan vertrouwen, gaan samenwerken. Dat lukt niet met een hoop mooie woorden of reisjes naar Costa Rica. Daarvoor is een ingrijpende verschuiving van de macht onontbeerlijk. Cescau wil de verantwoordelijkheid voor de ontwikkeling van merken en categorieën helemaal loskoppelen van de resultaatontwikkeling van landen en de relaties met de afnemers. Hij wil per land alle product-marktcombinaties in kaart brengen en voortaan in Londen besluiten waar groeipotentieel zit en waar niet. In die landen zullen scherpe keuzes moeten worden gemaakt, veel bedrijven moeten worden samengevoegd om het geheel beter hanteerbaar te maken. Nu hij als enige de uitvoerende macht heeft kan hij gaan doen wat volgens hem al heel lang nodig is. Al die lokale 'Unilever-koningen' met hun eigen koninkrijkjes hebben jarenlang vooral geprofiteerd van twee ruziënde bovenbazen

Het betekent dat veel managers van plek moeten veranderen of hun baan verliezen. Als het aan Cescau ligt wordt minstens 40 procent van de banen in de top geschrapt. Dat alleen al zal de complexiteit en de mogelijkheid om eindeloos met elkaar te ruzieën over wie wat waar verdient, drastisch doen afnemen. Hij realiseert zich dat hij zo de oorlog verklaart aan tientallen collega's die hun eigen winkels binnen Unilever groot hebben gemaakt. Dat vindt hij ergens ook verdrietig. Als je de vijftig bent gepasseerd heb je geen zin meer in verandering, dan ben je op zoek naar bevestiging van jouw status quo, van de identiteit die je hebt opgebouwd, waar je al die jaren in hebt geïnvesteerd. Die wil je overeind houden. Maar Cescau is vastbesloten: dit moet gebeuren. Hij is blij dat een aantal jongere collega's hun steun voor hem hebben uitgesproken. Die zien mogelijkheden, die hebben er zin in.

De divisie- en businessgroup-structuur wordt compleet ontmanteld. Het aantal bestuurders in de eerste twee lagen brengt hij terug van achttien naar acht, de zogenaamde Unilever Executive. Naast de CEO zit daar een CFO en een hoofd human resources in. Voor de ontwikkeling van de merken van de twee categorieën 'Food' en voor 'Home and Personal Care' (HPC) komen er twee 'topmarketeers' in het bestuur. Die worden verantwoordelijk voor innovatie, merkpositionering en communicatie. De verantwoordelijkheid voor de winst komt bij drie regionale presidenten (Europa, Noord- en Zuid-Amerika, en Azië-Afrika-het Midden-Oosten en Turkije) te liggen. Cescau geeft leiding aan dit uitvoerende bestuur. De CEO, CFO, de baas Europa en de baas huishoudelijke en persoonlijke verzorging vormen samen met negen externe, niet-uitvoerende toezichthouders het hoogste bestuurlijke gremium. Zij zijn de twee identieke one-tier-boards, een voor de nv en een voor de plc, die onder leiding staan van Antony Burgmans.

Ook de Nederlandse nv krijgt nu opeens een one-tier-board. Dat is bijzonder omdat de Nederlandse wet daar geen faciliteit voor heeft, die kent alleen een aparte raad van commissarissen, de zogenaamde two-tier-board. Sven Dumoulin, secretaris van het bestuur van de nv, zal zich er op het ministerie van Financiën met succes hard voor maken dat ook Nederlandse bedrijven voortaan voor deze Angelsaksische vorm van toezicht kunnen kiezen.

Twee aandeelhoudersvergaderingen, twee stelsels van vennootschaps- en effectenrecht met meerdere toezichthouders, twee accountantsorganisaties en belastingsystemen, het is nog steeds heel veel gedoe en kost allemaal veel geld. Burgmans wil het liefst nu doorpakken. Na jaren van kritiek van analisten en beleggers op de complexe en inefficiënte Brits-Nederlandse constructie is besloten de mogelijke alternatieven te onderzoeken.

Shell, die andere grote Brits-Nederlandse multinational, heeft begin dit jaar een vergelijkbare duale structuur beëindigd. Directe aanleiding was daar het 'reserveschandaal'. Het olieconcern moest toegeven dat het te overmoedig was geweest bij het in de boeken zetten van de eigen oliereserves. Die bleken 20 procent lager te liggen. Het gezichtsverlies is vergelijkbaar met de Omo Power-kwestie bij Unilever. Toezichthouders gaven het concern een boete van 83 miljoen pond en vroegen zich hardop af of de wijze van bestuur bij Shell nog wel in orde was. Het concern bestond, net als Unilever, uit een Brits en een Nederlands bedrijf, had ook twee aandelen in de nv en in de plc en vergelijkbare bestuurlijke perikelen. Shell beloofde beterschap.

Die opdracht kwam op het bordje van Jeroen van der Veer. Al na een paar weken studie was een commissie onder zijn leiding op het idee gekomen om de juridische zetel en de plek van het hoofdkantoor te splitsen. Zo kon de Britse en de Nederlandse erfenis recht worden gedaan. Van der Veer ontdekte dat de Britten erg hangen aan de plc-status, ze willen graag kunnen zeggen dat een van de grootste bedrijven ter wereld Brits is. Ook de prominente plek in de belangrijkste Britse beursindex, de FTSE, vinden ze vreselijk belangrijk. De logica daarachter ontgaat Van der Veer, maar hij respecteert dat sentiment. De Nederlanders kijken vooral naar werkgelegenheid. Bovendien heeft Nederland een prima vestigingsklimaat, ook als het gaat om belastingen. De plek van het hoofdkantoor bepaalt de hoogste belastingstap.

De Nederlandse Belastingdienst had gelukkig heel goed begrepen dat de aandeelhouders van de plc geen zin hadden om opeens 25 procent dividendbelasting te moeten betalen. Nederlandse beleggers kunnen die belasting aftrekken, maar in het Verenigd Koninkrijk kennen ze deze belasting niet, die is dan ook niet aftrekbaar. Om te voorkomen dat de Britten opeens die dividendbelasting moeten gaan betalen, tuigt Shell een constructie op waarin hun zogenaamde B-aandelen worden vrijgesteld van dividendbelasting. Het bedrijf maakt daar trouwens geen geheim van, het is een *ruling*, een afspraak met de Belastingdienst, zoals er zoveel worden gemaakt. Meestal hebben die een looptijd van vijf tot zeven jaar. Omdat het in politiek Den Haag al een tijdje spookt rondom de dividendbelasting en de mogelijke afschaffing ervan, bedenkt Van der Veer dat dit vraagstuk zich binnen afzienbare tijd ook wel structureel zal oplossen. Daar zal de komende jaren in ieder geval flink op worden gehamerd. Van der Veer is er zo druk mee dat hij vier vergaderingen van het Unilever-bestuur moet missen.

Net als FitzGerald en Tabaksblat tien jaar geleden zoekt Burgmans met behulp van adviseurs uit of en hoe de ingewikkelde juridische structuur van Unilever vereenvoudigd kan worden. 'Skyline' heet het project. Als eerste fantaseert hij daarbij over het verplaatsen van het hoofdkantoor naar Rotterdam. Hij vindt dat het Nederlandse governancemodel, met aandacht voor de belangen van alle betrokken stakeholders, beter bij Unilever past dan het vooral op de belangen van aandeelhouders gerichte Britse model. Burgmans heeft zich er de afgelopen jaren aan geërgerd dat steeds meer functies naar Londen zijn overgeheveld. Maar om van Unilever een Nederlandse nv te maken is toestemming nodig van 75 procent van de beleggers in de Britse plc.

Verschillende keren praat Burgmans met de Nederlandse minister van Financiën Gerrit Zalm en diens staatssecretaris Joop Wijn over het vestigingsklimaat voor grote bedrijven in Nederland. Bij een van de besprekingen schuift ook de burgemeester van Rotterdam, Ivo Opstelten, aan. De bewindslieden waren nieuwsgierig. Natuurlijk willen ze Unilever graag helemaal naar Nederland halen. Dit zou wel eens een goed moment kunnen zijn, met een Nederlandse voorzitter. Ze hebben het over een 'rationeel Oranjegevoel'.

Maar een verhuizing naar Rotterdam kent in ieder geval één groot obstakel: die dividendbelasting. Zalm en Wijn geven bij de behandeling van het Belastingplan 2006 aan dat ze op termijn geen toekomst zien voor de dividendbelasting. Maar ze maken ook duidelijk dat volledige afschaffing niet aan de orde is. In de Eerste Kamer verwoordt staatssecretaris Joop Wijn (CDA) het als volgt: 'Afschaffing van de dividendbelasting zou ons netto 1 miljard euro kosten. Bovendien wordt deze belasting door buitenlandse belastingplichtigen opgebracht. Het zou dus een lastenverlichting voor buitenlanders zijn. Wij kunnen uitvoeringstechnisch winst boeken door bijvoorbeeld naar

William Lever was een sociale ondernemer, hij bouwde tussen 1885 en 1925 een imperium op zeep.

Sam van den Bergh (linksboven) en Anton Jurgens werden in diezelfde tijd al ruziënd groot met margarine. In 1929 fuseerden de twee bedrijven tot het Brits-Nederlandse Unilever.

Morris Tabaksblat (boven) en Michael Perry. Een bedrijf met twee voorzitters gaat goed zolang ze met één mond spreken. Tabaksblat maakte zich daar zorgen over. Het Omo Power-drama frustreert zijn ambitie om serieus toezichthoudende commissarissen te benoemen.

Tex Gunning wil echte mensen om zich heen, geen werknemers. Gunning vraagt personeelsmanager Mark Rutte reizen te organiseren die de collega's helpen zich bewust te worden van hun betekenis in deze wereld. Want gelukkige koeien geven meer melk.

Als aan Unilever-trainee Mark Rutte wordt gevraagd wat hij wil bereiken bij Unilever, antwoordt hij dat hij premier van Nederland wil worden.

Niall FitzGerald en Antony Burgmans (rechts) zitten elkaar in de weg. Het is finance versus marketing, cultuur versus natuur, analyse versus intuïtie, winst versus omzet, charme versus botte directheid. Tijdens hun 'Pad naar Groei' verliest Unilever een kwart van zijn omzet.

Op papier heeft Unilever twee hoofdkantoren, in Londen en Rotterdam. Maar hier in Blackfriars, met uitzicht op de Theems, worden langzaam maar zeker alle belangrijke besluiten genomen.

Ze noemen zichzelf bij Unilever 'de oliemannetjes'. Jeroen van der Veer, CEO van Shell (onder), en David Simon, voormalig bestuursvoorzitter van BP, vinden in 2004 dat het hoog tijd wordt voor een raad van commissarissen die kan ingrijpen.

Hij is geen Brit en hij is geen Nederlander. Maar zijn eerste twee jaar moet Patrick Cescau, de eerste echte CEO van Unilever, onder toezicht van zijn voorganger Antony Burgmans werken. Die is fulltime president-commissaris.

De Zweed Michael Treschow, de eerste onafhankelijke president-commissaris, blijft zich verbazen: weten jullie zeker dat jullie in de fast-moving consumer goods zitten?

De Noorse premier Gro Harlem Brundtland stelde in 1987 in de Verenigde Naties: 'Een duurzame ontwikkeling sluit aan op de behoeften van het heden zonder het vermogen van toekomstige generaties om in hun behoeften te voorzien in gevaar te brengen.'

Chemici/onderzoekers van Unilever zijn al decennia bezig het belang van duurzaamheid in kaart te brengen. Chris Dutilh, hier voor het hoofdkantoor van Unilever aan het Weena in Rotterdam, begon eind jaren tachtig met het ontwikkelen van de levenscyclusanalyse.

In 2007 inspireerde Al Gore met zijn film An Inconvenient Truth *verschillende Unilever-magangers om duurzaamheid de hoogste prioriteit te geven.*

De Londense bankiers van Lehman Brothers krijgen september 2008 te horen dat hun bank op omvallen staat. Voor Paul Polman is de financiële vertrouwenscrisis hét bewijs dat bedrijven die zich primair op het verdienen van geld richten geen bestaansrecht hebben.

Ternauwernood overleeft Polman twee maanden later de terroristische aanslag in het Taj Mahal Palace Hotel in Mumbai. Hij realiseert zich dat alleen in een wereld zonder armoede dit soort aanslagen verleden tijd zullen zijn. Hier moet een bedrijf als Unilever een verschil gaan maken.

het tarief te kijken. Er moet een goede balans worden gezocht tussen budgettaire mogelijkheden, juridische noodzaak en een wenselijk vestigingsklimaat, maar het signaal voor het bedrijfsleven mag zijn dat wij op termijn deze belasting niet zien overleven.' Wel kondigt de staatssecretaris een verlaging van het tarief van 25 naar 15 procent aan.

Met 'niet overleven' bedoelt Wijn dat hijzelf weliswaar niet van plan is om deze belasting af te schaffen, maar dat hij ervan uitgaat dat de dividendbelasting de Europese belastingharmonisatie niet gaat overleven. Hij vindt het niet fair dat een Nederlandse belegger de belasting standaard mag verrekenen en een buitenlandse belegger in hetzelfde bedrijf niet. In verschillende rechtszaken hebben rechters ook al vastgesteld dat het een discriminerende belasting is. Maar zolang deze belasting er is, zal de staatssecretaris haar gebruiken om in belastingverdragen met andere landen als wisselgeld in te zetten. Ook met een tarief van 15 procent heeft hij nog wat uit te ruilen. Hij is in dit verband trots op het belastingverdrag dat hij met de Verenigde Staten heeft gesloten. Dat vindt iedereen een net verdrag. Voor de Nederlandse dochters van Amerikaanse bedrijven is de betaling van dividendbelasting hiermee opgelost.

Wijn begrijpt het probleem van Unilever. Omdat het Verenigd Koninkrijk geen dividendbelasting heft, valt er niks uit te ruilen. Unilever zal moeten wachten tot Europa dit probleem heeft opgelost. De fantasie van Burgmans om van het Brits-Nederlandse Unilever een Nederlands bedrijf te maken, gaat de ijskast in. In het jaarverslag schrijft hij: 'Na een diepgaande analyse zijn de raden van bestuur unaniem tot de conclusie gekomen dat Unilevers huidige, duale structuur, met enkele belangrijke aanpassingen, goed voldoet aan de behoefte van de onderneming in de nabije toekomst.'

Cescau, die ook al zijn hele leven, vanaf 1973, bij Unilever werkt, heeft zich op de dagelijkse gang van zaken gestort. In zijn analyse heeft het dromen over het bouwen van merken te veel de overhand gekregen. In een interview met *The Independent* stelt hij: 'We hebben een heel mooi romantisch verhaal verteld rondom Cif, maar hielden geen rekening met de belangrijkste vraag van onze consument: "doodt Cif bacteriën?" De uitdaging ligt in de winkels en daar rukken de discounters op. Klanten als Carrefour, Ahold en Tesco vertellen mij dat ze "agressie" missen, dat we te weinig vechten om marktaandeel te behouden. In plaats van te vechten, gaan we herstructureren. Het moet weer om marktaandeel gaan, dat is belangrijker dan marge. Nu bestaat het bedrijf uit twee groepen collega's: de merkenbouwers en de verkopers. Een concurrent noemt ze "de dichters" en "de boeren". Onze landenmanagers moeten zich niet langer druk maken over advertentiecampagnes en verpakkingen. Ze moeten het merk naar de markt brengen en verkopen.'[1]

Net als Kaviratne verwoordde in zijn 'O be joyful'-speech vinden veel marketeers het jammer dat het bij de vernieuwing van merken zoveel over emotionele zaken gaat en allang niet meer over het verbeteren van de functionaliteit. Waar zijn de echte doorbraken en productvernieuwingen? Unilever beperkt zich de laatste jaren vooral tot het verkopen van 'een goed gevoel', claims die vooral zijn gericht op het verlengen van de levensduur van een merk. En dat wordt steeds ingewikkelder.

Zo worden in Nederland vijf verschillende deodoranten op de markt gebracht en hebben de accountmanagers van de merken Axe, Dove, Vaseline, Impuls en Rexona allemaal hun eigen winst-en-verliesrekening. Ze hobbelen van hype naar hype. Als een concurrent goede zaken doet met een product waarin aloë vera zit, dan krijgt R&D de opdracht iets te ontwikkelen met aloë vera erin. In Nederland wordt voor een deodorantmerk als Rexona jaarlijks zo'n 10 miljoen euro aan reclame uitgegeven in de hoop dat de consument in de winkel zijn hand 10 centimeter verplaatst van concurrent Nivea naar Rexona. Inmiddels zit 60 procent van de winkelprijs in lucht, in reclame gericht op de emotionele propositie. Het stoort sommigen ook dat de wereldwijde deodorantstrategie van Unilever erop is gericht om van 'rollen' naar 'aerosollen' te gaan. Het gaat erom de klant te verleiden een deodorantspray te kopen, waarbij hij of zij zich bij dat sprayen niet moet beperken tot de oksels, maar het hele lichaam moet onderspuiten. Onderzoek heeft duidelijk gemaakt dat deodorantsprays gemiddeld twee keer zo snel op gaan als de rollers en de sticks. Het is allemaal bepaald niet duurzaam of milieuvriendelijk.

Zijn collega's merken keer op keer dat Cescau een echte 'finance-man' is die zich volledig concentreert op de vraag waar Unilever op korte termijn geld kan verdienen. De Fransman wil de vierhonderd merken gaan managen vanuit Londen. Uitgangspunt is de ambitie om in iedere markt een nummer 1- of 2-positie te realiseren. Landenmanagers moeten producten gaan verkopen die centraal zijn ontwikkeld. De ruimte om daar iets van te vinden, te stellen dat een bepaald product of een bepaalde verpakking in een bepaalde markt niet zal werken, is er niet meer. Dat zal ongetwijfeld pijn gaan doen want de landenmanagers worden wel verantwoordelijk voor het resultaat maar moeten dat resultaat realiseren met producten waar ze nauwelijks nog iets over te zeggen hebben. In het voortraject van de ontwikkeling ervan wordt hun mening een paar keer gevraagd, maar daar houdt het mee op. Alleen de verkooporganisatie rapporteert nog direct aan de landenmanagers, alle andere functies, van inkoop tot marketing, rapporteren om hen heen naar de centrale in Londen.

Centraal wordt voorgeschreven hoe reclame wordt gemaakt, zowel de inhoud van de advertenties als de verdeling op televisie, papier en internet. Intern is er veel kritiek. Worden de marketeers niet te veel op afstand gezet van de markt? Zij zouden dicht tegen de eindklant, de consument, aan moeten zitten om te begrijpen wat die consument bezighoudt. Een marketingbaas in Singapore begrijpt de Vietnamese consument echt niet. Gaat deze opzet niet ten koste van de *speed to market*?

Door Unilever steeds nadrukkelijker als overkoepelend merk in de markt te zetten, worden de merken die de consument kent daaraan ondergeschikt gemaakt. Dat kan pijn doen. Bij sauzenmerk Bertolli voelen ze zich speciaal en superieur aan het merk Knorr, maar doordat de consument steeds vaker wordt geconfronteerd met de mededeling dat het allemaal onder Unilever valt, worden ze gelijkgeschakeld en is de ruimte om je te onderscheiden een stuk kleiner geworden.

Cescau twijfelt niet: 'De centralisatie van onze business onder het leiderschap van drie regionale presidenten zal ervoor zorgen dat we onze schaal als "One Unilever" nu echt kunnen gaan inzetten. De verplatting van het topmanagement zorgt voor een versimpeling, voor helderheid en een duidelijke verantwoording.' Zijn collega's verdenken hem ervan dat Cescau zich het liefst zou willen beperken tot twintig grote global brands.

Simon Clift, net benoemd tot *chief marketing officer*, is enthousiast over de nieuwe 'U'. Unilever is toch het grootste bedrijf van de wereld waar niemand ooit van heeft gehoord. Het bedrijf moet een optelsom maken en centraler gaan sturen. Door bijvoorbeeld alle advertentie-inspanningen, die nu nog lokaal worden aanbesteed, te bundelen, kan hij naar de grote reclamebureaus en mediabedrijven toe en eisen stellen en om korting vragen. Natuurlijk vrezen de lokale bazen voor hun autonomie, die wordt ook minder. Ze moeten veel meer voor Unilever gaan werken.

Patrick Cescau heeft Sandy Ogg mee omhooggetrokken. De Amerikaan is nu, als opvolger van André van Heemstra, de grote baas human resources en een belangrijke sparringpartner voor Cescau. De twee zijn het over twee dingen roerend eens. Als structuur en cultuur met elkaar in botsing komen, dan wint de cultuur. Veranderingen worden dus gedragen door een andere cultuur. En die elf leiderschapskenmerken van Hay zijn misschien logisch, maar het zijn er te veel, dat onthoudt niemand. Daar moet iets anders voor in de plaats komen.

Ogg vraagt aan Cescau wat de drie, vier dingen zijn die volgens hem moeten veranderen in het gedrag van de collega's. Een paar dagen later heeft hij het antwoord. Cescau wil van een lokale naar een globale focus, van excuses naar echte verantwoordelijkheid, van een interne focus naar een externe focus, van debat naar actie en van onafhankelijk werken naar werken in teamverband. Global, Real accountability, External focus, Action en Team: we moeten Unilever weer GREAT maken.

Cescau doet meteen boter bij de vis en haalt een streep door de traditie van de jaarlijkse 'O be joyful'-bijeenkomsten. Hoezo vieren we jaarlijks onze successen? Welke successen? In plaats daarvan wil hij meer sobere leiderschapsconferenties organiseren. De eerste is in een hotel in de Londense wijk Paddington. Daar zet hij de verhoudingen op scherp. Cescau stelt indringend dat hij scherpe keuzes gaat maken in de portfolio van merken en markten. Dat hij daarin onverbiddelijk zal zijn en geen enkele tegenstand zal dulden. Hij heeft de belangrijkste 'koningen' binnen Unilever, onder meer de bazen van Italië en Brazilië, maar ook de verantwoordelijke man voor ijs in de Verenigde Staten, gevraagd te reageren op de GREAT-voorzet. Hij benadrukt dat juist door het gebrek aan onderlinge afhankelijkheid en het angstvallig beschermen van de eigen onafhankelijkheid het 'Pad naar groei' is mislukt. Sandy Ogg ziet hoe de mannen worstelen met de nieuwe begrippen. In alles maken ze duidelijk dat ze er totaal geen zin in hebben om hun eigen onafhankelijkheid op te geven. Hij ziet hoe ze zo hun eigen graf graven, hun eigen afscheid organiseren.

Voor zijn tweede leiderschapsbijeenkomst, begin 2006, heeft Cescau een peptalk voorbereid. Hij wil zijn zoekende collega's vertellen dat ze de bocht hebben genomen, dat het medicijn aanslaat. Maar hij wil ook duidelijk maken dat ze er nog lang niet zijn. 'Een jaar geleden gingen we in onze markten onderuit. De waardering voor onze merken kwam niet in de buurt van waar we ze wilden hebben. Onze communicatie was rommelig, op z'n best. Onze innovatie was gefragmenteerd en zwak, we keken naar binnen en waren het zicht op onze klanten en consumenten kwijtgeraakt. We groeiden nauwelijks.' Hij mag het nog niet hardop zeggen, de cijfers zijn nog niet gecommuniceerd, maar Cescau verwijst alvast naar het meest concrete bewijs van de verbeterde positie: een groei van de omzet met 3,1 procent over het afgelopen jaar.

Hij voegt eraan toe dat ook de buitenwacht Unilever goed volgt: 'A.G. Lafley, de CEO van Procter & Gamble, nam de moeite om me te vertellen dat ze in de gaten hebben waar wij mee bezig zijn. Ook in verschillende marktonderzoeken doen we het beter, in de VS worden we door tevreden klanten op de vierde plek gezet, vóór PepsiCo, Colgate en Nestlé. Daar moeten we trots op zijn. Het laat zien waar we toe in staat zijn. En we zijn er nog niet, Nestlé groeide twee keer zo hard. P&G, Reckitt, Danone en L'Oréal groeiden wel in Europa, terwijl ze met dezelfde structurele problemen te maken hebben. Als we Unilever echt weer groot willen maken is het niet genoeg om van verliezer weer competitief te worden, we moeten weer willen winnen.'[2]

Cescau probeert met zijn mensen mee te voelen: 'We zitten midden in een transitie en een transitie is altijd rommelig. Niet iedereen begrijpt wat er moet gebeuren, hoe ze zich moeten gedragen. Er zijn nog spanningen, die complexiteit suggereren en resulteren in veel te veel vergaderingen, te veel reizen, te veel verzoeken om informatie. In het kort: er is nog te veel naar binnen gerichte energie. Sommigen van jullie zeggen dat onze strategie maar een plan is. Maar bedenk dan wel dat Unilever nog nooit een strategie voor de hele wereld heeft geformuleerd met zo veel detail en focus.' En hij haalt uit naar de generatie bestuurders voor hem: 'Voorheen hadden we honderd verschillende strategieën die opgeteld tot niks leidden. Nu hebben we één strategie voor het hele bedrijf. Het zal veel van jullie vragen. We gaan jullie vragen om door jullie verdiend geld ter beschikking te stellen aan collega's. Er zal geen vrijheid meer zijn om daar zelf keuzes in te maken. In deze nieuwe realiteit gaan we samen winnen, niet individueel. Voor velen van ons zal het de eerste keer zijn dat we betekenis moeten geven aan woorden als "onderlinge afhankelijkheid". Daarvoor moeten jullie niet alleen anders gaan denken, maar je ook anders gaan gedragen. Alleen zo ontstaat het vertrouwen om er samen de schouders onder te zetten.'[3]

De Fransman benadrukt dat het niet meevalt om een cultuur te veranderen: 'Ik zie mensen worstelen, ze kunnen maar niet wennen aan de nieuwe machtsverhoudingen. Dat geldt ook voor ons, het leiderschapsteam. We moeten het internaliseren. Het gaat daarbij niet alleen om ons hoofd, maar ook om ons hart. Die onderlinge afhankelijkheid is hartstikke moeilijk in het begin, maar als we de noodzaak ook voelen, de behoefte gaan voelen om onderdeel uit te willen maken van iets groters, dan gaat het naadloos stromen.' En natuurlijk vergeet Cescau niet erop te hameren waar het toe moet leiden: 'Ik wil dat dit bedrijf in de bovenste 30 procent van de *peergroup* zit. Dat kan. We moeten in actie komen. Vitaliteit uitstralen. In alles wat we doen.'[4] Het valt verschillende aanwezigen op dat Cescau behoorlijk is afgevallen.

Burgmans wil zijn toezichthoudende bestuur versterken. Met de opmerking dat hij een stevige financiële man in zijn one-tier-board nodig heeft, heeft hij Kees Storm gevraagd om maar meteen voorzitter van het audit committee worden. De voormalig CEO van Aegon en toezichthouder bij onder meer bierbrouwer InBev en KLM was in 2001 ook al eens door Burgmans benaderd. Maar Storm lag toen onder vuur als president-commissaris van Laurus in een rechtszaak die het gevolg was van mismanagement, dat leidde tot het omvallen van het retailbedrijf. Van die aantijgingen is hij vrijgesproken, dus nu kan hij op Burgmans' uitnodiging ingaan. Maar Storm herinnert zich goed dat hij zich toen hardop had afgevraagd wat zijn rol zou zijn in die raad van advies. Wim Dik had Storm verteld zich niet te veel van die vooral adviserende rol voor te stellen.

Het wordt Storm al snel duidelijk dat de leiding van het bedrijf nog wat moet wennen aan een serieuze one-tier-board. Hij komt meteen in conflict met CFO Rudy Markham. Kees Storm wil het persbericht waarin de kwartaalresultaten van Unilever worden toegelicht goed bestuderen voordat het naar buiten gaat. Markham laat hem weten dat dit niet mogelijk is. Het mag niet van de juristen. Ze zijn bang dat er iets zal uitlekken. Markham zal het persbericht na vijf minuten weer moeten innemen. Storm laat Markham weten dat hij van harte welkom is in de nieuwe wereld met een echte raad van commissarissen en dito auditcommissie. Hij eist het persbericht op en geeft het niet meer terug.

Storm is trots op deze nieuwe, prominente rol. Maar de eerste ontmoetingen vallen hem tegen. Echt gezellig is het hier niet. Het valt hem op dat ze alles tot in de puntjes hebben geregeld. Wat hij aan cijfers krijgt is eindeloos gecheckt, daar is een hele batterij aan juristen en controllers mee bezig. Ze lijken er allemaal drie keer op hun knieën doorheen te gaan. Storm realiseert zich dat hier veel te veel en te dure mensen werken. Het is een van de eerste cijfertjes waar hij zich zorgen over maakt: de indirecte kosten liggen bij Unilever met 15 procent zeker twee en soms wel drie keer zo hoog als vergelijkbare kosten bij de concurrentie. Als hij daar een opmerking over maakt is iedereen het roerend met hem eens, die kosten moeten fors omlaag. Fijn, maar waarom gebeurt het dan niet? Wat houdt ze tegen?

Storm zit sinds kort ook in het bestuur van InBev, een in 2004 uit een fusie tussen het Belgische Interbrew en het Braziliaanse AmBev ontstane bierbrouwer. Hier heerst een compleet andere sfeer. Het gaat er soms hard aan toe maar de Belgen en Brazilianen onderhouden toch een cultuur van vriendschap. Dit is een team. Uiteindelijk gaan ze voor elkaar door het vuur. Onder leiding van een paar veeleisende Brazilianen bruist het daar van de plannen. Ze willen de grootste bierbrouwer ter wereld worden. Er wordt gefantaseerd over de overname van de Amerikaanse biergigant Anheuser Busch.

Natuurlijk realiseert Kees Storm zich dat er een groot verschil is. Unilever moet rekening houden met veel verschillende aandeelhouders en daarbij behorende opportunistische sentimenten. InBev is in handen van 3G Capital. Dat heeft een paar grote, dominante, Braziliaanse aandeelhouders die snel besluiten kunnen nemen en die hebben aangekondigd tot in lengte van jaren van hun eigendom te willen genieten. Hij is vooral onder de indruk van de 67-jarige Jorge Lemann, een Braziliaanse miljardair en de toonaangevende grootaandeelhouder in InBev. Storm is gefascineerd door Lemanns aanpak. Die gelooft heilig in de kracht van de meritocratie. Je hebt winnaars en verliezers. De slechtste 10 procent presteerders moet ieder jaar worden ontslagen om zo ruimte te maken voor vers bloed. Wie het goed doet, wie duidelijk overeind blijft in de wereld van markt en strijd, wordt daarvoor vorstelijk beloond. De beste 15 procent kan tot vijf keer een jaarsalaris als bonus krijgen.[5] Het overgrote deel daarvan moeten die werknemers trouwens wel investeren in aandelen van het bedrijf. Zo'n beloning krijg je bovendien niet zomaar. Wie na twaalf uur werken het kantoor verlaat, krijgt een cynisch applaus en de vraag of hij misschien parttime in dienst is. Lemann gelooft in zijn model, hij droomt ervan dat het de benchmark wordt voor bedrijven in de eenentwintigste eeuw.[6]

In een openhartig interview met het weekblad FEM *Business* legt Cescau uit dat de rol van eindverantwoordelijke veel van hem vraagt: 'Ik heb daarom wel wat dingen moeten veranderen. Wat helpt is dat ik er echt van overtuigd ben dat ik die moeilijke beslissingen moet nemen. Dat geeft me rust. Als ik weet dat het goed is voor de onderneming is de druk weg.' Tevreden stelt hij vast dat de koers van het aandeel Unilever sinds zijn benoeming met 18 procent is gestegen. Unilever heeft daar een handje bij geholpen door voor een half miljard euro aan eigen aandelen in te kopen. Cescau laat weten dat dit jaar weer te zullen doen.

Cescau maakt zich vooral zorgen over de Europese activiteiten. 'Ik kan niet van mijn aandeelhouders en consumenten verwachten dat ze meebetalen aan een inefficiënte organisatie. Dit bedrijf moet succesvoller worden en groeien.' Op geruchten dat hij onder druk van *corporate raiders* kijkt naar het opbreken van Unilever in een voedingsconcern en een bedrijf voor persoonlijke en huishoudelijk verzorging zegt hij: 'Als ik het niet doe, doen zij het misschien voor mij? Dat impliceert dat splitsing het best is. Ik geloof dat de combinatie waardevoller is. Maar ik wil wel dat onze huidige bedrijvenportfolio harder voor ons gaat werken.'[7]

In zijn eerste verslag als voorzitter van het bestuur van Unilever meldt Burgmans trots dat zijn initiatief van negen jaar eerder, om samen met het Wereld Natuur Fonds te streven naar duurzame visvangst, erin heeft geresulteerd dat vanaf 2005 alle vissticks met duurzame vis worden bereid. Van alle door Unilever gekochte vis is nu 60 procent duurzaam gevangen. Maar de ambitie van de Marine Stewardship Council om dat percentage naar 100 procent te tillen zal het zonder Burgmans en Unilever moeten doen. De Europese activiteiten die te maken hebben met bevroren voeding worden grotendeels verkocht. De omzet groeit niet hard genoeg. Cescau stelt in een persbericht: 'Het was een moeilijke beslissing maar de verkoop is voor ons de beste manier om waarde te creëren.'

Kees van der Graaf vindt dit onzinnig. Hij heeft gevochten voor het behoud van de *frozen foods*-divisie. In de onderhandelingen over de verkoop blijkt de divisie in Europa de meest winstgevende in haar soort te zijn. Waar gaat dit over? Diepvries hoort bij Unilever juist ook vanuit duurzaamheidsambities. Het is in Van der Graafs ogen bovendien de meest natuurlijke manier om voeding lang goed te houden. Omdat groenten vaak worden ingevroren op de dag dat ze van het land zijn gehaald, blijven veel vitamines behouden.

Van der Graaf heeft hier flinke discussies over met Cescau en Burgmans, hij verwijt ze een gebrek aan visie, ze zijn te ongeduldig. Een geïrriteerde Cescau zegt dat hij het woord visie uit zijn mond niet meer wil horen. De bestuursvoorzitter laat weten dat hij het daar pas weer over wil hebben als Unilever gedurende acht kwartalen de verwachtingen van de analisten heeft waargemaakt. Dat moet nu de hoogste prioriteit krijgen.

Het valt Van der Graaf op dat de financiële mensen in het bedrijf, die al zo dominant waren, nog dominanter zijn geworden. Steeds als hij met zijn bazen in een discussie over de toekomst van Unilever terechtkomt, ze wijst op het belang van heldere langetermijnkeuzes omdat het bedrijf anders nergens naartoe gaat, krijgt hij als reactie dat het ontbreken van voldoende kortetermijnresultaten eenzelfde effect zal hebben. Zonder winst gaat de koers naar beneden, worden we gekocht en hebben we ook geen toekomst. Dat moeten we dus eerst op orde krijgen.

Het irriteert Van der Graaf dat de bestuursvergadering inmiddels bijna helemaal wordt gedomineerd door die financiële agenda. Vooropstaat dat de analisten die Unilever volgen niet verrast mogen worden. Voor de kwartaalresultaten in de vergadering aan de orde komen wordt daarom door een extern bureau een rondje gemaakt langs de tien tot vijftien belangrijkste analisten met de vraag wat voor cijfers ze verwachten. Het bestuur neemt het gemiddelde van die verwachtingen vervolgens als uitgangspunt voor een discussie over mogelijke aanpassingen. Alles is erop gericht om die analisten gelukkig te maken in de hoop zo een 'koop-dit-aandeel'-advies van ze te krijgen.

Van der Graaf wordt er moe van. Ook hij vindt dit bestuur bepaald geen vriendenclub. De commissarissen komen binnen met een mening en willen vooral gehoord worden. Een echte discussie is er nauwelijks omdat iedereen doordrongen is van het constante streven naar consensus. Hij vindt het wel knap zoals voorzitter Burgmans de informele momenten gebruikt om toch wat aan de onderlinge chemie te doen. Hij legt dan een algemeen onderwerp op tafel, iets over technologie of een geopolitieke kwestie, en vraagt de in dat onderwerp gespecialiseerde commissarissen daar hun mening over te geven. Dat zijn de momenten waarop goed naar elkaar wordt geluisterd, er zit toch een hoop kennis aan die tafel.

De fulltime aanwezigheid van Burgmans op het hoofdkantoor doet de wenkbrauwen regelmatig fronsen. Het valt verschillende collega's op dat hij veel tijd heeft, regelmatig valt hij spontaan het kantoor van een van zijn collega's binnen om wat te kletsen. Maar hoort een voorzitter niet wat afstand te bewaren, een beetje uit het vaarwater van de CEO te blijven? Cescau is op zijn hoede, hij merkt dat Burgmans probeert zijn eigen zin door te drijven, vooral als het om benoemingen gaat. De voorzitter geeft Cescau aan de lopende band adviezen. Om het evenwicht tussen Rotterdam en Londen enigszins te herstellen, spreken ze af dat Burgmans zich meer in Londen zal laten zien en Cescau meer in Rotterdam.

In het jaarverslag over 2005 feliciteert Burgmans 'zijn' CEO. Na jaren van daling is de omzet gestabiliseerd op 39 miljard euro. Cescau benadrukt dat het bedrijf zich verder moet richten op persoonlijke verzorgingsproducten en op de opkomende markten. Voor het eerst in de geschiedenis zijn die markten met 38 procent van de omzet groter dan de West-Europese markt. Cescau is er trots op dat het merendeel van de belangrijkste markten nu direct aan de Unilever Executive rapporteert. Hij verwacht dat het bedrijf in 2006 voor 700 miljoen aan besparingen zal opleveren en over 2007 zelfs 1 miljard euro. 'Maar het grootste voordeel voor ons is dat we nu een gezicht hebben voor onze klanten en onze consumenten en dat we sneller en alerter kunnen reageren. Met andere woorden: we zijn klaar voor de strijd.'

Het aanpakken van de stagnerende Europese activiteiten is nu de verantwoordelijkheid van Kees van der Graaf. Oprukkende discountsupermarkten zorgen voor een groeiende druk op de prijzen. Ondertussen blijven bij Unilever voldoende goede innovaties uit om een hogere prijs te kunnen rechtvaardigen. Bovendien zijn de overheadkosten veel te hoog, en zijn er te veel fabrieken.

Van der Graaf gebruikt de zomer van 2006 om tot een plan voor Europa te komen. Samen met zijn collega's maakt hij de balans op. De basis daarvoor is een matrix met bijna tweehonderd cellen. Hierin zijn de twaalf productcategorieën gekoppeld aan de vijftien regionen waarin het bedrijf opereert. Sommige grote landen, zoals Duitsland, Groot-Brittannië, China, India, Rusland, de VS en Frankrijk, vormen daarbij een regio op zichzelf. Ze besluiten om zich te concentreren op de 'cellen' waar meer dan 100 miljoen euro wordt omgezet. Deze worden onderverdeeld in product-marktcombinaties die moeten kunnen groeien en waar Unilever dus in moet investeren, product-marktcombinaties die zo moeten worden gemanaged dat ze voor dat geld kunnen zorgen en de zogenaamde *cashcows*. De eerste exercitie mislukt, er blijken te veel cellen te zijn waarin geïnvesteerd moet worden. Een tweede poging slaagt wel. De financiële collega's zijn opgetogen en rekenen zich al vrolijk rijk. Omdat er nog wat tijd over is besluiten ze ook een inschatting van de risico's te maken en alle product-marktcombinaties te scoren op een hoog, een gemiddeld of een laag risicoprofiel. Ook beoordelen ze welke combinaties goed, misschien of niet te managen zijn. De optelsom ziet er goed uit.[8]

Maar die avond, als hij net een hamburger heeft besteld bij de roomservice van het Crowne Plaza-hotel naast het hoofdkantoor, begint Van der Graaf zich ongemakkelijk te voelen. De optelsom ziet er goed uit, maar wat daaronder zit maakt hem onrustig. Hier klopt iets niet. Hij besluit zijn aantekeningen van die middag erbij te pakken. In West-Europa domineren combinaties die vooral als cashcows moeten worden gemanaged. Het geld dat ze hier verdienen, moet vervolgens worden geïnvesteerd in combinaties in Oost-Europa. Maar die combinaties worden allemaal gekwalificeerd als 'hoog risico' en 'misschien te managen' – op de ijsactiviteiten na. Van der Graaf realiseert zich dat er maar één conclusie mogelijk is: dit is niet te managen. En hij realiseert zich nog iets: dit is een enorme verrassing. De Europese divisie heeft tot nu toe wel steeds net de gestelde doelen gehaald, maar dat is alleen maar het gevolg geweest van handig met cijfertjes schuiven. Hij ontkomt er niet aan om nu radicale besluiten te nemen.

De rest van de nacht werkt hij aan een plan. Als hij om zes uur 's ochtends klaar is, maakt hij een samenvatting op één A4'tje: de productiekosten moeten fors omlaag, hetzelfde geldt voor de indirecte kosten, er zullen 25 fabrieken dicht moeten. De Europese kosten moeten per saldo met 30 procent omlaag, wat het ontslag van ongeveer 25.000 van de 55.000 werknemers betekent. Unilever zal verder afscheid moeten nemen van alle niet-kernactiviteiten, vooral van nog meer kleine lokale merken. Er moet een Europees IT-systeem komen en een Europese inkooporganisatie in Zwitserland. Het aantal dochterondernemingen per land moet worden teruggebracht tot één bedrijf. Totale kosten van deze reorganisatie: 3 miljard euro.

Om tien over halfzeven zit Van der Graaf, met dit A4'tje in zijn hand, voor de nog dichte deur van Patrick Cescau. Hij weet dat zijn baas meestal voor acht uur op kantoor is. Hij wil hem spreken voor zijn vergaderingen beginnen. Dat lukt. Even denkt Van der Graaf dat hij zal worden ontslagen als hij net aan zijn verhaal is begonnen. Maar het tegenovergestelde gebeurt. Cescau luistert aandachtig, schrijft vervolgens wat namen op een papiertje en vraagt Van der Graaf zijn plannen met deze vertrouwenspersonen door te nemen. Ze spreken af de plannen tot september geheim te houden. Zo krijgt Van der Graaf de tijd ze in samenspraak met wat externe adviseurs fijn te slijpen. Van der Graaf voelt zich bekrachtigd, hij is klaar voor deze oorlog. Want hij weet dat vooral de lokale voor een land verantwoordelijke directeuren deze verdere verschuiving van macht en geldstromen bepaald niet prettig zullen vinden.

Dat valt mee. De meesten begrijpen de noodzaak. Van der Graaf heeft vooral een probleem met Cescau. Want hoe hard Van der Graaf er ook bij hem op aandringt, het onderwerp komt maar niet serieus op de agenda van de bestuursvergadering onder leiding van Burgmans. Daardoor wordt de besluitvorming steeds uitgesteld. Cescau aarzelt. Hij legt aan Van der Graaf uit dat hij bang is dat Burgmans deze enorme herstructurering niet voor zijn rekening zal willen nemen. Misschien is dit voorstel te ingrijpend om aan de in april volgend jaar vertrekkende voorzitter voor te leggen. Burgmans moet kunnen vertrekken terwijl de zon schijnt.

Cescau vindt dat dit op het bordje van de nieuwe president-commissaris moet worden gelegd. Maar die gaat zich pas vanaf januari inwerken. Ondertussen beginnen de mensen die aan Van der Graaf rapporteren ongeduldig te worden. Ze maken hem verwijten: we hadden toch haast, wij staan klaar, we hebben er zelfs zin in. Kom op met het groene licht! Van der Graaf rekent Cescau voor dat uitstel het bedrijf vele tonnen per dag kost. Als pas begin volgend jaar kan worden begonnen, gaat het om een verlies van zeker 100 miljoen euro.

Kees Storm zou ook graag wat meer haast maken. Maar in die bureaucratische matrixorganisatie blijft alles maar vastlopen. Wat je ook doet, wie je ook verantwoordelijk maakt, je kunt altijd naar een ander wijzen. Maar hij vindt ook dat Kees van der Graaf niet moet zeuren en zelf meer met de vuist op tafel moet slaan. Als je de verantwoordelijkheid hebt moet je durven doorpakken. Dat gebeurt veel te weinig. Storm vindt Cescau een slimme, aardige man, maar niet de krachtige leider die nodig is om hard in te grijpen.

Storm vindt sowieso dat er veel relatief zwakke mensen in de top van Unilever zitten. Met lede ogen ziet hij hoe Cescau lijdt onder de dominantie van Burgmans. Die blijft het lastig vinden dat Cescau dagelijks aan de knoppen zit. Als Burgmans boos wordt, ziet Storm hoe Cescau fysiek bijna ineenkrimpt. Dit schiet niet op zo. Het wordt hoog tijd dat er een nieuwe president-commissaris komt die hier eens flink met de zweep overheen gaat.

Daar wordt aan gewerkt. Ondersteund door Jeroen van der Veer en Lord Simon heeft Antony Burgmans zich gestort op de zoektocht naar een opvolger. Executive search-bureau Egon Zehnder is gevraagd de eerste echt onafhankelijke voorzitter van het bestuur van Unilever te vinden.

5 Buitenwacht aan de macht

2007-2008

Mike the Knife noemen Zweedse media hem. Michael Treschow kan daar wel om lachen. Hij weet waar het vandaan komt. Sinds 2002 is hij vooral in het nieuws geweest als de president-commissaris onder wiens leiding telecombedrijf Ericsson moest worden gered. In anderhalf jaar tijd nam het bedrijf afscheid van 31.000 van de 85.000 werknemers. Treschow ligt er niet wakker van. In een interview met *Business Week* stelde hij een tijdje terug: 'Reorganiseren maakt deel uit van het dagelijkse leven, als je daar niet constant mee bezig bent, stapelt de rotzooi zich op.' Hij gelooft in de kracht van een goede analyse en vraagt zich nooit af of iets wel of niet zal lukken. Dat vindt hij zonde van zijn tijd: *we will cross that bridge when we get there.*

Na een glansrijke carrière in het bedrijfsleven is Treschow nu voorzitter van het Zweedse werkgeversverbond. Het telefoontje van David Kidd van Egon Zehnder verbaast hem niet. Een paar maanden eerder had hij op verzoek van diezelfde *executive searcher* gesolliciteerd op eenzelfde rol bij een nog groter bedrijf. Maar daar hadden ze gekozen voor iemand die een paar jaar jonger was. Vanaf dat moment hadden die jongens van Egon Zehnder hem natuurlijk in beeld, was hij onderdeel van hun handel geworden.

Het was het idee van Kidds collega Joost van Heyningen Nanninga om Treschow te polsen voor de rol van president-commissaris van Unilever. In de briefing door Lord Simon, Antony Burgmans en Jeroen van der Veer was het de headhunters duidelijk gemaakt dat het geen Brit, geen Nederlander en ook geen Amerikaan mocht zijn. De eerste twee nationaliteiten liggen nog steeds te gevoelig en Amerikanen begrijpen de Europese basis van Unilever onvoldoende. Van Heyningen Nanninga gelooft dat het belangrijk is dat bij een bedrijf als Unilever, waar alle zware functies al tachtig jaar door Unilever-veteranen worden vervuld, zo'n buitenstaander niet meteen een grote broek aantrekt. Komend uit een klein land zal een ingetogen Zweed goed vallen en niet snel als te bedreigend worden ervaren. Zweden spreken bovendien goed Engels en zijn internationaal georiënteerd. Feit is wel dat deze

Zweed nooit in de fast-moving consumer goods heeft gewerkt. Maar dat kan ook een voordeel zijn, een goede voorzitter moet met afstand analyseren en vooral niet op de stoel van de CEO gaan zitten. Iemand die wel uit de business komt kan die verleiding vaak niet weerstaan.

Natuurlijk is Treschow geïnteresseerd om als eerste buitenstaander deze rol te vervullen. In het eerste gesprek maakt Lord Simon hem duidelijk dat het helemaal niet goed gaat met Unilever. Dat er nog te veel naar binnen wordt gekeken. Simon benadrukt dat het bedrijf te weinig innovatief is, te weinig ondernemend. En vooral: dat het bij lange na niet genoeg groeit. Simon stelt dat de opvolger van Burgmans voor een transformatie moet gaan zorgen. De nieuwe voorzitter moet een klimaat van groei, serieuze groei bewerkstelligen. Dat vindt Jeroen van der Veer ook. De topman van Shell is onder de indruk van de prettige, rustige Zweed, van diens stevige trackrecord. Die zou bij Unilever wel eens het verschil kunnen maken.

De Zweedse ingenieur is meteen geïntrigeerd door het meer dan honderd jaar oude credo '*doing well by doing good*'. Dat vindt hij een mooi gegeven dat voor trots kan zorgen. En dat is een voorwaarde voor succes, want alleen mensen die trots zijn op hun werk leveren de bijdrage die nodig is. Zo'n verhaal over de geschiedenis van het bedrijf, de raison d'être, hoeft voor hem niet eens helemaal waar te zijn, als het maar wordt geloofd. Hij begrijpt dat die trots de afgelopen jaren ver te zoeken was.

De 63-jarige zoon van een majoor in het Zweedse leger bedenkt dat Burgmans als voorzitter niet echt in staat is geweest om Cescau de ruimte te geven en te ondersteunen. Hij heeft constant over zijn schouder meegekeken, kritiek geleverd. Dat moet voor de Fransman een vreselijk moeilijke positie zijn geweest. Burgmans is eigenlijk altijd zijn baas geweest en gebleven. Nee, het was niet verstandig geweest om Burgmans tot president-commissaris te bombarderen. Juist van hem kun je niet vragen om afstand te nemen van de dagelijkse gang van zaken en vooral echt te gaan luisteren. Burgmans is te lang te operationeel bezig geweest om nog goed te kunnen luisteren. Terwijl dat de belangrijkste kwaliteit van de president-commissaris is: luisteren en heel veel vragen stellen.

Cescau is niet betrokken geweest bij de benoeming van Treschow, hij heeft één gesprek met hem gehad en daarna de vraag gekregen of hij met hem door één deur zou kunnen. Dat leek de Fransman geen probleem.

'We zijn verrukt dat Michael Treschow ermee heeft ingestemd om de eerste volledig onafhankelijke voorzitter van Unilever te worden. Met zijn komst sluiten we een complete herstructurering van onze corporate governance af, die we in 2004 begonnen met het elimineren van de raad van advies, het uitfaseren van het duo-leiderschap en de installatie van een one-tier-board met straks dus een onafhankelijke voorzitter.' Antony Burgmans maakt in maart

2007 de balans op in zijn laatste jaarverslag. Hij trekt een paar heel lange lijnen: de omzet in West-Europa is afgenomen van 65 naar 34 procent van de totale omzet, zich ontwikkelende landen zijn inmiddels goed voor 40 procent. Vijfendertig jaar geleden bestond 25 procent van de omzet uit producten die niets met de fast-moving consumer goods te maken hadden. Nu concentreert Unilever zich op vierhonderd merken, in plaats van 1600. Twaalf van die merken maken een omzet van meer dan 1 miljard euro per jaar en zijn met elkaar goed voor 55 procent van de omzet. Spectaculair is de groei van de producten voor persoonlijke verzorging, in 1972 nog goed voor 4 procent, nu 28 procent van de omzet.

Terwijl Burgmans het heeft over een bedrijf dat staat als een huis en helemaal klaar is voor de toekomst, opent Patrick Cescau zijn boodschap een paar pagina's verder met: 'We zijn bezig om Unilevers concurrentiekracht en groeipotentieel te herstellen. Die taak is nog niet voltooid. De verbeterde omzetprestatie geeft aan dat de ingrijpende veranderingen die we in 2004-2005 hebben doorgevoerd – zowel op organisatorisch als strategisch niveau – de juiste waren voor Unilever.' En dan haalt de CEO op de valreep nog even uit naar de *chairman* die bijna weg is: 'Ik ben ervan overtuigd dat 2006 het jaar zal blijken te zijn waarin de onderneming haar zelfvertrouwen en geloof in eigen kunnen heeft teruggevonden na de terugval van de afgelopen jaren.'

Michael Treschow wordt van alle kanten gefeliciteerd met zijn benoeming. De Zweed krijgt ook een aardig bericht van ene Paul Polman. Hij kan zich niet herinneren de Nederlander ooit te hebben ontmoet. Dat klopt. Polman heeft er een gewoonte van gemaakt om iedere dag tien handgeschreven kaartjes te versturen. Soms naar bekenden, soms naar onbekenden, vaak naar aanleiding van belangrijke of opmerkelijke benoemingen in zijn wereld. En dus krijgt Treschow een kaartje met hartelijke felicitaties van de CFO van Nestlé.

'Het lijkt erop dat Patrick Cescau heel voorzichtig het vertrouwen van de beleggers terugwint. Maar zoals een aandeelhouder het laatst mooi verwoordde: Unilever lijkt een beetje op *Pirates of the Carribean 3:* het kan zoveel beter dan het is.' In de *Financial Times* wordt de balans opgemaakt na twee jaar Cescau. De CEO van Unilever heeft analisten van Sanford C. Bernstein & Co. uitgenodigd om het leiderschap van Unilever uit te dagen met een 'provocatieve analyse'. De kennelijk goed ingevoerde krant complimenteert hem daarmee en vat de boodschap van die analisten samen: als het bedrijf beter zou worden gemanaged is er een enorme winst te behalen. Ze zien niets in het opsplitsen van het bedrijf en benadrukken vooral de noodzaak van het zo snel mogelijk naar binnen halen van mensen van buiten, mensen die de bureaucratische, weinig dynamische Unilever-cultuur kunnen omturnen. Het bedrijf moet ook leren transparanter te worden en informeler, minder defensief te communiceren met aandeelhouders en de rest van de wereld. De opdracht aan Cescau is helder: ga aan de slag met een bedrijfscultuur die nog steeds veel ambtelijke trekken vertoont.[1]

De *FT* citeert uit een bijeenkomst met Andrew Wood, analist bij Sanford C. Bernstein. Wood volgt Unilever al jaren en trad op tijdens het *senior executive seminar* voor een twintigtal succesvolle managers die door Sandy Ogg en Patrick Cescau zijn aangemerkt als de leiders van de toekomst. Mensen als Alan Jope, Kees Kruythoff, Peter ter Kulve, Jan Zijderveld, Keith Weed, Simon Clift, Nitin Paranjpe hebben op het opleidingscentrum Four Acres twee weken bij elkaar gezeten om onder leiding van huisadviseur C.K. Prahalad uitgebreid in kaart te brengen waar Unilever de komende jaren mee aan de slag moet.

Deze twintig 'leiders van de toekomst' gaan, net als de jonge managers van Project Foresight acht jaar geleden, de hele wereld over op zoek naar inspiratie. Vooral een bezoek aan de 22-jarige Mark Zuckerberg van Facebook maakte indruk. Op de vraag of hij werkelijk gelooft dat Facebook geld gaat verdienen aan de online verkoop van advertenties, liet de Amerikaan ze lachend weten dat hij juist had gehoopt dat deze Unilever-managers hem het antwoord zouden geven.

Het is een van hun drie aanbevelingen. Door het toenemende internetgebruik ontkomt Unilever er niet aan alle informatie over zijn consumenten op één centraal punt te verzamelen en te bundelen, teneinde ze beter te leren kennen. De tweede gaat over het nog zwaarder inzetten op de opkomende markten. Daar lopen miljarden mensen rond die hun eerste deodorant nog moeten kopen. De zorgen over wat de planeet aankan, zowel qua productie als consumptie, wordt als derde aanbeveling genoemd. Het zit in het DNA van Unilever om zich hier nadrukkelijk over te ontfermen. Verschillende collega's vragen zich af of Cescau, met zijn aanhoudende focus op het verbeteren van de kwartaalresultaten, hiermee aan de slag zal gaan.

Weten jullie echt zeker dat jullie in de fast-moving consumer goods zitten? Tot vervelens toe herhaalt Michael Treschow zijn vraag. Hij was gewaarschuwd maar blijft zich verbazen: wat een trage, naar binnen gekeerde club mensen is dit. Waarom profiteren ze niet veel meer van hun diepgewortelde, wereldwijde aanwezigheid? In de voorbereiding op zijn nieuwe rol heeft Michael Treschow zich helemaal ondergedompeld in Unilever. Hij is totaal niet onder de indruk. De Unilever-leiders lijken gekenmerkt door besluiteloosheid. Feitelijk worden er helemaal geen besluiten genomen, want na een zogenaamd besluit begint de discussie. Dan wordt er eindeloos gepraat over wat het betekent en wie waarvoor precies verantwoordelijk is. Een mooi voorbeeld vindt hij de voorstellen van Kees van der Graaf om snel en diep in te grijpen in de Europese organisatie. Die zijn veel te lang blijven liggen. Treschow begrijpt dat Burgmans geen zin heeft om te vertrekken vlak na de aankondiging van een grote reorganisatie. Hij zal hier meteen mee aan de slag gaan.

Van der Graaf is moe. In afwachting van de goedkeuring van zijn plannen om Europa ingrijpend te herstructureren, ligt hij alweer bijna een halfjaar in een spagaat. Dat blijkt ook uit de 360 graden-feedback die Van der Graaf op zijn eigen functioneren heeft gekregen. De collega's die aan Van der Graaf rapporteren verwijten hem dat hij te veel optrekt met zijn collega's in het bestuur. Terwijl zijn directe collega's in dat bestuur hem juist verwijten dat hij zijn oor te veel te luisteren legt bij zijn ondergeschikten. Terwijl zijn plannen blijven liggen moet hij zijn collega's motiveren om hun targets te halen.

Van der Graaf werkt tachtig tot honderd uur per week en voelt zich schuldig. In de zomer van 2005, mediterend op een berg in Montana, had hij met zichzelf afgesproken dat hij wil veranderen, dat hij veel meer tijd aan familie en vrienden wil besteden, aan de FSHD-stichting en de zoektocht naar een medicijn voor de ziekte van zijn zoon. Toen al had hij zijn zorgen bij Cescau geuit. Over zijn tanende liefde voor Unilever, over het ontbreken van het familiegevoel. De Fransman had hem aangeraden zijn agenda beter te bewaken, alles eruit te schrappen wat niet direct tot zijn drie grootste prioriteiten behoorde.

Dat is duidelijk niet gelukt. In een gesprek met Cescau stelt Van der Graaf opnieuw dat Unilever zijn bedrijf niet meer is. Dat het veel te veel over geld verdienen gaat, over resultaten op de korte termijn, over de ontwikkeling van de koers van het aandeel. Cescau stelt vast dat dit nu eenmaal de werkelijkheid is waarin Unilever moet opereren. En dat hij dat trouwens niet betreurt. Ze trekken dezelfde conclusie: misschien is het goed als Van der Graaf opstapt. Cescau wil alleen niet dat hij vertrekt op het moment dat de reorganisatie wordt aangekondigd. Dat zou dramatisch zijn. Ze spreken af dat hij tot mei 2008 blijft om er een start mee te kunnen maken. Dan kan zijn opvolger het afmaken.

De wetenschap dat het einde in zicht is, geeft hem de gemoedsrust om die laatste loodjes te kunnen dragen. Cescau vraagt Van der Graaf zelf zijn situatie bij Treschow uit te leggen en diens goedkeuring te vragen. Van der Graaf vindt het best. Hij begrijpt niets van de benoeming van de Zweed, met zo'n achtergrond begrijp je de wereld van Unilever toch niet? Maar hij is blij dat met de komst van Treschow zijn plannen eindelijk grotendeels ten uitvoer kunnen worden gebracht.

Op de aankondiging dat Unilever in de Europese activiteiten bijna 10 procent van de werknemers gaat ontslaan om de operationele marge naar de 15 procent te tillen, veert de koers met 4 procent op. Toch klinkt het veel analisten als een herhaling van zetten in de oren. Werd in 1999 bij de aankondiging van het 'Pad naar groei'-programma niet eenzelfde belofte gedaan?

Toen werd 5 miljard euro gereserveerd voor herstructureringen, nu 3 miljard. Toen werd dat doel heel even gehaald, om de marge vervolgens weer te zien terugvallen naar 13,7 procent. Het gaat opnieuw over herstructureren, fabrieken sluiten, in de kosten snijden. Waar zijn de plannen om nou eindelijk eens te gaan groeien? Zien we hier de hand van de nieuwe voorzitter Treschow, vraagt de *Financial Times* zich af? Dat zou een tegenvaller zijn. Het bedrijf moet veel harder gaan groeien wil het in de buurt komen van de resultaten van succesvolle concurrenten, die groeien meer dan twee keer zo snel.

Treschow valt van de ene verbazing in de andere: bij iedere bestuursvergadering zitten twee mensen notulen te maken, voor de Britse plc en voor de Nederlandse nv. En het lijkt erop dat het hele bedrijf zo is ingericht. Alles dubbel. Hij ergert zich ook enorm aan de hoeveelheid presentaties, de stapels met Excel-sheets die worden rondgestuurd. De nieuwe CFO, Jim Lawrence, afkomstig van General Mills, maakt het allemaal ook veel te ingewikkeld, presenteert steeds veel te veel details waardoor je niet meer ziet waar het werkelijk om gaat. En dan dat eindeloze gezeur van die Britten en die Nederlanders, over wat van wie is, welk onderdeel waar hoort. Er is steeds strijd over het verhangen van bordjes en verantwoordelijkheden. Als Treschow vraagt of dat niet anders kan, krijgt hij als antwoord: wen er maar aan, zo gaat dat hier, dit is historisch zo gegroeid.

Het valt hem op dat veel mensen met allerlei projecten tegelijkertijd bezig zijn. Dat ziet er interessant uit, maar zorgt voor een rookgordijn. Treschow beschouwt zichzelf als een maniak als het om plichtsbesef gaat. Hij wil volstrekt helder hebben wie welke verantwoordelijkheid draagt en gelooft helemaal niet in ingewikkelde matrixen met gedeelde verantwoordelijkheden, dat geeft alleen maar gedoe, dan moeten mensen bij elkaar gaan zitten om het eens te worden, om vervolgens achter elkaar weg te duiken. Hij onderschrijft de vaststelling van de analisten van Bernstein: Unilever heeft nu vooral mensen van buiten nodig. Met dit management gaat het concern de oorlog niet winnen.

De laag onder het bestuur is het met Treschow eens. Jan Zijderveld, verantwoordelijk voor het Midden-Oosten en Noord-Afrika, gelooft dat Cescau met zijn boodschap van 'One Unilever' het bedrijf heeft gered. Daarmee heeft hij de buitenwacht duidelijk gemaakt dat het ernstig verzwakte Unilever niet zal worden gesplitst. Dat het echt één bedrijf is, met een centrale inkoop, één verkoopapparaat, één weg naar de klant. Hij heeft Unilever zo lucht gegeven. Maar hij ziet ook dat de Fransman vooral een boekhouder is. In zijn zoektocht naar plekken waar hij waarde kan creëren, blijft hij eindeloos in de weer met ingewikkelde matrixen met blauwe lijnen, rode lijnen, stippellijnen. Heel veel verschillende lijnen die uiteindelijk toch allemaal naar Cescau zelf lopen. Ondertussen groeit het bedrijf onvoldoende.

'Goed verdienen én het goede doen,' vindt Cescau, die zo benadrukt dat financieel succes op de eerste plaats moet blijven staan. Alleen een succesvol bedrijf kan een verantwoordelijk bedrijf zijn. 'Vroeger leverden we vooral functionele meerwaarde, vervolgens emotionele meerwaarde en tegenwoordig ook sociale meerwaarde. We creëren toegevoegde waarde voor de samenleving en maken, heel belangrijk, ondertussen ook een goed rendement voor onze aandeelhouders.'

Mooie woorden, maar dat laatste is volgens Marc Engel wel erg dominant. Cescau heeft de Nederlander gevraagd directeur inkoop te worden. Engel werkt sinds 1990 voor Unilever. Hij maakt een mooie carrière, maar moet al jaren op verjaardagen aan vrienden en familie uitleggen waarom hij nog steeds voor Unilever werkt. Wat is dat voor bedrijf, waar staat het voor, groeit het nog wel? Ze maken daar toch vooral ongezonde voeding, wasmiddelen en overbodige crèmes? De afgelopen tien jaar hebben de aandelen bovendien niks gedaan, dus rijk word je er ook niet.

Ook als hij over de duurzame inspanningen begint, overheerst de kritiek. Geweldig dat Unilever nu voor 100 procent duurzame theeproductie gaat, maar was het niet verstandiger geweest om die productie van thee helemaal in eigen hand te houden? Het duurzaam maken van de theeproductie was natuurlijk veel makkelijker geweest als Unilever niet bijna al die plantages had verkocht. Voor de palmolie geldt hetzelfde.

In de beleving van Engel is het bedrijf de afgelopen tien jaar vooral geleid door financiële jongens, mensen als FitzGerald en Cescau. In hun rekensommen was het steeds verstandig om bezittingen te verkopen, van de balans af te krijgen, dat resulteerde onder de streep meteen in winst.

Tex Gunning gelooft er niet meer in. Zijn collega's merken dat hij cynisch begint te worden. Hij heeft totaal geen respect voor Cescau, hij vindt dat die helemaal niks van marketing begrijpt. Hij vindt dat het opportunisme overheerst. Na 24 jaar zal hij Unilever verlaten en de CEO van Vedior worden. Ook Peter ter Kulve, verantwoordelijk voor de groeiende ijsactiviteiten, heeft het idee dat hij de hele dag alleen maar bezig is met de koers van het aandeel. Als die omhooggaat profiteren ze daar allemaal van, maar daar kun je een bedrijf niet op sturen. Cescau heeft in hun ogen vooral heel veel kosten uit het bedrijf gehaald. Hij haalde zelfs geld uit de pensioenpot, die door de flink gestegen koersen van de beleggingen een dekkingsgraad van zo'n 200 procent had. Het mag, maar zo maak je pensioenen minder toekomstbestendig, die koersen kunnen immers ook hard naar beneden gaan.

Ter Kulve maakt zich zorgen over de strategie. Hoewel ze zich afvragen of Cescau daar wel echt verstand van heeft, willen managers zoals hij met de CEO van Unilever praten over merken en klanten. Dat gesprek is er niet. Ondertussen begint Unilever, door de centrale aansturing van de productcategorieën vanuit Londen, steeds meer op Procter & Gamble te lijken. Past dat wel bij de cultuur van het bedrijf? Gaan we zo niet van *hopelessly local* naar *hopelessly global?* Cescaus obsessie met het succes van P&G vinden zijn critici weinig inspirerend. Ter Kulve vraagt zich af hoelang ze dit nog vol kunnen houden. Wat maakt Unilever nou uniek, ga daar eens wat mee doen!

Cescau trekt zich er niet veel van aan. Hij is tevreden. De koers is in drie jaar tijd met bijna 60 procent opgelopen. Dat klinkt indrukwekkender dan het is. Na de dot-com-crash zijn beleggers snel op zoek gegaan naar veilige beleggingen, naar aandelen in bedrijven die niet snel om zullen vallen. Naar bedrijven die spullen maken die mensen altijd nodig zullen hebben, zoals voeding en hygiëne. Ook de koersen van Procter & Gamble en Nestlé liepen, met respectievelijk 34 en bijna 70 procent, fors op. Ze profiteren ook allemaal van de snelgroeiende afzet in opkomende markten en dan vooral Azië. Honderden miljoenen mensen in India, China en Indonesië verdienen opeens genoeg geld om een wasmiddel te kopen, een deodorant of een stuk chocolade.

Cescau is er trots op dat over 2007 de omzet 'uit voortgezette bedrijfsactiviteiten' met 5,5 procent is gegroeid, tegen 3,8 procent over 2006, zijn eerste volledige jaar. Die groei komt bijna helemaal voor rekening van de opkomende markten, waar de omzet met 11 procent is gegroeid. Ze zijn nu goed voor 44 procent van het totaal, dat was drie jaar geleden nog 36 procent. Vooral de verkoop van huishoudelijke en persoonlijke verzorgingsproducten is enorm gegroeid. Doordat verschillende activiteiten zijn afgestoten komt de omzet maar 1,5 procent hoger uit op ruim 40 miljard euro. Door de verkoop van onderdelen en reorganisaties is het aantal werknemers met 17 procent gedaald, van 206.000 naar 171.000.

'We hebben een nieuwe strategie, we hebben een nieuwe organisatie en we hebben een nieuwe manier van werken. Maar dat zegt allemaal niks, het gaat om de mensen die er uitvoering aan moeten geven, dus daarom hebben we op veel plekken ook nieuwe mensen neergezet. We maken zelfs vooruitgang als het gaat om meer diversiteit in het leiderschap.'

Tijdens zijn derde leiderschapsbijeenkomst, dit keer in Noordwijk, heeft Cescau grote behoefte nog eens te onderstrepen wat er allemaal tot stand is gebracht. Hij somt op: 'We besparen meer, we scherpen onze portefeuille verder aan en sturen "One Unilever" steeds dieper de organisatie in.' Hij klinkt bijna opgelucht als hij constateert: 'We hebben onze governance gemoderniseerd, we hebben voor het eerst een echt onafhankelijke voorzitter.' 'Natuurlijk gaat nog niet alles goed, maar ik vraag jullie geduldig te zijn en door te zetten. En goed stil te staan bij wat we allemaal hebben bereikt. Afgelopen week heeft ons aandeel de hoogste koers ooit bereikt. Samen hebben we in drie jaar tijd de waarde van dit bedrijf met 20 miljard euro laten groeien, laat me dat nog een keer herhalen: 20 miljard euro.'[2]

En weer staat het onderwerp diversiteit op de agenda. Sinds de Costa Rica-reis met bijna honderd mannen, zes jaar geleden, is er weinig tot stand gebracht. De Fransman Cescau heeft er niet zoveel mee, maar de Zweed Treschow des te meer. Voor hem is het essentieel: met allemaal gelijkgestemden heb je niet de capaciteit om te zien dat jouw omgeving verandert, daarvoor moeten steeds weer de goede vragen worden gesteld. En die worden alleen maar gesteld als je een divers samengesteld team hebt. Op dit onderwerp vinden Sandy Ogg en Treschow elkaar. Ze proberen de oorzaken in kaart te brengen. Het verbaast Ogg dat een bedrijf dat qua nationaliteit en huidskleur behoorlijk divers is, zo dramatisch achterloopt voor wat betreft het percentage vrouwen in leiderschapsrollen. Vorig jaar was bij de instroom van nieuwe jonge collega's 56 procent vrouw. Bij de doorstroming naar boven vallen ze bij bosjes af. Een niveau hoger is 39 procent vrouw, daarboven 27 procent en daarboven 17 procent. In de top-100 is maar 8 procent vrouw.

Ogg vindt dat een enorme verspilling van talent en kapitaal. Hij is ervan overtuigd dat het bedrijf over de hele linie veel minder fouten zou maken als er meer vrouwen in de leiding van het bedrijf zouden zitten. Juist dit bedrijf moet daarvan profiteren, nota bene 86 procent van de producten wordt door vrouwen gekocht. Het staat voor Ogg vast dat zo veel mannen per definitie en op grote schaal de verkeerde producten ontwerpen, de verkeerde commercials laten maken, et cetera. Hij weet Cescau ervan te overtuigen om dit probleem rigoureus aan te pakken. Ogg mag de top-100 verplichten om binnen achttien maanden een vrouw in hun team te benoemen. Met als boodschap dat één vrouw in je team nog maar een begin is, twee vrouwen is beter en drie vrouwen is wat er eigenlijk nodig is. 'One More' heeft hij het project genoemd. Het krijgt een hoge prioriteit.

Ogg vertelt die top-100 dat ze op een lijst in zijn kantoor hangen en dat hij hoopt hun namen één voor één weg te kunnen strepen. Streng laat hij daarop volgen: als jouw naam er over achttien maanden nog op staat, dan heb je geen toekomst meer in dit bedrijf. Meteen is het geklaag niet van de lucht. Veel mannen constateren dat ze geen goede vrouw kunnen vinden, ze willen uitstel of afstel. Ogg spreekt ze daar persoonlijk op aan en laat ze weten dat 50 procent van alle mensen vrouw is. Ze moeten dus vooral beter zoeken.

Er wordt meer geklaagd. Uit het jaarlijkse onderzoek naar de hoogte van de beloningen bij Unilever in vergelijking met soortgelijke bedrijven blijkt dat ze eigenlijk met 5 procent omhoog zouden moeten om concurrerend te zijn. Maar omdat er al een crisissfeer in de lucht hangt, wil Cescau de kosten drukken en is besloten om de salarissen te bevriezen.

Op voorstel van Ogg wordt het reisbudget ook aangepakt, dat moet met 50 procent omlaag. De leiding van het bedrijf wordt verplicht zo veel mogelijk vergaderingen via videoconferencing af te handelen. Ogg rekent snel uit dat je met vijf van die units op jaarbasis 5 miljoen euro aan tickets en hotelkosten kunt besparen. Er worden nog honderd van die apparaten besteld. Af en toe krijgt Ogg een positieve reactie van een collega die meldt dat zijn huwelijk er wel bij vaart nu hij vaker 's avonds thuis is. Ogg bedenkt dat de maatregel ook goed zou kunnen uitpakken voor de carrières van de vaak minder reislustige vrouwen.

Hij is nog maar drie jaar CEO, normaal gesproken zou hij nog twee jaar door kunnen. Maar in september wordt Cescau zestig, dan mag hij met pensioen. Hij twijfelt. Voor zijn gevoel heeft hij de grote, noodzakelijke vernieuwingsslag kunnen maken en staat de nieuwe structuur van Unilever. Om de volgende fase goed te begeleiden zou hij nog zeker vier jaar bezig zijn. Dat zit er echt niet in. Hij heeft met zijn vrouw en kinderen afgesproken eindelijk eens wat meer tijd voor hen te maken. In een gesprek met zijn bestuur wordt duidelijk dat zijn toezichthouders het helemaal niet erg vinden als hij wat eerder vertrekt. Het bestuur geeft Patrick Cescau net het duwtje dat hij nodig heeft om vervroegd met pensioen te gaan. Afgesproken wordt dat hij, na ruim drieënhalf jaar, per 1 januari 2009 het stokje zal overdragen aan een nieuwe CEO.

De inmiddels 51-jarige Polman heeft het naar zijn zin bij Nestlé. Aan het blad *Twentevisie* vertelt hij lachend dat hij Procter & Gamble nog steeds op de voet volgt: 'Al is het alleen maar omdat ze mijn pensioen goed moeten beheren.' Hij vertelt dat hij eigenlijk van plan was helemaal met pensioen te gaan.[3]

Op de vraag of hij straks de nieuwe CEO van Nestlé wordt, legt hij uit dat Nestlé de komende jaren moet worden getransformeerd van een voedselbedrijf naar een bedrijf in 'voeding, gezondheid en wellness'. 'Dat is een behoorlijke klus. Ik heb mijn plannen al met de raad van commissarissen besproken.' Om daar lachend op te laten volgen: 'Maar ik zeg tegen iedereen dat ze die ander moeten nemen...'

Polman wil liever vertellen over hoe hij ervoor heeft gezorgd dat tweehonderd Nestlé-medewerkers de marathon van Genève hebben uitgelopen. Om ze van de juiste mentale instelling te voorzien had hij een Amerikaanse Vietnamveteraan, die in een rolstoel de wereld over trekt, gevraagd zijn mensen toe te spreken. Alle tweehonderd collega's moesten vervolgens een contract ondertekenen waarin ze beloofden de 42 kilometer uit te lopen. De laatsten deden er zeven uur over, maar werden met applaus opgewacht door alle anderen. Polman legt uit: 'Je kunt jezelf op scherp zetten door tegen zo veel mogelijk mensen te vertellen wat je van plan bent te gaan doen. Doe het met vrienden of voor een liefdadigheidsinstelling. Als je dan alsnog afzegt, breng je jezelf in moeilijkheden.'

Polman wordt bejubeld als CFO van Nestlé. Media en analisten speculeren dat hij wordt klaargestoomd voor de volgende stap. Dat zou bijzonder zijn. Ook Nestlé heeft tot nu toe uitsluitend oudgedienden met decennia werkervaring op de hoogste zetel gezet. Peter Brabeck-Letmathe heeft er bijna elf jaar op zitten. Terwijl de omzet van Unilever met bijna een kwart afnam, groeide die van Nestlé onder zijn leiding met zo'n 50 procent naar 83 miljard dollar. Brabeck-Letmathe heeft Polman gevraagd zich kandidaat te stellen om hem op te volgen. In een interview met *Fortune* legt hij uit waarom de producent van Nescafé en Maggi het veel beter heeft gedaan dan concurrenten als Unilever en Kraft: 'In de jaren negentig overheerste het paradigma dat je alleen door het maken van keuzes efficiënter kon gaan werken. Het betekende vooral dat onderdelen waar minder marge werd gemaakt werden verkocht en er nauwelijks werd geïnvesteerd in nieuwe markten. Zo konden ze de bedrijfsresultaten op korte termijn snel verbeteren; bijna al onze concurrenten gingen dit pad op. Maar wij vonden toen dat het gevaar van te veel focus de groei van het bedrijf op langere termijn zou gaan frustreren. We zochten een ander model. We wilden een zekere complexiteit combineren met operationele efficiency. Zo konden we onze omzet laten groeien en op termijn ook onze marges en daarmee winstgevendheid verbeteren. Het is biologie: op het moment dat je stopt met groeien, begin je te sterven. Als je steeds meer focus aanbrengt, en nog meer focus en nog meer focus, dan eindig je in de handen van iemand anders.'

Brabeck-Letmathe legt uit hoe hij een grote autonomie voor de verschillende divisies heeft verbonden in een groot IT-platform (Globe), dat het hele bedrijf bij elkaar moet houden. 'We waren 50 miljard waard, veranderden onze structuur om 100 miljard waard te kunnen worden en om naar 200 miljard te kunnen groeien veranderen we de structuur opnieuw. Al onze businesses zijn verschillend, je kan een ijsbedrijf niet zo runnen als een koffiedivisie. Ik heb me daarbij steeds gericht op een organische omzetgroei van 6 procent per jaar. Dat is enorm veel voor onze industrie. Maar we hebben nu wel 27 merken met een omzet van meer dan 1 miljard Zwitserse frank. Zonder Globe waren we nooit zo groot geworden.'[4]

Er is ook kritiek op Brabeck-Letmathe. Sinds 2005 is hij CEO en president-commissaris. De buitenwacht vraagt zich steeds nadrukkelijker af hoe gevaarlijk het is dat zo veel macht in de handen van één man ligt. Waar zijn de checks-and-balances? Net als eerder in het Verenigd Koninkrijk en in Nederland wordt de Zwitserse governancecode aangescherpt – het mag wel, maar liever niet. En als het dan zo nodig moet 'dan moeten er in het bestuur adequate controlemaatregelen worden getroffen'.

Vlak voordat Nestlé bekendmaakt wie de nieuwe CEO wordt, zijn de Zwitserse kranten ervan overtuigd dat Paul Polman de beste kaarten heeft. Ook de meeste analisten denken dat Polman het zal worden. Hij wordt gezien als de man die Nestlé de afgelopen anderhalf jaar efficiënter heeft laten functioneren, de man die het Globe-systeem goed aan de praat heeft gekregen. *Forbes* meldt enthousiast dat onder Polman de balans nu zo goed op orde is dat Nestlé de komende drie jaar voor 21,1 miljard dollar aan aandelen terug zal gaan kopen. Zijn voormalige Procter & Gamble-mentor Durk Jager doet ook een duit in het zakje en zegt tegen het marketingplatform *Ad Age*: 'Polman is een op de toekomst en resultaten gerichte manager die door de bureaucratie heen snijdt. Hij is een goede marketeer met interesse voor innovatie.' De Enschedeër moet het opnemen tegen Paul Bulcke. Deze Belg heeft de afgelopen jaren leiding gegeven aan de Amerikaanse activiteiten en is al 28 jaar in dienst van Nestlé.

Brabeck-Letmathe vertelt aan *Fortune* dat het een zeer zorgvuldig en intensief proces is geweest. De afgelopen maand hebben de beide kandidaten hun visie op de toekomst van Nestlé aan de raad van commissarissen gepresenteerd. Ze hebben een-op-een met alle commissarissen gesproken. Er zijn ontmoetingen geweest met de families van de twee kandidaten. Hij vertelt ook dat de uitkomst van het selectieproces unaniem was.

De raad van commissarissen kiest voor de 53-jarige Bulcke. Brabeck-Letmathe ontkent dat het feit dat Polman van buiten kwam in zijn nadeel heeft gewerkt: 'Nee, het is een man met hoge waarden. Het is de beste CFO die ik ooit heb meegemaakt. En als we in een crisis hadden gezeten of in een korte tijd heel fundamentele veranderingen door hadden moeten voeren, dan was zijn persoonlijkheid waarschijnlijk de beste geweest. Maar Nestlé bevindt zich niet in een crisis. We hebben de ideale leider gekozen die Nestlé door een periode van strategische en operationele consolidatie kan leiden.'

Beleggers denken daar anders over. De koers van het aandeel Nestlé daalt met 8 procent. Ook Polman is diep teleurgesteld. Hij heeft intensieve discussies gevoerd met Brabeck-Letmathe, vindt juist dat er veel moet veranderen. Maar volgens Brabeck-Letmathe is de draai naar 'voeding, gezondheid en wellness' gemaakt en hoeft zijn opvolger de door hem uitgezette koers alleen maar te vervolgen. Polman realiseert zich dat Brabeck-Letmathe zo eigenlijk alleen wil verdedigen wat hij zelf heeft opgebouwd. Dat vindt hij teleurstellend. En wat hij al helemaal niet begrijpt: zijn baas vraagt hem de baan van Bulcke over te nemen met het verzoek om de problemen die de Belg in de VS niet heeft kunnen oplossen nu eindelijk eens aan te pakken. Geïrriteerd vraagt Polman aan Brabeck-Letmathe waarom hij die kennelijk zo falende Bulcke toch tot zijn opvolger heeft benoemd.

Polman heeft er niet veel zin meer in. Eerst het gelazer bij Procter & Gamble, nu deze teleurstelling. Al die energie die verloren gaat met politieke spelletjes, met het elkaar steeds maar in de gaten houden. Hij is moe van die constante stroom vergaderingen, vraagt zich opnieuw af of hij nog wel in een groot bedrijf wil werken. Waar mensen de hele tijd bezig zijn om zich veilig en gedekt te voelen. Steeds vragend naar de hoogste baas kijken. Vreselijk vindt hij dat. Waarom doen mensen niet gewoon wat ze moeten doen? Uit zichzelf. Omdat het nodig is.[5]

Zo af en toe schiet het nog door zijn hoofd: was hij maar dokter geworden. En heel soms vraagt hij zich af of hij dat niet alsnog moet proberen. Zo'n tropenarts die onder moeilijke omstandigheden probeert mensenlevens te redden, die is echt belangrijk, die is in zijn ogen de echte held. Zijn werk voor de Kilimanjaro Blind Trust geeft hem veel voldoening. Dat komt hier het dichtst bij in de buurt.

Hoe nu verder? Zit hij zelf nog wel op het goede pad? Hij herleest een van zijn favoriete boeken: *Man's Search for Meaning*, geschreven door Viktor Frankl. Deze Oostenrijkse psychiater schreef het boekje vlak nadat hij tijdens de Tweede Wereldoorlog vier concentratiekampen had overleefd en tot de conclusie was gekomen dat het in een geslaagd leven niet gaat om het organiseren van plezier en consumptie en het voorkomen van pijn, maar om het vinden van betekenis. Want als je weet waarom je hier bent, dan kun je bijna alle omstandigheden dragen. De mens moet zich daarom niet afvragen wat de wereld hem te bieden heeft, maar wat hij de wereld kan bieden. Die zingeving is altijd gerelateerd aan het andere, het zelf-overstijgende. Hoe meer een mens in staat is zichzelf weg te cijferen door zichzelf aan een zaak te geven, of aan de liefde voor een ander, hoe meer menselijk hij is, hoe meer hij zichzelf realiseert.

Deze woorden raken Polman steeds weer. Dit is de essentie. Maar wat heeft hij de wereld te bieden?

Michael Treschow heeft Sandy Ogg gevraagd te helpen bij de zoektocht naar de opvolger van Cescau. Ogg vindt het logisch dat Cescau wat eerder vertrekt, de man heeft een bronzen medaille verdiend, hij heeft deze stier uit de sloot getrokken. Maar om voor goud te gaan, het beest te laten rennen, heeft het bedrijf nu een veel charismatischer leider nodig. Intern zijn er drie logische kandidaten: Harish Manwani, Vindi Banga en Michael Polk. CFO Jim Lawrence vindt dat hij ook op dat lijstje thuishoort.

Treschow merkt dat zijn collega's ervan uitgaan dat de nieuwe CEO uit eigen gelederen moet komen. Maar hij vraagt zich dat af. Ondersteund door Lord Simon en Jeroen van der Veer van de benoemingscommissie besluiten ze dat die interne kandidaten in ieder geval moeten worden vergeleken met het talent dat buiten Unilever rondloopt. Als daar kritiek op komt, vraagt Treschow plagend waarom de Unilever-bazen dit niet zouden aandurven. Ze vinden zichzelf toch hartstikke goed, het beste bedrijf ter wereld, wat hebben ze te vrezen?

Treschow vraagt de headhunters die hem aan Unilever hebben gekoppeld op zoek te gaan. David Kidd en Joost van Heyningen Nanninga moeten zoeken naar een CEO die vol gaat inzetten op groei. Treschow verklapt ze alvast dat er een grote kans is dat Unilever voor het eerst in zijn geschiedenis op die plek iemand van buiten zal aantrekken.

Lord Simon vult de zoekopdracht aan. Hij wil dat de nieuwe CEO het aandurft om verder de toekomst in te kijken. Het stoort hem dat veel leiders in het bedrijfsleven onvoldoende grote ideeën ontwikkelen en naar een snelle oplossing zoeken. Niet verder kijken dan een jaar of drie. Simon vindt dat kortetermijndenken getuigen van luiheid. De veranderingen die nodig zijn om op de lange termijn succesvol te kunnen zijn, zijn ingrijpend en vragen veel meer tijd om voor te bereiden. Ze vragen van een leider om de mindset van een bedrijf te veranderen en open te staan voor compleet nieuwe manieren om dingen te doen, nieuwe capaciteiten te ontwikkelen. Simon wil dat de nieuwe CEO van Unilever het aandurft om plannen te maken met een horizon van minstens vijf tot tien jaar.[6]

De executive searchers gaan in hun bestanden op zoek naar een tweede man of vrouw die ergens de eerste viool wil spelen. Ze komen al snel bij Paul Polman uit. In Hotel President Wilson in Genève spreekt Polman met David Kidd, die hem vertelt dat ze de baas zoeken voor een grote speler in de wereld van de fast-moving consumer goods. Polman houdt de boot af. Met Kim maakt hij plannen om hun Kilimanjaro Blind Trust-activiteiten in meer landen uit te bouwen. Hij zegt tegen Kidd dat hij geen zin meer heeft in dat grote bedrijfsleven.

Toch komt er een tweede gesprek, waarin Kidd vertelt dat het om Unilever gaat. Nu begint het toch te prikkelen. Polman maakt afspraken met Jeroen van der Veer en Lord Simon. Op een zaterdagochtend, onderweg naar zijn moeder in Enschede, gaat hij op de koffie bij Van der Veer thuis in Wassenaar. Die merkt dat zijn gast in anderhalf uur tijd duidelijk maakt te voldoen aan veel kenmerken en kwaliteiten die hij op zijn lijstje heeft staan. Hij heeft veel relevante ervaring, veel energie, heeft goed over de dingen nagedacht en zet het bedrijf duidelijk op de eerste plaats. De Shell-topman vindt het prettig dat Polman totaal niet op zijn eigen portemonnee is gericht. Van der Veer vindt dat Polman een Amerikaanse manier van denken over zakendoen combineert met een duidelijk besef van wat in Europa gebruikelijk is. En het is duidelijk dat Polman nou eens een keer zelf de baas wil zijn, nadat die weg bij Procter & Gamble en Nestlé was afgesloten. Ze praten over de noodzaak om Unilever echt te laten groeien. Het woord duurzaamheid valt niet.

Tijdens de ontmoeting met Treschow gaat het ook over groei, over winnen in de markt. Treschow herkent in Polman de behoefte om de beste te willen zijn. Het klikt. De Zweed is onder de indruk van Polmans bescheidenheid, hij is niet primair gedreven door geld. Het is geen macho. Hij laat zich bovendien niet negatief uit over vorige werkgevers. Hij houdt hem voor dat er veel werk aan de winkel is, maar dat dit ook kansen biedt. Om zijn enthousiasme in te tomen, probeert Treschow wat minder positieve kanten te benoemen. Zo vindt hij het een nadeel dat Polman bij de grootste concurrenten van Unilever heeft gewerkt. Kun je zomaar gaan werken voor een bedrijf waar je, werkend bij P&G en Nestlé, jarenlang onaardige grappen over hebt gemaakt?

Polman is er in beide gesprekken duidelijk over dat hij bij Procter & Gamble niet *con amore* is vertrokken. Vanuit Unilever wordt geprobeerd te achterhalen wat daar precies is gebeurd, maar ze krijgen daar geen goed beeld van. Van der Veer gaat ervan uit dat die degelijke Zwitsers van Nestlé dit een paar jaar geleden vast wel goed hebben uitgezocht, anders hadden ze Polman nooit CFO gemaakt. Hij laat de kwestie rusten. Ook Kees Storm is enthousiast, hij wijst Polman op de dramatische ontwikkeling van de omzet van Unilever, het steeds kleiner worden van het marktaandeel de afgelopen tien jaar. Polman belooft hier snel wat aan te doen.

De adviseurs van Egon Zehnder zijn maanden bezig in totaal zeven kandidaten door een assessment te halen. Als de beste interne kandidaat en de beste externe kandidaat allebei hetzelfde scoren, zal een bedrijf altijd voor de interne kandidaat kiezen. Hier speelt dat probleem niet. Polman is vrij snel de grote favoriet.

Hoewel hij er al 33 jaar niet meer woont, is Polman wel weer een Nederlander. Sommige voormalige bestuurders vragen zich af of dit wel verstandig is. Is het bedrijf dat Brits-Nederlandse spanningsveld wel voorbij? Unilever groeit de komende jaren vooral in de opkomende markten, in landen als India, Indonesië en China. Wordt het niet tijd om een van die twee toch ook uitmuntende Indiërs de baas te maken? Aan de andere kant, een Indiër als CEO?

Oudgediende Nihal Kaviratne gelooft niet dat dit voor de Britten een denkbaar scenario is. Wim Dik is dat met hem eens. Unilever is een icoon van het westerse zakenleven, het past niet om zo'n onderneming in handen te geven van een Aziaat. Daar is het bedrijf nog niet rijp voor. Dik vindt dat Unilever in zijn handen mag knijpen met Polman, die bijna net zo enthousiast over het bedrijf is als hijzelf. En het is vooral heel dom van Nestlé, vindt Dik, om zo'n man binnen te halen met de belofte om hem baas te maken en dat dan niet te doen. Daar zullen ze spijt van krijgen. Hij realiseert zich dat Polman na zijn carrière bij Procter & Gamble en Nestlé hier eigenlijk aan zijn 'derde Unilever' begint.

Uit beleefdheid belt Treschow met Brabeck-Letmathe, zijn collega-bestuursvoorzitter bij Nestlé, om hem te vertellen dat hij Polman van hem overneemt. De Zwitser reageert laconiek, wenst Treschow en Polman veel succes in hun samenwerking en laat weten dat het nooit de bedoeling is geweest om Polman de baas van Nestlé te maken, daarvoor was hij toch echt te weinig een insider.

HET GOEDE
&
HET GELD

2008-2016

6 Alleen verantwoordelijke bedrijven leven lang

september 2008-december 2008

Twee weken na de aankondiging dat Paul Polman de nieuwe CEO van Unilever wordt, vraagt de Amerikaanse zakenbank Lehman Brothers faillissement aan. De financiële crisis is een feit; wereldwijd storten de aandelenkoersen in elkaar. Het vertrouwen in beurzen, banken en het grote bedrijfsleven dendert naar een dieptepunt.

Polman omarmt de crisis: 'Ik ben blij dat hij er is, dit is Darwin in optima forma. Het is geweldig om een baan te beginnen in tijden van onzekerheid. Het vraagt van me om maatregelen te nemen die het bedrijf sterker maken. Als er genoeg wind is, kunnen zelfs kalkoenen vliegen. Maar als er geen wind is, dan kunnen alleen adelaars vliegen. Ik haat het om een kalkoen te zijn.'[1]

Zijn eerste grote interview geeft de 52-jarige Polman aan *Portfolio*, het universiteitsblad van zijn alma mater, de University of Cincinnati. 'Wat er in de financiële wereld allemaal misgaat, raakt ons allemaal. Het is voor mij duidelijk dat politici en overheden zich over een oplossing moeten ontfermen. Dit kunnen we niet aan Wall Street overlaten.' Het bedrijfsleven moet wat hem betreft ook aan de slag. 'Het creëren van een betere wereld is belangrijk voor bedrijven, die kunnen niet opereren in een wereld die faalt. Ze spelen een belangrijke rol in het aanpakken van problemen als armoede, *global warming* en watertekorten.' Hij roept zijn oude *business school* op meer sociaal-economische elementen in hun lesprogramma's op te nemen. Polman citeert zijn held Viktor Frankl, die in een toespraak in de jaren zestig stelde dat het Vrijheidsbeeld aan de oostkust van de Verenigde Staten aan de westkust zou moeten worden aangevuld met een beeld dat staat voor het nemen van Verantwoordelijkheid.

Tegen de student-interviewers zegt hij: 'Je kan alles bereiken wat je wil als je er maar gepassioneerd over bent. Dan kan je goed verdienen door het goede te doen. Het was de dalai lama die zei: "Als je verlichting voor jezelf zoekt door jezelf te verbeteren dan mis je je doel. Als je verlichting zoekt voor jezelf door jezelf in staat te stellen anderen te dienen, dan heb je je doel."'

De man die op 1 januari als eerste buitenstaander CEO van Unilever wordt, vindt het een mooi interview, hij lijst de cover van deze *Portfolio* in en hangt hem thuis in Genève aan de muur van zijn werkkamer.

Paul Polman kan niet wachten. Vanaf 1 oktober loopt hij op de twee hoofdkantoren van Unilever rond. Grappend merken zijn nieuwe collega's op dat hij waarschijnlijk de duurste stagiair is die Unilever ooit heeft gehad. Een stagiair die zich gedraagt als een student. In een piepklein kamertje op het Londense hoofdkantoor zien ze hem regelmatig dagenlang voorovergebogen zitten. Studerend, lezend en schrijvend. Hij duikt overal in, wil alles weten. Hij brengt ook veel tijd door in de bibliotheek van Port Sunlight. Voor het slapen leest hij de drie vuistdikke delen over de Unilever-geschiedenis. Verschillende medewerkers die een praatje met hun aanstaande nieuwe baas maken zijn onder de indruk. Polman weet nu al meer van de geschiedenis dan veel van zijn collega's die er al hun hele leven werken.

Terwijl de bankencrisis op de achtergrond het nieuws beheerst en steeds meer mensen in het ongeluk stort, wordt Polman geraakt door het boek *So Clean*, een portret van Lord Leverhulme, de oprichter van het Britse Lever. William Lever was er honderd jaar geleden al van overtuigd dat een bedrijf alleen bestaansrecht heeft als het goed voor de samenleving zorgt die dat bedrijf immers mogelijk maakt. Lever wordt beschreven als een man die daarin veel verder gaat dan zijn ondernemende tijdgenoten.

Natuurlijk komt Polman in zijn onderzoek ook de margarinefabrikanten Van den Bergh en Jurgens tegen. Maar de twee ondernemers die aan de basis van de Nederlandse geschiedenis van Unilever staan, inspireren hem veel minder. Die families lijken decennialang vooral bezig te zijn geweest elkaar te bevechten voordat ze in de jaren twintig van de vorige eeuw fuseerden.

William Lever vindt hij daarentegen een pionier, een echte wereldverbeteraar. Polman vindt het inspirerend dat Lever zijn welvaart wilde delen en veel meer was dan een ondernemer. Als liberaal 'Member of Parliament' zorgde hij er in 1908 voor dat de eerste 'Oude-van-dagen-pensioenwet' werd aangenomen. Omdat hij zijn werknemers een baangarantie gaf en de salarissen doorbetaalde, leverde Lever de meeste vrijwilligers om in de Eerste Wereldoorlog tegen de Duitsers te vechten. Geld verdienen is voor Lever een middel, geen doel.

Thomas Dreier, tijdgenoot en vriend van Lever, beschreef een dialoog tussen de ondernemer en een bankier in 1891 als volgt: 'Toen de bankier hem voorhield dat hij zeker 3 miljoen dollar kon verdienen door zijn bedrijf naar de beurs te brengen, keek William Lever hem verwonderd aan. "Vind je echt dat ik 3 miljoen dollar van het beleggende publiek kan vragen voor een bedrijf dat vijf jaar oud is en op ieder moment het onderspit kan delven vanwege de enorme concurrentie waar het mee te maken heeft?" De bankier reageerde op zijn beurt verbijsterd: "Wat voor de duivel kan het jou schelen wat er na de beursgang met jouw bedrijf gebeurt, als jij je geld dan maar hebt. Geld verdienen, dat is mijn motto." Lever schudde meewarig zijn hoofd: "Service geven, dat is mijn motto. Het lijkt me daarom beter dat onze wegen scheiden, we kunnen geen zaken doen onder zulke verschillende vlaggen."'[2]

Terwijl verschillende grote banken op hun grondvesten staan te schudden bedenkt Polman dat William Lever het relatief makkelijk had. Door zijn bedrijf niet naar de beurs te brengen hoefde hij nooit rekening te houden met andere aandeelhouders. Die ruimte heeft hij straks niet. Op een paar honderd meter van Blackfriars, het hoofdkantoor van Unilever in Londen, ligt het financiële centrum van Europa. Daar nemen de zorgen dag na dag toe. Het wantrouwen in het bancaire systeem is inmiddels zo groot dat gevreesd wordt voor een complete ineenstorting ervan. Overheden moeten alle zeilen bijzetten om dit te voorkomen.

Deze angstaanjagende actualiteit inspireert Polman. Hij beseft dat de wereld meer dan ooit gebaat is bij ondernemers van het type Lever. Juist nu, in een tijd waarin duidelijk wordt dat bedrijven veel te veel worden gestuurd door een opportunistische logica, de kortetermijnrekensommen en de hebzucht van bankiers, van analisten en van Wall Street. In die hoofden gaat het alleen maar over het verdienen van geld, draait het om van kwartaal naar kwartaal gemeten resultaten en de ontwikkeling van de koers. Dit is voor Polman de belangrijkste reden waarom bankiers en multinationals steeds minder worden vertrouwd: ze werken niet voor hun gemeenschap maar alleen voor de winnaars.

Hij vindt dat bankiers terug hun hok in moeten, zich dienstbaar moeten opstellen. Banken moeten bedrijven helpen bij de financiering van hun inspanningen om de wereld voor iedereen tot een betere plek te maken. Bedrijven die zich primair richten op geld verdienen, hebben geen bestaansrecht. Dat moet de belangrijkste les zijn van de afgelopen twintig jaar. Dit is het moment voor een bedrijf als Unilever om hierin een voorbeeldrol te vervullen. Hier gaat het over voeding en over hygiëne, Unilever beschikt over het juiste DNA. Doing well by doing good, vond Lever honderdtwintig jaar geleden al, geld verdienen door het goede te doen. Dat is een prachtig streven. Maar waar is het gebleven? Waar zitten de William Levers in het Unilever anno 2008?

Die zitten vaak diep in het bedrijf verstopt. Verschillende collega's, veelal lifers, hameren al twintig jaar op het belang van duurzaamheid. Het zijn opvallend vaak chemici, onderzoekers, mensen die begonnen zijn op de ooit zeer omvangrijke R&D-afdelingen van het bedrijf. Ze vinden dat Unilever meer verantwoordelijkheid moet dragen voor de wereld waarin het opereert. Chris Dutilh is zo'n man. Als hij hoort dat Polman bij Procter & Gamble carrière heeft gemaakt, moet hij meteen denken aan het Omo Power-drama. De chemicus, bij margarinedochter Van den Bergh & Jurgens toen verantwoordelijk voor het milieumanagement, was diep teleurgesteld geweest dat de steeds machtiger en gehaaster marketeers niet hadden willen luisteren naar hun collega's van de R&D-afdeling. Met als gevolg dat een wasmiddel dat vanwege energiebesparing goed was geweest voor het milieu, flopte.

Dutilh is al sinds 1988 bezig met het verduurzamen van de bedrijfsprocessen bij Unilever. Hij was geïnspireerd door het Brundtland-rapport 'Our Common Future'. Toen, in 1987, werd voor het eerst pijnlijk duidelijk onder woorden gebracht dat de grote mondiale milieuproblemen het gevolg zijn van armoede in het ene deel van de wereld en de totaal niet duurzame productie en consumptie van steeds grotere hoeveelheden spullen in het andere deel. De door de Verenigde Naties ingestelde commissie onder voorzitterschap van de Noorse Gro Harlem Brundtland maakte als eerste een heldere vertaalslag van een wereld waarin het draait om 'ik, hier, nu' naar een wereld waarin het ook draait om 'zij, straks, daar'. Zij vatte het toen zo samen: 'Een duurzame ontwikkeling sluit aan op de behoeften van het heden zonder het vermogen van toekomstige generaties om in hun behoeften te voorzien in gevaar te brengen.'

Chris Dutilh vindt dat een bedrijf als Unilever in de eerste plaats goed moet weten wat zijn impact op het milieu is, wat de werkelijke kosten zijn. Zeventien jaar geleden al is hij bij Van den Bergh & Jurgens begonnen met het ontwikkelen van een zogenaamde 'levenscyclusanalyse'. Van het verbruik van grondstoffen tot de consumptie en de verwerking van het afval worden alle milieueffecten van een Unilever-product in zo'n LCA zo goed mogelijk in kaart gebracht en meetbaar gemaakt.

Dutilh werd hierbij geïnspireerd door milieubeschermer Wouter van Dieren. Milieuorganisaties als Greenpeace maakten zich in die tijd steeds meer zorgen over de vervuiling van het milieu door wasmiddelen. Van Dieren vond dat Unilever de milieubeweging serieus moest nemen, dat de traditionele top-downbenadering van hun marketeers, de 'wij weten wat goed voor u is'-houding, ernstig tekortschoot. Hij adviseerde bedrijven als Procter & Gamble en Unilever om niet tegenover het groeiende verzet van milieuorganisaties te gaan staan, maar vooral goed naar ze te luisteren, met ze te gaan samenwerken.

In het door collega's van Dutilh geschreven rapport 'Van Grijs naar Groen' werd in 1990 voor het eerst gesteld dat Unilever harder zou moeten lopen om de milieuvervuiling terug te dringen. 'Een verslechtering van ons milieu zorgt voor een snelgroeiende zorg onder de mensen en zal dus steeds meer aandacht van overheden krijgen die willen kapitaliseren op het winnen van stemmen. Het is onvermijdelijk dat alle industrieën te maken zullen krijgen met steeds meer vragen over de mate waarin zij het milieu vervuilen. Vooral bedrijven met grote op de massa gerichte merken mogen gaan rekenen op aandacht in de media.' De schrijvers van het rapport laten daar meteen een waarschuwing op volgen: 'Ondanks de interesse in "vergroening" zijn er weinig indicatoren die erop wijzen dat een significant deel van de bevolking bereid zou zijn om een premie te betalen voor "milieuvriendelijke producten".'[3]

De lat werd bijna twintig jaar geleden al hoog gelegd: 'Als het gaat om het verduurzamen van onze inspanningen geloven we in een "van de wieg tot het graf-benadering". Omdat in de keten meestal maar 10 tot 20 procent van de milieubelasting door Unilever zelf wordt "geproduceerd", zal het bedrijf zich dus vooral bij leveranciers en consumenten moeten inspannen om de resterende 80 à 90 procent van de milieubelasting aan te kunnen pakken. Dat vraagt om enorme investeringen en een lange adem.'

Al studerend komt Polman natuurlijk de Marine Stewardship Council (MSC) tegen. Dit samenwerkingsverband met het Wereld Natuur Fonds wordt al jaren als eerste genoemd als binnen Unilever het woordje duurzaamheid valt. Hij is onder de indruk van de inspanningen van Antony Burgmans en André van Heemstra dertien jaar geleden. Het valt hem op dat het opnieuw een ngo is die het bedrijf tot actie aanzet. Een boze brief van Greenpeace bracht in september 1995 deze bal aan het rollen. Die ngo stond op het punt Unilever op grote schaal te beschuldigen van het leegvissen van de oceanen. Ze dreigden op te roepen tot een boycot van de bevroren visproducten van onder meer Langnese-Iglo. André van Heemstra gaf leiding aan deze Duitse dochteronderneming van Unilever, de grootste visverwerker van Europa.

Greenpeace had in de Brentspar-zaak net Shell op de knieën gekregen. Een geschrokken Van Heemstra vroeg zijn pr-bureau Burson-Marsteller om raad. Daar was juist Michael Sutton op bezoek geweest, het hoofd van het *endangered seas program* van het Wereld Natuur Fonds. Sutton was op zoek naar een groot bedrijf dat bereid zou zijn voor de visvangst een equivalent van de al behoorlijk succesvolle Forest Stewardship Council (FSC) op te zetten. Dat FSC was in 1993 door een paar ngo's opgericht en had de steun van overheden en het internationale bedrijfsleven gekregen. Hout met het FSC-keurmerk komt uit bossen die worden beheerd volgens de duurzame standaard. Een houtbedrijf dat het FSC-keurmerk wil krijgen, moet meewerken aan een onafhankelijke controle op de wijze van werken.

Het pr-bureau vroeg Van Heemstra of Unilever niet met het WNF zou willen samenwerken. Zijn baas, Antony Burgmans, verantwoordelijk voor alle Europese ijs- en bevroren-voedingactiviteiten, was meteen geïntrigeerd geweest door die suggestie. Burgmans maakte zich al langer zorgen. De voedsel- en landbouworganisatie van de Verenigde Naties (FAO) had berekend dat 70 procent van de wereldwijde visbestanden uitgeput raakte of zich slechts moeizaam herstelde. Voor Burgmans was deze ontwikkeling een dramatisch voorbeeld van wat ze in Engeland *the tragedy of the commons* noemen. Omdat iedereen onbegrensd met het eigenbelang bezig kan zijn, raakt dat wat voor ons allemaal van belang is, uitgeput. Omdat we als individuen de neiging hebben het eigenbelang voor te laten gaan boven een (klein) negatief effect voor het gemeenschappelijke belang, schieten we uiteindelijk allemaal in onze eigen voet.

Burgmans had zijn collega's gevraagd wat zij ervan zouden vinden als Unilever met een ngo zou gaan samenwerken. Kan dat wel, een krachtenbundeling tussen een op winst gerichte organisatie en een goededoelenorganisatie? De helft vond dat helemaal geen goed idee, stelde dat dit soort verantwoordelijkheden duidelijk op het bord van overheden liggen. Wat gaat zoiets bovendien kosten, zullen de mensen het wel begrijpen? En wat zullen die overheden ervan vinden? Schoenmaker, blijf bij je leest: een bedrijf moet zich aan de wet houden maar zich vervolgens richten op het verdienen van geld. Straks gaat Unilever kosten maken die de concurrent niet hoeft te maken, dat zullen de aandeelhouders niet op prijs stellen.

Burgmans was het daar niet mee eens geweest. Als overheden niks doen, en daar ziet het naar uit, mag je natuurlijk net zo lang doorvissen tot alles op is. Aan die laatste, schaarse vissen kun je dan ook nog een berg geld verdienen. Maar daarna is het voorbij, op. Voor iedereen. Dat scenario zal dramatische gevolgen hebben voor de wereld en het milieu. En voor Unilever. Het bedrijf zal op zoek moeten naar andere manieren om geld te verdienen voor zijn aandeelhouders.

Zonder met zijn bazen te overleggen nodigde Burgmans de directeur-generaal van het Wereld Natuur Fonds, de Zwitser Claude Martin, uit voor een diner. Martin was erg op zijn hoede geweest, zijn achterban zou zich afvragen of Burgmans niet slechts uit was op voordeel voor Unilever. Maar de Nederlander had hem gepassioneerd verteld over de theeplantages in Kenia, hem uitgenodigd om met hem mee te gaan en van de ongerepte natuur daar te genieten. Het ijs was gebroken. Martin bedacht dat het niet zozeer de vraag was waarom Burgmans zo dacht, maar vooral waarom andere leiders níet zo'n vooruitziende blik hadden.[4] En dus richtten Unilever en het WNF in 1996 samen de Marine Stewardship Council op.

Binnen Unilever was Burgmans vooral blij geweest met de steun van zijn collega-bestuurder Iain Anderson. In een lezing in 1997 verwoordde deze zeebioloog, jarenlang de baas van de R&D-afdelingen, hoe de duurzame ambitie van Unilever eruit zou moeten zien. 'Vorig jaar verkochten we genoeg shampoo om ieder hoofd in de wereld drie keer te wassen en genoeg tandpasta om alle tanden één keer per maand te poetsen. Er is dus nog volop ruimte voor groei. Maar we moeten oppassen, consumenten wijzen de industrie als eerste verantwoordelijke aan voor de toekomst van het milieu. Ze vragen zich af of we die verantwoordelijkheid wel kunnen dragen.'

Anderson stelde dat Unilever ervoor moest zorgen dat leveranciers op een duurzamere manier gingen produceren en dat consumenten op een duurzamere manier gingen consumeren. 'Dit is nieuw voor ons. We zullen anderen moeten betrekken in samenwerkingsverbanden om een echte verandering mogelijk te maken. Het is belangrijk dat we gaan samenwerken met partijen die tot een groter publiek vertrouwen leiden en daarmee tot de acceptatie van wat wij als industrie ondernemen. Dat wordt een essentieel onderdeel als we verder willen komen met duurzaamheid.'

Anderson stelde dat de groeiende zorgen die burgers over het milieu hebben ervoor zullen zorgen dat ze steeds meer gaan consumeren op een wijze die bij die zorgen past. 'Daar moet Unilever bij helpen. We geloven dat we dat kunnen door samen te werken met allerlei partijen zoals we dat ook met het MSC doen. Om dit alles mogelijk te maken is het van belang dat dit onderwerp hoger op de agenda komt te staan bij onze werknemers, en dan vooral de besluitvormers met betrekking tot marketing, R&D en supply chain-management. We komen pas uit de startblokken, dat realiseren we ons.'[5]

In de top van het bedrijf maakte naast Burgmans met name Jan Peelen, verantwoordelijk voor de voedingsdivisie, zich in die tijd grote zorgen. Hij werkte lang in Azië. Natuurlijk is het aantrekkelijk om aan iedere Chinees jaarlijks een paar deodorants te verkopen. Maar brengt de vrijheid om dat straks te kunnen doen niet ook een grote verantwoordelijkheid met zich mee? Als die miljarden mensen daar net zo gaan consumeren als wij in het Westen, dan zal de belasting van de planeet exponentieel toenemen.

Samen met onder meer Jan Kees Vis, een jonge biochemicus, werkte Peelen in augustus 1997 aan een intern stuk waarin, zo schrijven ze, 'voor de eerste keer een link wordt gelegd tussen duurzame ontwikkeling en het creëren van waarde voor de aandeelhouders'. 'Als het gaat om het begrijpen van consumenten zijn we beter gepositioneerd dan wie ook. Door ons beter te verdiepen in de zorgen van onze consumenten met betrekking tot allerlei duurzame zaken, kunnen we waarde aan onze merken en producten toevoegen en daar geld aan verdienen voor onze aandeelhouders.' De twee mannen, allebei met een gereformeerde achtergrond, legden de lat hoog.[6]

Peelen probeerde zijn baas, Morris Tabaksblat, hierin mee te krijgen. Die was wat voorzichtiger geweest. In een lezing voor het jaarlijkse congres van de Leidse Veerstichting in oktober 1997 stelde hij: 'Het is een fundamentele vergissing te denken dat ondernemingen een moreel gezagsvacuüm kunnen opvullen dat ontstaat als overheden en ethisch-religieuze instellingen tekort zouden schieten. Het zijn primair deze instituties die nationaal, regionaal en mondiaal antwoord moeten geven op de grote vragen van de 21ste eeuw. Bedrijven hebben daarvoor geen mandaat, noch zijn ze ervoor toegerust. Van ondernemingen mag men verlangen dat ze, door verantwoord te handelen, een bescheiden bijdrage leveren aan het oplossen van de problemen van de wereld. Maar men moet van hen eerst en vooral verlangen dat ze adequaat hun belangrijkste maatschappelijke taak vervullen: welvaart scheppen.'[7]

Vlak voor hij een jaar later met pensioen ging, maakte Tabaksblat bekend dat Unilever zich zal storten op de markt voor duurzame producten. 'De consument moet in de toekomst vaker kunnen kiezen tussen al dan niet duurzaam geproduceerde goederen,' zegt hij tegen *de Volkskrant*. Het bedrijf wil, samen met anderen, zoals de Landbouwuniversiteit Wageningen, standaarden gaan ontwikkelen voor duurzame landbouw.

Verschillende pioniers binnen Unilever hebben daarvoor dan al een basis gelegd. Hans Eenhoorn maakte midden jaren negentig gebruik van zijn grote autonomie als baas van Unilever Oostenrijk, om daar een biologische lijn voor erwten en spinazie te beginnen. Collega's verklaarden hem voor gek, waarschuwden dat de markt te klein was en het productieproces te duur. Maar de eigenwijze Eenhoorn zette door, en met succes. Er bleek wel degelijk vraag naar te zijn. Verschillende supermarktketens begonnen zelfs hun eigen biologische huismerken.

In de jaren daarop werden binnen Unilever tientallen projecten gestart die ervoor moesten zorgen dat er in de landbouwketens minder afval werd geproduceerd, minder water werd verbruikt, minder vervuilende kunstmest, minder energie. Techneuten als Jan Kees Vis en Jeroen Bordewijk kregen, ondanks de eind jaren negentig snelgroeiende focus op winstgevendheid, toch steeds de ruimte om het productieproces van palmolie, thee, tomaten, spinazie en doperwten te verduurzamen. Het hielp dat ze vaak konden laten zien dat duurzamer vaak ook efficiënter betekende, waardoor deze inspanningen behoorlijke besparingen konden opleveren.

Polman herinnert zich opeens dat Procter & Gamble hem in 1999 vroeg om het voorwoord te schrijven voor het eerste *Sustainability Report*.[8] In dat stukje had de 43-jarige marketeer zich eerst verontschuldigd voor het feit dat hij geen enkele ervaring heeft in het managen van milieuvraagstukken of sociale problemen. 'Ik benader het onderwerp duurzaamheid vanuit een carrière in finance, marketing en businessmanagement en heb de afgelopen tijd geweldige inzichten verkregen, enorm veel geleerd over duurzaamheid en de noodzaak om deze te integreren in de business.'

Hij onderstreepte toen de noodzaak voor P&G om door de ogen van consumenten naar de wereld te kijken en rekening te houden met hun wens om een betere wereld voor de toekomst te bouwen. 'Tegelijkertijd moeten we ook reeel zijn. Het valt niet mee om je op een nieuw concept te moeten focussen als dat concept geen duidelijke definitie van succes kent dat gelinkt kan worden aan de groei van de business. Een van mijn grootste uitdagingen is om duurzaamheid relevant te maken voor de business zodanig dat mijn collega-leiders bij P&G het begrijpen.'

Polman was toen ook duidelijk geïnspireerd door de definitie van Brundtland: 'Procter & Gamble moet streven naar een verbetering van de kwaliteit van leven, nu en voor de generaties die komen gaan.' En hij had gewaarschuwd duurzaamheid niet te beschouwen als marketingtool en zo het verwijt van greenwashing te krijgen: 'Het moet gaan over sociale gelijkheid, armoedebestrijding, goede voeding, de kwaliteit van leven van vrouwen. Meer dan één miljard mensen hebben geen toegang tot veilig drinkwater, 3 miljard mensen hebben geen adequate sanitaire voorzieningen, per jaar sterven meer dan 3 miljoen kinderen door ziektes gerelateerd aan vervuild water... Dit zijn grote vraagstukken en zorgen waar wij een verschil kunnen maken.'

In de zomer van 2000 had Burgmans, die inmiddels Tabaksblat was opgevolgd als bestuursvoorzitter van de nv, aan Jeroen Bordewijk gevraagd om in Rotterdam een presentatie te geven voor een handvol CEO's van onder meer Kraft, Danone en Nestlé. Die mannen kwamen al jaren in beslotenheid bij elkaar om over niet-competitieve vraagstukken van gedachten te wisselen. Burgmans en Bordewijk, verantwoordelijk voor de verduurzaming van de landbouwvoedselketen, wilden ze voorstellen om gezamenlijk afspraken te maken over het verduurzamen van hun grondstofproductie. Kraft haakte al snel af. De Amerikanen vroegen zich af of duurzaamheid wel op het bord van bedrijven ligt, dat moeten overheden toch met wetgeving regelen? Maar Unilever, Danone en Nestlé besloten het Sustainable Agriculture Initiative Platform (SAI) op te richten, een onafhankelijke non-profitorganisatie, gericht op het verduurzamen van de landbouw. Dit keer zonder deelname van ngo's.

Ngo's namen ondertussen het voortouw bij de snelgroeiende zorgen over de impact van de palmolie-industrie op de ontbossing in met name Maleisië en Indonesië. Unilever is wereldwijd de grootste verbruiker van palmolie. Dus toen het WNF in 2001 op zoek ging naar een partner om deze razendsnel groeiende industrie te verduurzamen, kwamen ze al snel weer bij Unilever uit. Directeur duurzame landbouw Jan Kees Vis speelde vervolgens een hoofdrol bij de organisatie van de Roundtable on Sustainable Palm Oil (RSPO). Producenten, handelaren, retailers en ngo's gingen met elkaar aan tafel om te onderzoeken hoe ze door middel van certificering de palmolieproductie in 2020 volledig duurzaam zouden kunnen maken. Vis had daarbij wel bedacht dat het wrang was dat Unilever, de grootste verbruiker van palmolie ter wereld, zijn eigen plantages de laatste jaren had afgestoten. Het bedrijf was steeds meer een cashflow genererende machine geworden.

Dat was Hans Eenhoorn ook opgevallen. Voor hem is de overname van Bestfoods in 2000 de grote boosdoener. En dat had Unilever kunnen weten. In hun strategiedocument van eind 1999 schreef het bestuur van Bestfoods onomwonden: we willen de beste *foodcompany* in de wereld worden 'en de beste betekent dat we streven naar het optimaliseren van aandeelhouderswaarde'. In 2002 adviseerde Eenhoorn het bestuur van Unilever daarom meer aandacht te hebben voor 'consumenten die zich steeds meer zorgen maken over de gezondheid van het ecosysteem waarin ze leven, waarin hun kinderen straks moeten leven'. Die slagen er nauwelijks in om hun zorgen om te zetten in ander consumptiegedrag. In zijn rapport schreef hij: 'Ze zijn bezorgd, voelen zich een beetje schuldig, maar vooral machteloos. De consument van vandaag vraagt van bedrijven als Unilever om zich in dit opzicht verantwoordelijk te gedragen.'

Eenhoorn had voorgesteld om in alle grote 'wereldmerken' van Unilever de zorg voor het milieu te incorporeren. Niet alleen in een paar groene merken. Dat betekende volgens Eenhoorn dat er diep in de cultuur van Unilever iets moest veranderen: tot nu toe waren het vooral duurzaamheidspecialisten die zich met dit onderwerp bezighielden. 'Vanaf nu moet het hele management van Unilever zich niet langer buiten hun comfortzone gaan voelen als ze zich met milieu en duurzaamheid bezig moeten houden. Dat moet hun tweede natuur worden. Ook van alle marketeers die er werken.'

In een reactie liet de leiding weten het een goed idee te vinden om te investeren in de 'milieu-mindset' van alle Unilever-werknemers. Voor wat betreft hun eigen rol reageerden de twee voorzitters, Burgmans en FitzGerald, terughoudend. Het realiseren van de enorme financiële ambities van 'Pad naar groei' eiste hun aandacht op. Ze erkennen dat daarin de milieudimensie ontbreekt. 'Een substantiëlere bijdrage op dit onderwerp kunnen we beter in het volgende bedrijfsplan (na 2004) introduceren.'[9]

Het valt Polman op dat de leiders van Unilever, ook in jaren waarin ze er niet in slagen om Unilever te laten groeien, wel steeds een duurzame boodschap de wereld in sturen. In een interview met *The Guardian* stelde de net tot 'Sir' geridderde FitzGerald in 2002: 'Ik ben er trots op dat we in het overzicht van de ethisch verantwoorde aandelenindex, de FTSE4Good, staan. Het zal nog wat tijd kosten, maar mensen gaan dit serieus nemen. En dat heeft niks met softe, sociale redenen te maken. Ze gaan het serieus nemen omdat ze zich realiseren dat wat en waar je het ook doet, als je het niet op een verantwoorde manier doet, dan zal de ruimte voor jouw werkzaamheden afnemen. Ik heb er grote moeite mee als mensen kritiek hebben op multinationals en globalisering. Ik weet wat wij doen. Van Birmingham tot Bangladesh, overal hanteren we dezelfde principes. We streven ernaar om de standaard te zijn als het gaat om milieu, veiligheid en sociale issues. Het is daarbij voor alles onze taak om welvaart te creëren in een wereld waarin nog steeds 85 procent van de mensen in ontwikkelingslanden leeft.'

Een jaar later werd FitzGerald uitgedaagd door Barbara Stocking, directeur van Oxfam in Engeland. Ze wilde onderzoeken in hoeverre een multinational nou werkelijk bijdraagt aan de vermindering van armoede. Oxfam en Unilever besloten daarop samen een studie te doen naar de impact van het bedrijf op de armoede in Indonesië. 'Vreemde bedgenoten in tijden van globalisering' kopte de *Financial Times*. 'Het vraagt een hoop moed, anderen zullen zeggen roekeloosheid, voor een multinational om open kaart te spelen over haar activiteiten in een arm land met een organisatie die vooral pleit voor een eerlijker wereld.' Dat voelt de krant goed aan. Het heeft grote inspanning gekost om tot een voor beide partijen acceptabel verhaal te komen. Vooral Oxfam was als de dood dat Unilever de samenwerking publicitair zou misbruiken door eenzijdige conclusies uit te venten.[10] Iedere zin was meerdere keren gewikt en gewogen. Hier en daar kreeg Unilever een compliment: de drieduizend werknemers die in dienst zijn krijgen beter betaald dan wettelijk nodig is. En Unilever zorgde er met kleine verpakkingen voor dat zijn producten (vooral waspoeder, zeep en tandpasta) betaalbaar waren voor 95 procent van de Indonesische bevolking. Maar de belangrijkste kritiek was dat de in totaal ongeveer 300.000 van Unilever afhankelijke kostwinners – aan de ene kant boeren, aan de andere kant kleine winkeliers – er erg karig van afkomen. De omstandigheden waaronder zij moeten werken zijn vaak beroerd. Ze komen niet in de buurt van een redelijk inkomen, ondanks het streven om voor zo veel mogelijk mensen een *living-wage*, een inkomen waar een gezin van kan leven, mogelijk te maken.

Oxfam stelde duidelijk dat Unilever zijn invloed veel meer moest aanwenden om in de hele keten een betere beloning af te dwingen. Pas dan zou het bedrijf echt een verschil maken, pas dan zou de levensstandaard van in totaal misschien wel een miljoen mensen worden opgetild. De ngo kon het ook niet laten om op te merken dat Unilever niet echt zin heeft in een discussie over de enorme hoeveelheid geld die steeds weer wordt besteed aan reclame. Zou dat niet beter kunnen worden besteed aan het betaalbaarder maken van zijn producten?

Unilever reageerde toen dat het waar mogelijk zou ingrijpen, bijvoorbeeld door boeren te leren in een coöperatievorm te gaan samenwerken en zo de afhankelijkheid van een tussenpersoon, die ze zal proberen uit te persen, te verkleinen. Maar het bedrijf wees er ook op dat voor het werkelijk aanpakken van het armoedeprobleem in Indonesië veel meer partijen in een goede samenwerking met elkaar aan de slag zullen moeten gaan. Er zal iets structureel moeten veranderen. Dat kan Unilever niet alleen.

In het voorwoord schreef de net aangetreden Patrick Cescau: 'Het was niet makkelijk voor onze managers om met zo veel scepsis te worden geconfronteerd. Om zo nauwgezet te worden beoordeeld, om te zien hoe vaak moeizaam bereikte resultaten niet helemaal serieus werden genomen. Maar ik hoop van harte dat dit onderzoek zal leiden tot een beter begrip van de relatie tussen het creëren van rijkdom en het verkleinen van armoede.'[11]

Polman heeft het idee dat het duurzame denken in de drie jaar onder het bewind van Cescau is geërodeerd, de Fransman lijkt er nauwelijks oog voor te hebben. Zijn interesse lijkt pas laat gewekt. Voor studenten aan de Franse businessschool Insead in Fontainebleau, waar hij zelf heeft gestudeerd, had hij wel eens een vlammend betoog over dit onderwerp gehouden. Hij had gezegd dat overheden en ngo's langzaam maar zeker begonnen te begrijpen dat het bedrijfsleven een rol moest spelen bij het oplossen van klimaatvraagstukken en het verminderen van armoede in de wereld. En hij had Insead opgeroepen veel meer aandacht te geven aan dit onderwerp. 'Als duurzaamheid in het hart zit van steeds meer bedrijven, dan moet het ook in het hart zitten van het onderwijs.' Cescau had op onderzoek gewezen waaruit bleek dat slechts 8 procent van de studenten tijdens hun businessschool bezig is met het oplossen van sociale en klimaatvraagstukken.[12]

Trots had Cescau daar als primeur aangekondigd dat in 2015 alle Liptonthee duurzaam zal zijn ingekocht. 'Ik twijfel er niet aan dat dit besluit de thee-industrie wereldwijd zal transformeren. Het zal de kwaliteit van thee verbeteren, de inkomens en levensomstandigheden van bijna 1 miljoen theeboeren en theeplukkers verbeteren. Per saldo zullen 2 miljoen mensen die nu onder de armoedegrens zitten, hiervan profiteren.'

Voor Cescau was het denken over duurzaamheid begonnen met de zorg dat Nestlé en Procter & Gamble hun merken veel nadrukkelijker profileerden als duurzaam en daar goed mee leken te scoren. In de zomer van 2005 had hij daarom aan Tex Gunning[13] gevraagd uit te zoeken of Unilever wel voldoende met Corporate Social Responsibility (maatschappelijk verantwoord ondernemen) bezig was. Al na een paar maanden onderzoek kwam Gunning tot een pijnlijke conclusie: het is een rommeltje. Er is een overvloed aan programma's, definities en initiatieven binnen het bedrijf, waar nog niet het begin van afstemming achter zit, laat staan een consistente strategie. Eén ding staat vast: het denken over duurzaamheid is niet 'geïnternaliseerd'.[14] De initiatieven zijn niet aan merken gekoppeld. Voor geen enkel merk is vastgelegd hoe er duurzaam moet worden ingekocht, daar zijn ook geen doelen voor gesteld. Gunning stelde dat duurzaamheid in alle merken moest worden geïntegreerd. Voor ieder product wilde hij een antwoord op de vraag: wat is de duurzame rol van dat merk in het leven van de mensen die het kopen? Twee van de grootste merken, Lipton en Dove, werden uitgekozen voor dit zogenaamde 'brand-imprint-proces'.

Gavin Neath was blij geweest met deze opdracht. De baas van Unilever in het Verenigd Koninkrijk, marketeer in hart en nieren, had net voor zichzelf besloten dat hij toch echt met duurzaamheid aan de slag moest. De directe aanleiding hiervoor was een ontmoeting met de voormalige Amerikaanse vicepresident Al Gore. Tijdens een seminar op Oxford had Gore zijn film *An Inconvenient Truth* vertoond en zijn publiek op overtuigende wijze laten zien dat we druk bezig zijn de aarde op te eten. En dat zijn toehoorders zich hiervoor verantwoordelijk moesten voelen. De ontmoeting met Gore had Neath diep geraakt. Dit was wat hem betreft de cruciale vraag voor de toekomst van Unilever: kunnen we onze merken vernieuwen door de integratie van wezenlijke sociale, economische en milieutechnische overwegingen?[15]

Michiel Leijnse mocht dit verder voor Lipton gaan uitwerken. Bij Ben & Jerry's had deze marketeer geleerd dat duurzaamheid integraal van grondstof tot consumentenproduct in het productieproces moet worden verweven. Hij gelooft dat het kan en dat het de morele plicht van Unilever is om hiermee aan de slag te gaan. Juist in de theeproductie komt alle ellende van de wereld samen. Met een marktaandeel van 12 procent is Unilever het grootste theebedrijf ter wereld. Lipton is goed voor een omzet van 2 miljard euro. De markt wordt al jaren geplaagd door forse overproductie, lage prijzen en dus een gebrek aan investeringen. Thee is een *commodity* geworden, er is te weinig wat de ene thee van de andere thee onderscheidt. Deze neerwaartse spiraal frustreert iedere inspanning om de theeproductie sneller duurzaam te maken. De armoede onder de miljoenen kleine boeren en vaak tijdelijk ingehuurde theeplukkers is enorm.

Samen met Jan Kees Vis besefte Leijnse al snel dat het duurzame karakter van Lipton alleen geloofwaardig zal zijn als een externe partij, die thee certificeert, dat vaststelt. Hiervoor hadden ze Rainforest Alliance uitgenodigd. Deze in 1987 opgerichte ngo stelt zich ten doel de biodiversiteit te conserveren door duurzame leefomstandigheden te stimuleren, in te zetten op een beter gebruik van landbouwgronden, eerlijke bedrijfspraktijken en verantwoordelijk consumentengedrag.

Het overtuigen van het topmanagement van Unilever was Leijnse niet meegevallen. Tot nu toe was duurzaamheid vooral behandeld als een nichemarkt en waren hier en daar speciaal daarvoor bedoelde merken, zoals Ben & Jerry's, in de markt gezet. Daar kon dan ook een hogere prijs voor worden gevraagd. Leijnse wilde het enorme Lipton helemaal omturnen tot een duurzaam merk. En heel belangrijk: de prijs zou voor de consument niet omhoog mogen gaan. Vijf maanden discussieerde hij met zijn bazen en hun bazen over de kosten en opbrengsten van deze plannen. Vooral het voornemen om de boeren jaarlijks miljoenen euro's meer te betalen zodat zij duurzamer zouden kunnen produceren lag gevoelig. Dat zou de winstgevendheid van Unilever per definitie onder druk zetten.

De top werd uiteindelijk overtuigd door de belofte dat Unilever zo zijn aandeel op de wereldwijde theemarkt zou vergroten. Door als leidend merk dit pad op te gaan, zou dit de nieuwe standaard worden. Dit zou een einde maken aan thee als te goedkope commodity. En omdat Unilever daarin de leidende rol zou spelen, zou het daar ook het meest van gaan profiteren. Afgesproken werd dat in 2010 alle West-Europese thee door de Rainforest Alliance gecertificeerd zou zijn. Uiterlijk 2015 moest alle Unilever-thee duurzaam worden geproduceerd.

Jan Kees Vis probeerde ondertussen ook vaart te maken met de Roundtable on Sustainable Palm Oil. In 2015 zou Unilever volledig moeten kunnen overgaan op gecertificeerde palmolie. Veel sneller lukte niet. Door het nog zeer beperkte aanbod moest voor een ton gecertificeerde palmolie al snel een paar honderd dollar boven op de prijs van 450 dollar worden gelegd. Dat tikt door in een bedrijf waarin het laten groeien van de winst per aandeel leidend is geworden. Aan *de Volkskrant* legde hij uit dat dit nog maar het begin is. Wat hem vooral zorgen baarde was de wetenschap dat de vraag naar duurzame palmolie alleen uit de Europese markt komt. En dat is maar 12 procent van de totale vraag. In China en India gebruiken 2 miljard mensen palmolie om mee te koken. Die markt wordt niet door de RSPO gedekt. ‘Het is de vraag of je die mensen kunt overhalen duurzame palmolie te kopen. Die mensen kopen geen duurdere duurzame merkartikelen.’[16]

Gavin Neath was door deze ontwikkelingen steeds meer gegrepen door het belang van duurzaamheid en de mogelijkheid om Unilever hierin voorop te laten lopen. Soms ging hij met dit verhaal naar buiten. In zijn presentatie legde hij uit dat alle merken duurzame doelen volledig moeten gaan integreren om te kunnen voortbestaan. Dit dwingt marketeers om veel beter te kijken naar de brede impact van hun product op de wereld. Kennen ze de aan hun product verbonden CO_2-belasting eigenlijk wel? En hoe zit het met de manier waarop die producten worden gemaakt, door wie, en tegen welke prijs? Wat is de samenstelling ervan? Voldoen ze qua vet, suiker en zout wel aan de standaarden van de Wereldgezondheidsorganisatie? Kan het water- en energiegebruik ook efficiënter? Hoeveel verpakking is er nodig en wordt dat wel gerecycled? En hoe kunnen die producten bijdragen aan het oplossen van armoede en gezondheidsvraagstukken? Nog steeds hebben 4 miljard mensen geen toegang tot schoon drinkwater.

Neath legde de lat opmerkelijk hoog. Hij vindt dat marketeers moeten leren verder te kijken dan de wensen van de consument; die wil dat iets goed, betaalbaar en gezond voor hem of haar is. Dat ze zich moeten verdiepen in diezelfde persoon die zich als burger steeds meer zorgen maakt over sociale kwesties en het milieu. Ze moeten leren daar waarde toe te voegen. Over thee stelde Neath: 'We zagen dat het niet eerlijk was wat er gebeurde. De distributeur en de marketeer verdienen het meest, terwijl de arme theeplukker niet genoeg krijgt. Als je probeert die balans te herstellen is het interessant om te zien hoe de consument reageert. Rationeel herkent de consument dat er een bedrijf is dat zich het lot van die mensen aantrekt, emotioneel maken ze dan een nieuwe link aan: omdat deze thee eerlijker wordt verbouwd en verhandeld, zal hij ook beter smaken.'[17]

Eind 2006 kreeg Unilever in Nederland als eerste de prijs voor het bedrijf dat zich het best inzet voor maatschappelijk verantwoord werken in de hele keten. De prijs werd uitgereikt door de Vereniging van Beleggers voor Duurzame Ontwikkeling (VBDO). Chris Dutilh, manager duurzame ontwikkeling van Unilever, mocht hem in ontvangst nemen.

Dutilh was er blij mee maar had liever meer erkenning voor zijn werk binnen Unilever gekregen. Het ging hem duidelijk niet snel genoeg. In Engeland was net met een enorme knal de zogenaamde Stern-Review gepresenteerd. Die commissie schatte in dat een temperatuurstijging van 5 tot 6 graden inmiddels reëel was. Het feit dat de markten van vraag en aanbod deze gigantische klimaatverandering en de daaruit voortvloeiende risico's en kosten nergens hebben ingeprijsd, noemde commissievoorzitter Nicholas Stern het grootste 'marktfalen' ooit. Volgens hem kunnen de kosten van klimaatverandering door inactiviteit wereldwijd oplopen tot een verlies van 5 procent van het bruto nationaal product per jaar, voor onbepaalde tijd. Stern stelde in verschillende interviews op indringende toon: de kosten van niks doen zullen snel stijgen, nu ingrijpen is echt veel betaalbaarder.

In zijn voorbereiding krijgt Polman van een trotse Patrick Cescau een lijstje met de door hem bereikte resultaten. Was in 2004 de onderliggende groei van de omzet nog 0,4 procent, in de daaropvolgende drie jaar kwam deze gemiddeld uit op meer dan 4 procent. De winst per aandeel steeg van 0,87 euro naar 1,79 euro. Het aantal werknemers nam met bijna 24 procent af tot 171.000. Polman is niet erg onder de indruk. Vergeleken met de concurrentie heeft Unilever het helemaal niet zo goed gedaan. En wat hij vooral zorgelijk vindt: met zijn enorme focus op besparingen en het laten stijgen van de winst per aandeel heeft Cescau de afgelopen jaren verzuimd om in de merken, mensen en fabrieken te investeren.

Cescau heeft met 'One Unilever' een belangrijke stap gezet in het stroomlijnen van het bedrijf. Maar de Fransman heeft zich vooral op de muren geconcentreerd en niet op het loodgieterswerk dat nodig is om een bedrijf in beweging te krijgen. Polman realiseert zich dat Cescau daar ook niet veel ruimte voor had. De eerste twee jaar zal hij flink last hebben gehad van de over zijn schouder meekijkende voorganger, Antony Burgmans. Bovendien zat hij met de erfenis van die veel te dure overname van Bestfoods. Polman vindt dat het Cescau niet is gelukt om Unilever weer aan de praat te krijgen. Er is nog steeds geen sprake van een echt geïntegreerde, wereldwijde aanpak.

Verschillende nieuwe collega's heeft hij horen klagen over de gebrekkige marketingkwaliteiten van Cescau. De verkoop van de Amerikaanse wasmiddelen twee maanden geleden vinden ze misschien wel zijn grootste blunder. Voor ruim 1 miljard dollar zijn de Amerikaanse wasmiddelenactiviteiten, goed voor een miljard aan omzet, aan een *private equity*-partij verkocht. Cescau had die verkoop verdedigd met de stelling dat Unilever zo de middelen vrijmaakt 'om onze leidende posities in deze categorie in de rest van de wereld te kunnen versterken'. Polman vindt dit een teken van zwakte, helemaal niet goed voor de eigenwaarde van zijn nieuwe collega's. Hoezo kan Unilever in de Amerikaanse thuismarkt van Procter & Gamble niet overeind blijven? Je kunt niet stoppen in de VS en doorgaan met de rest, daarvoor is de Amerikaanse markt te belangrijk, te dominant, te leidend in vernieuwing.

Het is hem duidelijk. Polman zal ervoor moeten zorgen dat de mensen hier zin krijgen in hun toekomst bij Unilever. Hij zal ze perspectief moeten bieden op het weer laten groeien van dit bedrijf. Er zal geïnvesteerd moeten worden in de mensen en de merken. Het zal wel een paar jaar duren voordat Unilever daarvan de vruchten kan plukken. Maar dit moet zijn eerste boodschap zijn. Hij zal een commitment vragen voor de langere termijn. Ook van beleggers. Als Unilever hijgerig van kwartaal naar kwartaal blijft werken, komen zijn groeiplannen niet van de grond.

Terwijl hij zich voorbereidt op zijn nieuwe rol legt Polman contact met een aantal van zijn nieuwe collega's. Het telefoontje met de baas van Azië, Afrika, Centraal- en Oost-Europa is spannend. Harish Manwani, ook bestuurder van Hindustan Lever, had graag zelf de baas van Unilever willen worden. Maar het is een goed gesprek. Manwani vertelt hem dat hij eind november een afscheidsdiner heeft georganiseerd voor Patrick Cescau, in het prachtige Taj Mahal Palace Hotel in Mumbai, misschien heeft Polman zin om te komen?

Het was de bedoeling dat ze met de ongeveer 38 gasten in de tuin van het prachtige vijfsterrenhotel zouden gaan eten. Maar omdat er regen is voorspeld, komen ze terecht in een zaal naast een trouwerij. De CEO van Unilever Pakistan heeft net verteld over de weer groeiende angst voor de taliban, als ze rond halftien vuurwerk denken te horen. Even gaan ze ervan uit dat de gasten op de trouwerij wat rotjes hebben meegenomen. Maar het vuurwerk houdt aan. En ze horen gegil, hartverscheurend gegil.

Op dat moment trekt een tiental terroristen van de islamitische Lashkar-e-Taiba-beweging schietend en moordend door het hotel. Terwijl de jonge mannen zich vergapen aan de rijkdom schreeuwen hun leiders door hun mobiele telefoons dat ze niet moeten twijfelen: 'Ga schieten! Wees dapper, broeder, geen paniek, je missie is een succes als je sterft, God wacht op je in de hemel! Ruim ze op, je weet niet wanneer ze jou aanvallen! Doe het, zet ze recht, schiet ze door hun achterhoofd!'[18] Tientallen hotelgasten en personeelsleden worden vermoord.

In het zaaltje waar de top van Unilever India en Pakistan de overdracht van Cescau aan Polman viert, heeft het personeel de deuren gesloten en de lichten uit gedaan. Iedereen ligt stil op de grond, in doodsangst. De terroristen trekken aan hun deur maar lopen voorbij. In de zaal naast hen vallen slachtoffers onder de huwelijksgasten, evenals in de tuin.

Paul Polman ligt naast Unilever-veteraan Nihal Kaviratne op de grond. De Indiër heeft een telefoon waarop hij live naar de televisie kan kijken. CNN meldt dat de leiders van Unilever in het hotel vastzitten. Ze bellen naar het Londens hoofdkantoor en vragen op fluistertoon om de nieuwszender te vragen dit niet meer te melden.

Uren liggen ze daar. In doodsangst. Met tafellakens wordt een hoekje van de zaal afgeschermd, daar kunnen ze hun behoeften doen. De meeste gasten blijven rustig. Als een wat oudere gast begint te hyperventileren, wordt deze zachtjes tot kalmte gemaand.

Patrick Cescau realiseert zich heel scherp dat deze mensen in gevaar zijn omdat ze afscheid van hem komen nemen. En wat het nog erger maakt: de meesten hebben hun vrouwen, hun partners meegenomen. Zijn eigen Ursula ligt naast hem. Hij voelt de adrenaline door zijn lijf gieren, maar die maakt hem ook kalm. Een gevoel van verantwoordelijkheid domineert, het is nu heel belangrijk dat hij niet in paniek raakt. Samen met zijn opvolger en de Indiase bestuurders proberen de leiders fluisterend hun mensen gerust te stellen.

Met elkaar delen ze de inhoud van een fles Lagavulin-whisky. Paul Polman drinkt nooit whisky maar nu helpt de drank een beetje om de zenuwen in bedwang te houden. Hij is blij dat zijn vrouw Kim hier niet bij is, de celliste had een optreden dat ze niet af kon zeggen. Hij heeft zijn broer gebeld en hem gevraagd om haar gerust te stellen.

Terwijl hij daar ligt, denkt hij diep over zijn leven na. Over de vluchtigheid ervan, over de noodzaak om er iets goeds mee te doen. Wat moet er in de wereld gebeuren om ervoor te zorgen dat dit soort dingen nooit meer gebeuren? Wat moet hij doen om daarvoor te zorgen? Voor hem is er maar één conclusie mogelijk: een wereld zonder armoede. Dat is toch de belangrijkste oorzaak van dit soort vreselijke aanslagen. Het aanhoudende en groeiende verschil tussen arm en rijk. Steeds zichtbaarder ook. Dat maakt deze mensen zo wanhopig dat ze zulke vreselijke dingen kunnen doen.

Ook Leena Nair ligt met haar partner op de grond van de hotelvloer. Nair is verantwoordelijk voor human resources bij Hindustan Lever. De Indiase wordt overvallen door een gevoel van immense duidelijkheid: het leven is een gift. Een gift die je moet benutten. Als ze dit overleeft zal ze daar iedere dag bij stilstaan.

Net als Polman is ze diep onder de indruk van de leider van de hotelstaf, die ook in de ruimte is opgesloten. Deze jonge vrouw, Malika, is constant bezig de gasten te troosten, hun hand vast te houden, water voor ze te halen. Als haar moeder belt, stelt Malika haar gerust door te vertellen dat ze niet in het hotel is, dat haar moeder rustig kan gaan slapen.

Om zes uur in de ochtend komt er zo veel rook de ruimte binnen dat het duidelijk is dat ze daar niet veel langer kunnen blijven. Malika leidt ze via een paar kamers en een keuken veilig naar andere ruimtes. Op een gegeven moment worden ze door brandweermannen gezien. Omdat hij de langste is probeert Polman met een stoel een ruit in te tikken. Uiteindelijk zorgen de brandweermannen ervoor dat er een opening ontstaat. Ze kunnen één voor één naar buiten klimmen.

Malika laat weten dat dit haar diner is, zij is verantwoordelijk voor de gang van zaken en dus zal zij als laatste naar buiten gaan. Als de mannen, de leiders van Unilever, protesteren, schudt ze haar hoofd: geen discussie. Leena Nair beseft dat er zo veel goede mensen zijn, mensen die zoveel meer kunnen dan ze denken.[19]

Verspreid over vier dagen en twaalf aanvallen worden 174 mensen door de terroristen vermoord. In het hotel vallen 31 slachtoffers, vooral ook in de tuin en onder de gasten van de trouwerij. Op de zesde verdieping, in het hotelappartement naast dat van Polman, zijn de vrouw en twee kinderen, twaalf en vijf jaar oud, van hotelmanager Karambir Kang doodgeschoten. Kang was de hele nacht onvermoeibaar bezig geweest om zijn gasten te redden.

Dit maakt grote indruk op Polman. Terwijl zijn vrouw en kinderen mogelijk in gevaar waren had deze man zich helemaal gericht op zijn gasten, zich daarover ontfermd. Zo dicht bij het kwaad, zo dicht bij zijn eigen dood, is Paul Polman er opeens diep van doordrongen dat de goede krachten die in de mensen zit het altijd zullen winnen. Het moeten winnen.

Aan het einde van de middag Nederlandse tijd, vlak nadat Polman in Mumbai uit het hotel is bevrijd en in een safehouse zit, krijgt Jan Kees Vis een mailtje van hem. De man die straks de baas van Unilever wordt, heeft in een vakblad een publicatie van Vis gelezen over het enorme belang van duurzame landbouw bij de bestrijding van honger en armoede. Polman schrijft Vis dat hij vindt dat Unilever hier nog meer op moet inzetten.

7 Groeien, groeien, groeien... en het goede doen

december 2008-januari 2010

Patrick Cescau krijgt een staande ovatie. In The Grove, ooit een favoriete uitje van koningin Victoria, nu een indrukwekkend hotel net boven Londen, heeft hij 'zijn' top-200 voor de laatste keer toegesproken. Dit is zijn afscheid. De Fransman vraagt zijn opvolger het podium op te komen. Lachend geven de mannen elkaar een hand. Cescau vraagt de fit ogende Hollander of hij zijn eerste indrukken met dit gezelschap wil delen.

Zittend op de eerste rij had Paul Polman zich gerealiseerd dat de mensen achter hem decennialang dit soort feestjes hebben gevierd. Bij Procter & Gamble en bij Nestlé hadden ze grappen gemaakt over deze 'O be joyful'-bijeenkomsten, de ouwe-jongens-krentenbroodsfeer waarin Unilever-managers elkaar feliciteren en vertellen hoe geweldig ze zijn. Het irriteert de nieuwe CEO. Hoezo vinden deze mensen zichzelf geweldig? Wat hij de afgelopen drie maanden is tegengekomen is helemaal niet geweldig.

Polman zal eerlijk met ze zijn. Maar eerst vertelt hij over zichzelf. Hij laat een paar familiekiekjes zien, vertelt hoe belangrijk zijn gezin voor hem is. Dan barst hij los. De nieuwe CEO vraagt zich af: voor wie werken jullie eigenlijk? Jullie zijn meer met jezelf bezig dan met het bedrijf. Hij heeft het over een naar binnen gekeerde cultuur, een bedrijf met veel eigen winkeltjes en privileges. En hij waarschuwt: dat is niet goed, dat is gevaarlijk. De manier waarop jullie werken, de prioriteiten die jullie stellen. Het klopt niet. Zijn jullie wel marketeers? Jullie lijken wel accountants, constant maar bezig met de cijfertjes. Je kunt een bedrijf helemaal niet sturen op financiële resultaten. Succes is het gevolg van iets heel anders. Dat heeft met ondernemerschap te maken. Waar is jullie ondernemerschap, waar is jullie ambitie? Het gaat niet goed zo. Het gaat mis.

De zaal is muisstil. Polman realiseert zich dat hij nu moet inbinden. Hij heeft geleerd dat dit soort confronterende boodschappen alleen worden geaccepteerd als hij ook op tijd respect toont voor de mensen, voor hun geschiedenis.

Was het niet managementgoeroe Jim Collins die schreef dat je als leider eerst de kern moet koesteren voor je naar vooruitgang kunt streven, dat je eerst moet begrijpen voordat je zelf begrepen kunt worden? Het is belangrijk dat zijn nieuwe collega's zich veilig bij hem voelen. En dus maakt hij Cescau een groot compliment en staat hij stil bij de potentie van een bedrijf met zo'n prachtige geschiedenis. Hij betoont zijn respect aan William Lever. Met dit geweldige DNA liggen er grote kansen.

Het applaus is groot. Het is duidelijk: Unilever heeft een nieuwe baas. Sommige aanwezigen vertellen elkaar na afloop dat dit misschien wel de beste speech is die ze ooit hebben gehoord, van een Martin Luther King-I-have-a-dream-achtige kwaliteit. Aan de vooraf afgesproken twintig minuten heeft Polman zich bij lange na niet gehouden.

De volgende ochtend presenteren de twee jaar eerder door Cescau en Ogg als leiders van de toekomst geselecteerde managers hun aanbevelingen voor de te volgen strategie aan Polman. Ze hebben het over de noodzaak om te digitaliseren, meer in opkomende markten te investeren en zich nadrukkelijker over de reserves van de planeet te ontfermen. Kees Kruythoff vindt dat Polman nogal lauw reageert, hij lijkt niet echt geïnteresseerd in hun verhaal. Simon Clift gelooft dat de nieuwe CEO kennelijk eerst zelf wil bedenken wat er moet gebeuren. Dat begrijpen ze ook wel.

Tijdens de jaarlijkse kerstbijeenkomst met oudgedienden wil Hans Eenhoorn ervoor zorgen dat de nieuwe voorman weet wie hij is, hem kan vinden als het nodig is. Eenhoorn is, betaald door Unilever, alweer een tijdje werkzaam voor de Verenigde Naties. Hij denkt mee over de rol die het bedrijfsleven zou kunnen spelen bij het uit de wereld helpen van honger. Als Eenhoorn zich aan Polman voorstelt, drukt hij hem het verhaal in zijn hand dat hij speciaal voor hem heeft geschreven. Eenhoorn beschrijft daarin hoe Polman op kerstavond nog wat overpeinzingen heeft voor hij met zijn familie aan tafel gaat.

'Dromerig staart hij in de open haard. De vlammen brengen zijn gedachten op de brandhaarden in de wereld en het turbulente jaar 2008... Natuurlijk wordt de voedselcrisis overschaduwd door de financiële crisis waardoor honderden miljarden dollars in rook zijn opgegaan. Krankzinnig, denkt hij. Er zijn één miljard arme mensen op deze wereld die honger lijden en er zijn tegelijkertijd één miljard mensen die ondanks hun verliezen op de financiële markten nog steeds zo rijk zijn dat ze ziek worden van een overdaad aan voedsel. Obesitas, hart- en vaatziekten, suikerziekte, vormen van kanker, allemaal welvaartsziekten. De Vitality-boodschap van Unilever staat hem ineens helder voor de geest. Unilever heeft toch die partnerships met het Wereldvoedselprogramma met UNICEF en de Wereldgezondheidsorganisatie? Unilever is toch betrokken bij de Global Alliance for Improved Nutrition (GAIN)? We hebben toch merken als Blue Band en Knorr die versterkt kunnen worden met vitaminen en mineralen en Annapurna met gejodeerd zout en natuurlijk Lifebuoy zeep. Bovendien zitten we, beter dan de meeste andere grote bedrijven, met sterke werkmaatschappijen in India en Afrika, waar de problemen het grootst zijn... Plotseling staat VN-secretaris-generaal Ban Ki-moon naast hem. Hij wijst op de ster en zegt: "Paul, breng een beetje licht in deze duistere wereld, jij kan het. Pak nu eens één of twee landen en laat zien hoe het kan." In de verte hoort hij zijn vrouw Kim roepen: "Paul, aan tafel, het kerstdiner is klaar!" Zelden smaakte een maaltijd hem zo goed.'

Per e-mail laat Polman diezelfde avond nog aan Eenhoorn weten dat hij het een stimulerend verhaaltje vindt.

De avond voor zijn eerste bestuursvergadering slaapt Paul Polman in het bed van William Hesketh Lever, de latere Lord Leverhulme. Dat was een man naar zijn hart. Hij herkent zichzelf in Lever. In verschillende beschrijvingen keren dezelfde woorden terug: besluitvaardig, ongeduldig, onverbiddelijk, resoluut, levendig, scherp, elektriserend, rusteloos, een diepe afkeer van luiheid, meedogenloos en af en toe mensen diep kwetsend.

Het is een onrustige nacht. Dat bed staat eigenlijk op het dak van Thornton Manor, het landhuis waar de familie Lever vanaf 1888 heeft gewoond. Lever was een gezondheidsfreak, hij sliep in de openlucht, in de diepe overtuiging dat de buitenlucht hem zou helpen langer gezond te blijven. Ook al betekende dat af en toe een pak sneeuw op je dekens.[1] Kim Polman heeft het na een half-uur wel gezien, zij zoekt een warmer bed op. Michael Treschow kan de slaap beter vatten, de president-commissaris slaapt een verdieping lager in wat ooit de slaapkamer van mevrouw Lever is geweest.

Thornton Manor staat op een paar kilometer van Port Sunlight, de plek waar Lever zijn eerste zeepfabriek neerzette, nadat hij vanuit de trein had gezien 'hoe gemakkelijk het water en de spoorweg bij de hand waren'. Tussen 1885 en 1925 bouwde hij vooral op deze plek samen met zijn broer James een op zeep verkopen gestoeld imperium.

Lever wilde welvaart creëren, huisvrouwen ondersteunen in het verlichten van hun taken, ze helpen hun gezondheid en aantrekkelijkheid te verbeteren, zodat ze meer uit het leven konden halen. Dat was een opmerkelijke ambitie in victoriaans Engeland. In de tweede helft van de negentiende eeuw stierf één op de twee kinderen voor het vijfde levensjaar. Lever besloot voor zo veel mogelijk mensen de beste zeep voor de laagste prijs beschikbaar te maken. Als werd gesuggereerd dat hij sneller geld kon verdienen door de kwaliteit iets te verminderen, reageerde hij woedend: 'Als we onze zeep konden verbeteren door er goud aan toe te voegen, zou ik het doen.'[2]

William Lever was geen hoogvlieger op school. Hij droomde over een leven als architect, maar zijn vader, een streng protestantse geheelonthouder, had hem nodig in zijn kruideniersgroothandel. Hij liet zijn zoon bergen zeep in vetvrij papier vouwen. Op zijn zestiende verjaardag kreeg William het boek *Self Help* cadeau. Schrijver Samuel Smiles roept het individu op vooral met zichzelf aan de slag te gaan, karakter te bouwen, zich erop te richten het goede te doen en daarbij materialistische prikkels te relativeren. 'Persoonlijke groei is de wortel van alle echte groei en vormt de basis voor onze nationale kracht. Nationale vooruitgang is het resultaat van individuele bedrijvigheid, energie en eerlijkheid. Nationaal verval is het gevolg van individuele luiheid, egoïsme en ondeugden. Veel belangrijker dan onderwijs zijn de dagelijkse lessen die we leren in onze huizen, onze straten, op het boerenland, in de winkels en in de fabrieken.'[3]

William Lever werd erdoor gegrepen, hij zou het goede gaan doen. In 1884 verliet hij de groothandel van zijn vader en stortte hij zich op de handel in zeep. Lever was ervan overtuigd dat de stijgende levensstandaard ervoor zou zorgen dat de mensen niet alleen meer eieren en boter, maar ook meer zeep zouden kopen. Van een expert in handelsmerken en octrooien kreeg hij een lijstje met namen waar Lever patent op kon aanvragen. Het werd 'Sunlight'. Lever was daarmee een van de eerste ondernemers die niet zijn eigen naam als merknaam gebruikte.

Tegen een reclameman zei hij in 1909: 'De normale verkoopmethoden van de fabrikanten van patentgeneesmiddelen hebben de eigenschap dat zij sterk de aandacht trekken en indruk maken op het publiek. Wanneer men hun brochures leest, denkt men dat men alle ziektes van de wereld tegelijk heeft. Wij moeten ditzelfde hypothetische effect zien te bereiken ten bate van onze zeep.'

De eerste jaren kocht hij zeep in bij fabrikanten die zijn naam 'Sunlight' erin stempelden. Maar nadat hij in de etalage van een kruidenierswinkel zijn zeep slordig gestapeld en verpakt in perkamentpapier had zien liggen, besloot hij zijn zeep voortaan in een exclusief kartonnen doosje te stoppen.[4] Op dat doosje kon hij zijn merknaam mooi afdrukken. Omdat zijn leveranciers daar geen zin in hadden, besloot Lever vervolgens zijn eigen zeep te gaan maken. Hij huurde een zeepfabriekje in Warrington en nam de twee arbeidskrachten over: een chemicus en een zeepzieder. Werd bij de start 20 ton zeep per week geproduceerd, een jaar later was dat al 450 ton. Lever zette de nieuwste Amerikaanse reclametechnieken in om op grote plakkaten duidelijk te maken dat Sunlight het zwoegende bestaan van huisvrouwen flink kon verlichten. Het bedrijf groeide hard, al snel ging het de grens over. Een stelsel van invoerrechten dwong Lever zeepfabrieken in Duitsland en Frankrijk, in de Verenigde Staten, in Zuid-Afrika en Japan en ook in Vlaardingen neer te zetten.

De ondernemer, streng protestants en later fanatiek lid van de vrijmetselarij, was er al jong diep van doordrongen dat hij zijn succes vooral te danken had aan de inspanningen van zijn personeel. Vanaf het moment dat hij winst maakte, vroeg hij zich af: van wie is dit geld, had ik het alleen kunnen verdienen? Hij beschouwde het bedrijf als een familie waar hij voor moest zorgen. 'Ik houd niet van geld als zodanig, dat heb ik nooit gedaan. Ik ben in zaken gegaan omdat zaken voor mij het leven betekenen. Zij stellen mij in staat iets uit te richten. Ik kan voor mijzelf een volslagen en absoluut einde voorzien, maar niet voor mijn bedrijf.'[5]

Die familie moest een stabiele basis hebben, een goed thuis. Daar werden volgens Lever de meest waardevolle zaken van het universum gecreëerd: een gezonde geest in een gezond lichaam. Het verkeerde soort huis zorgde voor verkeerde werknemers en het verkeerde soort burgers. Daarom bouwde hij in 1888 naast de fabriek ook achthonderd huizen, een bibliotheek, een ziekenhuis, een kerk en verschillende sportfaciliteiten voor zijn werknemers. Hij werd daarbij geïnspireerd door een bezoek aan het Delftse Agnetapark. Daar had de Nederlandse industrieel Jacques van Marken, grondlegger van het latere Gist-Brocades, vijftien jaar eerder huizen voor zijn werknemers laten bouwen. Dit beschouwde Lever absoluut niet als filantropie, maar als een logische investering in zijn bedrijf. Want wat goed was voor zijn arbeiders was goed voor zijn zaak, en dus ook voor de eigenaar daarvan.[6]

Een zeventigurige werkweek was normaal in die tijd, maar een achturige werkdag leek hem fair. Als je je personeel genoeg betaalde, zouden ze zeker zoveel produceren. Bovendien zorgde meer loon voor meer uitgaven en daarvan zou een deel aan zeep worden uitgegeven. Die vrije tijd moesten ze wel goed besteden, vond Lever. Zijn werknemers moesten er net als hij constant en gedisciplineerd aan werken om betere mensen te worden. De geheelonthouder vond het logisch dat dit gedrag ook buiten de fabriek goed in de gaten werd gehouden. 'Een goede werkman kan een vrouw hebben die verwerpelijk gedrag vertoont, of zelf verwerpelijk gedrag vertonen dat ervoor zorgt dat hij niet welkom is in Port Sunlight.'[7]

De in 1920 in de adelstand verheven Lord Leverhulme beheerste uiteindelijk 60 procent van de Britse zeepindustrie. Die was met 200.000 ton zeep goed voor twee derde van zijn omzet. Begonnen met een investering van ongeveer 20.000 pond was zijn uit meer dan tweehonderd ondernemingen bestaande bedrijf in de jaren twintig zo'n 130 miljoen pond waard. Maar Lever wilde meer. Hij kocht ijsfabriek T. Wall & Sons, een papierfabriek en een kalkgroeve. Hij investeerde in bedrijven in Niger en Indonesië. En kwam vervolgens bij margarine uit.

Was het voor Van den Bergh & Jurgens ooit begonnen met Napoleon III, de Franse keizer die zocht naar een 'beurre économique' voor zijn hongerige soldaten, Lever werd door de Britse overheid op datzelfde margarinespoor gezet.

Toen na het uitbreken van de Eerste Wereldoorlog de import van Deense en Nederlandse margarine stilviel, vroeg de Britse overheid aan de Lever Brothers om zich op de productie van margarine te storten. William Lever was meteen enthousiast, want zeep en margarine gebruiken dezelfde grondstoffen.

Lever werd zo een directe concurrent van de Nederlandse Margarine Unie. Maar terwijl zijn bedrijf groeide, nam de winstgevendheid snel af. Toen Lever last kreeg van een prijzenslag in de margarinemarkt, zei hij tegen een collega: 'Ik ben zeer ontdaan over onze margarinepositie, onze kwaliteit zou onberispelijk moeten zijn. Ik weet dat Van den Bergh een grote reclamecampagne begint voor Blue Band. Ik wou dat ik het zelfvertrouwen had om hetzelfde te doen.'[8] De problemen stapelden zich op en verschillende bankiers maakten zich zorgen. Francis D'Arcy Cooper van het accountantskantoor Cooper Brothers & Co. werd gevraagd om de cijfers op een rij te zetten. Die vond verschillende lijken in de kast van het familiebedrijf en dwong Lever in 1921 om de leiding van zijn bedrijf over te dragen aan een Special Committee. Naast de oprichter, diens zoon en twee collega-directeuren kreeg vooral Francis Cooper een beleidsbepalende rol in dit comité.[9]

In 1925 overleed Lord Leverhulme nota bene aan de gevolgen van een verwaarloosde verkoudheid. Vier jaar later ging D'Arcy Cooper in op het verzoek van Anton Jurgens om te onderzoeken of Lever Brothers de krachten niet moest bundelen met de Margarine Unie. Nadat de Britten hadden vastgesteld dat de Nederlanders zeer slechte zeep maakten en de Nederlanders hadden geconcludeerd dat de margarine van de Britten niet te eten was, bedachten de twee partijen dat ze misschien iets van elkaar konden leren. Bovendien zou de gezamenlijke inkoop van dezelfde grondstoffen zoals palmolie in ieder geval kostenvoordelen met zich meebrengen. Besloten werd de twee bedrijven net zo te fuseren als de twee Nederlandse families een paar jaar eerder in de Margarine Unie hadden gedaan.

Verschillende Britse en Nederlandse fiscale belangen bepaalden de structuur. 'Indien geen andere overwegingen zouden gelden dan praktische overwegingen van fabricage en verkoop zou het doel van beide partijen bereikt kunnen worden door een enkele maatschappij [...] doch teneinde dubbele belasting te vermijden is het noodzakelijk gebleken een Nederlandse maatschappij op te richten om de in Nederlandse maatschappijen te verwerven aandelen te behouden en een Engelse maatschappij [...] om de in de Engelse maatschappijen te verwerven aandelen te behouden.'[10]

De invloed van de Lever Brothers bleek uit de bepaling dat een Special Committee zou worden benoemd door de beide raden van bestuur van Unilever. In deze commissie moesten de Engelse en Nederlandse belangen gelijkelijk vertegenwoordigd zijn. Zo werd op 2 september 1929 de Brits-Nederlandse multinational Unilever geboren. De waarde van het totale complex aan plantages, tropische handelsondernemingen, walvisvaarders, oliefabrieken, raffinaderijen, hardingsinstallaties, zeep- en margarinefabrieken, kruideniers- en viswinkels en vele andere bedrijven werd op een astronomische één miljard gulden geschat.[11] Vijf weken later stortten de beurskoersen in, brak de beurskrach uit en werd een van de grootste bedrijven ter wereld geconfronteerd met een jarenlang diep ingrijpende economische crisis.

Terwijl hij in januari 2009, net als Lever honderd jaar geleden, van Thornton Manor naar Port Sunlight reist, op weg naar zijn eerste bestuursvergadering, voelt Polman een grote verbondenheid met de grondlegger van het concern. Lever was zijn tijd ver vooruit: de meesten van zijn tijdgenoten, de Mellons, de Carnegies, de Rockefellers, verdienden eerst een enorm fortuin voordat ze het belang van vrijgevigheid ontdekten. Lever koos van meet af aan voor gedeelde welvaart. Hij was een ware leider, een man met een doel, die zich daar door niemand van af liet brengen. Polman beseft dat zijn verantwoordelijkheid er wel iets anders uitziet. Vooral in de Britse context zijn de eigenaren de baas. Het creëren van aandeelhouderswaarde staat centraal. Hij maakt zich geen illusies: zelfs aandeelhouders die zeggen zich op de lange termijn te richten, zullen als het puntje bij het paaltje komt op het rendement sturen dat ze nu kunnen maken.

Dat rendement is trouwens niet best. Meegesleurd in de ellende van de financiële crisis van 2008 noteert het aandeel een kleine 14 euro. Wie in 1997, nog in de tijd van Morris Tabaksblat, in Unilever investeerde, had in twaalf jaar tijd geen koerswinst gerealiseerd. Dat heeft ook voordelen voor de nieuwe CEO. De koers kan eigenlijk alleen nog maar omhoog.

Polman heeft zich voorgenomen vooral te luisteren. Hij vraagt zijn collega-bestuurders hun eigen waarden onder woorden te brengen: waar staan ze voor? Ook vraagt hij wat voor hen Unilever is, hij wil van ze horen waar de problemen zitten. De een praat over de mooie producten en het bedienen van klanten, de ander heeft het vooral over de tegenvallende verdiensten per aandeel. Voor alle aanwezigen is er één duidelijke prioriteit: groei. Unilever moet weer gaan groeien, veel meer spullen verkopen. En als het even kan: tegen betere prijzen.

Dat zal niet meevallen. In Europa en de Verenigde Staten groeit de omzet nauwelijks meer. Die markten zijn verzadigd. Bovendien rukken de vaak aan lokale eisen goed aangepaste huismerken van de supermarkten op. Ze doen in kwaliteit nauwelijks meer onder voor de A-merken van Unilever. De groei zal, net als afgelopen jaren, uit de opkomende markten moeten komen. Dat zal niet vanzelf gaan. Hoe blijft Unilever overeind in een wereld die in toenemende mate 'VUCA' is: '*Volatile, Uncertain, Complex en Ambiguous*' – oftewel 'vluchtig, onzeker, complex en dubbelzinnig'?

Polman gebruikt de VUCA-afkorting aan de lopende band. Hij maakt zich zorgen over de dominantie van al die managers die vooral met hun eigen rekensommen in de weer zijn en voornamelijk naar binnen kijken. Het valt hem op dat ze, in een organisatie die flink is gekrompen, de neiging hebben zichzelf groot te maken. In een VUCA-wereld ben je snel uitgespeeld als je niet naar buiten kijkt.

Het bestuur volgt de redenering van de CEO dat de komende jaren veel geld zal moeten worden geïnvesteerd, zowel in mensen als in merken. Geld dat pas na een paar jaar gaat renderen. Ze zullen aan de aandeelhouders moeten uitleggen dat Unilever tijd nodig heeft. Polman stelt voor die boodschap te onderstrepen met de mededeling dat Unilever voortaan geen kwartaalresultaten meer zal rapporteren. Hij zegt zich groen en geel te ergeren aan al die hele en halve beloftes en verklaringen, dan is er weer een warme zomer en wordt er meer ijs verkocht, dan valt er toch wat meer regen en valt de winst tegen. Dat constante gehijg om op de korte termijn te scoren moet maar eens afgelopen zijn. Laten we een ferm statement maken, zegt hij, en stoppen met deze flauwekul.

Kees Storm is het daar apert mee oneens. Hij vindt dat aandeelhouders eigenlijk altijd recht hebben op informatie. Een van de medebestuurders, de Amerikaan Charles Golden, is het met Storm eens. Maar de meerderheid vindt het wel een verfrissend idee, is onder de indruk van de moed van de nieuwe CEO. Storm realiseert zich dat ze dit niet leuk vinden bij Unilever, dat het bestuur altijd met één stem moet spreken, maar hij weigert zijn standpunt op te geven en stelt voor om dan maar overeen te komen dat ze het niet met elkaar eens zijn.

De aankondiging, tien dagen later, slaat in als een bom. Ging de koers op de dag van Polmans benoeming met 6 procent omhoog, nu gaat er 6 procent vanaf. Analisten halen uit: hoe kan een groot bedrijf als Unilever de eigen aandeelhouders zo duidelijk niet serieus nemen, ze zo beledigen? Zelf zijn ze ook beledigd, ze hebben steeds nieuwe cijfers nodig om te kunnen analyseren, hoe meer hoe beter. En ze zijn verbaasd. De voormalige CFO van Nestlé is toch een financiële man in hart en nieren?

De in totaal 3,1 miljard aandelen, 1,7 miljard in de nv en 1,4 miljard in de plc, zijn op slag nog maar 42 miljard euro waard. Ongeveer elf keer de winst. Polman haalt er zijn schouders over op, dat de markten zouden schrikken verbaast hem niet. Natuurlijk reageren analisten verbolgen, zij schrijven over die kwartaalcijfers, dat is hun boterham.

Op de persconferentie legt hij uit waarom hij er geen zin meer in heeft om aan dit toneelstuk mee te doen. Bedrijven die zich ieder kwartaal weer aan nieuwe voorspellingen wagen die ze vervolgens moeten herzien, vindt hij niet geloofwaardig. En een bedrijf leiden om financiële doelen te halen vindt hij onzinnig: 'Dat resulteert erin dat het management de verkeerde dingen doet. Dit is een bijzondere tijd, ik denk dat meer bedrijven ons voorbeeld zullen volgen.' En hij maakt een grapje: 'Ik dacht ook: als ik dit wil doen, moet ik het nu doen, ze zullen me niet op mijn eerste dag ontslaan.'

Polman is in zijn nopjes met een aardig bericht van een van de meest succesvolle beleggers. Warren Buffett heeft hem een kort briefje gestuurd waarin hij hem feliciteert met het genomen besluit. Als de Amerikaan, een van de rijkste mensen op aarde, ergens door wordt gekenmerkt, dan is het door zijn langetermijnvisie. Het 'Orakel van Omaha' vindt dat je aandelen moet waarderen op basis van de intrinsieke waarde en de prestaties in het verleden en dat je vervolgens geduld moet oefenen terwijl je het management jouw vertrouwen geeft en natuurlijk goed in de gaten houdt. Management dat vooral gericht is op het behalen van kortetermijnkwartaalresultaten neemt volgens Buffett bijna altijd beslissingen die slecht uitpakken voor de gezondheid van de onderneming op de lange termijn. Daar moet je dus vanaf. Paul Polman heeft zijn zegen.

In het jaarverslag over 2008 maakt Polman zijn voorganger complimenten, bedankt hem voor de transformatie die hij in gang heeft gezet: 'Cescau heeft de motor vervangen terwijl de auto gewoon bleef rijden.' Tegelijkertijd stelt Polman dat er veel werk aan de winkel is: 'Onze kosten liggen niet op een concurrerend niveau. Hier is nog veel te doen. In voor ons belangrijke categorieën en geografische gebieden winnen we de concurrentiestrijd nog onvoldoende. Marktposities en krachtige merken zijn twee van de belangrijkste bepalende factoren voor winstgevendheid op de lange termijn. Dat betekent dat we het beter moeten doen. In 2009 is het onze prioriteit verkoopvolumes weer te laten groeien, zowel duurzaam als winstgevend.'

Polman benadrukt dat de kosten nu echt snel omlaag moeten zodat er flink kan worden geïnvesteerd in de business. Waar is ook wel duidelijk. Vooral in de opkomende markten heeft het bedrijf de wind vol in de zeilen. Inmiddels goed voor ruim 40 procent van de omzet, groeide de markt daar in 2008 met 14,2 procent. Om zo veel mogelijk geld vrij te maken voor investeringen kondigt Polman aan dat de salarissen voorlopig worden bevroren. Ook zal het reisbudget met eenderde worden gekort. Wie echt nodig moet vliegen gaat maar in de economyclass.

Zijn eerste reis gaat naar Zuid-Afrika. De baas daar, Gail Klintworth, heeft een probleem: het wasmiddel Omo verliest snel marktaandeel. Polman wil zijn collega's laten zien dat als er ergens een crisis is hij er zal zijn om te helpen. Op de terugweg maakt hij een tussenstop in Kenia op de laatste grote theeplantage die nog eigendom is van Unilever. Kericho staat op de nominatie om te worden verkocht. Hij ziet dat zijn voorgangers de laatste jaren zo veel mogelijk kosten uit de plantage hebben gehaald. Met als gevolg dat het werkplezier is verdwenen en de kwaliteit achteruit is gehold. Polman wil dit proces omdraaien: Kericho wordt niet verkocht. Hij legt uit dat het vertrouwen van consumenten afneemt omdat ze niet meer weten waar de spullen die ze eten, drinken en op hun lijf smeren vandaan komen. Door zo'n plantage in het bedrijf te houden en erin te investeren, moet het mogelijk zijn om een kwaliteitsthee te maken waar die bewuste consumenten voor kiezen.

Polman vindt dat veel van zijn managers hun prioriteiten verkeerd stellen: ze zijn vooral bezig hun plannen terug te rekenen naar de directe financiële gevolgen voor de aandeelhouders. Dat is de dood in de pot. Unilever moet groeien, en dus investeren in groei. Als we meer goede producten verkopen, hoeven we ons nergens zorgen over te maken, kunnen allerlei kosten gewoon worden gemaakt en verantwoord. Hij introduceert in zijn eerste weken een lijstje met negen operationele indicatoren: klanttevredenheid, kwaliteit van producten, kwaliteit van distributie, et cetera. Ze worden het '9-voor-2009-lijstje' genoemd. Die criteria worden leidend in de voortgaande analyse van de gang van zaken. Polman zit er bovenop. Hij vraagt alle leidinggevenden, van landen en van categorieën, hem iedere maand per product-marktcombinatie samen een mail te sturen waarin ze vertellen hoe het met hun business gaat, welke drie grote problemen moeten worden gefikst en wat daarvoor nodig is. Zo dwingt hij de bazen van regio's en landen samen te werken met de bazen van de categorieën en samen tot één verhaal te komen. Door zelf steeds snel en met kennis van zaken op die rapportages te reageren dwingt hij veel respect af.

Hij werkt non-stop en slaapt al snel zo'n tien nachten per maand in een vliegtuig. Overal waar hij komt wil Polman retailers en consumenten spreken. Dit is allemaal nieuw voor de managers die hij ontmoet. Cescau bleef op afstand, die leek nauwelijks interesse te hebben voor de consumenten, stuurde het bedrijf op financiële doelstellingen. Polman besluit dat iemand met een puur financiële achtergrond voortaan niet meer de directeur van een land kan worden.

Pascal Visée is zo'n 'finance man'. Als *group treasurer* optimaliseert hij de geldstromen van het hele concern, hij rapporteert aan CFO Lawrence. Visée is diep onder de indruk van de betrokkenheid van de voormalige CFO van Nestlé. Polman beantwoordt ieder mailtje binnen 24 uur. Als Visée aan hem vraagt hoe hij dat doet, legt hij uit dat hij gewoon nooit gaat slapen voordat hij al zijn mail heeft beantwoord. En ja, dat kost hem 's nachts soms een paar uur. Als ze dit horen, voelen sommige collega's zich zo bezwaard dat ze besluiten hem maar niet meer te mailen. Die man moet toch ook slapen?

In zijn eerste ontmoeting met de nieuwe CEO presenteert Visée de voor- en nadelen van een eventuele fusie tussen de nv en de plc. Vooral omdat de buitenwacht erom blijft vragen, staat het onderwerp nog steeds bij Unilever op de agenda. Op basis van vijftien criteria heeft Visée de voors en tegens van een Nederlands of een Brits hoofdkantoor op een rijtje gezet. Een keuze voor Nederland krijgt net iets meer groene stippen. Visée benadrukt dat er niet veel haast is om hiermee aan de slag te gaan. De ingewikkelde dubbele nationaliteit wordt intern nog steeds als een uitstekende beschermingsconstructie tegen vijandige overnames beschouwd. Polman laat weten dat de nv/plc-discussie onder aan zijn lijstje prioriteiten staat.

'*Finish the diner*' noemen ze de bijeenkomst. Het gezelschap dat ruim drie maanden eerder de terroristische aanval in Mumbai heeft overleefd keert terug naar hetzelfde hotel. Ze willen stilstaan bij wat hun is overkomen, maar vooral ook de staf bedanken voor hun moedige optreden. Karambir Kang is erbij, de *general manager* van het hotel was gevraagd of hij misschien ergens anders wilde gaan werken, in een ander hotel. Dit was immers de plek waar zijn vrouw en kinderen waren vermoord. Maar Kang had besloten te blijven, hij wilde juist deze plek repareren, heel maken. Dat helpt hem zich beter te voelen.[12] Dit keer zit Kang met de staf aan tafel, en worden ze bediend door de leiding van Unilever. En dit keer zitten ze wel in de tuin, de zaal waarin ze zaten wordt gerenoveerd, net als de rest van het zwaar beschadigde hotel.

Polman spreekt met tranen in zijn ogen het gezelschap toe. Hij voelt zich verbonden met deze mensen, deze lotgenoten. Hij weet dat hij hier vrienden voor het leven heeft gemaakt. Daar is hij dankbaar voor. Terwijl Polman praat, gaat het zachtjes regenen. Nihal Kaviratne vindt dit een goed teken, een rituele schoonmaak van bovenaf heeft deze bijeenkomst gezegend.

Polman reist van India naar Indonesië. Hij gaat op bezoek bij Jan Zijderveld. De verantwoordelijke man voor Zuidoost-Azië neemt zijn nieuwe baas mee het land in. Hij wil hem laten zien wat de decennialange betrokkenheid en investeringen Unilever hebben opgeleverd. Hij merkt dat Polman hierdoor wordt geraakt. Die had zich kennelijk nog niet zo gerealiseerd dat het bedrijf tot in de haarvaten van deze zich ontwikkelende samenleving is doorgedrongen, steeds meer mensen in staat stelt om zich te wassen, hun tanden te poetsen, een ijsje te eten. Hier komt de toekomstige groei van Unilever vandaan, dat staat vast. In 2020 kan ongeveer 70 procent van de omzet van Unilever uit dit deel van de wereld komen.

Samen met onder meer Sandy Ogg heeft Polman in kaart gebracht wat nu de belangrijkste banen binnen Unilever zijn en op welke posities de meeste waarde wordt gecreëerd. Wie de lijstjes naast elkaar legt, ziet waar het niet goed gaat. Hoe kan het dat de meeste leiders in dit bedrijf worden beoordeeld als top-performers terwijl het hele bedrijf een duidelijke under-performer is? Op basis van deze inventarisatie nodigt Polman zeventig managers uit om met hem in vier sessies een groeistrategie te ontwikkelen. Uitgaande van de potentie in de opkomende markten en kijkend naar de twee grote concurrenten die Unilever inmiddels al ver voorbij zijn gestreefd – Nestlé boekt een omzet van ongeveer 90 miljard euro, Procter & Gamble gaat richting 80 miljard dollar – nemen ze een drastisch besluit. De komende tien jaar moet Unilever ernaar streven de omzet te verdubbelen naar 80 miljard euro.

Die ambitie wordt in de bestuursvergadering enthousiast ontvangen. Maar meteen is er discussie: kan Unilever dit wel maken, wat betekent dit voor de belasting van het milieu? Voorzitter Treschow rekent snel uit dat Unilever jaarlijks nu zo'n 800 miljoen producten in Zweden afzet, dat moeten er straks dan meer dan een miljard zijn, inclusief verpakkingen. Wat zijn de werkelijke kosten van deze ambitie? Besloten wordt dat die groei niet ten koste mag gaan van een verdere belasting van het milieu.

Storm vindt het allemaal prachtig, maar blijft kritisch. Hij wil graag horen hoe Unilever de kosten gaat verlagen. Om die omzetgroei mogelijk te maken kunnen de prijzen niet stijgen en zal het bedrijf veel efficiënter moeten worden dan het nu is. Storm waarschuwt: hou altijd in je achterhoofd dat er geen goede langetermijnresultaten zijn als er niet constant goede kortetermijnresultaten zijn.

Wim Dik duwt terug. Hij vindt dat Polman nu de ruimte moet krijgen. Dik vindt het logisch dat de kosten van Unilever hoger zullen liggen omdat er wordt geïnvesteerd in goede mensen en in het goed behandelen van die mensen. Daar gaat Dik zelf trouwens ook van profiteren. Hij gaat zijn laatste jaar in als toezichthouder en verheugt zich erop nog vele jaren te worden uitgenodigd. Natuurlijk is het kostbaar om alle oud-directeuren met hun partners twee keer per jaar op kosten van Unilever uit te nodigen voor een feest of reünie. Maar dit circuit kenmerkt het bedrijf juist. Zo onderhoud je een club goed ingevoerde ambassadeurs, die op allerlei plekken Unilever zullen helpen verder te komen.

Polman krijgt zijn zin: ze hangen er nog geen jaartal aan, maar Unilever gaat ernaar streven om in omvang te verdubbelen en de impact op het milieu daarvan los te koppelen. Die zal per saldo dus moeten halveren. Tijdens een grote townhall-bijeenkomst in Londen kondigt Polman aan dat 'One Unilever' wordt vervangen door zijn 'Compass-strategie'. De weg ernaartoe wordt samengevat in vier 'wins', een variant op de vroegere 'must-win battles': 'We gaan winnen met merken en innovatie, we gaan winnen in de markt, we gaan winnen met mensen en we gaan winnen door constante verbetering.' De CEO kondigt aan dat de omzet van Unilever zal verdubbelen. Het applaus is oorverdovend, iedereen is enthousiast. De boodschap dat tegelijkertijd de impact op het milieu moet worden gehalveerd dringt nauwelijks tot zijn publiek door.

Dat wordt hoe dan ook een ingewikkelde puzzel. Commissaris Jeroen van der Veer vraagt wetenschapper Louise Fresco of ze wil komen praten over een eventueel lidmaatschap van het Unilever-bestuur. Zo'n academica is atypisch binnen het Unilever-leiderschap, maar hier kan ze misschien meehelpen. Fresco werkte lang voor de FAO, de voedsel- en landbouworganisatie van de VN in Rome. Ze is kroonlid van de SER, het belangrijkste adviesorgaan van de Nederlandse overheid, en als commissaris bij Rabobank heeft ze ervaring in het bedrijfsleven. Op de vraag wat ze kan bijdragen zegt de hoogleraar plantaardige productiesystemen aan Wageningen University dat ze zich uitsluitend op feiten baseert en altijd bewijzen wil zien. Een collega-commissaris wijst erop dat Fresco ook opiniërende columns voor *NRC Handelsblad* schrijft, is dat geen risico? Ze vindt het een belachelijke vraag, ze is echt professioneel genoeg om dit te kunnen scheiden.

Fresco schrijft graag en veel, ook romans waarin maatschappelijke thema's centraal staan. In *De utopisten* laat ze de hoofdpersoon zeggen: 'Wat mij beweegt is niets anders dan een gevoel van verantwoordelijkheid voor wat mijn generatie heeft aangericht in zijn laksheid en streven naar individuele vrijheid ten koste van sociale samenhang en gedeelde sociale verantwoordelijkheid.' Haar boodschap past bij de ambitie van Unilever. In een uitverkochte *Ted Talk* heeft ze recent nog gewaarschuwd: 'Ik begrijp de weerstand tegen industrieel verwerkt voedsel, de suggestie dat die het milieu verpest, ik begrijp de groeiende aantrekkingskracht van kleinschalig vakmanschap. Maar het is onzin, alleen een op een slimme manier geïndustrialiseerde voedselproductie zal in staat zijn de hele wereld op een veilige manier te voeden. En dat hoeft helemaal niet vervuilend te zijn, dat is vooral een kwestie van meer en beter wetenschappelijk onderzoek, van innovatie.' Fresco onderstreept het keer op keer: globalisering betekent niet zozeer dat er nu één grote markt is, het betekent vooral dat er maar één wereld is.

Het klikt meteen tussen Polman en Fresco. In hun eerste ontmoeting gaat het over Afrika, over honger, over de impact van klimaatverandering. Tot genoegen van Fresco stelt Polman dat de groene benadering van de economie het businessmodel van de toekomst moet zijn. Hij wil dat iedere productcategorie van Unilever duurzame doelen gaat stellen en daar verantwoording over aflegt. Fresco is verrast, dit vindt ze vernieuwend. Ze gaat in op het verzoek om commissaris te worden.

Fresco is blij als ze hoort dat Ann Fudge ook 'ja' heeft gezegd. Fudge was in 2006 ook al eens door Unilever gevraagd maar toen ze erachter kwam dat Antony Burgmans als voormalige CEO de rol van voorzitter op zich had genomen, had ze snel afgehaakt. Bij Unilever was de governance toen duidelijk nog niet op orde. Nu wel. Deze Afro-Amerikaanse zakenvrouw, die jarenlang in de top van Kraft heeft gezeten, heeft in verschillende toezichthoudende rollen gezeten en daar een belangrijke les geleerd: zodra een bestuur zich gaat richten op de winst per aandeel gaat het mis. Dat is het begin van het einde, dan krijg je slecht gedrag. Het is ook haar eerste indruk dat de finance-mensen nog veel te dominant zijn binnen Unilever.

Naast Fresco en Fudge wordt ook Paul Walsh, de al jaren op de aandelenbeurzen bejubelde CEO van Diageo, een van de grootste producenten van sterkedrank, gevraagd om in het bestuur te komen. Met die versterking is vooral Kees Storm blij, Walsh is een man die het belang van kloppende resultaten zal onderstrepen.

Eindelijk ontmoeten Ben Cohen en Jerry Greenfield de nieuwe baas van Unilever. De activistische oprichters van Ben & Jerry's hadden Polman eind 2008 meteen een persoonlijke noodkreet gestuurd. Daarbij hadden ze twee lagen in de hiërarchie van Unilever overgeslagen. Dat was ze niet in dank afgenomen. Cohen en Greenfield maken zich grote zorgen over de toekomst van hun bedrijf. In aanwezigheid van hun directe baas Michael Polk willen ze van Polman de toezegging krijgen dat de fabriek in Waterbury open mag blijven. In reactie op de aankondiging een paar maanden eerder dat die ijsfabriek niet efficiënt genoeg opereerde en daarom dicht moest, had het bestuur van Ben & Jerry's al een woedende brief naar de Unilever-top gestuurd. Unilever had de werknemers toch een leefbaar inkomen beloofd en een waardig bestaan?

De ontevredenheid over Unilever is groot, op meerdere fronten. De afgelopen jaren was de kwaliteit van het ijs in gevaar gebracht door te bezuinigen op de ingrediënten. Er was te veel lucht in het ijs geblazen, er was te veel vet uit gehaald. Unilever zou zelfs hebben geprobeerd om de stukken chocolade, banaan en noot kleiner te maken. Een doodzonde: daarmee was het allemaal begonnen in 1977. Omdat Ben Cohen vanwege een probleem met zijn bijholten niet goed kan proeven, had Jerry toen besloten hele stukken van de dominante ingrediënten in het ijs te stoppen, zodat Ben als het ware op die smaken kon kauwen. Het bleek een gouden vondst, de basis van hun succes.

Ruim acht jaar na de overname door Unilever zijn de twee voormalige hippies tot de conclusie gekomen dat Unilever weliswaar professioneel geleid wordt, maar in de kern niets begrijpt van het gedachtegoed van Ben & Jerry's, van de eerste sociale onderneming in de Verenigde Staten. Ze zijn bang dat Unilever het merk Ben & Jerry's kapotmaakt.

Het bestuur deelt die zorg en schrijft: 'De board staat achter onze driedubbele missie [...] we zien business als een krachtig instrument dat sociale verandering teweeg moet brengen [...] we begrijpen dat het ingewikkeld is om business te herdefiniëren van het perspectief van Milton Friedman naar dat van Ben & Jerry's [...] we realiseren ons dat dit geen simpele uitruil is, het is geen programmaatje met hier en daar een beetje filantropie.'

De brief bevat een lange lijst met eisen. De gevraagde winstmarge moet met 4 procent omlaag, er moet budget komen om extra werknemers te kunnen belasten met het uitvoeren van de sociale missie, er moet een onafhankelijke 'sociale auditor' worden aangesteld. 'Het is een filosofie die gaat over het runnen van een bedrijf van dag tot dag waarbij het perspectief van sociale rechtvaardigheid en een goed milieu leidend is bij alle beslissingen die we nemen.'

De twee ondernemers en de topmanager voeren een prettig gesprek. Polman belooft dat Waterbury open kan blijven. Maar de samenvatting die Michael Polk vervolgens van het gesprek maakt, bevalt de oprichters helemaal niet. Ze vinden dat hij vasthoudt aan een veel te hoge winstmarge. Door hun bedrijf in de verstikkende matrix van Unilever vast te zetten wordt de heilige driedubbele missie gefrustreerd. De twee mannen laten Polk weten dat ze actie zullen gaan voeren als Unilever zich niet houdt aan de afspraken die bij de overname zijn gemaakt. Pas als Polman benadrukt dat de ijsfabrikant de komende tijd minder winst hoeft te maken zijn ze gerustgesteld.[13] De CEO van Unilever neemt zich voor de werkwijze van deze snel gegroeide dochter de ruimte te geven, waarschijnlijk kan de moeder er wat van leren.

Op zijn eerste aandeelhoudersvergadering in mei is Polman op zijn hoede. Tegen zijn aandeelhouders zegt hij: 'Het bedrijf staat, de bedrading is goed, het is mijn opdracht om elektriciteit door die draden te jagen. Want hoewel mijn voorganger de portfolio van producten heeft aangescherpt, is het een feit dat de omzet rond de 40 miljard euro blijft hangen. Dat moet veranderen.' Polman formuleert voorzichtig: 'In deze snel veranderende omgeving moeten we onze consumenten en onze klanten weer in het midden zetten van wat we doen. Ik geloof dat groei van de omzet in volume op een winstgevende en duurzame manier kan worden bereikt en dat dit de meest zekere weg is om voor jullie, mijn beste aandeelhouders, op de lange termijn waarde te creëren.'

In zijn eerste optredens in de media benadrukt Polman zijn eenvoudige afkomst. Tegen de *Financial Times* zegt hij: 'Ik hou dingen graag simpel, daarom hou ik van *consumer goods*.' En nee, hij is er niet van geschrokken dat de koers van het aandeel sinds zijn aantreden met 17 procent in waarde is gedaald. Aan *Het Financieele Dagblad* legt hij uit: 'Kwartaalcijfers zijn voor mij Pinokkio-cijfers, het is verstoppertje spelen met analisten. Ik zie er de noodzaak niet van in. Iemand als Warren Buffett doet het ook niet. Laten ze mij beoordelen op de werkelijke resultaten.'

Op de vraag van McKinsey-consultants, die hem voor hun kwartaalblad interviewen, wat zijn belangrijkste les is, antwoordt hij: 'Je moet purpose gedreven zijn, vanuit duidelijke waarden werken. Als jouw persoonlijke waarden samen vallen met de waarden van het bedrijf, dan zal je op de lange termijn succesvoller zijn [...] als dat niet het geval is, dan ben je een acteur als je naar je werk gaat, dan heb je een gespleten persoonlijkheid.'

'Het gaat voor alles om de kwaliteit van de mensen, de investering in mensen. En wat later dan ik misschien zou hebben gewild, heb ik geleerd: in het begin ben je *self-centered*, maar verderop realiseer je je: als je investeert in de mensen om je heen, dan investeren ze in jou en wordt jouw bedrijf succesvol. We hebben de afgelopen anderhalf jaar gezien wat hebzucht en mismanagement kunnen aanrichten.'

De journalist constateert dat Polmans naam op zijn businesscard in braille staat vermeld. Polman vertelt trots dat hij marathons loopt en daarmee geld ophaalt voor zijn Kilimanjaro Blind Trust. De afgelopen week heeft hij samen met zijn zoon Christian 70.000 dollar voor dat goede doel opgehaald. Als de journalist bezorgd kijkt, laat hij er lachend op volgen: 'Ach, ik ben begonnen toen ik 48 was... het grote voordeel als je op deze leeftijd begint: je kunt je gewrichten niet meer verslijten.'[14]

Unilever heeft de wind vol in de zeilen. De omzet stijgt. Vooral op eigen kracht maar ook door een opmerkelijke overname in september 2009. Sara Lee heeft aangegeven af te willen van de 'lichamelijke verzorgingsproducten' zoals Sanex en Zwitsal. Het zijn producten waar het hart van Polman sneller van gaat kloppen. Deze wereld kent hij van binnenuit. Dit begrijpt hij, dit is de wereld van Procter & Gamble. Sterker nog, zeven jaar geleden heeft hij al eens onderzocht of P&G dit bedrijf niet zou moeten kopen. Hij was met collega's in verschillende winkels langs de schappen gegaan om vervolgens in Utrecht op het hoofdkantoor van Sara Lee te gaan praten. Daar moest hij tot de conclusie komen dat een overname er nog niet in zat. Nu liggen de kaarten anders. Het is voor hem duidelijk dat dit stuk van Unilever de komende jaren voor veel meer groei zal zorgen dan de voedingsdivisie. Deze overname kan zorgen voor dominante marktposities in verschillende landen in Europa. Met merken als Prodent en Zendium zou Unilever opeens marktleider tandpasta worden.

Uiteindelijk betaalt Unilever 1,3 miljard aan Sara Lee voor 750 miljoen euro aan nieuwe omzet. Er gaat een schok van opwinding door het bedrijf. Deze nieuwe baas durft zelfs grote overnames aan om de groeidoelstelling te ondersteunen.

Gavin Neath is ondertussen druk bezig Unilever meer op het pad van duurzaamheid te krijgen. De belofte om de impact op het milieu te halveren zal veel van het bedrijf vragen. Hij wil met inkoopdirecteur Marc Engel praten over het vergroten van zijn inzet. Neath wijst op de in 2008 na een actie van Greenpeace gedane belofte dat in 2015 alle palmolie moet zijn voorzien van een duurzaamheidscertificaat. De ngo had toen de druk op ludieke wijze opgevoerd. In heel Europa demonstreerden activisten verkleed als orang-oetans voor de kantoren van de bedrijven die ze verantwoordelijk hielden voor de ontbossing als gevolg van hun snelgroeiende vraag naar palmolie. Die ontbossing gaat razendsnel, met name in delen van Indonesië die het laatste leefgebied voor de orang-oetans vormen. De pijlen waren vooral op Unilever gericht, met 1,3 miljoen ton palmolie de grootste gebruiker van palmolie. De 'orang-oetans' stonden bij de receptie in het Blackfriars-hoofdkantoor. Omdat het hele Executive Committee in de Verenigde Staten zat, was Gavin Neath, baas van het Verenigd Koninkrijk én belast met de ontwikkeling van het duurzaamheidsbeleid van Unilever, naar beneden gekomen om met de demonstranten in gesprek te gaan. De diplomatenzoon was geschrokken. Natuurlijk wist hij dat Unilever de grootste inkoper van palmolie was. Maar op een of andere manier had hij de link met ontbossing nog nauwelijks gelegd. Een paar dagen later had Unilever beloofd de leveranciers te zullen helpen hun productie duurzaam te maken en in 2015 alleen nog maar gecertificeerde palmolie in te zullen kopen.

Neath had aan Greenpeace gevraagd: laat het me zien, waar gaat het mis? Vliegend boven Sumatra werd hij geconfronteerd met groeiende gapende wonden in het tropische regenwoud. Zijn gevoel van urgentie was er alleen maar groter door geworden. Er is geen tijd meer te verliezen. Neath wil nu van Marc Engel weten wat Unilever kan doen, wat Unilever moet doen om de palmolieproductie duurzaam te maken. Het begin is er: in november vorig jaar is de eerste van een duurzaamheidscertificaat voorziene palmolie ingekocht.

Maar de directeur inkoop heeft geen zin in een preek van Neath. Hij worstelt met zijn cijfers, de olieprijs gaat heftig heen en weer. Dat heeft nu prioriteit. Neath begrijpt dat Engel onder grote druk staat. Daarom vraagt hij hem om met eigen ogen te gaan bekijken wat er op die plantages gebeurt, zodra hij weer in Azië is. Dat doet Engel een paar weken later. Vanuit een helikopter ziet hij hoe in een waanzinnig tempo het Indonesische regenwoud omver wordt gebuldozerd, om plaats te maken voor palmolieplantages. De ellende waar hij mee wordt geconfronteerd bezorgt ook hem kippenvel. Marc Engel begrijpt dat dit zo niet kan doorgaan. Hij bedankt Neath voor dit inzicht. De inkoopdirecteur zal zich vanaf nu fanatiek storten op het verduurzamen van de palmolieproductie.

Neath nodigt Engel daarop uit om samen met een tiental collega's mee te denken over de vraag hoe Unilever zich de komende tien jaar het best over het verduurzamen van het bedrijfsmodel kan ontfermen. Daarvoor moeten ze eerst antwoord geven op de vraag hoe de totale milieubelasting van Unilever er nu uitziet. Ze besluiten voor heel Unilever tweeduizend *lifecycle-assess-*

ments in kaart te brengen. Die dekken 70 procent van de Unilever-business af.

De basis ligt er al. Het werk van Vis, Broekhoff, Eenhoorn, Dutilh en vele, vele anderen heeft de afgelopen bijna twintig jaar geresulteerd in een waaier aan activiteiten en inzichten die ervoor moeten zorgen dat de inkoop en productie van Unilever duurzamer wordt. De laatste stand van zaken wordt samengevat in het rapport 'Duurzame ontwikkeling 2008, een overzicht'.

Polman is onder de indruk en schrijft in het voorwoord: 'In toenemende mate verankeren we duurzaamheidsdenken in de dagelijkse activiteiten van ons merkmanagement en onze R&D-teams. We doen dit met behulp van een simpel instrument genaamd "brand imprint". We leren dat deze manier van opereren ons harde zakelijke voordelen biedt. We worden innovatiever, besparen kosten. En vooral: we winnen de harten (en portemonnees) van onze consumenten die er zeker van willen zijn dat de bedrijven waarvan ze de producten kopen, deze op een verantwoordelijke en ethische manier inkopen, produceren en in de markt zetten. Veel van dit denkwerk is al verankerd in Unilever, het is mijn intentie om verder te bouwen op het leiderschap van Unilever op dit gebied.'

Het verslag somt de behaalde resultaten op. Tussen 1995 en 2008 reduceerde Unilever de bij de eigen productie vrijgekomen CO_2-uitstoot met 39 procent, het gebruik van water in de eigen fabrieken nam met 68 procent af evenals de hoeveelheid geproduceerd afval. De laatste zes jaar bereikte Lifebuoy 120 miljoen mensen met de boodschap om beter hun handen te gaan wassen. Het doel is om in 2012 1 miljard mensen hiermee te hebben geholpen. Eind 2008 heeft de helft van alle in Europa verkochte Lipton-thee een certificaat van de Rainforest Alliance.

Van accountantskantoor Deloitte krijgen de cijfers een goedkeurende verklaring met het keurmerk *limited assurance*, beperkte zekerheid. Een normale controle op de cijfers van een bedrijf krijgt van accountants 'redelijke zekerheid' als stempel van goedkeuring. Dat vinden de accountants hier nog niet verantwoord. Ze voeren wat steekproeven uit maar moeten het vooral doen met de gegevens die ze van Unilever krijgen.

Het tegengaan van ontbossing is ook op de agenda gezet bij het in Parijs opgerichte Consumer Goods Forum. Onder het motto *Better lives through better business* zullen de CEO's en voorzitters van de vijftig grootste producenten en retailers van consumentenproducten een paar keer per jaar twee dagen bij elkaar komen om concrete afspraken te maken die moeten bijdragen aan meer veiligheid, meer gezondheid, betere kwaliteitsstandaarden en meer focus op duurzaamheid.

Paul Polman is laaiend enthousiast, deze samenwerking is onmisbaar om het gelijke speelveld te krijgen dat Unilever nodig heeft om het duurzame bedrijfsmodel op te kunnen bouwen. Unilever is groot, maar niet groot genoeg om deze kar alleen te trekken. Het is essentieel dat concurrenten en afnemers meedoen.

Bij het Consumer Goods Forum komt hij Marc Bolland, CEO van Morrissons Supermarkets, weer tegen. Een halfjaar eerder in Davos vonden die twee Nederlanders elkaar in de overtuiging dat duurzaamheid staat of valt bij transparantie. Bolland maakt zich al jaren zorgen over het gebrek aan urgentie bij zowel retailers als producenten als het over duurzaamheid gaat. Iedereen lijkt gevangen in de eigen kortetermijnbelangen.[15] De Nederlander was in 2006 na zijn vertrek als bestuurder bij Heineken door Patrick Cescau gevraagd om de Europese divisie te gaan leiden. Daarbij was zelfs gezinspeeld op de mogelijkheid om Cescau op termijn op te volgen. Maar Bolland had toen gekozen voor een duidelijke eindverantwoordelijke rol bij Morrissons.

Over duurzaamheid zijn de twee Nederlanders het roerend met elkaar eens: als je iets hebt gevonden wat werkt, dan moet je dat met de industrie delen en niet voor jezelf houden. Anders gaat het te langzaam. Het valt ze op dat vooral Amerikaanse concurrenten hier grote moeite mee hebben.

Polman brandt van ambitie en hij geniet. De afgelopen jaren heeft hij zich vaak afgevraagd of hij de rest van zijn leven nog bij zulke grote bedrijven wilde werken. Al die energie die daar verloren gaat met politieke spelletjes en elkaar in de gaten houden. Hij wilde eruit. Maar nu is hij blij dat hij dit avontuur is aangegaan. Hier krijgt hij energie van. Tachtig procent van de wereldeconomie wordt bepaald door het bedrijfsleven, daar moet het dus ook gebeuren. Daar vindt de vernieuwing plaats. Hier kan hij een antwoord geven op de grote vragen die vanuit de samenleving en overheden aan het adres van dominante multinationals worden gesteld: zijn jullie er wel voor ons, voor die samenleving, voor de wereld van morgen, voor een duurzaam klimaat? De financiële crisis heeft er wat dat betreft ingehakt, er is veel vertrouwen verloren gegaan, de antwoorden moeten nu snel komen. Polman ziet het als zijn belangrijkste taak om het vertrouwen terug te winnen. Hier ligt de sleutel. Nu de business groeit is er ruimte voor de invulling van een nieuwe missie, een roeping, een 'verantwoordelijke strategie'. Unilever moet hierbij vooroplopen, een *force for good* zijn.

Zijn eigen korte geschiedenis als CFO van Nestlé helpt hem. Zonder die ervaring had hij dit hier niet kunnen doen. Bij Nestlé heeft hij geleerd dat je als leider van een bedrijf steeds heel expliciet van buiten naar binnen moet kijken. Dat je constant jouw visie op de buitenwereld moet toetsen. Dat je bijvoorbeeld na een overname iets kunt leren van het bedrijf dat je hebt overgenomen, in plaats van top-down en in hoog tempo jouw mensen daar naar binnen te fietsen om dat bedrijf te vertellen wat ze moeten doen.

Bij Nestlé zijn ze een paar jaar bezig geweest om Corporate Social Responsibility uit de sfeer van pr en charitas te halen en in de strategie en de manier van zakendoen van het bedrijf te verankeren. Dat moet bij Unilever ook gebeuren. Eigenlijk had hij deze CEO-rol liever bij Nestlé gedaan, daar zitten toch betere mensen, de cultuur van het bedrijf is er verder ontwikkeld. Je hoeft minder uit te leggen. De kaarten die Polman hier heeft gekregen zijn minder gunstig. Maar dat relatieve voordeel lijken ze bij de concurrent niet te benutten. Op z'n Zwitsers, bescheiden, lijken ze bij Nestlé maar weinig ruchtbaarheid aan hun duurzame plannen te geven. Hebben ze eigenlijk wel een plan? Paul Bulcke durft niet voor een tienjarige strategie te gaan, durft niet echt door te pakken, hij zit te veel vast in de geschiedenis, vindt Polman. Dat biedt Unilever kansen. Dat biedt hem kansen.

De schade als gevolg van het afschaffen van de kwartaalresultaten valt mee. De koers en daarmee het vertrouwen van beleggers is weer gegroeid. Kees Storm heeft op de bestuursvergadering zelfs geconstateerd dat hij ongelijk heeft gehad, dat Polman het goed had gezien. Dat was een mooi moment geweest.

Hoe meer hij erover nadenkt, hoe enthousiaster hij wordt. Unilever produceert zo'n 150 miljard producten per jaar, werkt in 190 landen en is dus groot genoeg om de trom te roeren, om voorop te lopen in een transformatieve verandering. Als de grootste inkoper van palmolie en thee en een van de grootste verbruikers van plastic, en met de ambitie twee keer zo groot te worden, is het de logische morele plicht van Unilever om beter voor de wereld te gaan zorgen. Het goede te doen, zich in te spannen om het alledaagse leven van mensen te verduurzamen. Dat zou de roeping van het bedrijf, van alle medewerkers, moeten zijn. Zij moeten het bewijs leveren dat het kan. Dat je goed kunt verdienen aan het goede doen. Net als William Lever.

Aan de *Financial Times* vertelt een enthousiaste Polman hoe zijn baan eruitziet. 'Ik ben 30 procent van mijn tijd hier in Londen of in Rotterdam, ongeveer 20 procent van mijn tijd ben ik met andere zaken bezig, en 50 procent van de tijd in de Unilever-organisatie *out there*.'

Hij beaamt dat de ambitie om het bedrijf twee keer zo groot te maken en tegelijkertijd de impact op het milieu te verminderen voor spanningen zorgt: 'Maar we kunnen zo niet doorgaan, we consumeren nu al 1,3 keer harder dan de wereld aankan. Minder consumeren is geen optie, dus moeten we meer verantwoord consumeren. Daarom proberen we zoveel mogelijk duurzaam in te kopen, zijn we zo met palmolie in de weer. Daarom werken we met kleinschalige boerenbedrijven, zodat ze een kans krijgen op een beter leven. Ik geloof dat uiteindelijk alleen bedrijven met deze benadering bestaansrecht hebben.'

De journalist valt bijna van zijn stoel van verbazing: wat zullen de aandeelhouders van dit verhaal vinden? Polman: 'Als je de goede investeerders voor de lange termijn aantrekt, wordt het steeds makkelijker om dit soort gesprekken te hebben. Dan gaan ze naar meer cijfers kijken dan die van de balans en de winst-en-verliesrekening. Je hoeft dan niet te kiezen tussen verantwoordelijkheid en geld verdienen. Het is en-en, daar vindt geen uitruil plaats.'

Zijn ideeën moeten nu handen en voeten krijgen. Aan Gavin Neath en Karen Hamilton heeft Polman gevraagd om zo'n plan samen met hem op papier te zetten. Zij vormen de staf die op het hoofdkantoor over duurzaamheid gaat. Op basis van het bestaande werk van platforms als het SAI en de Roundtable on Sustainable Palm Oil, en in overleg met de afdelingen R&D, marketing en inkoop, moeten ze zorgen voor een lijst met harde, afrekenbare, duurzame doelen. Die moeten duidelijk kwantificeerbaar zijn, zodat de mensen in de business de vooruitgang kunnen meten en zich daar ook medeverantwoordelijk voor gaan voelen. Bovendien moeten externe partijen, ngo's voorop, zich er een duidelijk oordeel over kunnen vormen. Hamilton en Neath zullen de komende maanden materiaal verzamelen en stukken tekst schrijven, die Polman van commentaar zal voorzien.

Neath is opgetogen. Dit zou vroeger onmogelijk zijn geweest. In de tijd van de Brits-Nederlandse voorzitters zou je van beiden toestemming nodig hebben gehad, dat was nooit gelukt. En het hart van Cescau had nooit in deze agenda gezeten. Het zal een enorme klus worden om de meeste collega's mee te krijgen, die zijn sowieso niet snel onder de indruk van een werkstuk dat uit de Londense staf komt, maar met de handtekening van deze energieke CEO eronder zou het wel eens wat kunnen worden.

In januari 2010 haalt Polman tijdens een speech op het World Economic Forum in Davos uit naar opportunistische, op kortetermijnwinsten gerichte beleggers. Hij beschuldigt ze ervan de langetermijnfinancieringsbehoeften van bedrijven te frustreren. Refererend aan hedgefunds zegt Polman: 'Ze zijn totaal niet bezig met de langetermijnwaardecreatie. Ze zouden hun grootmoeder verkopen als ze daarmee geld zouden kunnen verdienen.' De zaal is even stil, is dit de CEO van een grote beursgenoteerde onderneming? Die zeggen dat soort dingen toch niet?

Collega's van Polman schrikken ook van dit soort uitspraken. Is dit wel verstandig? Zo maakt hij, zo maakt Unilever vijanden in de wereld van het grote geld. Dat maakt hun werk er niet gemakkelijker op. Ze realiseren zich meer en meer dat Paul Polman door zich af te zetten tegen de geldende mores op de financiële markten de lat hoog legt, erg hoog. In zijn eerste jaar heeft hij duidelijk gemaakt dat hij van zijn omgeving verwacht dat ze de lat net zo hoog leggen. Mensen die daar vraagtekens bij plaatsen, krijgen van Polman het verwijt dat ze in oude systemen denken, kennelijk niet de moed of energie hebben om die systemen uit te dagen. Hij vindt ze lui.

Als Polman ergens een hekel aan heeft, dan is het luiheid. Keer op keer maakt hij duidelijk dat je nooit mag zeuren als je in de leiding van Unilever zit. Hij vindt het onvoorstelbaar dat mensen kennelijk hun talent makkelijker verbinden aan hun hiërarchische positie dan aan de waarde die ze moeten creëren. Je bent bevoorrecht dat je dit mag doen, dat je deze verantwoordelijkheid mag dragen. Het is alleen maar logisch dat je je volledig richt op de belangen van anderen, zij die het vaak veel minder hebben dan jij.

Polman is ervan overtuigd dat luiheid verdwijnt op het moment dat je weet wat je te doen hebt op deze wereld en vooral voor deze wereld. De passie die zo loskomt zorgt ervoor dat je niet meer hoeft te twijfelen dat je én het goede kunt doen én daar goed geld mee kunt verdienen. Als je werk beschouwt als een middel om geld te verdienen, vergeet het dan maar. Je moet gepassioneerd zijn zoals een kunstenaar dat is, die twijfelt niet, die is vanuit zijn tenen gemotiveerd om te maken wat hij moet maken. Dag en nacht. Pas dan ben je authentiek in jouw leiderschap en hoef je niet meer te schipperen tussen wat je als mens-vader-burger vindt en wat je als manager vindt. Het vraagt heel veel energie, tijd en aandacht maar dan kun je deze 'en-en' realiseren.

Polman is ervan overtuigd dat het succes van Unilever zal worden gestuurd door mensen met zulke diepgewortelde overtuigingen en waarden. De boeken *Authentic Leadership* en *True North* van Harvard-professor Bill George hebben hem hierbij de afgelopen jaren geïnspireerd.

Jonathan Donner herkent dit. De man die verantwoordelijk is voor de leiderschapsontwikkeling bij Unilever, is vorig jaar tijdens een seminar op Harvard in gesprek geraakt met Bill George. Die had hem verteld over een nieuwe cursus 'authentiek leiderschap'.

Ook voor Donner is het duidelijk dat een leider zijn voor dit leven 'beslissende vragen' moet kunnen herkennen en doorgronden. Alleen als je weet waarom je hier bent, durf je te leiden vanuit die innerlijke overtuiging. Donner wil het topmanagement van Unilever hierop uitdagen.[16] Samen met vier collega's heeft hij een proeftraining met George gedaan. Dat was een groot succes. Miguel Veiga-Pestana, verantwoordelijk voor de relaties met overheden en ngo's, heeft die oefening zelfs als een openbaring ervaren. Al op achtjarige leeftijd leerde hij dat de grootste uitdaging in het leven het begin van verandering is. Als jochie vluchtte hij met zijn moeder zonder toestemming van zijn vader van Madeira naar het Verenigd Koninkrijk. Ze hadden 10 pond bij zich. Die gebeurtenis inspireert hem om in alles wat hij doet ervoor te zorgen dat de wereld een betere plek wordt. Hij was in de politiek begonnen maar negen jaar geleden bij Unilever verdergegaan. Zijn roeping is na deze training glashelder: als hij aan het eind van de dag naar huis gaat, wil hij zeker weten dat hij ook die dag weer een bijdrage aan een duurzamere wereld heeft geleverd. Hij spreekt met zichzelf af dat hij op termijn verantwoordelijk wil worden voor duurzaamheid binnen Unilever. Als dat niet lukt zal hij voor een non-profitorganisatie gaan werken.

Polman is meteen enthousiast als hij deze verhalen hoort. Bill George is een oude kennis. Toen George de baas was van Medtronics, zo'n acht jaar geleden, nodigde hij Polman, toen nog de baas van P&G Europa, uit om de fabriek aan het Meer van Genève te bezoeken en een voordracht voor Medtronics-mensen te houden. In die fabriek werden vooral pacemakers gemaakt. Na afloop van de rondleiding had hij Polman gevraagd mee te luisteren met een sessie met een klant. Het verhaal van die vrouw had Polman tot tranen toe geroerd. Ze had verteld dat ze zonder Medtronics niet meer had geleefd, dat het bedrijf, dat die mensen haar leven hadden gered. George had Polman uitgelegd dat hij regelmatig zulke klanten uitnodigde. Hij wilde zijn mensen ervan doordringen waarom ze dit werk deden.

Polman belt George en zegt dat hij leiders om zich heen nodig heeft die werkelijk betrokken zijn, die zich in hun werk niet als calculerende werknemers maar als echte mensen gedragen, mensen die worden gedreven door hun bestemming. Net als hij. Polman wil dat de top van Unilever hierin wordt getraind. George wil hem daar natuurlijk graag bij helpen.

Maar wie moet getraind worden en waar moet die training uit bestaan? Nogal wat Unilever-managers vinden zichzelf geweldig. Staan die er wel voor open om iets te leren? In overleg met Treschow besluit Polman een extern bureau, MWM Consulting, te vragen de top-100 grondig door te lichten en hun kwaliteiten te vergelijken met die van de concurrentie. Waar staan ze? Hoe zouden ze het doen buiten Unilever, hoeveel zouden ze echt waard zijn? Daar moeten zijn collega's duidelijk aan wennen. Het klinkt bijna als een motie van wantrouwen. Treschow wordt er een paar keer op aangesproken, waarom is dit nodig? De bestuursvoorzitter reageert streng: jullie vinden jezelf zo goed, dus waarom zou je je zorgen maken?

Twee consultants van MWM interviewen iedereen, maken een 360 graden-analyse van alle managers. Ze brengen hun capaciteiten in kaart en zetten die af tegen een externe benchmark. De score is dramatisch. De meeste managers komen niet eens in de buurt van wat er voor soortgelijke functies bij concurrenten wordt gevraagd.

Zelfs Polman en Treschow schrikken van deze resultaten. Voor sommige managers zal het einde oefening zijn. De rest kijkt als het goed is straks in de spiegel. Wat ze zien zal ze ervan doordringen dat ze bij zichzelf te rade moeten gaan. Dat ze op zoek moeten naar hun 'echte noorden', naar het antwoord op de vraag wat hun roeping is.

8 Het is geen baan, het is een roeping

februari-november 2010

Ze wilde journalist worden; schrijven over het grote onrecht in Zuid-Afrika. Maar dat was erg gevaarlijk in de jaren tachtig. Het ontbrak haar simpelweg aan moed. En dus ging Gail Klintworth op zoek naar een gewone baan. Unilever viel op, het bedrijf weigerde zich al tientallen jaren te conformeren aan de Zuid-Afrikaanse apartheidswetten en hield duidelijk vast aan een eigen sociale agenda. Het bleef zakendoen vanuit de eigen, niet-racistische basis in de diepe overtuiging zo uiteindelijk bij te dragen aan de oplossing van het probleem. Unilever kreeg zelfs steun van de oppositie. De baas van Unilever in Zuid-Afrika, Niall FitzGerald, was door vakbondsleiders gevraagd om Nelson Mandela af en toe in de gevangenis te bezoeken. De voorman van het verzet tegen het apartheidsregime wilde zich goed voorbereiden op de dag dat hij weer een vrij man zou zijn.[1]

Gail Klintworth heeft carrière gemaakt binnen Unilever. Ze zit nu op de stoel waar FitzGerald ruim twintig jaar geleden op zat en is door Polman persoonlijk uitgenodigd om deel te nemen aan de eerste versie van het vierdaagse Unilever Leadership Development Program.

Polman had erop gestaan dat het leiderschapsprogramma de naam van 'Unilever' zou dragen. Overal moet die naam centraal staan, hij wil zo duidelijk maken dat het uniek is wat ze doen, dat dit niet het spel van iemand anders is. Bill George had coauteur Nick Craig daarom gevraagd een apart programma voor Unilever in elkaar te zetten. De uitkomst staat vast: alle deelnemers moeten over vier dagen weten wat hun purpose, hun roeping in dit leven is.

Craig en opdrachtgever Donner zijn bloednerveus. Gaan deze mensen, die naar maatschappelijke normen succesvol zijn en zichzelf succesvol vinden, zich werkelijk kwetsbaar opstellen en met collega's over de meest dramatische ervaringen in hun leven praten?

Ter introductie geeft Craig zijn eigen zoektocht als voorbeeld. Hij vertelt dat hij na het lezen van het werk van Bill George heeft besloten dat zijn doel in dit leven is om 'jou wakker te maken en je eindelijk naar huis te brengen'. Hij wil zo veel mogelijk mensen helpen bij hun kern te komen, ze zo in staat te stellen eindelijk te gaan doen wat ze te doen hebben. Hij gelooft dat het kennen van jouw purpose de basis is van alles. Deelnemers die zich niet comfortabel voelen met deze aanpak krijgen te horen dat ze dan kennelijk twijfelen of Unilever nog wel de goede werkgever voor ze is. In dat geval moeten ze met hun leidinggevende in gesprek over de vraag waar ze beter zouden passen.

Craig houdt de cursisten voor dat ze er niet aan ontkomen. Ze leven in die VUCA-wereld, een wereld zonder houvast, zonder zekerheden. Dat betekent dat er geen duidelijke bakens zijn waar je op kunt varen en dat er dus niks anders op zit dan bij jezelf te rade te gaan, op zoek te gaan naar inspiratie. En zo te leren wat jouw gift aan deze wereld is.

Dat eigen kompas is des te belangrijker omdat het duidelijk is dat Unilever alleen in een intensieve samenwerking met andere belanghebbenden, zoals overheden en ngo's, resultaat zal kunnen boeken. Het is Miguel Veiga-Pestana die dit punt steeds maakt. Om met zulke clubs te kunnen samenwerken, moeten ze jou vertrouwen. Dat zullen ze niet doen omdat je voor een multinational werkt, die worden per definitie gewantrouwd. Maar ze zullen het wel doen als jij duidelijk kunt maken dat jij dit echt zelf wilt, het als jouw persoonlijke opdracht ziet. Dat zal voor een gemeenschappelijke taal en het broodnodige vertrouwen zorgen.

Een 'gemeenschappelijk inzicht' moet deze cursisten helpen zich te openen tijdens deze zoektocht. Een paar dagen voor de start van deze bijeenkomst hebben ze allemaal een wake-upcall gekregen in de vorm van een confrontatie met de analyse die de twee consultants van MWM over ze heeft gemaakt. De hard geformuleerde conclusies over hun kwaliteiten en functioneren in vergelijking met wat er op soortgelijke posities in de buitenwereld wordt gevraagd, doen bij iedereen pijn. De analyse heeft voor de meesten dezelfde pittige uitkomst: je denkt dat je klaar bent voor een volgende stap, maar dat gaat zo niet lukken. Iedereen komt tekort. En dat hakt erin. Craig bespreekt dit assessment met iedere cursist. Hij ziet hoe ze schrikken en zich één voor één openstellen voor wat er komen gaat.

Alle grote denkers komen de eerste dag voorbij. Zo was de Griekse wijsgeer Aristoteles waarschijnlijk de eerste die stelde dat de rijke bovenlaag, de elite, vooral profiteert van de vrijheid en de morele plicht heeft ervoor te zorgen dat die vrijheid voor een eerlijke verdeling van welvaart moet zorgen. Craig noemt verschillende van Polmans inspiratiebronnen, van Nelson Mandela en Moeder Teresa tot de dalai lama. Ook de onvermijdelijke leiderschapsgoeroe Jim Collins wordt geciteerd: 'Ben je een ambitieuze "level 4-leider" die met grote verhalen en veel charisma probeert zijn team mee te krijgen, of ben je "level 5" en schep je nooit op, ben je kalm, maak je duidelijk dat het niet over jou gaat, maar over luisteren naar de ander, over de organisatie. Kijk je uit het raam of kijk je in een spiegel?'[2]

De cursisten moeten elkaar helpen. Steeds gaan ze in kleine groepjes uit elkaar om aan de hand van vragenlijsten en verschillende analysetechnieken dichter bij hun eigen betekenis te komen. Uiteindelijk moet die altijd beginnen met: 'Mijn roeping om leider te willen zijn is...'

Craig benadrukt dat iedereen die wil begrijpen wat een leven met betekenis en purpose kan opleveren het werk van Viktor Frankl moet lezen. 'Purpose is als een bril, als je erdoorheen kijkt, krijgt jouw leven betekenis.' En hij waarschuwt: als jouw roeping je serieus en saai maakt, dan klopt er iets niet. Jouw doel in het leven heb je pas gevonden als het kind in je begint te lachen. Dat kind staat voor energie, nieuwsgierigheid, inzichten en volledige betrokkenheid. Alles draait om het vinden van dat 'echte noorden'.

De meeste Unilever-managers vinden het niet makkelijk. Ze moeten tot de bodem gaan. Ze moeten elkaar bevragen, allerlei casestudy's en oefeningen doen en vooral naar zichzelf leren kijken. Waarom doen ze wat ze doen. Aan de andere kant vinden ze het eigenlijk ook wel prettig. Hier gaat het over het waarom, de essentie. In hun dagelijkse besognes zitten ze gevangen in het hoe en het wat van hun werk. Ze ervaren het als een psychotherapie in groepsverband. Er wordt veel gedeeld, veel gehuild.

Keer op keer moet Craig Unilever-managers uitleggen dat ze deze zoektocht niet moeten reduceren tot het willen laten groeien van marktaandeel, of het verslaan van de concurrentie. 'Als je erdoor kunt worden ontslagen of je kunt ermee stoppen door met pensioen te gaan, dan is het niet jouw roeping. Jouw roeping is een diepe put waar altijd water in zit.'[3]

De trainer realiseert zich dat het voor deze analytisch aangelegde mensen niet makkelijk is. Hoe leg je als baas van Hellmann's mayonaise een link met jouw persoonlijke roeping? Dat veel cursisten erover fantaseren om de baas van Ben & Jerry's te zijn of de baas van Thailand, is logisch. Op dat soort plekken is het zelfs binnen Unilever relatief makkelijk om roeping en resultaat bij elkaar te brengen. De baas van Unilever Pakistan is een mooi voorbeeld. Door ervoor te zorgen dat steeds meer mensen toegang krijgen tot zoiets simpels als tandpasta helpt Unilever veel van zijn nog straatarme landgenoten om hun gebit te onderhouden. De omzet van Unilever groeit in Pakistan jaar op jaar met 10 tot 20 procent. Voor zo'n Unilever-cursist is het niet moeilijk om in een en-enscenario te denken.

Jonathan Donner vindt het belangrijk dat Polman zich laat zien, meedoet. Als hij hem vertelt dat de deelnemers verwachten dat hij zijn echte verhaal komt vertellen, is de CEO in eerste instantie terughoudend. Maar als een deelnemer het hem vervolgens op de man af vraagt, barst hij los. Hij vertelt over zijn ouders, die ieder dubbeltje moesten omdraaien om hun zes kinderen te kunnen laten studeren, maar altijd voor iedereen klaarstonden. Hij vertelt over zijn vader, die zich heeft doodgewerkt, en dat hij zo'n spijt heeft dat hij in 1993 een paar weken voor diens dood met Pasen niet nog een keer met het gezin naar Enschede is afgereisd. Er waren nog zo veel dingen die hij met hem had willen bespreken.

De tranen lopen over zijn wangen. Ook vertelt hij over zijn kinderwens om priester te worden en dat hij eigenlijk liever dokter was geworden. Nog steeds. Hij vertelt over de levenslessen die hij als P&G-directeur in Newcastle leerde, over de verschrikkingen van de aanslag in Mumbai en zijn diepe overtuiging dat de meeste mensen goed zijn. De CEO vertelt de groep dat het ze niet zal verbazen dat het zijn roeping is om te vechten voor de mensen die achterop zijn geraakt, die niet mee kunnen doen.

Zijn collega's zijn onder de indruk. Tot nu toe zagen ze hun CEO vooral als een wat norse, keihard werkende, veeleisende baas. Nu zien ze hem als mens en voelen ze een grote verbondenheid. Na Polman presenteren ze allemaal hun persoonlijke roeping voor de groep. Donner hoopt dat de aanwezigheid van Polman de hoeksteen van deze cursus zal worden.

Gail Klintworth is na afloop razend enthousiast: 'Voor het eerst in mijn leven ben ik in staat om goed onder woorden te brengen wie ik ben en wat mij drijft. Nu weet ik dat ik mijn roeping kan volgen zonder compromissen te hoeven sluiten. Ik ben een erg gelukkig mens als ik aan het einde van de rit kan vaststellen dat ik door mijn werk een fundamenteel verschil heb kunnen maken.'

Om te voorkomen dat de grote bureaucratische machine die Unilever is ze zal verleiden na verloop van tijd toch weer terug te vallen in oude patronen, is bedacht dat de cursisten regelmatig zullen worden teruggevraagd om collega's in andere sessies tot voorbeeld te dienen en uit te dagen. Daarnaast zal hun in een tweede training van een paar dagen worden geleerd hoe ze als coach andere mensen kunnen motiveren om naar hun roeping op zoek te gaan. In een derde training gaat het vooral over samenwerken met een sterke focus op resultaten. Het hele programma zal over drie jaar worden uitgesmeerd. Zo kunnen de managers hun persoonlijke roeping goed in hun dagelijkse werk verankeren. Afgesproken wordt dat voor het einde van het jaar de hele top-100 van het bedrijf zijn of haar roeping onder woorden heeft gebracht. Of het bedrijf heeft verlaten.[4]

Sommige oudgedienden, vooral Nederlanders, doet de hele exercitie bij vlagen denken aan de leiderschapsreizen die ze hebben gemaakt met Tex Gunning, dertien, veertien jaar geleden. De charismatische baas van Van den Bergh & Jurgens die zich altijd hardop afvroeg waarom zulke geweldige mensen toch zulke matige resultaten boekten. Om daarop met een grote grijns te concluderen dat 'gelukkige koeien echt meer melk geven'. Gunning nam ze mee naar uitdagende plekken in Schotland, IJsland en Jordanië. Daar werden ze uitgeput en uitgedaagd om elkaar hun levensverhaal te vertellen. Gunning vond dat zijn collega's eerst betere mensen moesten worden, voordat ze betere leiders konden zijn.

Polman bevalt het niet als deze vergelijking wordt gemaakt. In zijn ogen heeft Gunning het bedrijf niet veel verder geholpen. Hij gaf veel te veel geld uit aan exotische reizen omdat ze kennelijk alleen ergens ver weg konden filosoferen over de vraag wat het betekent om een goed mens te zijn. Er was in die tijd sprake van een persoonsverheerlijking die de focus op uitvoering van het werk in de weg zat. Gunning was zich als een goeroe gaan gedragen. Dat wil Polman absoluut niet, het mag niet over hem gaan. Hij doet er niet toe. Hij kan zich best voorstellen dat hij, naar Gunning luisterend, het inhoudelijk met hem eens zou zijn, maar daar gaat het niet om. Het gaat om de vraag of je effectiever in je werk wordt. Je bent een manager die werk moet verzetten. Als je geen goed mens bent, dan heb je een heel ander probleem. Dat kan Unilever niet voor je oplossen. In dit Unilever Leadership Development Program moeten Unilever-managers leren wat ze beweegt en hoe ze dat kunnen inzetten om Unilever en daarmee de wereld verder te brengen. Als dat wat ze beweegt niet bij Unilever past, dan wil Polman dat ze vertrekken. Een beter mens worden doe je maar ergens anders.

Doing well by doing good: dat is de opdracht waarmee de Unilever-managers van Polman naar huis moeten gaan. Waar staat het bedrijf over vijf jaar, welke rol speel jij daarbij? Mooi dat je je purpose hebt gevonden, ga het nu integreren in het businessmodel van Unilever. Dit bedrijf moet de komende jaren het bewijs leveren dat het een force for good kan zijn, die zowel consumenten, burgers, als de gehele samenleving optilt en al doende genoeg geld verdient zodat de aandeelhouders niets te klagen hebben.

'Energie losmaken zodat we samen een betere toekomst voor ons allemaal kunnen bouwen', 'focus op het goede', 'durf te zijn wie je bent', et cetera, et cetera. Van Conny Braams tot Jan Zijderveld, van Marc Engel tot Alan Jope en van Gavin Neath tot Peter ter Kulve: allemaal gaan ze op zoek naar de juiste woorden om hun roeping op papier te zetten. De een is enthousiaster dan de ander, sommigen zoals Alan Jope vergeten hun purpose binnen een paar dagen, anderen denken er bijna dagelijks aan.

Allemaal sturen ze na afloop het verslag van hun zoektocht naar Polman. Die leest ze en geeft ze individueel uitgebreide feedback. De CEO gebruikt deze informatie om velen op een andere plek neer te zetten. In korte tijd krijgt meer dan de helft van de top-100 een andere verantwoordelijkheid. Zo stuurt Polman Alan Jope naar China. De Schot heeft daar helemaal geen zin in, maar krijgt te horen: je moet, daar kun je groeien.

Ook Simon Clift maakt de balans op. De wijze waarop Polman de rol van chief marketing officer verder wil optuigen past hem niet. Clift wil vooral inhoudelijk meedenken over reclames. Hij is trots op de bijdragen die hij heeft geleverd aan de campagnes van Dove en Axe. De Brit is niet erg onder de indruk van Polman. Het lijkt wel of hij niet wezenlijk geïnteresseerd is in wat andere mensen denken of vinden, het in ieder geval niet nodig vindt om naar ze te luisteren. Clift heeft nu al een paar keer meegemaakt dat de CEO geen enkele vraag stelt als een belangrijke collega aankondigt te vertrekken. Polman ziet het duidelijk vooral als zijn taak om zijn verhaal te vertellen, anderen te overtuigen. Wie mee wil doen is welkom, de rest kan vertrekken. Dat geldt zelfs voor sollicitanten die soms de halve wereld over reizen om zich voor te stellen. Polman geeft dan moeiteloos anderhalf uur college, maar stelt ze nauwelijks vragen, hij wil vooral van ze horen of ze zijn visie onderschrijven.

Clift vindt dat Polman bovendien erg snel boos wordt als hij meent dat de mensen om hem heen hem niet begrijpen en niet hard genoeg werken. De 52-jarige marketeer heeft uitgerekend dat hij genoeg geld heeft verdiend om alleen maar leuke dingen te gaan doen en besluit te vertrekken. Het verbaast hem niet dat Polman niet reageert op zijn aankondiging dat hij Unilever na 25 jaar verlaat. Polman is blij dat Clift vertrekt. Hij vindt hem zo'n typische Britse praatjesmaker, een lege ballon. Daar lopen er nog te veel van rond bij Unilever. Hij vraagt de altijd keihard werkende marketeer Keith Weed om Clift op te volgen.

Gavin Neath en Karen Hamilton werken zich drie slagen in de rondte. Ze moeten het Unilever Sustainable Living Plan (USLP) op papier zetten. Ieder stukje tekst dat ze Polman sturen komt met talloze doorhalingen en aanwijzingen terug. Polman blijft hameren op een verdere concretisering, er moeten duidelijke afrekenbare doelen in. Anders kan het nooit worden gecombineerd met de dagelijkse gang van zaken binnen Unilever, dan blijft het iets van de staf. Het stuk moet voor alles over groei gaan, groei van de duurzame business. Als dat er onvoldoende in staat kan Polman het niet aan de aandeelhouders verkopen.

Miguel Veiga-Pestana rapporteert aan Neath en wordt ingeschakeld om na te denken over de rol van Polman als promotor van het USLP binnen en buiten Unilever. Veiga-Pestana was erbij toen Neath voor het eerst het gesprek aanging met Greenpeace over de link tussen palmolie-ontbossing en het verdwijnen van orang-oetans. Hij vindt Hamilton en Neath een krachtig koppel. Hamilton is de intellectuele motor, Neath de doorgewinterde Unilever-man die, omdat hij de baas van Unilever-UK is geweest, gezag heeft opgebouwd. Neath weet precies op welke knoppen hij moet drukken en hoe hij op die knoppen moet drukken. Binnen Unilever heeft hij een geweldig netwerk.

Neath ervaart wat Miguel Veiga-Pestana zo vaak heeft voorspeld: door authentiek te zijn, word je ook door ngo's serieus genomen. Bij het schrijven van de plannen heeft Neath veel discussies met verschillende ngo's. Hij spreekt iedere maand wel een keer met John Sauven, de directeur van Greenpeace in het Verenigd Koninkrijk. Die zal nooit zeggen dat ze het geweldig vinden waar Unilever mee bezig is, maar ze helpen het bedrijf wel. Ze zetten de plannen en doelstellingen op scherp. Neath is de ngo's dankbaar, zonder hen was hij, was Unilever niet zo ver gekomen.

Veiga-Pestana vindt het een voordeel dat Polman van buiten komt, dat stelt hem in staat met een schone lei te beginnen en radicale veranderingen door te voeren. Om het bedrijf aan zijn kant te krijgen moet Polman in zijn ogen het voorbeeld van de diplomatieke Neath volgen. Het gaat er niet alleen om *wat* je vertelt, maar vooral ook *hoe* je het vertelt. Polman moet ervan uitgaan dat de inkopers, verkopers en marketeers van Unilever niet op dit verhaal zitten te wachten. Ze zullen het niet begrijpen. Om ze mee te krijgen moet hij dan ook vooral nederig zijn, hij moet minstens zoveel luisteren als praten. En hij moet transparant zijn, laten zien wat er misgaat. Hij moet om hulp durven vragen. Zo kan hij mensen in zijn verhaal trekken, die durven zich dan ook kwetsbaar op te stellen.

Het verhaal van Polman voor de buitenwacht krijgt snel vorm. In het begin maakt Veiga-Pestana steeds korte samenvattingen van allerlei rapporten van ngo's en organisaties als de OECD. Hij vat in tien punten samen wat Polman moet weten om zijn mannetje te staan. Maar dat is al snel niet meer nodig. De rollen zijn zelfs omgedraaid, Polman vraagt Veiga-Pestana waarom hij bepaalde onderzoeken nog niet heeft geciteerd.

In het voorjaar van 2010 krijgt Unilever een nieuwe CFO. Jim Lawrence heeft het maar twee jaar volgehouden. Dat laatste jaar onder Polman was niet leuk geweest. Als CFO van het veel grotere Nestlé had Polman in die rol zijn strepen verdiend. Hij testte de Amerikaan uit en zette hem om de haverklap klem. Treschow begon zich ook aan de Amerikaan te ergeren, vond dat Lawrence het allemaal veel te ingewikkeld maakte met eindeloze in Excel gevangen spreadsheets. Had hij niet in de gaten dat zijn gehoor door de bomen het bos niet meer zag? In de ogen van Treschow is Lawrence de zwakste van het stel. Het afgelopen jaar was door zijn collega's lacherig gedaan over het verhaal dat Lawrence bij zijn eerste ontmoeting met Polman had gezegd dat hij hem best aardig vond maar dat hijzelf natuurlijk de logische kandidaat was geweest om CEO te worden. Natuurlijk wordt het vertrek netjes geregeld. Lawrence mag als een *good leaver* vertrekken, met alle financiële voordelen van dien. De aankondiging van zijn vertrek was voor niemand een verrassing.

Zijn opvolger is dat wel. De 41-jarige Jean-Marc Huët is de achterkleinzoon van Sam van den Bergh, een van de grondleggers van het concern. Paul Polman heeft zijn best moeten doen om Huët naar Unilever te halen. In Genève heeft hij er zelfs eerst met de moeder van Huët over gesproken. Executive searchers van Egon Zehnder hebben het proces verder begeleid.

Jeroen van der Veer, die zijn laatste jaar ingaat als niet-uitvoerend bestuurder, is als voorzitter van de benoemingscommissie in zijn nopjes met de komst van de nieuwe CFO. Van der Veer vindt hem een rustige vakman, inhoudelijk erg goed. Ook Kees Storm, voorzitter van de auditcommissie, is blij. Lawrence was net als hijzelf een typische boekhouder, met Huët is gekozen voor een meer ondernemende financieel directeur. Storm is onder de indruk van de denkkracht van Huët, daar kan hij zelf wel vijf keer in. Hij hoopt dat Huët ervoor gaat zorgen dat Unilever een paar grote overnames gaat doen. Dat zal nodig zijn om die beloofde omzet van 80 miljard in 2020 waar te kunnen maken. Als voormalige Goldman Sachs-bankier maar vooral in zijn rol als CFO bij Numico heeft hij laten zien dat hij een goede dealmaker is. In die laatste functie verdiende hij zelf zo'n 32 miljoen euro door Numico aan het Franse Danone te verkopen.

In de top van Unilever is er wel wat rumoer over diens beloning. Huët was twee jaar financieel directeur bij farmaciegigant Bristol-Meyers Squibb, die hem vele extra's in het vooruitzicht had gesteld. Die moeten worden afgekocht. Hij krijgt voor 2,6 miljoen pond aan aandelen Unilever en 680.000 pond cash. En hij krijgt bijna 800.000 pond omdat hij in Londen op zoek moet naar een huis. Huët kan meteen aan de slag. Unilever zal voor 3,7 miljard Alberto-Culver overnemen, de maker van persoonlijke verzorgingsproducten met merken als TRESemmé en VO5.

André van Heemstra is blij dat hij Polman heeft weten over te halen om samen met hem en Miguel Veiga-Pestana twee dagen mee te gaan naar de Verenigde Naties in New York. Na zijn pensionering bij Unilever heeft Van Heemstra zich gestort op de vraag hoe bedrijven zich meer en beter kunnen bekommeren om de universele mensenrechten. In New York gaan ze hun onderzoek presenteren met als titel: 'Hoe kan je zaken doen met respect voor mensenrechten'. Uitgangspunt is het gedachtegoed van John Ruggie, speciale vertegenwoordiger van de secretaris-generaal van de VN op het gebied van mensenrechten en multinationals. Hoe kunnen bedrijven bijvoorbeeld discriminatie, slavernij en kinderarbeid tegengaan en ervoor zorgen dat alle werknemers, waar ook ter wereld, eerlijk en gelijk worden behandeld? Harvard-professor Ruggie probeert spelregels te bedenken die bedrijven en overheden in staat moeten stellen hierover duidelijke afspraken te maken.

Dat blijkt ingewikkeld. Sinds Kofi Anan eind 1999 in Davos het startschot gaf voor het Global Compact-initiatief en het bedrijfsleven had opgeroepen zich op een duurzamere wijze over de grote vraagstukken van de wereld te ontfermen, was er een felle discussie losgebarsten. Kunnen bedrijven zich überhaupt verantwoordelijk voelen voor zoiets als universele mensenrechten? Multinationals vinden doorgaans dat ze zich moeten gedragen als een goede burger in het land waarin ze gevestigd zijn, dat de normen en waarden van zo'n land leidend moeten zijn voor hun gedragingen. Als een land bijvoorbeeld geen wetten heeft die een leefbaar loon voorschrijven, waarom zou je dat dan gaan betalen? Universele wetten vinden multinationals gevaarlijk, omdat ze bedreigend zijn voor hun concurrentiepositie.

Vorig jaar had de vasthoudende Ruggie een 'door principes gestuurd pragmatisch raamwerk' voor actie geformuleerd. Hierin worden bedrijven opgeroepen om mensenrechten overal te respecteren en ervoor te zorgen dat situaties van misbruik worden aangepakt. Nederlandse bedrijven als Rabobank, Fortis, KLM, Shell en Unilever, verenigd in het Global Compact Network Netherlands, hadden zich hieraan gecommitteerd. Ze beschouwden dit gedachtegoed als een oproep om in kaart te brengen hoe ze hiermee zelf aan de slag zouden kunnen gaan. Voorzitter Van Heemstra en onderzoeker David Vermijs laten tijdens hun presentatie in New York zien hoe bedrijven zichzelf het best vragen kunnen stellen over de wijze waarop ze met mensenrechten omgaan. Zo krijgen ze scherper in beeld hoe ze voor hun eigen werknemers, maar ook voor de veiligheid van hun producten en de relaties met hun leveranciers, een grotere inspanning kunnen leveren.

De opvolger van Kofi Anan, VN-secretaris-generaal Ban Ki-moon, is enthousiast. Hij heeft Polman aansluitend uitgenodigd voor een kennismaking en daarvoor een kwartiertje in zijn agenda gereserveerd. Het gesprek duurt een uur. De mannen verstaan elkaar.

Veiga-Pestana is blij verrast door dit enthousiasme, hij gelooft enorm in de bundeling van deze krachten en hij begrijpt ook dat ze bij de Verenigde Naties als de dood zijn te worden gekaapt door de belangen van multinationals. Aan beide kanten overheerst nog steeds het wantrouwen. Hij ziet dat Polman dit juist als een aanmoediging beschouwt om zich de materie helemaal eigen te maken. Hij probeert Polman, die de neiging heeft alles op te pakken, ervan te overtuigen zich tot die thema's te beperken waar Unilever echt een verschil kan maken. Ervoor zorgen dat niemand meer met honger naar bed gaat, voedselzekerheid, heeft daarbij wat hem betreft een duidelijke prioriteit. Als ze hier samen over praten komen ze al snel tot de verontrustende conclusie dat het hele systeem ingrijpend zal moeten veranderen om dit doel te realiseren.

Een paar maanden na de ontmoeting met Ban Ki-moon wordt Polman uitgenodigd om bij de Verenigde Naties deel te nemen aan een paneldiscussie over het organiseren van een duurzaamheidsagenda. Uit een door de adviseurs van Accenture uitgevoerd onderzoek blijkt dat 93 procent van de 766 geïnterviewde CEO's gelooft dat duurzaamheid belangrijk is voor het toekomstige succes van hun bedrijf. Met name goed onderwijs en de aanpak van klimaatverandering worden als belangrijke thema's genoemd. Maar veel haast hebben ze niet. Op de vraag hoelang het volgens hen zal duren voordat duurzaamheid volledig is geïntegreerd in hun *global footprint*, antwoordt iets meer dan de helft dat dit over tien jaar misschien het geval zal zijn. Polman vindt dat het sneller moet. Veel sneller. De zaal reageert enthousiast op zijn oproep. Op het podium wordt hij omringd door ngo's, overheden en wetenschappers. Hij is de enige CEO en hij geniet.[5]

Hèhè, eindelijk een CEO van een grote multinational die het begrijpt. Nico Roozen leest het in november 2010 gepresenteerde Unilever Sustainable Living Plan met rode oortjes. Hij is razend enthousiast. De directeur van Solidaridad zoekt al heel lang naar een heldere ethische motivatie om zijn ngo intensiever met het bedrijfsleven te kunnen laten samenwerken. Hij vindt dat Paul Polman er als eerste CEO in is geslaagd de businesscase voor duurzaamheid op papier te zetten. Eindelijk legt een bedrijf goed uit dat het in de eerste plaats een verantwoordelijkheid heeft naar de maatschappij waarin het opereert. Dit is een door het milieu gedreven agenda voor groei. Alleen door te werken aan de footprint kan het bedrijf de beloofde waardecreatie aan de aandeelhouders waarmaken.

Roozen gelooft in marktwerking. De zoon van een bollenboer ziet geen alternatief. Maar hij is er als sociaaldemocraat ook van overtuigd dat er drie dingen nodig zijn om ervoor te zorgen dat die markt betere, eerlijkere uitkomsten genereert: een overheid die duidelijke kaders stelt, sterke ngo's en een bedrijfsleven dat duurzaamheid in de werkwijze heeft geïntegreerd. Daar is dit plan van Unilever een prachtig voorbeeld van.

In het voorwoord van het USLP schrijft Polman: 'We hebben ambitieuze plannen, we willen onze omzet verdubbelen. Deze groei zal banen en inkomens genereren voor iedereen die is verbonden aan ons succes: onze werknemers, onze leveranciers, onze klanten, onze investeerders en honderdduizenden boeren over de hele wereld. Maar onze groei moet wel duurzaam zijn. In 2020 helpen we meer dan een miljard mensen bij het verbeteren van hun gezondheid en welzijn. Dan hebben we de ecologische footprint, gerelateerd aan de productie en consumptie van onze producten, gehalveerd en hebben we de levensomstandigheden verbeterd van honderdduizenden mensen in onze bevoorradingsketen.'

Als hij dit leest bedenkt Roozen wel dat het ontzettend jammer is dat Unilever de afgelopen vijftien jaar vrijwel al zijn plantages heeft verkocht en daarmee alle risico's naar honderdduizenden vaak kleine boeren heeft verlegd. Unilever is nu feitelijk niet meer dan een opkoper van grondstoffen, hoe gaan ze dat doen? Die verduurzaming van de productieketen is precies de problematiek waar Solidaridad, vooral bekend van het Fairtrade-keurmerk, zich sinds 1969 op richt. Roozen verheugt zich erop om intensief met Unilever en Polman te gaan samenwerken om de doelen van het USLP te realiseren.

Het is een adembenemende lijst met ambitieuze doelen. In 2020 zal de productie en consumptie van Unilever-producten de helft minder CO_2 uitstoten, zullen consumenten bij het gebruiken van Unilever-producten de helft minder water verbruiken, is de afvalberg als gevolg van die consumptie gehalveerd, wordt 100 procent van alle inkoop duurzaam verbouwd en zullen 500.000 kleine boeren duurzaam zijn opgenomen in de productieketen. Een half miljard mensen worden geholpen op betaalbare wijze aan veilig drinkwater te komen, 50 miljoen mensen gaan hun tanden beter poetsen. In 2020 is het totale gewicht van verpakkingen met een derde verminderd, en moet in de veertien grootste landen 15 procent van de verpakkingen gerecycled worden. Pagina na pagina gaat de opsomming van goede doelen door: minder zout, minder suiker, minder calorieën, in totaal gaat het om vijftig min of meer meetbare doelen.

In het USLP wordt gesteld dat het bedrijf dit pad bewandelt omdat consumenten dit willen. Enthousiast wordt gewezen op het succes van Lipton en Ben & Jerry's: duurzame merken zijn gewaardeerde merken. Hetzelfde geldt voor de directe klanten van Unilever, steeds meer supermarkten zijn bezig met duurzaamheid, Unilever zal ze daarbij gaan ondersteunen. Het bedrijf wijst op de potentie van grote besparingen: 'We gaan afval voorkomen, onze verpakkingen kleiner maken, minder energie en water verbruiken.'

Ten slotte wordt vastgesteld dat bijna de helft van de omzet uit opkomende markten komt, dat daar de groei vandaan komt en dat ze daar met de grootste uitdagingen zitten als het om duurzaamheid gaat: ontbossing, drinkwatertekorten, slechte sanitaire voorzieningen. 'In dat spanningsveld zou het onverantwoordelijk zijn om niet vol in te zetten op het ontwikkelen van producten en processen die een duurzame groei van de welvaart daar mogelijk maken.'

Polman is trots. Hij vindt dat Unilever hiermee veel verder gaat dan bedrijven die het vooral hebben over het creëren van duurzame waarde. In de begeleidende tekst schrijft hij: 'Het is niet meer genoeg om te zeggen dat je bijdraagt aan een betere wereld. Je moet onderdeel uitmaken van de oplossing en meehelpen het tij te keren. In plaats van te bedenken hoe je de samenleving kan gebruiken om succesvol te zijn, moet je gaan nadenken over de vraag hoe je kan bijdragen aan een succesvolle samenleving.'

Neath heeft 143 versies van het USLP in zijn computer zitten. Hij gelooft in de veeleisende Polman. Er wordt in het bedrijfsleven veel over leiderschap gepraat, deze man doet wat hij zegt. En juist omdat hij aan iedereen binnen

Unilever glashelder heeft gemaakt dat dit is wat hij wil, kan het lukken. Inhoudelijk is het een sterk verhaal geworden. Een verhaal waar je eigenlijk geen nee tegen kunt zeggen. Het enthousiasme op de R&D-afdeling is al bijna tastbaar. Die mensen veren op als ze bijvoorbeeld de vraag krijgen om een product te maken dat in het gebruik 70 procent minder water nodig heeft. Want op dit punt gaat het USLP een heel grote stap verder dan bedrijven met soortgelijke plannen. Unilever wil zich ook ontfermen over de impact die het gebruik van hun producten met zich meebrengt.

Natuurlijk heeft Neath ook zorgen. Net als zijn collega Hamilton twijfelt hij vooral aan de marketeers. Zij zullen het idee moeten loslaten dat duurzaamheid iets is waar je direct geld mee kunt verdienen. Klanten gaan er echt niet voor betalen. Van alle collega's zijn dit de laatsten die het USLP zullen omhelzen. Marketeers klagen al snel dat ze er geen goede advertentie in zien. Het zal een lange weg zijn. Neath vindt het logisch dat Unilever hier tien jaar voor uittrekt.

Polman wil voorkomen dat de implementatie van het USLP op het bordje komt van een afdeling duurzaamheid. Keith Weed, de nieuwe chef Marketing en Communicatie, krijgt daarom de gecombineerde verantwoordelijkheid voor zowel marketing als duurzaamheid. Hij moet helpen iedereen ervan te doordringen dat het USLP in het hart, in het primaire proces van de organisatie moet landen. Zelf zegt Weed daarover: 'In veel bedrijven is de baas duurzaamheid een vent met een baard en sandalen die alsmaar roept dat de planeet moet worden gered. Wij willen een duidelijk signaal afgeven dat duurzaamheid geen geïsoleerde activiteit is binnen de *Corporate Social Responsibility*. Het is de verantwoordelijkheid van ons allemaal. Marketing en duurzaamheid zijn twee kanten van dezelfde munt.'[6]

Intern is indringend gewaarschuwd tegen het noemen van een concreet jaartal bij de USLP-ambities. Daar zal het bedrijf jaar in jaar uit door de buitenwacht op worden afgerekend, in combinatie met de ambitie om naar 80 miljard euro omzet te groeien. Polman is daar niet bang voor. Natuurlijk is de kans klein dat al die doelen in 2020 zijn gerealiseerd. Dat is van heel veel omstandigheden afhankelijk waar Unilever geen grip op heeft. Dat begrijpt toch iedereen? Maar hier kan toch niemand tegen zijn? Iedere vooruitgang is winst en zal zo worden gepercipieerd. Polman beschouwt het USLP dan ook meer als een filosofie, een denkrichting waarover het bedrijf duidelijk verantwoording aflegt. Hij is ervan overtuigd dat het USLP, en daarmee de toekomst van Unilever, staat of valt met eerlijkheid en transparantie. Unilever moet precies laten zien wat het wil doen, hoe het dit gaat doen en waarom. In de toelichting op het USLP zegt Polman: 'Het zal niet makkelijk zijn. We zullen moeten samenwerken met overheden, ngo's, leveranciers en vele anderen om de grote uitdagingen waar we allemaal mee worden geconfronteerd aan te kunnen gaan. Uiteindelijk zullen we alleen slagen als miljarden mensen iedere dag opnieuw de kleine besluiten nemen die nodig zijn om ervoor te zorgen dat we allemaal duurzamer kunnen leven.'

De reacties in de media zijn gemengd. In *Het Financieele Dagblad* stelt Klaas van Egmond, hoogleraar milieukunde aan de Universiteit Utrecht, dat Polman de boodschap heeft begrepen: 'In reactie op de globalisering keren consumenten zich af van grote bedrijven.' 'Steeds meer consumenten verwachten dat bedrijven de regenwouden sparen, hun verpakkingen zo klein mogelijk houden,' stelt Herman Wijffels, hoogleraar duurzaamheid en maatschappelijke verandering, in dezelfde krant. Ook de voorzitter van de Vereniging van Effectenbezitters Jan Maarten Slagter reageert positief: 'Dit is geen altruïsme. Wat Unilever doet is op de lange termijn in het belang van het bedrijf en de aandeelhouder.' De krant meldt dat Polman met premier Mark Rutte in gesprek wil om het Unilever-businessmodel ook bij de overheid in te voeren. 'Om voorop te lopen,' zegt Polman. Van Egmond denkt dat Polman erop gokt dat hij steun krijgt vanuit de politiek.[7]

De commentator van de *Financial Times* is sceptischer. Zal de boodschap van Polman wel goed begrepen worden? Hij was bij de presentatie van het USLP en beschrijft wat daar gebeurde. Als Polman de vraag krijgt wat beleggers met het USLP-verhaal aan moeten, antwoordt hij: 'Unilever is er al meer dan honderd jaar en we willen graag nog een paar honderd jaar door. Dus als je mee wil gaan, waarde op de lange termijn wil creëren, een resultaat dat goed en duurzaam is, kom dan bij ons, investeer in Unilever. Als je deze visie niet deelt, dan respecteer ik je als mens, maar heb ik liever niet dat je je geld in ons bedrijf stopt.' De commentator vindt dit zeer bedenkelijk: 'Hoe kan hij dat nou zeggen in een week dat zijn aandeel het beduidend minder goed doet dan die van zijn belangrijkste concurrenten?'

Als hij met dat feit wordt geconfronteerd haalt Polman tot verbijstering van de journalist zijn schouders op en zegt: 'We willen geen investeerders die alleen maar steeds hogere resultaten willen zien op de korte termijn.' De *Financial Times*-man vraagt zich af: 'Wat moeten we met een CEO die tegen deze aandeelhouders zegt dat ze op moeten zouten? Ik vind het bewonderenswaardig dat hij zijn aandeelhouders oproept zich op de lange termijn te richten, maar ik ben een beetje benauwd over de langetermijnvooruitzichten van de heer Polman. Zelfs de meest geduldige belegger wil uiteindelijk een mooi resultaat. Als hij dat niet levert, raakt hij snel de supporters kwijt die hem nu nog zeggen te begrijpen.'

Tegen NRC *Handelsblad* zegt Polman: 'We stelen van de toekomst. Mensen in ontwikkelingslanden hebben recht op dezelfde welvaart als wij. En wat gebeurt er als de wereldbevolking de komende jaren groeit met 2 miljard mensen? We moeten wel naar een nieuwe bedrijfsvoering op basis van verantwoorde groei, duurzame groei, groene groei – noem het zoals je het wilt.'

Op de vraag of Polman uit een economisch of uit een ethisch motief handelt, antwoordt hij: 'Die twee overlappen elkaar. Een bedrijf is op termijn alleen succesvol als het in de pas loopt met de samenleving. De consument wil duurzame producten, zonder dat dit ten koste gaat van de prijs, kwaliteit of smaak. Een bedrijf dat goed is voor de consument, voor de eigen werknemers en hun betrokkenheid, is uiteindelijk goed voor de aandeelhouders. De afgelopen twee jaar zijn we beloond voor onze aanpak. Ons aandeel doet het beter dan het gemiddelde in de sector.' Op de vraag of de plannen van Unilever wel ver genoeg gaan zegt hij: 'Uiteindelijk is het oordeel aan de consument. Als we die overtuigen, laten we aan de concurrentie zien dat dit de beste manier is om te groeien. Tegen de tijd dat zij dat begrijpen zijn wij hopelijk alweer twee stappen verder.'

9 Op het schild gehesen

november 2010-oktober 2011

Paul Polman en Chris Dutilh willen hetzelfde maar samenwerken zit er niet in. De man die bijna 25 jaar geleden als een van de eersten begon met het in kaart brengen van de milieubelasting van Unilever-producten wordt ontslagen. De start van het Unilever Sustainable Living Plan is het einde van een van de grondleggers ervan.

Kees van der Waaij moet in december 2010 afscheid van hem nemen. En dat valt de voorzitter van Unilever Nederland niet mee, daar heeft hij serieus pijn van in zijn buik. Van der Waaij vindt Dutilh een wijze en bevlogen man, die al jaren vooroploopt, zo begaan als hij is met de wereld. Maar hij vindt hem ook eigenwijs en op een onhandige manier ongeduldig. Een rigide man die niet altijd de juiste woorden kiest. Waarom kan hij nou niet een beetje meebewegen?

Dutilh zag deze bui al hangen. Heel lang heeft hij veel ruimte gehad. Maar het afgelopen jaar is hij zorgvuldig buiten alle besprekingen over het USLP gehouden. Hij werkt vaker thuis, schuin tegenover het Centraal Station in Amsterdam, omdat zijn werkplek op het Rotterdamse kantoor steeds meer wordt opgeëist voor andere zaken. Buitenlandse gasten die op bezoek gaan bij de manager duurzame ontwikkelingen van Unilever Nederland geloven hun ogen niet als ze het driehoog-achter-kantoortje van Dutilh binnenstappen. De kleine ruimte is gevuld met vitrinekasten met Unilever-producten en enorme stapels documenten. Het ziet er chaotisch uit, maar Dutilh weet precies waar alles ligt.

Steeds vaker heeft hij de afgelopen jaren het verwijt gekregen dat hij niets van marketing begrijpt. Dat vindt de chemicus onzin, maar hij begrijpt wel waarom. Hij is er altijd van overtuigd geweest dat het streven naar duurzaamheid meestal wordt verziekt door marketeers die alleen maar willen weten hoe ze er geld mee kunnen verdienen. Zij begrijpen de essentie van duurzaamheid niet. Die boodschap wordt hem niet in dank afgenomen.

Zijn vrouw had hem gewaarschuwd, en zich afgevraagd waarom hij zo cynisch is. Dutilh had haar uitgelegd dat hij echt niet gelooft dat je de resultaatkant en de proceskant in een bedrijf aan elkaar kunt koppelen als het om duurzaamheid gaat. Dat zijn twee verschillende werelden. Afgelopen zomer heeft hij te horen gekregen dat zijn dienstverband wordt beëindigd.

Dutilh heeft Polman nooit gesproken. Maar wat de nieuwe CEO wil, kan in zijn ogen niet. Natuurlijk trekt Unilever met dit verhaal veel goede jonge mensen met goede ideeën aan, dat is enorme winst en brengt het bedrijf en de wereld veel goeds. Maar de omzet zal niet omhooggaan door duurzaamheidsclaims aan producten te koppelen.

Met een duurzaam verhaal richt je je op burgers, omzet haal je bij consumenten. Volgens Dutilh kennen alle mensen twee systemen van beloning: een masculien en een feminien systeem. Het eerste heeft met oogsten te maken, met doelen stellen en presteren, met snelheid, met meten en weten. Het streven is heel duidelijk: zoveel mogelijk. Bij de feminiene beloning gaat het juist om zaaien, water geven en aandacht, onkruid wieden, aanvoelen. Het doel hier is: genoeg en op tijd. Dutilh gelooft niet dat we in staat zijn die twee aan elkaar te koppelen. De pet die we opzetten bepaalt welk systeem aanstaat.

Als consument wil een mens vooral veilig, gezond en goedkoop. Dit is het domein waarin een bedrijf als Unilever opereert, hier regeert de rekenmachine. Als burger wil diezelfde mens een goed klimaat voor zijn kinderen en geen armoede in de wereld. Dit is het domein van de normen en waarden. Die nemen mensen niet van een bedrijf aan, vindt Dutilh. Een bedrijf dat zegt met de juiste normen en waarden geld te kunnen verdienen, geloven ze niet. Mensen hebben voor dit soort zaken vertrouwen in andere mensen, in vrienden en familie, soms in politici, maar niet in bedrijven.

Het is in de beleving van Dutilh waarschijnlijk terecht dat mensen vertrouwen hebben in de mens Polman, die is authentiek in zijn ambitie. Maar daarmee geloven ze niet automatisch de CEO van Unilever die stelt dat ze vertrouwen in de producten van Unilever moeten hebben. Daar gaat Polman volgens Dutilh de mist in. Over waarden en normen praat je met je naasten en verwacht je dat politici inspirerende dingen zeggen. Dutilh denkt dat de Amerikaanse econoom Milton Friedman ergens toch gelijk heeft: het gedrag van een bedrijf verandert omdat burgers hun zorgen uiten en politici kiezen die deze zorgen in wetten moeten verankeren.

De functie van Dutilh, manager duurzame ontwikkelingen, komt te vervallen. Anniek Mauser wordt benoemd tot duurzaamheidsmanager Benelux. Zij moet de marketeers helpen met het integreren van de doelen van het USLP in hun werk. Hierin moet Dutilh zijn bazen wel gelijk geven: dat kan hij inderdaad niet. Hij had aangegeven graag op een andere manier betrokken te willen blijven bij de duurzame inspanningen van Unilever, maar daar had het bedrijf geen been in gezien. En dus wordt de veteraan na een dienstverband van 33 jaar, een paar jaar voor zijn pensioen, ontslagen.

Mauser vindt de gang van zaken sneu, maar ze begrijpt het wel, ze vindt dat haar voorganger zichzelf buitenspel heeft gezet met zijn cynisme. En belangrijker: ze is het fundamenteel oneens met zijn stelling dat het niet mogelijk is om direct geld te verdienen door duurzame claims aan producten te hangen. Dat vindt ze een gedateerde opvatting. Ze werkt nu acht jaar voor Unilever en ziet het gat tussen burger en consument snel kleiner worden. In haar ogen vallen die twee perspectieven steeds meer samen, simpelweg omdat die ene mens steeds beter begrijpt dat ze met elkaar samenhangen.

Mauser is eigenlijk bij toeval bij Unilever terechtgekomen. Nadat ze in 2001 was gepromoveerd op de vergroening in de Nederlandse zuivelindustrie fantaseerde ze over een carrière bij een ngo. Hans Eenhoorn had haar uitgenodigd om bij Unilever te komen praten. De duurzaamheidseconome had zich toen gerealiseerd dat ze hier meer impact zou kunnen hebben. Met Jan Kees Vis werkte ze aan de verduurzaming van landbouwketens. Ze volgt de redenering van Gavin Neath: de wetenschap van de consument-burger dat de plukkers van theeblaadjes fatsoenlijk worden betaald, zorgt ervoor dat de thee beter smaakt. Mauser beschouwt Paul Polman als een voorbeeld, een authentieke leider die erin is geslaagd om deze twee strijdende perspectieven tot één logisch geheel te smeden.

Joost Oorthuizen kreeg ook geen grip op Dutilh, vindt dat hij processen om samen te werken frustreerde. Oorthuizen is de eerste directeur van het in 2008 gestarte Initiatief Duurzame Handel (IDH); een gezamenlijk initiatief van het ministerie van Ontwikkelingssamenwerking, verschillende ngo's en vakbonden. Door partijen bij elkaar te brengen moet IDH voor een versnelling zorgen van 'verantwoordelijk zakendoen'.

Grote bedrijven vinden het moeilijk direct met elkaar samen te werken: Unilever gaat Nestlé niet bellen om te kijken of ze samen iets kunnen doen op het gebied van duurzaamheid. Deze bedrijven zijn bovendien steeds op zoek naar geloofwaardigheid. IDH wil ze helpen en heeft ook nog een potje met geld van de overheid, zo'n 30 miljoen euro, dat hierbij kan worden ingezet.

De aan Wageningen University op watertechniek en publiek-private investeringen gepromoveerde Oorthuizen is constant op zoek naar wat hij 'maatjes in het bedrijfsleven' noemt. Dat valt niet mee. Hij vindt het moeilijk om te doorgronden of een bedrijf echt duurzaam wil gaan werken of voor de bühne vooral bezig is met greenwashing. De IDH-directeur is laaiend enthousiast over het USLP en over Polman. Hij is gefascineerd door de macht van het bedrijf in de palmolie- en thee-industrie. Oorthuizen is onder de indruk van de wijze waarop Unilever voorop loopt bij het verduurzamen van de theeproductie. Ze hebben de Rainforest Alliance, waar Unilever nu mee samenwerkt, geholpen om een nieuwe certificatiestandaard voor duurzame thee te ontwikkelen.

Dat is heel hard nodig. Oorthuizen is veel op theeplantages geweest. Misbruik, uitbuiting, kinderarbeid – er zijn weinig plekken in de wereld waar zo veel ellende samenkomt. De armoede is schrijnend. Het feit dat Unilever bereid is gebleken de theeplukkers en de boeren wat meer voor hun thee te betalen vindt hij hoopgevend. Oorthuizen weet dat het vrijwel onmogelijk is om die extra kosten te compenseren met een hogere marge. Het enorme aanbod van thee is nog altijd groeiende, waardoor de prijs alleen maar wordt gedrukt. Hij wil Unilever helpen om meer invloed in de keten te krijgen. Door meer grip te krijgen op de leverancier, op de kwaliteit van de thee en op de productiekosten kan het productieproces duurzamer worden. Natuurlijk heeft Unilever zo ook een verhaal dat ze goed kunnen verkopen.

Oorthuizen is blij met Michiel Leijnse, sinds 2006 wereldwijd verantwoordelijk voor de ontwikkeling van het merk Lipton. Het fascineert hem dat iemand die praat als een duurzaamheidsexpert gewoon in de business zit. Dat maakt hij niet vaak mee. Met de hulp van IDH kan Unilever mooi gaan verdienen omdat het als eerste multinational grote stappen zet. Oorthuizen gelooft dat het kan; dat alle door Unilever gebruikte thee over een aantal jaren honderd procent duurzaam kan worden geproduceerd. Met de inspanning van Unilever moet het IDH lukken meerdere partijen aan tafel te krijgen. Oorthuizen ziet het als zijn taak om tijdens die ontmoetingen de mogelijkheden steeds een beetje verder op te rekken. Hij vindt eigenlijk dat Unilever nog een grote stap verder moet gaan en zich zou moeten committeren aan het betalen van een leefbaar loon in de hele keten.

De hoofdrolspelers in het Nederlandse bedrijfsleven willen opeens alles van hun tot voor kort nog nauwelijks bekende landgenoot-CEO weten. Wat is dit voor man, hoe doet hij dit? Hoe combineert hij de rol van zakenman met die van wereldverbeteraar? De uitnodigingen om te komen praten stromen binnen.

'Noem het naïef maar ik blijf positief,' zegt hij tegen de interviewers van het werkgeversverbond VNO-NCW, die Polman portretteren voor zijn optreden op de jaarlijkse Bilderberg-conferentie. De gasten zijn onder de indruk van het magistrale uitzicht vanuit zijn kantoor aan de Londense Theems. Polman zegt dat dit uitzicht hem nederig maakt, dat hij nooit zal vergeten waar hij is geboren en zegt op zijn Twents: 'Vergeet uw hoesnummer nooit.' Hij citeert de Amerikaanse president Harry Truman: 'Het is verbazingwekkend wat je in dit leven kan bereiken, zolang je het maar niet erg vindt wie de *credits* krijgt.'

Over het belang van Nederland voor Unilever is hij duidelijk: 'We maken maar een paar procent van onze omzet in Nederland. De toekomst van het bedrijf ligt in het Verre Oosten, daar zitten de meeste nieuwe consumenten. Maar Nederland maakt nog wel sterk deel uit van de cultuur van het bedrijf. Ik ben zelf trouwens meer bezig met FC Twente dan met de Nederlandse politiek. Alhoewel er met Mark Rutte nu een oud-Unilever-man premier is. Daar ben ik trots op, we moeten zorgen dat het kabinet succes heeft. Het heeft geen zin om alleen maar kritisch te zijn.'

Nadat Polman de doelstellingen van het USLP heeft opgesomd stelt de interviewer vast dat hij klinkt als de voorzitter van een ngo. Polman: 'Ik ben lid van een aantal. Maar het zijn bedrijven die waarde creëren. Ik vind het een onnoemelijke eer om voor dit bedrijf te mogen werken. Mijn motivatie is niet een hoger winstcijfer of marktaandeel, dat onthoudt niemand. Ik wil een betere wereld achterlaten. Een nieuw businessmodel neerzetten. Het verschil maken.' Op de vraag of hij opstapt als hij de duurzame doelen niet haalt, reageert hij geprikkeld: 'Niet gelukt bestaat niet. Wat wel kan is dat niet alle doelstellingen zijn bereikt. De vooruitgang zit hem dan in dat deel dat wel is gelukt. Want wat is het alternatief? Het gaat om moeilijke materie. Als het makkelijk zou zijn, had iemand anders het wel eerder gedaan. Je moet wel risico nemen.'

Op het World Economic Forum maakt Polman zich een week later vooral druk over aandeelhouders die zich maar blijven focussen op de korte termijn. 'In 1960 zaten aandeelhouders gemiddeld twaalf jaar in Unilever, in 1995 was dat nog vijf jaar, nu is het minder dan een jaar, soms maar een halfjaar.' Hij noemt het interessant maar vindt het onbegrijpelijk: 'Diezelfde consumenten die willen dat Unilever zich op een verantwoordelijke manier gedraagt, stimuleren dit kortetermijndenken op de beurzen, het zijn hun pensioenfondsen die ons opjagen om sneller meer geld te verdienen.'

Dat gaat goed. Unilever heeft de wind nog vol in de zeilen. Over 2010 is de omzet met 4,1 procent gestegen. Maar waar Polman vooral trots op is: de onderliggende volumegroei was 5,8 procent, de hoogste in meer dan dertig jaar. Die komt vooral uit Azië, in drie jaar tijd is de omzet met 1,5 miljard gegroeid naar 5 miljard euro. De daarvoor verantwoordelijke man, Jan Zijderveld, heeft het idee dat Unilever vliegt. Zo goed gaat het. Polman vraagt hem zich te ontfermen over de nauwelijks groeiende Europese afzetmarkt.

In het jaarverslag krijgen de financiële ratio's vanaf nu op dezelfde twee pagina's en in hetzelfde lettertype gezelschap van de resultaten die zijn geboekt in het kader van het USLP. Er is minder CO_2-uitstoot, minder afval en minder water verbruikt. Polman is nog lang niet tevreden: '2011 wordt een uitdagend jaar, we moeten het tempo van onze transformatie opvoeren als we voorop willen blijven lopen. Ik heb alle vertrouwen in de 167.000 prachtige mannen en vrouwen die voor dit bedrijf werken. Zij hebben gezorgd voor de beste resultaten sinds tijden, terwijl ze vasthielden aan de waarden die Unilever tot zo'n bijzonder bedrijf maken. Het is een eerbetoon aan hen dat Unilever door onze concurrenten is uitgeroepen tot "meest bewonderde bedrijf".'

Ook de doorgaans ingetogen Treschow is lyrisch: 'Dit is een grote prestatie in een wereld die nog bij moet komen van de gevolgen van een economische crisis.'

De bestuursvoorzitter was meteen enthousiast geweest over het USLP, natuurlijk gaan consumenten zich steeds meer verbinden met de merken die bij ze passen en ook aan de kostenkant zal het USLP een bijdrage aan het resultaat van Unilever gaan leveren. Niet alle bestuursleden waren direct overtuigd geweest. Kees Storm, Jeroen van der Veer en vooral Paul Walsh hadden indringende vragen gesteld: hoe ga je dit allemaal meten, concreet maken? Ze waarschuwen ook: je maakt de onderneming kwetsbaar, beleggers houden er niet van als je iets belooft en je maakt het niet waar. Er was ook een flinke discussie geweest over het koppelen van de beloning van managers aan de resultaten die ze in het kader van het USLP zouden moeten behalen. Treschow vindt het, net als Polman, logisch dat dit maar een klein deel van de variabele beloning kan zijn. Als we met elkaar geloven dat winst en resultaat gaan groeien als gevolg van het USLP, dan is het vanzelfsprekend dat die extra beloning daaraan wordt gekoppeld en niet primair aan de doelen die in het USLP zitten. Je moet erop vertrouwen dat je door het goede te doen ook goed gaat verdienen. Dat is de kern van doing well by doing good.

Sandy Ogg vindt het mooi zoals Polman deze kans grijpt. Zo'n USLP had hij bij Procter & Gamble nooit van de grond gekregen, Amerikanen begrijpen hier niks van. Hij ziet hoe het duurzaamheidsverhaal als honing deze organisatie ingaat, hoe Polman grote groepen collega's bijna in vervoering brengt. Dit is precies waar Unilever behoefte aan had na de weinig inspirerende jaren onder Cescau. De Fransman was goed in een klein gezelschap maar ontbeerde het charisma voor een grote groep. De Fransman vond het bijna ongemakkelijk zichzelf op de voorgrond te plaatsen. Maar voor de onvermijdelijke reorganisatie was hij de logische insider geweest. Dat hoeft Polman niet meer te doen, die mag nu een flink stuk in die door Cescau gereviseerde auto gaan rijden.

Soms mist Ogg zijn oude baas. In een-op-eensituaties vindt hij Polman wel charmant maar helemaal niet effectief. Als je met een eigen idee of agenda bij hem naar binnen loopt, kom je eigenlijk altijd gedesillusioneerd naar buiten. Polman praat alleen maar, hij luistert niet. Stelt geen enkele vraag. Sandy Ogg maakt de balans op. De Amerikaan wil terug naar huis, hij kan bij het private-equityhuis Blackstone aan de slag en vertrekt bij Unilever.

De interviewer van *Management Today* herkent dit. Hij beschrijft in het voorjaar van 2011 wat hem overkomt als hij Polman interviewt: 'Zijn manier van praten is als een snelstromende rivier zonder dammen, een rivier waarin interrupties en uitweidingen worden verdronken tot hij zijn zegje heeft kunnen doen. Polman is een krachtige debater, iets tegen zijn verhaal inbrengen voelt als tegen de stroom op zwemmen.'

Op gepassioneerde toon legt Polman zijn visie uit: 'Het kortetermijndenken van aandeelhouders heeft geleid tot een verslaving aan kunstmatige winsten, vergelijkbaar met een junkie verslaafd aan heroïne of een bankier verslaafd aan cocaïne. Dat kortetermijndenken heeft ons in de crisis van 2008 gestort, te veel beleggers zijn gokkers geworden die snel resultaat willen zien. Daardoor zijn bedrijven zich anders gaan gedragen, met alle gevolgen van dien. Als we de wereld weer gezond willen maken, moeten we weten waarom we hier zijn. Het antwoord is: voor consumenten, niet voor aandeelhouders.'

Polman legt uit dat de wereld een nieuwe manier van denken nodig heeft. Dat wordt niet overal goed begrepen, ook journalisten schieten tekort. 'Ik vind het niet leuk om het te moeten constateren maar de *Financial Times* is de minst ondersteunende krant, de kwaliteit van hun werk is slecht.'

'Te veel mensen denken nog in trade-offs, als je iets doet wat goed voor jou is, zal iemand anders daarvoor de prijs moeten betalen. Dat is oud denken, komt uit de tijd van Milton Friedman en de suggestie dat de *"business of business is business"*. We moeten het anders gaan zien. Kijk bijvoorbeeld naar ons nieuwe geconcentreerde Persil-wasmiddel. Dat gebruikt minder verpakkingsmateriaal, is goedkoper en minder vervuilend bij transport. Het wast beter op lagere temperaturen, gebruikt minder energie. Iedereen heeft een voordeel. Natuurlijk zijn er altijd cynici die vragen: als je een in het USLP gesteld doel mist, kan je dan wel CEO blijven? Maar deze mensen zijn toeschouwers. Wij zeggen dan: We kunnen het niet alleen, dus doe met ons mee. In die geest geloven wij dat we het goede kunnen doen en van de wereld een betere plek kunnen maken.'

Hij benadrukt dat hij hier vijftien uur per dag mee bezig is. 'Soms vraag ik me wel af hoe mijn leven eruit zou hebben gezien als ik toch dokter was geworden.' Als de interviewer daarop lachend constateert dat hij in ieder geval geen 2,8 miljoen pond per jaar zou verdienen, kijkt Polman hem streng aan: 'Je kan geld niet linken aan passie en succes. In mijn familie zijn we daar altijd heel duidelijk over geweest: in het leven gaat het over meer dan geld verdienen.' En hij vervolgt: 'Ik zeg altijd tegen mijn drie zonen: fixeer je niet te veel op een carrière, op het bereiken van een functie, je loopt het grote risico dat je er na verloop van tijd achter komt dat jouw ladder tegen de verkeerde muur staat.'

In maandblad *Quote* wordt een trotse broer, René Polman, opgevoerd in een lyrisch portret: 'Hij is goed met mensen. Hij komt op zo veel plekken. Waar de mensen ook zitten, wie ze ook zijn, ze vragen altijd hoe het met Paul gaat. Tot de portier van de parkeergarage in Madrid aan toe. Hij is met ze begaan. Als een familielid van iemand die de kopieerapparaten onderhoudt ziek is, dan stuurt hij een bloemetje. Vaak mailt hij in het Engels en zet er dan bij *I am at the airport in Hongkong* of iets dergelijks, om maar aan te geven hoe druk hij is. Hij heeft ook eigenlijk helemaal geen tijd meer. Al belt hij onze moeder wel één à twee keer per week.'

Volgens vriend Joost Nijhuis ligt de basis van het succes van Polman in het door de paters karmelieten geleide Jacobus College, waar ze samen in Enschede op zaten: 'We leerden daar intrinsieke waarden en normen, een bepaalde bedrijfscultuur van "ora et labora", bid en werk. Ik heb wel eens gedacht: wat heeft Paul toch dat ik niet heb? Maar toen ik zijn werkkamer in Genève binnenliep zag ik het antwoord aan de muur hangen. Een collage aan privédankbetuigingen van teams en taskforces waarmee hij gewerkt heeft. En dan geen Amerikaanse bedankjes met weinig diepgang maar echt bezielende, warme dankbetuigingen. Toen dacht ik: jij bent een man die overal middenin staat. Niet zo'n gorilla op de apenrots of een macho in een of andere testosteronomgeving, zoals een Rijkman Groenink. Nee, Paul is een CEO die we vandaag de dag nodig hebben op deze aarde.'

Jeugdvriend Marcel Zegger denkt dat als Polman priester was geworden hij het tot paus zou hebben geschopt.

In mei 2011 staan Mark Rutte, IMD-professor Tom Malnight en Paul Polman glunderend naast elkaar op een podium op het hoofdkantoor van Unilever in Rotterdam. Ze hebben ingestemd om bij de presentatie van het boek van Kees van der Graaf met elkaar in gesprek te gaan over het belang van purpose in het bedrijfsleven. Polman maakt de vlak voor zijn komst gepensioneerde Van der Graaf een compliment: hij is binnen Unilever een voorloper geweest, duidelijk gedreven door een hoger doel.

Tijdens de paneldiscussie is de vraag aan de orde of *old-boys*-commissarissen wel in staat zijn om 'hun' CEO's te helpen bij hun roeping uit te komen. Is daar geen ander type commissaris voor nodig? Insead-managementgoeroe Manfred Kets de Vries wordt geciteerd, die stelt dat alle leiders in het bedrijfsleven onzekere *overachievers* zijn, dat ze allemaal last hebben van een narcistische persoonlijkheidsstoornis en dat het dus verstandig is om in iedere raad van commissarissen voortaan ook een psychiater te benoemen. Of het nou meteen een psychiater moet zijn vragen de heren zich lachend af, maar meer diversiteit in dat gremium zou zeker helpen om USLP-achtige initiatieven snelheid te geven.

Op het podium probeert Polman die andere oud-Unileveriaan ervan te overtuigen dat het Unilever-model door de Nederlandse overheid moet worden omarmd. De premier voelt zich aangesproken, de liefde voor zijn eerste werkgever zit diep. Rutte reageert joviaal maar is ook meteen op zijn hoede, hij heeft een bloedhekel aan lobbyende bedrijven. Een premier moet boven de partijen blijven staan.

Een maand later nodigt Polman de voorganger van Rutte uit voor een ontbijt. Hij heeft Jan Peter Balkenende twee jaar eerder leren kennen op een etentje bij Jeroen van der Veer thuis. Ze hadden gesproken over de veranderende rol van het bedrijfsleven. Eensgezind hadden ze vastgesteld dat het bedrijfsleven in toenemende mate een voortrekkersrol moet krijgen in het aanpakken van grote maatschappelijke problemen, in een tijd waarin overheden zich vooral terugtrekken. Balkenende was in dit verband al eerder onder de indruk geraakt van CEO's als Peter Bakker van TNT en Feike Sijbesma van DSM. Die kant moet het op. In april was hij daarom ingegaan op het verzoek van Pieter Jongstra, de baas van Ernst & Young, om ervoor te lobbyen dat *corporate social responsibility* hoger op de agenda komt te staan.

Polman en Balkenende vinden het opmerkelijk dat zo veel Nederlandse bedrijven al jarenlang leidend zijn in de verschillende voor hun sectoren relevante duurzaamheidsindexen. Nederlandse bedrijven hebben hun wortels in het Rijnlandse denken, houden rekening met alle stakeholders, en doen het toch goed in een mondiale competitie. Balkenende en Polman delen hun ervaring dat het niet meevalt om Angelsaksische gesprekspartners hierin mee te krijgen. Als het onderwerp op tafel komt roepen die vaak dat ze die andere stakeholders ook heel belangrijk vinden, maar als je doorvraagt en wilt weten wat ze er werkelijk aan doen, komen ze niet veel verder dan het opsommen van wat liefdadigheidsprojecten.

Dat doen we hier veel beter. Balkenende en Polman spreken af dat ze de CEO's van leidende bedrijven als DSM, Heineken, AkzoNobel, KLM en Shell bij elkaar zullen halen. Ze willen onderzoeken of ze die krachten op een of andere manier kunnen bundelen en Nederland zo beter op de kaart kunnen zetten.

In 2011 verovert de boodschap van Paul Polman de wereld. Die snakt na jaren van crisis, jaren die werden gedomineerd door teleurstelling en wantrouwen, naar een nieuw geluid. Als boegbeeld van Unilever is Polman opeens overal het gezicht van een grote belofte, de belofte van een nieuw, duurzaam bedrijfsleven. De collega's die zich ontfermen over het inhuren van nieuwe mensen merken dat als eersten. De aantrekkingskracht van Unilever op nieuw talent is enorm, het afgelopen jaar kreeg het bedrijf een miljoen open sollicitaties.

Hoewel Polman ze inmiddels genoegzaam heeft duidelijk gemaakt dat het constant gelukkig houden van de aandeelhouders in zijn plannen niet meer op de eerste plaats staat, dat ze geduld moeten hebben, houdt hij de ontwikkeling van de koers van het aandeel Unilever nauwlettend in de gaten. Hij weet na dertig jaar voor beursgenoteerde bedrijven te hebben gewerkt, dat een aanhoudende daling van de koers er in no time voor kan zorgen dat hij wordt ontslagen. Hij heeft steeds op tijd de waardering van de aandeelhouders nodig, die geven hem een license to operate. Die koers moet steeds genoeg omhooggaan om ze tevreden te houden.

Dat doet hij ook. Als hij daarover communiceert pakt Polman steeds het dieptepunt van iets meer dan 14 euro, een paar maanden na zijn start. In tweeënhalf jaar tijd is het aandeel Unilever zo'n 65 procent meer waard geworden. De belangrijkste Britse en Nederlandse beursindexen, de FTSE en de AEX, stegen in diezelfde periode ook met zo'n 60 procent. Maar de koersen van de aandelen van zijn twee vorige werkgevers, de twee grote concurrenten Procter & Gamble en Nestlé, gingen in dezelfde periode met ruim 30 procent veel minder snel omhoog.

Dat geeft hem vertrouwen. Polman weet dat deze waardering nog niets te maken heeft met zijn duurzame plannen, maar een-op-een het gevolg zijn van de verbeterde marges en de nu toch flink groeiende omzet. Dat financieel analisten in hun enthousiaste bespreking van de gang van zaken bij Unilever totaal geen aandacht besteden aan het USLP, vindt Polman ontzettend jammer en vooral dom. Ze kijken nog steeds op een oude manier naar de economie. Maar dat zal vanzelf veranderen als duidelijk wordt dat de kosten van nu niks doen veel hoger liggen als de huidige onevenwichtigheden in de wereld straks voor grote problemen gaan zorgen. Het is belangrijk dat die risico's zo snel mogelijk goed in kaart worden gebracht en in sommen worden gevangen. Dan zullen die cijferaars ze wel mee kunnen nemen in hun analyses. Zover is het nog niet. Om de resultaten goed te houden wil hij nu eerst de operatie verder straktrekken.

De Unilever-matrix wordt weer aangepast. De 242 product-marktcombinaties van Cescau worden teruggebracht naar 32. Per saldo verandert de top-150 in een top-40. Vanaf nu zijn er vier productcategorieën – voeding, ijs/thee, persoonlijke verzorging en huishoudelijke verzorging – en acht geografische clusters. De bazen van de acht markten gaan rapporteren aan Harish Manwani. Hij wordt de eerste chief operating officer (COO) van Unilever, verantwoordelijk voor het laten groeien van omzet en winst. Drie van de vier mannen die dachten dat zij de ideale opvolger van Cescau zouden zijn, Michael Polk, Vindi Banga en Jim Lawrence, hebben het bedrijf inmiddels verlaten. De loyale Manwani is gebleven.

Natuurlijk was hij teleurgesteld geweest toen duidelijk werd dat hij niet de eerste Indiase CEO van Unilever zou worden. Maar hij begrijpt de keuze voor Polman. Dat hij nu COO wordt, klopt ook: Manwani werkt al sinds 1976 bij het bedrijf. Hij is er begonnen omdat dit toen al het succesvolste bedrijf van India was, overal zichtbaar in het vergroten van de welvaart en het welzijn van miljoenen mensen.

Manwani heeft bijna overal gewerkt, kent iedereen, weet waar alle lichtknopjes zitten. Feitelijk is het nu zijn opdracht, de opdracht aan de voor de regio's verantwoordelijke managers, om de winst-en-verliesrekening op de korte termijn te managen. De bazen van de vier productcategorieën moeten met de inzet van R&D een stroom aan nieuwe producten bedenken en ontwikkelen. Daarmee zijn zij verantwoordelijk voor de omzet en winst van de toekomst.

'Wie had gedacht dat een van de machtigste CEO's zich hard zou maken voor een transformatie van de samenleving die radicaler is dan de meeste politici voorstaan,' stelt *The Guardian* verbaasd in een inleiding op weer een interview. Polman, die als hij nog in Nederland zou wonen, eerder PvdA dan VVD zou stemmen, legt uit: 'Sommige mensen beschuldigen mij ervan dat ik een socialist ben, maar ik ben in hart en nieren een kapitalist. Ik pleit alleen voor een duurzaam en rechtvaardig kapitalisme.' Dat komt er volgens hem alleen als het bedrijfsleven veel intensiever gaat samenwerken met ngo's en overheden. 'Als wij al onze USLP-doelen realiseren maar niemand volgt ons voorbeeld, dan hebben we dramatisch gefaald. In het verleden spraken we niet snel met Greenpeace of WNF, nu zitten we iedere week wel een keer met ze aan de telefoon.' Hij roept overheden op om eens na te gaan denken over wetgeving die aandeelhouders zal stimuleren om hun aandelen langer vast te houden. 'Dividenden kunnen bijvoorbeeld zwaarder worden belast als de aandelen minder lang worden aangehouden.'

Polman vertelt dat Unilever op verzoek van VN-secretaris-generaal Ban Kimoon samen met mensen van de VN-Global Compact-groep een voorzet heeft gegeven om tot een betere samenwerking te komen tussen de Verenigde Naties en het bedrijfsleven. 'We zijn tot de conclusie gekomen dat veel van de onderliggende dragers voor langetermijnsucces in de private sector, zoals toegang tot energie, goed toezicht en duurzame economische ontwikkelingen, overlap hebben met de prioriteiten van de VN, die gaan over vrede en armoedebestrijding. Het bedrijfsleven kan een krachtige bron van innovatie- en implementatiekracht zijn die in samenwerking met de VN werkt aan oplossingen voor wereldwijde vraagstukken.'[1]

In die voorzet voor het verbeteren van de samenwerking wordt gesteld dat eerst het aanhoudende wantrouwen tussen de VN en het bedrijfsleven moet worden overwonnen. Evenals de grote verschillen in werkwijze en cultuur. Het is van belang dat het bedrijfsleven de universele waarden van de Verenigde Naties, zoals omschreven in het Global Compact, omarmt. Ook moet er meer transparantie komen in hun werkwijze, er zullen concrete thema's moeten worden aangewezen om op samen te werken. Er is een duidelijk raamwerk nodig dat beide partijen in staat stelt om de resultaten van samenwerking ondubbelzinnig vast te stellen.[2]

Voor een publiek van ambtenaren, politici en ngo's stelt Polman in oktober 2011 dat het natuurlijk een schande is dat nog steeds meer dan 800 miljoen mensen met honger naar bed gaan. 'Wij zullen veel intensiever met elkaar moeten samenwerken om voor voedselzekerheid in de wereld te zorgen.' In de Amsterdamse Westergasfabriek vertelt hij over het USLP en over de samenwerking tussen de grootste bedrijven van de wereld die in het Consumer Goods Forum hebben besloten dat er in 2020 een einde moet zijn gekomen aan de illegale boskap. Dan zullen ze geen soja, palmolie of papier meer kopen die uit illegale bronnen gewonnen is.

'Een enorme opgave, maar hard nodig want 16 procent van de opwarming van de aarde is het gevolg van illegale houtkap. We werken actief en graag samen met WNF, Oxfam, Greenpeace en overheden om dit voor elkaar te krijgen.' Polman roept op tot een gezamenlijk marshallplan. 'De investeringen in de voedselwaardeketen moeten met 50 procent omhoog, die 80 miljard euro moet door overheden en bedrijfsleven op tafel worden gelegd.' Hij ziet hierin een hoofdrol weggelegd voor Nederland, dat in zijn ogen een bedrijfsleven heeft dat op wereldschaal leiderschap toont als het gaat om duurzaamheid.

Maar ook de nieuwe Nederlandse regering, 'die wordt aangevoerd door gecommitteerde leiders als staatssecretarissen Ben Knapen en Henk Bleker, ondersteund door VNO-NCW voorzitter Bernard Wientjes', moet aan de slag, stelt Polman. 'Het is een wijs besluit van Nederland om een sleutelrol te willen vervullen op het vraagstuk van voedselzekerheid. Als het om IT gaat kent de hele wereld Silicon Valley, maar weet de wereld wel dat Nederland eigenlijk een soort "Sustainability Valley" is?'

Paul Polman kan niet meedoen aan de paneldiscussie. Hij wil de begrafenis van een van zijn voorgangers kunnen bijwonen en memoreert hem: 'Morris Tabaksblat, zijn grote verdiensten zullen in onze herinnering voortleven.'

Staatssecretaris Ben Knapen kan ook niet blijven, directeur-generaal Internationale Samenwerking Rob Swartbol gaat op zijn kruk zitten. Beide heren zijn diep onder de indruk van het verhaal van de bevlogen CEO van Unilever.

10 Maar we kunnen het echt niet alleen

januari 2012-maart 2013

Hij zegt meteen ja. Paul Polman hoeft er geen seconde over na te denken als Ben Knapen hem in januari 2012 belt met de vraag of hij zich in opdracht van de Verenigde Naties wil buigen over de grote vraagstukken waar de wereld mee worstelt. Een High-Level Panel of Eminent Persons krijgt van Ban Kimoon, de secretaris-generaal van de Verenigde Naties, de opdracht nieuwe, duurzame-ontwikkelingdoelen te formuleren. Knapen en Polman spreken af elkaar te ontmoeten zodat de staatssecretaris voor Europese samenwerking en ontwikkelingssamenwerking kan uitleggen waarom de overheid juist de CEO van Unilever als vertegenwoordiger van Nederland in dat belangrijke VN-panel wil hebben.

CDA'er Knapen (61) was journalist en hoofdredacteur, werd bestuurder en vervolgens weer journalist. Als correspondent voor zijn oude krant NRC *Handelsblad* in Zuidoost-Azië realiseerde hij zich in 2006 dat er nog steeds heel veel arme mensen zijn, maar dat er eigenlijk geen arme landen meer zijn. In zijn analyse wordt de richting van de economie in de meeste landen bepaald door een groeiende groep middeninkomens. Overheden moeten vooral de randvoorwaarden scheppen die ervoor zorgen dat zo veel mogelijk mensen aan bod komen. Ze moeten erop toezien dat er verantwoord en duurzaam wordt geïnvesteerd en geconsumeerd, dat er een veilig, vertrouwenwekkend rechtssysteem is en dat er belasting wordt betaald. Burgers en het bedrijfsleven zullen er vervolgens samen voor moeten zorgen dat hun economie wordt opgetild. Knapen concludeerde dat hiervoor bedrijven nodig zijn die niet voor het snelle geld gaan maar die het eigen gewin in het kader van dat grotere belang kunnen plaatsen.

Als lid van de Wetenschappelijke Raad voor het Regeringsbeleid heeft hij zich daarom sterk gemaakt voor een paradigmaverschuiving bij de inzet van ontwikkelingsgelden. In januari 2010 presenteerde de WRR daarover een advies aan de regering: *Minder pretentie, meer ambitie: ontwikkelingshulp die ver-*

schil maakt. Op basis van een literatuurstudie en vijfhonderd gesprekken, onder meer met de voormalige Unilever-bestuurders Hans Eenhoorn en Jeroen Bordewijk, pleit de WRR voor een grotere betrokkenheid van het bedrijfsleven en voorspelt dat 'Nederland langs deze lijnen internationaal weer aan gezag kan winnen'.[1]

Nederland geeft jaarlijks zo'n 5 miljard euro aan ontwikkelingsgeld uit, 0,7 procent van het bruto nationaal product, en is daarmee in procentuele zin de vijfde donor ter wereld en in absolute zin de zesde. Het was de Nederlandse econoom en Nobelprijswinnaar Jan Tinbergen die in de jaren zestig had uitgerekend dat het goed zou komen tussen rijk en arm in de wereld als de rijke landen allemaal 0,7 procent van hun bbp naar de 77 armste landen zouden overmaken. Maar de WRR constateert nu dat die miljarden nog nauwelijks effect sorteren in een wereld waar de grensoverschrijdende investeringen tussen 1982 en 2008 met gemiddeld 30 procent per jaar zijn gegroeid tot zo'n 1700 miljard dollar. De inmiddels ongeveer 82.000 multinationals spelen een centrale rol bij de verdeling van die welvaart.

Het WRR-rapport is goed gelezen door de deelnemers van het eerste kabinet onder leiding van VVD'er Mark Rutte. 'Vrijheid en verantwoordelijkheid' is het motto van het kabinet dat in oktober 2010 werd beëdigd. De VVD en CDA leverden de bewindslieden, de PVV beloofde gedoogsteun. Inmiddels CDA-staatssecretaris Ben Knapen is blij met de wijze waarop zijn opdracht in het regeerakkoord is omschreven: 'Binnen het budget voor Ontwikkelingssamenwerking zal een sterke uitbreiding plaatsvinden van mogelijkheden voor het bedrijfsleven. Ontwikkeling van de private sector zal een van de speerpunten worden, evenals het bijdragen aan het behalen van de Millennium Development Goals.'

Een grotere rol voor het bedrijfsleven als het gaat om armoedebestrijding, daar zal dit kabinet dus meer op gaan inzetten. Knapen ziet daarbij meteen een belangrijke rol voor partijen als Oxfam Novib, Solidaridad en IDH, ngo's die steeds meer ruimte maken voor een bundeling van krachten met dat bedrijfsleven. Hij roept ze op om de rol van morele accountant op zich te nemen en bedrijven de maat te nemen als het gaat over hun duurzame inspanningen.

Veel buitenlandse collega's hebben moeite met de ideeën van de Nederlandse staatssecretaris. Ze begrijpen de logica maar vrezen dat hun rol als verdeler van ontwikkelingsgelden min of meer overbodig wordt als die verdeling voortaan aan lokale marktwerking wordt overgelaten. Knapen was blij dat eind 2011 tijdens een grote VN-bijeenkomst in het Zuid-Koreaanse Busan is vastgesteld dat 'internationale samenwerking niet langer kan worden gezien als een relatie tussen rijke en arme overheden, maar een complex samenspel is geworden waarin veel meer partijen waaronder de private sector een rol spelen. Internationale ontwikkeling moet zich openstellen voor de rol van de private sector.'

In Nederland moet Knapen vooral zijn best doen om gedoogpartner PVV te vriend te houden. Voorman Geert Wilders wil een einde maken aan de 0,7 procent-regeling. Hij vindt het vooral zonde van het geld. Knapen vindt dat Wilders ergens wel gelijk heeft, maar hij verdedigt de regeling omdat je niet zomaar kunt stoppen. De veranderende rol van rijke landen zal tijd kosten. Knapen weet bovendien dat die 0,7 procent een belangrijke marketingwaarde heeft. Bij de Verenigde Naties in New York kunnen ze niet om Nederland heen als het om belangrijke benoemingen gaat.

De staatssecretaris werd dan ook niet verrast toen er een uitnodiging van Ban Ki-moon op zijn bureau lag om een voordracht te doen voor een lid van het High-Level Panel, dat opvolgers voor de Millennium Ontwikkelingsdoelen, die in 2015 aflopen, moet gaan formuleren. Dat panel zal 27 leden krijgen en onder voorzitterschap komen van de presidenten van Indonesië, Liberia en de premier van Groot-Brittannië. Het is duidelijk dat ze verwachten dat Nederland ook een prominente politicus zal voordragen.

De staatssecretaris had zijn plaatsvervangend directeur-generaal voor Internationale samenwerking, Rob Swartbol, gevraagd om met hem mee te denken. Swartbol stelde spontaan Paul Polman voor. Hij kent de CEO van Unilever, heeft in New York bij de Verenigde Naties verschillende keren met hem gesproken, hem daar zien optreden. Het viel hem op dat Polman in die gesprekken zich nooit expliciet opstelde als een vertegenwoordiger van de belangen van zijn bedrijf. Het was eerder omgekeerd, hij leek daadwerkelijk begaan met armoedebestrijding en het klimaatvraagstuk.

Swartbol gelooft dat Polman inmiddels een hoofdrol speelt in het doorbreken van het klassieke glazen plafond tussen overheden en ngo's aan de ene kant en het grote bedrijfsleven aan de andere kant. Zeker multinationals werden tot voor kort toch vooral als de vijand gezien, bedrijven die de wereld plunderen voor eigen gewin. De ambtenaar twijfelt niet aan de intenties van Polman, hij vindt hem authentiek en vertrouwenwekkend. Hij merkte bovendien dat de CEO van Unilever graag wil leren over de wereld van ontwikkelingssamenwerking, gretig naar zijn inzichten luisterde.

Knapen vond het meteen een goed idee. Door voor het eerst in de geschiedenis van de Verenigde Naties de baas van een grote multinational in zo'n belangrijk gremium neer te zetten, zou Nederland het belang van de rol van de private sector mooi kunnen onderstrepen. De staatssecretaris had hun plannetje meteen afgestemd met zijn Britse evenknie Andrew Mitchell. Unilever is tenslotte Brits-Nederlands en het zou jammer zijn als de Britten, die met hun premier David Cameron een van de drie voorzitters leveren, dit niet zouden ondersteunen. Maar Mitchell was akkoord gegaan.

Ook aan zijn premier had Knapen gevraagd of hij het een goed idee vond. Hij wist dat Rutte nog steeds goede contacten met zijn eerste werkgever onderhield. Mark Rutte was meteen enthousiast. Hij kende Polman goed en geloofde dat hij die klus geweldig ging doen. Rutte waarschuwde zijn staatssecretaris wel voor de vragen die zouden kunnen komen over de hoogte van het salaris van de bestuursvoorzitter van Unilever. Zo'n salaris associeer je niet direct met ontwikkelingshulp.

In hun ontmoeting om de samenwerking te bezegelen stellen Polman en Knapen vast dat de Millenniumdoelen van de VN succesvol zijn geweest. Tussen 1990 en 2015 zijn meer dan een miljard mensen uit de extreme armoede getild. Vanaf nu zal vooral samenwerking tussen publieke en private partijen nodig zijn om de resterende 800 miljoen mensen die nu nog met honger naar bed gaan te kunnen helpen. Knapen herhaalt de ambitie van het Nederlandse kabinet om de rol van het bedrijfsleven daarbij te vergroten. Hij legt uit dat Polman in New York natuurlijk ondersteuning zal krijgen van de Nederlandse delegatie daar, maar dat hij verder geen verantwoording aan de Nederlandse overheid hoeft af te leggen. Hij zal na de Nederlandse voordracht op persoonlijke titel door Ban Ki-moon worden gevraagd, en mag zonder last of ruggespraak werken. De staatssecretaris heeft het volste vertrouwen in Polman, ook omdat de CEO straks zit ingeklemd tussen meer dan 25 politieke zwaargewichten, die zullen de topmanager corrigeren als hij te veel zijn eigen koers of die van Unilever zal gaan varen.

Het is een grote klus. Einde aan de armoede, meer economische groei, minder sociale ongelijkheid, en een duurzame ontwikkeling van het milieu, dat zijn de belangrijkste thema's die voor de komende vijftien jaar in heldere doelen moeten worden neergezet. In juni 2013 moet het panel de bevindingen presenteren. De leden van het panel zullen vijf keer een paar dagen bij elkaar komen. De bedoeling is dat Polman in een aantal consultatierondes bij het internationale bedrijfsleven zal gaan polsen hoe zij hun rol voor zich zien. De CEO van Unilever zal hier al snel zo'n twintig uur per week mee bezig zijn. In de loop van 2015 moeten de 193 lidstaten van de Verenigde Naties de nieuwe doelen goedkeuren.

Aan zijn bestuur legt een enthousiaste Polman uit dat dit een logische rol voor hem is. Zo kan hij ervoor zorgen dat het speelveld verandert, dat de ruimte voor de duurzame Unilever-aanpak groter wordt omdat het duurzame denken op veel plekken in wetten en overheidsbeleid zal worden vastgelegd. Het USLP kan alleen een succes worden als andere bedrijven Unilever gaan volgen. Daarvoor moet een vliegwiel worden aangezwengeld van overheden en ngo's.

Polman vraagt Gavin Neath, die op het punt staat om met pensioen te gaan, hem fulltime bij zijn nieuwe opdracht te assisteren. Alle leden van het panel hebben zo'n 'sherpa'. Zij zullen hun werk afstemmen en de bijeenkomsten voorbereiden. Neath merkt meteen aan Polman dat hij hier vol voor wil gaan.

De boodschap van Unilever moet worden uitgedragen, er moeten zieltjes worden gewonnen. Als het even kan de hele wereld.

Dat blijkt. Op het World Economic Forum in Davos staat Polman vooraan om de krachtenbundeling van acht grote Nederlandse bedrijven, die hij samen met Jan Peter Balkenende en Feike Sijbesma, CEO van DSM, heeft georganiseerd, te presenteren. De oprichter van het World Economic Forum, Klaus Schwab, is erbij. Als Dutch Sustainable Growth Coalition (DSGC) slaan Heineken, KLM, Shell, Unilever, DSM, AkzoNobel, Philips en FrieslandCampina de handen ineen om aan de wereld uit te leggen dat traditionele groeistrategieën gemeten in economische of financiële termen een te beperkt concept is. De oplossing van de grote sociale en milieuvraagstukken vereist een integratie van duurzame groei in strategie en uitvoering in de hele economische keten. Zo worden winstgevendheid, sociale vooruitgang en een duurzaam milieu aan elkaar gekoppeld. Polman neemt het voortouw. Hij heeft zijn collega-CEO's indringend uitgelegd hoe belangrijk het is om hiervoor de juiste mindset te hebben. Deze boodschap kun je alleen overbrengen als je een authentieke leider bent en er geen discrepantie zit tussen wat je vindt en wat je doet. Polman heeft ze enthousiast verteld over het Unilever Leadership Development Program, de zoektocht naar je 'echte noorden'. En hij heeft zijn Nederlandse collega's voorgesteld om in de presentatie van hun plannen drie woorden centraal te stellen. *Shape*: de acht deelnemers linken economische winstgevendheid aan geïntegreerde duurzame bedrijfsmodellen. *Share:* de DSGC-leden zullen dit gedachtegoed zowel nationaal als internationaal gaan behartigen. En *Stimulate*: ze zullen overheidsbeleid dat dit mogelijk maakt stimuleren en beïnvloeden.

Polman realiseert zich dat hij door al deze ervaringen buiten Unilever inmiddels een stuk verder in zijn denken is dan de meeste van zijn Unilever-collega's. Die zijn toch vooral druk met het verkopen van Magnums en flesjes Dove. In het voorjaar van 2012 vraagt hij Gail Klintworth om zich als eerste chief sustainability officer van Unilever over het interne vliegwiel te ontfermen. Polman en Klintworth schatten in dat ongeveer 10 procent van de Unilever-managers werkelijk begrijpt wat het betekent om duurzaamheid te integreren in de dagelijkse werkzaamheden. Zestig procent kijkt de kat uit de boom, twijfelt, begrijpt het nog niet. Ongeveer dertig procent van de collega's zit muurvast in het oude denken, ze zullen nooit de goede kant op bewegen. Daar moet Unilever vanaf.

Het gesprek binnen Unilever, zo neemt Klintworth zich voor, mag niet meer gedomineerd worden door de oude tegenstelling tussen business en goede doelen. Die tegenstelling verlamt alles. Maar ze weet ook: haar collega's weten niet beter en *culture eats strategy for breakfast*. Als iets zich in de cultuur van het bedrijf heeft verankerd is het erg, erg moeilijk dat te veranderen. Van het onder woorden brengen van je roeping naar het daadwerkelijk durven veranderen van je werkwijze – dat gaat niet vanzelf. Daar moet je risico's voor durven nemen. Om te beginnen moet je het aandurven om de oude vertrouwde werkwijze los te laten.

In talloze bijeenkomsten vraagt Klintworth haar collega-managers na te denken over hun 'schilden' en hun 'zwaarden'. De schilden gaan over het spreiden van risico's, weten dat je de kosten straks dubbel en dwars voor je kiezen krijgt, bijvoorbeeld als gevolg van de belasting van het milieu, als je er nu niet mee aan de slag gaat. De zwaarden gaan over het onderkennen van kansen, de ontwikkeling van nieuwe producten voor consumenten die zich steeds meer realiseren dat er iets moet veranderen. Ook voor die kopers geldt dat misschien maar tien procent dit werkelijk begrijpt. Steeds weer herhaalt Klintworth haar vraag: is Unilever in staat om deze mensen producten te geven die passen bij hun zorgen en overtuigingen, waar ze niet méér voor hoeven te betalen, waar ze verder niet over na hoeven te denken?

De directeur duurzaamheid realiseert zich dat het niet mee zal vallen om in het grote, bureaucratische Unilever de verschillende silo's te verbinden aan één gemeenschappelijk doel. Juist in het maken van nieuwe verbindingen liggen kansen. Collega's van R&D, marketeers en inkopers zullen daarvoor een ander gesprek met elkaar moeten voeren. Iedereen heeft helaas de neiging om een geboekt resultaat bij zichzelf te houden, om gerealiseerde besparingen, bijvoorbeeld als gevolg van een andere manier van werken, meteen via de eigen winst-en-verliesrekening te laten lopen. Dat is goed voor de eigen bonus en de eigen carrière. Als je dat geld investeert in vernieuwing van producten of van processen, in de samenwerking met andere afdelingen binnen het bedrijf, dan is het maar de vraag in hoeverre een eventueel resultaat bij jou terugkomt.

Om een beetje vaart te kunnen maken probeert Klintworth die 10 procent gelovigen, de *early adopters,* zichtbaar op het schild te hijsen, hun successen te vieren en daarmee de rest van de organisatie te inspireren. Het kan haar eigenlijk niet eens zoveel schelen of die mensen het doen omdat ze de wereld willen redden of denken zo rijk te worden. Zolang ze het maar doen en werkelijk begrijpen dat dit de enige weg is. Wat Polman met het merk Unilever doet, dat moeten de categoriemanagers nu met hun eigen merken gaan doen.

Het helpt enorm dat haar collega's steeds vaker op het gedachtegoed van Polman worden aangesproken. Privé, bijvoorbeeld op verjaardagen, is dat prettig, dat maakt trots. Nog prettiger is het als opleidingsinstituten en overheden Unilever-collega's vragen daar eens te komen vertellen over het USLP. Zo help je de boodschap verder te verspreiden en het streelt de ijdelheid. Soms zorgt Klintworth er zelf voor dat een conservatieve collega door een universiteit wordt uitgenodigd om over duurzaamheid als businessmodel te komen praten. Ze geniet van wat er dan gebeurt. Om in een panel met grote namen goed mee te kunnen doen gaan ze zich opeens verdiepen in de materie en gaan er eindelijk een paar knoppen om. Hun ego doet de rest.

Het frustreert Klintworth enorm dat ze als lid van de Londense staf vooral door de collega's in het veld niet echt wordt gehoord. Hoewel ze de baas van Unilever Zuid-Afrika is geweest krijgt ze het verwijt te ver van de business af te staan. Formeel rapporteert ze bovendien aan Keith Weed. Die kan het verhaal als marketeer goed vertellen, maar heeft in haar ogen geen idee van wat er inhoudelijk moet gebeuren. Ze is niet de enige die dat vindt. Haar collega Miguel Veiga-Pestana vindt Weed een echte *old-school marketeer*, zonder ook maar een beetje DNA voor duurzaamheid. Hij moet Weed zelfs uitleggen wat mensenrechten zijn en waarom het belangrijk is dat een bedrijf als Unilever zich daarover ontfermt.

Het zijn vooral mannen die klagen, merkt Klintworth. Soms leggen ze eerlijk aan haar uit dat hun vrienden zich hardop afvragen of ze wel een echte vent zijn, als het over dit onderwerp gaat. Ze vinden het duurzame verhaal gewoon niet stoer. Bovendien worden ze iedere maand gewoon afgerekend op hun concrete resultaten: marktaandeel, marge, et cetera. Dat is ook waar Polman vooral naar vraagt als hij bij ze op bezoek komt. Het USLP komt dan voorbij in het grote Unilever-verhaal, een concrete vertaalslag naar hun eigen merken en markten wordt niet echt gemaakt. Erger nog, als die concrete resultaten tegenvallen kan Polman zich erg boos en teleurgesteld gedragen.

Om ze te inspireren bij hun persoonlijke transformatie heeft Polman er een gewoonte van gemaakt om de Unilever-leidinggevenden voor iedere conferentie een wat hem betreft toepasselijk boek te sturen. Dit voorjaar krijgt de top-40 het boek *Capitalism at Risk: Rethinking the Role of Business.* Hierin leggen drie Harvard-hoogleraren uit dat na de crisis de rol van het bedrijfsleven moet veranderen, dat het zich veel nadrukkelijker moet gaan ontfermen over de gemeenschap waarin het opereert.[2] Voor in het boek schrijft Polman een persoonlijk bedankje: 'Jouw leiderschap bij het transformeren van Unilever naar een duurzame groei wordt zeer op prijs gesteld. We hebben een geweldige kans om te laten zien dat leven volgens het USLP voor geweldige business zorgt, warme groeten Paul.'

Gelukkig blijven de cijfers goed en groeit Unilever door. Over 2011 zegt Polman in het jaarverslag: 'We zijn met 6,5 procent weer harder gegroeid dan onze concurrenten.' Na drie jaar aan het roer te hebben gestaan is de omzet van Unilever met bijna 7 miljard gegroeid tot 46,5 miljard euro. 'We gaan van *"fit to compete"* naar *"fit to win"*.' Die groei wordt nog steeds gedragen door honderden miljoenen Aziaten die hun haren gaan wassen, deodorants gaan gebruiken, ijsjes gaan kopen, et cetera.

Alle lichten staan wat Polman betreft op groen, nu moet Unilever vaart maken. Trots wijst hij erop dat 86 procent van de medewerkers van Unilever zeer tevreden is over hun werk en hun werkgever. Het aantal vrouwen in seniorposities is in vijf jaar tijd met 5 procent toegenomen tot 28 procent. Hij opent het eerste USLP-verslag, over 2011, op strijdlustige toon. 'Als wij al onze doelen realiseren en niemand ons volgt, dan hebben we gefaald. Daarom werken we samen met het Consumer Goods Forum, the World Economic Forum, de World Business Council for Sustainable Development, ngo's en overheden, om gecoördineerd, cross-sectoraal de verandering te sturen.'

In *The Guardian* licht Polman de eerste USLP-resultaten toe. In twaalf maanden tijd is het aandeel van duurzaam ingekochte landbouwproducten verdubbeld tot 24 procent. Hij legt uit dat het plan al een diepe impact heeft op de manier waarop binnen Unilever wordt gewerkt: 'Als we naar onze bevoorradingsketen kijken, dan staan we nu stil bij de betrokkenheid van kleine boeren, we denken na over de positie van vrouwen en werkgelegenheid. We denken na over het eigendom van land, over biobrandstoffen. En omdat we dit op een holistische manier doen worden onze fabrieken beter, wordt onze inkoop beter.' Nee, hij vindt niet dat Unilever te ambitieus is: 'Je kan niet ambitieus genoeg zijn als je kijkt naar de problemen die we op moeten lossen. We zijn extreem ambitieus maar dat is ook nodig, dat duwt ons uit onze comfortzone.'

Hij beaamt dat het niet makkelijk zal zijn voor '*old-school* CEO's' om te gaan werken in een wereld die vraagt om samenwerking en kwetsbaarheid. 'Het is niet altijd duidelijk hoe je dat moet doen. Het vraagt om een grote mate van transparantie en dat vindt niet iedereen even makkelijk.' Hij haalt volgens de journalist 'vernietigend' uit naar bedrijven die stellen dat ze nou eenmaal gebonden zijn aan de maatschappelijke plicht om in de eerste plaats hun aandeelhouders goed te bedienen: 'Dat is het oude "Milton Friedman-denken". De wereld heeft zich ontwikkeld, deze mensen moeten zich maar eens gaan verdiepen in de realiteit van vandaag.'[3]

Dat doen ze volgens Polman onvoldoende. Tot zijn grote ergernis wordt bij de presentatie van de cijfers van Unilever door de aanwezige analisten weer geen enkele vraag over het USLP gesteld. Hij legt nog eens uit dat er een fundamentele verandering plaatsvindt als gevolg van de financiële crisis. We gaan van een samenleving die is gebaseerd op regels naar een samenleving die zich baseert op principes. Hij wijst erop dat een kleine, maar gelukkig groeiende groep bedrijven dit onderschrijft en hij noemt Patagonia, Heineken, DSM en Nike. Polman zegt zich vooral zorgen te maken over het gebrek aan samenwerking met overheden. Die worden steeds weer verlamd door verkiezingen, waardoor het heel moeilijk is om afspraken met ze te maken. Nee, Polman wil geen directe kritiek leveren op de Britse overheid: 'Iedere week spreek ik met beleidsmakers. Deze positie geeft me toegang tot deze mensen, het is mijn verantwoordelijkheid om die hefboom te gebruiken.'

De filosofie van Polman krijgt voor het eerst ondersteuning uit wetenschappelijke hoek. Sterker nog: Unilever lijkt het logische bedrijf om met een duurzame strategie te kunnen scoren. Robert Eccles, hoogleraar managementpraktijk aan Harvard, toont aan dat bedrijven die al vanaf 1993 op vrijwillige basis maatschappelijk verantwoord proberen te ondernemen op de lange termijn betere resultaten boeken, zowel wat betreft hun winstgevendheid als de ontwikkeling van de koers van hun aandeel. De resultaten zijn het best in sectoren waar de klanten individuele consumenten zijn en er geconcurreerd wordt op basis van merken en reputatie. Als het dan ook nog een bedrijfstak is waar de geproduceerde producten afhankelijk zijn van grote hoeveelheden natuurlijke grondstoffen, dan gaat het helemaal hard. De reden: 'Deze bedrijven hebben meer betrokken werknemers en een duidelijke *license to operate*. Ze hebben een loyale en tevreden groep klanten en betere relaties met stakeholders. Ze werken transparanter, werken in een samenleving die ze welwillend is en zijn in staat innovatiever te werken.'

De onderzoekers hebben twee groepen van ieder negentig bedrijven onderverdeeld in 'hoog duurzame bedrijven' en 'laag duurzame bedrijven'. Het valt ze op dat in de eerste groep het management veel nadrukkelijker wordt beloond voor het behalen van duurzame doelen. Ze constateren dat duurzame bedrijven veel tijd en energie steken in het onderhouden van relaties met zo veel mogelijk belanghebbenden. 'Zulke relaties zijn gebaseerd op onderling respect, vertrouwen en samenwerking, het kost tijd om die tot stand te brengen.' Met andere woorden: 'De effectieve betrokkenheid van diverse stakeholders vereist een langetermijnhorizon.'[4]

Het onderzoek wordt enthousiast besproken in Rio de Janeiro in de zomer van 2012. Twintig jaar nadat regeringsleiders daar in een gezamenlijke verklaring hadden vastgesteld dat de mensheid op een 'allesbepalend kruispunt' staat, komen de huidige hoofdrolspelers in het vraagstuk 'economie en milieu' hier weer bij elkaar voor Rio+20. In talloze sessies wordt vastgesteld dat de wereld in hoog tempo de verkeerde kant op holt. Tien dagen lang proberen overheden, bedrijven en ngo's tot afspraken te komen. Maar de afgevaardigden van de overheden van 192 landen komen opnieuw niet verder dan een niet-bindende verklaring waarin alle partijen beloven zich in te spannen voor een duurzame wereld.

Paul Polman krijgt een groot applaus als hij daar zegt dat het stuitende gebrek aan ambitie bij de politici hem inspireert om twee keer zo hard te werken om samen met ngo's en andere leiders in het bedrijfsleven wel tot resultaten te komen. 'Het akkoord noemt geen doelen en geen data, er is geen financiering en niemand is ergens verantwoordelijk voor gemaakt.' Hij corrigeert zichzelf snel: 'Maar kritiek leidt tot niks. De finale tekst heeft goede elementen, we gaan de oceanen schoonmaken en het is een mooi beginpunt voor de duurzame-ontwikkelingdoelen die we formuleren. Daar zullen wij dus voor moeten zorgen.'

Onder de kop 'Captain Planet' stelt Polman in de *Harvard Business Review* tevreden: 'Twee miljard mensen gebruiken onze merken iedere dag. We zijn steeds beter en meer met ze verbonden. In zekere zin willen we het bedrijf aan hen overdragen. Vroeger zeiden consumenten: met Lipton drink ik misschien duurzame thee maar wat maakt dat uit als de buurman in zijn grote SUV blijft rijden? Nu kunnen we aan onze consumenten laten zien dat ze wel impact hebben. Miljarden van jullie drinken thee. Vraag dus naar duurzaam geproduceerde thee, want zo kunnen jullie een force for good worden. Als 2 miljard mensen iets willen, zullen bedrijven veranderen.'

En hij benadrukt de noodzaak ervan: 'Sommige experts schatten dat de hele winst van onze sector over dertig jaar is verdampt als we niet in actie komen.' Over zijn eigen rol zegt hij: 'De grootste uitdaging is het onderhouden van mijn eigen nederigheid. Op het moment dat een CEO gaat uitleggen hoe goed hij is en gaat praten over alle dingen die hij heeft bereikt, dan is het moment aangekomen om te vertrekken.' Daar denkt hij nog niet aan: 'We moeten nu vooral coalities bouwen met ngo's, overheden en concurrenten. Toen we naar buiten gingen met ons USLP waren mensen bang dat we vooral kritiek zouden krijgen. Maar omdat we naar buiten traden met een menselijk gezicht en heel duidelijk maken dat we ook niet alle antwoorden hebben, kregen we applaus. We nodigen iedereen uit met ons samen te werken. Helaas zijn politici te veel op de korte termijn gericht. Vooral hier in de Verenigde Staten lijken ze maar nauwelijks te begrijpen hoe de wereld in elkaar zit.'[5]

En dat is toch een handicap, het Amerikaanse bedrijfsleven domineert de wereld waarin multinationals opereren. Overheden beschouwen ze als de vijand en een concurrent is toch vooral een concurrent. Dat blijkt ook uit *Wanneer kernwaarden strategisch zijn*. In dit boek leggen 36 bijna allemaal Amerikaanse topmanagers uit waarom de wieg van hun succes bij Procter & Gamble stond. Het P&G-alumninetwerk, dat opdracht heeft gegeven voor dit boek, belooft dat eventuele winst zal worden overgemaakt naar goede doelen. De toch tamelijk succesvolle Paul Polman wordt niet eens genoemd. P&G wil kennelijk voorkomen dat mensen gaan denken dat er relaties zijn tussen Polman en P&G en daarmee tussen de concurrenten Unilever en P&G.[6]

De timing van het boek is bepaald niet ideaal. In dezelfde maand kondigt de in 2009 door A.G. Lafley tot CEO van P&G gebombardeerde Bob McDonald 5700 ontslagen en een kostenbesparing van 10 miljard dollar aan. De man voor wie Polman weigerde te werken zet het mes diep in het bedrijf. Tien procent van alle banen die niet betrokken zijn bij de productie van de shampoos, pampers en scheergerei, zal worden geschrapt.

Ongeruste aandeelhouders vragen al maanden om maatregelen: de kosten moeten snel omlaag om de winstgevendheid te vergroten. Analisten stellen in koor vast dat Procter & Gamble te veel leunt op de uitgegroeide Amerikaanse en Europese markten, slechts 35 procent van de omzet komt uit opkomende markten.

Jarenlang troefde P&G concurrent Unilever af in de toen groeiende Europese en Amerikaanse markten. Nu zijn de rollen omgekeerd en groeit Unilever veel harder in de opkomende markten, daar komt inmiddels 56 procent van de omzet vandaan. In die markten heeft Unilever het met 86 miljard euro omzet veel grotere Procter & Gamble zelfs bijna ingehaald. Voor Polman is dit het bewijs dat de voormalige werkgever waar hij zo vervelend is vertrokken op het verkeerde spoor zit. Dat doet hem goed.

Hoe gaan we van een wereld die wordt gedomineerd door 'markt en strijd' naar een wereld die wordt gedomineerd door 'markt en moraal'? Polman geeft bijna iedere week wel een paar lezingen en tientallen interviews per jaar om deze boodschap te verspreiden. Zijn communicatieadviseurs hebben daarbij niet altijd de regie, soms zijn ze niet eens bij die interviews aanwezig. Ze worden regelmatig door de uitkomst van die vaak moeizame ontmoetingen verrast. Polman beschouwt de meeste journalisten als sceptische conservatieve krachten. Hij vindt ze bovendien oppervlakkig en vaak slecht voorbereid. De media lijken constant op zoek te zijn naar wat er niet goed gaat, ze willen eigenlijk niet over positieve ontwikkelingen schrijven. Dat vindt hij onbegrijpelijk, hoe kan iemand tegen zijn ambities zijn. Daar heeft toch niemand wat aan?

In een interview met *Volkskrant*-redacteur Gerard Reijn steekt hij zijn irritatie over de scepsis van de interviewer niet onder stoelen of banken: 'Waarom moet over duurzaamheid altijd negatief worden gesproken? Iedereen weet inmiddels toch dat filantropie niks oplost. Doordat wij kinderen leren hun handen te wassen, gaan er twee miljoen minder kinderen dood. Dan verkopen wij meer zeep en maken we meer winst. Wat is er mis met dat model? Kennelijk zijn mensen geprogrammeerd om in tegenstellingen te denken. Jij tegen mij. Winners tegen losers. Korte termijn tegen lange termijn. *If you get payed a lot you must be screwing someone. Get out of this mindset.* Als jij probeert alles hetzelfde te doen, verandert er nooit wat. Als je leeft in je eigen kleine wereldje, wordt er niks opgelost. In Nederland is dat blijkbaar moeilijker te begrijpen dan in andere landen.'[7]

Op de vraag waarom Unilever de plofkip pas bande nadat Wakker Dier met een actie was begonnen, zegt Polman: 'U bekijkt de wereld kennelijk vanuit een Nederlands perspectief. Maar het klopt niet wat u zegt. Wij hebben altijd de initiatieven genomen. We waren jaren geleden de eersten die scharreleieren gingen verwerken in producten: waar was dat Wakker Diertje toen? Inmiddels heeft de hele EU alleen nog maar scharrelkippen voor eieren. Voor Unox-rookworsten gebruiken we eind dit jaar al 60 procent scharrelvarkens. In Ben & Jerry's-ijs zitten alleen fairtradegrondstoffen. Als je ziet hoe die koeien leven die voor onze producten worden gebruikt: man, je zou zelf wel een koe willen wezen.'

De journalist, die vindt dat Polman door zijn 'zachte, wat hese stem nog meer gaat lijken op Marlon Brando in *The Godfather*', wil weten hoe duurzaam het is dat Polman het afgelopen jaar 5,8 miljoen euro heeft verdiend. 'Dat is weer een typisch Nederlandse vraag. Wij proberen inkomens van een half miljoen kleine boeren te verbeteren. Wij werken in India met 400.000 kleine distributeurs, de Sterke Moeders (Shakti), zodat ze geen honger meer hoeven te lijden. Dat doet geen enkel bedrijf. Iedereen vindt het goed dat een voetballer die een goal maakt, 10 miljoen verdient. Het inkomen van de Unilever-bestuurders is laag in vergelijking tot andere bedrijven. Kijk naar de top-100 van bedrijven en je zult het zien. En we hebben al drie jaar niets aan ons salaris veranderd. Je krijgt geen goede bestuurders als je iedereen dezelfde beloning geeft als een theeplukker.'

Zo veel mogelijk vaak straatarme theeplukkers uit de armoede halen moet een van de succesverhalen van het USLP worden. Unilever heeft in 2007 beloofd dat alle thee in 2015 duurzaam geproduceerd moet zijn, gecertificeerd door de Rainforest Alliance. Het grootste merk, Lipton, moet vooroplopen. En vooral op Kericho, de eigen theeplantages, mag er geen twijfel zijn over de duurzame werkwijze. Hier moeten ze het goede voorbeeld geven en dus is er de afgelopen jaren flink geïnvesteerd. Van gratis gezondheidszorg en scholen voor de kinderen van de werknemers tot een speciaal opgeleide 'welzijnswerker' die, ondersteund door vier assistenten, een aanspreekpunt moet zijn voor eventuele misstanden. En met resultaat: de opbrengst per hectare is gegroeid tot 4 ton thee, bijna twee keer zoveel als theeplantages in India opleveren.

SOMO (Stichting Onderzoek Multinationale Ondernemingen), een grotendeels door overheden gefinancierde stichting, heeft de oproep van staatssecretaris Knapen gehoord. Ze zullen het bedrijfsleven de maat nemen als het gaat over duurzame inspanningen. Op basis van interviews met honderd 'theewerkers' op acht gecertificeerde theeplantages, waaronder Kericho, stelt de ngo in oktober 2012 vast dat de arbeidsomstandigheden nog steeds problematisch zijn.

'De trend om duurzamer te willen werken klinkt veelbelovend en is prijzenswaardig, deze studie wil dit niet frustreren. Maar wij constateren dat er nog nauwelijks ruimte is voor de werknemers om zich te organiseren, om gezamenlijk over de hoogte van hun beloning te onderhandelen, er is sprake van seksuele intimidatie, discriminatie en corruptie. De raison d'être van certificering door Rainforest Alliance is er vooral op gericht om consumenten ervan te overtuigen dat hun producten ethisch en met respect voor het milieu zijn geproduceerd. Op basis van deze studie kunnen wij niet concluderen dat er op basis van deze certificering sprake is van fatsoenlijke werkomstandigheden.'[8]

Unilever reageert fel in een persbericht: 'Als SOMO echt wil dat de arbeidsomstandigheden verbeteren, dan kunnen ze beter niet van zulke rapporten schrijven. De theeplantage Kericho is 75 kilometer lang, er werken 16.000 mensen: we zullen nooit pretenderen dat er niks misgaat. We nemen kritiek serieus en hebben mensen van SOMO twee keer ontmoet en gevraagd om het bewijs te leveren voor hun stelling dat de arbeidsomstandigheden problematisch zijn. Daar wilden ze helaas niet op ingaan. Op basis van de certificering moeten we aan meer dan honderd criteria voldoen. We geloven dat de arbeidsomstandigheden op Kericho tot de beste van Afrika behoren. Voor wat betreft de Indiase theeplantages gaan we ervan uit dat ze voldoen aan de criteria. Als uit SOMO-informatie blijkt dat dit niet het geval is, gaan we dat corrigeren.'

'Keurmerk voor "foute" thee' meldt NRC. 'Misstanden theeplantages Unilever ondanks keurmerk' kopt *de Volkskrant*. Polman realiseert zich geërgerd dat Unilever dit gevecht in en met de media de komende tijd nog actiever aan zal moeten gaan. Een beursgenoteerde multinational die miljarden verdient en de leiding miljoenen betaalt, zal bij ngo's en media niet snel het vertrouwen krijgen, laat staan dat het zal worden gepercipieerd als een force for good. Dat vertrouwen zal stap voor stap moeten worden gewonnen. Dit is ook de logische prijs van transparantie. Openheid van zaken doet op de korte termijn altijd pijn. Het zal niet bij één negatieve publicatie blijven.

'Hij is nog CEO van een grote multinational maar hij klinkt soms meer als een woordvoerder van *Occupy Wall Street*. De baas van Unilever windt zich op over de opwarming van het klimaat, werkloosheid en "babyboomer-hebzucht". De oorzaak legt hij bij de meest invloedrijke managementtheorie van de afgelopen dertig jaar: het idee dat bedrijven zich boven alles moeten richten op het creëren van waarde voor de aandeelhouders.'

Het invloedrijke Britse weekblad *The Economist* erkent in november 2012 dat het zorgwekkend is dat 80 procent van de managers wil besparen op R&D en advertenties om de beloofde kortetermijnresultaten te kunnen realiseren. Maar de door Polman voorgestelde oplossing vindt het conservatieve opinieblad onzinnig: 'Critici willen naar een "stakeholdermodel", maar dat is te vaag om iets van een gids te kunnen zijn. Wie zijn die andere belanghebbenden en hoe weeg je hun belangen tegen elkaar af? De koers van het aandeel is een heldere beoordeling van de kwaliteit van het management. In plaats van boos te worden op aandeelhouderswaarde is het beter om er op een verstandige manier mee om te gaan. Geef aandeelhouders die hun aandelen langer vasthouden een bonus. Verplicht managers hun aandelen tot in hun pensioen vast te houden, dat dwingt ze echt op de lange termijn te denken. Zoals Bill Clinton ooit stelde toen het over de tekortkomingen van aandeelhouderswaarde ging: *don't end it, mend it.*'[9]

Die aandeelhouders van Unilever maken zich er niet druk om. De koers is sinds het aantreden van Polman inmiddels ruimschoots verdubbeld en gestegen naar 29 euro. Polman is er vooral trots op dat hij erin is geslaagd het aantal aandelen in handen van hedgefunds te halveren tot 5 procent. Kennelijk zien die nu geen brood in speculaties op de korte termijn.

De klinkende resultaten over 2012 maken op de beurs veel meer indruk dan de SOMO-zorgen over de arbeidsomstandigheden in Afrika. Unilever meldt trots in een persbericht dat 'we door een omzetstijging van 10,5 procent door de grens van 50 miljard euro zijn gegaan, een significante mijlpaal op weg naar een bedrijf met een omzet van 80 miljard. We zijn de afgelopen jaren bijna met 30 procent gegroeid. Vooral de groei in onze opkomende markten met 11 procent valt op, die zijn nu goed voor 55 procent van onze omzet. Zowel persoonlijke als huishoudelijke verzorging groeiden met dubbele cijfers, in lijn met onze strategische prioriteiten.' Over diezelfde vier jaar groeide de operationele marge met 1 procent naar 13,6 procent. Om dit succes te kunnen vasthouden is het volgens Polman van het allergrootste belang dat Unilever het vertrouwen van de burgers krijgt, die moeten gaan begrijpen dat het bedrijf zich in de eerste plaats over hun wereld ontfermt.

'We willen dat iedereen in de wereld genoeg te eten heeft. Op dit moment gaat één op de acht mensen met honger naar bed. Het is droevig, maar de meerderheid van deze mensen zijn boeren, of werken voor boeren die het wereldvoedselsysteem dat hen zelf niet weet te voeden, van voedsel voorzien. Terwijl er genoeg voeding is voor iedereen. Dat is een schande.' De boodschap klinkt als die van Paul Polman, maar komt van Oxfam Novib. De Brits-Nederlandse ngo gelooft ook dat grote multinationals hier een verschil moeten gaan maken, meer dan ze nu doen. Ze moeten daar verantwoording over gaan afleggen. Oxfam Novib is al twee jaar bezig om op een rij te zetten hoe de grootste tien voedselbedrijven zich gedragen, hoe ze omgaan met die arme boeren, met vrouwen, met het klimaat. Hoe transparant ze zijn. 'Behind the Brands' heet het project. Wat zit er achter de merken die we kennen?

Oxfam Novib onderhoudt een 'kritische vriendschap' met Unilever. De ngo is constant op haar hoede, het Nederlandse Novib nog wat meer dan het Britse Oxfam. De Nederlandse Novib-medewerkers ervaren een nog grotere scepsis bij collega-ngo's, maar vooral ook bij de FNV-vakbond, als het gaat om de force for good-inspanningen van Unilever. Ze willen in ieder geval niet te boek staan als grote vriend van Unilever, zoals het Wereld Natuur Fonds.

Er is de afgelopen tijd veel discussie geweest met Unilever, dat in de ogen van Oxfam dramatisch slecht scoort als het gaat om de behandeling van vrouwen, het gebruik van land en zelfs een onvoldoende scoort als het gaat om transparantie. Voor wat betreft de behandeling van boeren en het gebruik van water scoort het bedrijf juist goed. Al met al wordt Unilever, na Nestlé, met een score van 34 uit 70 punten op de tweede plaats in het lijstje van tien gezet. Tot groot chagrijn van Paul Polman.

Rachel Wilshaw, manager ethische handel bij Oxfam, vindt dat er een groot gat in het USLP zit. Als het over mensen gaat, heeft Unilever het eigenlijk vooral over de eigen mensen en nauwelijks over de miljoenen mensen die in de keten van Unilever werken. Nergens wordt de vraag gesteld of al die mensen wel genoeg verdienen om van te kunnen leven. Miguel Veiga-Pestana is het hiermee eens. Unilever moet het breder aanpakken, holistischer gaan kijken. Hij vindt dat het USLP veel te veel op het klimaatvraagstuk is gericht. Dat is niet genoeg, het moet meer over armoedebestrijding gaan. Zolang er armoede is, kan de wereld niet duurzaam worden.

Wilshaw wil graag verder met Unilever, ze werken al tien jaar samen. Het in 2005 gezamenlijk gemaakte verslag over de impact van Unilever op de armoede in Indonesië was de eerste keer dat een multinational zich kwetsbaar durfde op te stellen. Toen was vastgesteld dat alleen al in dat land 300.000 kostwinners in die keten afhankelijk zijn van Unilever. Polman wil ook meer doen met Oxfam Novib. In 2011 hebben ze daarom een *memorandum of understanding* getekend waarin ze afspraken om het gat tussen wat Unilever wil bereiken als het om armoedebestrijding gaat en wat daadwerkelijk wordt bereikt, in kaart te brengen voor een van hun markten.

Polman vindt dit logisch. 'Het onderschrijven van het framewerk dat de Verenigde Naties heeft geformuleerd als het gaat om de relatie tussen mensenrechten en bedrijfsleven heeft ervoor gezorgd dat we opnieuw zijn gaan nadenken over de integratie van mensenrechten en de rechten van werknemers in onze strategie.'[10]

Samen met Gavin Neath en Miguel Veiga-Pestana heeft Wilshaw gekeken naar Brazilië en India. Ze kiezen uiteindelijk voor Vietnam. Een lokale denktank had daar al onderzoek gedaan naar het belang en de betrokkenheid van Unilever met de sociaal-economische ontwikkelingen ter plekke. De omzet van het bedrijf is daar goed voor 1 procent van het bbp. De conclusie was duidelijk: Unilever is heel belangrijk voor de welvaart in het communistische Vietnam. Landenbaas Marijn van Tiggelen heeft eerder, naar het voorbeeld van William Lever, het initiatief genomen om het land te helpen pensioenwetgeving op poten te zetten.

Om herhaling van de problemen rondom de publicatie van het Indonesië-onderzoek te voorkomen, heeft Oxfam het onderzoek ontworpen en ook meteen een strategie voorgesteld voor het geval er weer ruzie zou ontstaan over de tekst. De afspraak is dat Oxfam het vertrouwen krijgt om een eerlijk rapport te schrijven, waar Unilever kritiek op kan leveren, waar Oxfam op zijn beurt weer goed naar zal luisteren. Als er dan toch nog gedoe ontstaat, is vastgelegd dat Oxfam het rapport publiceert in combinatie met een verklaring van Unilever.

Als het rapport klaar is moet Oxfam heel duidelijk zijn, vindt Wilshaw. Dit is het moment om iets af te dwingen. Ze merkt dat de mensen die ze bij Unilever ontmoet vooral erg nerveus zijn. Terecht. De door Oxfam getrokken conclusies zijn niet mals: 'Unilever heeft zich gecommitteerd aan sociale verantwoordelijkheid, onderschrijft de spelregels van de Verenigde Naties en heeft een eigen code met businessprincipes. Maar de rechten van werknemers en de mensenrechten vallen op omdat ze niet worden genoemd. Het management in Vietnam heeft niet de kennis en de capaciteiten om ervoor te zorgen dat de Unilever-operatie voldoet aan de internationale standaarden, noch beschikken ze over de autoriteit om leveranciers hierbij te ondersteunen.' Wilshaw hoopt dat dit verslag een duidelijke wake-upcall voor de multinational is. Unilever erkent dat er werk aan de winkel is.

Peter ter Kulve, inmiddels de baas van Zuidoost-Azië en Australië, gelooft dat het twee handen zijn die elkaar gaan wassen: als we mensen meer gaan betalen worden ze productiever en kunnen ze meer boodschappen gaan doen. Maar wat is een leefbaar inkomen? Paul Polman laat Oxfam weten dat Unilever voor alle 180 landen waarin het actief is een review zal doen in het kader van 'duurzaam leven'.

Unilever en Oxfam Novib zijn allebei blij met de milde reacties in de media. Voor Wilshaw is dit het bewijs dat transparantie werkt. In veel stukken krijgt Unilever zelfs een compliment: als dit bedrijf hierover zo open is, hoe erg is het dan bij de concurrentie, die daar nog zo gesloten over is?

'Ik heb goed nieuws, na 144 jaar gaat Heinz terug naar waar het ooit is begonnen. Het komt weer in private handen.' Met die boodschap belt William Johnson de leden van zijn managementteam in februari 2013. De ketchupproducent is gekocht door de Brazilianen van 3G Capital en Warren Buffett. Ze leggen er 23 miljard dollar voor op tafel. Buffett en Jorge Lemann, de voorman van 3G, zijn al jaren met elkaar bevriend. De rijkste man van Brazilië had Buffett er vorig jaar van overtuigd dat ze samen Heinz konden overnemen, dat ze daar veel geld mee zouden kunnen verdienen.

In december had Jorge Lemann Johnson uitgenodigd voor een lunch. Johnson was ervan uitgegaan dat Lemann de relaties met Burger King, ook eigendom van 3G, wilde verdiepen. Heinz is een belangrijke leverancier. Een maand later legde Lemann zijn kaarten op tafel. Hij wilde het hele bedrijf overnemen. Johnson was vervolgens door Warren Buffett uitgenodigd om samen met hem en de beoogde nieuwe president-commissaris van Heinz, 3G-bestuurder Alexandre Behring, een hamburger te komen eten in het Hilton Hotel in Omaha. 3G Capital en Buffett zullen ieder 4 miljard cash op tafel leggen, Buffett investeert voor nog eens 8 miljard in preferente aandelen, waar hij per jaar 9 procent dividend op zal krijgen. De 64-jarige Johnson, al veertien jaar CEO en president, krijgt 212 miljoen dollar mee om zijn vervroegde pensionering een beetje draaglijk te maken.[11]

Analisten zijn duidelijk in de war. De overname van Anheuser-Busch en Burger King door 3G begrepen ze wel. Door diep te snijden in wat ze bij 3G de 'niet-strategische kosten' noemen, was geld vrijgespeeld om te investeren in marketing en overnames. Bij bierbrouwer AB InBev was de marge in een paar jaar tijd verbeterd van 23 naar 37 procent. Mede mogelijk gemaakt omdat van leveranciers een prijsdaling van 20 procent werd geëist.

Dat begrip 'niet-strategische kosten' komt steeds weer terug in de filosofie van 3G. Jorge Lemann heeft het geleerd van Bob Fifer, CEO van consultancyclub Kaiser Associates. In zijn boek *Verdubbel je winst in zes maanden of minder* legt Fifer het verschil uit tussen strategische kosten, die direct voor meer omzet en een verbetering van de winst zorgen, en niet-strategische kosten. 'Die laatste moet je er rigoureus uit snijden, tot op het bot, ieder jaar opnieuw. Die niet-strategische kosten omvatten veel managers, heel veel staf, gebouwen, consultants, advocaten, computers, kantoorartikelen, et cetera, et cetera. Want we zijn hier om winst te maken, zoveel mogelijk winst. Winst is de meest accurate, allesomvattende maatstaf die aantoont dat we echt de beste zijn.'[12]

Maar gaat die aanpak hier werken? vragen analisten zich af. Heinz is al zeven jaar bezig in de kosten te snijden, en groeit al dertig kwartalen op rij, waardoor de koers in twee jaar tijd met 27 procent kon stijgen. Wat is het plan? Als 3G Capital hier nog dieper in wil gaan snijden, lopen ze het risico dat Heinz onvoldoende geld overhoudt om te investeren in vernieuwingen. Of zou dit het begin zijn van een heel nieuw, veel groter avontuur?

Roel van Neerbos, baas Europa en wereldwijd verantwoordelijk voor de ketchup van Heinz, krijgt die avond een telefoontje van zijn oude strijdmakker bij Procter & Gamble Paul Polman. Die waarschuwt hem: pas op, nu maak je deel uit van een groep gevaarlijke bloedzuigers. Het contrast kan bijna niet groter. Polman vertelt Van Neerbos dat hij die avond is uitgenodigd door de president van de Verenigde Staten. Barack Obama wil zich door een aantal captains of industry laten bijpraten over het onderwerp duurzaamheid.

De topmanagers van Heinz krijgen allemaal een uitnodiging om een presentatie te houden voor de nieuwe CEO van Heinz, Bernardo Hees. Ze zullen een gesprek voeren over hun resultaten van de afgelopen drie jaar. Ze moeten twee A4'tjes meenemen waarop ze twee vragen beantwoorden: wie ben je en waar sta je voor? En: wat zou je met dit bedrijf doen als je ons was? In juni zullen ze te horen krijgen of ze mogen blijven.

Van Neerbos heeft zich hier goed op voorbereid. Naast Bernardo Hees zit Jorge Lemann klaar om naar zijn verhaal te luisteren. In een vlammend betoog stelt Van Neerbos voor om met het merk Heinz terug te gaan naar de wortels van het bedrijf, naar Henry John Heinz, die zette de consument op de eerste plaats als belangrijkste ambassadeur van zijn product. Van Neerbos weet dat 3G zich op de kosten zal storten en stelt voor daar nog veel beter op te gaan letten. Om te beginnen zouden ze afscheid kunnen nemen van de twee *corporate jets* van Heinz.

Lemann voelt zich opeens geroepen om te verklaren waarom hij vandaag met zo'n vliegtuig is gekomen. Hij legt aan Van Neerbos uit dat dit vliegtuig niet van 3G Capital is, maar van hemzelf. Hij is zo rijk dat hij zo'n ding zelf kan kopen, daar belast hij dus geen andere aandeelhouders mee. Lemann wil Van Neerbos duidelijk maken dat je als eigenaar van bedrijven alleen maar zo rijk kunt worden als je steeds alle mogelijke kosten uit je business snijdt.

De Amerikanen krijgen de schuld. In een interview met de Canadese krant *The Globe and Mail* legt Polman uit wat hij bedoelt: 'In de jaren zeventig stelde Milton Friedman dat "the business of business is business". Hij kwam zo uit op een erg beperkte definitie van aandeelhouderswaarde. Mensen als Lee Iacocca van Chrysler, Roberto Goizueta van Coca-Cola en Jack Welch van General Electric brachten het in de praktijk. We moeten nu terug naar waar het kapitalisme werkelijk voor staat. Adam Smith stelde al dat het om het algemeen belang gaat. Toen onze generatie opgroeide na de Tweede Wereldoorlog, wilden onze ouders hetzelfde, ze wilden dat wij naar de universiteit gingen om een beter leven te kunnen leiden. Het kapitalisme heeft goede dingen gedaan maar in 2008 werd duidelijk dat we te veel schulden zijn aangegaan, te veel consumeren, dat dit niet duurzaam is. Ik wil dat het kapitalisme weer voor iedereen gaat werken. Wat zal er gebeuren met de 50 procent werkeloze jongeren in Spanje en Griekenland, of met jouw of mijn kinderen als ze geen baan kunnen vinden? Het kapitalisme bevindt zich in een crisis en sociale cohesie wordt de grootste uitdaging. De Occupy Wall Street-beweging maakt die frustratie duidelijk, maar biedt geen oplossingen.'

De journalist vraagt zich af hoe Polman de wereld kan overvoeren met advertenties, voor zo'n 8 miljard euro per jaar, en tegelijkertijd kan praten over verantwoorde consumptie, ook in de opkomende markten. Polman reageert geïrriteerd: 'Overal waar ik kom zie ik hetzelfde, daar waar consumenten kunnen kiezen, zijn ze beter af. Het argument dat wij al te veel consumeren en ervoor moeten waken dat mensen in Afrika of China ook auto kunnen gaan rijden, vind ik van een stuitende arrogantie. Consumenten zullen bedrijven selecteren die op een verantwoorde manier produceren, daar zal nieuwe technologie zoals het internet bij helpen. Dat betekent dat ze verder kijken dan de kwaliteit en de prijs van een product. Voor ons werken 75.000 theeboeren op CO_2-neutrale plantages. Hun kinderen kunnen naar school, we geven ze trainingen om beter met hun grond om te gaan, waardoor hun opbrengst met 20 tot 40 procent toeneemt.'[13]

Paul Polman is druk bezig met zijn huiswerk voor het High-Level Panel van de Verenigde Naties. Prinses Máxima, premier Rutte en ongeveer 25 voormannen van grote bedrijven, van het VNO-NCW en van verschillende ngo's, hebben zich op zijn verzoek begin maart 2013 verzameld op het ministerie van Buitenlandse Zaken in Den Haag voor een rondetafelconferentie. De CEO van Unilever wil van iedereen in de zaal horen wat het bedrijfsleven actief kan doen om het armoedevraagstuk op te lossen. In verschillende van deze sessies, over de wereld verspreid, zal hij aan 250 bedrijven, goed voor een totale omzet van meer dan 1000 miljard dollar, steeds dezelfde twee vragen stellen: welke doelen wil jij terugzien in de nieuwe Sustainable Development Goals (SDG's) van de VN en hoe moet het bedrijfsleven worden aangesproken op het leveren van een bijdrage? Gavin Neath en Miguel Veiga-Pestana hopen dat veel andere grote bedrijven zo worden geïnspireerd door het gedachtegoed achter de SDG's en hun onvermijdelijk hoofdrol bij de invulling ervan.

Een van de genodigden in Den Haag is Adrian de Groot Ruiz. De directeur van de sociale onderneming True Price is met zijn dertig jaar waarschijnlijk de jongste deelnemer. Hij legt aan het gezelschap uit dat de nieuwe SDG's alleen maar kunnen worden gerealiseerd als bedrijven op productniveau gaan bekijken wat de echte kosten zijn, zodat ze voortaan de echte 'kostprijs' gaan betalen. Van het belasten van het milieu tot het vergroten van de verschillen tussen arm en rijk, wat kost hun product echt?

Zijn boodschap zorgt vooral voor fronsende wenkbrauwen. De Groot Ruiz hoort hoe de crème de la crème van het Nederlandse bedrijfsleven vooral voorleest wat ze allemaal al voor goede dingen doen. Het is duidelijk dat ze nog niet echt begrijpen wat er nodig is. Hij voelt met ze mee, dit is ook razend ingewikkeld. Milton Friedman, de Chicago-school, heeft hier 45 jaar geleden al voor gewaarschuwd: om andere zaken dan winst te kunnen meewegen heb je heel andere informatie en systemen nodig. Als je die inspanningen niet vergelijkbaar en controleerbaar maakt, loop je het risico dat CEO's hun eigen hobby's belangrijk gaan vinden. Dit goed doen vraagt om een totaal ander businessmodel. Het vraagt eigenlijk om een andere taal, die ze nog moeten leren. De Groot Ruiz is blij met het initiatief van Feike Sijbesma, CEO van DSM, om met veertig deelnemers het Nederlandse SDG-charter te starten, de krachten te bundelen en te kijken wat ze van elkaar kunnen leren om die doelen in 2030 ook daadwerkelijk te gaan halen.

'Wat fijn dat ik in deze kerk mag staan. Zoals sommigen van jullie wellicht weten had ik ooit de ambitie om priester te worden. Maar maakt u zich geen zorgen, ik zal hier niet mijn eerste preek afsteken. Ik ben zakenman geworden. Hoewel, een paar weken geleden las ik in dagblad *Trouw* een stuk waarin duurzaamheid "een nieuwe religie" wordt genoemd.'

Paul Polman is door EY en vooral door de voorzitter van de Dutch Sustainable Growth Coalition, Jan Peter Balkenende, gevraagd om de Hofstadlezing te houden in de Grote Kerk in Den Haag. Het valt het publiek op dat deze CEO niet van de maatpakken is. Daar gaat hij zelfs prat op. Polman vertelt graag dat zijn pakken niet meer dan 200 pond kosten en aan overhemden geeft hij in principe ook niet meer uit dan 20 pond. Maar daar zal het vanmiddag niet over gaan.

Falende overheden, wakkere consumenten, de samenwerking met ngo's, de noodzaak om het kapitalisme te hervormen, de grenzen aan wat de planeet kan dragen, de noodzaak om 800 miljoen mensen uit de armoede te halen, het High-Level Panel, de hoofdrol voor het bedrijfsleven en natuurlijk het USLP – het komt allemaal voorbij in een gloedvol betoog. De zaal luistert ademloos. Deze man begeestert zijn publiek.

Polman onderstreept nog een keer zijn overtuiging dat Nederland een belangrijke rol kan spelen. 'Ik ben dan ook ontzettend blij dat in het kabinet-Rutte handel en hulp, beide cruciaal voor de ontwikkeling van arme landen, op een holistische manier zijn geïntegreerd in de nieuwe positie van staatssecretaris voor Buitenlandse handel en ontwikkelingssamenwerking. Nederland geeft hiermee het goede voorbeeld. Laten we hopen dat deze coalitie van VVD en PvdA de tweede Nederlandse duurzame-groeicoalitie wordt. En ik ben zeer vereerd dat minister Lilianne Ploumen, die deze zware verantwoordelijkheid draagt, er vandaag bij is.'

De opvolger van Ben Knapen luistert aandachtig, en knikt instemmend. Ze vindt Polmans logica onontkoombaar en bedenkt dat hij het oude 'koopman-domineedilemma' oplost. Want als we hier niet met elkaar mee aan de slag gaan, dan is er over dertig jaar helemaal niks meer, ook geen Unilever.

Ploumen heeft goede herinneringen aan dat bedrijf, of beter aan Van den Bergh & Jurgens. De gedachten van de PvdA-politica gaan even naar haar vader, een katholieke melkboer in Maastricht. Jarenlang heeft ze hem geholpen in de winkel, waar hij heel veel Blue Band-margarine verkocht. Die was razend populair, de meeste gewone mensen konden de veel duurdere roomboter niet betalen. Ze weet nog precies hoe die bakken ook gezonde maar vooral wel betaalbare 'nepboter' aanvoelden als je ze vastpakte. Dat gaf haar toen al een goed gevoel.

11 Geld verdienen mag nooit het doel zijn

april-oktober 2013

Jean-Marc Huët is gefrustreerd. De CFO van Unilever mag niet doen wat hij wil doen, waar hij goed in is. De voormalige bankier wil ook in dit bedrijf meer bezig zijn met de strategie, plannen maken om de groei te versnellen. Hij wil actiever het overnamepad op. Daar is ruimte voor. Er staat weinig schuld op de balans van Unilever. Het concern werkt in zijn ogen sowieso te veel met relatief duur eigen vermogen. De aandeelhouders verlangen ieder jaar meer dividend, vreemd vermogen is goedkoper, de rente is laag. En had de multinational de aandeelhouders niet beloofd in 2020 op 80 miljard omzet te zullen zitten? Forse overnames zullen nodig zijn om dat doel te bereiken.

Verschillende bestuurders horen Huët waarschuwen voor het gebrek aan schulden op de balans. Dat brengt risico's met zich mee. Unilever is groot en met de nv-plc-structuur complex om over te nemen, maar een groeiende berg van dat goedkope geld is wereldwijd op een steeds agressievere manier op zoek naar rendement. Naar een bedrijf als Unilever, met veel kosten en veel overhead. Een bedrijf waar nog steeds de suggestie aan kleeft dat de twee samenstellende onderdelen apart meer waard zijn dan gecombineerd. Zo'n bedrijf kan interesse opwekken. Private equity-partijen laten regelmatig zien grote overnames te kunnen financieren door de balans van hun overnameprooi met schulden te overladen, en zo het bedrijf als het ware zelf die overname te laten financieren.

Kees Storm is het met Huët eens. De voorzitter van de auditcommissie vindt ook dat Unilever zijn balans nu niet goed gebruikt. Dat kan natuurlijk snel worden opgelost door met geleend geld eigen aandelen in te kopen; zo gaat de koers vanzelf omhoog. Maar dat vinden de mannen een *testimonium paupertatis*, getuigen van grote armoede. Dan zeg je eigenlijk tegen je aandeelhouders dat je als ondernemer geen ideeën meer hebt. Dan zet je jezelf als management buitenspel. Die les heeft het bedrijf vijftien jaar geleden trouwens al geleerd. Toen kregen de aandeelhouders 8 miljard dollar uitgekeerd, geld dat Unilever een jaar later goed had kunnen gebruiken voor de peperdure, met geleend geld betaalde overname van Bestfoods.

Polman heeft ook een diepe afkeer van de inkoop van eigen aandelen, maar is het voor de rest niet met ze eens. Storm en Huët praten over de mogelijke overname van Colgate-Palmolive of het Franse L'Oréal. Bedrijven met omzetten van respectievelijk 17 miljard dollar en 23 miljard euro. Bedrijven die tussen de 50 en 70 miljard zullen kosten. Dat ziet de CEO helemaal niet zitten. Natuurlijk passen die activiteiten in strategische zin goed bij Unilever, bij de ambitie om vooral in persoonlijke verzorgingsproducten snel groter te worden. Maar Polman vindt ze veel te duur. Hij vindt bovendien dat ze al zeer goed worden geleid. Hoe kan Unilever zo'n enorme investering terugverdienen?

Verschillende collega's merken dat Polmans weerstand tegen grote overnameplannen dieper zit dan die paar rekensommen. Hij wil zich echt niet meer laten leiden door doelstellingen die vooral door financiële motieven zijn ingegeven. De voormalige CFO van Nestlé, ooit begonnen als financial controller bij Procter & Gamble, wil nooit meer geregeerd worden door de verwachtingen van financiële markten en analisten. Hij is er tot in zijn vezels van overtuigd dat zo'n financieel keurslijf uiteindelijk alles kapotmaakt.

Juist over het behalen van de doelen uit het USLP moet Unilever beter en meer communiceren. Daar moet het over gaan, niet over peperdure, nauwelijks te verantwoorden overnames. De financiële resultaten moeten kloppen en ieder jaar een beetje beter zijn, maar Polman vindt het niet meer bij de cultuur van Unilever passen om dat constant van de daken te schreeuwen.

Het irriteert Polman dat veel collega's, vooral marketeers, de essentie van zijn duurzame boodschap nog steeds niet begrijpen. Ze lopen achter bij de rest van de organisatie. Marketeers van zijn generatie komen van de beste scholen maar zijn opgeleid met de gedachte dat ze top-down moeten uitleggen waarom consumenten hun producten moeten kopen. Het is onzinnig in deze tijd, maar ze zijn hun spullen nog steeds aan het pushen.

De consument wil dat niet meer, die maakt online duidelijk wat hij wel of niet wil. Daar moet je als marketeer naar luisteren. Dan zul je zien dat die consument steeds meer in de gaten krijgt welke impact zijn handelen heeft op de omgeving, op het milieu. Hij zal zich realiseren dat zijn vrijheid ten koste kan gaan van de vrijheid van anderen. Die twijfelende burger-consument kun je helpen met een product dat duidelijk rekening houdt met die omgeving. Polman krijgt steeds meer haast, hij wil de USLP-doelen nu integreren in de marketing en de bedrijfsvoering van Unilever. Hij krijgt hier steeds meer vragen over van zijn bestuur, vooral Louise Fresco maakt zich zorgen.

Huët krijgt het verzoek zich nadrukkelijker op de boekhoudkundige kant van zijn CFO-rol te richten, door bijvoorbeeld aan de slag te gaan met de optimalisering van de IT-processen. Maar die interesseren de voormalige *investment banker* niet wezenlijk. Hij heeft genoten van de tijd dat hij samen met Numico-CEO Jan Bennink plannen maakte en Numico uiteindelijk met succes aan Danone verkocht. Zo wil hij ook samenwerken met deze CEO. Verschillende collega's denken dat Huët er zelfs over fantaseert om Polman op te volgen. Maar die heeft voor Huët eigenlijk steeds dezelfde boodschap: terug in je hok.

Dit irriteert Storm, die vindt dat je een man als Huët niet moet vragen om de boekhouding verder te optimaliseren. Dat is helemaal niet nodig, die is prima op orde, daar werken meer dan genoeg uitstekende mensen aan. De CEO van Unilever lijkt geen zin te hebben om samen met de CFO een team te vormen. Storm bespreekt regelmatig met Huët hoe Polman alle touwtjes in zijn eigen handen houdt. Ze noemen dat *hub & spoke-management*. In het midden zit Polman, die alle verschillende aan hem rapporterende managers aanstuurt, op een manier dat ze niet van elkaar weten waar ze mee bezig zijn. Zo zit de CEO, die wel alle informatie heeft, machtig in het midden, maar frustreert hij op sommige momenten de organisatie om hem heen. De mensen die aan hem rapporteren vormen op deze manier ook geen team.

Huët heeft hier steeds minder zin in, en dat straalt hij ook uit. Dat irriteert zijn collega's. Ze vinden hem verwend, sommigen noemen hem lui. Storm vraagt zich af hoelang Huët hier nog zin in heeft. Polman vraagt zich af of Huët wel begrijpt waar het leiderschap van dit Unilever voor moet gaan staan.

Paul Polman voelt zich uitverkoren. Hij is op aarde om een verschil te maken. Om vanuit de waarden die hij van zijn ouders heeft gekregen voor die wereld te zorgen. Van zijn priesterwens tot CEO bij Unilever en al die avonturen daartussen. Serendipiteit; als hij nadenkt over waar hij vandaan komt en waar hij naartoe gaat, komt dit woordje steeds weer terug in zijn gedachten. Je bent op zoek naar iets, maar je komt iets anders tegen dat, zo blijkt vaak later, juist heel bruikbaar is bij het verwezenlijken van je idealen. Daarom is Unilever op zijn pad gekomen. Hij voelt zich bevoorrecht en bijzonder en krijgt steeds meer de overtuiging dat hij zich in een positie, in een sfeer bevindt waar nog maar weinig mensen zitten: hij is CEO in het land van de Verenigde Naties.

De afgelopen anderhalf jaar in dienst van de VN vond Polman de leukste en leerzaamste tot nu toe. Omringd door werkelijk gedreven mensen is hij zich nog beter gaan realiseren wat de wereld nodig heeft, hoe publieke en private belangen op elkaar ingrijpen. Zijn netwerk is bovendien enorm gegroeid. Dat zal hij moeten inzetten om Unilever te helpen de USLP-doelen tot een succes te maken. Hij krijgt vaak het verwijt dat hij niet goed naar zijn collega's luistert, maar naar deze mensen luistert hij wel, van hen kan hij wat leren.

Polman is een vreemde eend in het High-Level Panel. In de beleving van de andere Panel-leden staan CEO's van multinationals aan de andere kant, zijn ze vooral bezig met het eigenbelang, geld verdienen. Polman is blij met het vertrouwen dat hij toch van hen krijgt. Omdat zo nadrukkelijk is afgesproken dat de brug naar het bedrijfsleven moet worden geslagen wordt er ook goed naar hem geluisterd. Zo heeft hij een belangrijk stempel op de formulering van de nieuwe duurzame-ontwikkelingdoelen van de Verenigde Naties kunnen drukken. Dat blijkt.

'We presenteren u onze aanbevelingen met een groot gevoel van optimisme, de overtuiging dat we binnen deze generatie door duurzame ontwikkeling een einde kunnen maken aan armoede in de wereld.' Na anderhalf jaar van onderzoek, consultaties en vier bijeenkomsten van het panel bij de Verenigde Naties in New York en in Monrovia, Londen en op Bali, de thuislanden van de drie voorzitters, biedt het High-Level Panel of Eminent Persons zijn bevindingen aan Ban Ki-moon aan.

Het bevechten van armoede en ongelijkheid staat centraal in het verslag: 'De 1,2 miljard armsten zijn goed voor 1 procent van alle consumptie, de 1 miljard rijkste consumenten nemen 72 procent voor hun rekening.' In het verslag wordt onderstreept dat het vraagstuk van klimaatverandering in hoge mate bepalend zal zijn voor de toekomstige verdeling van welvaart. 'De spanningen van niet-duurzame productie- en consumptiepatronen zijn duidelijk, als het gaat om ontbossing, voedsel en drinkwatertekorten en toenemende CO_2-uitstoot. Verliezen als gevolg van droogte, overstromingen en stormen nemen alarmerend snel toe. Vooral arme mensen zullen als eerste en op ingrijpende manier de gevolgen van klimaatveranderingen ervaren. De kosten van nu actie ondernemen zullen veel lager zijn dan de kosten die we moeten maken als we straks met de gevolgen worden geconfronteerd.'

'We hebben een nieuw paradigma nodig. *Business as usual* is geen optie meer. We stellen een universele agenda voor die gedreven wordt door vijf transformatieve veranderingen. Geen honger meer, iedereen bereikt een leefbaar inkomen. Een duurzame ontwikkeling van sociale, economische en milieu-gerelateerde zaken staat centraal. Een snelle verandering naar duurzame productie en consumptie waarbij het innovatiepotentieel van bedrijven optimaal wordt benut en inclusieve groei mogelijk wordt gemaakt. Vrede en goed bestuur met eerlijke en verantwoordelijke overheden zijn kernvoorwaarden. En de belangrijkste: we moeten naar nieuwe samenwerkingsverbanden die gedreven worden door een sfeer van solidariteit, samenwerking en gedeelde verantwoordelijkheid.'[1]

Vooral met dat laatste punt is Rob Swartbol blij, daar gaat het nu om: samenwerken. De SDG's geven alle partijen duidelijke handvatten om met elkaar aan de slag te gaan. Het Nederlandse 'experiment' is geslaagd. Van alle kanten heeft de Directeur-Generaal voor Internationale Samenwerking eigenlijk niets dan lof over de betrokkenheid van Polman gekregen, die heeft hier duidelijk een groot stempel op gedrukt.

Polman en zijn 'sherpa' Gavin Neath zijn ook trots op het resultaat. Meer dan ooit zijn ze ervan doordrongen dat het armoedevraagstuk de hoogste prioriteit moet krijgen. Dat levert allerlei enorme dilemma's op. Juist voor een bedrijf als Unilever. Naarmate het bedrijf groeit, heeft het meer grondstoffen nodig, zoals palmolie, dat bijna overal in zit, van een Magnum-ijsje tot een flesje Dove.

Unilever en palmolie kunnen al heel lang niet zonder elkaar. De snelgroeiende behoefte aan palmolie is naast vlees, soja en papier een van de grootste oorzaken van ontbossing. Dat gaat hard, heel hard: jaarlijks verdwijnt zo'n 7 miljoen hectare bos, iedere minuut wordt het equivalent van twintig voetbalvelden gekapt. Als de ontbossing doorzet zijn er over honderd jaar geen bomen meer. Om aan de groeiende vraag naar palmolie te voldoen is jaarlijks 2 miljoen hectare aan nieuwe plantages nodig, ongeveer de helft van de oppervlakte van Nederland.

Hard roepen dat landen als Indonesië en Maleisië de kap moeten verbieden is geen optie. Gavin Neath is er wel eens door een Aziaat op gewezen dat de Britten toch ook eerst hun bossen hebben gekapt voor ze er fabrieken neer konden zetten. Kun je het een arme boer kwalijk nemen dat hij 2 hectare extra wil verbouwen in de wetenschap dat hij met die extra opbrengsten zijn kinderen verder kan laten studeren? En het zijn juist die kleine, moeilijk te controleren boeren die de meeste schade aanrichten.

Ook Marc Engel zit met dit vraagstuk in zijn maag. Helaas is er geen alternatief voor palmolie. Voor de productie van bijvoorbeeld voldoende zonnebloemolie heb je tien keer zoveel land nodig. De directeur inkoop vindt ook dat vooral marketeers veel meer hun best moeten doen om het belang van duurzame palmolie aan consumenten te verkopen. Maar ook hij constateert dat ze dit erg ingewikkeld vinden. Toch is de missie van Unilever pas geslaagd als consumenten op grote schaal voor Unilever-producten kiezen vanwege de duurzame palmolie die daarin zit verwerkt. Het is mooi dat Unilever zo veel applaus krijgt van ngo's, maar dat applaus zou van de consumenten moeten komen, van de burgers.

In 2014 moet Unilever weten waar alle ingekochte palmolie precies vandaan komt. Zes jaar later moet alle palmolie duurzaam gecertificeerd zijn. Dat is vastgelegd in het USLP van 2013. Marc Engel heeft uitgerekend dat 20 procent van de wereldproductie van palmolie duurzaam moet zijn om in de specifieke behoeftes van Unilever te voorzien. Dat is nu hooguit 10 procent. Een van de grote problemen is dat de vraag naar palmolie uit snelgroeiende consumentenmarkten als India en China flink toeneemt. Daar is nog erg weinig interesse in gecertificeerde palmolie en nauwelijks bereidheid om ervoor te betalen. Met als gevolg dat dit jaar ongeveer de helft van de als duurzaam gecertificeerde palmolie moet worden verkocht als gewone palmolie, zonder premie. De bereidheid van producenten om te investeren in het certificeringsproces is dan ook gering.[2] Engel is blij dat Polman vooruitgang heeft geboekt in de samenwerking met het Consumer Goods Forum.

Samen met Marc Bolland, inmiddels CEO van Marks & Spencer, heeft hij het voorzitterschap op zich genomen van de duurzaamheidsagenda van deze club multinationals. Polman als vertegenwoordiger van de fabrikanten en Bolland als vertegenwoordiger van de retailers. Door verschillende deelnemers is Bolland in de wandelgangen gevraagd om ervoor te zorgen dat Polman niet te veel zendtijd krijgt. Onder meer Paul Bulcke van Nestlé klaagt erover dat Polman hen steeds weer als kleine jongens toespreekt met belerende teksten. Die kennen ze nu wel, het begint contraproductief te worden.

Bolland legt Polman daarop uit dat ze de duurzaamheidsagenda beter samen kunnen presenteren, zo kan hij ook voor draagvlak onder de retailers zorgen. Op subtiele wijze valt Bolland de onvermoeibaar prekende Polman vervolgens in de rede met het verzoek ook een deel van het verhaal te mogen doen. Het werkt, de mannen boeken succes. De veertig grootste multinationals van de wereld spreken af hun inkopen zo te organiseren dat ze in 2020 geen bijdrage meer leveren aan verdere ontbossing. Unilevers grootse leverancier van palmolie, Wilmar, goed voor 44 procent van de handel, heeft beloofd voortaan geen bossen meer te kappen zonder de bomen te vervangen.

Deze ambitie is de reden waarom Cherie Tan twee jaar geleden is overgestapt naar Unilever. De politicologe werkte voor het Wereld Natuur Fonds aan het verduurzamen van de palmolieproductie maar realiseerde zich daar dat vooral het grote bedrijfsleven een draai moet maken. Ze raakte geïnspireerd door het USLP. De grootste verbruiker van palmolie moet wel de ambitie hebben om de hele industrie duurzaam te maken. Tan is nu met name bezig met het verduurzamen van de palmolieproductie van relatief kleine boeren in Maleisië en Indonesië.

In de zomer van 2013 zitten Polman en Tan samen op de eerste bijeenkomst van de vorig jaar gestarte Tropical Forest Alliance. Dit is een krachtenbundeling van bedrijven van het Consumer Goods Forum, een aantal overheden, waaronder die van Groot-Brittannië en Nederland, en ngo's, met als doel de ontbossing te stoppen. De Indonesische president Susilo Bambang Yudhoyono, een van de drie voorzitters van het High-Level Panel van de VN, heeft de bijeenkomst geopend en laten weten zich persoonlijk te zullen ontfermen over dit probleem. Paul Polman vult hem in zijn speech aan en benadrukt het belang van samenwerking tussen overheden en bedrijven.

Tan vindt Polman een visionair, ze voelt zich door hem gesteund. Ze vindt het mooi dat de CEO op het wereldpodium meepraat en de goede boodschap uitdraagt, dat is zijn rol. Maar zou hij zich wel realiseren dat er een wereld van verschil zit tussen die verhalen en wat er werkelijk in het veld gebeurt? Polman heeft haar meermaals laten weten dat zij hem altijd kan mailen. Maar dat vindt ze moeilijk, dan passeert ze haar bazen. Dat doe je niet bij Unilever, dat brengt risico's met zich mee.

Cherie Tan gaat veel zelf op onderzoek uit, ze ontmoet lokale producenten en praat met lokale overheden. Hier moet het gebeuren. Ze is blij met de groeiende aandacht voor het probleem. Maar ze ervaart ook dat er een gat zit tussen wat hogere en lagere overheden vinden en doen. Daar waar de armoede zich manifesteert, hanteren lokale overheden een andere prioriteit. Die politici maken zich graag populair door de boeren de ruimte te geven om wat welvarender te worden.

De productie van palmolie kan alleen duurzaam worden als ook al die kleine boeren er in welvaart voldoende op vooruitgaan. Er zal vooral veel moeten worden geïnvesteerd in hun productiviteit. Hun opbrengst per hectare is te laag, soms niet meer dan 1,5 ton palmolie. Terwijl een opbrengst van 7 ton mogelijk is. Maar daarvoor moeten investeringen worden gedaan. Unilever kan helpen door zich aan coöperaties met kleine boeren te verbinden en door bijvoorbeeld een tijd lang een vaste prijs te garanderen, zodat die boeren investeringen durven te doen.

Maar als Tan dat op het hoofdkantoor in Singapore voorstelt, wordt het moeilijk. Loopt ze vast. Haar collega's van de inkoop willen niet te veel betalen en leggen haar vervolgens uit dat hun ruimte wordt bepaald door de collega's van de marketingkant van het bedrijf. Die willen hun prijzen juist verlagen om zo de concurrentie de pas af te snijden. Om de marges op peil te houden moeten de kosten omlaag. Jammer voor die kleine boeren, natuurlijk, maar dat is de realiteit. De omzetgroei van Unilever moet toch vooral uit dit deel van de wereld komen.

Hier ligt volgens Tan dan ook de belangrijkste uitdaging. Ze vindt dat Unilever ervoor moet zorgen dat de gebruikte palmolie niet langer als een inwisselbare grondstof wordt gezien. Werkelijk duurzame palmolie moet een iconisch, trots onderdeel van de Unilever-producten worden. De marketeers moeten gemotiveerd worden om het duurzame karakter van de ingekochte palmolie daadwerkelijk te gaan vermarkten. Ze moeten er, net als bij Lipton, voor gaan zorgen dat consumenten een goed gevoel krijgen bij Dove omdat er duurzaam geproduceerde palmolie in zit.

Maar steeds als Tan zelf met marketeers praat, valt het haar op dat ze vooral soundbites willen, dat ze altijd haast hebben. Ze nemen in haar ogen veel te weinig tijd om zich werkelijk in het vraagstuk te verdiepen. Steeds komt het makkelijke voorbeeld van Ben & Jerry's voorbij, maar daar praten ze volgens Tan ook liever over melk van aaibare koeien dan over de suiker die ze gebruiken, want dat is ook een ingrediënt met een slechte bijklank, net als palmolie.

Het is natuurlijk ook niet eenvoudig om meer Dove te verkopen door het nadrukkelijker aan het probleem van ontbossing te koppelen, dat snapt Tan ook wel. Vrouwen denken al smerend liever aan de belofte van een groeiend zelfvertrouwen dan aan de met uitsterven bedreigde orang-oetans. Maar pas als je hier als marketeer iets op bedenkt, dan zorg je voor echte oplossingen, dan zorg je voor een paradigmaverschuiving. Volgens Tan moet daarom veel meer energie worden gestopt in de cocreatie van oplossingen, dwars door de disciplines heen. Veel collega's zitten vast in oude manieren van denken en afrekenen, in hun eigen wereld. Ze komen daar ook niet uit. De leiders van Unilever moeten hier veel meer aan doen als ze naar een werkelijk duurzaam bedrijfsmodel willen.

Peter ter Kulve, de baas van Azië, begrijpt de klacht die van verschillende kanten op het bord van de marketeers wordt gelegd. Hij worstelt hier zelf ook mee. Zelf marketeer in hart en nieren ziet hij hoe het USLP ervoor zorgt dat jonge collega's veel meer vanuit een innerlijke overtuiging, vanuit hun roeping voor het bedrijf werken. Dat levert veel energie en creativiteit op. Maar hij twijfelt ook: in hoeverre wordt de groei van het bedrijf door het USLP zelf gedreven? Dragen die doelen werkelijk bij aan de omzet van Unilever? Voor merken als Ben & Jerry's en Lifebuoy, merken die als het ware geboren zijn met een duidelijke purpose, werkt het. Maar voor de rest? Hij betwijfelt het. Hoe doe je dat met Robijn? Of Glorix, dat was altijd functioneel gericht op het doden van bacteriën, maar daar is nu iets van gemaakt in de trant van: we zorgen voor een schonere wereld. Doen de concurrenten dat dan niet? Hij vindt Dove eigenlijk niet eens een duurzaam merk, het is een merk met een duidelijke betekenis, maar dat heeft weinig met duurzaamheid te maken. Het is in zijn ogen ook een woordenspel. Wat hem betreft gaat het USLP niet alleen over duurzaamheid, het zorgt er ook voor dat consumenten zich een beter mens gaan voelen. Dan draag je toch ook bij aan een betere samenleving?

Ook zijn collega Jan Zijderveld, verantwoordelijk voor omzet en winst in Europa, merkt dat marketeers het moeilijk vinden om in hun dagelijkse praktijk een afweging te maken tussen de USLP-doelen en de noodzaak om omzet en winst op de korte termijn te laten groeien. Polman doet dat briljant met het merk Unilever, maar hoe doe je dat met die honderden merken van Unilever? Er hoeft maar een beetje druk op de tent komen te staan, en de frustraties steken de kop op. Hoe zorg je ervoor dat mensen gaan geloven dat de merken van Unilever echt bijdragen aan een duurzame economie? Zijderveld heeft zich er allang bij neergelegd dat het niet mogelijk is om consumenten meer geld te vragen voor duurzame inspanningen.

In *NRC Handelsblad* legt Anniek Mauser uit dat het veranderen van het consumentengedrag verreweg het lastigste onderdeel van het USLP is. 'We hebben als bedrijf enorme stappen gezet, in onze fabrieken, bij ons vervoer. Maar een groot deel van de milieueffecten ligt bij de boeren en vooral bij consumenten.

Die moeten bijvoorbeeld veel minder water gaan gebruiken. Bij wasmiddelen en verzorgingsproducten ligt 85 procent van de CO_2-uitstoot bij de consument.'

Zo wil Unilever ervoor zorgen dat wereldwijd 200 miljoen mensen korter gaan douchen. Nederlanders en Britten staan gemiddeld acht minuten onder de douche, dat moet naar vijf minuten. Het bedrijf wil ze hierbij helpen met een shampoo die sneller is in het gebruik. Mauser: 'Douchen is een aantrekkelijke verslaving. Niemand ziet direct de negatieve effecten op het klimaat of op de energierekening. Toch is gedragsverandering hard nodig.' Samen met het Wereld Natuur Fonds en de Missing Chapter Foundation van Laurentien van Oranje is Unilever in Nederland de actie 'Waterspaarders' gestart, een lesprogramma voor basisscholen over het klimaatprobleem. Het is de bedoeling dat kinderen hun ouders en broertjes en zusjes gaan uitleggen waarom ze korter moeten gaan douchen. Dat moet toch impact hebben. Dat is toch de generatie die er het meest last van krijgt als dat gedrag nu niet verandert.

Ondertussen probeert Unilever de resultaten van het USLP steeds beter meetbaar te maken. De doelstellingen zijn per manager vertaald in te behalen doelen. Er zijn meer dan honderd van die *key performance indicators*, KPI's. De baas van Indonesië moet bijvoorbeeld iedere maand in een Excel-sheet invullen hoeveel kinderhandjes er zijn gewassen, hoeveel mensen voorlichting hebben gekregen over de manier waarop je het best je tanden kunt poetsen, hoeveel meisjes een 'Dove-training' hebben gekregen, gericht op het vergroten van hun zelfvertrouwen, et cetera.

Unilever betaalt accountants van PwC jaarlijks zo'n 10 miljoen euro om die gegevens allemaal op een rij te zetten en te controleren. Die accountants kijken naar de gehanteerde definitie en gaan steekproefsgewijs na of Unilever zich aan de zelfopgelegde regels houdt. Duurzaamheidsontwikkelingsmanager Jan Kees Vis stopt ieder jaar een paar dagen in discussies met deze accountants over wat wel en wat niet mee mag worden genomen als het gaat om bijvoorbeeld voorlichting. Tellen bijvoorbeeld de uitgezonden Dove-commercials mee, hoe wordt dat bereik gemeten, welke correctiefactor pas je toe?

Uiteindelijk geven de accountants die 'verklaring van beperkte zekerheid' op de in het jaarverslag naast de winst-en-verliesrekening te publiceren USLP-cijfers. De grootste handicap voor de accountants is het ontbreken van algemeen geaccepteerde standaarden. Wat Unilever doet is zo nieuw, dat die er nog niet zijn. Beperkte zekerheid wil volgens accountants daarom ook niet heel veel meer zeggen dan: als de cijfers die u bij ons heeft aangeleverd kloppen, dan kloppen die cijfers. Daar kunnen analisten niks mee, die kijken er niet eens naar.

Binnen Unilever is er constant discussie over de vraag in hoeverre de binnen het USLP behaalde doelen moeten worden gekoppeld aan de bonussen. Nu wordt bij het vaststellen van een bonus maar ongeveer 10 procent bepaald door het al dan niet behalen van de USLP-doelen. Zijderveld vindt het logischer om dat verband niet groter te maken. Je loopt dan al snel het risico dat iemand zijn waterspaardersprogramma op orde heeft, maar wel even wat minder winst maakt. Dan klopt het model in zijn ogen niet meer. Je moet steeds en-en leveren, die twee versterken elkaar. Als consumenten minder gaan douchen omdat ze jouw efficiëntere shampoo gaan gebruiken, dan ben je er.

Ook Ter Kulve vindt het heel moeilijk om de KPI's die in het USLP zitten hard te maken. Daar kun je eindeloos met collega's over discussiëren. Kun je meten hoeveel vrouwen zich zelfverzekerder voelen door Dove? Bovendien moet je je steeds afvragen of je die doelen niet gewoon moet willen halen, gewoon omdat het hoort om netjes en duurzaam te werken. Dat het overgrote deel van de bonus is gekoppeld aan de ontwikkeling van de koers van het aandeel vindt Ter Kulve ook vanzelfsprekend. Daar komt alle waardering uiteindelijk in samen. De koers gaat omhoog als het bedrijf groeit. Je groeit alleen als je meer producten aan meer mensen verkoopt en dat allemaal heel efficiënt doet.

'Hij praat en praat en praat. Hij praat met het evangelische enthousiasme van een herboren milieuactivist, helemaal gericht op het redden van de wereld.' De journalist van de Britse krant *The Telegraph* vindt het soms moeilijk te geloven dat hij de CEO van een van de grootste bedrijven van Europa probeert te interviewen. 'We moeten goed opletten want als deze Polman zijn doelen wil realiseren, dan zullen wij – zijn 2 miljard consumenten – hem allemaal moeten volgen in zijn kruistocht.'

Unilever koopt jaarlijks zo'n 8 miljoen ton aan landbouwproducten in. Nu is 36 procent duurzaam geproduceerd, in 2020 moet dat 100 procent zijn. Unilever koopt daarom zo veel mogelijk door het RSPO gecertificeerde palmolie in. Gavin Neath is opmerkelijk transparant in een ontmoeting met dezelfde journalist: 'Ons vieze geheimpje is dat we vaak niet weten wie onze leveranciers precies zijn.' Gail Klintworth vult hem aan: 'Het is niet goed genoeg, we willen 100 procent traceerbaarheid.' Om dat mogelijk te maken wil Unilever afscheid nemen van 80 procent van de kleine leveranciers. Die 'ruiming' is volgens Gavin Neath nodig om op tijd de goede standaard te krijgen. Maar het onderwerp ligt gevoelig. Unilever heeft zich er ook aan gecommitteerd om zo veel mogelijk kleine boeren te helpen met het opbouwen van een bestaan. Klintworth: 'Het is een afruil.' Ze wil liever niet praten over de grootste leverancier van Unilever: het Singaporese Wilmar. Die lag twee jaar geleden flink onder vuur omdat het hele Indonesische dorpen zou hebben afgebroken om palmolie te kunnen verbouwen. Onder druk van het Consumer Goods Forum lijkt Wilmar toch eieren voor zijn geld te kiezen, en te beloven ontbossing tegen te gaan. Klintworth: 'We hebben een paar moeilijke besluiten moeten nemen.'

De journalist mag gaan kijken bij het researchcentrum van Unilever in Port Sunlight. Achthonderd onderzoekers ontwikkelen daar producten die doen wat ze moeten doen én goed zijn voor het milieu. 'Een wasmiddel moet niet alleen witter dan wit opleveren, het moet ook minder water verbruiken en minder energie. Alle beetjes helpen, Unilever-producten doen mee in zo'n 125 miljard wasjes per jaar.' Trots wordt hier het succes van Lifebuoy gepresenteerd. Met commercials zijn 71 miljoen mensen in Afrika en Azië aangezet om hun handen te gaan wassen voor ze gaan eten. Het USLP-verslag meldt dat inmiddels 224 miljoen mensen zijn geholpen met het verbeteren van hun hygiënische levensomstandigheden. Lifebuoy boekt al een paar jaar dubbele groeicijfers.

Maar volgen de investeerders dit verhaal wel, wil de journalist weten: 'Fijn dat Unilever de horizon zo ver weg legt, maar de meeste beleggers kijken vaak niet verder dan 30 minuten vooruit.' Neath erkent het probleem: 'Ze kunnen de effecten van klimaatverandering en ontbossing niet in hun waarderingsmodellen bouwen, dus negeren ze dat.' Polman vult hem aan: 'En dus moeten we de parameters van het kapitalisme veranderen. Tot na de Tweede Wereldoorlog waren er nog veel bedrijven die zich ontfermden over het algemeen welzijn, maar toen kwam Milton Friedman en de "ik"-cultuur. Met als resultaat dat de vierhonderd rijkste Amerikanen rijker zijn dan alle mensen in India bij elkaar. Dat is niet houdbaar.'[3]

Daar denken ze in het Four Seasons Hotel in San Francisco anders over. Ieder jaar in juni wordt de top van Heinz hier met partner uitgenodigd en tussen de vergaderingen door in de watten gelegd. Het kan de nieuwste iPhone zijn, of een mooie kofferset – bij terugkeer naar hun kamer vinden de managers en hun partners iedere avond een mooi cadeau. Met een kaartje erbij en de lieve groeten van William en diens vrouw Susy Johnson.

Dat zal dit jaar voor het laatst zijn. 3G Capital, de nieuwe eigenaar van Heinz, zal duidelijk maken wie van het zittende managementteam mag blijven. Nog één keer zijn ze bij elkaar, ze hebben nog geen idee welke collega's mogen blijven. Terwijl een gastspreker probeert de aandacht van zijn publiek te krijgen, houden ze elkaar angstvallig in de gaten. Er hangt een vreemde sfeer. Aan de top-12 is gevraagd om op de achterste rij te gaan zitten. Ze zullen één voor één op hun schouder worden getikt, om in een klein kamertje verderop van CEO Bernardo Hees te horen wat hun bestemming is. De gastspreker heeft het niet makkelijk, de meeste ogen zijn gericht op de deur. Wie komt zo terug? En vooral: met welk gezicht?

De eerste, Michael Mullen, komt lachend naar buiten, hij mag blijven. Hein Schumacher, verantwoordelijk voor China, gaat als tweede. Ooit begonnen bij Unilever is hij alweer tien jaar in dienst van Heinz. Ook hij mag blijven. De Nederlander wordt verantwoordelijk voor Azië-Pacific, ongeveer een kwart van de Heinz-business. Schumacher is erg tevreden over het arbeidsvoorwaardenpakket dat hem is aangeboden, met een zeer concreet uitzicht op een afsluitende beloning van zo'n 35 miljoen dollar, over een jaar of vijf. De nieuwe leiding van Heinz heeft ervoor gekozen eerst de mensen die ze willen houden bij zich te roepen en zich zo van hun loyaliteit te verzekeren. Daarna wordt het een slachting.

Roel van Neerbos is de afgelopen maanden door zo veel mensen gebeld, onder meer van InBev, met verontrustende berichten over de keiharde cultuur onder de Brazilianen, dat hij inmiddels hoopt dat hij niet mag blijven. Van Neerbos weet dat hij dan niet met lege handen naar huis hoeft. Als Bernardo Hees hem bij binnenkomst in dat kleine kamertje vraagt of hij nog last heeft van zijn jetlag weet hij dat het voorbij is. Hees zal de tien minuten die ze hebben niet met dit soort vragen verdoen als hij wil dat Van Neerbos een nieuwe verantwoordelijkheid gaat oppakken.

Hij is niet verrast. Van Neerbos heeft inmiddels begrepen dat de Brazilianen erop gespitst zijn om zo veel mogelijk volgzame managers te benoemen. Een manager die al op een hoge post zit vinden ze lastig te sturen. Ze laten liever iemand twee niveaus overslaan. Na zo'n gigantische promotie denkt zo'n manager twee dingen. Dit is geweldig, deze kans ga ik pakken. Maar ook: hoe moet ik dit in godsnaam gaan doen? Ze doen het in hun broek. En dat is precies waar de Brazilianen hun ondergeschikten willen hebben, want dan kunnen zij bepalen wat er moet gebeuren en hoe het moet worden gedaan. Zo benoemen ze in hoog tempo tientallen relatief jonge Brazilianen op relatief hoge functies. Die zijn als was in hun handen.

Van de 35 Heinz-managers mogen 28 hun biezen pakken. Van de top-12 mogen er maar twee blijven. Links en rechts vloeien tranen, de mannen vertrekken met hun partner naar hun hotelkamer om het te verwerken. Schumacher heeft gemengde gevoelens bij deze gang van zaken. Hij is blij dat hij mag blijven, maar zijn hele team valt uit elkaar. Echt medelijden heeft hij niet met zijn voormalige collega's, ze krijgen allemaal pakketten van 5 tot 20 miljoen dollar mee.

Die avond gaan ze nog een keer met elkaar uit eten op het wijnlandgoed 'Silver Oak'. Hier haalt William Johnson zijn wijnen vandaan. Velen hadden hun afschuw uitgesproken over de 212 miljoen dollar die hun voormalige baas aan de verkoop van Heinz heeft overgehouden. Daar wordt nu niet meer over geklaagd. Ze worden allemaal enorm dronken.

Polman schudt meewarig zijn hoofd als hij de berichten leest. Het hing in de lucht dat Heinz niet lang meer op eigen benen zou staan. Het bedrijf was bij Unilever langs geweest met de vraag of ze het wilden overnemen. Natuurlijk hebben ze ernaar gekeken, onder leiding van Jean-Marc Huët waren de nodige analyses gemaakt. Maar Polmans conclusie was duidelijk: geen interesse, er zit geen groei meer in dat bedrijf. Hij vindt het jammer, Heinz heeft een prachtige geschiedenis. Maar Polman gelooft niet dat ze het zonder forse investeringen in de vernieuwing van hun producten nog lang zullen volhouden. Hoelang gaan mensen trouwens nog zulke ketchup gebruiken, dat spul bestaat voor bijna 25 procent uit suiker.

'Plan A, waarin het bedrijfsleven primair wordt gemotiveerd door winstgevendheid, is niet langer een optie. En daarom ontwikkelen wij een plan B. We weten dat dit voor veel van onze collega's en concurrenten soms zelfs een belediging zal zijn. Maar we geloven dat zij die met ons samenwerken zullen zien dat wat op de lange termijn beter is voor de planeet en de bewoners ervan ook beter is voor het bedrijfsleven. Als we een kritische massa van deze individuen bij elkaar kunnen brengen, kunnen we het gedrag van een meerderheid veranderen.'

Samen met bekende namen als Richard Branson, Gro Harlem Brundtland, Mo Ibrahim, Muhammad Yunus, Arianna Huffington, Strive Masiyiwa en Indra Nooyi maakt Paul Polman deel uit van 'The B-Team'. Hij is zeer actief, zit in verschillende werkgroepen die ervoor moeten zorgen dat de samenwerking tussen bedrijfsleven, overheden en ngo's wordt aangejaagd en accountants worden gestimuleerd om nieuwe meetmethoden te ontwikkelen die de kosten voor de belasting van het milieu in de bestaande winst-en-verliesrekeningen kunnen laten meewegen. Via *The Huffington Post* zal hij, net als andere leden van het B-team, regelmatig onderzoeken en opinies de wereld in sturen.

Polman wordt ook voorzitter van het World Business Council for Sustainable Development (WSBCD). De tweehonderd bedrijven die hiervan lid zijn, willen ervoor zorgen dat 9 miljard wereldbewoners in 2050 goed en gezond met elkaar samenleven zonder die wereld op te eten. Peter Bakker, voormalige CEO van TNT, leidt de dagelijkse gang van zaken. Onder de kop 'Accountants gaan de wereld redden' legt Bakker in de *Harvard Business Review* uit waarom de regels voor accountancy snel moeten worden gewijzigd. Accountants moeten ervoor gaan zorgen dat alle kosten en resultaten worden meegewogen bij de beoordeling van bedrijven, niet alleen de financiële. Polman vat deze boodschap later prachtig in een tweet samen: 'Zolang we aan dode bomen wel een waarde toekennen en aan levende bomen niet, hebben we een groot probleem.'

Het Brits-Nederlandse concern blijft worstelen met de resultaten in Europa. Nu de inflatie min of meer is weggevallen, zijn er nauwelijks mogelijkheden meer om prijzen en salarissen te verhogen en iedereen steeds een beetje meer te geven. De kosten moeten harder omlaag. In de winkels is de concurrentie moordend. Als gevolg van steeds meer promotionele druk en kortingsacties, nodig om het marktaandeel vast te kunnen houden, dalen de prijzen met zo'n 2 procent.

In het Verenigd Koninkrijk wordt inmiddels 90 procent van de Unilever-producten niet voor de normale prijs verkocht. De marketeers weten: als je een *buy one get one free*-actie mist, dan mis je je doelen voor het jaar. Dit is hun werkelijkheid, hier moeten zij zich staande houden. Jan Zijderveld, baas Europa, vindt het een doodvermoeiend spel, een gevecht waarin de doelen van het USLP eigenlijk geen rol spelen. Om de marge goed te kunnen houden en al die promoties te kunnen betalen moeten de kosten gewoon heel hard omlaag. Op een deel van die kosten heeft hij geen invloed.

De indirecte kosten bedragen ongeveer 13 procent van het totaal. De helft daarvan betreft kosten voor marketing-R&D. Die worden centraal gemaakt, daar kan hij niet bij. Zijderveld klaagt regelmatig over al die dure mensen in Londen, met hun grote salarissen en reisbudgetten, terwijl het onduidelijk is wat ze allemaal bijdragen. Hij roept op hier banen te schrappen, ze lokaal in te vullen met jongere, goedkopere mensen die dichter op de markt zitten. Daar denken ze in Londen natuurlijk anders over.

Op de andere helft van die indirecte kosten heeft hij wel invloed. De afgelopen jaren is ongeveer een derde van de overheadkosten uit de Europese operatie gehaald. Collega Ter Kulve, tot 2011 baas van de Benelux, heeft hier een grote bijdrage aan geleverd. Duizenden banen zijn geschrapt. Het frustrerende is alleen dat de meeste lokale concurrenten veel kleiner zijn, hun indirecte kosten komen vaak niet boven de 8 procent uit. Dus blijft het lastig concurreren. Maar misschien kan hij daar wat aan doen.

Het was Zijderveld opgevallen dat het hoofdkantoor van Unilever in Rotterdam inmiddels vrijwel leegstond. Er zat zelfs een huurder op een deel van de etages. Het hoofdkantoor van Unilever staat daarmee de facto in Londen. Zijderveld had zich bedacht dat dit Weena-kantoor beter gesloten kon worden, of opnieuw moest worden gevuld. Aan Polman stelde hij voor om de marketeers en managers van de productcategorieën (ijs, thee, persoonlijke verzorging, et cetera), die verspreid over elf Europese locaties zitten, hier bij elkaar te brengen. In totaal zo'n zevenhonderd mensen. Zo kunnen krachten en kosten worden gebundeld, wordt de Europese operatie sneller en effectiever. Polman had het een goed idee gevonden.

Probleem was wel dat die categoriemanagers niet aan Zijderveld rapporteren, maar aan hun categoriebazen in Londen. Er was veel weerstand geweest. Niemand wilde naar Rotterdam. Zijderveld had er wakker van gelegen, maar doorgezet. Hij had een programma opgezet om Nederland te promoten. Alle collega's werden met hun gezinnen uitgenodigd, kregen een rondleiding door Rotterdam, gingen met bussen door Nederland, werden voorgelicht over scholen en de huizenmarkt. De meesten waren overstag gegaan.

Uiteindelijk bleken de Britten het lastigst te overtuigen. Daar zit de weerzin tegen Rotterdam duidelijk het diepst. Maar Polman was streng geweest en had duidelijk gemaakt dat ook de Britten naar Rotterdam moesten. Het compleet verbouwde Weena is zo nieuw leven ingeblazen.

In oktober 2013 opent Paul Polman samen met Jan Zijderveld en Ahmed Aboutaleb, de burgemeester van Rotterdam, deze 'Europese marketing- en innovatiehub'. In een speech wordt de potentie van dit nieuwe onderzoekscentrum in één adem genoemd met de potentie van Wageningen University en Nederland als aanjager van de grote vraagstukken op het gebied van de wereldvoedselvoorziening. De mannen zien een mooie toekomst voor zich. Het Nederlandse 'hoofdkantoor' is van de ondergang gered. Voorlopig.

Polman heeft haast, hij wil meer doen. Het was vooral het instorten van het Rana Plaza-gebouw in Bangladesh geweest, afgelopen april, waardoor hij zich had gerealiseerd dat Unilever iets belangrijks is vergeten in het USLP: de sociale component zit er onvoldoende in. Bij het instorten van die textielfabriek komen 1134 mensen om, de beelden zijn verschrikkelijk. Zolang mensen onder dit soort omstandigheden moeten werken, kan de wereld nooit duurzaam worden.

Geïnspireerd door de discussies bij de Verenigde Naties over het enorme belang van armoedebestrijding, maar ook door het Oxfam-onderzoek naar de arbeidsomstandigheden bij Unilever in Vietnam, is bijna drie jaar na de start van het USLP onderzocht hoe Unilever in het kader van 'duurzaam leven' sneller voor meer duurzame groei kan zorgen. Welke barrières moeten worden weggenomen? De uitkomst vormt de basis voor een nieuwe ambitie in het USLP: het verbeteren van de levensomstandigheden van zo veel mogelijk mensen.

Tegen het einde van dit jaar heeft Unilever de levens van zo'n 570.000 kleine boeren verbeterd. In het nieuwe USLP staat dat het bedrijf in 2020 de levens van minstens 5,5 miljoen kleine boeren, retailers en jonge ondernemers wil hebben verbeterd. In dat jaar moet 100 procent van de inkopen niet alleen duurzaam geproduceerd zijn maar ook worden gedaan bij partijen die de fundamentele mensenrechten respecteren. Uitgangspunt zijn de richtlijnen van de Verenigde Naties.

Over het belang van vrouwen stelt het USLP nu: 'In de hele wereld worden vrouwen geconfronteerd met discriminatie en achterstelling, hebben ze geen toegang tot kennis en vaardigheden, worden ze gefrustreerd om actief deel te nemen aan de economie. Tegelijkertijd vormen vrouwen de overgrote meerderheid van onze consumenten, spelen ze een hoofdrol in de productie van onze landbouwgrondstoffen en de verspreiding van onze producten. We hebben hun talent nodig; in 2020 hebben we 5 miljoen vrouwen hiermee geholpen, hebben we een organisatie gebouwd waar mannen en vrouwen op eenzelfde manier worden behandeld.'

Tegen *The Guardian* zegt Polman, verwijzend naar Rana Plaza: 'Het is zakelijk ook onverstandig om een textielwerker maar 11 cent per uur te betalen. Toen ik hier kwam kampte het bedrijf met veel druk op de kosten, het ging niet zo goed. Nu betalen we meer, krijgen we meer loyaliteit, meer energie en een hogere productiviteit.' In het bestuur zijn vooral Louise Fresco en Ann Fudge erg enthousiast. Ze vinden dat ook binnen Unilever de positie van vrouwen verder moet worden verstevigd.

De 62-jarige Fudge weet waar ze het over heeft. Ze is een van de succesvolste Afro-Amerikaanse vrouwen in het bedrijfsleven. Als ooggetuige van stedelijke rellen na de moord op Martin Luther King had ze in 1968 besloten dat ze haar kansen moest grijpen, dat ze iets wilde gaan doen wat nog nooit door een zwarte vrouw was gedaan. Als gelauwerd marketeer zou ze de baas worden van een van de grote divisies van Kraft en vervolgens voorzitter en CEO van het reclamebureau Young & Rubicam.

Fudge is al sinds haar start als niet-uitvoerend bestuurder bij Unilever in 2009 gechoqueerd door het feit dat het bedrijf ondanks alle mooie verhalen feitelijk nog steeds vooral door witte mannen wordt gerund. Iedere vergadering maakt ze hier opmerkingen over: van de zestien topmanagers die samen het Unilever Leadership Executive vormen, zijn er maar twee vrouw en twee niet wit. Ze wijst erop dat het juist voor de ambities van Unilever belangrijk is om veel meer vrouwen in de top te hebben.

Als het om diversiteit gaat geeft het Unilever-bestuur, de board, trouwens wel het goede voorbeeld. Het is waarschijnlijk het meest diverse bestuur van een multinational ter wereld: zeven witte mannen en vijf vrouwen, van wie er vier niet wit zijn. Dat valt op en wordt in de media regelmatig als inspirerend voorbeeld genoemd. Zo moet het.

Niet alle Unilever-bestuurders zijn daarvan overtuigd. Kees Storm vindt dat er weinig cohesie is. Zo'n zeer divers clubje mensen heeft weinig gemeenschappelijks met elkaar, vormt in zijn ogen geen team, is los zand. Hij is bovendien teleurgesteld over de inbreng van verschillende dames. Ze komen trouw naar de vergaderingen maar de meesten zeggen nauwelijks iets. Voor Polman is dit juist ideaal, bedenkt Storm. Dit bestuur kan hij makkelijk bespelen. Hij steekt het helemaal in zijn zak.

Polman vindt dit onzin. Hij is het hartgrondig met Ann Fudge eens. Hoe meer vrouwen in de top hoe beter. Tegen *The Guardian* zegt hij: 'In de kern gaat het over de manier waarop we iets waarderen. Het vrouwelijke brein heeft zich anders ontwikkeld dan de mannelijke variant, er is meer balans tussen de linker- en de rechterhersenhelft. Vrouwen hebben meer empathie, meer purpose, kunnen beter denken op de lange termijn, zijn meer gericht op samenwerken, hebben een beter gevoel voor gelijkheid, en kunnen beter luisteren dan mannen. Dus de vaardigheden die je als bedrijf nodig hebt om in de toekomst succesvol te kunnen zijn, vragen om meer vrouwelijke talenten. Daarom moet de leiding van Unilever nog diverser worden.'[4]

Fudge vindt het mooi dat Polman zo enthousiast over de onmisbare capaciteiten van vrouwen praat. Ze heeft liever een gepassioneerde CEO met grote plannen die af en toe in de fout gaat, zodat je als bestuur af en toe de teugels moet aantrekken, dan een CEO die de hele tijd maar braaf onder de radar blijft. In het boek *True North* van Bill George wordt Fudge geciteerd: 'We kunnen allemaal wel bedenken hoe je een business zo kunt leiden dat je na twee jaar met een enorme zak geld kunt vertrekken. Maar dat heeft niets met leiderschap te maken. Dan speel je een spel. Of het nou gaat om de manier waarop je met mensen omgaat of een probleem oplost: leiderschap gaat erover dat je iets achterlaat wat duurzaam is.'

Tegen *The Guardian* zegt Polman hierover: 'Ik denk dat een goede leider in de eerste plaats een goed mens is. Te vaak worden we door onze omgeving geprogrammeerd om ons anders te gedragen. Ik denk dat een echte leider zich goed voelt over wie hij is. Dat ook laat zien. Ik heb er geen probleem mee om te huilen als ik moet huilen. Daar is niks mis mee, laten zien dat het je raakt. Het is in iedere organisatie hetzelfde: als je laat zien dat je ervoor wil zorgen, zullen anderen voor jou zorgen, 100 procent.'

12 We zijn de grootste ngo

november 2013-februari 2015

In de top van Unilever beginnen ze de tranen van Polman een beetje beu te raken. Ze geloven best dat die emotie authentiek is, maar hij huilt wel vaak. Die tranen komen bovendien meestal in combinatie met frustratie en woede. Woede omdat hij vindt dat de mensen om hem heen niet genoeg hun best doen. Hij kan enorm tekeergaan tegen collega's die het volgens hem niet hebben begrepen.

De ongeduldige Polman is steeds vaker teleurgesteld. Het gaat niet snel genoeg. Regelmatig verwijt hij zijn managers dat ze nog te veel in het oude systeem werken, te veel uitgaan van een werkwijze die gestuurd wordt door financiële resultaten. Hij roept ze op moed te tonen, vanuit hun persoonlijke roeping anders te gaan werken, hun prioriteiten anders te stellen. Daar is nu toch de ruimte voor?

Polman vindt dat zijn collega's in het veld veel nadrukkelijker moeten gaan samenwerken, daar zit de ruimte voor en-en. Met elkaar, maar vooral ook met andere belanghebbenden. Verander de dialoog met de leveranciers, retailers, concurrenten, overheden en ngo's, praat niet alleen over de prijs, maar ook over een gezamenlijke inspanning om bijvoorbeeld consumenten op te voeden. Op die manier genereer je gratis publiciteit en bespaar je in de kosten voor advertenties. Zorg samen online voor de transparantie die consumenten het vertrouwen geeft dat er echt naar ze wordt geluisterd.

Dat de mensen onder hem hier onzeker over zijn, snapt de CEO wel. Het is nog steeds nieuw voor ze. Dit zijn nieuwe risico's, waar zijn de data die laten zien dat het echt gaat werken? Eigenlijk vindt Polman dat Unilever-managers twee banen hebben. Natuurlijk moeten ze proberen zo veel mogelijk flesjes Dove of Magnums te verkopen, dat is de basis. Er moet genoeg geld worden verdiend, dat kost ze zeker veertig uur per week. Daarnaast moeten ze minstens zoveel tijd steken in de verwezenlijking van de doelen van het USLP. Dat wil zeggen op onconventionele wijze op zoek gaan naar manieren om hun omgeving zowel op sociaal als op milieugebied verder te helpen.

Soms wordt er teruggeduwd. Polman kan wel roepen dat ze veel meer bezig moeten zijn met het toekomstbestendig maken van hun merken, maar de meeste categoriemanagers, marketeers en verkopers zitten misschien drie of vier jaar in een baan. Dit beperkt hun horizon. Waarom zouden zij zich druk maken en investeren in zaken die pas vrucht gaan dragen als ze allang weer op een andere plek zitten? Ze moeten hun budgetten halen, daar worden ze concreet op afgerekend.

Vlak voor de kerst geeft Polman een interview aan NRC *Handelsblad* waarin hij nog maar eens uitlegt hoe hij dat doet. 'Mensen die geen keuze hebben, daar vecht ik voor.' Hij legt uit dat hij zichzelf beschouwt als een verantwoordelijke ondernemer die, net als William Lever ruim honderd jaar geleden, het systeem moet corrigeren, omdat overheden dat niet doen. 'Dat was toen nodig en nu weer. Al sinds de crisis, en daarvoor ook al, hebben we een economisch systeem waar te weinig mensen voordeel van hebben gehad. Kijk naar Amerika en Europa, het inkomensverschil wordt steeds groter. De Amerikaanse economie groeit maar de middenklasse en de lagere klassen zijn slechter af dan tien jaar geleden. Dat is een heel groot probleem. Als je kijkt naar de enorme jeugdwerkloosheid in Zuid-Europa dan heb je een maatschappij die niet goed functioneert. De problemen in Afrika of het Midden-Oosten worden niet veroorzaakt door religie, maar door armoede. Wij hebben een gezamenlijke verantwoordelijkheid om dat op te lossen. Als bedrijf proberen we Nederland te helpen. Ik praat met Lilianne, ik praat met Mark. Er gaat geen week voorbij dat ik niet iemand van een ngo aan de telefoon heb. In het verleden was dat ondenkbaar. Dan zou je niet hebben opgenomen als Greenpeace zou bellen, of Oxfam of UNICEF. Nu zijn dat onze partners.'

Over 2013 heeft Unilever het met een onderliggende omzetgroei van 4,3 procent weer wat beter gedaan dan de markt, de marge is iets verbeterd tot 14,1. Polman schrijft in het jaarverslag: 'De afgelopen vijf jaar hebben we een simpel framework neergezet dat zich richt op succes op de lange termijn, we groeien harder dan onze markten en verbeteren onze marge. We investeren fors in advertenties.' Als succesnummers van het USLP noemt Polman, net als in voorgaande jaren, vooral de merken Lifebuoy, Knorr, Pureit en de schoonmaakmiddelen van Domestos.

De cijfers zijn goed en dus steunen de beleggers het aandeel Unilever. Dit geeft Polman rust, zolang de koers goed gaat hoeft hij zich niet druk te maken over zijn aandeelhouders. Daar heeft hij ook helemaal geen zin in. De financiële wereld toont nog steeds nauwelijks interesse in de voortgang van het USLP. Ook tijdens de laatste bijeenkomst met analisten hebben ze er weer geen vraag over gesteld.

Maar in augustus beginnen die analisten zich toch zorgen te maken. Ze wijzen op de tegenvallende omzetgroei over de eerste helft van 2014. Unilever koerst af op een halvering van de groei naar iets meer dan 2 procent. 'De langzaamste groei in jaren en het bedrijf verwacht geen verbetering,' schrijft de analist van J.P. Morgan. 'We hebben het idee dat investeerders meer substantiële acties verwachten en sneller ook,' klaagt de analist van Merrill Lynch. 'We proeven een toenemende focus op winstgevendheid om de tegenvallende omzetgroei te compenseren, maar daarmee onderscheidt Unilever zich niet van de concurrentie.'

Analisten suggereren in koor dat het tijd wordt om afscheid te nemen van de margarinedivisie, die al jaren in een neergaande markt zit. Een geschatte opbrengst van 5 miljard euro kan dan mooi worden gebruikt voor een overname om de snelgroeiende persoonlijke verzorgingsdivisie uit te breiden. In een reactie wijst Polman op de enorme marges die er nog met margarine worden gemaakt en die nodig zijn om het dividend te kunnen betalen. 'Zelfs als je niks met een business hebt, en ik zeg niet dat we er niks mee hebben, moet je jezelf de vraag stellen: is er iemand die het beter kan leiden dan jij. Want als dat niet zo is, dan verkoop je het zonder er genoeg voor te krijgen. Dat zou niet goed zijn.'

Vanuit de financiële sector krijgt Polman ook steeds vaker het advies om eens goed naar een mogelijke overname van Colgate-Palmolive of Reckitt Benckiser te kijken. Polman vindt dat niet logisch. 'Veel mensen zijn gefocust op wat ze weten van bedrijven in dit deel van de wereld, ze denken nog steeds dat Nestlé en Procter & Gamble onze grootste concurrenten zijn. Maar er zijn veel nieuwe spelers in het veld. De meeste concurrenten in de opkomende markten zijn snelgroeiende lokale spelers.'[1]

Binnen Unilever wordt er van verschilende kanten op aangedrongen om de strategie van de afgelopen vijftien jaar, waarbij steeds meer is gecentraliseerd, grotendeels los te laten. Sommige marketeers vinden dat Unilever na decennialang 'hopeloos lokaal' te zijn geweest nu 'hopeloos globaal' is geworden. Met als gevolg dat het niet snel kan reageren op de steeds sterker wordende concurrentie van lokale, kleine concurrenten.

Polman denkt dat het helpt als hij de rol van Harish Manwani op zich gaat nemen. De chief operating officer gaat eind 2014 met pensioen. Polman vindt Manwani een goede uitvoerende bestuurder, maar ziet ook dat de Indier de afgelopen jaren een eigen club mensen om zich heen heeft verzameld. Die laag mensen, de *global market executive*, is te machtig geworden en vertraagt in zijn ogen de zo noodzakelijke inpassing en integratie van de categorieën in de regio's. In het bestuur zijn ze snel overtuigd door het verhaal van Polman. Zo haal je toch weer een hele laag uit de organisatie, daardoor kan de operatie versnellen.

Dat nu maar liefst negentien mensen aan hem gaan rapporteren vindt Polman geen probleem. Op dit niveau moeten mensen niet meer aangestuurd willen worden, ze weten wat ze moeten doen en hoe ze het moeten doen. Dat is nou juist hun verantwoordelijkheid, daar worden ze bovendien vorstelijk voor betaald. Als je eenmaal op zo'n plek zit, dan hoor je niet meer de hele tijd met vragende ogen naar een baas te kijken. Oef, wat heeft hij daar een hekel aan.

Maar in de organisatie is er weinig begrip voor deze stap. Die COO-rol is een zware, fulltime verantwoordelijkheid, en vraagt van je dat je altijd goed bereikbaar bent. De Unilever-managers direct onder Polman zijn juist erg tevreden over deze splitsing van verantwoordelijkheden. Manwani heeft het bedrijf goed in de vingers. Een goede COO moet constant boven op de zaken zitten, dat vraagt heel veel van je. Dat kun je er niet zomaar bij doen. Om die baan goed te kunnen doen met je vooral veel op kantoor zijn. Een plek waar Polman maar heel weinig komt. Ook Manwani vindt het onverstandig om zijn functie op te heffen. Juist omdat hij de omzetkant van het bedrijf leidt, kan Polman zich op het aanjagen van het vliegwiel buiten het bedrijf storten. Dit wordt wel heel veel zo. Sommigen vrezen dat de CEO aan grootheidswaanzin begint te lijden.

Kees Kruythoff is het met Polman eens dat de matrix nu niet optimaal wordt gemanaged. De categorieën moeten meer invloed krijgen op de strategie, dat is nodig om het USLP beter te laten landen in de verschillende regio's, dat vraagt om maatwerk. Aan de andere kant maakt hij zich ook zorgen. Alle lijnen komen vanaf nu bij Polman samen en dat is een probleem. Omdat hij nooit teams formeert, is de CEO de enige met overzicht. Alle informatie, alle macht zit bij hem. De mensen die het Unilever Leadership Executive vormen en allemaal aan Polman rapporteren, vormen nu ook al geen team. Het zijn de leidinggevenden van acht geografische markten en vier categorieën, en zeven staffuncties. Polman zal echt veel tijd aan die acht markten moeten gaan besteden om te voorkomen dat er een vacuüm ontstaat.

Net als Kees Kruythoff hoopt Jan Zijderveld dat hij Polman kan opvolgen. Hij had het logisch gevonden als hij nu, na Azië en Europa, die baan van Manwani had gekregen. Realiseert Polman zich wel voldoende dat hij als COO terug het bedrijf in moet. Dat hij die nieuwe wereld waar hij zo van geniet, de volle zalen met het warme applaus van overheden en ngo's, grotendeels achter zich zal moeten laten?

Maar dat is Polman niet van plan. In verschillende lezingen en interviews stelt hij vast dat Unilever door een consequente invulling van het 'geld verdienen door het goede te doen'-adagium eigenlijk de grootste ngo ter wereld is. Tegen het Duitse *WirtschaftsWoche* zegt hij: 'Ik heb veel liever dat ik word herinnerd als iemand die de wereld een beetje beter heeft achtergelaten. Dat is veel beter dan diegene te zijn geweest die de winstgevendheid heeft verbeterd, of het marktaandeel van Dove met een paar procent heeft laten toenemen.' De journalisten vragen of zijn bestuur of de analisten daar ook zo over denken. Polman reageert geprikkeld: 'Dat moet u aan hen vragen. En wat analisten schrijven, dat lees ik al heel lang niet meer. Die denken in kwartalen, wij denken op de lange termijn.'

Zijn ondervragers spreken hun verbazing uit: 'We komen maar niet los van het beeld dat we hier met de messias onder de bestuursvoorzitters van deze wereld zitten te praten. Had u niet beter de politiek in kunnen gaan, voor de Verenigde Naties of een invloedrijke ngo kunnen werken?' Polman: 'Unilever is een van de grootste ngo's van de wereld. We zijn geen overheidsbedrijf. We hebben meer vrouwen in dienst en besteden meer geld aan kleine kredieten in onze waardeketen dan welke ngo ook. Het belangrijkste verschil is: we hoeven niemand om geld te vragen.'[2]

Ann Fudge schrikt van dit soort uitlatingen. Op haar telefoon attendeert Google-newsalerts haar erop als Polman in het nieuws is, ergens in de wereld een glansrijk verhaal over het oplossen van de armoede heeft gehouden. Ze denkt dan vaak dat ze liever had gelezen dat hij had verteld over de strategie van Unilever, over de verkoop van nieuwe producten, het bestormen van nieuwe markten. Fudge stelt de passie van Polman enorm op prijs, maar vindt dat hij begint door te slaan. Hoezo hoeft Unilever niemand om geld te vragen? Als aandeelhouders hun geld niet meer in Unilever investeren, is het snel voorbij met deze 'ngo'. En met Paul Polman.

Daar staat ze niet alleen in. Vooral collega-bestuurders als Paul Walsh en Kees Storm maken zich zorgen. Zullen de financiële markten, beleggers en banken zo'n opmerking wel begrijpen? Het is hun geld waarmee Unilever onderneemt, zij lopen het risico. Als de CEO zich gaat gedragen als de baas van een non-profitinstelling, is hun geld daar dan nog wel veilig?

De voorzitter van de auditcommissie vindt Polman een geweldige leider maar maakt zich zorgen over de manier waarop hij langzaam maar zeker lijkt te verdwijnen in een andere wereld. Iedere bestuursvergadering vult Polman een belangrijk deel van de ochtend met zijn avonturen bij de Verenigde Naties, met zijn zorgen over de ontbossing en aanhoudende armoede, met zijn diepe overtuiging dat bedrijven als Unilever leidend moeten zijn in het transformeren van de economie. Ook Storm vindt deze verhalen inspirerend, maar hij gelooft dat een bedrijf toch eerst en vooral resultaten moet boeken. De CEO moet zich op Unilever richten, daar wordt hij voor betaald.

De enkele keer dat zijn tijdsbesteding concreet aan de orde komt, legt Polman uit dat hij het allemaal prima kan combineren. Hij vindt dat in de top van Unilever iedereen dit zou moeten kunnen combineren. Hij beaamt dat hij inderdaad zo'n 20 tot 25 uur per week met zijn werk voor de Verenigde Naties en soortgelijke clubs bezig is, maar hij onderstreept dat hij vaak meer dan 100 uur per week werkt. Met Unilever is hij zeker 70 à 80 uur per week bezig, wil iemand suggereren dat het bedrijf iets tekortkomt? Dat hij zijn best niet doet?

Het valt Louise Fresco op dat Polman steeds ongeduldiger wordt. Dat hij harder wil gaan dan het bestuur. Ze merkt aan hem dat hij met volle teugen geniet van het warme bad dat hij bij de Verenigde Naties en ngo's krijgt. Daar wordt hij gevierd. Het is misschien logisch dat hij gaat denken dat hij de wereld kan veranderen. Maar kan hij dat ook? Ze ziet dat dit tot flinke spanningen met Jean-Marc Huët leidt. Die is hier sceptisch over.

Verschillende bestuurders vinden dat de keurige, ingetogen Michael Treschow 'zijn' CEO te veel ruimte geeft. Ze stoken hem op om aan Paul Polman uit te leggen dat ze toch ook zorgen hebben. Ze weten ook wel dat ze verder niet zoveel kunnen doen. Het gaat nog steeds goed met de resultaten van het bedrijf. Deze CEO wordt bijna overal op handen gedragen. Polman is in zekere zin onaantastbaar geworden voor dit bestuur. Hij hangt erboven.

Treschow deelt hun zorgen. Is Polman als een soort *environmental Jesus* niet te veel buiten het bedrijf bezig? Ook hij krijgt soms het idee dat Polman zich meer een wereldleider waant dan de zakelijke CEO van een groot bedrijf. De Zweed waarschuwt hem regelmatig: pas nou op, veel mensen begrijpen dit niet, ze hebben niks met de agenda van ngo's, dit is verwarrend.

Natuurlijk, Polman werkt keihard, maar Treschow vraagt zich af of hij zijn tijd wel goed gebruikt. Als de CEO klaagt dat de mensen onder hem te weinig initiatieven nemen, houdt Treschow hem voor dat hij die afwachtende houding zelf heeft gecreëerd. Dat hij hen te veel heeft verwend door ze steeds te vertellen wat ze moeten doen. Dan gaan mensen op hun baas zitten wachten, en stoppen ze met nadenken.

Treschow vindt Polman ook geen goede teamspeler, vindt dat hij te veel zelf wil doen. Hij waarschuwt hem af en toe, zegt dat Polman anderen naar voren moet schuiven, het woord moet laten doen. Maar de voorzitter weet ook: dit is de aard van het beestje, dat verander je niet zomaar.

Treschow neemt zich voor om voortaan, tijdens hun wekelijkse telefoongesprek, aan Polman te vragen hoe het met zijn potentiële opvolgers zit. Hoe ontwikkelen die zich? Dat is niet altijd makkelijk, maar zo dwingt hij deze CEO om als het ware over zijn eigen einde te praten. Door regelmatig te worden geconfronteerd met de wetenschap dat hij ook maar een tijdelijke werknemer is, wordt Polman hopelijk geholpen met beide benen op de grond te blijven staan.

Nico Roozen, directeur van Solidaridad, is op zijn hoede. Zijn aanvankelijke enthousiasme over Polman maakt plaats voor twijfel. Hij komt steeds meer tot de conclusie dat Paul Polman in zijn werkveld, in het gesprek over duurzaamheid heel erg aanwezig is, maar Unilever vooral afwezig. Van de afspraak dat het bedrijf daadwerkelijk geld gaat investeren in het verduurzamen van productieprocessen komt in zijn ogen teleurstellend weinig terecht. Het sterke imago van Polman zorgt er weliswaar voor dat meer publiek geld via enthousiaste overheden en ngo's naar deze projecten gaat, maar Roozen vindt dat Unilever zelf meer moet doen. Dat hebben ze ook beloofd.

De 60-jarige Roozen waarschuwt Polman dat hij zich minder als een politicus moet gedragen. Polman is in zijn ogen veel te veel bezig met het communiceren vanaf allerlei podia met belangrijke mensen erop. Hij begrijpt hem wel, in het publieke domein wordt Polman geadoreerd, natuurlijk heeft hij geen zin meer in van die saaie aandeelhoudersvergaderingen. Roozen trekt de integriteit van Polman niet in twijfel, maar maakt zich zorgen over diens verslaving aan deze optredens. Het wordt tijd dat hij zijn verhaal bij Unilever in de praktijk gaat brengen en de daarvoor noodzakelijke veranderingen in die organisatie doorvoert. Als hij dit tegen de CEO van Unilever zegt, reageert die afhoudend. Polman legt uit dat het allemaal meer tijd kost, dat Unilever niet te ver voor de troepen uit moet lopen. Anders loopt hij het risico niet meer te worden begrepen en komt hij klem te zitten tussen de belangen van de verschillende stakeholders.

In een kritische analyse vraagt *The Economist* zich af of Unilever wel de tijd zal krijgen van aandeelhouders om de doelen in het USLP te realiseren. 'De laatste resultaten hebben de markt teleurgesteld, de koers staat zelfs onder het niveau van een jaar geleden.' Een Unilever-*executive* zegt tegen het blad dat er misschien een serieuze crisis nodig is, eentje waarbij bijvoorbeeld wereldwijd de voedselprijzen omhoogschieten, om ervoor te zorgen dat de markten de duurzame inspanningen van Unilever echt gaan waarderen.[3]

Hier en daar inspireert Polman andere leiders in het bedrijfsleven. Hein Schumacher heeft het na een jaar wel gezien bij Kraft Heinz. Hij realiseert zich dat hij eigenlijk helemaal op de lijn van Paul Polman zit en gaat in op de uitnodiging van Royal FrieslandCampina om daar CFO te worden. Schumacher is teleurgesteld, hij vindt dat er bij Kraft Heinz te weinig wordt geïnvesteerd in de vernieuwing van producten, daardoor staat zelfs de omzet onder druk. Het gaat ze alleen maar om de verbetering van de marge, daar zijn ze helemaal op gefixeerd. Schumacher was zelfs boos geworden op de consultants van Accenture, die als slagers met scherpe messen worden ingehuurd om de hele tijd naar verdere besparingen te zoeken, zonder enig gevoel voor de business. Wat ook niet helpt is de enorme hoeveelheid jonge Brazilianen met relatief weinig ervaring. Maar bovenal is Schumacher moe, heel erg moe. Hij heeft vreselijke dingen moeten doen het afgelopen jaar en zo veel mensen moeten ontslaan.

Hij houdt zijn hart vast voor Kraft Heinz. De filosofie klopt wat hem betreft. Die vindt hij briljant en inspirerend, heeft hem als mens veranderd. Het is goed dat met managers heel duidelijke doelen worden afgesproken. Iedereen heeft er zes. Iedere meeting begint met de vraag: hoe staan je doelen ervoor? En iedereen helpt elkaar om ze te realiseren, niet vanuit vriendschap, dat is de dood voor een meritocratie, maar door de gezamenlijke focus op het resultaat. Die zorgt voor een enorme teamspirit. Hij vindt het goed dat mensen die iets kunnen en hard werken, daarnaar worden beloond.

Ook de gedachte achter *zero-based budgetting* vindt Schumacher op zichzelf verfrissend. Die klopt. Want waarom zou je rechten ontlenen aan het budget van vorige jaar? Loop dat nog maar eens goed na, stel vragen. Zo wordt bovendien geld vrijgespeeld voor grote investeringen. Als het nodig was kon door Kraft Heinz zo 4,5 miljoen dollar aan een spotje van tien seconden rond de Amerikaanse Superbowl worden besteed.

Er is wat hem betreft één groot maar aan het model van Kraft Heinz: de enorme winsten zouden moeten worden geïnvesteerd in het verduurzamen van het bedrijf en van de wereld waarin de multinational opereert. Als ze dat zouden doen, zouden ze Kraft Heinz onoverwinnelijk kunnen maken, ook op de lange termijn. Juist omdat ze met een handvol aandeelhouders het bedrijf controleren en de koers niet door het sentiment op de markt wordt gedomineerd.

Maar dat doen ze niet, die eigenaren. Het geld verdwijnt in de zakken van de partners van 3G en van Warren Buffett. Ze hebben niets met duurzaamheid, armoede of klimaatvraagstukken. Dat ligt op het bord van overheden, vinden ze. Schumacher is bang dat de Brazilianen het idee van duurzaamheid misschien niet eens kunnen begrijpen. Die leven in een volatiele wereld vol onzekerheden en inflatie. Ze weten niet beter dan dat ze altijd buffers moeten aanhouden. Het is een overlevingsmechanisme. Ze kennen de macro-economische stabiliteit niet zoals Europeanen die kennen. De uitnodiging van FrieslandCampina was een geschenk geweest. Het verhaal van de coöperatie en de boeren raakt hem. Dat voelde meteen goed, hier gaat het om de essentie.

Mark Rutte twijfelt niet: 'Het zijn bedrijven en universiteiten, niet de overheden, die de oplossingen aandragen voor de problemen van vandaag en van de toekomst.' Tijdens een in najaar van 2014 door Unilever georganiseerde bijeenkomst in New York met als titel 'Transformatieve verandering voor een betere toekomst' houdt de premier van Nederland een korte toespraak. 'Het bedrijfsleven leidt en niet alleen vanuit nobele motieven. Zoals onze gastheer Paul Polman gisteren in zijn toespraak voor de Verenigde Naties stelde, het gaat niet alleen maar over filantropie of altruïsme, het is bedrijfslogica.'

De premier vervolgt: 'Duurzaamheid wordt *mainstream*. Omdat consumenten het eisen. Ze willen producten die op een verantwoordelijke manier zijn gemaakt. En ze gaan in opstand komen tegen bedrijven die die standaard niet leveren. Duurzame innovaties creëren inkomen en banen. Er is een toekomst te winnen en geld te verdienen. De SDG's kunnen niet worden gerealiseerd zonder de private sector, zonder de slimme oplossingen van Wageningen University, zonder het USLP.'

Gail Klintworth twijfelt wel. Ze begint zich steeds meer aan Polman te ergeren. Ze vindt het ronduit dom om Unilever een grote ngo te noemen. De chief sustainability officer vindt dat bijna neokoloniaal klinken. Dat zegt ze ook tegen hem. Ze vindt hem geweldig succesvol in het creëren van bewustwording, maar nu moet hij zich niet te veel als een Gandhi gaan gedragen, dan gaan mensen denken dat het allemaal tijdelijk is. Want straks komt er een nieuwe baas die weer iets anders wil. Ze vindt dat hij bescheiden moet blijven en ervoor moet zorgen dat de mensen die hij meekrijgt ook in het licht kunnen staan. Ze heeft Polman al een paar keer gewaarschuwd: het gaat niet over jou, het mag niet aan een persoon hangen.

Ze vindt ook dat Polman veel te veel met het publiek van Davos bezig is. Een elite die denkt dat nog meer globalisering de oplossingen zal bieden. Daar gelooft Klintworth helemaal niet in. Een duurzame toekomst heeft meer te maken met lokale initiatieven, bottom-up, dan met een rijke, machtige elite die vanuit *global panels* denkt de wereld beter in te kunnen richten. De schaalvoordelen die vroeger alleen voor grote bedrijven haalbaar waren, zijn nu voor iedereen beschikbaar. Ze maant Polman meer de eigen business in te gaan, in plaats van al die Davos-achtige ontmoetingen op te zoeken. Hij moet minder praten en meer luisteren naar wat Unilever nodig heeft. Maar ze is bang dat hij niet naar haar luistert, daarvoor moet deze CEO nu eerst het gesprek met zijn eigen ego aangaan.

Eigenlijk is Klintworth vooral teleurgesteld. Als ze de mate waarin Unilever erin is geslaagd om duurzamer te ondernemen een cijfer moet geven, komt ze uit op een zeven. Dat is mooi, maar het bedrijf had veel verder kunnen zijn. Ze vindt dat Unilever te weinig risico's neemt, het had veel meer kleine, echt duurzame merken kunnen kopen, zoals Ben & Jerry's. Het had wat meer geduld moeten hebben met het willen verbeteren van de marge en zo ruimte kunnen maken voor grote investeringen in de R&D van op duurzaamheid gerichte producten. Unilever beschouwt zichzelf als een radicale vernieuwer, maar hoe radicaal is het nou werkelijk? Het blijft vooral een bureaucratisch bedrijf, waar besparingen meteen in de winst-en-verliesrekening verdwijnen in plaats van in broodnodige innovatie te investeren.

Collega's van haar vragen zich op hun beurt af wat Klintworth nou eigenlijk voor elkaar heeft gekregen. Zij is onderdeel van de staf van het bedrijf, waar iedereen worstelt met de *say-do-gap*, het gat tussen dingen vinden en dingen doen. Die staf bestaat vooral uit mensen die gefrustreerd zijn omdat ze totaal geen uitvoerende macht hebben. Ze kunnen alleen maar hopen dat de mensen met verantwoordelijkheid voor omzet en winst naar ze luisteren. En die hebben vaak helemaal geen zin in de boodschap van mensen als Klintworth, die staan te ver van de business af.

Als ze de balans opmaakt is Klintworth er trots op dat die 100 procent traceerbare duurzame palmolie over een paar jaar een feit zal zijn. Maar ze is er inmiddels ook van overtuigd dat dit niet betekent dat de ontbossing is gestopt. Driekwart van alle palmolie gaat naar Indiase en Chinese bedrijven en die zijn hier niet serieus mee bezig. Hier is ze het met Polman eens. De ontbossing stopt pas als het systeem compleet op de helling gaat. En dat gebeurt alleen als de financiële sector nou eens serieus met de langetermijnrisico's van een niet-duurzame toekomst gaan rekenen.

Na 28 jaar Unilever gooit Gail Klintworth de handdoek in de ring. Ze is door de Zuid-Afrikaanse financiële dienstverlener Old Mutual gevraagd zich over verduurzaming te ontfermen. Tegen Polman zegt ze dat ze moet vertrekken maar zijn discipel zal blijven in de wereld van het grote geld. In de hoop dat ze daarmee bedrijven als Unilever toch verder kan helpen.

Ook Miguel Veiga-Pestana is teleurgesteld. Het mooie verhaal van Polman wordt onvoldoende gedragen. Zowel binnen als buiten Unilever krijgt het niet genoeg opvolging. Een van zijn verklaringen daarvoor is het gebrek aan erkenning voor de inspanningen van anderen. Je moet luisteren, anderen een stem geven. Paul Polman is veel te dominant geworden. In ieder zaaltje waar hij optreedt, verdwijnt de zuurstof voor anderen om zich te manifesteren. Dat gebrek aan waardering maakt dat ze afhaken, of het nou om collega's gaat of om concurrenten.

Veiga-Pestana heeft er vaak bij Polman op aangedrongen dat hij tegen de organisatie van het zoveelste *global panel* over duurzaamheid moet zeggen een andere CEO uit te nodigen. Maar hij ziet dat Polman geen nee kan zeggen. Hij is verslaafd geraakt aan de kansel, aan zijn preken. Ergens begrijpt Veiga-Pestana wel waarom Polman hier niet mee kan stoppen. Was het niet zijn grote kinderwens om priester te worden? Zoiets zit diep. En Paul Polman is ook maar een mens.

Een tijd heeft het goed gewerkt, maar het is nu niet effectief meer. Veiga-Pestana merkt dat zijn collega's er moe van worden, net als hijzelf. Eigenlijk is het net als in de kerk. Zo'n priester staat top-down Gods woord te vertellen en uit te leggen hoe de wereld in elkaar zit. Die man lijkt er vooral op gericht te zorgen dat zijn publiek zich schuldig voelt over de eigen tekortkomingen. Dat publiek luistert en respecteert de priester maar is blij als ze weer buiten staan en aan de slag kunnen in de echte wereld, waarin het toch vooral gaat over 'markt en strijd'.

Bijna vijf jaar geleden heeft Veiga-Pestana onder leiding van Nick Craig zijn purpose op papier gezet. Hij schreef op dat hij bij Unilever de baas wil worden over duurzaamheid. Maar de baan van Klintworth wordt in twee stukken geknipt en die gaan allebei naar iemand anders. Veiga-Pestana besluit voor een echte ngo te gaan werken. Hij wordt directeur communicatie bij de Bill & Melinda Gates Foundation.

Kees Kruythoff, nog steeds verantwoordelijk voor de Verenigde Staten, begrijpt deze frustraties wel. Er zit veel te veel staf in het systeem van Unilever. Allemaal slimme, ambitieuze mensen die vooral met hun eigen positie bezig zijn. Dat zorgt voor veel complexiteit en politiek gedoe. Het valt hem op dat dit gedoe vaak bij Keith Weed begint. Zijn collega en vriend Peter ter Kulve, baas Azië, deelt die zorg. Ze vinden Weed politiek handig, goed in het managen van relaties, maar vooral gericht op het versterken van zijn eigen positie. Beiden vragen zich af waarom Unilever eigenlijk een chief marketing officer heeft, een functie zonder verantwoordelijkheid als het om de uitvoering ervan gaat. Ze begrijpen dat Polman in 2010 met deze benoeming wilde onderstrepen dat het bij Unilever meer om marketing dan om finance moest gaan draaien. Maar hun baas heeft daarmee ook nieuwe complexiteit gecreëerd. Want de feitelijke verantwoordelijkheid voor de marketinginspanningen ligt gedeeltelijk bij de bazen van de categorieën en gedeeltelijk bij de merkenbouwers in de regio's, in de landen.

Keith Weed moet ervoor zorgen dat de digitale kennis over consumenten wordt gebundeld en wordt vertaald zodat de collega's die in de markt werken er hun voordeel mee kunnen doen. Door de inkoop van media te bundelen kan hij ervoor zorgen dat Unilever, als op één na grootste adverteerder ter wereld, niet te veel betaalt bij grote reclamebureaus of bij wereldspelers als Facebook en Google.

De vaak in felgekleurde jasjes gestoken Weed spreekt in interviews gepassioneerd over de veranderende voorkeuren van consumenten en hoe Unilever daarop probeert in te spelen. Over hoe belangrijk het is om via digitale middelen die consumenten zo goed mogelijk te leren kennen.

In een interview op verzoek van de London Business School met als onderwerp 'Het management van merken' vertelt Weed uitgebreid over de ontwikkeling van het merk Unilever. Dat was vroeger totaal onbekend, maar moest zich door de opkomst van het internet wel gaan manifesteren omdat consumenten in toenemende mate willen weten wie hun favoriete producten maakt.

'Die U is wereldwijd het meest gebruikte logo op verpakkingen.' Even komt het begrip purpose voorbij als Weed uitlegt dat die in de kern van het merk zit. Maar de baas marketing lijkt vervolgens meer te hebben met de vertaalslag ervan in reclames dan met die purpose zelf. Het USLP wordt door hem niet eens genoemd. Ook Polman vraagt zich steeds vaker af of Keith Weed niet vooral bezig is zichzelf te promoten. Aan de andere kant werkt Weed zich drie slagen in de rondte en dat bevalt hem.

Intussen timmert Kruythoff in de VS hard aan de weg. Hij gelooft in het USLP, met hart en ziel. Mensen om hem heen fluisteren dat hij wel eens de opvolger van Polman zou kunnen zijn. Ze denken dat de 47-jarige Kruythoff diens favoriet is. Polman heeft wel eens geroepen dat Kruythoff het USLP in zijn DNA heeft zitten.

Werkend aan dat DNA van 'zijn' merken stelt Kruythoff zichzelf steeds drie vragen. Klopt het 'functionele voordeel'? Hier is het allemaal mee begonnen, een schoonmaakmiddel als Cif moet heel goed schoonmaken. Vanaf de jaren tachtig is daar het 'emotionele voordeel' bij gekomen. In reclames werden glanzende kranen getoond waarin het spiegelbeeld van de schoonmakende huisvrouw zichtbaar werd. Zij moest zich goed voelen over haar inspanningen. Sinds het USLP moet in marketing en reclame de derde slag worden gemaakt naar de 'voordelen voor de samenleving'. Door bijvoorbeeld met andere partijen aan de slag te gaan met het opruimen van wijken en steden moet de consument zich goed gaan voelen over de bredere verantwoordelijkheid die het merk Cif wil dragen. Kruythoff noemt dit het dramatiseren van het emotionele voordeel. Dat is nu de grote opdracht. Net als Polman kan hij daar lang en gepassioneerd over praten.

De Nederlander is trots op het succes van Hellmann's mayonaise, verreweg de grootste en relatief snelst groeiende mayonaise, in de VS goed voor een omzet van zo'n 600 miljoen dollar. Hellmann's moet de lekkerste zijn (functioneel voordeel) en mag door de juiste, duurzame ingrediënten niet meer worden geassocieerd met junkfood (emotioneel voordeel). In de mayonaise zitten eieren van kippen die vrij kunnen rondlopen en vanaf 2017 moet alle voor deze mayonaise gebruikte soja van duurzame Amerikaanse boeren komen. Dat laatste bleek nog niet eenvoudig voor elkaar te krijgen. In 2011 was er nog geen standaard afgesproken voor duurzame soja, daar is Unilever opnieuw, net als twintig jaar geleden voor duurzame visvangst, met het Wereld Natuur Fonds aan begonnen. Boeren die voor het keurmerk in aanmerking willen komen moeten software installeren die bijhoudt hoeveel water ze gebruiken, hoeveel CO_2 ze uitstoten, et cetera. Op basis van die vergelijking krijgen de boeren die het beter doen dan de benchmark een certificaat.[4]

Kruythoff is trots op de derde stap. Hoe zorg je ervoor dat mayonaise wordt gepercipieerd als een voordeel voor de samenleving? Hellmann's heeft de taak op zich genomen om Amerikanen te helpen minder voedsel weg te gooien. Wereldwijd gaat het om één op de drie calorieën, gemiddeld tientallen kilo's per persoon, per jaar. Vooral Amerikanen staan hier nauwelijks bij stil. Door ze rondom de vaak copieuze Thanksgiving-diners recepten te geven die uitleggen hoe je restjes de volgende dagen nog prima kunt eten, wil

Hellmann's ze laten zien hoe ze er meteen zelf wat aan kunnen doen.

Hellmann's groeit hard. Het merk blijft buiten de divisie met smeersels, vooral margarine, die nu apart wordt gezet. Juist Nederlanders als Kruythoff, Zijderveld en Ter Kulve hebben er de afgelopen jaren bij Polman regelmatig voor gepleit de Nederlandse wortels van Unilever nog een kans te geven. Maar het geduld van Polman is op. De divisie, goed voor 7 procent van de omzet, wordt losgemaakt van Unilever. Nu kunnen analisten de cijfers van Unilever met en zonder de al jaren frustrerende omzetdaling van deze spreads zien. Beleggers reageren enthousiast op het nieuws. De koers schiet omhoog. Die analisten concluderen dat hij zo de verkoop van de 142 jaar oude margarinetak weer een stapje dichterbij heeft gebracht. Sommigen gaan nog een stap verder en concluderen dat het apart zetten van deze divisie de volgende stap is in het afscheid van wat vroeger nog in het hart van het bedrijf zat: voedingsmiddelen. In 2008 nog goed voor 35 procent van alle omzet komt dat stuk van de business nu niet verder dan 24 procent.

'Als mijn vader mij nu zou zien, handenschuddend met al die staatshoofden. Hij zou heel hard lachen.' In een openhartig interview voor *Nog lang en gelukkig, een voorleesboek voor volwassenen* wordt Polman in november 2014 uitgenodigd zijn grootste dilemma aan negen- tot twaalfjarige kinderen voor te leggen. Hij vertelt: 'Ik vind het eenzaam als CEO. Ik ben toch het gezicht, moet veel besluiten nemen. Ik doe veel alleen. Ik geloof zo in het oplossen van problemen, dat iets kan, dat het mogelijk is. Niet iedereen gaat met me mee. Ik doe te veel zelf, neem te veel hooi op mijn vork. Het is dus onvermijdelijk dat ik mensen teleurstel. Misschien moet ik meer samenwerken.

Het grootste probleem waar ik mee worstel? Ik ben ongeduldig, wil zoveel doen. Er is ook zoveel te doen. Het gaat niet goed met de wereld. Ik heb nu invloed op klimaatverandering, voel me verantwoordelijk. Kan moeilijk nee zeggen. Ik heb maar 24 uur maar ik heb voor 48 uur verplichtingen. Jammer dat we moeten slapen, slapen kost tijd. En eerlijk is eerlijk, ik ben een slechte luisteraar. Dat komt omdat ik weet dat ik het goede doe. Ik ben heel sterk waarden-gedreven. Ik ben een man met een missie, een man met haast. Het is moeilijk om daar nee tegen te zeggen.

Mensen vinden het moeilijk om voor mij te werken, maar ze weten ook: hij doet het niet voor zichzelf. Daardoor accepteren ze mijn ongeduld, mijn boosheid. Ik kan erg streng zijn, ze noemen me de *bulldozer*. Ik word makkelijk boos op mensen die niet met me meegaan. Echt giftig. Als ik op zo'n moment naar mijzelf kijk moet ik denken aan mijn vader als ik mijn bord niet helemaal leegat. Woedend werd hij dan. Dat heb ik trouwens nog. Een bord moet leeg, mijn bord, dat van mijn kinderen.

Het moeilijkste in je leven is je te realiseren dat het niet over jou gaat. Heel lang ben je toch *self-obsessed*. Maar het gaat echt om die ander.

Ik wil altijd mijzelf zijn en tegen iedereen hetzelfde verhaal kunnen vertellen, tegen mijn collega's, mijn aandeelhouders, mijn vrouw. Anders wordt het te vermoeiend. Dit is dus ook wat ik doe, en daarom voel ik me 100 procent vrij. Ik ben een vrij mens, dat heb ik mijn hele leven al gehad. Ik hoor niet bij een specifieke club, heb nog nooit gegolfd. In Groningen was ik lid van twee studentenverenigingen. Ik was de enige.

Voor het geld hoefde ik deze klus niet te doen. Een contract bij Unilever heb ik niet. Ik heb nergens een handtekening onder gezet. De raad van commissarissen als werkgever die toezicht op mij moet houden? Welnee. Ik beschouw dit niet eens als werk, ik ben een vrijwilliger. Dat geldt ook voor de mensen om mij heen. Het is allemaal zo tijdelijk. Als ik straks geen CEO meer ben, nemen ze de telefoon echt niet meer op, dan is driekwart van mijn Rolodex vertrokken. In principe kijk ik nooit terug. Dat levert niks op. Maar heel soms denk ik: was ik maar dokter geworden. Echt! Misschien kan het nog, als ik hier klaar ben.'

Als hij hoort dat een vriend heeft verteld dat hij nu vast de paus was geweest als hij toen priester was geworden, springen de tranen in zijn ogen. Heel even is hij stil. 'Ach ja, dat weet ik natuurlijk niet. Maar ik zie hem wel, de paus. We hebben contact.'

Paul Polman vat zijn dilemma voor de kinderen samen met: 'hoe luister je goed naar anderen, als je helemaal niet twijfelt over jouw innerlijke overtuiging?' Een van de kinderen, de elfjarige Karo, geeft hem advies: 'Waarom denk je dat de wereld vergaat als je het niet allemaal binnen een dag regelt? Dat is gevaarlijk, want hoe sneller je werkt, hoe slechter het product wordt. Je moet het snel maar ook netjes doen.' Kiki, ook elf jaar, zegt: 'Waarom zou je iemand teleurstellen als dat niet nodig is? Als aanvoerder in mijn hockeyteam heb ik een verantwoordelijkheid, vooral ook om te luisteren. Je hoeft als leider niet te aardig te klinken, maar je moet wel met iedereen rekening houden. Let dus ook op de toon waarop je iets zegt.' En Bedirhan van negen zegt: 'Je moet juist gaan bedenken dat je wel kan luisteren. Als je denkt dat je niet goed luistert, dan luister je ook niet goed.'[5]

Als de woordvoerders van Unilever door journalisten worden gebeld met de vraag of de CEO van Unilever inderdaad geen contract heeft getekend, vallen ze van hun stoel. Ze zijn op geen enkele manier bij dit interview betrokken geweest. En natuurlijk heeft hij wel degelijk een contract over zijn arbeidsvoorwaarden getekend, dat moet zelfs. Ze beginnen zich steeds meer zorgen te maken over een CEO die helemaal zijn eigen gang gaat, zijn eigen verhaal vertelt.

Het Unilever-bestuur, en Paul Polman in het bijzonder, moet veel meer doen om zijn eigen tegenspraak te organiseren, vindt Kees Storm. Dat gebeurt nu te weinig. In zo'n reguliere vergadering met tien tot twaalf mensen kun je makkelijk een beetje achteroverleunen, knikken en meepraten. Je pakt wat van de ene bestuurder, wat van de andere, de uurtjes gaan voorbij. Hij vindt dat Polman te dominant is. Dat is niet goed, niet voor de CEO en niet voor het bestuur. Het is belangrijk om momenten te creëren waarop ze werkelijk elkaars nieren proeven. Daar moet je tijd voor nemen. De afgelopen jaren heeft hij vergeefs bij iedere interne evaluatie van het Unilever-bestuur voorgesteld om daar jaarlijks een paar dagen voor uit te trekken. De enorme voordelen daarvan heeft hij ervaren als voorzitter van het bestuur van AB InBev. In december, ze zijn net weer geweest, gaat die club, inclusief de CEO, drie dagen op bezoek bij Jim Collins. De schrijver van boeken als *Build to Last* en *Good to Great* heeft geen zin meer om te reizen en dus moeten ze hem opzoeken in Boulder, Colorado.

Vier Brazilianen, vier Belgen en vier onafhankelijke bestuurders waaronder Storm zitten daar drie dagen aan de voeten van de goeroe. Ook de drie grondleggers van 3G Capital, Jorge Lemann, Carlos Alberto da Veiga Sicupira en Marcel Herrmann Telles, zijn er vrijwel altijd bij. Op de zaterdag haalt Lemann Warren Buffett met zijn privévliegtuig op in Omaha, Nebraska. Het programma is altijd hetzelfde. Drie vragen staan centraal: wat ging er goed, wat ging er niet goed en wat gaan we doen? Steeds gaan ze, in dezelfde ruimte, in kleine groepjes uit elkaar, om hier drie dagen lang met elkaar op te kauwen. Er is zo veel tijd dat niemand eraan ontkomt om te vertellen wat hij of zij ervan vindt. Collins stelt alleen maar vragen en blijkt steeds weer in staat om de essentie uit hun antwoorden te halen en het gesprek vaart te geven. De bijeenkomst van 2007 is in het geheugen van Storm gegrift. Collins vroeg het gezelschap wat ze nou eigenlijk wilden bereiken. Het antwoord luidde: we willen de bepalende speler in de bierindustrie zijn. Collins had daarop overdreven zitten gapen en gevraagd waarom ze dan niet een grote speler als SABMiller of Anheuser-Busch gingen kopen. Een paar maanden later had InBev besloten voor die laatste te gaan. En in de zomer van 2008 legden ze daar 52 miljard dollar voor op tafel.

Het zijn het soort avonturen waar Jean-Marc Huët bij Unilever de afgelopen tijd geen ruimte voor heeft gekregen. De relatie tussen de CEO en de CFO is begin 2015 inmiddels ernstig verstoord, ze verstaan elkaar niet meer. Polman is tot de conclusie gekomen dat Huët vooral lui is. Hij zegt misschien slimme dingen, maar hij doet niks.

Kees Storm is het daar niet mee eens maar die gaat zijn laatste maanden in. Voorzitter Michael Treschow is het wel met Polman eens, net als Ann Fudge en nogal wat collega's in de Unilever Leadership Executive, de top-12. Treschow vindt dat Huët niet het platform creëert dat Unilever nodig heeft maar ondertussen wel de hele tijd klaagt dat Paul geen teamspeler is en niet naar hem luistert. Louise Fresco vindt het jammer dat het misgaat tussen de twee uitvoerende bestuurders. Ze ziet het vooral als een clash tussen twee zeer verschillende persoonlijkheden, de een extrovert, de ander introvert. Huët is gereserveerd, erg in zichzelf gekeerd, hij weigert Polman de bevestiging te geven die de CEO nodig heeft. Ze gelooft dat hij wel degelijk ook belangstelling voor duurzaamheid heeft. Het was mooi geweest als Treschow die twee mannen een paar dagen in één kamer had opgesloten, zodat ze aan elkaar hadden kunnen vragen waarom ze voor Unilever werken, dan hadden ze kunnen ontdekken dat ze hetzelfde willen, dat ze elkaar zelfs aanvullen. Ze had dit trouwens graag zelf gedaan, maar daarvoor heb je echt het gezag van een voorzitter nodig.

Polman gelooft niet dat dit zou hebben geholpen. Hij is er helemaal klaar mee. Hij is ervan overtuigd dat Huët het USLP maar flauwekul vindt. De voormalige bankier is een echte finance-man gebleven. Hij vindt dat Huët maar beter kan vertrekken. Polman is boos op zichzelf. Vijf jaar terug heeft hij zijn huiswerk niet goed gedaan. Dit is het grote risico, vindt hij, als je iemand inhuurt die met een gouden lepel in zijn mond is geboren.

13 Meer ‘priester’ dan CEO

maart-december 2015

Ann Fudge is nu echt boos. Ze vindt dat Polman zich onverantwoordelijk gedraagt. Opnieuw heeft de CEO de door het bestuur voorgestelde salarisverhoging geweigerd, het is de zesde keer. Natuurlijk mag de mens Polman best vinden dat hij al genoeg verdient, maar het gaat er niet om wat hij daar zelf van vindt. Hij is CEO van een grote beursgenoteerde onderneming. Hij moet begrijpen dat zijn salaris door beleggers en analisten wordt vergeleken met dat van collega-CEO’s in de peergroup. Dat salaris moet kloppen en meegroeien als de juiste prestaties worden geleverd. Het succes van een CEO wordt weerspiegeld door die ontwikkeling. Zijn beloning is bovendien het meest in het oog springende stukje van het hele loongebouw van Unilever. De werknemers van Unilever willen, van hoog tot laag, allemaal perspectief op meer inkomen. Alleen al om die reden moet het salaris van de baas netjes meegroeien met de resultaten. Daarnaast zal er op een gegeven moment een opvolger moeten worden gezocht, die een te laag salaris ook niet zal begrijpen. Wat is hier mis?

Collega-bestuurder Paul Walsh, voorzitter van de beloningscommissie, is het hartgrondig met Fudge eens. Hij wast zijn handen in onschuld. In het jaarverslag over 2014 verwijst hij naar het jaarverslag over 2011. Toen al heeft hij na overleg met bezorgde aandeelhouders voorgesteld het vaste salaris van Polman met 6 procent te verhogen tot 1,2 miljoen euro. Polman weigerde. Evenals de jaren daarop dus. Walsh schrijft: ‘We stelden toen al vast dat de beloning aan de onderkant zat in vergelijking met andere bedrijven. Maar omdat de CEO en de CFO het echt niet wilden, zijn hun salarissen niet gestegen.’ Hij vindt het gedrag van Polman onbegrijpelijk. ‘Omdat hun salarissen al zo lang niet zijn gestegen en in het licht van hun prestaties hebben we voorgesteld ze per 1 januari te verhogen. Zo brengen we ze in lijn met de goede prestaties en de salarisverhogingen van andere werknemers en de beloningen die elders worden betaald.’ Opnieuw krijgt het bestuur nul op het rekest: ‘De CEO en de CFO hebben de voorgestelde salarisverhogingen geweigerd.’

Paul Walsh en Paul Polman: die twee verstaan elkaar slecht, erg slecht. De 60-jarige Walsh wordt door zijn collega's omschreven als een straatvechter. Een succesvolle straatvechter. Ooit wilde deze zoon van een loodgieter en een huisvrouw straaljagerpiloot worden, maar zijn ogen waren te slecht. Hij kwam in het bedrijfsleven terecht. Twaalf jaar was hij de baas van drankengigant Diageo, producent van onder meer Johnny Walker en Guinness. Na zijn aantreden daar verkocht hij de voedingsmiddelendivisie en stortte zich vol overgave op de marketing en vernieuwing van de grootste drankmerken. Diageo kocht onder zijn leiding meer dan 25 bedrijven. Toen hij twee jaar geleden afscheid nam, was de koers verviervoudigd. De laatste drie jaar dat Walsh aan het roer stond, nam de waarde van Diageo toe van 20 naar 50 miljard pond. Zijn eigen beloning kwam uit op 15 miljoen pond, bijna twee keer zoveel als dat van Polman nu. Bij zijn afscheid schreef *The Guardian*: 'Het zal niet meevallen iemand te vinden die kritiek heeft op Paul Walsh.'

Maar die is er wel. Polman is totaal niet onder de indruk, hij vindt Walsh een vreselijke man. Een bestuurder met de verkeerde waarden. Sommige bestuurders en collega's verdenkt hij van een zekere afkeer van het gedachtegoed achter het USLP, maar van Walsh weet hij het zeker, die zegt het ook gewoon hardop. Walsh vindt het USLP nonsens. Daarom valt in de ogen van Polman niet meer met hem te werken. Hij heeft de board ervan weten te overtuigen dat het beter is als Walsh zijn tot 2018 lopende termijn niet afmaakt. De man die jarenlang de lieveling van de Britse beurs was, vertrekt in stijl: met slaande deuren. Maar zonder dat de buitenwacht daarvan op de hoogte wordt gebracht.

Ann Fudge neemt Walsh' rol als voorzitter van de beloningscommissie over. De Amerikaanse blijft zich verbazen over de wijze waarop zulke slimme mannen zich in een ruzie kunnen verliezen. Zoals die twee Paulen tegen elkaar tekeergaan, het zijn net twee stieren. Er is totaal geen bereidheid om naar elkaar te luisteren.

Fudge zal het anders doen, zij heeft haar eigen manier gevonden om Polman tot de orde te roepen. Tijdens vergaderingen is het vaak moeilijk om een punt te maken. Dan kan de temperatuur hoog oplopen. Ze vindt dat ook de gepassioneerde Polman dan regelmatig over grenzen heen gaat. Fudge weet dat dit soort mannen het moeilijk vinden om dan nog naar elkaar te luisteren. Ze zijn alleen nog maar bezig met de uitslag van hun gevecht om het gelijk. Wie wordt de winnaar?

Fudge laat zich niet verleiden tot zulke gevechten. Tijdens zo'n hoogoplopende ruzie maakt ze aan haar collega's duidelijk dat ze haar standpunt niet heeft gewijzigd om vervolgens te wachten op een rustiger moment om haar punt alsnog te kunnen maken. Dat gebeurt vaak als ze samen met de CEO op de achterbank zit op weg naar een vergadering. Dan heeft ze zijn oor, dan is er geen concurrentie van andere mannen. Dan luistert Polman. Wat niet altijd betekent dat hij dan ook anders gaat werken.

Hij verdient meer dan genoeg, vindt Polman. Bovendien is een verhoging van zijn vaste salaris geen goed signaal. Zijn beloning en dat van zijn collega's gaat wat hem betreft alleen omhoog als de koers van het aandeel stijgt. Het gaat er voor de aandeelhouders toch ook om dat de koers omhooggaat?! Als je daar niet in gelooft, dan moet je niet bij Unilever willen werken. Op lange termijn delen ze zo allemaal in het succes.

Over 2014 krijgt Polman trouwens 2 miljoen euro meer dan het jaar ervoor. Het overgrote deel van zijn totale beloning van 9,5 miljoen euro is variabel. Bijna 6 miljoen euro wordt uitgekeerd omdat hij de vooraf gestelde doelen heeft bereikt of overtroffen. Unilever heeft de over een periode van drie jaar gemeten cashflow, omzet et cetera met meer dan 25 procent laten groeien.

Van die brutobonus moet hij minimaal 25 procent in aandelen Unilever investeren. De CEO moet opgeteld minimaal vier keer zijn jaarsalaris in aandelen Unilever vastzetten. Polman investeert veel meer. Het afgelopen jaar heeft hij een kleine 200.000 aandelen verworven, deels als bonus gekregen, deels bijgekocht. Inmiddels bezit hij 755.487 aandelen, waarvan bijna twee derde in de nv en de rest in de plc. Op papier zijn ze nu zo'n 23 miljoen euro waard.

Na zijn vertrek bij P&G, tien jaar geleden, had hij al besloten dat hij niet meer geld nodig heeft. Polman vindt het onzinnig om een groot vermogen aan zijn kinderen na te laten, die moeten het zelf gaan verdienen. En dus gaat veel geld naar goede doelen. Hij schat dat hij jaarlijks ongeveer 1 miljoen euro in het Kilimanjaro Blind Trust stopt. Samen met zijn vrouw Kim en Erik Weihenmayer, de man met wie hij tien jaar geleden de hoogste berg van Afrika beklom, zit hij in het bestuur van deze stichting. De afgelopen jaren hebben ze vele duizenden blinde en meestal straatarme kinderen geholpen.

Polman heeft meer goede doelen. Een ervan is zijn eigen familie, een grote familie. Als het nodig is helpt hij zijn neven en nichten om een goede opleiding te kunnen genieten. En hij financiert de reiskosten van de hele familie als ze in het buitenland bij elkaar komen, het is zijn keuze om niet in Nederland te wonen.

Tegen *The Washington Post* zegt hij in mei 2015: 'Ik schaam me voor wat ik verdien. Ik zou het voor niks doen. Mensen op ons niveau zouden zich niet moeten laten motiveren door hun salaris. Als je me twee keer zoveel betaalt, ga ik niet twee keer zo hard werken. Ik werk al keihard. Meer geld verandert ook niks aan wat ik doe. Ik probeer de dingen voor dit bedrijf te doen die goed zijn voor de lange termijn. Mijn bestuur heeft geprobeerd onze beloningen te verhogen, dat hebben we consequent geweigerd, niet om heroïsche redenen, maar omdat ik denk dat er wat gezond verstand moet zijn. Ze klagen hierover en zeggen dat ze de beste CEO willen en daarom die CEO ook het best moeten belonen in vergelijking met de rest.'

Polman ergert zich aan het haasje-overeffect van die vergelijking: 'Dit is al twee decennia aan de gang, daar moeten we een einde maken. Je hoeft niet met die golven mee te gaan. Mijn filosofie is anders: ik geloof dat je beter je eigen golven kan maken. Als je bij de rijkste 2 procent van de wereld behoort, dan moet je je realiseren dat het niet meer over jou gaat, dan is het je plicht om jezelf ten dienste te stellen van die andere 98 procent.'

'Uit onderzoek blijkt dat maar 30 procent van de mensen gelukkig is met het werk dat ze doen. Dat komt vaak omdat de waarden die je thuis met vrienden en familie onderhoudt niet dezelfde zijn die op het werk belangrijk zijn. Dat is verdrietig, dat betekent dat je een masker moet dragen of een goede acteur moet zijn. Dat gaat zich een keer wreken.'

Polman haalt nog even uit naar de bonussen van bankiers. 'Bij Unilever hebben we 175.000 mensen direct op onze payroll, die verdienen met elkaar minder dan wat er dit jaar aan bonussen is uitbetaald aan de financiële dienstverleners in de Londense City. Daar klagen ze dat ze zoveel moeten betalen omdat ze anders onvoldoende talent aan kunnen trekken. Wat ze daar echt zouden moeten doen is duidelijk maken wat de betekenis van hun werk is, jonge mensen een *purpose* geven, dan krijgen ze de juiste mensen echt wel binnen voor normale beloningen. Als je voor een verzekeringsbedrijf werkt dat producten verkoopt die je nooit aan je eigen vrouw of moeder zou verkopen, hoe voel je je dan? Dat vreet aan je.'[1]

In de wereld van het grote geld worden dit soort uitspraken niet begrepen. Hoezo schaamt de baas van Unilever zich voor zijn inkomen? Hoezo zou hij het wel voor niks doen? Aandeelhouders investeren hun geld in Unilever in de verwachting dat ze daar een goed rendement op zullen maken. Als de baas van dat bedrijf zich dan gedraagt alsof hij leidinggeeft aan een ministerie of een stichting en expliciet duidelijk maakt dat hij geld verdienen geen prioriteit vindt, is dat dan wel een verstandige investering? Als iemand voor zichzelf geen geld wil verdienen, doet hij dan nog wel zijn best voor de mensen die hun geld in hem hebben geïnvesteerd? Unilever-bestuurder Ann Fudge valt van haar stoel als ze het interview in *The Washington Post* leest. Ze wijst Polman op zijn onverantwoordelijke gedrag, dit is niet goed voor Unilever. Hij belooft haar dat het niet nog een keer zal gebeuren.

Fudge en haar medebestuurders realiseren zich dat ze Polman niet meer terug zullen krijgen in de traditionele rol van CEO. Daarvoor is het applaus binnen en vooral buiten het bedrijf te groot geworden. Ze zijn daarom blij dat de opvolger van Jean-Marc Huët, Graeme Pitkethly, ze meer details geeft over de gang van zaken. De nieuwe CFO maakt een degelijke indruk en werkt bovendien goed samen met de nieuwe voorzitter van de auditcommissie, John Rishton. Dit koppel geeft het bestuur een beter zicht op de gang van zaken en daarmee een veilig gevoel. Afgesproken is bovendien dat nadat er volgend jaar een opvolger voor Treschow is benoemd, Polman in 2017 plaats zal maken voor een opvolger.

De resultaten over 2014 vallen tegen. De onderliggende omzetgroei komt uit op 2,9 procent, de laagste in tien jaar. Vooral de afnemende omzetgroei in de opkomende markten, de groeimotor van Unilever, baart analisten zorgen. Unilever doet het nog steeds beter dan de concurrentie, maar de snelheid is eruit. En wat ze nog meer zorgen baart: Polman heeft duidelijk gemaakt weinig optimistisch te zijn voor het lopende jaar. De groeimotor hapert. Nam de omzet in opkomende markten in 2011 nog met 12 procent toe, voor dit jaar wordt niet meer dan een paar procent verwacht.

Analisten vragen zich opeens af wat dit betekent voor de grote, toch vooral aan het USLP gekoppelde ambities van deze CEO. Het concern heeft beloofd in 2020 de ecologische footprint van de hele waardeketen te hebben gehalveerd. Er is flink vooruitgang geboekt als het gaat om duurzamer inkopen, bijna 50 procent van de ingekochte landbouwproducten is duurzaam geproduceerd, drie keer zoveel als in 2010. De eigen uitstoot van broeikasgassen is met 40 procent afgenomen, het watergebruik met 31 procent. Maar daarmee lijkt het laag hangende fruit geplukt.

Kijkend naar de hele waardeketen zien de cijfers er anders uit: de uitstoot van broeikasgassen per consument is sinds 2010 met 4 procent gestegen. En het totale watergebruik is slechts met 2 procent afgenomen. Analisten zijn bezorgd. Gaat deze CEO nu meer kosten maken om zijn USLP-agenda te versnellen?[2] Wat zullen beleggers dan gaan doen? Is er nog ruimte voor een verdere stijging van de koers? Die stond bij het aantreden van Polman op 18 euro en staat nu, ruim zes jaar later, op 41 euro.

Lachend constateren ze dat ze alle drie misdienaar zijn geweest. Lilianne Ploumen, Paul Polman en Felipe Calderón Hinojosa, de voormalige Mexicaanse president, zijn met een taxi samen op weg naar het Vaticaan. Ze gaan met paus Franciscus, enkele kardinalen, een paar overheidsvertegenwoordigers en mensen uit het bedrijfsleven in dialoog over klimaatverandering en de wijze waarop dit hand in hand kan gaan met de economische groei die nodig is om de armoede de wereld uit te helpen.

De bijeenkomst is georganiseerd door de Nederlandse overheid, het World Resources Institute, en The New Climate Economy en loopt vooruit op de *Laudato Si'*-encycliek die de paus over een paar weken de wereld in zal sturen. Het valt Ploumen op dat je zelf geen foto's mag nemen van de bijeenkomst met de paus. Er worden foto's gemaakt, die je na afloop mag kopen. Ze hebben hier in ieder geval goed begrepen hoe je geld kunt verdienen.

Kitty van der Heijden speelt een belangrijke rol in de organisatie van deze bijeenkomst. Ze is directeur Europa bij het World Resource Institute en zit sinds 2014 in de raad van commissarissen van Unilever Nederland. En ze is goed bevriend met prins Jaime de Bourbon de Parme, de Nederlandse ambassadeur bij de Heilige Stoel in Vaticaanstad. Van der Heijden, geen katholiek, denkt vooral pragmatisch. Ze gelooft dat de wereld nog tien à vijftien jaar heeft om de grote vraagstukken zoals het klimaat op te pakken. Een versnelling is nodig en de paus heeft wereldwijd 1,2 miljard mensen die hem als hun morele leider zien. Op aanraden van Van der Heijden heeft Polman een rozenkrans meegenomen om door de paus te laten zegenen. Hier zal hij zijn moeder een groot plezier mee doen.

De deelnemers constateren dat de 'plaatsvervanger van Christus op aarde' zich zorgen maakt over de aanhoudende armoede en de impact van het klimaatvraagstuk hierop. Maar ze merken ook dat de 'e' van economie in de boodschap van de paus vrijwel ontbreekt en er wordt al helemaal niet gesproken over de rol van het bedrijfsleven.

Kun je geld verdienen door de armoede aan te pakken, door de wereld beter te maken? Dat ligt gevoelig in het evangelie. In de Bijbel stelt Jezus Christus onomwonden: 'Niemand kan twee heren dienen: hij zal de één haten en de ander liefhebben, ofwel de één aanhangen en de ander verachten. Gij kunt niet God dienen en de mammon.'[3]

Polman ziet hier geen tegenstelling. Natuurlijk ging Christus naar de Tempel om de geldwisselaars daar te verjagen. Dat hoort niet in een tempel, zo'n plek mag geen rovershol worden. Als het over geld gaat, bedoelde Christus dat het niet erg is om geld te willen verdienen, als je het vervolgens maar gebruikt om er het goede mee te doen. De voormalig misdienaar gelooft in God, maar beschouwt zichzelf niet meer als praktiserend katholiek. Hij vindt dat het geloof te veel wordt gestuurd door angst: je gaat naar de hemel of naar de hel. Daar gelooft hij niet in, dat is niet goed, dat verlamt alleen maar.

Polman heeft veel bewondering voor paus Franciscus. Deze man wil echt dingen veranderen. En hij begrijpt ook dat hij met zijn Argentijnse achtergrond vooral veel met armoedebestrijding bezig is geweest. Hij heeft vooral tussen arme mensen gezeten, dat heeft zijn beeld van het bedrijfsleven gekleurd. Als hij zelf priester was geworden was hij waarschijnlijk ook veel linkser geweest. De paus heeft niet het volledige begrip van de kracht van bedrijven. Dat zal Polman met hem doornemen.

De CEO van Unilever is tevreden met de *Laudato Si'* die een paar weken later wordt gepubliceerd. Zijn boodschappen klinken erin door. 'Nooit hebben wij ons gemeenschappelijke huis zo slecht behandeld en beschadigd als de laatste twee eeuwen. Het probleem is dat we nog niet beschikken over de noodzakelijke cultuur om deze crisis het hoofd te bieden. [...] Er zijn al bepaalde uiterste grenzen van exploitatie van de planeet overschreden, zonder dat het probleem van de armoede is opgelost. [...] Men moet een magische idee van de markt vermijden dat stelt dat de problemen alleen maar worden opgelost met de groei van winsten van ondernemingen of van individuen. Is het realistisch te verwachten dat wie bezeten is van de maximalisatie van de winsten, aandacht heeft voor de effecten op het milieu die hij voor de komende generatie zal achterlaten? Binnen het schema van het rendement is er geen plaats om te denken aan de ritmes van de natuur, aan haar tijden van verval en herstel en de complexiteit van ecosystemen die ernstig kunnen worden aangetast door menselijk ingrijpen. [...] Leiderschap is nodig dat de weg wijst en zo een antwoord geeft op de noden van de huidige generaties, allen inbegrepen, zonder de toekomstige generaties in gevaar te brengen. [...] Politiek en industrie antwoorden traag en zijn verre van opgewassen tegen de mondiale uitdagingen. In deze zin kan men zeggen dat, terwijl de mensheid van het postindustriële tijdperk misschien zal worden vermeld als een van de meest onverantwoordelijke van de geschiedenis, het te wensen is dat de mensheid aan het begin van de 21ste eeuw de geschiedenis in kan gaan vanwege het feit dat het edelmoedig de eigen zware verantwoordelijkheid op zich heeft genomen.'[4]

De paus hoopt met zijn boodschap de wereldleiders, die over een paar maanden in Parijs over het klimaatvraagstuk gaan overleggen, te inspireren om tot een akkoord te komen. Hij hoopt bovendien dat zijn stellingname de ratificatie van de Sustainable Development Goals zal helpen. Paul Polman hoopt het met hem. Het is zijn droom dat deze afspraken in 2016 de basis zullen vormen voor wereldwijde, eenduidige spelregels die aan armoede een einde zullen maken en de opwarming van de aarde zullen beteugelen.

'Natuurlijk gaan we onze duurzaamheidsdoelen voor 2020 niet halen. Dat wist ik van tevoren. Dat zeg ik zonder schaamte, als je een termijn van tien jaar pakt, dan verandert er veel. Die ambitieuze doelen zijn vooral bedoeld om de manier van denken te veranderen. Een bedrijf als Unilever werkt niet alleen voor aandeelhouders, de slavernij is lang geleden afgeschaft.'

De journalist van het Amerikaanse *Forbes* schrikt en vraagt in de zomer van 2015 of goede bedoelingen niet tot slechte uitkomsten kunnen leiden. Polman: 'Dat is mijn grootste zorg: ik neem besluiten op basis van mijn waarden. Heb ik de goede waarden? Dan vraag ik me af: is dit mijn eigen agenda of gaat het om de langetermijnbelangen van de onderneming? Dat is altijd een dunne lijn, we zijn allemaal het product van zaken die ons beïnvloeden en een zeker perspectief op het leven geven. Ik twijfel daarom over mijzelf: is het arrogantie, is het ego? Dat zijn de slechtste dingen die in een mens kunnen kruipen, ervoor zorgen dat de besluitvorming wordt vertroebeld. En zo tot foute besluiten kunnen leiden.' Polman kijkt liever vooruit: 'Ik richt me nu vooral op december, op de COP21, de Parijse klimaatbijeenkomst. Dat moet een succes worden. Daar is moed voor nodig, want we hebben niet alle antwoorden en dat resulteert in een hoop scepsis. Er zijn bovendien veel gevestigde belangen die niet mee zullen werken. Hoe krijg je die mee?'[5]

Polman heeft hoop. In 2016 zullen de duurzame-ontwikkelingdoelen van de Verenigde Naties van kracht worden. Met een beetje mazzel lukt het overheden om aan het einde van dit jaar in Parijs afspraken te maken over het tegengaan van de opwarming van de aarde. Van alle broeikasgassen die de mens ooit heeft uitgestoten, is de helft de afgelopen dertig jaar geproduceerd. Het staat voor hem vast dat het huidige systeem niet in staat zal zijn dat klimaatvraagstuk op te lossen, 800 miljoen mensen uit de armoede te halen en nog eens 4 miljard mensen de welvaart te bieden die niemand ze kan ontzeggen. Sterker nog, volgens de Verenigde Naties krijgt de wereld in 2050 te maken met 200 miljoen tot 1 miljard klimaatvluchtelingen als de wereld verder opwarmt.[6] Allemaal mensen op zoek naar voedsel, water, een bestaan. Als bijvoorbeeld Bangladesh overstroomt, zullen zo'n 10 miljoen mensen moeten vluchten.[7]

Los van het enorme menselijke leed zullen de kosten voor de hele wereld gigantisch zijn. Als het lukt de opwarming tot 1,5 graad Celsius te beperken, dan zal de wereldeconomie 20.000 miljard dollar rijker zijn dan bij een opwarming van 2 graden.[8] Een temperatuurstijging van 3,7 graden zou kunnen leiden tot een schade van een onbegrijpelijke 551.000 miljard dollar. Ter vergelijking, in 2017 bedroeg de totale rijkdom volgens het Global Wealth Report van Credit Suisse 280.000 miljard dollar.

Als dit soort cijfers door zijn hoofd spelen kan Polman zich gewoon niet voorstellen dat de wereld niet wakker wordt. Stel dat het lukt om vervolgens mondiale afspraken te maken over een belasting op de uitstoot van broeikasgassen, van CO_2. Dat is precies wat Unilever nodig heeft, dan verandert het speelveld en loopt Unilever voorop met het USLP. Dan kunnen ze weer vaart maken.

Met dit vooruitzicht inspireert en overtuigt Polman de leden van zijn bestuur. Dat gaat trouwens steeds makkelijker. De meeste van de elf niet-uitvoerende bestuurders van het Unilever-bestuur heeft hij inmiddels zelf aangebracht. Dat vindt hij logisch. Het gaat er toch om dat je als CEO goed met zo'n bestuur kunt samenwerken. Hij wil bovendien niet te veel tijd kwijt zijn met het moeten managen van 'zijn' bestuur. Die moeten hem goed kunnen verstaan. Hij is daarom blij dat Feike Sijbesma eind vorig jaar een van zijn non-executives is geworden. Polman heeft de CEO van DSM de afgelopen jaren goed leren kennen, onder meer als mede-initiatiefnemer van de Dutch Sustainable Growth Coalition. Ze staan voor hetzelfde. Ze zijn vrienden geworden.

DSM loopt eigenlijk een jaar of vijf voor op Unilever. De voorganger van Sijbesma, Peter Elverding, was al in 2000 bezig met het belang van 'people, planet en profit'. Sijbesma heeft de koers van het chemieconcern, dat grondstoffen levert aan bedrijven die aan 'goede voeding' werken of goede materialen willen gebruiken (bijvoorbeeld voor tapijten), verder verduurzaamd. Mede geïnspireerd door Elverding maakte Sijbesma zeventien jaar geleden de balans op.

De microbioloog, opgegroeid met de inzichten van Darwin en de wetenschap dat alleen de soort die zich het best aanpast overleeft, heeft snel carrière gemaakt. In het begin vond hij dat heel stoer van zichzelf, maar bij de geboorte van zijn eerste zoon realiseerde hij zich opeens dat er een moment zal komen dat hij doodgaat. Als zijn kinderen dan aan hem zullen vragen wat hij heeft bijgedragen wil hij een goed antwoord kunnen geven. Het vergroten van de winst en omzet van DSM zal weinig indruk op ze maken.

Toen Sijbesma in 2007 werd gevraagd of hij de CEO-rol wilde oppakken, stelde hij twee dingen te willen doen: het bedrijf succesvol leiden en de wereld beter maken. Zijn commissarissen eisten toen dat hij zich op dat geld verdienen zou concentreren. Als dat goed zou gaan, zou er ruimte voor die andere doelstelling zijn. Maar Sijbesma zei dat hij niet kon kiezen en hij kondigde aan niet 1 miljoen mensen van betere voeding te willen voorzien, maar 30 miljoen. Even was hij ervan overtuigd geweest dat hij de kortst zittende CEO van een Nederlandse beursgenoteerde onderneming zou worden. Het liep anders. Onder zijn leiding heeft DSM laten zien dat het samen kan gaan: het goede doen en geld verdienen. Sijbesma is ervan overtuigd dat zijn filosofie over tien jaar gemeengoed is. Dat ook anderen dan zullen zeggen dat die twee zaken moeten samengaan, dat bedrijven anders hun license to operate kwijtraken. Hij wordt in dit verband in de media vaak in één adem genoemd met Polman.

Sijbesma hoopt ook dat Parijs snel een verschil gaat maken en het klimaatprobleem zal worden aangepakt. Tijdens een door de Verenigde Naties georganiseerde reis naar Bangladesh in 2011 heeft hij een ervaring gehad die zijn leven heeft veranderd. Met de woorden 'you know' duwde een straatarme vrouw opeens een baby in zijn armen. Hij wist niet wat hij moest doen en vroeg aan de gids-vertaler wat ze bedoelde met 'you know'. Uit het gesprekje dat volgde bleek dat de arme vrouw hoopte dat hij haar kindje mee zou nemen, omdat het dan wel een kans op een goed leven zou krijgen. Dat het hier waarschijnlijk zou sterven. Ze stelde dat hij, als vertegenwoordiger van de elite uit het rijke Westen, dit natuurlijk wel begreep.

Hij denkt regelmatig aan het moment terug. De wetenschap dat elke 5 seconden ergens een mens sterft als gevolg van een tekort aan voeding, kreeg voor hem toen een gezicht. Sijbesma is er sindsdien tot in zijn vezels van doordrongen dat deze arme mensen helemaal geen stem hebben, dat ze zijn overgeleverd aan de rijke elite. Een elite die straks bij elkaar zit in Parijs en ervoor zal moeten zorgen dat deze vrouw zich niet langer zulke hartverscheurende zorgen hoeft te maken.

Ook Sijbesma wordt regelmatig gefrustreerd door aandeelhouders die vooral met snelle resultaten bezig zijn. 'Een tijd terug zat ik met twee aandeelhouders om de tafel. Die vonden dat we te veel met duurzaamheid bezig zijn, vreesden dat dit ten koste van het resultaat zou gaan. Die houding deprimeert me zo. Ik vroeg ze eerst of ze ook kinderen hebben en daarna of ze zich zorgen maakten over het klimaat, het energievraagstuk. Dat beaamden ze. Ik vroeg toen wie dat dan moet oplossen. Overheden kunnen dat niet alleen doen, die moeten ook steeds herkozen worden. Ik vroeg ze of wij als bedrijf daar dan geen taak in hebben. Ze stelden dat anderen die kolen maar uit het vuur moeten halen. Flauwekul natuurlijk: we moeten allemaal onze verantwoordelijkheid nemen. Anders wordt het een zooitje. Ze haalden hun schouders op en sloten af met: we hopen dat onze boodschap duidelijk is, het gaat ons om winst en rendement, that's all. Ik ben het hier fundamenteel mee oneens, geloof echt dat we een grotere rol te vervullen hebben als bedrijf.'[9]

Aandeelhouders moeten bij hem niet aankomen met de constatering dat ze het liever simpel houden, dat het allemaal te complex is. Net als Polman vindt Sijbesma ook dat vooral aandeelhouders een grote draai moeten maken. Er is wel een groot verschil. Waar Polman er inmiddels van overtuigd is dat het huidige systeem moet veranderen en dat hij daarin voorop moet lopen, gelooft Sijbesma dat je alles op alles moet zetten om de bestaande spelregels op te rekken, dat je als CEO juist niet moet proberen om een ander spel te spelen. Omdat je dan het risico loopt dat je buitenspel komt te staan.

Sijbesma bedenkt dat Polman zo enorm bewierookt wordt, dat hij daardoor steeds meer in zijn eigen verhaal is gaan geloven, maar ook is losgekomen van de realiteit die een CEO iedere dag onder ogen moet zien. Sijbesma probeert voor zichzelf die grens goed te bewaken. Dat valt niet mee. Het applaus is enthousiast, de verleidingen zijn groot. Maar voor belangrijke verhalen over duurzaamheid hebben de aandeelhouders hun CEO's niet in de eerste plaats ingehuurd. Dat kan in de perceptie zomaar misgaan. Polman loopt een risico omdat hij steeds minder wordt gezien als leider van een bedrijf.

Sijbesma merkt dat de rest van het bestuur dit ook ongemakkelijk vindt maar handvatten om de CEO hierop aan te pakken zijn er niet. De koers van het aandeel doet het goed, de werknemerstevredenheid staat op recordhoogte. Als toezichthouders, ook in een one-tier-board, zijn ze toch afhankelijk van de informatie die ze van de dagelijkse bestuurders krijgen. Als dat management zegt dat het goed gaat, dat de beloofde groei echt zal komen en die boodschap vol overtuiging presenteert, dan is het lastig om daar doorheen te prikken.

Sijbesma realiseert zich dat, in vergelijking met DSM, het voor een bedrijf als Unilever, met allemaal bekende, op consumenten gerichte merken, een stuk complexer is om in het USLP geformuleerde doelen in de heel lange keten geïntegreerd te krijgen. Daar moet nog heel veel werk worden verzet.

Collega-bestuurder Louise Fresco zit helemaal op één lijn met Sijbesma: Unilever is er nog steeds niet in geslaagd om het USLP werkelijk in de eigen keten geïntegreerd te krijgen. Ook niet als het gaat om de inkoop van grondstoffen. Dat nog steeds niet-duurzame-palmolieverhaal blijft frustreren. Daar zou de CEO veel gerichter en harder aan moeten trekken.

Lilianne Ploumen kent ze beiden goed. Een halfjaar geleden, tijdens een onderonsje op het World Economic Forum, hebben Polman en Sijbesma de minister voor Buitenlandse Handel en Ontwikkelingssamenwerking flink laten schrikken. Naar aanleiding van het nieuws over een verrassende grote overname hadden de twee CEO's met sombere gezichten vastgesteld dat ook hun positie bepaald niet veilig is. Als hun aandeelhouders hun duurzame plannen niet meer pikken, staan ze binnen de kortste keren op straat. Ploumen was daarvan geschrokken, dat deze leiders het gedrag van hun aandeelhouders als een risico zagen, had ze niet gedacht. Zelfs deze bigshots, grote mannen die alle anderen kunnen overtuigen, wanen zich dus niet onkwetsbaar.

Ploumen werkt nu al bijna twee jaar intensief met Unilever samen. Ze vindt Polman een betrouwbare partner, ze hebben inmiddels zo'n twintig keer samen opgetrokken, op podia gestaan, aan vergadertafels gezeten. Dit is nieuw voor de PvdA-politica. Jarenlang werkte ze voor Cordaid, toen vond ze samenwerking met multinationals een brug te ver. Dat was not done. Maar nu is ze ervan overtuigd dat je grote spelers in het bedrijfsleven nodig hebt als je iets wilt veranderen. Ze beseft dat een bedrijf als Unilever er juist voor kan zorgen dat de beloning van bijvoorbeeld arme theeplukkers wordt verbeterd.

De minister heeft de CEO van Unilever nodig om druk uit te oefenen op de rest van het bedrijfsleven. In die wereld luisteren ze toch vooral naar de meest succesvolle man. Dat werkt, ook voor haar. Ze hoort veel afgunst als het over Polman gaat. Veel van zijn collega's willen ook dat een organisatie als Oxfam Novib zegt: het is nog niet goed maar wel beter dan eerst. Zo'n transparant rapport van Oxfam over de behandeling van de mensenrechten door Unilever in Vietnam is voor Ploumen het bewijs dat openheid voor vertrouwen zorgt. De logica van Polmans boodschap vindt ze onontkoombaar: als we het nu niet oplossen is er over dertig jaar niks meer, ook geen Unilever. Ze vindt hem echt, authentiek in zijn streven om de wereld te redden. Ze vindt het ook mooi om te zien dat hij aan de onderhandelingstafel bikkelhard kan zijn. En ze vindt dat hij zijn woorden waarmaakt. Bij iedere Unilever-vestiging die ze in het buitenland bezoekt ziet en hoort ze dat ze daar echt met het USLP bezig zijn. Ploumen wil de rest van het bedrijfsleven laten zien: zo kan het ook.

In het buitenland krijgt ze regelmatig kritiek van ngo's op haar relatie met Unilever. Die vinden dat het bedrijf met kleine, goedkope verpakkingen voor bijvoorbeeld wasmiddelen zijn spullen te agressief aan de arme, lokale bevolking verkoopt. De milieuschade van die verpakkingen is bovendien gigantisch. Maar Ploumen begrijpt het wel: natuurlijk willen moeders hun kinderen graag gewassen en in schone kleren naar school sturen. Dit is voor haar het verhaal van de bodem van de piramide, daar kun je voor welzijn zorgen en geld verdienen. Daar begint het mee. En Unilever doet dat goed.

Op voorstel van Unilever besluit Ploumen de samenwerking met Den Haag verder te structureren. Voor het eerst in de geschiedenis sluit een multinational een strategisch partnerschap met de Nederlandse overheid over duurzaamheid. Ze maken afspraken over onder meer het tegengaan van ontbossing en het verduurzamen van de theeproductie. Unilever en het ministerie zullen zelfs personeel uitwisselen om van elkaars ervaringen te leren. Ploumen beschouwt de overeenkomst als een inspiratie en blauwdruk voor soortgelijke partnerschappen met andere ondernemingen. Maar de minister durft het nog niet aan om te gaan praten met de Dutch Sustainable Growth Coalition onder voorzittersschap van Jan Peter Balkenende. Ze vindt niet alle leden van dat gezelschap voldoende doordesemd van het besef dat Unilever en Polman duidelijk wel hebben.

In september 2015 wordt Paul Polman door de Verenigde Naties gelauwerd als 'Champion of the earth', de hoogste onderscheiding voor mensen die zich inzetten voor een duurzame wereld. In de categorie 'Ondernemers met een visie' wordt zijn 'onvermoeibare inzet' en 'gedurfde leiderschap' geroemd. 'Polman demonstreert de noodzaak van een langetermijnvisie op ondernemerschap, die is nodig om grote sociale en klimaatvraagstukken tegemoet te treden.'

In zijn acceptatiespeech draagt Polman zijn prijs op aan alle mensen 'die hier niet kunnen zijn omdat ze honger hebben, niet ouder dan vijf jaar konden worden of niet de kans hebben gehad om naar school te kunnen, carrière te kunnen maken zoals wij hier'.

'De paus had het dit jaar over het morele kader dat nodig is. De SDG's vormen wat mij betreft de enige kans die we hebben voor zo'n *global moral framework.*' Polman citeert de astrofysicus Hubert Reeves: 'De mens is de meest krankzinnige soort op aarde. Hij aanbidt een onzichtbare God en vernietigt de zichtbare natuur [...] zonder zich te realiseren dat de natuur die hij vernietigt de God is die hij aanbidt.'

'We hebben een unieke kans hier iets aan te doen. Straks in Parijs. Het bedrijfsleven begint te begrijpen dat ze geen toeschouwer kunnen blijven in een systeem dat ze het leven heeft gegeven. Duizend bedrijven hebben getekend, willen een prijs op CO_2-uitstoot, vierhonderd doen het al.'

Polman noemt Viktor Frankl en het belang van een 'Statue of responsibility'. 'Met Unilever bereiken we in 190 landen 2 miljard mensen. Die vrijheid brengt een grote verantwoordelijkheid met zich mee, we moeten armoede uitroeien op een duurzame manier. Mensen die niet mee mogen doen, zullen anders in opstand komen, dat zien we meer en meer gebeuren. Dat moeten we voorkomen. Laten we hier over vijftien jaar weer bij elkaar komen en constateren: we hebben het gedaan.'

Naar aanleiding van de geboorte van zijn eerste kleinkind schrijft hij een open brief aan 2030, het jaar waarin zijn kleinkind 15 jaar wordt. 'Je bent geboren in 2015, een jaar dat zal worden erkend als een keerpunt in de geschiedenis. Je leeft dan hopelijk in een wereld waar het gezonde bedrijfsleven werkt binnen de grenzen van wat de planeet aankan.'

Polman geniet met volle teugen. Hij vindt het heerlijk om met ministers en ngo's samen te werken. Dit vindt hij zijn best bestede tijd. Hij krijgt zelfs steeds vaker verbaasde blikken als hij vertelt dat hij ook nog CEO van Unilever is. Dat ze dat niet geloven, beschouwt hij als een compliment.

Unilever-bestuurder Louise Fresco hoort deze verhalen met gemengde gevoelens aan. Ze vindt het gevaarlijk dat deze kringen zo'n belangrijk klankbord zijn geworden voor Polman. Fresco vindt hem steeds meer een man met twee gezichten. Bijna schizofreen. Aan de ene kant een bevlogen wereldverbeteraar, aan de andere kant een harde, zakelijke CEO die zijn omgeving opjut om toch vooral goed op de kosten te letten. Polman moet in haar ogen constant van het ene been op het andere been springen en wordt zo voor steeds meer mensen ongrijpbaar. Ze is bang dat hij zichzelf niet genoeg tijd gunt om deze twee boodschappen bij elkaar te brengen. Het kost hem moeite om de daarvoor benodigde afstand te nemen, merkt ze, daarvoor is hij te emotioneel betrokken, te weinig filosofisch.

Het is een grote balanceeract om alle partijen bij elkaar te houden. Als Polman stelt dat Unilever eigenlijk een grote ngo is, maakt hij vrienden aan de ene kant maar kweekt hij onbegrip of zelfs afschuw aan de andere kant. Als hij roept dat de koers van het aandeel omhoog moet kweekt hij vertrouwen aan de ene kant en wantrouwen aan de andere kant. Hij zit in een spagaat, hij moet het vertrouwen winnen van werelden die elkaar niet vertrouwen. Met de voorspelling dat ze daar pas over tien, twintig jaar veel plezier aan zullen beleven, als ze eenmaal hebben geleerd dezelfde taal te spreken. De taal die hij nu al spreekt.

In de wereld van ngo's, universiteiten en overheden wordt Polman nog steeds op handen gedragen. Hier en daar lukt het hem om concurrenten ervan te overtuigen nu te investeren in duurzame projecten. Consumenten lijken de inspanningen van Unilever steeds meer te waarderen. De intern als duurzaam beschouwde merken groeien in ieder geval harder dan de rest. De grote uitdaging om te overtuigen blijft de financiële wereld. Daar waar de rekensommen worden gemaakt is de scepsis over zaken die in een verre toekomst liggen en moeilijk in sommen te vatten zijn het grootst. Hier heerst de logica van het uitrekenbare. En wie betaalt, bepaalt. Vanaf zijn allereerste besluit, de aankondiging om te stoppen met de publicatie van kwartaalcijfers, wordt Polman hier met grote argwaan bekeken.

Larry Fink en Leen Meijaard kijken elkaar aan. Wat is hier aan de hand? Fink, CEO en oprichter van BlackRock, met ruim 5000 miljard dollar de grootste vermogensbeheerder ter wereld, had zijn Nederlandse collega een paar dagen geleden gevraagd of hij Paul Polman kent. Meijaard, sinds 2002 verantwoordelijk voor BlackRock Europa Midden-Oosten & Afrika, heeft Polman inderdaad een paar keer meegemaakt. Hij vindt hem moedig maar vraagt zich af of het kan wat hij wil. Zo'n interview waarin de CEO van Unilever zegt het goede werk voor niks te willen doen klinkt natuurlijk sympathiek, maar roept in zijn kringen vooral wantrouwen op. Hij lijkt bovendien steeds radicaler in zijn opvattingen te worden.

In oktober 2015 zitten ze met z'n drieën in New York aan dezelfde tafel. De CEO van Unilever had Fink gevraagd om met hem te praten over het opvoeren van investeringen in een circulaire economie. Ruim 4500 miljard van het door BlackRock beheerde geld zit in fondsen die (beurs)indexen volgen. Ze houden daardoor automatisch een belang in Unilever van ongeveer 6 procent, goed voor 7 à 8 miljard dollar. BlackRock is daarmee waarschijnlijk de grootste aandeelhouder.

Fink en Meijaard hebben het idee dat ze naar een college zitten te luisteren. Gepassioneerd vertelt Polman over het belang van zo'n circulaire economie, over wat er volgens hem moet gebeuren om die aan de praat te krijgen. En wat de rol van BlackRock zou moeten zijn. Meijaard vindt het een vreemde bijeenkomst. Polman stelt geen enkele vraag. Fink blijft stil, luistert, dat is zijn stiel. Heel goed kijken en luisteren, zo beperk je de risico's als je ergens geld in stopt. De 63-jarige miljardair probeert in te schatten wat voor vlees hij in de kuip heeft.

Als Polman vertrokken is, kijken ze elkaar aan. Fink vindt dat de Unilever-CEO verdwaald is geraakt in zijn eigen verhaal. Dat is gevaarlijk: als hij niet naar ons wil luisteren, zal hij ook niet naar de mensen om zich heen luisteren.

In de kern is Fink het wel met Polman eens: beursgenoteerde bedrijven moeten zich veel meer gaan richten op een langetermijnstrategie en zich niet meer moeten laten regeren door de kortetermijnbelangen van opportunistische aandeelhouders. Dat is de boodschap die hij ieder jaar in een brief aan de CEO's van de vijfhonderd grootste bedrijven verwoordt. Ook dit jaar weer: 'Steeds meer CEO's zijn op kortetermijnresultaten gericht. Ze investeren te weinig in vernieuwing, werknemers en duurzame economische groei. Over 2014 werd alleen al in de Verenigde Staten voor 900 miljard dollar aan dividenden en aandeleninkoop besteed.' In de ogen van Fink een droevig record.

Meijaard begrijpt de oproep van Fink én hij vindt hem voor alles een heel slimme marketeer. Met deze sympathieke boodschap kan BlackRock vooroplopen. De twee grootste concurrenten, Vanguard en State, zijn nog niet zover. Maar de impact van dit soort brieven op de ontvangers ervan is per definitie beperkt. Als indexbelegger kan BlackRock nergens uit stappen. Zolang hun bedrijf in het mandje aandelen zit dat samen die index vormt, hoeven de CEO's daar niet bang voor te zijn. Een partij die in die index belegt, belegt in al die bedrijven.

Hij vindt het jammer, maar Leen Meijaard gelooft niet dat er in financiële markten veel ruimte is voor zulke ongrijpbare zaken als ethiek of moraal. Hij ziet maar één echte oplossing: de kosten van niet-duurzame effecten moeten concreet worden gemaakt. In de olie-industrie ziet hij het al voorzichtig gebeuren. Als je kunt uitrekenen dat niet alle olie uit de grond kan worden gehaald door de snelle opwarming van de aarde, moeten accountants dit gegeven in hun waardebepalingen van een olieconcern meenemen. Beleggers zullen dat vervolgens meewegen in hun besluit om wel of niet in bijvoorbeeld Shell te investeren. Zo zal het gedrag van die onderneming worden gestuurd. Het zal alleen nog wel even duren voordat dit soort rekensommen gewicht krijgen. Als Unilever echt veel harder wil gaan, dan zal het bedrijf op zoek moeten naar een partij die het bedrijf van de beurs af haalt.

Er zijn meer beleggers die hun wenkbrauwen beginnen te fronsen bij de ambities van Unilever. Erik van Houwelingen, voorzitter van het beleggingscommissie van ABP, bespreekt zijn zorgen met Herman Bots van APG, de uitvoerder van het beleggingsbeleid van ABP. Beiden zijn het erover eens dat de glans er een beetje vanaf is. Ze vinden het een prachtig verhaal en twijfelen niet aan de integriteit van Polman, maar vaart hij zakelijk nog wel scherp genoeg aan de wind, waarom vertelt Unilever daar niet meer over?

Ze zoeken contact met de top van Unilever en waarschuwen dat ze het verhaal van Polman te eenzijdig beginnen te vinden. Het bedrijf dreigt de kortetermijnrealiteit uit het oog te verliezen. Daar moeten ze voor oppassen. Zo wordt Unilever kwetsbaar. En als je op een kwetsbaar moment je vrienden moet gaan zoeken, dan kun je lang zoeken, zeker op de beurs. Die zijn er dan niet meer.

Polman vindt deze geluiden niet leuk, hij doet juist een moreel appel op zijn beleggers om zich voor de langere termijn te verbinden aan die voor de wereld zo belangrijke ambities van het USLP. Van Houwelingen kan daar echt geen gehoor aan geven. Natuurlijk heeft het ABP, met een belegd vermogen van 344 miljard euro en de verantwoordelijkheid om voor 2,8 miljoen mensen nu en straks pensioenen te verzorgen, een verplichting voor de lange termijn. Maar ook hier regeren de dagkoersen.

Maandelijks wordt uitgerekend hoe de 'dekkingsgraad' van het pensioenfonds zich ontwikkelt. Dan wordt de waarde van de bezittingen gemeten en gekeken of het voldoende is om aan die toekomstige pensioenverplichtingen te voldoen. Hoe lager de rente waarmee moet worden gerekend, hoe meer reserves het pensioenfonds moet aanhouden. Het pensioenfonds moet daarom constant op zijn hoede zijn, kan zich niet langjarig aan een bedrijf of CEO uitleveren, hoe goed zijn plannen ook zijn. Zo werken hun systemen niet. De fundmanagers die het geld beheren hebben mandaten van één, soms twee jaar. Daar zijn duidelijke rendementsdoelen aan gekoppeld, waar ze op worden afgerekend. Door de aanhoudend lage rente van de afgelopen jaren wordt veel van hen verwacht.

Ondertussen wil het ABP vooroplopen in duurzame ontwikkelingen en dus is uitvoerder APG op zoek naar duurzame beleggingen. Voor een kleine 700 miljoen euro wordt in aandelen Unilever geïnvesteerd. Herman Bots volgt het bedrijf intensief. Hij vindt Unilever geen vanzelfsprekende duurzame investering. Met ijsjes, deodorants en wasmiddelen vindt hij het bedrijf op productniveau zelfs helemaal niet duurzaam. Dat ze Dove een duurzaam merk noemen vindt hij belachelijk. Bots heeft wel eens aan Polman gevraagd hoe duurzaam het eigenlijk is om ijsjes te verkopen aan toch al veel te dikke Amerikanen? De CEO had geprikkeld gereageerd en gevraagd of Bots zijn verhaal wel had begrepen. Na enig aandringen had hij uitgelegd dat als Unilever die ijsjes niet zou verkopen, een veel minder duurzame concurrent het zou doen. Dan zou de schade nog veel groter zijn. Aan de andere kant heeft Bots respect voor de wijze waarop Unilever vooroploopt bij het verduurzamen van de palmolie-industrie, dat was tot voor kort echt een rommeltje.

Als een van de top-20 aandeelhouders spreekt Bots jaarlijks met de bestuursvoorzitter van Unilever. Dit keer spreekt hij bij Michael Treschow zijn zorgen uit over recente berichten in de media dat er sprake zou zijn van kinderarbeid op Indiase plantages die Unilever van thee voorzien. Hij vraagt hem hoe hij dit in de toekomst wil voorkomen en legt uit dat niet alleen Unilever hier last van heeft. Dit nieuws slaat ook terug op de beleggers in Unilever, zoals het ABP. Die willen met hun beleggingen vooroplopen met een duurzame boodschap.

Het is de Britse BBC die deze misstanden heeft aangekaart op de theeplantages van Unilever-leveranciers, van slechte hygiënische omstandigheden tot kinderarbeid. Directe aanleiding om op onderzoek uit te gaan was het bericht van Unilever dat het er, zoals beloofd, in is geslaagd om de inkoop voor het merk Lipton 100 procent duurzaam te maken en vanaf nu helemaal volgens de richtlijnen van de Rainforest Alliance te werken.

Unilever laat meteen weten de geconstateerde problemen serieus te nemen: 'We moeten meer doen om de standaarden te verhogen.' De vreselijke beelden van slechte sanitaire voorzieningen gaan de hele wereld over. Overal is Unilever de gebeten hond. Naar aanleiding van het voorval haalt *Het Financieele Dagblad* hard uit: 'Deze onthullingen moeten Polman en zijn medewerkers een erg ongemakkelijk gevoel hebben bezorgd. Wie cynisch is zegt: Unilever is een marketingbedrijf dat begrijpt dat het "duurzaamheid" verkoopt. Dat doet de inspanningen van Unilever wellicht geen recht, maar dat is het Bono-complex waar Unilever het mee moet doen. De zanger van popband U2 stelt zich ook op als wereldverbeteraar en krijgt de volle laag als blijkt dat hij gebruik maakt van schimmige belastingconstructies.'[10]

Anderhalve dag voor publicatie hebben de journalisten aan Unilever gevraagd of Polman op hun analyse kan reageren. Maar sinds hij in 2012 tijdens een uitgebreide toelichting op zijn duurzame ambities aan de redactie van het *FD* met scepsis en afkeuring was overladen, wil hij niet meer met de krant praten. De afdeling woordvoering laat weten dat de CEO in China zit en geen tijd heeft. Tot grote verrassing van diezelfde woordvoerders reageert Polman wel, op foodlog.nl.

Op dit 'Onafhankelijke nieuwsplatform over voedsel, gezondheid en eten en drinken' wordt het stuk in het *FD* becommentarieerd. 'Feilbaarheid leidt tot geslotenheid en een ontkennende maskerade. Tenzij je de moed hebt om open te blijven. Dan wordt de erkenning van de eigen tekortkoming bron van bezieling om gepassioneerd te werken aan een beter zelf. Als dit voor mensen zo werkt, waarom voor bedrijven niet ook?' vraagt Niels Willems zich af. Steven Schepers van Oxfam geeft Unilever een advies: 'In communicatie geldt er een gouden tip: als niets nog werkt, probeer het dan met de waarheid.'

In zijn hotelkamer in Beijing, om halftwee 's nachts, wordt Polman hierdoor geraakt en hij reageert: 'Ik ben het helemaal met jullie eens, de ultieme test is volledig transparant zijn en laten zien dat het werkt. Dat is de reden dat we onze vijftig USLP-doelen publiceren en door een onafhankelijke partij laten auditen.' De blog komt meteen tot leven, niet iedereen gelooft dat de CEO van Unilever zich hier daadwerkelijk heeft gemeld. Er is bijval maar de kritiek overheerst. Unilever wordt vergeleken met de Rabobank: 'De top stelt duurzame doelen, de lagere goden gaan met Libor rommelen.' Polman wordt opgeroepen om publiekelijk toe te geven dat ze de boel hebben bedonderd. Hij moet zich kwetsbaar opstellen. De volgende nacht meldt de CEO zich weer: 'Het *FD* heeft vandaag in een telefoongesprek erkend dat hun berichtgeving niet fair was, maar wil het bericht niet corrigeren. We hadden maar 24 uur om te reageren. Ik ondersteun een vrije pers, ik ondersteun activisme, ik geloof in burgerrechten maar op een of andere manier geven we sommige mensen de ruimte om andere spelregels te gebruiken. Met als gevolg dat de vele mensen die willen helpen, een verschil willen maken, en ik geloof dat er veel goede bedrijven zijn die voorop willen lopen, in toenemende mate besluiten zich hiervan los te maken. Als vader en bezorgde burger, die toevallig ook CEO van Unilever is, maak ik me zorgen. Dat heeft niks met het bedrijf te maken.' Verderop stelt Polman: 'Het *FD* zit hier fundamenteel fout, ze leunen op het primaat van aandeelhouders en zetten zo de klok terug. Dit gaat niet over mij, dit gaat over de kinderen van Polman en over zijn kleinkinderen. Nu ga ik slapen, ik roep jullie op de discussie voort te zetten en ervoor te zorgen dat je onderdeel uit blijft maken van wat nodig is. En ja, hou ons verantwoordelijk zoals je dat met anderen doet. En ja, we zullen af en toe fouten maken, waar ik uiteindelijk verantwoordelijk voor ben, me voor verontschuldig en hopelijk van leer.'

Wouter Keuning, een van de betrokken *FD*-redacteuren, laat daarop weten dat het *FD* volledig achter de publicatie staat en telefonisch noch op andere wijze aan Unilever of aan een andere partij heeft laten weten de publicatie 'unfair' te vinden. Keuning heeft Polman regelmatig meegemaakt in persconferenties. Het valt hem op dat hij maar moeilijk met kritische vragen kan omgaan, hij hoort hem regelmatig klagen over de domheid van analisten en journalisten. Niet zelden laat Polman daar dan op volgen dat Nederlandse journalisten het domst zijn. Vooral in zijn vaderland krijgt hij in zijn ogen bekrompen vragen over zaken die hij in het buitenland niet meer hoeft uit te leggen.

Keuning twijfelt niet aan de missie van Polman, maar vindt hem vooral een marketeer die goed begrepen heeft hoe hij met dit verhaal goede mensen aan kan trekken en geld kan verdienen. Hij merkt dat Polman niet als een gewone CEO bejegend wil worden, vandaar de suggestie van dat Bono-complex. Tijdens een conferencecall daagt Keuning hem uit. Hij houdt Polman voor dat hij nog tot 2047 CEO van Unilever moet blijven als hij in dit tempo naar de beloofde omzet van 80 miljard wil groeien. Polman vraagt zich hardop af of Keuning wel van het *FD* is, daar werken toch mensen die kunnen rekenen?

Een verbolgen *FD*-lezer reageert met: 'Zolang Polman het hart op de goede plaats heeft – is er iemand die daaraan twijfelt? – moeten we de vraagtekens niet plaatsen bij de oprechtheid van Unilever maar bij ons aller marktmodel dat geheel gebaseerd is op consumptie en groei en dus halfblind. Hou op met zeveren, werk aan de winkel!'

Ook *De Telegraaf* bracht een kritisch verhaal over de Lipton-kwestie. De nieuwe hoofdredacteur, Paul Jansen, wordt in Rotterdam uitgenodigd voor een kennismaking met de CEO. Polman wil weten waarom de krant zulke nare stukjes over Unilever schrijft, komt dat misschien omdat ze zo meer kranten hopen te verkopen? Hij wacht het antwoord niet af en legt uit voor welke grote opdracht Unilever staat. Hij praat over de Verenigde Naties en over het klimaatvraagstuk en legt uit dat het niet meevalt om mensen te leren om de kraan dicht te doen als ze hun tanden poetsen.

Jansen benadrukt dat hij het prachtig vindt dat Unilever de wereld duurzamer wil maken maar voegt daaraan toe dat het de taak van journalisten is om Unilevers claim 'het goede te doen' tegen het licht te houden. Als dat de inzet is van de marketing van Unilever, als dat is waar Unilever geld aan hoopt te verdienen, moeten zij onderzoeken of het klopt wat Unilever beweert. Journalisten zijn van de waarheidsvinding. Zo helpen ze hun lezers, de klanten maar ook aandeelhouders van Unilever, met de afweging om wel of geen producten of aandelen van Unilever te kopen. Dat moet hij toch begrijpen?

Polman reageert geïrriteerd. Hij vindt het onbegrijpelijk dat journalisten niet inzien dat ze met die houding de ambitie frustreren om de armoede uit te bannen. Daar kun je toch niet tegen zijn? Dat moet je als krant toch steunen? En opnieuw steekt hij van wal. De hoofdredacteur van *De Telegraaf* vraagt zich af waarom een man als Polman, CEO van zo'n enorm bedrijf, kennelijk niet in staat is om een gesprek te voeren, vragen te stellen en naar de antwoorden te luisteren. Het valt hem op dat de vier aanwezige communicatiecollega's de hele tijd angstvallig hun mond houden.

De relatie van de ongeduldige Polman met de media wordt steeds moeizamer. Een paar maanden eerder was hij ook al uit zijn slof geschoten. Tijdens een persconferentie had hij verteld over de investeringen die Unilever doet in huidverzorgingsproducten, maar hij had even later ook geconstateerd dat journalisten nog onvoldoende helpen om de duurzaamheidsagenda van Unilever uit te dragen. Een journalist had zich toen hardop afgevraagd of Polman zelf niet een product moest gaan kopen om zijn kennelijk nogal dunne huid mee in te smeren.[11]

De CEO van Unilever krijgt steeds meer haast. Hij is er nu bijna zeven jaar bezig. De enige manier om alle sceptici de mond te snoeren is het bewijs te leveren dat het kan.

Sue Garrard is er druk mee. In 2012 verruilde de communicatiespecialist het Britse ministerie van Werkgelegenheid en Pensioenen voor Unilever, omdat ze gelooft hier meer impact te kunnen hebben. Ze is gegrepen door het USLP. In 2014 is ze verantwoordelijk geworden voor alle communicatie rondom het USLP, ze heeft een groot stuk van het werk van de vertrokken Klintworth erbij gekregen. Garrard heeft toen meteen een onderzoek gedaan naar de stand van zaken en is al snel tot de conclusie gekomen dat het USLP weliswaar een aanjager van trots is, maar dat het zich nog niet heeft vertaald in echte groei van de business. Afgezien van kleine merken als Lifebuoy en Ben & Jerry's worden de merken van Unilever niet of nauwelijks gerelateerd aan 'het goede doen', of door een voor consumenten herkenbare purpose gedreven.

Veel collega's schrikken van deze uitkomst. Anderen wisten het eigenlijk al. Karen Hamilton, een van de bedenkers van het USLP, is al een tijdje teleurgesteld in de marketeers van Unilever. Tijdens een congres stelt zij: 'Voor onze marketeers is het de grootste uitdaging om duurzamer te worden. Regelmatig onderzoeken we de vooruitgang, dan blijkt dat marketeers 20 procent achterlopen bij de rest als het gaat om het omarmen van duurzame doelstellingen.'[12]

Het probleem zit diep omdat veel collega's het niet echt begrijpen. Zij moeten andere capaciteiten ontwikkelen om omzetgroei en een duurzame boodschap aan elkaar te kunnen koppelen. Ze moeten naast hun gewone baan veel meer onderzoek doen, data verzamelen. Als ze bijvoorbeeld kunnen bewijzen dat kinderen die op jonge leeftijd beginnen met tandenpoetsen op hun tiende al hun tanden nog hebben, kunnen ze daarmee naar ngo's en overheden om gezamenlijk een campagne te voeren, gericht op de duurzame voordelen van levenslang gezonde tanden. Maar dat brengt veel werk met zich mee. Per land en per product stellen overheidsinstanties en reclametoezichthouders andere eisen aan zulke boodschappen. Daar moeten de lokale marketeers mee aan de slag.

De opdracht die op het bord van Sue Garrard ligt, is duidelijk: het heeft geen zin om nu met aandeelhouders over het USLP te praten, die begrijpen het toch niet. Ze zijn ook niet wezenlijk geïnteresseerd. Als je met ze praat, willen ze bewijzen zien dat het werkt. Die heeft Unilever nog niet, dus moet het bedrijf ervoor zorgen dat ze die concrete bewijzen zo snel mogelijk gaan leveren. Zodat die beleggers kunnen zien dat werkelijk duurzame merken meer geld verdienen. Ook op de korte termijn.

Het valt Garrard op dat de mooie woorden die Polman op al die indrukwekkende podia gebruikt, intern nog nauwelijks zijn geconcretiseerd. Als hij tijdens een van zijn vele reizen een Unilever-activiteit bezoekt, informeert de CEO vooral naar de verbetering van de resultaten en de verlaging van de kosten. Dan gaat het er niet altijd even vriendelijk aan toe. Zijn opwinding en ongeduld stellen hem nauwelijks in staat naar zijn vragende collega's te luisteren. Het is toch logisch en duidelijk wat er moet gebeuren? Ze hebben de unieke kans het bewijs te leveren dat het kan, dat Unilever voorop kan lopen bij het bouwen van een nieuw, duurzaam businessmodel. Zij moeten laten zien dat ze goed geld kunnen verdienen door het goede te doen. Waarom doen ze dat niet gewoon, daar worden ze toch voor betaald?

De zoektocht naar een opvolger van Michael Treschow gaat ondertussen niet vanzelf. Die opdracht ligt op het bord van Feike Sijbesma. Een tijdje terug heeft Polman hem gevraagd voorzitter te worden van de benoemingscommissie. Voor deze zoektocht zijn Russell Reynolds en MWM Consulting ingeschakeld. Die hebben ook geholpen bij het vinden van Sijbesma.

Met Egon Zehnder, de executive searcher die Polman aan Unilever heeft gekoppeld, zijn de contacten helemaal verbroken. Het irriteerde Polman al een tijd dat de adviseurs van Egon Zehnder, die regelmatig werden ingeschakeld om duurbetaalde assessments van Unilever-managers te doen, diezelfde managers een tijdje later bij een concurrent probeerden te plaatsen. Polman vindt dat Egon Zehnder van twee walletjes probeert te eten, dat druist tegen zijn waarden in. Een poging om toch tot een exclusieve samenwerking te komen had twee jaar geleden in een knallende ruzie geresulteerd. Polman had ze voorgesteld op jaarbasis acht tot tien grote zoekopdrachten voor Unilever te doen. Op voorwaarde dat ze dan geen mensen meer bij Unilever zouden weghalen. De partners van Egon Zehnder in India en Brazilië gingen steigeren toen ze over deze deal hoorden. Unilever-mensen zijn zeer gewild bij de concurrentie, daar konden ze veel geld aan verdienen. Ze waren bang hun handel te verliezen. Polman had zelfs nog contact opgenomen met de 85-jarige oprichter, maar Egon Zehnder zit al jaren op afstand en duwde de klacht terug naar de partners. Dat werd geen leuke ontmoeting. De mannen die hem bij Unilever hadden voorgesteld, David Kidd en Joost van Heyningen Nanninga, kregen de wind van voren. Polman liet weten niet langer met Egon Zehnder te willen samenwerken.

In overleg met Polman en Sijbesma hebben de consultants van Russell Reynolds eerst een lijst van vijfduizend CEO's gemaakt. Vervolgens hebben ze alle driehonderd CEO's die bijna of net met pensioen zijn op een lijst gezet en ze één voor één langsgelopen. Zo waren er twintig kandidaten voor de opvolging van Treschow overgebleven. Het valt Louise Fresco op dat er maar één vrouw op dit lijstje staat. Ze maakt zich vervolgens hard voor een Aziaat, daar komt toch de groei vandaan. Maar dat stuit op veel weerstand, haar collega's vinden Unilever in de eerste plaats een op westerse culturele waarden gebouwd bedrijf. De lijst met criteria is lang. De nieuwe voorzitter moet kennis hebben van de markt en een paar bedrijven hebben geleid. Polman wil een jonge voorzitter, geen Brit of Nederlander. Het bestuur is eigenlijk over niemand enthousiast. Een kandidaat die wel gedragen wordt, geeft na een paar gesprekken aan er zelf geen zin in te hebben. De tijd begint te dringen.

Marijn Dekkers staat niet op die eerste lijst. In 2014 was aangekondigd dat het contract van de CEO van Bayer met twee jaar, tot eind 2016, was verlengd. Dat was een verrassing geweest, waarom zou de 57-jarige Dekkers zo snel vertrekken? Tegen *Het Financieele Dagblad* zei Dekkers: 'Ik ben straks opgeteld zeventien jaar CEO geweest, een baan die zowel fysiek als mentaal vergelijkbaar is met topsport. Elke keer als ik ergens binnenloop, ben ik degene om wie het draait. Mensen zijn ergens omdat ik er ben. Ik zit nooit gewoon meer ergens bij, zo half relaxed een beetje te denken of ik die avond nog ga tennissen. Dat wil ik niet meer.' Eind 2016 is een halfjaar te laat om voor de rol van bestuursvoorzitter van Unilever in aanmerking te komen. Voor die positie moet iemand toch zo'n drie dagen per week beschikbaar zijn.

Maar Dekkers heeft besloten om nog eerder bij Bayer te vertrekken. Hij is fel tegen de 63 miljard dollar kostende overname van de Amerikaanse zaadveredelaar en gewasbeschermingsproducent Monsanto. De chemicus gelooft er niet in; het is technologisch heel moeilijk om synergie tussen chemicaliën en zaden tot stand te brengen. Hij maakt zich bovendien steeds meer zorgen over de verschillen tussen het Amerikaanse en het Duitse ondernemingsmodel. Acht jaar was hij CEO van het Amerikaanse Thermo Fischer Scientific, gespecialiseerd in diagnostiek in de gezondheidszorg, een beursgenoteerd bedrijf, goed voor een omzet van meer dan 10 miljard dollar. Dekkers rende er van kwartaal naar kwartaal, werd door de cijfers geleefd, dat had hij vreselijk gevonden.

Johannes von Schmettow van Egon Zehnder had Dekkers bij Bayer geplaatst. Die weet daarom als een van de eersten dat hij nog eerder zal vertrekken. De Nederlander heeft hem verteld dat hij graag ergens president-commissaris wil worden, in een model met echte verantwoordelijkheid. Von Schmettow laat hem een lijstje zien, daar staat ook Unilever op. Dekkers vindt dat meteen een aantrekkelijke optie. Vanwege de enorme status, maar ook omdat hij in Nederland is opgegroeid, hij verlangt ernaar daar meer te zijn.

Unilever lijkt hem een interessant bedrijf. Natuurlijk gaat het in het bedrijfsleven voor alles om geld verdienen, maar dat wil hij graag op een betekenisvolle wijze doen. Bij Unilever gaat het over hygiëne en voeding, dat is positief. Het zijn producten die je goed kunt begrijpen. Via Joost van Heyningen Nanninga van Egon Zehnder komt deze gevoelige informatie bij Feike Sijbesma terecht.

Russell Reynolds draagt uiteindelijk twee kandidaten voor, onder wie Marijn Dekkers. In het bestuur worden vraagtekens geplaatst bij het feit dat het toch een Nederlander is en dat hij, net als Treschow, eigenlijk nooit in de wereld van fast-moving consumer goods heeft gewerkt. En met 59 jaar is Dekkers ook niet echt jong. Tussen alle bedrijven door ontmoet Dekkers Paul Polman voor de eerste keer op een zaterdagochtend op Heathrow. Het klikt tussen de twee Nederlanders. Polman vindt Dekkers een aardige, rustige man. Dat ze allebei een katholieke opvoeding hebben gehad, scheelt ook, denkt Dekkers.

Egon Zehnder stuurt geen rekening voor de waardevolle tip. De executive searchers weten dat ze op een andere manier zullen worden beloond.

Door zijn succesvolle bijdrage aan de SDG's is Polman van harte uitgenodigd bij de voorbereidingen van de Parijse klimaatconferentie. Het helpt dat ze bij de Verenigde Naties onder de indruk zijn geraakt van de wijze waarop Polman het grote bedrijfsleven heeft weten te betrekken bij de duurzame-ontwikkelingdoelen. Honderden brieven heeft hij toen gestuurd naar de CEO's van grote bedrijven om ze te vragen hun steun uit te spreken. De reacties waren zonder uitzondering positief geweest. Dat hadden ze bij de Verenigde Naties nog nooit meegemaakt. Dit willen ze in Parijs ook.

Polman krijgt het vertrouwen van overheden en ngo's en werkt als enige CEO nauw samen met Laurent Fabius, de Franse minister van Buitenlandse Zaken en voorzitter van de Klimaatconferentie. Hij schat dat 75 procent van de 1800 bedrijven die naar Parijs zijn gekomen om hun steentje bij te dragen, door Unilever is uitgenodigd of op z'n minst geënthousiasmeerd. Ze nemen deel aan allerlei sessies, hebben zitting in subgroepen en leggen ambitieuze verklaringen af.

Unilever heeft als enige bedrijf toestemming gekregen om een stand op deze enorme klimaatconferentie neer te zetten. Ben & Jerry's mag er een speciaal ontwikkeld ijsje uitdelen: 'Save Our Swirled'. De afgelopen maanden heeft het merk 300.000 handtekeningen opgehaald onder de oproep aan politieke leiders om een bindend klimaatakkoord te ondertekenen. 'Onze houding tegenover klimaatverandering is vergelijkbaar met onze relatie tot ijs: als het smelt is het geruïneerd. Dit is een boodschap over klimaatverandering die je niet kunt negeren.'

Het blijft opmerkelijk: zo trots als Unilever is op het merk Ben & Jerry's, zo afstandelijk doet het ijsmerk zelf nog steeds over de moederorganisatie. Van Dove tot Magnum, in iedere commercial wordt afzender Unilever duidelijk vermeld, behalve in die van Ben & Jerry's. Op al hun verpakkingen staat altijd een foto van de twee lachende oprichters en wie heel goed zoekt vindt een piepklein, bijna onzichtbaar Unilever-logootje.

Laurent Fabius is geëmotioneerd als het moment eindelijk daar is: 'Het is maar een kleine hamer, maar ik denk dat hij in staat is tot grote dingen.' De zaal gaat staan en applaudisseert minutenlang. Ruim 23 jaar na de eerste *earth summit* in Rio de Janeiro en aan het einde van het warmste jaar ooit gemeten, committeren 195 landen zich aan het samen reduceren van hun CO_2-uitstoot. De opwarming van de aarde moet deze eeuw onder de 2 graden blijven, niet meer dan 1,5 graad als het even kan. De Amerikanen hadden op de valreep nog voor een oponthoud van een paar uur gezorgd. In de tekst stond dat ontwikkelde landen hun emissies in hun gehele economie 'moeten' terugbrengen. Om te voorkomen dat de regering-Obama het akkoord moet voorleggen aan het door de Republikeinen gedomineerde Congres is dit veranderd in 'zouden moeten'. Iedere vijf jaar zullen de landen bij elkaar komen om te kijken of aanpassingen nodig zijn. Het akkoord is gebaseerd op de vrijwillige klimaatplannen die landen hebben ingediend. Arme landen krijgen jaarlijks 100 miljard dollar steun om hun deel van de opdracht te kunnen vervullen.[13]

Die steun zal hard nodig zijn. Door de actiegroep Rainforest Action Network wordt Unilever ondertussen gemaand beter zijn best te doen om de productie van palmolie duurzaam te maken. 'Unilever was in 2008 een van de eersten die erkende dat de groeiende behoefte aan palmolie de belangrijkste oorzaak van ontbossing is. Ze beloofden toen daar een einde aan te maken.' Het feit dat Unilever palmolie met een GreenPalm-certificaat koopt, vindt deze ngo volstrekt onvoldoende. De handel in deze certificaten is levendig, maar het is lang niet altijd duidelijk of palmolie met zo'n certificaat ook werkelijk duurzaam is geproduceerd.

'Unilever is er tot nu toe onvoldoende in geslaagd problematische producenten uit haar keten te halen,' schrijft de actiegroep. In het rapport wordt zelfs gesteld dat bedrijven als Mars en Nestlé al een stuk verder zijn. Dat geldt niet voor Kraft Heinz, dat nog maar net lid is geworden van de RSPO. 'Zij hebben nog geen betekenisvolle stappen gezet om met dit probleem aan de slag te gaan. H.J. Heinz liep hierbij ooit voorop maar hangt nu onderaan de lijst van twintig grootste snack-producenten.'[14]

Marc Engel begrijpt de kritiek. Hij wordt er zelf af en toe ook moedeloos van. Unilever is hier nu vijftien jaar mee bezig. Maar de ontbossing gaat maar door. Hij ziet dat die certificaten veel minder belangrijk worden. Die zijn veel te goedkoop geworden. De nieuwe directeur productie en inkoop, lid van het Unilever Leadership Executive, de top-13 van het bedrijf, wil op Sumatra beginnen met de installatie van software in de molens die palmolie persen. Met de inzet van blockchain-technologie wil hij goed zicht krijgen op de kwaliteit van de productie. Dat moet helpen om vooral de productie van kleine producenten fors te verhogen.

Met financiële steun van IDH, waar Engel in het bestuur zit, gaat Unilever kleine boeren helpen te verhuizen naar stukken bos die worden gerestaureerd, waar ze met optimale methoden hun opbrengst kunnen vergroten. Diezelfde technologie wil Engel inzetten bij de productie van thee. Die zal ook daar helpen om het inkomen van arme boeren te verbeteren. Hij is er trots op dat Unilever zijn eigen theeplukkers minimaal twee dollar per dag betaalt. Maar hij weet ook dat tegenover iedere door Unilever betaalde leverancier er acht zijn die minder betalen.

Eind 2015 presenteert Unilever als eerste bedrijf ter wereld trots een Mensenrechtenverslag. In dat verslag wordt verwezen naar het 'kader voor een eerlijke vergoeding' daarin is vastgelegd hoe de eigen werknemers zo worden vergoed dat ze ervan kunnen leven. Bovendien streeft Unilever ernaar om dit beleid ook uit te dragen naar alle leveranciers en afnemers. Dat is opnieuw een grote opdracht, het bedrijf heeft zo'n 76.000 leveranciers in 190 landen, het gaat in totaal om miljoenen mensen, 'en die hebben uiteenlopende opvattingen over wat het betekent om mensenrechten te respecteren'. Polman wijst daarom op het belang en de groeiende impact van de partnerships die Unilever met Oxfam en Solidaridad heeft. Ze zullen samen nog harder op zoek moeten gaan naar 'oplossingen die systemisch en duurzaam zijn'.[15]

14 Te ver voor de troepen uit

januari 2016-januari 2017

Van aandeelhoudersvergaderingen tot eredoctoraten en van gastcolleges tot gewone lezingen – als het even kan en ze niet zelf hoeft op te treden, gaat Kim Polman met haar man mee. Dan zit ze meestal op de eerste rij en luistert aandachtig terwijl hij zijn verhaal houdt. Ze weet dat haar aanwezigheid hem helpt om zich veilig te voelen.

Als geen ander begrijpt en steunt de Amerikaanse celliste de missie van haar man. Ze is al tientallen jaren milieuactivist, ervan overtuigd dat het huidige, op de korte termijn georiënteerde kapitalistische systeem zo snel mogelijk moet worden vervangen. In het voorwoord van haar boek *Imagining Cells* schrijft ze: 'Onze generatie heeft de potentieel rampzalige eer om getuige te zijn van de geboorte van het Antropoceen. Een tijdperk dat wordt gekenmerkt door de onomkeerbare impact van mensen op de wereld, met een verandering van het klimaat, groeiende bedreiging van ecosystemen en vervuiling als gevolg.'[1] Kim Polman gelooft dat de broodnodige verandering zal zijn gebaseerd op de 'Gouden Regel': behandel anderen en de planeet zoals je zelf behandeld wilt worden. Deze altruïstische stelregel vormt al drieduizend jaar de grondslag voor de meest succesvolle religies en culturen en is volgens haar het belangrijkste leidende principe in menselijke interactie.

Unilever-bestuurders zijn onder de indruk van de trouw van de 63-jarige partner van de CEO van Unilever. In de beleving van Louise Fresco vertegenwoordigt Kim Polman de niet-materiële dimensie van hun gezamenlijke verhaal. Voor haar drie jaar jongere man is zij de stem van de waarheid.

Die heeft hij nodig. Paul Polman voelt zich vaak nog onbegrepen. Het is ook verwarrend, als CEO in het land van de Verenigde Naties. Hij ziet zichzelf eigenlijk niet meer als zakenman. Juist omdat hij CEO is, en Unilever met zijn producten iedere dag zo'n 2 miljard mensen als het ware aanraakt, kan hij de wereld de goede kant op leiden. Als hij die ruimte niet had gekregen, Unilever niet voor zijn kar had kunnen spannen, was hij na vijf jaar vertrokken. Alleen maar CEO zijn, was niet genoeg geweest. Dat had hij zelfs saai gevonden. Gelukkig zijn er steeds meer leiders zoals hij, mensen die holistisch denken, gericht zijn op samenwerking.

Kim Polman is er net als haar man van overtuigd dat de wereld een heel ander type leiders nodig heeft. Ze zou willen dat mannen als Donald Trump, Vladimir Poetin en Recep Tayyip Erdogan samen ergens ver weg, op een berg, hun potje mannenmonopoly gaan spelen, zodat wel verbindende wereldleiders zich kunnen gaan ontfermen over een gezamenlijke toekomst. Vrouwen zullen in toenemende mate hun rol als leiders opeisen. Al is het alleen maar omdat zij beter begrijpen wat begrippen als gemeenschap en duurzaamheid betekenen. Tijdens al die aandeelhoudersvergaderingen van Unilever waar ze is geweest viel het haar regelmatig op: de beste vragen werden door vrouwen gesteld.

Kim Polman heeft besloten naar die nieuwe leiders op zoek te gaan, geestverwanten die zich in diezelfde ruimte bevinden. Mensen die net als haar man het voortouw durven te nemen in een volgens haar 'wereldwijde transformatie die zo fundamenteel is dat het moeilijk voorstelbaar is'. Fundamenteel en onontkoombaar. Om zich dat toch voor te stellen gebruikt ze de wijze waarop rupsen uiteindelijk net zo onontkoombaar in vlinders veranderen. Na een periode van uitgehongerde vraatzucht, vergelijkbaar met de jaren waarin de wereld zich bevond voor de financiële crisis, vormt de rups een pop. Daar lost de rups op in een biologische stoofpot, waarin enkele slapende 'cellen-met-verbeelding' zich verenigen om er vervolgens langzaam maar zeker in te slagen om het immuunsysteem van de rups te verslaan. Daardoor ontstaat ruimte voor meer van deze cellen, gaan deze zich nadrukkelijker aan elkaar verbinden, bereiken ze samen een kantelpunt, waarna ze aan een mooie vlinder kunnen gaan bouwen. De vlinder staat voor Kim Polman voor het goede, nieuwe, duurzame systeem dat de wereld nodig heeft.[2]

Samen met Stephen Vasconcellos-Sharpe, bedenker van het blad *Salt*, gericht op het aanjagen van 'betekenisvolle transformatie', heeft Kim Polman een lijstje met 25 van die vernieuwende denkers gemaakt: van Desmond Tutu en Al Gore tot Muhammad Yunus en Mark Malloch Brown, van Antony Jenkins en Mo Ibrahim tot Peter Bakker en Paul Polman. Ze heeft ze gevraagd de krachten te bundelen en allemaal vanuit hun eigen invalshoek een essay te schrijven voor het boek *Imaginal Cells. Visions of Transformation*.

Haar man is enthousiast, hij kent de meesten. Polman hoopt ook dat in 2016 dat kantelpunt wordt bereikt. Met de start van de duurzame-ontwikkelingdoelen en een ambitieus klimaatakkoord kan de wereld nu gaan werken aan voor iedereen geldende afspraken. Afspraken en samenwerking die armoede uit moeten bannen en de wereldeconomie duurzaam zullen maken.

Samen met Mark Malloch Brown (voormalig plaatsvervangend secretaris-generaal van de VN) lanceert de onvermoeibare Polman in Davos de Business & Sustainable Development Commission. Dit gremium zal de komende twee jaar alles op alles zetten om bedrijfsleven, overheden en ngo's dezelfde kant op te laten kijken. Bij de aankondiging legt hij uit hoe: 'De afgelopen zes maanden hebben wereldleiders grote beloften gedaan: zoals een einde maken aan extreme armoede en een beheersing van klimaatverandering. Sceptici vragen zich af of het realistisch is. Begrijpelijk: de overeenkomsten zijn onwaarschijnlijk ambitieus en ze moeten worden uitgevoerd in een risicovolle, onvoorspelbare wereld. Deze agenda gaat biljoenen dollars kosten. Maar het vinden van dat geld is nog maar een begin, het is minstens zo belangrijk dat we onderwijs- en gezondheidszorgsystemen gaan bouwen die geschikt zijn om vanuit *purpose* te werken, die zorgen voor goede levensomstandigheden voor een groeiende wereldbevolking en infrastructuren bouwen die op duurzame energie draaien. In ieder scenario speelt de private sector een centrale rol.' De mannen hebben uitgerekend dat jaarlijks zo'n 2,4 biljoen dollar (2400 miljard) nodig is om de duurzaamheidsdoelen voor 2030 te kunnen realiseren. Maar dat zou volgens hen geen probleem hoeven zijn, want in de wereld 'zwerft voor 290 biljoen dollar aan financiële activa rond, ieder jaar zo'n 5 procent meer'. Ze realiseren zich dat dit geld alleen de goede kant op rolt als er een wereldwijd geaccepteerde standaard komt die bedrijven in staat stelt om te rapporteren over hun inspanningen voor het realiseren van de duurzaamheidsdoelen van de VN.

In Davos zorgt ook Dame Ellen MacArthur voor ophef. Terwijl ze in 2005 het record solozeilen rond de wereld verbrak heeft ze gezien hoe de oceanen door plastic worden vervuild. Sindsdien vecht ze hier met haar stichting tegen. Op het World Economic Forum presenteert de 39-jarige MacArthur een onderzoek waaruit blijkt dat de productie van plastic de afgelopen vijftig jaar is vertwintigvoudigd tot 311 miljoen ton in 2014. Bijna 80 miljoen daarvan gaat naar verpakkingen. MacArthur voorspelt voor de komende dertig jaar een verviervoudiging van de plasticproductie. Met dramatische gevolgen. Iedere minuut wordt nu een vrachtwagenlading met plastic in de oceanen gedumpt, in 2050 zullen dat er vier per minuut zijn. Ze vat de ellende samen in één conclusie die de hele wereld opschrikt: in 2050 zitten er meer kilo's plastic in onze oceanen dan kilo's vis.

Het is ook duidelijk van wie al dat verpakkingsplastic afkomstig is. Op verschillende stranden vooral in Azië zamelen actiegroepen plastic afval in. Omdat op de meeste rommel een duidelijke afzender staat, maken ze lijstjes van de grootste vervuilers: Unilever, Procter & Gamble en Nestlé staan steevast in de top-10. Polman noemt het rapport 'een mijlpaal' en pakt de handschoen op: we moeten af van plastic dat maar één keer wordt gebruikt. Het bedrijf kondigt aan dat in 2025 alle door Unilever gebruikt plastic van een kwaliteit moet zijn die in principe kan worden gerecycled. Dan moet ook 25 procent van het door Unilever gebruikt plastic van gerecycled materiaal zijn gemaakt. In het persbericht meldt Unilever trots dat het er sinds 2010 in is geslaagd om de fysieke vervuiling door Unilever-producten per consument met 31 procent te verlagen.

Maar met plastic heeft Unilever duidelijk nog een heel lange weg te gaan. Wereldwijd wordt slechts 2 procent van alle plastic hergebruikt. Unilever doet het nog slechter. Het bedrijf produceert jaarlijks inmiddels zo'n 200 miljard producteenheden. Om die te verpakken wordt zo'n 2 miljoen ton aan verpakkingsmateriaal gebruikt. In 80 procent daarvan zit plastic. Jaarlijks wordt 600.000 tot 700.000 ton plastic gebruikt. Per saldo wordt minder dan 1 procent van alle door Unilever gebruikte plastic gerecycled. Marc Engel, verantwoordelijk voor die inkoop, vindt dat een schande.

De man die op het punt staat om de nieuwe bestuursvoorzitter van Unilever te worden is het hartgrondig met Engel eens. Marijn Dekkers heeft jarenlang met plastics gewerkt. In die wereld heeft de chemicus zijn vrouw leren kennen. Ze hebben samen zelfs verschillende patenten op hun naam staan. In 1992 hebben ze een patent aangevraagd, gericht op het recyclen van plastic. Daar is nooit iets mee gedaan.

Een paar uur nadat Bayer heeft aangekondigd dat Werner Baumann, de architect van de Monsanto-deal, de nieuwe baas van Bayer wordt, kondigt Unilever aan dat Marijn Dekkers Michael Treschow opvolgt als nieuwe voorzitter van het bestuur.

Als de Zweed voor zichzelf de balans opmaakt, is hij trots op de voortrekkersrol van Unilever, van Polman. Maar hij heeft ook zorgen. Treschow vindt dat een CEO zichzelf moet kunnen afremmen. Dat is Polman duidelijk niet voldoende gelukt. Natuurlijk, als je buiten Unilever zo veel applaus krijgt, dan is het lastig om de kritiek die je thuis krijgt te kunnen horen, daar iets mee te doen. De laatste jaren hoorde Treschow Unilever-collega's vooral klagen over de afwezigheid van Polman. Ze volgen hem in de media en hebben soms het gevoel dat Unilever er meer voor hem is dan dat de CEO er voor Unilever is. Hij is in ieder geval bijna nooit meer op kantoor. Treschow begrijpt dat Polman moe wordt van dit verwijt. Dat hij vindt dat hij juist altijd goed bereikbaar is, constant in de gaten houdt wat er allemaal speelt en zijn mail binnen 24 uur beantwoordt. Wat zeuren ze nou?

Dit een-op-een reageren op de vragen van de mensen die onder hem opereren, vindt Treschow juist zijn grootste zwakte. Zo geweldig als hij voor een groot publiek is, zo slecht acteert hij als betrokken leider van zijn team. Dat los je niet op met het snel beantwoorden van mail. Er is eigenlijk niet echt een team. Dat is zonde. Het Unilever Leadership Executive (ULE) bestaat uit allemaal gedreven, slimme mensen, die zouden meer de ruimte moeten krijgen om hun verhaal te doen, daar zou hij meer naar moeten luisteren.

Polman zegt wel dat hij dat doet, maar hij doet het niet echt. Hij reageert op hun vragen en vertelt ze steeds een-op-een wat ze in zijn ogen moeten doen. Om ze werkelijk de ruimte te kunnen geven, moet hij ze echte aandacht geven, zichzelf met hen verbinden, naar ze luisteren. Treschow denkt dat Polman niet eens weet hoe dat moet. Zijn enorme ongeduld helpt hem in ieder geval ook niet. Hij wekt zo constant de indruk de anderen maar dom te vinden. Treschow vindt het ergens ook tragisch is dat Polman zelf zo ontzettend veel weet, het vaak beter weet dan de mensen om zich heen. Hierdoor voelt hij de noodzaak ook niet om naar anderen te luisteren. Maar hij moet oppassen. Een CEO krijgt zijn collega's niet mee door ze te vertellen wat hij vindt dat ze moeten doen. Pas als mensen het gevoel hebben dat er echt naar ze wordt geluisterd, doen ze mee.

Verschillende leden van het ULE maken zich hier zorgen over. Ook Kees Kruythoff, al jaren lid van het ULE, vindt dat Polman eigenlijk altijd zijn zin doordrijft. Hij laat iedereen aan hem rapporteren, creëert nooit samenwerkingsverbanden. De CEO doet alles alleen.

Het ULE is totaal geen team. Daar wordt door meer mensen over geklaagd. Het is in ieder geval niet zijn team. Polman staat er als het ware steeds boven, maar daardoor ook erbuiten. Suggesties om meer tijd met elkaar door te brengen, te werken aan een gezamenlijke teamspirit, wijst hij steevast af. Daar heeft hij geen zin in en geen tijd voor. Hij vindt het ook niet nodig. Het is toch duidelijk wat er moet gebeuren? Wie wil nou niet dat de armoede de wereld uit gaat?

Verschillende collega's vinden het ingewikkeld dat de boodschap die Polman uitdraagt voor alles gaat over vertrouwen en verbinding, maar dat hij er zelf nauwelijks in slaagt om zich werkelijk te verbinden aan de mensen om hem heen. Dat hij eigenlijk nooit naar iemand luistert, begint ze te irriteren. Dat je het morele gelijk aan je zijde hebt, betekent niet dat je nooit meer in discussie hoeft te gaan. Dat is zelfs een voorwaarde om tot een team te komen, om zo'n team te managen. Zo maak je duidelijk dat je het niet alleen kunt, dat iedereen nodig is, dat het een gezamenlijke opdracht is. Dit dringt maar niet tot Polman door. Ze zullen het samen moeten doen, het samen moeten vertellen.

Het valt Jan Zijderveld op dat niemand met de media mag praten. Daar staat een ban op, daar moet Sue Garrard op toezien. Alleen Polman praat met de media. Waarom eigenlijk, vraagt Zijderveld zich af, waarom vertrouwt Polman dit aan niemand anders toe? Is Unilever daar wel mee gediend, zo hartelijk zijn Polmans relaties met de pers niet.

Anniek Mauser ligt met Sue Garrard in de clinch. In de Benelux wordt het Unilever-verhaal vooral bij ngo's nog steeds goed ontvangen. Dat komt volgens Mauser vooral omdat het bedrijf dicht op de verschillende belanghebbenden zit. Ze concentreert zich op een transparante relatie met de media. Ook haar irriteert het dat die media vooral uit zijn op sensatie. Dat is jammer, daardoor raken mensen afgestompt. Ze is ervan overtuigd dat het duurzame-landbouwprogramma van Unilever veel beter is dan de meeste keurmerken, maar zo'n bericht krijgt nauwelijks aandacht.

Lang heeft ze moeten werken met marketeers die de inhoud en de noodzaak van duurzaamheid niet in hun werk meenamen. Dat verandert nu wel. Ze geeft veel trainingen waarin ze steeds maar weer herhaalt: zorg dat duurzaamheid begrepen wordt, zorg dat het makkelijk toepasbaar is, zorg dat het aantrekkelijk is, dat het zowel emotioneel als financieel tot beloningen leidt en zorg ervoor dat het een gewoonte wordt. Eindelijk beginnen de marketeers het te begrijpen. Mauser gelooft dat de Nederlanders hierin vooroplopen, met Polman als inspirerende koploper. Ze wil deze lessen graag naar Londen brengen maar daar krijgt de Nederlandse geen voet aan de grond bij Garrard.

Garrard, vanuit de Londense staf verantwoordelijk voor de communicatie over het USLP, is veel minder enthousiast over de gang van zaken. Polman lijkt ervan uit te gaan dat de noodzakelijke verandering zich zal aandienen omdat hij nou eenmaal gelijk heeft. Maar hoe dat in de praktijk moet, daar gaat hij niet echt op in. Natuurlijk, hij kan een fenomenale hoeveelheid informatie verwerken en daar ook nog een prachtig verhaal over vertellen. Maar Garrard ergert zich steeds meer aan een baas die te trots is om onder ogen te zien dat zijn mooie verhaal in de praktijk maar heel moeizaam wordt gerealiseerd.

In haar analyse is het grote probleem nog steeds dat iedereen in zijn of haar eigen silo werkt. Omdat ze door bonussen en salarisverhogingen op basis van hun 'eigen' resultaat worden geprikkeld, blijven ze binnen Unilever elkaars concurrenten. Garrard benadrukt steeds dat een gemeenschappelijk doel na verloop van tijd tot interessantere en betere resultaten zal leiden. Net als Gail Klintworth irriteert het haar dat vooral mannen nog steeds ieder excuus gebruiken om maar niet op een meer op samenwerking gerichte manier te hoeven werken. Ze lijken het niet eens leuk te vinden om duurzame modellen te ontwikkelen. Het verbaast haar niet dat juist veel vrouwen binnen Unilever hiermee bezig zijn. Die hebben kennelijk minder last van hun ego.

Garrard ervaart de oplopende spanning tussen wat door Polman aan de buitenwacht wordt beloofd en wat hij intern roept ook als schizofreen. Binnenshuis heeft hij het toch vooral over de noodzaak om te groeien en kosten te besparen. Ze vindt dat hij onvoldoende de tijd neemt om zijn duurzame boodschap samen met de mensen onder hem concreet uit te werken, merk voor merk. Ze besluit zelf per product in kaart te brengen wat historisch gezien de duurzame kenmerken zijn in de hoop dat deze centraal worden gezet in de groeiplannen voor dat product. Als dat lukt wordt nadrukkelijk het bewijs geleverd dat producten die het goede doen harder kunnen groeien. Besloten wordt om dit voor veertig grote merken te doen.

Waar verschillende collega's zich beginnen te ergeren, overheerst bij de meesten nog steeds bewondering. Ze vinden het juist knap dat Polman zich ondanks alle drukke werkzaamheden rondom dat 'vliegwiel' buitenshuis ook druk blijft maken over de business, de cijfers. Die steun kunnen ze goed gebruiken. De noodzaak om meer met het USLP bezig te zijn wordt zo gerelativeerd. Ze twijfelen helemaal niet aan het nut van wat ze doen, dat hebben ze nooit gedaan. Kwalitatief goede voeding en hygiëne tegen een goede prijs, dat is de kern, dat hebben mensen nodig. En verder is het allemaal marketing, sales, communicatie. En natuurlijk willen ze ook dat die 800 miljoen hongerige mensen een beter inkomen krijgen, zodat ze boodschappen kunnen doen. Daar profiteert Unilever ook van. Met de boodschap van het USLP heeft het bedrijf aansluiting gekregen bij de zorgen van deze tijd. Maar Unilever blijft wel een bedrijf, de CEO moet zich niet te veel als wereldleider gaan profileren, dan loopt hij te ver voor zijn eigen troepen uit.

Jan Zijderveld gelooft inmiddels dat het leiden van Unilever te saai voor Polman is geworden. Hij heeft respect voor diens enorme gedrevenheid om de grote problemen van de wereld op te lossen, het liefst alleen daarmee bezig wil zijn. Maar steeds als Zijderveld aan Polman vraagt wat meer in de buurt te blijven, zegt hij dat ze niet zo moeten zeuren, dat zij de business moeten runnen, dat ze daar goed voor worden betaald. Dan benadrukt hij de essentie van het USLP. Tegenwerpingen, zoals zorgen over de teruglopende marge in de voedingsdivisie, opstomende concurrentie, wil hij niet horen. Dan reageert hij gekwetst, roept dat ze hem teleurstellen. Dat ze beter hun best moeten doen.

Als jullie niet voor de zaak gaan staan, dan lukt het niet. Peter ter Kulve heeft het Polman vaak horen zeggen. Het valt hem op dat Polman vrijwel nooit tijd heeft. Zijn agenda zit ramvol, afspraken duren nooit langer dan 20-30 minuten. Heel soms is die tijd er wel, dan kunnen ze ook plezier maken. De mannen komen allebei uit Twente, dat schept een band, die kunnen om zichzelf lachen. Maar als het over zijn missie gaat, is Polman altijd serieus, bloedserieus. En als hij vindt dat je die missie frustreert, wordt hij woedend.

Ter Kulve, de verantwoordelijke man voor Zuidoost-Azië, heeft in Singapore samen met zijn goede vriend en Azië-expert Hans Vriens een boekenclub opgericht. Een van de deelnemers is Dwight Hutchins, managing director van Accenture in de regio en specialist in advisering rondom zero-based budgetting (ZZB).

Accenture is de hofleverancier van Kraft Heinz. Daar stellen ze ieder jaar opnieuw bij iedere kostenpost dezelfde vraag: moeten deze kosten worden gemaakt en wordt het beschikbare geld wel goed besteed? Het in bureaucratische organisaties gehanteerde uitgangspunt om het budget van vorig jaar maar vast te reserveren voor het nieuwe jaar, kennen ze daar allang niet meer. Als Ter Kulve in Londen voorstelt hier ook mee aan de slag te gaan, krijgt hij nul op het rekest: dit past niet bij Unilever, wij richten ons op de klant, op groei, op het USLP, niet zo dom en primair op kostenbesparingen. Ter Kulve krijgt er geen budget voor maar zet toch door. Hij vraagt aan Hutchins of Accenture de ZZB-techniek niet eens kan loslaten op de Unilever-operatie in Thailand. Daarvoor zullen ze 800.000 kostenposten moeten doorakkeren en beoordelen of het wel of geen strategische kosten zijn. Accenture mag als beloning een derde van de besparingen in zijn zak steken.

Het resultaat is verbluffend. Ter Kulve ziet opeens hoeveel geld in een organisatie als Unilever aan onzin wordt uitgegeven, gewoon omdat er budgetten voor zijn. Het lijkt wel of er nauwelijks over de kosten wordt nagedacht. Marketing kan bijna achteloos 20.000 displays laten maken, terwijl de verkopers er maar achtduizend nodig hebben. Al met al halen ze door deze exercitie zo'n 10 tot 15 procent van de kosten eruit. Als Ter Kulve met dit bericht bij CFO Graeme Pitkethly op de deur klopt en voorstelt om dit toch maar voor alle activiteiten in Azië te doen, pakt de CFO door. Hij wil het voor heel Unilever gaan doen.

Paul Polman gaat akkoord maar wil er verder geen ruchtbaarheid aan geven, dan lijkt het net of Unilever zich toch door financiële doelen laat sturen. Als de resultaten er zijn, zullen ze het wel melden. Polman wil communiceren over de USLP-doelen, die in zijn ogen een 'weerspiegeling van de SDG's' zijn. Hij hoopt vooral dat er nu snel een standaard komt die de met het USLP geboekte resultaten meer meetbaar gewicht geeft in de ogen van de *spreadsheet monkeys.*

Wanneer gaan accountants nou eens serieus met een standaard voor *integrated reporting* aan de slag, wanneer pakken ze de handschoen van Peter Bakker op en gaan ze zich ontfermen over de belofte dat zij de wereld gaan redden? Polman snakt hiernaar. Maar of het nou EY, KPMG, PwC of Deloitte is, steeds als hij erover begint, merkt hij dat deze cijferaars als de dood zijn om het op te pakken.

Louise Fresco, voorzitter van het corporate responsibility committee in het Unilever-bestuur, is daar ook niet tevreden over. De jaarlijkse 'verklaring van beperkte zekerheid' die de accountants van PwC op de USLP-resultaten plakken, stelt in haar ogen niet veel voor. Ze krijgen goed betaald maar leveren weinig toegevoegde waarde. Ze vindt dat de accountants van PwC niet ondersteunend zijn in de zoektocht naar een serieuzere audit, vergelijkbaar met wat ze bij de financiële cijfers doen.

Robert van der Laan is het met Fresco eens. Zes jaar heeft hij voor PwC wereldwijd de kar getrokken, geprobeerd om integrated reporting op de kaart te zetten. De fiscalist van origine werd in 2010 diep geraakt door het boek *One Report*. Daarin houden wetenschappers Robert Eccles en Michael Krzus een warm pleidooi voor een geïntegreerde rapportage. Omdat de 'duurzaamheids-activiteiten' onder de accountants vallen, wordt hij daar als partner-fiscalist onder gehangen. Zijn jonge duurzaamheidsspecialisten zijn verrast dat ze opeens door een fiscalist worden geleid maar zijn vooral blij dat ze nu onder een partner vallen, misschien dat ze nu eindelijk serieus worden genomen binnen PwC.

De eerste twee jaar ging het nog aardig. Intern werd de boodschap van Van der Laan 'een speerpunt voor de toekomst' genoemd. Maar al heel snel moet hij vooral omzet gaan maken, zijn eigen broek ophouden. Dat valt niet mee. Vooral ook omdat de collega-accountants alleen maar bezig zijn met het perfectioneren van de financiële verslaglegging en geen begin van een idee lijken te hebben over een geïntegreerde verslaglegging. Die accountants vinden het allemaal doodeng. Ze vragen zich af of ze opeens tegen klanten moeten gaan zeggen dat ze serieuzer naar hun CO_2-uitstoot moeten kijken, omdat ze daarop gaan controleren. Daarmee zouden ze ook tegen die klanten zeggen dat ze het tot nu toe niet goed hebben gedaan. De klant betaalt en zolang die er niet mee bezig is, gaan accountants ze daar echt niet mee lastigvallen.

Ergens begrijpt Van der Laan het wel. Hij heeft de afgelopen jaren met verschillende raden van bestuur gesproken, ze gewezen op hun verantwoordelijkheid voor het klimaat, hun stijgende uitstoot van CO_2. Aan de andere kant van de tafel zag hij dan vooral glazige blikken. Hij realiseerde zich dat die mensen hun bedrijven sturen op harde cijfers over omzet, marge, kosten. Zolang een toename van hun CO_2-uitstoot nauwelijks geld kost, zullen ze er niet naar kijken. Wat dat betreft zou een forse wereldwijd ingevoerde belasting op CO_2-uitstoot enorm helpen.

Van der Laan voelt zich een donquichot, vechtend tegen een dominant systeem. En hij voelt mee met Polman: die moet iedere dag opnieuw zo veel weerstand overwinnen. Het vraagt veel energie en moed om tegen het systeem in te gaan.

Ook binnen PwC valt het niet mee om overeind te blijven. Accountants zijn het gewend om een verklaring van 'reasonable assurance' te geven, die moet 90 à 95 procent zekerheid geven, dat is een positieve verklaring. De relatieve ongrijpbaarheid van Van der Laans werk resulteert nog steeds in een verklaring van 'limited assurance', die komt niet verder dan 60 procent zekerheid. Past dat wel in hun verdienmodel? Partners gaan jaarlijks met vier tot zeven ton naar huis, dat kunnen ze alleen in stand houden als met een tarief van minimaal 300 euro per uur kan worden gerekend. Dat willen klanten voorlopig niet betalen voor de dienstverlening waar het clubje van Van der Laan voor staat.

Na zes jaar gooit hij de handdoek in de ring, hij gelooft niet meer dat accountants de wereld gaan redden, dat kunnen ze helemaal niet. Het gaat om een compleet nieuwe logica die haaks staat op wat ze gewend zijn. Bovendien zijn accountants volgers. Zij volgen hun klanten, zullen nooit de hand durven bijten die hen voedt. Van der Laan gelooft met Polman dat de wereld op een kantelpunt staat, dat er een radicaal ander systeem nodig is. Maar dan moet wel op de een of andere manier duidelijk worden dat de oude logica tekortschiet.

Paul Hurks vreest dat grote pijnlijke crises nodig zullen zijn om die boodschap te laten doordringen. De directeur internationale zaken van de Nederlandse Beroepsorganisatie van Accountants (NBA) is secretaris van de werkgroep ESG Assurance. Sinds twee jaar organiseert de NBA dit platform, waar voorzichtig voorstellen worden gedaan om die zo vage *limited assurance* meer gewicht te geven, te moderniseren. Hurks is ook teleurgesteld. Het schiet helemaal niet op. Een recente poging om meer niet-financiële informatie in de zogenaamde eindtermen voor de accountantsopleidingen te krijgen is mislukt. Hij constateert dat de huidige generatie hoogleraren er gewoon geen zin in heeft, ze willen lesgeven zoals ze altijd hebben gedaan, ze vinden integrated reporting een hype. En dus leert ook de jonge garde de oude dingen. Het is zelfs zo erg dat de NBA cursussen over integrated reporting moet afblazen omdat er te weinig aanmeldingen zijn.

De SDG's zijn weliswaar een mooie kapstok, maar ze zijn niet in duidelijke businesstaal geschreven, dat vindt Hurks een groot probleem. In feite gaat integrated reporting niet alleen over het verleden maar ook over de toekomst, niet alleen over een bedrijf maar over de hele keten en is het niet alleen gericht op investeerders maar ook op ngo's, overheden en consumenten. Allemaal zaken waar de klassieke accountant rillingen van krijgt.

Regelgeving is in zijn ogen vooral door ervaring gestolde ethiek. Hurks is daarom enthousiast over Unilever. Daar worden de eerste ervaringen opgedaan. In die nieuwe USLP-beoordeling moeten accountants betrouwbaarheid toevoegen aan de informatie die het bedrijf verschaft. De werkzaamheden schuiven zo langzaam op van financiële naar niet-financiële informatie, van altijd achteruitkijken naar voorzichtig vooruitkijken. Bij Unilever en andere bedrijven die vooroplopen, ontstaat zo een zekere expertise. Hij hoopt dat die op een gegeven moment breder wordt gedragen. Dan kunnen stap voor stap nieuwe regels worden opgesteld. Hurks is blij met de nieuwe Europese richtlijn die van de grootste bedrijven vraagt om in hun verslaglegging duidelijk te maken wat ze aan het klimaat doen. Het is allemaal nog klein, maar wel een begin.

Langzaam maar zeker verandert de toon bij Unilever als bijna zes jaar na de start van het USLP de balans wordt opgemaakt. Eind 2015 zijn 482 miljoen mensen bereikt in het kader van de ambitie om een miljard mensen te helpen met het verbeteren van hun gezondheid en welzijn, 337 miljoen daarvan zaten in het 'handenwasprogramma' van Lifebuoy. Het aandeel van duurzame inkoop van landbouwproducten is iets gestegen, naar 60 procent. En door verbeterde eco-efficiency is sinds 2008 voor 600 miljoen euro aan kosten bespaard – een schijntje op een inkoop van jaarlijks enkele tientallen miljarden.

De tekst van het USLP-verslag is soms bijna somber, het valt duidelijk niet mee om de hele keten mee te krijgen. Vooral consumenten moeten veel beter hun best gaan doen. Er moet meer worden samengewerkt. 'In een onzekere en instabiele wereld kunnen we onze visie niet verwezenlijken, tenzij we nieuwe manieren vinden waarbij niet alleen maar wordt genomen van de samenleving en het milieu.'

Zoals al door Garrard en anderen voorspeld, moet Unilever de eigen duurzame ambities fors bijstellen. De halvering van de impact op het milieu van de hele keten zal in 2020 niet worden gerealiseerd. Nu spreekt het concern over de ambitie om in 2030 klimaatpositief te zijn. Ook dat zal nog een hele toer worden: de voor 2020 voorspelde halvering van de broeikasgassen is uitgedraaid op een toename van 6 procent.[3]

Unilever maakt vanaf nu een onderscheid tussen 'sustainable living-merken' en de rest. En geeft een definitie: 'Zo'n duurzaam-levenmerk moet niet alleen een duidelijke missie hebben die bijdraagt aan de oplossing van een maatschappelijk of milieuprobleem. Het product zelf moet ook een bijdrage leveren aan een of meer van de doelen die we hebben gesteld in het Unilever Sustainable Living Plan. Ze zorgden voor bijna de helft van onze groei en groeiden met 30 procent sneller dan de rest van onze activiteiten.' De vijf grootste merken – Dove, Dirt is Good (Omo), Knorr, Hellmann's en Lipton – vallen in deze categorie.

Hier en daar worden voorbeelden uitgewerkt. Door met kleinere spuitbussen te werken is de CO_2-voetafdruk van Dove-deodorant met 25 procent verminderd, is minder verpakkingsmateriaal gebruikt en zijn minder transportkosten gemaakt. Door mensen online te laten communiceren met de boeren in Zuid-Amerika die duurzame tomaten telen voor Unilever-producten is een nieuwe betrokkenheid gecreëerd, met als gevolg dat het marktaandeel van Hellmann's met 10 procent groeide.

Om te laten zien dat Unilever tal van inspanningen levert, wordt in dertig pagina's de laatste stand van zaken van tientallen doelen gemeld: transvetten zijn uitgebannen, sinds 2010 is het suikergehalte in drinkklare theeproducten in de Benelux met 10 procent verminderd en bevatten alle kinderijsjes minder dan 110 kilocalorieën. Beloftes worden herhaald. 'In 2020 moet 75 procent van ons foods-assortiment voldoen aan zoutgehaltes die een zoutinname van 5 gram per dag mogelijk maken. In samenwerking met anderen hebben we tussen 2006 en 2015 800.000 vrouwen in staat gesteld deel te nemen aan initiatieven om hun vaardigheden te ontwikkelen. Tegen 2020 zullen we de positie verbeteren van 5 miljoen vrouwen.'

Dit is een van de onderwerpen in het interview dat Sebastian Polman, de jongste zoon, met zijn vader heeft in het kader van een serie gesprekken gemaakt voor de *Huffington Post*. Hij wil weten welke van de zeventien ontwikkelingsdoelen volgens zijn vader de wereld echt kan veranderen. Zijn vader aarzelt geen moment: 'Gelijkheid van mannen en vrouwen. Als de wereld evenveel zou investeren in vrouwen als nu in mannen gebeurt, dan groeit de economie de komende vijftien tot twintig jaar met 28 biljoen dollar.' Zoonlief wil ook graag weten wat zijn vader zou doen als hij geen CEO zou zijn. Polman: 'Het is totaal niet belangrijk dat ik CEO ben, het gaat erom dat ik iets doe waar ik mijzelf kan zijn.' Op de vraag of bedrijven zichzelf kunnen veranderen, kunnen leren om het goede te doen, zegt zijn vader: 'Ze zullen wel moeten. Het internet zorgt voor enorme transparantie, als je niet het goede doet, wordt dat blootgelegd. Er zijn bijna geen plekken meer waar je je kan verstoppen.'

Maar transparantie alleen is niet genoeg, consumenten moeten een duurzame benadering wel begrijpen. Die kleinere flesjes met deodorant worden uiteindelijk geen succes. 'Het ideale Polman-product want goed voor de consument en vriendelijk voor de planeet,' schrijft de *Financial Times*. Het idee was dat in 2015 80 procent van de consumenten de overstap zou maken. Slechts een derde ging mee in dat verhaal en dus zette Unilever die grotere flacons weer terug in de schappen. Pitkethly vertelt de krant over een grote townhall-bijeenkomst waar jonge Unilever-collega's hun teleurstelling hadden geuit over dit besluit. De CFO had daar uitgelegd dat het Unilever alleen lukt de wereld van het belang van duurzaamheid te overtuigen als het bedrijf sterk staat in de concurrentie met andere merken. 'We zullen andere manieren moeten vinden om de consument te overtuigen.' De *Financial Times* concludeert: 'In dit in de vorm van een deodorant gestoken gevecht tussen profit en planet moet het redden van de planeet wachten.' Met Paul Polman wil de krant praten over de resultaten, over de met 4,1 procent gestegen omzet, de toegenomen marges en dividenden. Maar Polman wil het over iets anders hebben: 'In de laatste zestien jaar hebben we de vijftien heetste jaren ooit gehad. De opwarming van de aarde is al meer dan 1 graad Celsius en moeder natuur stuurt ons helaas een forse rekening.'

De krant begint weer over zijn salaris. Polman herhaalt dat hij voor niks zou werken. De journalisten beschrijven dat hij vervolgens nadrukkelijk een stilte laat vallen, wil zien hoe zij op die opmerking reageren. Hardop stelt de CEO van Unilever zich vervolgens een artikel voor onder de kop: 'Zijn salaris motiveert hem niet'. En zegt dan: 'Dan krijg je weer mensen in de financiële wereld die zeggen: hij wordt niet gemotiveerd door zijn eigen *incentive*. Dan schrijven jullie natuurlijk een follow-upartikel en zo maken we het kapot, de hele tijd. Daarom heb ik geen zin meer in al die interviews, omdat het altijd de cynische kant is die de aandacht krijgt in jullie krantenkoppen en de rest niet door de mensen wordt gelezen.' Het werkt, boven het stuk staat: 'Kan Unilevers Paul Polman de manier waarop we zakendoen veranderen?'[4]

Marijn Dekkers bewondert de niet-aflatende gedrevenheid van Paul Polman. De nieuwe president-commisaris ziet veel overeenkomsten met hemzelf. Ze zijn allebei in een katholiek nest in Nederland geboren, ze zijn met een Amerikaanse vrouw getrouwd en bij hen gebleven. En ze hebben het grootste deel van hun carrière voor Amerikaanse bedrijven gewerkt. Ook Dekkers vindt dat de wereld naar een vorm van kapitalisme toe moet waar langetermijndoelen leidend zijn. Maar dat kan alleen stap voor stap. De grote beleggers worden van kwartaal tot kwartaal beoordeeld, het is dus logisch dat ze jou ook zo beoordelen. Als Polman van de revolutie is, is Dekkers van de evolutie.

Het is een lange weg. Met een paar duidelijke prioriteiten. Als CEO van een bedrijf moet je in de ogen van Dekkers twee dingen doen: geld verdienen en je aan de wet houden. Veel CEO's doen precies dat en hebben geen energie meer om al die dingen te doen die ook belangrijk zijn maar niet hoeven. De keihard werkende Polman geeft daarin het goede voorbeeld. En dat inspireert de bestuursvoorzitter. Toen hij laatst met zijn vrouw langs de Rijn fietste en van zijn kauwgom af wilde, bedacht hij dat hij drie dingen kon doen: weggooien in het gras, in een prullenbak gooien in de wetenschap dat een schoonmaker straks zijn kauwgom van de binnenkant van de bak zou moeten schrapen, of het in een blaadje wikkelen en daarna in een prullenbak werpen. Op dat moment had hij aan Polman moeten denken. Die zou altijd voor optie drie gaan. Dus dat had hij ook maar gedaan.

Kijkend naar Unilever vindt Dekkers dat het niet veel hoeft te kosten om het goede te doen, om mensen goed te behandelen, minder water te gebruiken, zuiniger met energie te zijn. Met relatief weinig inspanningen kun je al veel bereiken. Dat kost je misschien een paar honderd miljoen euro per jaar, maar wat maakt dat uit op de miljarden die een bedrijf als Unilever verdient.

Het nieuws slaat in Europa in als een bom. Bijna 52 procent van de Britten heeft in juni voor vertrek uit de Europese Unie gestemd. Veel leiders in het Britse bedrijfsleven, onder wie Paul Polman, maken zich grote zorgen. Hij heeft al eerder tegen *The Guardian* gezegd: 'Engeland is sterker als het onderdeel uitmaakt van een efficiënt Europees handelsblok. Vooral in een wereld die steeds meer uit een paar grote handelsblokken bestaat die zich steeds sneller in het Zuiden en Oosten ontwikkelen.' Dit gaat niet de goede kant op. Hoe kunnen de Britten in meerderheid denken dat ze beter af zijn door zich buiten zo'n machtsblok te plaatsen? De top van Unilever maakt zich zorgen over de consequenties voor het bedrijf, over de aantrekkelijkheid van Londen.

Polman vraagt Peter ter Kulve naar Engeland te komen en de rol van chief transformation officer op zich te nemen. In die functie moet hij zich naast het verder uitrollen van zero-based budgetting vooral gaan richten op het nieuwe Connected4Growth (C4G)-programma. Hij is de logische man om dit te doen. Ter Kulve ergert zich al jaren aan de gebrekkige samenwerking tussen het global marketingteam, de categoriemanagers en de lokale marketeers in het veld. De eersten voelen zich de dichters van het bedrijf en roepen constant dat ze prachtige dingen bedenken, die de collega's lokaal maar niet weten te verkopen omdat ze geen discipline in de uitvoering hebben. De lokale marketeers roepen op hun beurt dat hun collega's vanuit de centrale geen idee hebben wat er in de regio's speelt. Ze weten bijvoorbeeld niet dat er grote verschillen zitten tussen moslims in Indonesië en moslims in Maleisië. Nu lokale merken snel succesvoller worden is het essentieel dat Unilever daar eindelijk een antwoord op formuleert.

Met C4G wil Ter Kulve ze allebei bedienen, vooral door de marketeers in de wat grotere markten de capaciteit te geven om lokaal aanpassingen te doen. Aanpassingen die, als ze ook in andere markten blijken te werken, naar de centrale marketingfunctie kunnen worden getild. De teams die zo ontstaan kunnen veel sneller reageren op veranderingen in al die markten. Het is daarbij wel belangrijk dat lokale bazen die innovaties niet bij zich houden om hun eigen succes groter te maken. Ter Kulve dwingt af dat alle marketeers in dezelfde lijn verantwoording afleggen aan de *global category*.

Het werkt, en levert meteen een forse besparing op. Bij het samenstellen van de hiërarchie-doorsnijdende teams blijkt dat zo'n 15 procent van het management overbodig is geworden. Ter Kulve is tevreden, minder mensen zorgt voor een stuk minder discussie en meer snelheid. Dit had vier jaar eerder moeten gebeuren.

Marc Engel is het met Ter Kulve eens, dit had inderdaad een paar jaar eerder moeten gebeuren. Naarmate de welvaart groeit, neemt de lokale concurrentie ook in de groeimarkten snel toe. Ook in de inkoopfunctie valt het niet mee om de volgende stap richting USLP-doelen te zetten. Er wordt van alles gedaan om de van nature wat naar binnen gekeerde cijferaars uit hun comfortzone te halen. Engel is blij met de impact van een nogal confronterende bijeenkomst van ongeveer 150 inkopers in Turkije. Daar hadden ze geleerd met elkaar te zingen. Een Australische zanglerares, Corinne Gibbons, had het enigszins nerveuze publiek uitgelegd dat het erg belangrijk is om in onze levens onze angsten tegemoet te treden. Als dat lukt kan het bevrijdend werken.

Jullie denken natuurlijk dat jullie niet kunnen zingen, stelde Gibbons. Maar dat is onzin, iedereen kan zingen. Het is als net als met lachen, is er hier iemand die niet kan lachen? En pas op: dit is geen wedstrijd, het gaat er niet om wie het best kan zingen, dan gaat het mis. Stel je voor dat alle vogels in het bos hun stemmen met elkaar zouden vergelijken, dan zou het heel stil zijn.

Drie uur lang hadden de inkopers met elkaar gezongen. Gibbons had er een apart lied voor geschreven: *You can walk alone, but we can also walk together... partnerships of value, are the envy of all. I believe, I believe, I believe, in what we can achieve...*

Heidi Knight had ervan genoten, hier gaat het om, iets met elkaar bouwen, iets wat groter is dan jouw eigen belang. Daarom is ze vier jaar geleden van Nokia overgekomen naar Unilever. Knight is een van de zestig inkoopdirecteuren. In Singapore is ze verantwoordelijk voor de inkoop van marketingmaterialen. Ze merkt dat de prachtige visie van Polman hard botst met de inkoopfunctie van het bedrijf. Dat blijft toch een erg op kostenbesparingen gerichte club mensen.

Knight ziet met lede ogen hoe inkoopdirecteur Dhaval Buch een hele club razendslimme Indiërs om zich heen heeft verzameld, mannen die de hele tijd fanatiek met die cijfertjes in de weer zijn. Het USLP kan ze daarbij gestolen worden. Ze heeft te doen met haar collega Cherie Tan, die keihard werkt aan het verduurzamen van de productie van palmolie, maar weinig gehoor krijgt bij de collega's van inkoop.

Knight denkt dat het eigenlijk alleen lukt om goed te scoren op business en duurzaamheid als je totaal gepassioneerd bent en daardoor kei- en keihard kunt werken. Een collega van haar moest papier inkopen in markten waar ze niet eens een woord hebben voor recycling. Het lukte hem alleen omdat hij het echt wilde en daar veel extra uren in stopte.

'We geloven dat op recyclebare plantaardige producten gebaseerde schoonmaakproducten een duurzamere optie zijn dan concurrenten die daarvoor aardolie gebruiken. We geloven dat afval vooral zonde is. We hebben veel overtuigingen, maar de grootste is dat we een verantwoordelijkheid hebben voor deze generatie en de volgende zeven generaties die na ons komen.' Trots kondigt Unilever in september 2016 de overname van het Amerikaanse Se-

Unilever is de grootste verbruiker van palmolie. Van Magnum-ijsjes tot Dove-crème, het zit overal in. Door de groeiende vraag verdwijnt jaarlijks zo'n zeven miljoen hectare bos. Die vaak illegale kap is een van de belangrijkste oorzaken voor de opwarming van de aarde.

De nieuwe CEO van Unilever weet dat hij Unilever moet laten groeien. Maar hij is er ook van overtuigd dat die groei niet ten koste mag gaan van het klimaat. Hij belooft daarom een verdubbeling van de omzet en een halvering van de impact op onze leefomgeving.

Armoede, uitbuiting, kinderarbeid: op theeplantages komt alle ellende in de wereld samen. Unilever is het grootste theebedrijf ter wereld, Lipton het grootste merk.

Unilever-bestuurder Louise Fresco is in 2009 blij met de ambitie van Polman om voor iedere productcategorie duurzame doelen te stellen.

Directeur inkoop Marc Engel moet ervoor zorgen dat de inkoop van palmolie en thee duurzaam is.

De secretaris-generaal van de Verenigde Naties Ban Ki-moon en Paul Polman kunnen het goed met elkaar vinden. In de overtuiging dat juist bedrijven een belangrijke rol spelen bij het oplossen van grote vraagstukken draagt de Nederlandse overheid de CEO van Unilever voor om mee te schrijven aan de Duurzame Ontwikkelingsdoelen.

Het gebouw van de Verenigde Naties is bedekt met de zeventien SDG's; deze duurzaamheidsdoelen moeten tot 2030 de leidraad zijn voor een duurzame ontwikkeling van de wereld.

In 2015 speelt Polman ook een belangrijke rol bij de ontwikkeling van het Parijse klimaatakkoord. Ben & Jerry's krijgt als enige een stand tijdens die conferentie en mag daar een ijsje uitdelen: 'Save our Swirled'.

De Braziliaanse miljardair Jorge Paulo Lemann wil na Heinz, Burger King en Budweiser nu ook graag Dove, Lipton en Knorr kopen. Die merken staan niet te koop, maar Polman wil wel graag van de spreadsdivisie en merken als Blueband af.

Wat is een vijandig bod? Kraft Heinz-bestuursvoorzitter Alexandre Behring ervaart de afwijzing van Paul Polman in ieder geval niet als onvriendelijk en zet door.

Als Warren Buffett van verschillende kanten te horen krijgt dat Unilever deze overname wel degelijk als vijandig ervaart, kiest hij eieren voor zijn geld.

CFO Jean-Marc Huët wil grote overnames doen. Polman vraagt zich af of Huët wel iets met zijn Unilever Sustainable Living Plan heeft.

Van hopelessly local *naar* hopelessly global? *Nadat hij Unilever in Azië groot heeft gemaakt begint Jan Zijderveld steeds meer te twijfelen aan de strategie van Unilever.*

Kees Kruythoff wordt gezien als een Polman 2.0. Hij wil meer tempo maken met het USLP. Toch mag de Nederlander hem niet opvolgen.

Alan Jope wil Polman helemaal niet opvolgen, maar laat zich door president-commissaris Marijn Dekkers toch overhalen. Vanaf 2019 is de Schot de nieuwe CEO van Unilever.

Premier Mark Rutte en VNO-NCW-voorzitter Hans de Boer willen dat het hoofdkantoor van Unilever naar Nederland komt. Met Sybrand van Haersma Buma, fractievoorzitter van het CDA (rechts), vormen ze de drie Haagse musketiers die de afschaffing van de dividendbelasting blijven verdedigen. Ze zijn als de dood dat bedrijven als Shell en Unilever Nederland anders gaan verlaten.

Maar inmiddels is 85 procent van de Nederlanders tegen de afschaffing, van die dividendbelasting.

Feike Sijbesma, CEO van DSM en bestuurder bij Unilever, loopt voorop bij het verduurzamen van de economie. Hij wil hetzelfde als Polman maar waarschuwt de CEO van Unilever dat hij zich wel aan de regels van het systeem moet houden.

Sijbesma stelt Marijn Dekkers voor als nieuwe bestuursvoorzitter. Ook Dekkers waarschuwt Polman: een bokser moet niet alleen maar aanvallen, hij moet zich ook kunnen verdedigen.

Vooral het snel groeiende plasticprobleem gaat Dekkers aan het hart, waarom heeft Unilever daar niet veel eerder veel meer aan gedaan?

Omdat ze weet dat haar aanwezigheid hem helpt zich veilig te voelen zit Kim Polman, al tientallen jaren milieuactiviste, bij zo veel mogelijk optredens van haar man op de eerste rij. Samen met zijn vrouw zal Paul Polman verder bouwen aan hun stichting die zich inzet om blinde kinderen in Afrika te leren lezen en schrijven.

Paul Polman is er vooral trots op dat Unilever de afgelopen tien jaar meer dan 650 miljoen mensen heeft geholpen met het verbeteren van hun dagelijkse hygiëne. Door kinderen te leren goed hun handen te wassen, redt het bedrijf vele jonge levens.

Bij Unilever wordt iedereen dagelijks herinnerd aan zijn of haar purpose. *Op de achterkant staat:* use three times, give trees time: *gebruik dit bekertje drie keer.*

venth Generation aan. Het bedrijf is goed voor een omzet van 200 miljoen dollar. Kees Kruythoff legt uit: 'Deze toevoeging aan onze portfolio van door *purpose* gedreven merken zoals Ben & Jerry's en Dove demonstreert onze commitment aan het USLP.'

Kruythoff geniet als oprichter Jeffrey Hollender met tranen in zijn ogen opmerkt dat dit de mooiste dag van zijn leven is. Al tientallen jaren is hij bezig de slechte chemicaliën uit de industrie te krijgen, samen met Unilever kunnen ze nu echt vaart maken. Dit is wat Kruythoff wil. Hij vindt dat de portfolio van Unilever-activiteiten veel sneller moet veranderen, dat het bedrijf afscheid moet nemen van merken die niet passen en vooral door dit soort activisten als Hollender gestarte merken moet kopen. Merken die vaak zijn gebouwd door echte ondernemers die vanuit een diepe overtuiging proberen de wereld beter te maken. Hij vindt het jammer dat Polman hier niet meer vaart mee maakt.

Paul Polman zit in New York voor de eerste bestuursbijeenkomst van alweer een nieuw initiatief: FCLTGlobal. Focusing Capital on the Long Term wordt gesteund door BlackRock-voorzitter en CEO Larry Fink, die zich er als strategisch adviseur aan heeft verbonden. Naast Paul Polman zit ook Else Bos, CEO van pensioenuitvoerder PGGM, in het bestuur.

FCLT komt uit de koker van Dominic Barton, de baas van McKinsey. Vijf jaar eerder baarde de in Oeganda geboren Canadees opzien met een artikel waarin hij de business-community waarschuwt om niet terug te zakken in een business-as-usual-houding, een paar jaar na de crisis. Hij wees erop dat het vertrouwen in het bedrijfsleven als een force for good is gezakt tot een dramatische 21 procent. Na met meer dan vierhonderd 'leiders' te hebben gesproken riep hij ze op om zich weer over de grote vraagstukken op de lange termijn te ontfermen.[5] Op uitnodiging van oud-McKinsey-directeur Mickey Huibregtsen mocht Barton daarom in 2013 in Utrecht de Burgerschapslezing uitspreken. Hij stak toen al een veer op de hoed van Unilever: 'Kijk naar wat Paul Polman sinds 2010 probeert te doen met zijn onwaarschijnlijke missie om de omzet te verdubbelen en de milieubelasting te halveren. Het blijkt niet eens zo vergezocht als je kijkt naar het resultaat: duurzame landbouw en een goede winstgevendheid.'

Barton was na afloop van die lezing op zijn hoede geweest, hij weet dat ze hem op Wall Street al een halve socialist vinden. En daar zitten toch een paar belangrijke klanten van het consultancybedrijf waaraan hij leidinggeeft. Klanten die zich voorlopig vooral ouderwets druk maken over hun winstgevendheid. Helaas, vindt Barton. Uit de laatste onderzoekresultaten van de McKinsey-consultants blijkt dat inmiddels 87 procent van de CEO's vooral druk van beleggers voelt om binnen twee jaar resultaten te laten zien, 8 procent meer dan in 2013.

FCLTGlobal moet een platform worden dat bedrijven en investeerders stimuleert om die lange termijn gezamenlijk te omarmen. CEO Sarah Williamson is ervan overtuigd dat mensen op de korte termijn irrationele besluiten nemen die niet in hun belang zijn op de langere termijn. Dit komt volgens haar door een combinatie van verkeerde prikkels, verkeerde gewoontes en het onvermogen om op langere termijn naar ontwikkelingen te kijken. De Amerikaanse wil met FCLT vermogensbeheerders, vermogende partijen en bedrijven oproepen de krachten te bundelen. Ze vindt dat ze nu het onderlinge wantrouwen in stand houden door steeds maar weer naar elkaar te wijzen en elkaar de schuld te geven waarom het niet zou kunnen. Williamson wil in dit proces begrippen als 'stakeholders' en afkortingen als 'ESG' trouwens liever niet gebruiken. Dat ruikt te veel naar zaken die vooral geld kosten en dan luistert in de Verenigde Staten helemaal niemand meer.

Dit spanningsveld frustreert Feike Sijbesma ook dichter bij huis. Als de CEO van DSM met bestuurders van pensioenfondsen praat zijn ze het snel eens, die langetermijnfocus moet natuurlijk leidend zijn. Maar als hij met de fondsmanagers praat, de uitvoerders van het beleggingsbeleid, maken die hem duidelijk dat hun horizon op twaalf tot maximaal achttien maanden ligt. Voor de fondsmanagers van PGGM heeft Feike Sijbesma in het voorjaar van 2014 het verhaal gehouden dat hij in oktober 2016 aan hun collega's bij APG vertelt. Voor de CEO van DSM zijn dit de mensen die anders moeten gaan werken.

Sijbesma is, net als Polman, een begenadigd spreker. Hij provoceert zijn publiek, houdt ze voor dat ze de belangrijkste mensen van de wereld zijn. Hij ziet dat de zaal hem glazig aankijkt. Sijbesma legt uit: jullie besturen de wereld, want geld bestuurt de wereld en jullie beheren een enorme berg geld. Dat brengt een grote verantwoordelijkheid met zich mee.

Hij rekent ze voor dat hun pensioenfonds gemiddeld ongeveer 900 euro pensioen per maand wil kunnen uitkeren. In hun op kortetermijndekkingsgraden gerichte portfoliomanagement zouden ze er best eens in kunnen slagen om dat pensioen gemiddeld met 100 euro per maand op te hogen. Veel meer is nauwelijks mogelijk, toch? De zaal knikt instemmend. Sijbesma vervolgt: Maar wat is 100 euro per maand waard als vervolgens blijkt dat al die op kortetermijnwinsten gerichte bedrijven waarin jullie investeren de wereld zo hebben vervuild en het klimaat zo hebben verpest dat de aarde 4 graden warmer wordt? De Verenigde Naties hebben uitgerekend dat dan honderden miljoenen vluchtelingen deze kant op komen. Overheden zullen in dat geval gedwongen worden de belastingen waarschijnlijk met veel meer dan die 100 euro per maand op te hogen om daar iets aan te kunnen doen. Vinden jullie dan echt dat jullie goed werk hebben afgeleverd? De fondsmanagers schudden meewarig hun hoofd; nee, natuurlijk niet, maar zij zijn toch niet verantwoordelijk voor het systeem waarin ze werken. Daarvoor moet hij bij overheden en toezichthouders, zoals De Nederlandsche Bank, op de deur kloppen.

Sijbesma vindt dat bedrijven en hun aandeelhouders dit vraagstuk samen moeten oppakken, en niet op de politiek moeten wachten. Polman is het met hem eens, hij heeft dezelfde ervaring met pensioenfondsen. Hij vindt ook dat ze zich veel meer moeten inspannen om op een meer holistische manier naar hun opdracht, het organiseren van goede pensioenen, te kijken. Maar daar is wel wat moed voor nodig.

Marcel Jeucken vindt dat die moed nu totaal ontbreekt. De directeur 'verantwoordelijk investeren' bij PGGM ging ooit economie studeren omdat hij iets wilde doen aan de groeiende ongelijkheid in de wereld. Jeucken is blij dat PGGM, de uitvoerder van de pensioenen van Stichting Pensioenfonds Zorg en Welzijn, de afgelopen tien jaar vooral onder leiding van Else Bos grote stappen heeft gezet. Maar hij is toch bang dat de intern zogenaamde 'realisten' het gaan winnen van de 'idealisten'.

De crisis van 2008 heeft in zijn ogen twee ontwikkelingen in gang gezet. Aan de ene kant een groeiende behoefte aan een duurzamer investeringsbeleid, waardoor meer mensen zoals hij werden aangesteld. Maar aan de andere kant is iedereen toen zo geschrokken dat er veel extra 'riskmanagers' zijn aangenomen. Die zijn helemaal gericht op het controleren van de risico's, ze mogen alle besluiten van individuele portefeuillemanagers aanvechten, hebben vaak een veto. Deze riskmanagers redeneren vanuit op historische gegevens gebouwde, bewezen modellen. Voor het inprijzen van zoiets als een klimaatrisico zijn nauwelijks historische gegevens beschikbaar, waardoor ze al snel concluderen dat het geen rol kan spelen.

Jeucken vindt dat besturen van pensioenfondsen hier iets aan moeten doen. Daar zit de macht, dus daar moet de moed zitten die ervoor kan zorgen dat kortetermijnverliezen (en risico's) kunnen worden geaccepteerd ten behoeve van langetermijndoelen. Maar daarvoor heb je mensen nodig die ruimte maken voor een zeker idealisme. Jeucken vraagt zich steeds vaker af of zulke mensen wel in de toch wat grijze conservatieve besturen van de pensioenfondsen zitten. Feit is in ieder geval dat het maar niet lukt om ze een beetje te verjongen. Hij merkt bovendien dat de toezichthouder op de pensioensector, De Nederlandsche Bank, vaak niet erg onder de indruk is van de kwaliteit van de besturen en juist daarom vaak extra eisen stelt aan compliance en riskmanagers. Juist daar het accent op legt.

In discussies over de mate waarin pensioenfondsen zich verantwoordelijk zouden moeten voelen voor de grote sociale en klimaatvraagstukken vallen keer op keer de relativerende woorden: we willen wel, maar we hebben in de eerste plaats een fiduciaire plicht. We moeten voor alles onze deelnemers van een goed pensioen voorzien. Veel grote, vooral Amerikaanse spelers vinden dat alle niet-financiële factoren sowieso buiten hun fiduciaire plicht vallen.

De 'tragiek van de horizon', noemde de gouverneur van de Britse centrale bank, Mark Carney, het probleem eerder. 'Waarom doen we hier niets aan, we weten dat het eraan komt. Maar we doen er niks aan omdat het probleem zich op een horizon bevindt die een stuk verder ligt dan de tijdspannes waarmee wij werken. Die zijn nooit langer dan een paar jaar. Als klimaatverandering echt grote impact heeft, zijn we per definitie te laat.'[6] Zijn collega Klaas Knot, de president van De Nederlandsche Bank, maakt zich hier ook grote zorgen over. Hoe kan de dynamiek in financiële markten zo worden veranderd dat er wel op tijd kan worden geanticipeerd op de gevolgen van deze grote, onontkoombare ontwikkelingen? Zijn bank moet pensioenfondsen sinds kort vragen in welke mate ze in hun beleggingsbeleid rekening houden met milieu, klimaat, mensenrechten en sociale verhoudingen. Dat valt ze duidelijk niet mee. De puur financiële overweging overheerst. De zogenaamde liquidatiefictie is het uitgangspunt: als de boel nu omvalt, kunnen ze dan aan alle verplichtingen voldoen die ze in het verleden zijn aangegaan.

Jean Frijns, in 2008 opsteller van de eerste aanpassingen van de governancecode-Tabaksblat en door de wol geverfd bestuurder van pensioenfondsen, heeft er een hard hoofd in. Hij heeft van dichtbij gezien hoe het beleggingsbeleid van pensioenfondsen, toch goed voor zo'n 1300 miljard euro, de afgelopen dertig jaar steeds meer door processen en korte mandaten wordt geregeerd. Natuurlijk is hij blij met de nieuwe *governance code* die net onder leiding van de voormalige PwC-corporate governance-expert Jaap van Manen tot stand is gekomen. Die roept het bestuur van ondernemingen nadrukkelijk op om de langetermijnwaardecreatie en de belangen van alle stakeholders centraal te stellen. Maar voor Frijns ligt het toch echt op het bord van overheden om dit door regelgeving verder af te dwingen. Die zullen dat in nauwe samenwerking moeten doen. Hij hoopt dat, na de Brexit, vooral Frankrijk en Duitsland in staat zullen zijn om het Europese speelveld, waarin die stakeholderbenadering historisch gezien toch centraal staat, nieuw leven in te blazen. Dat zou de partijen bij elkaar kunnen brengen.

Voor Oliver Hart ligt de sleutel juist bij de wensen van de deelnemers. De Harvard-econoom en Nobelprijswinnaar is ervan overtuigd dat de deelnemers in een pensioenfonds op twee fronten willen worden bediend: ze willen rendement en ze willen, denkend aan het klimaatvraagstuk en hun (klein)kinderen, dat hun spaargeld 'het goede doet'. Hart noemt dat laatste de behoefte aan een *warm glow*. Dat valt niet mee, beleggers vertrouwen het bedrijfsleven simpelweg onvoldoende als het om het leveren van dat goede gevoel gaat. In de hoop dat ze genoeg overhouden om zelf aan goede doelen te geven, vragen ze aan hun pensioenfondsen daarom steeds om het maximale financiële rendement voor ze te organiseren. Zo hopen ze, ieder voor zich, genoeg geld over te houden om hun eigen goede gevoel te organiseren.

Dat vindt Hart niet optimaal. Hij gelooft dat pensioenfondsen met de inzet van online-informatietechnieken in staat moeten zijn om hun deelnemers te vragen wat zij belangrijke duurzame vraagstukken vinden. Dat mandaat moeten ze vervolgens vertalen naar een bijpassende beleggingsstrategie. Als betrokken investeerders zien ze er vervolgens op toe dat de bedrijven waarin ze investeren ook beide leveren: een goed rendement en een warm glow.[7]

Polman vraagt zich inmiddels bezorgd af of zijn nieuwe bestuursvoorzitter wel voldoende is overtuigd van die opdracht. Het inwerken kost hem meer tijd. Marijn Dekkers heeft het duurzame denken duidelijk niet in zijn DNA. Hij heeft vaak het idee dat Dekkers hem niet begrijpt. De bestuursvoorzitter op zijn beurt steekt zijn irritatie niet onder stoelen of banken als het te veel over het USLP gaat: hij wil eerst geld verdienen en dan het goede doen. Als hij moet uitleggen waarom hij dat vindt, gebruikt Dekkers zijn drie dochters als voorbeeld, die wilden vroeger altijd tot laat uit. Dan vroeg hij naar hun rapporten. Pas als daar allemaal achten op stonden mochten de meiden op stap.

Paul Polman krijgt steeds meer haast. Dat straalt hij uit als hij in november 2016 in Port Sunlight voor de belangrijkste analisten staat tijdens hun jaarlijkse ontmoeting. Polman moet zich altijd even opladen voor deze bijeenkomst met een zaal vol mensen die over marges en groeiende omzetten willen horen en glazig voor zich uit gaan kijken als het over het USLP gaat. En dus concentreert hij zich in zijn presentatie zo goed mogelijk op die resultaten. Hij praat vooral veel over wat er is bereikt. Over de omzetgroei van personal care, van 12 naar 20 miljard euro in acht jaar tijd. Over de marge die in drie jaar tijd met 1,7 procent is verbeterd naar ruim 15 procent. In de staatjes van de analisten is dat geen indrukwekkend getal, een puur personal care-bedrijf als L'Oréal zit boven de 20 procent en dat is niet de enige. Zo'n lagere marge vinden analisten acceptabel zolang een bedrijf harder groeit dan de rest, maar als die groei ook wat afneemt gaan ze zich zorgen maken.

Als hij vooruitkijkt, klinkt Polman ook bezorgd: 'De markt verandert ongelooflijk snel, sneller dan ik ooit heb gezien in de afgelopen 32 jaar.' Over de spreads-divisie zegt hij: 'De hele markt gaat naar beneden. We hebben ze vorig jaar apart gezet. Als het moment komt dat de waarde van dit onderdeel beter buiten Unilever kan worden gevonden, moeten we daar iets mee. Maar dat weten we nu nog niet.'

Verschillende collega's vinden hun CEO timide, voorzichtig. Hij zit heel duidelijk in zijn *underpromise overdeliver*-modus. Met de nadruk op: we gaan nu niet te veel beloven. We laten die resultaten wel zien als ze er zijn.

Waarom maakt hij niet duidelijk dat Unilever de afgelopen jaren fors heeft geïnvesteerd in de merken en de processen, dat daar straks mooie resultaten uit komen? Waarom doet hij niet wat stoerder over het zero-based budgetting van het Connected4Growth-programma? Dat is waar beleggers nu op zitten te wachten, de afgelopen maanden lijken die het vertrouwen in Unilever een beetje kwijt te zijn. In twee maanden tijd verloor het aandeel, en daarmee het bedrijf, 15 procent van zijn waarde. De koers staat nu weer onder de 37 euro.

In Port Sunlight komt Polman pas tot leven als hij over het USLP begint te praten: 'We moeten praten over onze basisfilosofie. Lees de kranten, ik hoop echt dat het voor jullie ook relevant wordt, dat jullie gaan begrijpen dat het op een verantwoordelijke manier leiden van een bedrijf steeds belangrijker wordt. We moeten een systeem vinden dat de toekomst van de mensheid garandeert, die van onze kinderen, we moeten naar een systeem waar alle mensen van profiteren, een inclusief model... Anders krijgen we nog meer Brexit- of Trump-achtige toestanden.'

Graeme Pitkethly maakt zich ook zorgen. Donald Trump, twee weken terug verkozen tot nieuwe president van de Verenigde Staten, heeft met zijn *America First*-boodschap voor een nieuw soort, op de binnenlandse economie gericht optimisme gezorgd. Het is na de Brexit de tweede keer in korte tijd dat een volk zich nadrukkelijk uitspreekt tegen een verdere globalisering van de wereldeconomie. Hij merkt aan Polman dat die dit ingewikkeld vindt. Wat is hier aan de hand? Daar hebben ze niet meteen een antwoord op.

De CFO kan het goed met de CEO vinden. De Schot vindt de directe, confronterende benadering van Nederlanders sowieso fijn, prettiger dan die Engelsen, die nooit zeggen wat ze denken en altijd met politiek in de weer zijn.

Als Pitkethly Dekkers en Polman hoort discussiëren bedenkt hij dat hij tussen die twee in zit. Ooit formuleerde hij zijn purpose als 'verbinden, je best doen en winnen met een lach op je gezicht'. Voor hem staat de consument op de eerste plaats. Maar als hij moet kiezen tussen 'geld verdienen door het goede te doen' of 'het goede te doen door geld te verdienen' kiest hij toch voor het laatste. Als je niet genoeg geld verdient, besta je niet. Ook de CFO vindt dat Polman de afgelopen jaren is doorgeslagen, te veel een evangelist is geworden. Unilever is niet de grootste ngo ter wereld, dat is onzin. Hij begrijpt best dat hij zo'n uitspraak doet om een discussie aan te zwengelen, maar hij moet nooit vergeten dat hij in de eerste plaats de CEO van een beursgenoteerde multinational is.

'Unilever moet het nu zonder rugwind van lage rente doen,' kopt het *FD*. Verschillende analisten wijzen erop dat bedrijven als Unilever het de afgelopen jaren relatief makkelijk hebben gehad. De rente stond zo laag dat een fonds dat jaar in jaar uit trouw het dividend verhoogde voor een prima rendement kon zorgen. Na de verkiezing van Trump is die rente wat gaan stijgen en worden staatsleningen opeens weer interessant. Dat verklaart voor een groot deel de rappe koersdaling van Unilever van de afgelopen maanden. Het bedrijf zal beleggers weer moeten gaan overtuigen op basis van omzetgroei en verbeterde marges. Als dat tegenvalt gaat het hard.[8]

Eind januari 2017 maakt Unilever bekend dat de omzet over 2016 op 52,7 miljard euro is uitgekomen, een daling van 1 procent vergeleken met 2015. Gecorrigeerd voor valutaverschillen groeide de omzet wel met 3,7 procent, maar ook minder dan het jaar ervoor. Beleggers schrikken vooral van het bericht over het vierde kwartaal: 'In de markten waarin we opereren groeiden de verkoopvolumes helemaal niet.'

Dat geldt zelfs voor de opkomende economieën, de markten waar Unilever de afgelopen jaren zijn groei vandaan moest halen. Polman zegt te verwachten dat de zware marktomstandigheden die vooral het einde van het jaar moeilijk maakten, de eerste helft van 2017 zullen aanhouden. Analisten stellen in koor vast dat de resultaten en verwachtingen 'teleurstellend zijn'. Prompt verliest het aandeel 4,4 procent van zijn waarde. Tegen het *FD* zegt Jane Davie, vermogensbeheerder bij Fidelity, dat de waardering van Unilever inmiddels zo hard is gedaald dat 'de bodem is bereikt'. De waarde van Unilever is nu 12,5 keer het verwachte bedrijfsresultaat, het gemiddelde in de sector ligt op ongeveer 15. Unilever is goedkoop.

Natuurlijk is Paul Polman teleurgesteld. Met de Brexit en de verkiezing van Donald Trump als nieuwe president van de Verenigde Staten gaat de wereld helemaal de verkeerde kant op. Wantrouwen en eigenbelangen frustreren de ambities van het Parijse klimaatakkoord en de duurzame-ontwikkelingdoelen. 2016 heeft niet gebracht wat hij had gehoopt.

Toch houdt hij de moed erin. Dat blijkt bij de presentatie van 'Better Business, better world', het eerste rapport van de mede door Polman opgerichte Business & Sustainable Development Commission. Deze club moet bedrijven helpen om de SDG's in hun beleid te verankeren. De commissie stelt enthousiast dat de invulling van de SDG's voor minstens 12.000 miljard dollar aan zakelijke kansen biedt. Er zullen 380 miljoen banen worden gecreëerd. 'Als een kritische massa van bedrijven ons hierin volgt, worden we samen een niet te stoppen kracht. Als ze dat niet doen, zullen de onzekerheden en kosten van een niet-duurzame ontwikkeling zo toenemen dat er uiteindelijk geen wereld meer over is om zaken in te doen. Het is nu of nooit. Het is de hoogste tijd om het systeem te veranderen.'

'De afgelopen maanden hebben de Brexit-stemming en het fenomeen Trump laten zien dat grote delen van de Britse en Amerikaanse bevolking zich buitengesloten voelen, gedesillusioneerd zijn. We worden geconfronteerd met een groeiende ontkoppeling tussen de steeds verder globaliserende wereld en de gefragmenteerde structuur van natiestaten. Hierdoor worden protectionisme, xenofobie, isolationisme en nationalisme gevoed.' Zo begint het essay van Paul Polman in *Imaginal Cells*, het boek van Kim Polman en Stephen Vasconcellos-Sharpe. Tegelijk met de presentatie ervan richten ze de stichting Reboot the Future op. Die moet ervoor zorgen dat het gedachtegoed achter *Imaginal Cells* verder wordt verspreid. Paul is trots op zijn vrouw. Hij legt een stapel boeken op zijn bureau om uit te delen.

HET GELD

&

HET GOEDE

2017-2019

15 'Gered' door Warren Buffett

11 februari-7 maart 2017

Na de aankondiging van de 'Pad naar groei'-plannen van Burgmans en Fitz-Gerald in 1998 speelde hij even met de gedachte om fors in aandelen Unilever te stappen. Maar Warren Buffett besloot dat geld in aandelen Gillette te stoppen. Dat pakte goed uit. Als Procter & Gamble de scheermesjesfabrikant zeven jaar later koopt, levert hem dat een boekwinst van 4,4 miljard dollar op.

Het levert hem nog iets op. Tijdens zijn jaren als bestuurder van Gillette leerde Buffett Jorge Paulo Lemann kennen. Toen de Braziliaanse miljardair hem in 1998 vertelde dat hij zijn Banco de Investimentos Garantia wilde verkopen, had Buffett hem gevraagd waarom hij dat zou doen. Dit was toch zijn kindje? Het antwoord van Lemann bezegelde hun vriendschap: 'Ik heb geen zin om straks de baas van een grote bank te zijn. Ik wil doen wat jij doet, jij hebt meer controle over je tijd, je hebt een beter gevoel voor humor en je bent veel rijker.' Warren Buffett beschouwt het als een van de grootste fouten van zijn leven dat de twee mannen pas in 2013, bij de overname van Heinz, hun krachten hebben gebundeld. Dat had veel eerder moeten gebeuren. Lemann en hij zitten helemaal op dezelfde golflengte.[1]

Buffett en Lemann hebben grote dromen. Buffett beschouwt zijn investeringsvehikel Berkshire Hathaway als zijn 'grote schilderij', een schilderij dat nooit perfect is, dat ieder jaar een beetje mooier moet worden gemaakt. Lemann fantaseert erover om met 3G Capital het managementmodel te bouwen dat de benchmark wordt voor succesvolle bedrijven in de eenentwintigste eeuw.[2] Jorge Paulo Lemann en Warren Buffett dromen net als Paul Polman over hun eigen onsterfelijkheid.

Als Jorge Lemann wordt gevraagd naar zijn strategie antwoordt hij steevast dat hij zich vooral een slimme copycat voelt. De afgelopen veertig jaar is hij geïnspireerd door het succes van grote Amerikaanse bedrijven en banken als General Electric, Wal-Mart en Goldman Sachs. De twee miljardairs richten zich met hun investeringen op grote, wereldwijd succesvolle consumentenmerken als Heinz, Kraft, Burger King, Budweiser en nu dus op Dove, Magnum en Lipton. Allemaal merken die in hun ogen in zekere zin onsterfelijk zijn. Goed gemanaged zullen ze hun eigenaren langdurig veel geld opleveren.

In de aanloop naar het bod op Unilever hebben ze afgesproken dat het een vriendelijke overname moet worden. De 86-jarige Buffett gelooft absoluut niet in overnames waar het zittende management voor gaat liggen. Een gewenste overname levert sowieso sneller betere resultaten op. Daarom begint hij eigenlijk altijd met de vraag of het bestuur van de over te nemen partij wil luisteren naar zijn aanbod. Als hij daar een duidelijke 'nee' op krijgt, haakt hij af. Dan is er in zijn ogen sprake van een vijandig bod.

Voor zijn Braziliaanse partners ligt dat iets anders. Een 'nee' van de andere kant kan ook een strategische zet zijn, een manier om een hoger bod uit te lokken. Een 'nee' kan het begin van productieve onderhandelingen zijn.

In het geval van Unilever hebben ze afgesproken dat als hun verkenner Alexandre Behring het idee heeft dat hij een goede ontmoeting met Paul Polman heeft, dat er dan geen sprake kan zijn van een vijandig bod. Dan kunnen ze samen gaan onderzoeken hoe je dichter bij elkaar kunt komen. Met dat mandaat is Behring op pad gestuurd. En zo was de bestuursvoorzitter van Kraft Heinz ook bij Lemann en Buffett teruggekomen. Hij had geen hard 'nee' gehoord. Ook de tweede ontmoeting met de CEO van Unilever op 10 februari was een prettig gesprek geweest en dus had hij hun bod bij Paul Polman achtergelaten.

De CEO van Unilever ervaart dit heel anders. Polman heeft het idee met 2-0 achter te staan. Kraft Heinz heeft maanden de tijd gehad om deze aanval voor te bereiden. Unilever heeft op z'n best een paar weken om de verdediging op orde te krijgen. Via via hoort hij dat Kraft Heinz zelfs iemand heeft ingehuurd om een karaktercheck op hem te doen. Mensen in zijn omgeving zijn benaderd met het verhaal dat er mogelijk een grote baan voor Polman in het verschiet ligt en of ze in dat verband een paar vragen over zijn persoon willen beantwoorden: wat zijn de sterktes en zwaktes van deze CEO?

Wat belangrijker en bedreigender is, Kraft Heinz heeft zijn vuurkracht goed georganiseerd. Polman heeft begrepen dat Jamie Dimon, de CEO van JPMorgan Chase, heeft laten weten dat zijn bank garant zal staan voor de financiering van de overname. Hij vraagt zijn CFO Graeme Pitkethly om het team van adviserende bankiers aan te sturen en ervoor te zorgen dat Unilever een antwoord heeft op iedere nieuwe ontwikkeling. Hij waarschuwt zijn financieel directeur; ga er bij alles wat je hoort maar van uit dat de meeste bankiers willen dat deze deal doorgaat. Een deal die doorgaat levert hun altijd meer op dan een deal die afketst.

Unilever heeft inmiddels zo'n veertig bankiers van Morgan Stanley, Centerview, UBS en Deutsche Bank ingehuurd voor advies. Niet alleen vanwege hun rekencapaciteiten, maar ook omdat ze hun tegenspelers bij Kraft Heinz, die nu vooral worden bijgestaan door bankiers van Lazard, goed kennen. Ze beschouwen dit vooral als een schaakspel. Wie de strategie van de tegenpartij het best kan inschatten trekt aan het langste eind.

De meeste bankiers, vrijwel allemaal mannen, kennen elkaar goed. Ze zijn elkaar de afgelopen jaren vaak aan verschillende onderhandelingstafels tegengekomen. Ze zijn vooral blij met een partij als 3G Capital. De Brazilianen hebben de afgelopen jaren voor grote deals gezorgd. Vier jaar geleden legden ze ruim 23 miljard dollar voor Heinz neer en twee jaar geleden betaalden ze zo'n 45 miljard dollar voor de overname van Kraft. Vorig jaar betaalde AB InBev zelfs 104 miljard dollar voor de overname van SABMiller. Dat is goede handel. Het is niet ongebruikelijk dat de betrokken bankiers met elkaar 1 à 2 procent van de waarde van zo'n transactie in hun zak steken. Met elkaar hebben ze vele tientallen miljoenen aan deze Braziliaanse ambities verdiend.

Naast bankiers is er ook een batterij aan juridische specialisten en pr-adviseurs ingehuurd. Polman is ook bij hen op zijn hoede: dit zijn toch vooral mensen die je constant vertellen wat er allemaal niet mag, wat je beter niet kunt doen. Als je te veel naar ze luistert sta je constant op de rem, terwijl het juist in dit soort situaties nodig is om proactief te zijn. Ook als dat risico's met zich meebrengt.

Terwijl de CFO vooral hands-on bezig is met de dreigende overname – met de rekensommen, de scenario's, de voorwaarden – ziet Polman het als zijn taak om ervoor te zorgen dat de context waarin die overname plaatsvindt zo verandert dat het volstrekt onlogisch wordt om deze deal te laten doorgaan. Hiervoor moet hij op het juiste moment zijn netwerk, het netwerk van Unilever, wakker schudden en zo veel mogelijk invloedrijke mensen vragen hun afkeuring uit te spreken. De publieke opinie moet worden gemobiliseerd. Hoe duidelijker die zich negatief uitspreekt, hoe vijandiger het klimaat wordt.

Het team bankiers en adviseurs onder leiding van Pitkethly trekt al snel een paar conclusies. De timing van Kraft Heinz is briljant. De dollar staat sterk, met dank aan de Brexit, ten opzichte van de euro en het Britse pond. Hun beurskoers heeft een *all-time high*, terwijl de koers van Unilever de laatste maanden een flinke tik heeft gehad en zo'n 13 procent lager staat.

De adviseurs wijzen nadrukkelijk op die in hun ogen problematische balans van Unilever. Unilever heeft relatief weinig schulden. Op zich begrijpen ze dat wel: grote bedrijven willen in staat zijn om forse overnames te kunnen doen. Om daar snel veel geld voor te kunnen lenen willen ze niet te veel schuld op hun balans hebben. Zeker voor Unilever is deze potentiële slagkracht belangrijk: door de nv-plc-structuur is het vrijwel onmogelijk om overnames te betalen met (twee verschillende) aandelen.

Door weinig schuld aan te gaan, krijgen bedrijven als Unilever, Nestlé en Procter & Gamble bovendien een zogenaamde A-rating. Het is zo veilig om geld aan ze te lenen dat ze daar maar een lage rente voor hoeven te betalen. Maar de verhouding schuld-eigen vermogen van 1,8 past bij een helemaal op persoonlijke verzorgingsproducten gericht bedrijf. In de voedingsmiddelenindustrie gaan bedrijven snel twee keer zoveel schulden aan. Het lijkt wel of Unilever is vergeten dat het nog fors in voedingsmiddelen zit.

Het grote nadeel van zo weinig schuld wordt meteen duidelijk. Het bod van ongeveer 134 miljard euro bestaat voor 60 procent uit cash. De rest willen ze betalen met aandelen Kraft Heinz. De ongeveer 80 miljard euro die ze nodig hebben, kunnen ze voor het overgrote deel lenen omdat de balans van Unilever dat toelaat. Van hun banken krijgen ze de ruimte om die verhouding schulden-eigen vermogen van 1,8 naar 7 à 8 op te tillen en voor zo'n 65 miljard euro aan nieuwe schulden aan te gaan. Met andere woorden: ze hoeven zelf maar 15 miljard aan cash op tafel te leggen om een van de grootste bedrijven van de wereld te kunnen kopen.

Dat is goed op te brengen voor de vier miljardairs, die samen op papier waarschijnlijk goed zijn voor meer dan 150 miljard. Omdat die rijkdom grotendeels vastzit in andere investeringen schatten de adviseurs van Unilever in dat Buffett het overgrote deel van deze cash op tafel zal leggen. Hij zou zelfs tot een lening van 20 miljard kunnen gaan.

Ze gaan ervan uit dat Kraft Heinz met de overname een compleet nieuw platform wil beginnen. Dat het naast de overname van alle bij Kraft Heinz passende voedingsmiddelen ook verder zal bouwen op de markt voor persoonlijke en huishoudelijke verzorging. De adviseurs schatten in dat zo'n nieuwe gigant enorme besparingen kan realiseren, niet alleen in het eigen productieproces maar ook in de onderhandelingen met de retailbedrijven, de supermarktketens die het overgrote deel van de producten aan miljarden consumenten verkopen. In hun rekensommen gaan ze ervan uit dat de vier mannen achter het bod op Unilever op een investering van uiteindelijk misschien 150 miljard euro een rendement van 30 procent kunnen maken. Dat betekent dat die vier miljardairs binnen een paar jaar met elkaar zo'n 50 miljard euro zouden kunnen verdienen.

Polman is er ziek van als hij deze boodschappen tot zich door laat dringen. Unilever zou worden misbruikt om een paar steenrijke miljardairs nog veel rijker te maken. Zo'n totaal ongewenste overname, die zijn levenswerk zou vernietigen, zou voor het grootste deel door Unilever zelf worden gefinancierd. Ook is duidelijk, en dat jaagt hem pas echt schrik aan, dat ze hun huidige bod van ongeveer 47 euro per aandeel kunnen verhogen tot zo'n 56 euro. Dat zou een premie van meer dan 35-40 procent op de huidige koers betekenen. Zo'n bod zullen zijn aandeelhouders gretig aannemen. Dan is 'zijn' Unilever verloren.

Hij slaapt niet meer dan twee uur per nacht, is nauwelijks thuis. Heel af en toe heeft hij even contact met zijn vrouw. Kim Polman maakt zich zorgen. Natuurlijk realiseert ze zich dat dit het gevecht van zijn leven is. Maar hij moet wel oppassen. Haar man heeft de neiging het leed van de hele wereld op zijn schouders te nemen. Als Kraft Heinz toch aan het langste eind trekt, zullen ze die 200 miljoen euro die Alexandre Behring aan Paul Polman heeft aangeboden gebruiken om in goede doelen te investeren, zo spreken de echtgenoten af. Op afstand, vanuit hun huis in Genève, zal Kim zich er deze week op concentreren om haar man goede gedachten te sturen, en zo de kracht te geven om te doen wat nodig is. Nu is het erop of eronder.

Om de zoveel tijd wordt het bestuur van Unilever bij elkaar geroepen en door Polman bijgepraat. Dat is essentieel, als CEO moet hij zeker weten dat hij steeds hun steun heeft. Zij moeten uiteindelijk de belangrijkste besluiten nemen. Polman is blij dat ze hem deze dagen vooral de ruimte en het vertrouwen geven om zijn gang te gaan. Luisterend naar Polman moeten bestuurders als Louise Fresco, Feike Sijbesma en Ann Fudge af en toe denken aan Jean-Marc Huët, de voorganger van Graeme Pitkethly. Had Huët niet in 2012 al gewaarschuwd voor het gebrek aan aandacht voor de belangen van de aandeelhouders? Had hij niet gewezen op het gebrek aan schulden op de balans? Zo is Unilever nu opeens betaalbaar voor Kraft Heinz geworden.

In verschillende boodschappen aan Behring en Buffett legt Paul Polman namens het bestuur van Unilever uit niet geïnteresseerd te zijn in hun plannen. Maar een reactie blijft uit. Dat vergroot de zorgen van het Unilever-team. Komen die brieven niet aan, maken ze geen indruk? Waarom reageren ze niet? Kennelijk is een normaal gesprek niet mogelijk en is Kraft Heinz serieus van plan dit door te zetten. Polman gelooft niet dat er met de Brazilianen te praten valt, maar misschien wel met Warren Buffett?

De markt reageert teleurgesteld op de tegenvallende kwartaalresultaten die Kraft Heinz op donderdag 16 februari bekendmaakt. De koers van het aandeel daalt met 5,5 procent. Het bestuur van Kraft Heinz zit in een vergadering gespannen bij elkaar om te bespreken wat ze nu moeten doen. Een lagere koers van het eigen aandeel betekent dat de overname van Unilever een stuk duurder wordt. Ze hebben meer tijd nodig om de precieze financiële consequenties hiervan in kaart te brengen. Wat is nu nog de ruimte om het bod fors te verhogen? De angst wordt uitgesproken dat de bieding op straat komt te liggen. Ze moeten alles op alles zetten om het lekken van dit nieuws zo lang mogelijk te voorkomen.[3]

Het bestuur van Unilever bespreekt een paar duizend kilometer verderop juist de voordelen van snelle openheid van zaken. Als Kraft Heinz morgen met de billen bloot moet omdat het nieuws is gelekt, hebben ze alleen het weekeind om te inventariseren of ze ondanks de gedaalde koers van het aandeel het bod nog flink kunnen verhogen. Dat is niet veel tijd om over de inzet van al snel enkele tientallen miljarden euro's te besluiten.

Als het bod op straat ligt heeft Unilever bovendien de handen even vrij om met externe partijen de verdediging op orde te brengen en vooral Warren Buffett onder druk te zetten. Feitelijk dwingen ze Kraft Heinz dan om in twee dagen te kijken of ze het bod aanzienlijk kunnen verhogen, of niet. Inmiddels zijn zo'n vijftig bankiers en adviseurs van het bod op de hoogte, dus zo gek is het niet als het nieuws nu naar buiten komt. Louise Fresco vindt het een slimme zet. Hier zal werk van worden gemaakt.

Het nieuws zoemt inderdaad al behoorlijk rond. In Nederland ziet Kees van der Waaij vanuit zijn ooghoek dat de secretaris de vergadering uit loopt. Wat zou er aan de hand zijn? Sinds vier jaar is de Unilever-lifer president-commissaris van het Nederlandse dochterbedrijf. Dat heeft een eigen raad van commissarissen. Hoewel de smeerselsdivisie geen onderdeel uitmaakt van het Nederlandse bedrijf, staat de verwachte verkoop ervan wel op hun agenda. Ze vinden het erg pijnlijk dat Polman intern heeft aangekondigd dat het Nederlandse DNA van Unilever nu toch echt zal worden verkocht. Voor het imago in Nederland zal deze verkoop grote gevolgen hebben. Van der Waaijs raad van commissarissen fungeert als klankbord voor de Ondernemingsraad van de smeerselsdivisie. Die maken zich zorgen over de arbeidsvoorwaarden, wat zal een nieuwe eigenaar met hen gaan doen?

Tijdens de lunch komt de duidelijk opgewonden secretaris op Van der Waaij af en vertelt hem dat er waarschijnlijk een bod op heel Unilever is uitgebracht. Hij legt uit dat hij opeens de vergadering uit was gelopen omdat hij bericht kreeg dat de koers van Unilever rare bewegingen maakte. Van der Waaij weet even niet wat hij moet zeggen. In de ruim 41 jaar die hij nu voor Unilever werkt, is het nog nooit in hem opgekomen dat Unilever, zijn Unilever, een overnameprooi zou kunnen zijn. Het grote, machtige Unilever was altijd de jager geweest. Dit kan toch niet...

Bryce Elder heeft de pest in. De geruchten dat er iets staat te gebeuren worden steeds sterker. Hij wil publiceren. De Britse freelancejournalist is al dagen bezig met het spectaculaire verhaal dat Kraft Heinz een bod op Unilever wil uitbrengen. Samen met een paar collega's heeft hij de afgelopen dagen tientallen bronnen, waaronder de twee bedrijven en talloze banken, bevraagd. Hij is ervan overtuigd dat het bericht klopt. Maar zijn collega's bij de nieuwsdienst FT Alphaville zijn voorzichtig. Dit is zo groot. Om zoiets als feit te publiceren moet je het 100 procent zeker weten. Die harde bevestiging is er niet. Nog niet. Het lijkt er zelfs op dat ze door de hoofdrolspelers aan het lijntje worden gehouden.

Besloten is daarom het nieuws vandaag, vrijdag 17 februari, om 11.00 uur als een gerucht te plaatsen op de *Markets Live*-chat. Elder heeft haast. Hij weet zeker dat hij in een race zit met grote concurrenten als Bloomberg en Reuters. Hij wil deze scoop. Het lukt Elder alleen niet om contact te maken met Paul Murphy, de eindredacteur. Er is iets mis met het IT-systeem, dat ligt plat. Terwijl hij worstelt met de verbinding houdt hij zijn kind, dat vandaag vrij heeft en naar *Finding Nemo* ligt te kijken, in de gaten.

Twintig minuten later is er contact en beginnen de twee mannen hun online chat. Elder meldt dat Unilever is benaderd, de namen 3G Capital en Warren Buffett vallen. Murphy wil weten hoe serieus dit is: 'Dit soort berichten kun je niet zomaar de wereld in sturen.' Elder benadrukt dat het een gerucht is, verspreid door mensen die 'doorgaans tegen de goede bomen blaffen'. Sinds woensdag zijn er al opmerkelijke transacties geweest in opties die speculeren op een stijging van de aandelenkoersen van zowel Unilever als Kraft Heinz. Hij laat weten de afgelopen 24 uur genoeg telefoontjes te hebben gepleegd om dit nieuws naar buiten te durven brengen, 'we doen eigenlijk niet meer dan het verspreiden van een gerucht van een kleine clique mensen naar een groter publiek'.

De conversatie wordt meteen overgenomen door andere nieuwsdiensten, waaronder Bloomberg. De mannen kijken op hun schermpjes naar de koers van Unilever. Die is het afgelopen halfuur met ruim 10 procent gestegen.

Bij Kraft Heinz hebben ze de pest in. Ze zijn ervan overtuigd dat Unilever het nieuws heeft gelekt, zo iets wil forceren. Want nu moet Kraft Heinz met een statement komen, dat eist de Britse wetgever: *put up or shut up*. Drie kwartier later laat Kraft Heinz in een persbericht weten dat het 'een uitgebreid voorstel heeft gedaan aan Unilever om beide bedrijven samen te voegen en zo een leidend consumer goods-bedrijf te creëren met een missie gericht op langetermijngroei en duurzaam leven'. Ze laten ook weten dat Unilever het voorstel om verder te praten heeft afgewezen maar dat Kraft Heinz 'ernaar uitziet om overeenstemming te bereiken over de voorwaarden van een transactie'. Kraft Heinz benadrukt dat er nog geen formeel bod ligt en dat het zich gehouden voelt om voor 17 maart duidelijkheid te verschaffen.

Unilever reageert meteen. Op aandringen van een paar bankiers stelt communicatiedirecteur Sue Garrard voor om ongewoon krachtige taal te gebruiken bij de afwijzing. Het bedrijf zegt geen enkel voordeel te zien voor de eigen aandeelhouders: niet financieel en niet strategisch. Het bod, met een premie van ongeveer 18 procent, ziet het bedrijf als een fundamentele onderwaardering van wat Unilever waard is. 'We zien geen basis voor een verdere discussie. We adviseren aandeelhouders geen actie te ondernemen.'

Tijdens zijn wekelijkse ontmoeting met de pers houdt premier Mark Rutte zich die vrijdagmiddag op de vlakte. Natuurlijk is hij geschrokken. Dit raakt hem ook persoonlijk. Jarenlang heeft hij voor dit bedrijf gewerkt, daar heeft hij zijn belangrijkste leiderschapslessen geleerd voor hij de politiek in ging. Maar nu wil hij eerst meer informatie hebben. De liberaal in hart en nieren is op zijn hoede: de krachten van vraag en aanbod moeten op een vrije markt hun werk kunnen doen. Vince Cable, de Britse minister voor Economische Zaken, laat weten dat er geen legale krachten zijn die een deal kunnen tegenhouden maar vraagt mededingingsautoriteiten wel goed naar de krachtenbundeling te kijken.

Polman is teleurgesteld over deze magere reacties uit de politiek. Maar hij merkt ook dat zijn inspanningen op andere plekken effect sorteren. Hij is blij met de snelle en concrete afwijzing van vooral de Britse vakbonden. En met de petitie die op YouGov is gestart en waar al bijna 100.000 handtekeningen zijn gezet uit protest tegen de mogelijke overname. De voormalige Amerikaanse vicepresident en klimaatactivist Al Gore biedt zijn diensten aan. En Polman is blij met het telefoontje van Bono, de activistische zanger van U2, die hem laat weten klaar te zitten om een protestlied te schrijven. Polman beschouwt Bono als een goede vriend, ze komen elkaar bijna ieder jaar tegen op het World Economic Forum in Davos.

De koers van het aandeel Unilever sluit vrijdagmiddag 13,4 procent hoger. De markt lijkt niet echt onder de indruk van het bod. Verschillende aandeelhouders laten weten het bod veel te laag te vinden. Daarmee onderschrijven ze de boodschap van de leiding van Unilever. Adviserende bankiers dringen erop aan dat nu alles op alles moet worden gezet om te voorkomen dat Kraft Heinz maandag met een hoger bod komt. Als dat er eenmaal ligt zullen in een paar uur tijd vooral hedgefunds massaal instappen, in de hoop hun aandelen binnen een paar weken voor een zo hoog mogelijke prijs aan het duidelijk hongerige Kraft Heinz te kunnen verkopen. De zo door Polman gehate Britse Takeover Code, die de zittende bestuurders snel buitenspel zet, schrijft voor dat de biedende en verkopende partij er in 28 dagen moeten zien uit te komen. De adviseurs laten onderzoek zien waaruit blijkt dat slechts een op de vier overnamedoelen die rit naar boven als zelfstandig bedrijf overleeft.

Patrick Cescau, de voormalige CEO van Unilever, is er niet gerust op. Hij vindt het knap dat Polman zijn ambitie een stap verder heeft getild. Waar Polman het al jaren heeft over 'geld verdienen door het goede te doen' had Cescau het vooral over 'geld verdienen en dan het goede doen'. Een tijdje is hij boos geweest, de media bleven de jaren na zijn vertrek maar schrijven over het zooitje dat Polman zou hebben aangetroffen toen hij de baas werd in 2009 en dat hij daarna het bedrijf heeft getransformeerd. Maar dat is onzin, dat heeft hij, Patrick Cescau gedaan. Tussen 2005 en 2008 heeft hij puin moeten ruimen en Unilever als het ware klaargemaakt voor de tot voor kort zo succesvolle avonturen van zijn opvolger.

Hij beschouwt het bod van Kraft Heinz als het bewijs dat Polman te ver is doorgeschoten. Het gevecht met het grote geld dat constant op zoek is naar meer rendement wordt in de ogen van de Fransman nooit gewonnen als je niet nog harder werkt, de marges niet verder verbetert en op tijd afscheid neemt van onderdelen die niet meekomen. Want het maakt partijen als Kraft Heinz niets uit. Het gaat ze niet om gedeelde waarden. Er is maar één waarde: hun portemonnee. En als ze daarvoor een prachtig bedrijf als Unilever moeten vernietigen, dan zullen ze dat doen. Ook Cescau realiseert zich dat dit de grote test voor Unilever is, een gevecht van leven op dood. Ook voor de huidige CEO.

Onwillekeurig gaan zijn gedachten even terug naar hun gezamenlijke ontsnapping uit het Taj Mahal Hotel in Mumbai. Uren hebben ze met de top van de Indiase dochter Hindustan Lever en hun partners in het donker op de grond gelegen, gehoopt en gebeden dat ze niet zouden worden gevonden door de islamitische terroristen die om hen heen tientallen mensen doodschoten. Toen hebben ze enorm veel geluk gehad.

Harish Manwani, de man die dit ongelukkige afscheidsfeest voor Cescau had georganiseerd, maakt zich ook grote zorgen. De Indiër denkt dat Kraft Heinz steeds begeriger naar Unilever is gaan kijken naarmate het bedrijf, vooral na zijn vertrek als chief operating officer in 2014, de mond steeds meer vol had over het gevecht tegen armoede en klimaatverandering en veel te weinig over de mooie financiële resultaten die werden geboekt. Polman heeft zich in zijn ogen te weinig tot de aandeelhouders gewend, ze onvoldoende duidelijk gemaakt hoe goed ze het hebben en nog zullen krijgen.

Polman wordt ook gebeld door Niall FitzGerald. De Ier heeft hem de afgelopen jaren vaak van advies gediend. Samen zitten ze in het bestuur van Leverhulme, de stichting die de erfenis van Lord Leverhulme beheert en ruim 6 procent van de aandelen in de plc bezit. Het rendement wordt gebruikt om jaarlijks zo'n 100 miljoen pond aan goede doelen in de gezondheidszorg te geven. William Lever zal zich omdraaien in zijn graf als zijn geesteskind, zijn erfenis, in handen komt van een partij als Kraft Heinz. FitzGerald vraagt Polman of hij iets kan doen. Hij biedt hem aan de volgende dag Warren Buffett te bellen, ze kennen elkaar goed, al twintig jaar.

Marijn Dekkers is ervan overtuigd dat Unilever in grote problemen komt als de Brazilianen hun overnamepremie naar 35 procent brengen. Het bestuur van Unilever realiseert zich steeds meer dat Buffett de achilleshiel van deze aanval is. Alleen hij kan ervoor zorgen dat een formeel bod wordt afgeblazen. Dat is de enige kans die Unilever heeft. En dat moet binnen 48 uur geregeld zijn. Voordat de markten maandag weer opengaan. Buffett zal de deal moeten afblazen.

Niet iedereen binnen Unilever hoopt dat dit gebeurt. Hier en daar is er zelfs hoop dat deze overname wel doorgaat. Er zijn nog steeds collega's die de hele USLP-ambitie nooit echt hebben begrepen of geloofd. Het kan ze gestolen worden, een bedrijf is maar een bedrijf en is niet op de wereld gezet om deze te verbeteren. Maar er is nog iets. Ze hebben gelezen hoe de top-30 van Heinz na de overname door 3G Capital met een bonus van 5 à 20 miljoen dollar per persoon naar huis is gestuurd. Polman wordt giftig als hij dit hoort. De persoon die ook maar durft te opperen dat het misschien niet zo'n gek idee is vanwege de eigen portemonnee op het bod van Kraft Heinz in te gaan, zal hij op staande voet ontslaan. Dat beschouwt hij als hoogverraad.

Polman windt zich ook op over de media die hij voorbij ziet komen. Die stellen vast dat het logisch is dat het zo winstgevende Kraft Heinz nu een bod uitbrengt, dat er duidelijk sprake is van een *underperformance* van Unilever. Het is Polman al zo vaak opgevallen, als media ergens een gevecht in zien, houden ze zich niet in. Heerlijk vinden ze het om alles in een scenario met winnaars en verliezers te trekken. Ze hebben altijd zin in een gevecht, dat verkoopt goed. Bankiers, advocaten, aandeelhouders, media, heel veel krachten willen dat er een deal komt. Unilever is erdoor omringd. Polman vindt het tragisch, maar het is waar, ze profiteren er allemaal van.

Verschillende bankiers, die hier nu alweer dagen mee bezig zijn, vragen zich onder elkaar af of Polman niet te vriendelijk is geweest in de ontmoetingen met Behring. Ze kunnen zich voorstellen dat hij met een redelijke behandeling juist bij deze Braziliaan voor verwarring heeft gezorgd. Die kan dan toch gaan denken: we begrijpen elkaar, hier komen we wel uit.

Ze vinden dat de mensen van Kraft Heinz het spel slim spelen. De adviseurs van Unilever zijn de afgelopen dagen af en toe door ze gebeld met de vraag of ze ergens mee kunnen helpen. Dat is natuurlijk uitgesloten en dus is het antwoord steeds: wegwezen, we hebben jullie bod afgewezen. Maar aan Unilever-kant geloven ze dat de mensen van 3G Capital zo naar eer en geweten tegen Buffett kunnen zeggen: zie je wel, we zijn constant met ze in gesprek, er is geen sprake van een vijandige overname. Polman geeft de schuld aan de bankiers van Lazard, adviseurs van Kraft Heinz. Die lijken steeds bij de tegenspeler te suggereren dat hij met ze wil onderhandelen. Dit vindt hij volstrekt niet integer, er is geen sprake van enige onderhandelingsruimte.

Helemaal optimaal vinden de bankiers de voorbereiding van Kraft Heinz trouwens niet. Ze lijken bijvoorbeeld niet te weten dat de Nederlandse premier Rutte voor Unilever heeft gewerkt en gedurende het weekeinde goed op de hoogte wordt gehouden van het wel en wee van zijn voormalige werkgever. Zouden ze überhaupt rekening houden met het politieke klimaat in Nederland of het Verenigd Koninkrijk?

Via zijn netwerk krijgt Polman op zaterdagochtend 18 februari te horen dat Kraft Heinz het pr-bureau Finsbury heeft ingehuurd om de communicatie rondom deze deal te optimaliseren. Finsbury is een dochter van WPP, het reclamebureau waar Unilever veel zaken mee doet. Polman ontploft en stuurt een woedende e-mail naar Sir Martin Sorrell, de oprichter en CEO van WPP. Als Sorrell wil dat de relatie met Unilever, de op één na grootste adverteerder ter wereld, goed blijft, dan moet hij de mensen van Finsbury daar onmiddellijk terugtrekken. Sorrell kiest eieren voor zijn geld. Binnen een paar uur trekt Finsbury zich terug als adviseur van Kraft Heinz. Die moeten in het heetst van de strijd op zoek naar een nieuwe adviseur.

De telefoon van Warren Buffett blijft deze ochtend maar overgaan. Door verschillende goede bekenden, onder wie Al Gore en Niall FitzGerald, met dezelfde boodschap: hou hiermee op, dit wordt vijandig. Dit kost je je reputatie.

Veel indruk maakt het telefoontje van bankier Michael Klein. Polman kent Klein vanuit zijn rol als commissaris bij Dow Chemical. Toen dat bedrijf in de problemen zat heeft Michael Klein, werkend voor Citibank, onderhandeld over een lening van 3 miljard dollar door Buffett. Die lening heeft de Amerikaan geen windeieren gelegd. Klein en Buffett beschouwen elkaar als vrienden. Polman heeft Klein gevraagd om in zijn naam met Buffett te bellen. De Amerikaanse belegger wil per se niet direct met Polman praten, laat staan onderhandelen. Als dat misgaat, is hij toch direct betrokken geweest bij een vijandige poging en misschien wel een mislukking. Daar kan geen sprake van zijn.

Als Buffett opnieuw op indringende toon van Klein hoort dat dit gaat uitlopen op een vijandige overname telt hij zijn knopen. De Amerikaanse miljardair bedenkt dat hij zijn vrienden van 3G Capital misschien iets te veel de ruimte heeft gegeven om het op hun manier te doen. Dit is in ieder geval niet de manier waarop hij zakendoet. Buffett besluit contact te zoeken met zijn vriend Jorge Paulo Lemann.

Polman heeft geen oog dichtgedaan. Wat gaan de belagers doen? Zijn ze al wakker aan de andere kant van de Atlantische Oceaan? Deze zondagmiddag, nog ochtend in de Verenigde Staten, moet het bod worden afgeblazen.

De opluchting is enorm als Kraft Heinz die zondagmiddag laat weten dat het bod van tafel is. In een ultrakorte, gezamenlijke verklaring stelt The Kraft Heinz Company dat het ermee heeft ingestemd om het voorstel terug te trekken om de twee bedrijven te combineren. 'Unilever en Kraft Heinz respecteren elkaar. Kraft Heinz heeft zeer veel respect voor de cultuur, de strategie en het leiderschap van Unilever.'

Binnen Unilever weten ze het zeker: dit is te danken aan Buffett, hij heeft zich teruggetrokken. Zonder zijn garanties zullen de banken de door hen toegezegde leningen terugtrekken. De Brazilianen zijn rijk, maar niet rijk genoeg om die 135 miljard zelf op tafel te leggen.

Er gaat een zucht van opluchting door het Brits-Nederlandse bedrijf. Het is gelukt om net op tijd een paar miljardairs met extreem diepe zakken van zich af te schudden. Maar iedereen weet ook: dit is slechts een adempauze. Volgens de Britse regels mogen de belagers zich over een halfjaar weer melden. Nu Kraft Heinz duidelijk heeft gemaakt dat er relatief snel veel meer waarde uit Unilever kan worden geperst, zullen de aandeelhouders bovendien iets verwachten. Unilever heeft tot augustus om te laten zien wat het waard is. En zo te voorkomen dat Kraft Heinz dan weer op de stoep staat.

Er trekt een siddering door het hele bedrijf. Want wat gaat dit betekenen? De koers van het aandeel Unilever is verder opgelopen. Beleggers zullen verwachten dat die koers hoog blijft, dat die koers verder omhooggaat. Dat moet. Hoe hoger de koers, hoe onbetaalbaarder Unilever wordt en hoe kleiner de kans dat de Brazilianen nog een poging zullen wagen. Het is niet leuk, maar Unilever zal daarvoor in ieder geval een deel van de agenda van Kraft Heinz moeten uitvoeren. Polman zal zijn aandeelhouders ervan moeten overtuigen om bij te kopen. Ook zal Unilever er niet aan ontkomen om schulden aan te gaan en op forse schaal aandelen in te kopen.

De bestuurders zijn nu vooral opgelucht. Unilever is door het oog van de naald gegaan. Ze vinden dat Polman en Pitkethly briljant werk hebben afgeleverd. En ze beschouwen dit avontuur ergens ook als een *blessing in disguise*. De boel was duidelijk niet op orde, er zal hard moeten worden gewerkt om een herhaling te voorkomen. Unilever en Paul Polman staan weer met beide benen op de grond na deze wake-upcall. Na de waarschuwingen van Huët heeft het bedrijf nu van Kraft Heinz een serieuze gele kaart gekregen. Nog een overtreding en ze krijgen rood, dan liggen ze eruit.

Polman is het daarmee eens. Unilever moet nog veel efficiënter gaan werken om zowel duurzaam te kunnen zijn als genoeg geld voor de aandeelhouders te kunnen verdienen. Deze aanval heeft hem duidelijk gemaakt dat nu echt korte metten moet worden gemaakt met de consensuscultuur binnen Unilever. Het bedrijf is te traag, moet sneller knopen doorhakken.

Het is ook helder dat de impliciete bescherming van de duale structuur met een nv en een plc niet meer werkt. Is dit, met de Brexit in het achterhoofd, niet hét moment om na decennia van discussies en gesteggel hier ook maar eens afscheid van te nemen en van Unilever echt één bedrijf te maken met één hoofdkantoor? Niet alleen om te voorkomen dat Unilever wordt overgenomen, maar ook om de slagkracht te vergroten als zich de mogelijkheid van een grote overname voordoet.

Vooral de mensen die zich over de uitvoering van de doelstellingen in het USLP ontfermen zijn bezorgd. Dit zal zorgen voor nog meer druk op de resultaten, de kosten zullen omlaag moeten en de marge omhoog. Het zal allemaal nog moeilijker worden. Ook buiten Unilever zijn hier zorgen over. Wat betekent dit voor de samenwerking met ngo's als de aandacht de komende tijd vooral naar de koers van het aandeel zal gaan? Hoe gaat het bedrijf deze hard uit elkaar glijdende ski's weer bij elkaar brengen? Unilever laat weten dat het op 6 april een plan zal presenteren om duidelijk te maken hoe het versneld op zoek zal gaan naar het creëren van waarde voor de aandeelhouders.

'Dat baart ons zorgen.' Op de opiniepagina van *de Volkskrant* roepen twee grote Nederlandse pensioenfondsen, PMT en PME, Unilever in een open brief op vooral zichzelf te blijven: 'Dat Unilever nu de winstgevendheid zo snel mogelijk wil opvoeren, mag wat ons betreft niet betekenen dat het concern zijn langetermijnkoers verlaat. Wij zijn ervan overtuigd dat bedrijven die oog hebben voor een duurzame langetermijnontwikkeling, uiteindelijk ook financieel beter presteren.' Ze waarschuwen Unilever: 'Hoewel we al een betrokken aandeelhouder zijn, schuiven we meer en meer op naar een bewuste selectie van de ondernemingen waarin we beleggen. Daarbij kijken we nadrukkelijk naar hoe zij omgaan met risico's en kansen op het gebied van milieu en maatschappij. Een sterke kortetermijnfocus van beleggers en bedrijven kan echte economische activiteit als basis voor duurzame groei en ontwikkeling van de economie in de weg staan.'

Ook pensioenfonds ABP waarschuwt Unilever, achter de schermen: neem geen paniekmaatregelen, ga niet te snel het pad van Kraft Heinz op, ga niet als een dolle in de kosten snijden. Bij pensioenuitvoerder PGGM, goed voor ongeveer een half miljard euro aan Unilever-aandelen, barst intern een discussie los. Het aandeel zit in zeven portefeuilles. Op een aantal plekken is door de stijging van de koers het vooraf gestelde koersdoel gehaald. Voor de portefeuillemanager is dat het teken dat er verkocht moet worden. Anderen maken duidelijk dat dit een slecht signaal zou zijn, PGGM wil vooroplopen in duurzame ambities. Bestuurder Else Bos, die Paul Polman goed kent, wil in het publieke debat stelling nemen en Unilever steunen. Maar de PGGM-bestuurders komen er onderling niet uit en dus houden ze hun mond.

De blunder van Kraft Heinz beheerst het nieuws. Aan nieuwszender CNBC vertelt Warren Buffett dat hij verschillende telefoontjes had gekregen waarin duidelijk werd gesteld dat de overname niet gewenst was. 'Ik heb toen gezegd: als het niet welkom is, dan is er geen bod.' Hij legt uit wat er in zijn ogen is misgegaan. 'Alexandre Behring, Jorge Paulo en ik hadden bedacht een vriendelijk bod uit te brengen op Unilever als ze daarvoor open zouden staan. Behring noemde in de eerste ontmoeting met Polman de mogelijkheid van een bod, hij kreeg toen geen "nee" en geen "ja", hij had een vriendelijk gesprek en liet ons weten dat hij er niet uit was gegooid. Ik had van een goede vriend van mij gehoord, Greg Abel, dat die Polman deugt, dus we hadden daar een goed gevoel over.'

Buffett vertelt dat ze hun deal toen grofweg op papier hebben gezet. 'Die brief heeft Behring twee weken later meegenomen voor een tweede ontmoeting met Polman. Afgesproken was dat Behring die brief aan hem zou geven als hij van de CEO van Unilever een neutrale reactie zou krijgen. Behring vond Polman vooral vriendelijk en dus gaf hij hem de outline van hun voorstel.'

Maar misschien had Behring niet goed door met wat voor type mens hij aan tafel zat, wil de interviewster weten. Buffett praat graag in metaforen en legt met een grijns op zijn gezicht uit: 'Kijk, als een diplomaat "ja" zegt, dan bedoelt hij "misschien", als hij "misschien" zegt, dan bedoelt hij "nee", en als hij "nee" zegt, dan is hij geen diplomaat. Als een dame "nee" zegt, dan bedoelt ze "misschien", als ze "misschien" zegt bedoelt ze "ja", en als ze "ja" zegt is ze geen dame. Onze Behring kreeg waarschijnlijk een "misschien" maar wist niet of het van een dame of van een diplomaat kwam.'

De journaliste van CNBC is niet overtuigd, ze wil weten of het echt nooit als een onvriendelijk bod was bedoeld. Buffett benadrukt dat dit echt niet het geval was maar dat hij ook niet kan uitsluiten dat de andere kant hun bod toch als onvriendelijk kan hebben geïnterpreteerd. Meteen verdedigt hij de gretigheid van Behring: 'Als mensen zeggen dat de prijs ze niet bevalt, dan hoor je toch een "misschien".' Volgens Buffett was dat de reactie van Polman in de eerste bijeenkomst, niet meer in de tweede. Was de CEO van Unilever dan misschien overdreven vriendelijk, vraagt de interviewster nog, was dat het probleem? Buffett: 'Dat zou kunnen, het kunnen verschillen in cultuur zijn en voor Behring is Engels zijn tweede taal. Daarom doe ik het ook liever op mijn manier: ik vraag gewoon of de andere kant wil of ik een bod zal uitbrengen. Maar meestal is er een paringsdans... dit ligt subtiel, maar hoe dan ook, binnen een uur lieten we ze weten dat we ze met rust zouden laten.'

Polman vindt het mooi dat Buffett Greg Abel noemt. Met Abel heeft hij twintig jaar geleden in het bestuur van het Newcastle Initiative gezeten. Samen hebben ze pro bono gewerkt aan het investeren en verbeteren van de economische infrastructuur van Newcastle. Abel heeft hem aan het werk gezien daar, gezien hoe hij zich onbaatzuchtig heeft ingezet voor het goede doel. Dit is in zijn ogen weer een prachtig voorbeeld van serendipiteit. De afgelopen jaren heeft hij in tal van organisaties geprobeerd een bijdrage te leveren aan een betere wereld. Polman concludeert dat in zekere zin zijn netwerk Unilever heeft gered.

Hij ergert zich wel aan de in zijn ogen onzinnige uitleg van de Amerikaan. De vergelijking met de diplomaat en de dame vindt hij ronduit seksistisch. En hoezo was hij te aardig, hoezo zou hij hebben gezegd dat de prijs hem niet beviel? In zijn beleving heeft hij van meet af aan heel duidelijk gemaakt dat hij het niet zag zitten. Waarom hebben ze niet gereageerd op de brieven die Unilever ze heeft gestuurd, dan hadden ze deze hele toestand kunnen vermijden? Als ze zich maar een beetje in Unilever hadden verdiept hadden ze deze weerstand kunnen voorspellen.

Polman is ervan overtuigd dat de Brazilianen deze deal nooit uit zichzelf zouden hebben afgeblazen, dat hebben ze nog nooit gedaan. Hij gelooft ook dat Buffett zijn huiswerk niet goed heeft gedaan. Hij heeft de Brazilianen zijn zegen gegeven en is vervolgens op afstand gebleven. Dat ze daarom niet reageerden op Polmans duidelijke afwijzing. Pas op zaterdag, toen Buffett persoonlijk van allerlei kanten werd benaderd, viel bij de Amerikaan het kwartje. Dit gevecht kon hem, het 'Orakel van Omaha', in de herfst van zijn leven zijn prachtige imago van 'de vriendelijkste investeerder van de eeuw' kosten. Dat zou hij natuurlijk niet doen.

Polman bedenkt nog iets. Hoezo is Buffett een succesvolle investeerder? Het rendement van Unilever over de afgelopen acht jaar ligt een stuk hoger dan dat van Buffett. Hij vindt bovendien dat hij bij Unilever de principes van Buffett meer in de praktijk heeft gebracht dan Buffett zelf heeft gedaan. Veel van diens investeringen hebben helemaal geen echte waarde voor de samenleving opgeleverd.

Het bestuur van Unilever trekt dezelfde conclusie: het is Warren Buffett geweest die de deal onderuit heeft getrokken. Unilever is erin geslaagd om een wig te drijven tussen de Brazilianen en de Amerikaan.

Voormalig Unilever-voorzitter Antony Burgmans volgt het nieuws op de voet. Hij voelt met Polman mee. Ook Burgmans moet deze weken aan de bak, maar dan als president-commissaris van AkzoNobel. De Amerikaanse verffabrikant en concurrent PPG wil voor 21 miljard euro heel AkzoNobel overnemen. Burgmans ziet dit helemaal niet zitten. Agressieve aandeelhouders zitten op zijn nek, ze willen incasseren, wat er na zo'n overname met AkzoNobel gebeurt interesseert ze niks. Hun hebzucht dreigt AkzoNobel kapot te maken. Dat zal hij niet laten gebeuren. Burgmans heeft al overleg gehad met de minister van Economische Zaken, Henk Kamp, die ook heeft laten weten dat zo'n overname niet in het belang is van Nederland.

De zorgen rondom Unilever en AkzoNobel vormen voor Nederlandse politici in de aanloop naar de verkiezingen op 15 maart aanleiding om zich van hun 'Oranje boven'-kant te laten zien. In een interview op Radio 1 in het programma *Kamerbreed* zegt PvdA-minister van Financiën Jeroen Dijsselbloem: 'Unilever moet een beschermingsconstructie opwerpen om een overname door aasgieren en hyena's die klaarstaan om jouw bedrijf kapot te maken, te voorkomen.' Hij pleit voor wetgeving waarmee de overname van strategisch belangrijke concerns kan worden tegengehouden. Hij voelt er wel wat voor om buitenlandse overnames, naar Amerikaans voorbeeld, aan een overheidscommissie voor te leggen. Die moet kijken of zo'n overname de Nederlandse belangen dient.

De CEO en bestuursvoorzitter van Unilever zijn na het afblazen van de overname meteen op pad gegaan om hun aandeelhouders tekst en uitleg te geven. Op 7 maart ontvangen ze de belangrijke Nederlandse investeerders op het hoofdkantoor van Unilever in Rotterdam. Polman maakt een opgefokte indruk. Hij ziet er niet goed uit, is een beetje rood, opgeblazen. Erwin Dut heeft gedurende de hele presentatie het idee dat ze bij Unilever in een paniekstemming verkeren. Polman heeft eigenlijk ook maar één duidelijke boodschap voor hem en zijn disgenoten: koop onze aandelen. Koop ze nu, zorg dat onze koers omhooggaat en dat Kraft Heinz over iets anders gaat fantaseren en niet meer bij ons terugkomt. De portfoliomanager van Kempen Capital Management is samen met twee andere vermogensbeheerders – hij schat dat ze met elkaar goed zijn voor een kleine 2 miljard euro aan aandelen Unilever – uitgenodigd voor een lunch met Paul Polman en Marijn Dekkers. Sushi is het hoofdgerecht. Niet dat daar veel aandacht voor is.

Tijdens de twee uur durende lunch geeft Polman een presentatie. In het eerste deel wordt nog eens benadrukt wat er allemaal is bereikt. In verschillende slides wordt uitgelegd dat Unilever het beter heeft gedaan dan de concurrentie, zowel als het gaat om volumegroei van de omzet als het genereren van cash. Het tweede deel van de presentatie is een aanval op het *buy-squeeze-repeat*-model van Kraft Heinz. Polman legt uit dat de Amerikanen alleen maar bezig zijn op de grens van prijs en volume – wat kunnen ze de consument laten betalen, wat accepteert die consument nog. Aan de andere kant worden de leveranciers helemaal uitgeknepen. Er wordt op die manier veel geld verdiend, dat deels terug moet om schulden af te betalen en verder vooral in de zakken van de eigenaren verdwijnt. Er wordt volgens Polman nauwelijks in de bestaande of nieuwe merken en markten geïnvesteerd. Op de laatste sheet wordt getoond hoe de waarde van Kraft Heinz op de lange termijn zal verschrompelen.

De CEO fulmineert tegen Kraft Heinz en het Amerikaanse systeem, waarin dit soort bedrijven heilig lijken te zijn verklaard. Maar hij steekt ook de hand in eigen boezem. Hij vindt dat hij beter had moeten communiceren over de waarde die Unilever de afgelopen jaren voor aandeelhouders heeft gerealiseerd en over de ambities om die waarde in de toekomst nog verder te laten toenemen. Hij wist al langer dat de marge van Unilever van 16 naar 20 procent zou kunnen gaan, maar heeft dat niet expliciet willen beloven. Hij is nou eenmaal een conservatieve Twentenaar. Hij belooft zijn aandeelhouders: we zullen meer gaan oogsten, dat heb ik gewoon niet goed uitgelegd.

Polman constateert dat zijn focus op de duurzame lange termijn de organisatie voor de kortetermijnresultaten in slaap heeft gesust. Hij erkent dat heel veel beleggers worden aangetrokken door rendementen op de kortere termijn en dat hij daar toch iets mee moet. En hij stelt vast dat hij de balans van Unilever niet goed heeft gestuurd. Zijn gasten horen Polman met van woede verstikte stem vertellen dat Kraft Heinz de overname grotendeels met het geld van Unilever zou kunnen financieren. Unilever gaat dus veel geld lenen, om dat in de toekomst onmogelijk te maken. Dut vermoedt dat ze wel eens een paar grote overnames zouden kunnen gaan doen. Hij denkt meteen aan Colgate, dat zou een perfecte partij zijn. Maar dat denken er meer, de prijs van dat aandeel is de laatste weken flink gestegen.

Een paar weken geleden had Polman niet gedacht dit ooit te moeten overwegen, maar wellicht moet er ruimte komen om aandelen in te kopen. Jarenlang wilde hij daar niet eens over nadenken, vond hij dat het laagste van het laagste. CEO's die aankondigen aandelen in te gaan kopen verdenkt hij er altijd van dat ze zo op een snelle manier hun eigen aandelen in waarde willen laten stijgen. Wie aandelen inkoopt om de koers omhoog te krikken is in zijn ogen een slechte ondernemer die niet weet hoe hij het beschikbare geld kan investeren in wat de wereld nodig heeft. En die arme wereld heeft nog zoveel nodig.

Het valt zijn gasten op dat het geesteskind van Polman, het Unilever Sustainable Living Plan, deze middag niet wordt genoemd, dat het woord 'duurzaamheid' niet eens valt. De taal van de financiële belegger staat centraal.

Dat stemt Dekkers duidelijk tevreden. Hij heeft het de afgelopen dagen herhaaldelijk tegen Polman gezegd: nu even niks over het USLP maar aandacht voor de aandeelhouders en geld verdienen. De voormalige baas van Bayer vertelt een anekdote uit die tijd. Bij Bayer kost het tien jaar om een medicijn te ontwikkelen, maar dat ene kwartaal dat jij het medicijn sneller op de markt kunt brengen dan jouw concurrent maakt het verschil. Dat zorgt voor een twee keer zo groot marktaandeel, omdat je een paar maanden eerder al die artsen hebt kunnen bezoeken, et cetera. We kunnen hier dus leuk en mooi bezig zijn met langetermijnplannen, maar het gaat steeds om het verslaan van de concurrent op de korte termijn.

Polman herhaalt zijn oproep om nu aandelen Unilever bij te kopen. De drie gasten zijn onder de indruk en beloven te overleggen met hun achterban.

Na de lunch schuift Herman Bots aan, de portefeuillemanager voor APG. Zo'n heel grote belegger mag een-op-een met de leiding van Unilever zitten. Ook Bots ziet dat Polman uit zijn comfortzone is. Hij krijgt dezelfde presentatie en laat Polman weten dat APG vertrouwen heeft en dat hij hoopt dat het bedrijf niet te veel doorslaat in antwoord op de overnamedreiging. Polman reageert geagiteerd: waarom heb je dan niet wat meer aandelen als je zo veel vertrouwen hebt en me wilt steunen? Ook Bots belooft daarnaar te zullen kijken.

Polman heeft de pest in. Hij vindt dat al zijn gesprekspartners boter op hun hoofd hebben. Het is misschien wel zijn grootste teleurstelling van de afgelopen jaren. Pensioenfondsen zouden moeten werken met een horizon van 25 tot 30 jaar, maar worden geregeerd door fundmanagers die maar één, soms twee jaar vooruitkijken. Hij vraagt zich af of die alsmaar over duurzaamheid pratende Nederlandse pensioenfondsen wel echt begrijpen wat dit betekent. En áls ze dat begrijpen, hoe komt het dan dat maar 8 procent van de aandelen van Unilever in handen is van Nederlandse partijen? Hij heeft het idee dat ze niet echt de moeite nemen om te zien waar hij, waar Unilever mee bezig is. Hij vindt dat ze de weg van de minste weerstand kiezen en voelt zich totaal niet door ze gesteund.

Hij maakt zich dan ook geen enkele illusie. Ook de investeerders die Unilever jarenlang de liefde hebben verklaard, complimenten hebben gemaakt over de duurzame benadering, zullen in augustus, als Kraft Heinz weer op de deur van Unilever mag kloppen, niet twijfelen. Als ze dan in één klap alsnog 30 à 35 procent rendement op hun investering kunnen maken zullen ze verkopen. Ze zullen zeggen dat ze wel moeten, dat het hun maatschappelijke plicht is, dat ze nou eenmaal voor goede pensioenen moeten zorgen. En ze zullen beloven dat ze de opbrengst weer in nieuwe duurzame bedrijven zullen stoppen. Maar ze zullen hun aandelen Unilever verkopen, ook aan een bedrijf als Kraft Heinz, dat niets met duurzaamheid heeft. Op deze aandeelhouders kan hij niet bouwen.

16 Burgemeester in oorlogstijd

maart-april 2017

Marijn Dekkers gelooft dat dit het moment is om bij te sturen. Unilever kan het zich niet meer permitteren om zichzelf kwetsbaar te maken. De bestuursvoorzitter waarschuwt Paul Polman. De afgelopen jaren heeft de CEO van Unilever zich gedragen als een bokser die alleen maar aanvalt. Maar een goede bokser moet zich ook kunnen verdedigen. Dat moet hij nu gaan doen. In iedere ontmoeting met de dagelijkse leiders van Unilever herhaalt Dekkers zijn boodschap: een hoge koers is de beste verdediging tegen een ongewenste overname. Voor in zijn eerste jaarverslag, over 2016, schrijft hij: 'En dus gaan we versneld waarde leveren in het voordeel van onze aandeelhouders.'

Die zitten klaar. De Braziliaans-Amerikaanse fantasie over de tientallen miljarden euro's die de overname van Unilever hun binnen een paar jaar zou hebben opgeleverd, heeft de verbeelding van de aandeelhouders van de Brits-Nederlandse multinational ook aan het werk gezet. Zoals dat op de beurs gaat, vertaalt dit optimisme zich snel in 30 procent koersstijging naar ruim 47 euro. Het bedrijf is nu 150 miljard euro waard, 35 miljard meer dan een paar weken geleden.

Als Unilever niet wil dat Kraft Heinz in augustus een tweede poging doet, moet het bedrijf ervoor zorgen tegen die tijd onbetaalbaar te zijn. Een koersdoel van boven de 50 euro zoemt intern rond. Het is onwaarschijnlijk dat Kraft Heinz of enige andere partij zo'n 200 miljard euro, inclusief een overnamepremie, voor Unilever op tafel kan of wil leggen.

Het is voor veel Unilever-managers een bevreemdende paradox. Door de dreiging van die zo ongewenste, want op snel geld beluste overname door een partij als Kraft Heinz zijn ze in een heel korte tijd op papier een stuk rijker geworden. Paul Polman ook, zijn inmiddels 1,13 miljoen aandelen zijn zo'n 14 miljoen euro meer waard geworden.

Dat voor Polman de financiële resultaten geen prioriteit hebben, doet er niet meer toe. Als hij de ambities van het door hem zo gekoesterde USLP overeind wil houden, moeten die voorlopig naar het tweede plan. Erger nog, Polman moet gaan doen wat hij sinds de inmiddels legendarische afschaffing van de kwartaalcijfers in 2009 zo expliciet heeft verafschuwd. De humeuren van analisten en aandeelhouders bepalen nu zijn agenda. Hij moet gaan luisteren naar wat in zijn ogen halve mensen zijn, mensen die maar niet begrijpen dat het verdienen van geld een middel is, en nooit het doel kan zijn. Voorlopig is het dat dus wel.

Louise Fresco merkt aan Polman dat hij zich bedreigd voelt. Ze ziet hoe zijn zelfvertrouwen aan het wankelen is gebracht. Maar net als de rest van het bestuur twijfelt ze niet: dit moment moet door Unilever worden benut en Paul Polman moet daar leiding aan geven. Hij is de CEO die zijn verhaal moet redden. Om zijn erfenis in stand te houden, moet hij zijn gewicht verplaatsen, laten zien dat hij ook nu nog een harde, zakelijke saneerder kan zijn. Ann Fudge is het hiermee eens. Juist op dit soort momenten wordt duidelijk dat de boel niet op orde is. Ze vergelijkt het met het overleven van een levensbedreigende ziekte, daarna ga je de dingen anders doen. Ze vindt het terecht dat Polman dit zelf oplost, juist omdat hij verantwoordelijk is voor de ontstane situatie. Dit is een moment van grote helderheid, dit moment moeten ze benutten en Paul Polman moet dat doen. Het was de bedoeling dat hij dit jaar met pensioen zou gaan. Maar dat zit er niet in.

De agenda is duidelijk. Kraft Heinz dacht een derde van de kosten uit Unilever te kunnen halen, daar moeten ze dus mee aan de slag. En dat merkt de organisatie meteen: er zal diep in de budgetten worden gesneden. Overal. Het vorig jaar aangekondigde Connected4Growth-programma moet versneld worden doorgevoerd. Er zal gekeken worden naar de balans, mogelijk moeten ze voor miljarden aandelen inkopen. De verkoop van de smeersels moet nu snel worden geëxecuteerd. Verschillende bestuurders zijn verrast dat hun CEO weer snel en vol overtuiging aan het roer van de business staat. Marijn Dekkers is onder de indruk, Polman begrijpt zijn boodschap meteen. Hij geeft hem een compliment.

Polman begrijpt hun verbazing niet. Als er iets gebeurt wat hij niet leuk vindt, wat niet in zijn straatje past, dan denkt hij eigenlijk nooit waarom hem dit gebeurt. Dan denkt hij niet als slachtoffer, maar stelt zichzelf vooral de vraag wat het betekent, wat hij eraan kan doen, wat hij ervan kan leren. Zo heeft hij altijd gewerkt. Deze tegenslag zal vooral van hem en de mensen om hem heen simpelweg vragen om nog harder te werken. Zodat ze nu die benodigde resultaten kunnen behalen en straks ook de duurzame ambities overeind kunnen houden. Dat is geen opportunisme, dat is logisch. Hij wil het systeem veranderen, een systeem dat veel groter is dan Unilever. Dat is zijn prioriteit. Aan dat doel maakt hij alles ondergeschikt. Dat hij nu allerlei dingen à contrecoeur moet doen hoort daarbij. Daarvoor hoeft hij zijn eigen waarden geen geweld aan te doen. Soms moet je pragmatisch zijn, het doel heiligt de middelen.

Polman vindt wel dat Unilever van overheden hulp moet krijgen bij de verdediging tegen agressieve partijen als Kraft Heinz. Zij moeten ervoor zorgen dat bedrijven die zich op een duurzame toekomst richten de tijd krijgen om die transitie door te maken. In de *Financial Times* richt hij zijn pijlen op de Britse overnameregels, die de prooi veel te weinig tijd geven om zich tegen de agressor te wapenen. 'Ik heb het niet over protectie, we zeggen alleen dat er in dit soort situaties, met een nationale kampioen, een eerlijk speelveld moet zijn.' Polman wijst erop dat het bestuur van een onderneming zich in Engeland primair moet richten op de belangen van de aandeelhouders terwijl in Nederland ook goed wordt gekeken naar de belangen van de andere stakeholders. De CEO van Unilever roept premier Theresa May op om hier eens goed naar te kijken.[1] In commentaren in de Britse media wordt onmiddellijk gespeculeerd of Polman hiermee bedoelt dat hij het hoofdkantoor naar Nederland wil verhuizen.

Vlak voor ze in 2016 premier werd, had May aangegeven daar wel voor te voelen. Ze had toen nota bene gewezen op Kraft, dat na de overname in 2010 van een andere nationale kampioen, chocoladereus Cadbury, was teruggekomen op de belofte om fabrieken open te houden en werkgelegenheid te garanderen. En ze had gesteld dat werknemers, lokale gemeenschappen en het hele land een belang hebben dat voortaan moet worden meegewogen.

Daar was veel kritiek op gekomen. Philip Hammond, minister van Financiën, had gewaarschuwd dat zijn land juist na de Brexit geen buitenlandse investeringsstromen moest frustreren. Hij had ook gewaarschuwd voor het nemen van de 'Danone-route', verwijzend naar de Franse overheid, die jaren eerder een stokje stak voor de overname van Danone door het Amerikaanse Pepsi. Twee maanden geleden was premier May op haar schreden teruggekeerd. Het zou wat haar betreft alleen gaan om bedrijven die belangrijk zijn voor de eigen kritische infrastructuur van het Verenigd Koninkrijk.[2]

'Vijandige overnames zijn de donkere zijde van het kapitalisme,' stelt Jeroen van der Veer, tot 2011 commissaris bij Unilever en nu president-commissaris bij ING en Philips, op Radio 1. De voormalige topman van Shell reageert op het nieuws over Unilever en de nog steeds dreigende overname van AkzoNobel door het Amerikaanse PPG. Hij maakt zich zorgen: 'Je wil niet dat globalisering betekent dat we in Nederland onze grote bedrijven gaan uitverkopen.'

Van der Veer waarschuwt voor de Amerikaanse focus op aandeelhouderswaarde, winst en rendement op de korte termijn. 'Een bedrijf heeft ook een sociale functie, denk aan banen en samenwerking met universiteiten. Amerikanen willen vooral profiteren van een kort ritje.' Volgens hem is dat een kwestie van cultuur. In Europa vinden we het al moeilijk om rekening te houden met langetermijneffecten op bijvoorbeeld het klimaat, Amerikanen hebben de neiging de problemen pas op te willen lossen als die zich aandienen.

Van der Veer vindt dat de overheid een dreigende uitverkoop moet tegengaan. 'Tien jaar geleden vonden we complexe beschermingsconstructies niet wenselijk, maar de hele politieke situatie in de wereld en de globalisering heeft mijn denken doen kantelen. Bedrijven moeten minstens een halfjaar de tijd krijgen om na te denken. Daardoor voorkom je overhaaste en paniekerige besluitvorming bij een vijandig bod.'

Zijn oude vriend Antony Burgmans weet waar Van der Veer het over heeft. De president-commissaris van AkzoNobel haalt zijn voet niet van de rem. De Amerikaanse verffabrikant PPG is een stuk vasthoudender dan Kraft Heinz. Ook het tweede, tot 22,4 miljard euro verhoogde bod is inmiddels door het bestuur van AkzoNobel afgewezen. Activistische aandeelhouders vinden dat AkzoNobel zich moet laten overnemen. Met name Elliott International, dat een belang van 3,25 procent heeft, dringt hier steeds feller op aan. Maar AkzoNobel heeft laten weten het voorstel een 'significante onderwaardering' te vinden, met 'aanzienlijke risico's en onzekerheden'. 'Het is niet in het belang van de aandeelhouders en ook niet in het belang van andere stakeholdergroepen als klanten en medewerkers. Het brengt de inzet van AkzoNobel voor duurzaamheid, gemeenschappen en R&D-organisaties wereldwijd in gevaar.'

Kortom: het management wil zelf aan de slag om de aandeelhouders gelukkiger te maken. Waar Unilever het heeft over de verkoop van de margarineactiviteiten, onderzoekt AkzoNobel de versnelde verkoop van de chemiedivisie, dat onderdeel is goed voor een derde van de omzet.

Burgmans voelt zich geïntimideerd. Een vertegenwoordiger van Elliott heeft hem voorgehouden dat hij rijkelijk zal worden beloond als hij meewerkt, maar dat ze hem het leven heel zuur zullen maken als hij niet meewerkt. Burgmans heeft maar één verklaring voor hun agressieve benadering: grenzeloze hebzucht. En een totale desinteresse voor de gevolgen daarvan voor andere belanghebbenden. Burgmans maakt zich zorgen over AkzoNobel-CEO Ton Buchner. Hij vraagt zich af of hij die enorme druk wel aankan. Hij is het met Van der Veer eens dat er regelgeving nodig is om bedrijven als AkzoNobel hiertegen te beschermen.

Na de verkiezingen van 15 maart, waarin de VVD opnieuw als grootste uit de bus is gekomen, onderzoekt informateur Edith Schippers welke partijen met elkaar kunnen gaan regeren. VNO-NCW-voorzitter Hans de Boer stuurt haar een brandbrief waarin hij de overheid oproept om 'de wettelijke basis te versterken' opdat bedrijven zich beter kunnen verdedigen tegen ongewenste biedingen. 'Ons land mag geen passieve toeschouwer zijn bij een uitverkoopproces dat leidt tot een structurele verarming van Nederland.' De Boer vindt dat er een 'adequate responstijd moet zijn bij een vijandige overname of in situaties waarin een activistische aandeelhouder handelt in strijd met de langetermijnstrategie van de onderneming'.[3] Een kopie van zijn brief gaat naar Jeroen Dijsselbloem en Henk Kamp, de demissionaire ministers van Financiën en Economische Zaken. Rients Abma, directeur van Eumedion, de koepel van institutionele beleggers, maakt zich meteen grote zorgen. Hij zit op de lijn van de Britse premier. 'Alleen als de nationale veiligheid of openbare orde wordt bedreigd zien we een rol voor de overheid.' Abma is als de dood voor wetgeving die bestuurders van beursgenoteerde bedrijven zo veel bescherming biedt dat ze de tucht van de markt niet meer zullen voelen, zo in slaap worden gesust.

In *Het Financieele Dagblad* vult Hans de Boer zijn pleidooi aan: 'Nederland telt een paar mondiale spelers zoals Unilever. Die vervullen een trekkende en stimulerende rol. Ook voor andere bedrijven maken ze de toegang tot buitenlandse markten makkelijker. Zo'n twee miljoen banen zijn daarvan afhankelijk. Die banen worden twee keer zo goed betaald. Deze concerns hebben dus een multipliereffect naar de hele economie. Dat willen we zo houden. Wij willen niet opportunistisch overkomen, maar er is sprake van een reëel probleem. We zien dat er mondiaal geen gelijk speelveld meer is. De Amerikanen of de Chinezen komen hier om de winkel over te nemen, maar ondertussen houden zij hun grenzen dicht. Er is geen reciprociteit. Terwijl wij hockey spelen, komen zij als rugby'ers het veld op.' DSM-CEO en Unilever-bestuurder Feike Sijbesma doet ook nog een duit in het zakje. In diezelfde krant waarschuwt hij: tachtig procent van alle R&D-inspanningen in Nederland wordt geleverd door zes à acht grote bedrijven: AkzoNobel, ASML, DSM, Philips, Shell en Unilever.

Unilever wil laten zien dat het nu klaarwakker is. Op 6 april presenteert het bedrijf de beloofde lijst met ingrijpende maatregelen die het resultaat moeten verbeteren en de aandeelhouders het broodnodige vertrouwen in de toekomst moeten geven. Anders gezegd: die de pijn in hun portemonnee als gevolg van het niet doorgaan van de overname door Kraft Heinz moet compenseren. Het eerste wat opvalt is de totale afwezigheid van het Unilever Sustainable Living Plan. Er wordt met geen woord over de grote duurzame opdracht van Unilever gerept. Verschillende buitenstaanders zien hierin de sturende hand van Marijn Dekkers.

De ambities klinken opeens ouderwets concreet. De marge zal in ruim drie jaar tijd van 16,4 naar 20 procent groeien. De plannen voor Connected4Growth, waar chief transformation officer Peter ter Kulve achttien maanden voor had uitgetrokken, zullen in zes maanden worden gerealiseerd. Ter Kulve is blij met deze draai. Unilever heeft niet alle tijd van de wereld, het moet nu die resultaten laten zien en daar duidelijk over communiceren.

De komende drieënhalf jaar zal tussen de 4 en 6 miljard euro structureel worden bespaard. Een derde moet uit de eigen overhead komen, de rest zal door een scherpere inkoop moeten worden gerealiseerd. Voor de verwachte reorganisatie is 3,5 miljard euro gereserveerd. Om kosten te besparen wordt de divisie thee en ijs ('refreshments') samengevoegd met de voedingsdivisie. Het dividend zal met 12 procent worden verhoogd. Unilever gaat bovendien 5 miljard euro lenen en meteen teruggeven aan de aandeelhouders door aandelen in te kopen.

Feike Sijbesma is blij dat Paul Polman gaat repareren wat hij in de paar jaar daarvoor heeft laten liggen. Allemaal logische en goede besluiten, want hoe je het ook wendt of keert, als de aandeelhouders afhaken ben je uitgespeeld, dat is voor de CEO van DSM een gegeven. Zij bepalen de regels van het spel.

Die aandeleninkoop vindt Polman een vorm van financiële manipulatie. Veel collega's begrijpen zijn aversie, je gooit op een bepaalde manier toch de handdoek in de ring. Kees Kruythoff, de baas van de Amerikaanse tak, vindt het voor de hand liggen. Polman is in zijn ogen vooral voorzichtig geweest, conservatief. Als je geen overnames wilt doen, moet je het geld teruggeven aan de aandeelhouders door aandelen in te kopen. In de VS gebeurt het op grote schaal, het is wat de financiële markten dicteren. Dit is nu nodig. In totaal gaat het trouwens om 11 tot 12 miljard euro die terugvloeit naar de aandeelhouders. Want ook de opbrengst uit de verkoop van de margarinetak krijgen ze uitgekeerd. Polman vindt dit verschrikkelijk, zo creëer je geen waarde voor alle andere stakeholders, dit is bepaald niet inclusief. Maar het moet.

Unilever kondigt inderdaad ook aan dat het afscheid gaat nemen van de margarinetak. Deze verkoop heeft voor velen iets wrangs, de smeersels zitten nog steeds op een marge die hoger ligt dan de nu voor heel Unilever gedroomde 20 procent. Uitgaande van een geschatte omzet van ruim 2 miljard euro, gaan analisten uit van een operationele winst van 420 miljoen euro. In die sector wordt al snel vijftien keer de winst betaald. Een opbrengst van 6 à 7 miljard euro moet haalbaar zijn. Het bedrijf staat volgens *Het Financieele Dagblad* voor ongeveer 1,4 miljard in de boeken en levert dus een flinke boekwinst op.

Hoewel al langer verwacht sinds de divisie in 2015 apart werd gezet, slaat het nieuws dat merken als Becel, Calvé en Blue Band worden verkocht, in Nederland in als een bom. Op de Rotterdamse Nassaukade zal het hoofdkantoor van de Benelux fysiek moeten worden afgesplitst van de meer dan honderd jaar oude fabriek. Dit is het hart van meer dan 140 jaar Unilever-geschiedenis. Voor veel oudgedienden is het nauwelijks voorstelbaar. Floris Maljers, voorzitter van de nv tot 1994, vindt het een blamage. Niemand kan deze activiteiten beter leiden dan Unilever. Als er een partij is die claimt dat wel te kunnen, dan klopt er iets niet.

Rogier Smeets vindt dat Unilever deze divisie jarenlang heeft uitgemolken. De enorme berg geld die hier, ondanks de omzetdaling, jarenlang is verdiend, is vooral geïnvesteerd in het laten groeien van de persoonlijke-verzorgingactiviteiten in Azië. Zo werkt het bij een multinational, dat begrijpt hij ook, maar op een gegeven moment betaal je dan wel een prijs. Dan verdwijnt het perspectief op groei, wil het echte talent er niet meer werken.

Smeets wel. Sinds de zomer van 2016 is de 35-jarige *high-flyer* verantwoordelijk voor Benelux en Zuid-Europa en lid van het directieteam van de spreadsdivisie. Sindsdien heeft hij er rekening mee gehouden dat dit zijn laatste klus voor Unilever zou kunnen zijn. De vijfde april was hij op weg naar het vliegveld toen zijn baas hem belde met de mededeling dat hij rechtsomkeer moest maken. Er komt een mededeling aan die hij de volgende dag aan zijn 450 mensen in Rotterdam zal moeten uitleggen.

Dat de boel nu opeens snel moet worden verkocht komt wel als een verrassing. Smeets en zijn baas Nicolas Liabeuf vinden het vooral erg jammer. Als dit team twee jaar de tijd had gekregen, hadden ze kunnen laten zien dat de smeersels juist perfect bij de duurzame ambities van Unilever passen, zelfs kunnen bijdragen aan de omzetgroei. Bevrijd uit de Unilever-matrix hebben ze het afgelopen jaar met veel tijdrovende regels kunnen breken. De tijd om iets nieuws op de markt te krijgen is daardoor gehalveerd tot een paar maanden. Smeets is er ondertussen van overtuigd geraakt dat, helemaal in de geest van het USLP, de duurzame plantaardige margarines het kunnen gaan winnen van de 100 procent dierlijke echte boter. Natuurlijk had hij gehoord dat Unilever eind 2016 bij verschillende partijen, waaronder Kraft Heinz, heeft onderzocht of ze interesse hadden in de overname van de margarinetak. Dat proces was toen nog omkeerbaar geweest. Door het bod van Kraft Heinz is de verkoop helaas in een versnelling gekomen. Nu is er geen weg meer terug.

Als je zo'n activiteit jarenlang zo weinig aandacht geeft, moet zij de tijd krijgen om zich te herstellen. Conny Braams, directeur Unilever Benelux, vindt het besluit om nu te verkopen bijna unfair. Het helpt ook niet dat Unilever door de jaren heen de hele toeleveringsketen van de smeerselsdivisie heeft afgestoten. Vroeger maakte het bedrijf de oliën nog zelf. De afgelopen kwartalen heeft Braams de cijfers steeds met en zonder de smeersels moeten laten zien. Ze begrijpt dat de ambitie van Unilever om van 40 naar 80 miljard euro omzet te gaan door de smeersels wordt gefrustreerd. Maar die in Nederland nog groeiende divisie staat wel voor de 'Uni' in Unilever. Dat de opbrengst zal worden gebruikt om de aandeelhouders gelukkig te maken, vindt ze vreselijk. Dit heeft helemaal niks met de USLP-ambities te maken. Ze heeft sterk het idee dat er in de top een grote behoefte is om nu een overdreven groot statement te maken, te laten zien dat de leiding daadkrachtig is. Als ze voor haar troepen in Rotterdam staat om de verkoop toe te lichten geeft ze ruim baan aan haar twijfels. Ze begrijpt het met haar hoofd, maar niet met haar hart.

Nog even zijn ze collega's, Smeets en Braams. Ze besluiten hun verdriet samen te verwerken. Met hun managementteams gaan ze de kroeg in, het wordt laat. Tussen de biertjes door wordt er druk gespeculeerd. Smeets is het met verschillende analisten eens, het zou hem niets verbazen als de aankondiging van vandaag het begin is van het afscheid van de gehele voedingsdivisie. Misschien is dat ook de reden waarom de unificatie van de nv en de plc, die voor het herschikken van de strategische portfolio opeens zo belangrijk wordt geacht, nu moet worden gerealiseerd?

De aankondiging dat Unilever na bijna negentig jaar een einde wil maken aan de Britse of aan de Nederlandse nationaliteit, is het grootste nieuws. Er moet één hoofdkantoor met één juridische structuur komen: 'We vinden het belangrijk om de mogelijkheden voor toekomstige veranderingen in de portfolio te vergroten. Onze juridische structuur met twee hoofdkantoren voegt complexiteit toe.' Unilever wil naar één aandeel, alle aandeelhouders moeten dezelfde (stem)rechten krijgen.

Hoewel dit niet zo wordt benoemd, lijkt de timing van dit besluit vooral bepaald door het aangekondigde vertrek van Engeland uit de Europese Unie en het binnen afzienbare tijd onvermijdelijke vertrek van Polman zelf. Die heeft besloten dat deze door zijn voorgangers steeds weer doorgeschoven hete aardappel nu moet worden aangepakt. Dit wordt het sluitstuk van zijn CEO-schap bij Unilever. Het bedrijf moet in veiliger vaarwater worden gebracht.

Het zal allemaal heel zorgvuldig moeten worden uitgezocht maar Polman heeft al wel een duidelijk idee welke kant het op moet. De Brexit gaat veel pijn doen. Voor een multinational als Unilever is het beter om als relatief kleine vis in de grote Europese vijver te zwemmen, dan als grote vis in een met onzekerheden omgeven kleine Britse vijver. Liever de stevige euro dan het wiebelige pond. De wereld bestaat straks uit een paar handelsblokken, een groot bedrijf als Unilever moet in zo'n handelsblok zitten. De kans dat 'Brussel' in de wereld iets kan afdwingen acht hij groter dan 'Londen-na de Brexit'. Als het over het verduurzamen van de economie gaat, krijgt Unilever bij Brusselse bestuurders bovendien een gewilliger oor dan bij hun Britse collega's.

Hoewel hij het vaak maar een klein, benauwd landje vindt, gelooft Polman bovendien dat het Nederlandse governancemodel, waarin de aandeelhouders niet belangrijker zijn dan andere stakeholders, beter bij Unilever past. En hij weet dat de Britten niet graag naar Rotterdam afreizen, dat heeft de verhuizing van de 'Europese marketing- en innovatiehub' vier jaar geleden wel duidelijk gemaakt. Hij moet er bovendien goed op letten dat niet te snel zal worden geconcludeerd dat die twee Hollanders, Polman en Dekkers, hier een coup proberen te plegen. Het zijn de argumenten die de doorslag moeten geven. Zijn collega-bestuurders vinden het moedig dat de CEO dit avontuur aangaat, wat het ook wordt, een deel van het bedrijf zal diep teleurgesteld zijn.

Op het Nederlandse hoofdkantoor aan het Rotterdamse Weena gonst het onmiddellijk van de opwinding. Natuurlijk past een hoofdkantoor in Nederland veel beter bij het Unilever waar Polman de afgelopen jaren leiding aan heeft gegeven, maar zouden ze een serieuze kans maken? Conny Braams constateert teleurgesteld dat in de teams die zich met de unificatie gaan bezighouden maar weinig Nederlanders zitten. De Britten trekken het helemaal naar zich toe. Dit zal een *uphill battle* worden.

Datzelfde denkt Unilever-veteraan en voorzitter van de raad van commissarissen van de Nederlandse activiteiten Kees van der Waaij. Tientallen jaren heeft de Unilever-lifer met zijn Britse collega's samengewerkt, je weet nooit of ze gaan doen wat je met ze hebt afgesproken. Bij Shell is het eigenlijk ook niet gelukt. Het hoofdkantoor staat in Den Haag, maar het bedrijf is een plc gebleven. Toch is hij optimistisch. Hij kan ook moeilijk anders, een Britse plc in Londen betekent in zijn ogen het einde van de duurzame agenda.

Angelique Laskewitz heeft met Paul Polman afgesproken dat ze in principe de eerste drie vragen op de aandeelhoudersvergadering van Unilever nv in Rotterdam mag stellen. Als directeur van de Vereniging van Beleggers voor Duurzame Ontwikkeling streeft Laskewitz ernaar dat duurzaam beleggen 'mainstream' wordt. Unilever zit in haar raad van advies. Polman hoopt dat de met Laskewitz van tevoren afgestemde vragen de juiste toon op de vergadering kunnen zetten. Liever nog zou hij haar in Londen op de vergadering van de plc uitnodigen, daar zijn haar vragen echt nodig.

Laskewitz vraagt zich eind april in de nog niet voor de helft met aandeelhouders gevulde zaal in het Rotterdamse WTC af waarom Unilever niet veel duidelijker onder woorden brengt hoe het bedrijf bijdraagt aan de duurzame-ontwikkelingdoelen van de Verenigde Naties. Met een grote lach wijst Polman op het speldje dat alweer twee jaar in zijn revers zit, daarin worden de zeventien SDG's op kleurrijke wijze verbeeld. Hij grijpt de gelegenheid aan om te melden dat Unilever inmiddels 600 miljoen mensen heeft geholpen met het verbeteren van hun hygiënische levensomstandigheden. De belofte om 5,5 miljoen mensen een perspectief te bieden op betere banen en inkomens is inmiddels voor 1,6 miljoen mensen ingelost. Op felle toon stelt Polman: 'Het is mijn doel dat ieder bedrijf ieder jaar uitlegt wat het heeft bereikt in termen van de duurzame doelen. Als je dat niet kan als bedrijf, wat doe je dan op deze aarde.'

Een aandeelhouder wil weten wat er eigenlijk is misgegaan, waarom heeft Unilever deze wake-upcall van Kraft Heinz überhaupt nodig gehad? Voorzitter Marijn Dekkers formuleert voorzichtig: 'Het is ongelooflijk wat ze daar hebben gedaan, in achttien maanden tijd hebben ze hun marge met 10 procent verbeterd. Wij geloven niet dat je op de lange termijn resultaat kan leveren door alleen maar in je kosten te snijden. We gebruiken het bod als een mogelijkheid om het bedrijf nog eens goed tegen het licht te houden en te kijken waar we kunnen versnellen. We zien hele goede mogelijkheden om daar op onze eigen, evolutionaire wijze een antwoord op te formuleren. En we moeten eerlijk zijn, het bod van Kraft Heinz maakt duidelijk dat de wereld is veranderd.'

Polman heeft geen goed woord over voor de Amerikaanse concurrent. 'Het was een opportunistisch bod, dat maar een kort leven beschoren was. En terecht, want de manier van werken van Kraft Heinz levert geen duurzaam resultaat op. U mag het best weten, ik heb hun ketchup uit mijn koelkast verwijderd en die komt er ook nooit meer in.'

Een dag later, tijdens de aandeelhoudersvergadering van de Britse plc in Londen, permitteert Polman zich een grapje na de openingswoorden van Dekkers: 'Ik heb geteld, hij kreeg vier keer een applaus toen het over de verhoging van het dividend ging en twee keer toen hij vertelde over het belang van waardegroei op de lange termijn. Er is hier dus duidelijk werk aan de winkel want het tweede is echt veel belangrijker. Maar goed, Churchill zei het al: *never let a good crisis go to waste.*'

Polman blijft zich zorgen maken over de bestuursvoorzitter. Dekkers lijkt nog steeds niet overtuigd van Polmans duurzaamheidsagenda, die moet straks toch echt weer voorrang gaan krijgen. Dat is de kern. Hij vertrouwt erop dat ook Dekkers uiteindelijk wel zal gaan drinken, als hij hem tien keer naar zijn water heeft gebracht.

De CEO veert op als hij vragen krijgt over het duurzame werk dat Unilever verzet: 'De beschikbaarheid van voeding is een groot probleem. Dat komt vooral omdat vrouwen, die goed zijn voor 50 procent van de landbouwproductie, maar 10 procent van de grond in bezit hebben. Er moet nog zoveel gebeuren. Het is toch niet te geloven dat 800 miljoen mensen met honger naar bed gaan, en niet weten of ze de volgende dag wakker zullen worden, terwijl in de rest van de wereld 30 tot 40 procent van de geproduceerde calorieën worden weggegooid.'

Marijn Dekkers maant Polman voorzichtig om het niet te lang te maken. Maar de CEO kan het niet laten: 'In Rwanda werken 20.000 plukkers op onze theeplantage. Door ze extra te betalen, helpen we alles bij elkaar 80.000 mensen met het verbeteren van hun levensomstandigheden. We investeren in training, leren ze hoe ze efficiënt om kunnen gaan met water, maar we helpen ze ook om hun kinderen naar school te laten gaan. Neem van mij aan, we voeren het USLP-denken in onze hele keten in. Wie leverancier van Unilever wil zijn, moet daarin meegaan.'

Ondanks de noodzaak om nu fors te bezuinigen zet Polman dit project stug door. In Rwanda investeert Unilever zo'n 30 miljoen euro in wat hij een modelplantage noemt. Er is een fabriek neergezet op 300 hectare grond voor zo'n achtduizend boeren. Hij is ervan overtuigd dat zijn persoonlijke bijdrage aan de duurzaamheidsdoelen voor de Verenigde Naties ervoor zorgt dat Unilever het vertrouwen van de Rwandese overheid heeft gekregen. Hier moet de hoogste kwaliteit thee worden verbouwd.

Directeur inkoop en productie Marc Engel heeft uitgerekend dat het waarschijnlijk tien tot vijftien jaar zal duren voordat deze investeringen gaan renderen. Er is niet één commercieel bedrijf, laat staan een beursgenoteerd bedrijf, dat dit soort investeringstermijnen hanteert. Engel vindt het mooi dat Polman hier, ook nu de marge voor heel Unilever versneld moet worden verbeterd, toch doorzet. Hij zet er nog steeds op in dat alle thee die Unilever in 2020 gebruikt, duurzaam wordt geproduceerd, ook de 75 procent die wordt ingekocht.

Unilever probeert op steeds meer plekken het inkomen van arme boeren te verbeteren. Maar hoe verhoog je die salarissen? Door in te zetten op het vergroten van de opbrengst per hectare zullen de toch al lage theeprijzen verder zakken en voor een verdere druk op de vreselijk lage inkomens zorgen. Het zal de kunst zijn de kwaliteit van de thee zo te verbeteren dat Unilever daarvoor toch een hogere prijs kan vragen aan de consument. Om dat mogelijk te maken moet Unilever speciale theemerken in de markt gaan zetten, of kopen. Het is daarom bezig het exclusieve Tazo van Starbucks over te nemen. In Rwanda moet de thee ondertussen naar die zogenaamde categorie 5-kwaliteit worden getild. Daar betaalt Unilever de theeplukkers meer dan 2 dollar per dag, net als op de Kericho-plantage in Kenia. Er is veel weerstand van lokale plantages die hun theewerkers soms maar de helft willen betalen.

In het tweeduizend kilometer zuidelijker gelegen Malawi is Unilever samen met IDH al twee jaar bezig om ongeveer 60.000 theeplukkers in 2020 een leefbaar inkomen te verschaffen. IDH-directeur Joost Oorthuizen schat in dat hun inkomen daarvoor met 300 procent omhoog moet. Van de twaalf plantages zijn er twee vooruitstrevend, daar probeert Unilever zaken mee te doen. In ruil voor hogere lonen moet een betere kwaliteit thee worden geleverd. Jan Kees Vis vindt het een lastige opdracht, wat is nou precies een leefbaar inkomen. Het helpt niet dat de eigenaren van de tien andere plantages geen zin hebben om de lonen te verhogen en daarom proberen de plannen van Unilever te dwarsbomen.

Marc Engel hoopt deze ook voor hem zeer wezenlijke maar voor de consument nog onzichtbare ontwikkelingen door onder meer blockchain-technologie te kunnen versnellen. Zowel voor de marketeers van Unilever als voor de consumenten stond nog maar vijf jaar geleden eigenlijk niemand stil bij het leed van die straatarme theeplukkers. Wat hem betreft kan een consument, genietend van zijn kopje thee, binnenkort via een scanbare code op de achterkant van het theedoosje zien wie hun theeblaadjes heeft geplukt. Ze kunnen hun waardering uitspreken, of verantwoordelijkheid nemen door met een druk op de knop een paar kwartjes naar die persoon over te maken. Zo krijgt de consument een warm gevoel, kan hij concreet bijdragen aan het bestrijden van armoede.

Het ABP, PGGM en andere grote institutionele beleggers zoals Kempen vinden dit prachtige verhalen. En ze zijn op hun hoede. De langetermijnlogica van Polman kun je niet zomaar in een ander beleggingsbeleid omzetten. Natuurlijk hebben ze gehoor gegeven aan de oproep van Polman: ze hebben aandelen Unilever bijgekocht. Dat is voor hen een vanzelfsprekende stap. Door de dreiging van Kraft Heinz zal Unilever zich moeten richten op een snelle verbetering van de resultaten. Dat zal in een hogere koers resulteren, dat is nu al duidelijk. Het is die logica die hun handelswijze domineert. Daar zijn ze eerlijk in.

'Als mens' houden ze van het verhaal van Polman, ze zouden willen dat de wereld er zo'n standaard op na hield. Maar, Polman had het al voorspeld, als beleggers moeten ze hun aandelen in Unilever wel verkopen als Kraft Heinz in augustus terugkomt en alsnog een premie van 30 procent wil betalen. Ze kunnen eigenlijk niet anders, vinden ze.

De twee grootste pensioenfondsen van Nederland zijn al bijna tien jaar bezig met het voorzichtig verduurzamen van hun investeringen. De meeste bestuurders hebben de zeventien nieuwe duurzaamheidsdoelen van de Verenigde Naties enthousiast omarmd. Die zouden wel eens de objectieve meetlat kunnen worden die ervoor gaat zorgen dat er nieuwe spelregels komen, nieuwe inschattingen voor risico-rendement kunnen worden gestandaardiseerd. Maar dat is een lange weg.

Erik van Houwelingen, voorzitter van de beleggingscommissie van het ABP, ziet het als een bocht die het pensioenfonds heel langzaam moet nemen. Van Houwelingen wil de investeringsmanagers van APG, de uitvoerder van het beleggingsbeleid van ABP, op sleeptouw nemen. Dat valt niet mee. Die managers zijn getraind om op basis van actuele prijsvorming en marktontwikkelingen besluiten te nemen. Denken in tientallen jaren, inclusief, circulair, rekening houdend met de ontwikkeling van armoede en klimaat; hiervoor zijn die fundmanagers helemaal niet opgeleid. Dat is een compleet nieuwe taal voor hen, met daarin voor velen nog ongrijpbare risico's. Hun horizon gaat gewoon niet verder dan één à twee jaar, bovendien zitten ze vaak niet langer dan een paar jaar op een baan, op een mandaat. Zij denken nu vooral in prijs, stellen zich de vraag of het aandeel die prijs nog waard is. Ze moeten leren om niet alleen in financiële waarde maar ook in allerlei andere waarden te gaan denken. Maar als je als hond wordt geboren kun je je niet zomaar als kat gaan gedragen, vindt Van Houwelingen.

Felix Lanters, bij PGGM verantwoordelijk voor de beleggingen in aandelen, worstelt er ook mee. Frustrerend is vooral de perceptie van het grote publiek dat het PFZW-pensioenfonds, waarvoor PGGM het geld belegt, eigenlijk onderdeel zou uitmaken van de overheid, dat het om publiek geld zou gaan. Maar het is het geld van de deelnemers, mensen die vaak tientallen jaren hebben gespaard voor hun pensioen. Zij bepalen het speelveld en zijn daar heel duidelijk over: de financiële doelstelling, het rendement moet vooropstaan. Juist PGGM, dat de pensioenen voor werknemers in de zorg organiseert, is al jaren doordrongen van een duurzame boodschap. Natuurlijk wordt de mate waarin je van je pensioen kunt genieten ook bepaald door de omgeving waarin je dat geld uit hoopt te geven. Wie wil straks met een mondkapje naar buiten? Maar als het puntje bij het paaltje komt, mogen investeringen in bedrijven die zich op een schoon milieu richten niet ten koste gaan van het verwachte rendement, dat blijkt uit iedere enquête onder de deelnemers in het pensioenfonds. Lanters begrijpt dat wel, het pensioen van een verpleegster is echt geen vetpot. Hij vindt het vooral zijn taak om de risico's van niet-duurzaam beleggen goed in de gaten te houden. Lanters onderzoekt of bedrijven die ESG (*environment, social, governance*) hoog in het vaandel hebben ook een verbetering in de risico-rendementverhouding laten zien. Dat valt hem steeds weer tegen.

De koelkast van Polman hoeft het niet lang zonder ketchup te stellen. Met de overname van het Amerikaanse Sir Kensington, maker van verantwoorde ketchup, mosterd en mayonaise, heeft Unilever ook ketchup in zijn assortiment. De eerste overname sinds het van Kraft Heinz gewonnen gevecht heeft een grote symbolische kracht. Kees Kruythoff benadrukt dat die grote concurrent vooral junkfood maakt. Dit is het logische antwoord daarop. Oprichters Mark Ramadan en Scott Norton klinken als Ben Cohen en Jerry Greenfield bij de start van hun eerst ijsfabriekje. De New Yorkse ondernemers zien voeding als een dialoog, een mogelijkheid om de afstand tussen mensen te verkleinen. Daarom willen ze een ketchup maken die gezond en eerlijk is, gemaakt van gezonde natuurlijke ingrediënten. Ze zijn blij met de overname door Unilever. En stellen dat 'het niet meevalt om als kleine speler het oor te krijgen van de grote retailers, toch de gatekeepers van de magen van de Amerikaanse consument'. Unilever moet deze ondernemers helpen de wereld te veroveren met hun organische ketchup.

Heel even ligt de vraag op tafel, maar een verhuizing van het hoofdkantoor naar Singapore vindt het bestuur een brug te ver. Unilever is qua cultuur nog steeds een Europees bedrijf, dat ene hoofdkantoor zal in Rotterdam of in Londen komen te staan. In de vergelijking tussen die twee steden wordt in iedere vergadering nog steeds met kleurtjes gewerkt. De voordelen krijgen een groene stip. De grote rode stip achter Londen is de Brexit. De grote rode stip achter Rotterdam is de dividendbelasting. Twaalf jaar nadat de Nederlandse fiscus een afspraak met Shell maakte en de toenmalig staatssecretaris Joop Wijn de verwachting uitsprak dat deze belasting uiteindelijk niet zou overleven, staat hij nog fier overeind. Met name Britse beleggers zullen 15 procent belasting moeten betalen over hun dividend als ze hun aandelen in de plc zouden inruilen voor aandelen in de nieuwe Nederlandse nv. De meeste beleggers kunnen die dividendbelasting verrekenen, maar omdat het Verenigd Koninkrijk geen vergelijkbare belasting heeft kunnen Britse beleggers dat niet. De Britten die op het Londense hoofdkantoor werken, hameren hier handenwrijvend op. Zolang deze belasting er is, kan Unilever geen Nederlandse nv worden.

De afschaffing van de dividendbelasting staat nu al vijftien jaar op de agenda van werkgeversvereniging VNO-NCW, maar heeft niet de hoogste prioriteit, er is niet eens gelobbyd om het in een verkiezingsprogramma te krijgen.

Direct na de verkiezingen heeft voorzitter Hans de Boer de winnaars op zijn kantoor uitgenodigd. Hij vertelde ze dat hij tijdens handelsmissies heeft gemerkt dat die vreselijke, ook voor de Nederlandse economie kostbare Brexit ook mogelijkheden biedt. Verschillende grote internationale banken hebben concreet bij hem aangegeven dat ze hun activiteiten naar Nederland zouden willen verhuizen. Er is eigenlijk maar één ding dat ze tegenhoudt: de onder minister Jeroen Dijsselbloem van Financiën afgesproken maximale bonus van 20 procent van een jaarsalaris voor bankiers. De Boer stelt voor dat Nederland het in Brussel afgesproken maximum van 100 procent gaat hanteren. Dit onderwerp moet de hoogste prioriteit krijgen bij de formatie van een nieuw kabinet en staat boven aan zijn als 'Brexit-pakket' gedoopte wensenlijstje. Op de tweede plaats staat een forse verlaging van de vennootschapsbelasting, die is nodig om het vestigingsklimaat te verbeteren. De Boer is ervan overtuigd dat de Britten na de Brexit die belasting, die met 19 procent al laag is, nog verder zullen verlagen. De afschaffing van de dividendbelasting staat op de derde plek. Als het onderwerp genoemd wordt kijken verschillende politici elkaar met vragende ogen aan, wat is dat ook alweer?

Die dikke rode stip op de Unilever-lijstjes zal hier verandering in brengen. Op het Londense hoofdkantoor is inmiddels een groot team van juristen en andere adviseurs ingeschakeld om de gevolgen van de twee scenario's, Londen of Rotterdam, uit te zoeken. Dekkers benadrukt het belang van zorgvuldigheid. Unilever wil niet opeens ergens met een belastingschuld van miljarden euro's komen te zitten. Ze moeten met de twee overheden om de tafel om te onderhandelen over de belastingconsequenties.

Paul Polman gaat ook bij Hans de Boer op bezoek. Hij legt hem uit dat hij vreselijk van de Brexit baalt en dat hij hoopt dat het hoofdkantoor naar Nederland kan komen. Hij vertelt dat hij verlangt naar het Nederlandse stakeholdermodel. Maar hij benadrukt dat dit alleen lukt als minstens 75 procent van de Britse aandeelhouders in de Britse plc voor die verhuizing stemt. En die zullen dat nooit doen als de dividendbelasting niet wordt afgeschaft. De Boer weet dat Paul Polman actief aan het lobbyen is, dat hij met dit verhaal ook bij Mark Rutte is geweest.

De voorzitter van het VNO-NCW belooft de CEO van Unilever, toch een van zijn belangrijkste leden, dat hij zijn best zal doen. Hij vertelt hem dat mannen in hetzelfde type pakken als die zij nu dragen er twaalf jaar geleden voor hebben gezorgd dat ABN Amro te grabbel werd gegooid. Van het verdwijnen van dat wereldwijde netwerk heeft het Nederlandse bedrijfsleven nog steeds last.

Als het aan de voorzitter van VNO-NCW ligt, wordt er alles aan gedaan om zo'n drama nu te voorkomen. Unilever en Shell moeten voor Nederland behouden blijven. De Boer zoekt zelf Shell-CEO Ben van Beurden op om hem dat te vertellen. Paul Polman is tevreden, dit gaat de goede kant op.

17 Uitgemolken Nederlands DNA moet verkocht

mei-december 2017

Het zou een wonderlijke speling van het lot zijn maar hij zou straks zomaar bestuursvoorzitter van het levenswerk van zijn overgrootvader Sam van den Bergh kunnen worden. Jean Marc Huët is door investeringsmaatschappij Blackstone ingehuurd om te adviseren bij een bod op de margarinetak, die bijna 150 jaar geleden mede door zijn betovergrootvader in Oss is gesticht. Bij Blackstone hebben ze het er zelfs al over gehad om het bedrijf dan weer om te dopen tot 'Van den Bergh'.

Blackstone is een grote speler in de wereld van private equity. Hetzelfde geldt voor de andere namen die rondzingen als potentiële kopers: CD&R en Bain Capital, KKR en Apollo. Allemaal clubs die worden verondersteld zo'n 6 tot 7 miljard euro op tafel te kunnen leggen voor de Unilever-dochter. Wie de smeersels wil kopen moet meedoen aan een veiling. Unilever heeft ze voor de eerste ronde allemaal dezelfde presentatie gegeven over de achtergronden en resultaten van de divisie. Na een eerste bod zullen de hoogste bieders worden uitgenodigd voor een volgende ronde. Die krijgen nieuwe informatie waarmee ze hun bieding kunnen aanscherpen. Van tevoren heeft Unilever eigenlijk maar één eis gesteld: de koper moet zich committeren aan de duurzame ambities van de Unilever-dochter.

Onder leiding van Marc Bolland, inmiddels partner bij Blackstone, wordt een paar miljoen gestoken in een uitgebreid onderzoek naar de wereldwijde spreadsbusiness. Drie vragen staan daarbij centraal. De omzet daalt al jaren met 5 tot 7 procent, hoe kan die daling worden gehalveerd? Hoe krijgen we de toekomstige consument weer geïnteresseerd in margarine, wat kost het om die interesse op te wekken? En hoe ingewikkeld is het om deze dochter uit Unilever te snijden? De divisie staat weliswaar apart in de boeken, maar maakt volledig onderdeel uit van Unilever. Wat zijn de risico's, wat kan hier misgaan? De voormalige CFO van Unilever helpt met de beantwoording, evenals voormalig Unilever-COO Harish Manwani, die in Singapore ook als adviseur aan Blackstone is verbonden.

Bolland vraagt zich af hoeveel ruimte er nog is voor een boterham met margarine nu consumenten in Europa en de VS zich vooral lijken te bewegen tussen een croissant met echte boter of supergezonde muesli met een glas water. Bolland en Huët zien mogelijkheden, ook als het gaat over het plantaardige, duurzame karakter van margarine, ze fantaseren erover hoe het bedrijf in samenspraak met de universiteit Wageningen wereldleider in food technology zou kunnen worden. Maar ze zien ook beperkingen. Er zal enorm moeten worden geïnvesteerd, er is veel achterstallig onderhoud en het management van de Unilever-divisie zal moeten worden vervangen, daar zitten nu niet de beste mensen.

Veel Unileverianen, vooral de Nederlanders, zint het helemaal niet dat anderen zulke fantasieën koesteren. Waarom heeft Unilever die zelf de afgelopen tien jaar niet gehad? Natuurlijk, die dalende omzet bleef de ambitie om het hele bedrijf te laten groeien maar frustreren. De laatste grote klap was de boycot van boterexport naar Rusland geweest. Nadat de Russen de Krim waren binnengevallen was die handel stilgevallen en was er heel veel boter op de Europese markt gekomen. De prijs was zo snel gedaald dat 'echte boter' net zo goedkoop was geworden als margarine.

Rotterdamse collega's verwijten Polman dat hij met zijn Procter & Gamble-achtergrond nooit echt de moeite heeft genomen zich in deze business te verdiepen. De laatste grote, kostbare innovatie was in 2000 geweest. Het cholesterolverlagende Becel Pro-Activ, goed voor hart en bloedvaten, was een enorme hit geworden. Margarine is, sinds het verwijderen van de transvetten twintig jaar geleden, gezonder dan echte boter. En misschien nog wel belangrijker: het is plantaardig. Het is dus ook gezonder voor de planeet. Daar zou juist Unilever op moeten voortborduren.

Verschillende commentatoren vinden het ook een raadsel, ze constateren dat zo ongeveer alle vervangers van dierlijke producten aan een opmars bezig zijn, behalve margarine. Terwijl dit nou juist een duurzaam, gezond en diervriendelijk product is. Waarom wordt dat niet beter uitgelegd? 'Ik hoop eigenlijk dat de Vegetarische Slager de margarine van Unilever koopt en het spul van een nieuw veganistisch imago voorziet. Dit is een potentiële groeimarkt,' stelt microbiologe en voedingsdeskundige Rosanne Hertzberger in haar column voor *NRC Handelsblad*.

Ze verwoordt daarmee precies de ambitie van Rogier Smeets. Er zijn zelfs plannen om in vegetarisch vlees te gaan investeren, evenals in een veganistische Magnum. In de zomer van 2016 hebben ze de eerste Becel-producten al helemaal plantaardig gemaakt. Dat product groeit significant harder dan de rest, terwijl nog bijna niemand weet dat het spul geheel plantaardig vervaardigd is. Dit is de trend. Als aan een groot publiek duidelijk kan worden gemaakt dat margarine goedkoper en gezonder is én beter voor het milieu, dan moet de dalende trend kunnen worden gekeerd. Maar daar moet je wel in willen investeren.

Volgens Smeets zat dat er al heel lang niet meer in omdat Polman niet veel met de voedingsactiviteiten van Unilever heeft. Toen Smeets in 2010 succes had met de introductie van bevroren maaltijden in de Verenigde Staten onder het merk van restaurantketen PF Changs, en daar in het eerste jaar 100 miljoen dollar mee omzette, had Polman lauw gereageerd. De CEO vond dat Unilever zijn eigen schaalbare merken moest bouwen, merken die de hele wereld over kunnen. Dat is met aan lokale gewoontes verbonden voedingsmiddelen sowieso veel lastiger dan producten uit de hoek van de persoonlijke en huishoudelijke verzorging.

Smeets en verschillende collega-directeuren met hem vinden dat Unilever de boot mist als het om voeding gaat. De multinational heeft verzuimd zich op de markt voor versmaaltijden te storten, dat doen de winkels nu allemaal onder hun eigen huismerken. Met de verkoop van de smeersels wordt Unilever nog verder teruggedrongen naar het zogenaamde 'midden van de winkel', waar alle lang houdbare, fabrieksmatig in blikjes en zakjes verpakte voedingsmiddelen staan. Spullen waar steeds minder mensen zin in hebben.

Smaken de boterhammen, is de gehaktbal goed en de jus lekker? Opgroeien doe je met Blue Band, vlees bak je in Croma en Becel is goed voor hart en bloedvaten. Generaties Unilever-marketeers zijn groot geworden met de boodschap dat ze de huisvrouw helpen iedere dag te slagen voor de verschillende examens die ze moet doen. Het lukt ze steeds weer om de zogenaamde 'platte margarine' door 'psychologische segmentatie' en slimme reclames met forse marges in de markt te zetten. Omdat die marges moesten worden verantwoord, waren onderzoekers constant bezig geweest de producten verder te ontwikkelen. Naast goedkoop en lekker was gezondheid een steeds belangrijker thema geworden.

Omdat na de oorlog het aantal patiënten met hart- en vaatziekten snel was toegenomen, had Unilever van ziekenhuizen het verzoek gekregen om een margarine te maken die het cholesterolgehalte niet liet stijgen. De eerste Becel was begin jaren zestig alleen in apotheken verkrijgbaar. Het uitbouwen van de gezondheidsclaim zorgde voor forse omzetstijgingen. Decennialang groeide het margarinebedrijf van Unilever vooral in de Verenigde Staten en Europa. Tot begin jaren tachtig was deze Unilever-dochter waarschijnlijk het meest winstgevende bedrijf van Nederland.

De geschiedenis van het Nederlandse Unilever-DNA begint in 1866. De Franse keizer Napoleon III zoekt naar een *beurre économique* om het volk en zijn soldaten te kunnen voeden. Roomboter is voedzaam maar duur en snel ranzig. De keizer schrijft een prijsvraag uit: wie levert mij een gezond en goedkoop alternatief? De scheikundige Hippolyte Mège-Mouriés is drie jaar aan het experimenteren om uiteindelijk van gesmolten niervet en in stukjes gehakte uier een surrogaatboter te karnen. Vanwege de parelachtige glans noemt hij het goedje margarine, naar het Griekse *margarites*, parel.[1]

Zijn uitvinding is voedzaam en goedkoop, maar de uitvinder is te laat. Napoleon III is ondertussen verslagen en niemand is nog geïnteresseerd in het patent dat hij op zijn vinding heeft. Dat verandert als een bevriende handelaar twee jaar later wat van die margarine aflevert bij de Ossche boterhandelaar Antoon Jurgens. Die kijkt, proeft en is meteen enthousiast. Hij ziet een gat in de markt.

In het voorjaar van 1871 zoekt Jurgens Mège-Mouriés op in zijn fabriekje in het Franse Poissy en maakt hem een groot compliment. De vergulde Fransman antwoordt naar verluidt met: 'Jezus Christus was een groot genie dat hij water in wijn kon veranderen, maar ik kan van vet boter maken.' Jurgens belooft de Fransman een jaarlijks inkomen van 10.000 franc, op voorwaarde dat hij het procedé geheimhoudt.

Een paar maanden later draait in Oss het eerste margarinefabriekje van de wereld. Zoon Jan Jurgens is zo trots op de vinding dat hij het nieuwe product laat proeven bij de grote concurrent in Oss: boterhandelaar Simon van de Bergh. Diens zoon Sam vertelde later dat Jurgens al een tijdje liep te pochen over zijn 'fabelachtige winsten'. Genoeg redenen voor Van den Bergh senior om ook naar Frankrijk af te reizen 'om daar alle gewenschte inlichtingen omtrent het nieuwe product in te winnen'. Mogelijk was de jaarlijkse toelage van Jurgens inmiddels gestopt, Mège-Mouriés maakt er in ieder geval geen geheim van en laat ook aan deze Ossenaren trots zien hoe hij zijn margarine maakt.[2]

In Nederland is er dan nog geen octrooiwet van kracht en dus is het patent van de Fransman niet beschermd. Een jaar na de start van Jurgens' fabriek begint in Oss een tweede, door Van den Bergh gefinancierde fabriek de kunstboter te produceren. Het is het begin van een vete tussen de katholieke familie Jurgens en de joodse familie Van den Bergh.

Ondertussen zorgt ook in Engeland de toegenomen welstand van de bevolking voor een groeiende vraag naar geïmporteerde boter en eieren. In 1886 steekt de 25-jarige William Lever daarom het kanaal over op zoek naar nieuwe botervoorraden voor zijn vaders groothandel in kruidenierswaren. Lever komt zelfs een paar keer bij Antoon Jurgens op bezoek. Maar nadat de ondernemende Brit heeft voorgesteld de margarine in pakjes in plaats van in vaatjes aan te leveren, ruikt Jurgens onraad: 'Pas op, die man met zijn nieuwbakken ideeën moeten we goed in de gaten houden.' Een paar jaar later, in 1884, begint Lever zijn eigen zeepmerk, Sunlight, en zal hij zich tot in de nieuwe eeuw vooral op de verkoop van die zeep gaan richten.[3]

In 1891 verplaatst de familie Van den Bergh haar fabriek naar de Nassaukade in Rotterdam. Het katholieke Oss is te benauwend geworden, bovendien wordt export steeds belangrijker en dan helpt het om dicht bij de snelgroeiende haven te zitten. In Zwijndrecht bouwt Van den Bergh een fabriek voor de productie van Stuiverzeep (*penny-soap*), die, evenals de dan in Engeland inmiddels succesvolle Sunlight-zeep, in kartonnen doosjes wordt verkocht. Het maken en verkopen van zeep is voor een margarinefabrikant relatief eenvoudig. Het wordt van praktisch dezelfde grondstoffen gemaakt en komt via vergelijkbare kanalen bij de klant. Om de financiering van zijn plannen te vergemakkelijken begint zoon Sam van den Bergh een Britse vennootschap, die hem toegang verschaft tot de Londense kapitaalmarkt.

De margarine wordt in Nederland nog steeds naamloos verkocht, de pondjes vet worden met de hand uit vaatjes geschraapt en in vetvrij papier gewikkeld. Opnieuw geïnspireerd door moderne Britse ondernemers als William Lever besluit Van den Bergh zijn producten een merknamen te geven: Zeeuws Meisje en later Vitello. Vanuit Oss volgt de familie Jurgens deze ontwikkelingen met argusogen.

Kleinzoon Anton heeft na de plotselinge dood van zijn vader de leiding in 1888 op zich genomen. Hij besluit ook om vreemd kapitaal aan te trekken en te investeren in fabrieken en in vestigingen overzee. Overal komen Van den Bergh en Jurgens elkaar tegen. Omdat ze bij iedere grensovergang invoerrechten moeten betalen bouwen ze hun margarinefabrieken in Duitsland, Frankrijk en in Engeland.

De daaropvolgende 25 jaar zijn de twee concurrenten bezig elkaar de loef af te steken met de claim eindelijk de betere margarine te hebben ontwikkeld. Zo stelt Jurgens op 14 mei 1906: 'Als gij de monsters nu approuveert is nochtans het lied gezongen en zullen wij die *liebe concurrenz* ook eens wat veren uit hun pronkstaartjes trekken. Wij zijn nu gelukkig zoo ver dat we proefondervindelijk weten dat de bacil die we te pakken hebben, de *richtige* is, en dat er een margarine uit te maken is, die beter is dan die van de Jood.'[4]

Ondertussen verdienen de mannen geld, veel geld. In 1905 maakt Van den Bergh een winst van 220.000 pond (grofweg 30 miljoen euro nu), 16 procent wordt aan dividend aan de familie uitgekeerd.[5] Sam van den Bergh beschouwt zichzelf als een progressief liberaal maar het zal tot 1919 duren voordat hij de socialistische vakbeweging erkent als gesprekspartner. Het feit dat arbeiders zeven dagen per week in totaal zo'n zeventig uur werken, leidt thuis tot felle discussies met zijn echtgenote. Rebecca Willing is een overtuigd sociaaldemocraat, een ethisch denkende en voor allerlei rechten opkomende vrouw.[6]

Af en toe proberen Sam van den Bergh en Anton Jurgens samen te werken. Ze weten dat een krachtenbundeling ze vooral bij de inkoop van grondstoffen grote voordelen kan opleveren. In hun zoektocht naar nieuwe plantaardige vetbronnen besluiten ze samen te investeren in palmolieplantages in Duits-Kameroen. Het wordt geen succes. In 1908 spreken ze af hun winsten en verliezen uit de productie van margarine te bundelen en te verdelen, waarbij 60 procent naar het grotere Van den Bergh gaat en 40 procent naar Jurgens. Wat ze aan de verkoop van hun eigen producten verdienen, houden ze zelf. Ze blijven op hun hoede. 'Wij kennen hen voldoende om te weten dat zij een belofte dikwijls slechts maken *pour besoin de cause*, om iemand voor het oogenblik tevreden te stellen en daarom hechten wij aan de gegeven belofte van Sam niet overmatig,' aldus Anton Jurgens op 9 maart 1908, een paar dagen na het ondertekenen van die samenwerking. In 1913, Nederlanders eten dan circa 5 kilo margarine per jaar, zijn beide bedrijven ongeveer even winstgevend met zo'n 2 miljoen gulden per jaar en besluiten de heren op fiftyfifty-basis verder te gaan. Na de Eerste Wereldoorlog beginnen ze allebei in Nederlands-Indië hun eigen palmolieplantages en eigen stoomrederijen voor het transport van de palmpitten en palmolie naar Europa.[7]

Sam van den Bergh bedenkt dat een verdere bundeling van krachten, vooral door besparingen op inkoop, fabricage en reclamebestedingen, tot nog betere resultaten zou kunnen leiden. Jurgens is dan in Nederland een stuk groter dan Van den Bergh, dat zelfs met omzetdalingen te kampen heeft. Vanaf 1923 probeert Van den Bergh die dominantie te doorbreken met het merk Blue Band, 'een margarine met een hogere kwaliteit bestemd voor de betere klasse'.

Sam van den Bergh besluit naar Brits voorbeeld fors te investeren in een nieuw fenomeen: reclame. Voor hij de advertentie met het getekende portret van 'het Blue Band-meisje' in de grote kranten plaatst, vraagt hij zijn grootste afnemers om commentaar. De claim 'versch gekarnt, doorstaat elke vergelijking met roomboter. Blue Band is veel billijker in prijs' zorgt voor een woedende reactie van de zuivelindustrie.[8] Maar de consument is snel overtuigd. Jurgens ziet het marktaandeel van Van den Bergh groeien.

In 1927 verrassen de twee families de zakenwereld met de mededeling dat ze gaan fuseren. Ze zijn letterlijk moegestreden. Concrete aanleiding is de zoveelste hoogoplopende ruzie over de verdeling van de winsten naar aanleiding van de in 1913 gemaakte afspraken. Van den Bergh eist 200.000 pond van Jurgens, Jurgens eist 300.000 pond van Van den Bergh: de twee kemphanen hebben vierduizend geschilpunten. Volgens Paul Rijkens, de zaakwaarnemer van Van den Bergh, is het 'de meest groteske strijd die zich in het Nederlandse bedrijfsleven heeft afgespeeld, de juridische kosten lopen in de miljoenen'. Terwijl de kwestie door arbitragerechters in Londen wordt uitgevochten, proberen de twee aartsvijanden in Nederland nog steeds marktaandeel van elkaar af te pakken. De raadslieden aan beide zijden zijn ervan overtuigd geraakt dat de kans op een overwinning gering was en de kans op de vernietiging van beide partijen meer dan waarschijnlijk. Een algehele fusie is de enige weg om uit de impasse te geraken.[9]

Het is Anton Jurgens die voorstelt om tot een fusie te komen. Een verraste Sam van den Bergh vraagt aan Rijkens wat hij zou doen. Rijkens, zoon van een margarinefabrikant die zijn zaak aan Van den Bergh heeft verkocht, stelt voor de deur maar eens open te zetten. Op 24 september 1927 wordt de overeenkomst getekend door van iedere familie tien leden. Van den Bergh heeft daarbij bedongen dat geen van beide families de baas mag worden. Twee buitenstaanders, de Britse aristocraat Vere Brabazon Ponsonby en de Nederlander Rudolf Johan Hendrik Patijn, politicus en partijgenoot van Sam van den Bergh, worden voorzitter en vicevoorzitter van de Margarine Unie. De raad van bestuur is verder gevuld met vijf leden van beide families. Hier begint een balanceeract die het bedrijf decennialang in de greep zal houden.

Nederlandse kranten spreken over 'de vrede van Oss'. Afgesproken is ook dat Sam van den Bergh eind 1928, 64 jaar oud, zijn functies neerlegt, hij heeft geen zin om leiding te geven aan een bedrijf waarin hij niet zelf, alleen, besluiten kan nemen.

De eerste besparing van jaarlijks 1 miljoen gulden wordt al snel gerealiseerd door de productie van de margarinefabrieken van Jurgens in Oss over te hevelen naar de Van den Bergh-fabriek aan de Nassaukade in Rotterdam. Anton Jurgens, drie jaar jonger dan Sam van den Bergh, heeft er steeds minder zin in. Het is zijn bedrijf niet meer. Hij besluit in 1929 een fusie met het in financiële moeilijkheden verkerende Lever Brothers aan te gaan. Zijn familie heeft het maar te slikken. Als Paul Rijkens dat nieuws overbrengt aan de familie Van den Bergh ontstaat daar een enorme discussie. Sam van den Bergh, de gepensioneerde pater familias, hakt de knoop door met de woorden: 'Mijn heren, jullie hebben het bij het verkeerde eind. Voor de familie Van den Bergh als aandeelhouders is dit een uitstekende zaak. Rijkens heeft gelijk. Jullie moeten akkoord gaan. Dit wordt een wereldzaak.'[10]

Op 2 september 1929 smelten de Margarine Unie en Lever Brothers samen tot Unilever. Om belastingtechnische redenen blijven de Nederlandse nv en de Britse plc gehandhaafd. Het organiseren van de fusie, waarbij twee moedermaatschappijen met opgeteld ruim tweeduizend dochterbedrijven moeten samenwerken, komt op het bord van een 32 leden tellende raad van bestuur. De leiding komt in handen van een Special Committee, met een Britse en een Nederlandse bestuurder en een derde man die de lieve vrede moet zien te bewaren. Besloten wordt dat 57 procent van het dividend naar de nv gaat, die is immers een stuk groter. In 1933 trekt de dan 66-jarige Anton Jurgens zich terug, hij kan er maar niet aan wennen dat hij zelf geen besluiten meer kan nemen, bovendien ergert hij zich aan de arrogante houding van de Britse medewerkers van het Lever-bedrijf.

Vierentachtig jaar later is bijna alles anders, maar de nv, de plc, de Hollandse directheid én de Britse arrogantie zijn gebleven. Op het Londense hoofdkantoor kan geen Brit zich voorstellen dat alle grote besluiten straks vanuit Rotterdam worden genomen.

Begin mei 2017 belt Polman met Henk Kamp, demissionair minister van Economische Zaken, om hem te vertellen onder welke voorwaarden Unilever in een Nederlandse nv in Rotterdam op zou kunnen gaan. Op dit ministerie is dan al gesteld dat 'een proactieve inzet van de Nederlandse overheid wenselijk is voor het behoud en de mogelijke uitbreiding van de activiteiten van Unilever in Nederland'. Polman vindt Kamp een moedige man.

In een brief aan de Tweede Kamer eind mei pleit de minister voor een langere bedenktijd bij overnames omdat 'bij sommige overnames het risico bestaat dat de focus op de lange termijn ondersneeuwt ten faveure van winst op de korte termijn'. De in het Nederlandse bedrijfsleven bekende bestuurders Jan Hommen, Peter Wakkie en Jeroen van der Veer reageren enthousiast in NRC *Handelsblad*: 'Het is van het grootste belang dat een overgenomen vennootschap de belangen van alle betrokkenen bij die onderneming optimaal kan behartigen en dat een overname is gericht op de lange termijn. De middelen om dat te bereiken zijn echter lang niet altijd gegeven. Zo heeft ABN Amro in 2007 een ongewenste overname niet kunnen voorkomen. Bij overnames dreigen emoties nog weleens de overhand te krijgen en wordt winnen soms een doel op zichzelf. Het hele proces van overname zowel aan de overnemende als aan de overgenomen kant is juist níet gebaat bij die emoties, maar bij wat men noemt "*slow thinking*". Grote beslissingen van belangrijke strategische aard vragen om doordachte processen en voldoende tijd,' aldus de invloedrijke bestuurders. Het klinkt Paul Polman allemaal als muziek in de oren.

Op de dag dat Kamp zijn brief naar de Kamer stuurt, legt de CEO van Unilever in *The Guardian* uit dat de overnameregels in het Verenigd Koninkrijk veel liberaler zijn dan die in de VS of in Nederland. Hij waarschuwt: 'Het wordt tijd dat de overheid hier zich afvraagt of het land goed gepositioneerd is, vooral nu besloten is tot een Brexit.' En hij haalt nog een keer uit naar de Takeover Code: '28 dagen is te kort voor een bedrijf om zich te kunnen verdedigen.' Hij herhaalt zijn voorstel ter verbetering: geef aandeelhouders die langer in een bedrijf zitten meer stemrecht.

Polman benadrukt het belang van Unilever voor Engeland: 'Er werken 10.000 mensen voor ons in het VK, 200.000 indirect via leveranciers. We hebben twee onderzoekscentra en 80.000 gepensioneerde Unilever-medewerkers in dit land. Het belang van een bedrijf als Unilever gaat over de vraag wat voor economie we hier willen. Steeds meer mensen realiseren zich dat een economie voor iedereen moet werken. Kijk nou toch eens naar de effecten van op kortetermijnresultaten gericht gedrag van aandeelhouders. Ik kan de koers van ons aandeel ook in korte tijd enorm omhoog krijgen door versneld de kosten te verlagen, fabrieken te sluiten, banen te schrappen. Het duurt zeker vijf jaar voordat de markt in de gaten krijgt dat we te weinig hebben geïnvesteerd in de toekomst van het bedrijf. Begraafplaatsen liggen vol met bedrijven die door op die manier te werken niets nuttigs voor de samenleving hebben gedaan.' Polman roept overheden op in het geweer te komen tegen het geweld van op dit soort resultaten gerichte aandeelhouders, zoals hedgefunds. Over zijn eigen vertrek zegt hij: ik ga dit schip niet verlaten voordat het in een veilige haven ligt.

Maar de afschaffing van de dividendbelasting is in Den Haag nog helemaal geen gelopen race. Ambtenaren van het ministerie van Financiën vinden het geen goed idee. Jan IJzerman, directeur van de Directe Belastingen, legt aan zijn demissionair staatssecretaris Eric Wiebes uit dat alleen Nederlandse multinationals met veel portfolio-aandeelhouders in het Verenigd Koninkrijk last van deze belasting hebben. Hij noemt het 'een grote generieke maatregel voor specifieke problemen', die vooral leidt tot een gat in de begroting van 1,4 miljard euro. 'Het grootste deel van de derving komt ten gunste van buitenlandse overheden. Om het Nederlandse fiscale vestigingsklimaat op een verantwoorde manier blijvend aantrekkelijk te houden, ligt – vanuit het perspectief van de lange termijn – een verlaging van de vennootschapsbelasting meer voor de hand. De conclusie dat afschaffing essentieel is voor het investeringsklimaat kan dan ook niet worden getrokken.'[11]

IJzerman wijst er wel op dat de afschaffing van deze belasting de kans verkleint dat Unilever en Shell hun hoofdkantoor uit Nederland zullen verplaatsen. Maar stelt ook dat hier geen garanties voor zijn gegeven. 'Het blijft in hoge mate een politieke afweging.' Omdat de kosten van afschaffing voor rekening van het bedrijfsleven zullen komen kan ook worden gesteld dat het investeringsklimaat minder aantrekkelijk wordt.

Op 13 juni spreekt Paul Polman met Eric Wiebes, die ooit bij Unilever solliciteerde maar na zijn studie bij Shell ging werken. IJzerman waarschuwt zijn staatssecretaris van tevoren: 'Vermoedelijk zal de vraag aan de orde komen of afschaffing van de dividendbelasting wenselijk is. Daarop kunt u aangeven dat deze vraag een onderwerp voor de formatietafel is.' Hij stelt dat dit zo is afgesproken met ambtenaren van Algemene Zaken en Economische Zaken. 'Ambtelijk EZ merkt wel op dat zij graag afscheid nemen van de dividendbelasting.'[12] IJzerman herhaalt zijn bezwaren tegen afschaffing.

Op het ministerie van Economische Zaken krijgt Polman diezelfde middag van demissionair minister Henk Kamp een mooie toezegging: 'Het kabinet zal voor Unilever een *bidbook* maken, gericht op het aantrekken van Unilevers wereldwijde hoofdkantoor naar Nederland.' Het project wordt 'Smile' gedoopt. Kamp belt met Rutte om verslag te doen.[13] Aan beide heren heeft Polman duidelijk gemaakt dat van een hoofdkantoor in Nederland geen sprake kan zijn, zolang de dividendbelasting niet verdwijnt.

Het is sowieso een prettige dag voor Polman. Voor het eerst sinds het gevecht met Kraft Heinz is de top-200 op het Rotterdamse hoofdkantoor voor het jaarlijkse CEO-Forum bij elkaar gekomen. Aan het eind van een dag vol presentaties en ambities, als Polman aanstalten maakt om het podium af te lopen, besluit Harry Brouwer, CEO van *food solutions*, te gaan staan. Brouwer is een van de twee Bestfood-veteranen die nog voor Unilever werkt. Daar kwam de marketeer terecht nadat hij in de jaren tachtig door Unilever was afgewezen, ze vonden hem te open en te gevoelig. Brouwer houdt van dit bedrijf maar hij verafschuwt de vaak zo afstandelijke corporate sfeer. Polman is de enige CEO die hem in al die jaren echt heeft geraakt.

Hoe is het mogelijk dat nog niemand vandaag heeft stilgestaan bij de knappe wijze waarop Polman ervoor heeft gezorgd dat ze hier nog steeds samen kunnen zitten, hun belangrijke mooie werk kunnen doen. Daar is verdorie niet één keer aan gerefereerd. Dat zal hij doen, dat moet hij nu doen.

Brouwer houdt de zaal voor dat het toch geweldig is dat ze hier nog met z'n allen zitten. Dat ze Polman en zijn team daarvoor moeten bedanken. Hij raakt een snaar. Als één man staan al zijn collega's op en beginnen te klappen, ovationeel, minutenlang. Polman staat wat ongemakkelijk op het podium en vraagt zijn CFO Graeme Pitkethly naar voren te komen. Maar die wil niet, de Schot vindt het wel mooi zo.

In de Tweede Kamer krijgt Polman diezelfde maand impliciet ook applaus. De politici debatteren over de brief van minister Kamp en 'de overnames van Unilever en AkzoNobel'. Ze spreken vooral hun zorgen uit. GroenLinks-Kamerlid Tom van der Lee klinkt bijna als Paul Polman: 'Ik vind dat als we als wetgever mogelijkheden bieden voor bescherming, we daar iets voor terug moeten vragen. Wij willen dat bestuurders maatschappelijk verantwoord en duurzaam ondernemen. Als ze dat vastleggen voor hun bedrijf hebben ze recht op de bescherming die daarbij past. Unilever is een door mij zeer gewaardeerd bedrijf. Ik zie wel dat het onder druk van een overname een strategische koerswijziging heeft doorgezet die ik liever niet had gezien. Ik hoop dat het bij zinnen komt en verstandige keuzes voor de toekomst gaat maken.' Door CDA, PvdA, PVV en GroenLinks worden twee moties ingediend waarin de regering wordt opgeroepen om ervoor te zorgen dat 'bedrijven voldoende instrumenten ter beschikking krijgen om een goede keuze te maken om een vijandige of ongewenste overname te kunnen tegenhouden'.

Daar heeft Unilever nu niks aan. Om te voorkomen dat Kraft Heinz zich over twee maanden weer meldt, moet het nu goede cijfers laten zien. Die zijn er. De sanering van de kosten heeft effect, de marge is verbeterd naar 17,8 procent, bijna 2 procent hoger dan een jaar geleden. En dus stijgt de winst, met 22 procent naar 3,3 miljard euro. Van de beloofde 6 miljard euro aan besparingen tot 2019 is in een paar maanden tijd al 1 miljard euro gerealiseerd. Besparingen op marketing, bijvoorbeeld door reclames langer door te laten draaien, komen uit op 300 miljoen euro. De overheadkosten dalen met 200 miljoen euro, er wordt onder meer 30 procent minder gevlogen.

Maar de helft van de besparingen komt van de leveranciers. Inkoopdirecteur Dhaval Buch speelt daarbij een hoofdrol, onder zijn leiding koopt het bedrijf jaarlijks voor zo'n 35 miljard euro aan grondstoffen en diensten in. Zijn boodschap aan de leveranciers is steeds dezelfde: wij willen niet door een bedrijf als Kraft Heinz worden overgenomen en dat zouden jullie ook niet moeten willen. Want als wij moeten lijden, lijden jullie ook. Laten we daarom blij zijn dat het nu niet is gebeurd. In zijn ontmoetingen met leveranciers laat de Indiër daar vervolgens op strenge toon op volgen: maar er is nu wel een nieuwe realiteit. Laten we samen proberen te zorgen dat het in de toekomst evenmin gebeurt. Als jullie onze voorkeursleverancier willen blijven, moeten jullie de prijzen met 10 procent verlagen.

Marc Engel, de baas van Dhaval Buch, realiseert zich dat dit een keiharde boodschap is, maar hij is er ook van doordrongen dat er nu niks anders op zit. Ze zitten hier samen in. Hij zal de leveranciers die nu meedoen later wel bedanken voor hun steun.

Graeme Pitkethly is onverbiddelijk in dit proces. Maar ondertussen werkt de CFO van Unilever ook mee aan een raamwerk dat bedrijven moet helpen om effecten van klimaatverandering in financiële parameters te vangen. Pitkethly is vicevoorzitter van de Task Force on Climate-related Financial Disclosures. Opgezet door de invloedrijke internationale Financial Stability Board heeft deze task force een systeem gebouwd waarin de financiële risico's van klimaatveranderingen op consistente wijze in kaart worden gebracht. FSB-voorzitter Mark Carney, die zich in een speech onder de titel 'De tragiek van de horizon' hier twee jaar geleden al grote zorgen maakte, wil beleggers en banken helpen om deze nieuwe risico's in hun modellen mee te nemen. Hij weet dat dit een lange weg is: 'Een van de belangrijkste en minst begrepen risico's waar organisaties nu mee te maken hebben betreft de verandering van het klimaat. Helaas denken veel organisaties dat de implicaties ver in de toekomst liggen en daarom niet relevant zijn voor de besluiten die ze vandaag nemen.'

Door dit transparant te maken, weten bedrijven wat ze moeten doen om aan die verwachtingen te kunnen voldoen. Pitkethly: 'Ik twijfel er niet aan, het is een kwestie van tijd dat de meeste beleggers, consumenten en werknemers, actief om deze informatie gaan vragen. We gaan de goede kant op. Meer dan 1200 bedrijven gaan een prijs op CO_2-uitstoot implementeren, de kosten van de belasting van het milieu zo in hun cijfers meenemen. En vierhonderd investeerders, samen goed voor 25.000 miljard dollar, doen mee aan het platform voor klimaatactie.'[14]

Het ontbreken van voldoende inspanningen om de verfbusiness te verduurzamen is voor Antony Burgmans een belangrijke reden om de overnameplannen van het Amerikaanse PPG van AkzoNobel te blijven dwarsbomen. Nadat het chemieconcern drie ongevraagde overnamebiedingen van PPG had verworpen, probeerde de activistische aandeelhouder Elliott International via een uitspraak van de Ondernemingskamer het AkzoNobel-bestuur te dwingen om toch met PPG te gaan onderhandelen. Ze eisten bovendien het vertrek van president-commissaris Antony Burgmans.

Nadat de rechter deze eisen had afgewezen, gooide PPG begin juni de handdoek in de ring. Dit duurde ze allemaal te lang. Een paar weken later laat AkzoNobel weten dat CEO Ton Büchner om gezondheidsredenen zijn functie moet neerleggen. Het is hem te veel geworden.

Paul Polman wordt woedend als hij dit leest. Voor hem is dit weer het bewijs dat activistische aandeelhouders niets menselijks hebben en alleen door hebzucht worden gedreven. Dat zijn geen halve mensen, ze komen niet eens tot een kwart. Hun eigenwaarde berekenen ze uitsluitend op basis van hun nettowaarde. Het maakt ze niks uit wat er met de bij zo'n bedrijf betrokken mensen gebeurt.

Hij is opgelucht dat Kraft Heinz zich in augustus niet heeft gemeld, en hij vindt het ongelooflijk dat deze manier van werken voor veel mensen juist het bewijs is van een efficiënte vrije markt. Polman vraagt zich opnieuw af of politici wel goed begrijpen wat hier aan de hand is. Realiseren ze zich dat onze toekomst en die van onze kinderen door dit soort mensen in gevaar wordt gebracht? Het gaat er niet alleen om dat wetten worden veranderd die dit soort gedrag onmogelijk maken. Dit gaat dieper, dit is een diepe crisis in de ethiek van het zakendoen.

Burgmans is het helemaal met Polman eens. Hij volgt het nieuws rondom de mogelijke verhuizing naar Rotterdam nauwgezet. Twaalf jaar geleden heeft hij zelf onderzocht of het bedrijf niet voor één hoofdkantoor kon kiezen. De dividendbelasting was toen al een groot obstakel. Nu de Brexit eraan komt, zou hij het logisch vinden als Unilever voor Rotterdam kiest. Unilever kan niet op zo'n geïsoleerd eiland blijven zitten. Dat veel Britten het onvoorstelbaar vinden als het hoofdkantoor van Unilever niet in een echte metropool zou zitten, vindt hij een slecht argument. Het hoofdkantoor van Nestlé staat in het Zwitserse gehucht Verviers en dat bedrijf draait toch best aardig.

Burgmans gelooft ook dat het tijd wordt voor meer regelgeving. Die is nodig om het vertrouwen in het bedrijfsleven te herstellen. Daar ligt ook een kans voor het Nederlandse bedrijfsleven, dat vooroploopt als het gaat om duurzaamheid. Maar dan moeten de CEO's wel leren om beter te communiceren over die positieve bijdrage aan de samenleving.[15] Het zou ideaal zijn als ze die resultaten ook in euro's zouden kunnen uitdrukken.

Dat blijft ingewikkeld. Voor het blad *Economische Statistische Berichten* doen Adrian de Groot Ruiz, directeur van True Price, en hoogleraar banking en finance Dirk Schoenmaker een poging. Door middel van een 'maatschappelijke kosten-batenanalyse' rekenen ze uit wat de werkelijke kosten van een overname van AkzoNobel door PPG zouden zijn geweest. Ze schatten de effecten in van banenverlies, hogere prijzen voor consumenten en een groeiende CO_2-uitstoot en komen zo uit op een negatieve waarde van -6 miljard euro. Een dergelijke, door de Ondernemingskamer getoetste rekensom kan in hun ogen voor de overheid een reden zijn om voortaan een veto over dit soort overnames uit te spreken. Of garanties af te dwingen waardoor dit 'marktfalen', deze maatschappelijke schade, niet optreedt.[16]

De formatie van het nieuwe kabinet in Nederland verloopt moeizaam. Maar in september is er een doorbraak. CDA en ChristenUnie krijgen de door hen zo gewenste invoering van een vlaktaks. Om te voorkomen dat dit systeem met nog maar twee belastingschijven de verschillen tussen arm en rijk vergroot, eist D66, met steun van de ChristenUnie, een versnelde beperking van de aftrek van de hypotheekrente. Informateur Gerrit Zalm (VVD), een paar maanden geleden gestopt als CEO van ABN Amro, steunt de drie partijen. Maar zo'n versnelde vermindering van de hypotheekrenteaftrek doet traditioneel veel pijn bij de VVD. Aan de formatietafel zien ze dat beoogd premier Mark Rutte er zelfs emotioneel onder wordt. Hij vindt dat zijn partij er nu wel erg bekaaid van afkomt. Rutte wil gecompenseerd worden door maatregelen die het vestigingsklimaat voor het bedrijfsleven verbeteren. De rest vindt dat prima, ze hebben ook een rotgevoel bij de actualiteit rondom Unilever en AkzoNobel.

Rutte stelt voor om in lijn met de plannen van VNO-NCW de bonus-cap voor bankiers af te schaffen of anders de dividendbelasting te schrappen. Dat laatste is voor zijn collega-politici compleet nieuw. Die bankiersbonus kennen ze wel, de afschaffing ligt erg gevoelig in de publieke opinie. D66-onderhandelaars Alexander Pechtold en Wouter Koolmees vinden dit politieke zelfmoord. Aan de onderhandelingstafel denken sommigen dat Rutte al rekening heeft gehouden met deze reactie.

Van verschillende kanten krijgen de onderhandelende politici vervolgens argumenten aangereikt om in te stemmen met de afschaffing van de dividendbelasting. Rutte benadrukt dat Nederland net als België een land met alleen filialen dreigt te worden. Uit ambtelijke notities blijkt dat er een grote kans is dat Nederland de 11.000 zaken die bij het Hof van Straatsburg tegen de Staat zijn aangespannen tegen deze 'dubbele belasting' wel eens zou kunnen verliezen. Daar wordt betoogd dat het in strijd is met het gelijkheidsbeginsel: sommige beleggers moeten de belasting wel betalen, anderen niet.

Het enorme enthousiasme van Hans de Boer, die nog eens uitlegt dat de helft van de export van het midden- en kleinbedrijf 'meesurft' op de export van de grote jongens, helpt ook. Evenals een bezoek van de burgemeester van Rotterdam, Achmed Aboutaleb, die het belang van Unilever voor de regio Rotterdam onderstreept.

Al twaalf jaar dansen politici en bedrijfsleven om de hete brij heen. Na de twijfels van toenmalig CDA-staatssecretaris Joop Wijn over de overlevingskansen stak PvdA-minister van Financiën Wouter Bos het Nederlandse bedrijfsleven, dat zich wilde beschermen tegen ongewenste private equity-overnames, in 2007 de helpende hand toe door geen dividendbelasting meer te heffen bij de inkoop van eigen aandelen.

Op verzoek van Rutte heeft Wiebes voor de VVD een interne memo geschreven over de voordelen van de afschaffing van de dividendbelasting. De staatssecretaris van Financiën heeft duidelijk afstand genomen van de adviezen van zijn ambtenaren. Dit stuk wordt door de premier gebruikt in informele bilaterale gesprekken met de andere partijen. Dat maakt indruk, want hierin staat: 'Nederland kent veertien concernkantoren van *Fortune* 500-bedrijven, dit aantal groeit al jaren niet, sterker: het aantal staat onder toenemende druk. De belasting op dividend begint steeds meer te knellen. Als we niks doen blijft Nederland alleen interessant voor werkmaatschappijen. Als we niks doen bestaat er een zeer wezenlijk risico dat bestaande beursfondsen als Unilever (al dit jaar), Shell (mogelijk ook binnen de komende kabinetsperiode) en AkzoNobel zich uit Nederland terugtrekken en de AEX verder uitholt. Verlies van belastingopbrengsten ligt voor de hand. Mits geflankeerd door tijdig overleg kunnen Unilever en Shell in hun keuze voor één nationaliteit nog voor Nederland kiezen.' Wiebes pleit voor het afschaffen van de dividendbelasting. De kosten, nu 1,4 miljard per jaar, worden wat hem betreft door het in Nederland actieve bedrijfsleven betaald via de vennootschapsbelasting. En Wiebes dreigt: 'Ook zonder wijzigingen is een wezenlijke erosie van de opbrengsten te verwachten. Alleen het mogelijke vertrek van de twee grootste beursfondsen zou de opbrengst terugbrengen tot 850 miljoen per jaar.'

Sybrand van Haersma Buma, fractieleider van het CDA, vindt dit een horrorscenario. Dat wil hij niet op zijn geweten hebben, deze bedrijven zijn te belangrijk voor de Nederlandse economie. Hij begrijpt van Paul Polman en van Johan de Koning, bij Unilever verantwoordelijk voor de relaties met de Nederlandse overheid, dat het bestuur nog voor het einde van het jaar zal besluiten om het hoofdkantoor in Nederland neer te zetten, als de dividendbelasting wordt afgeschaft. Hij weet dat De Koning tot 2000 fractiemedewerker voor het CDA in de Tweede Kamer was, dat schept een band. Van Haersma Buma sluit zich snel aan bij het pleidooi van Rutte en De Boer. We moeten alles op alles zetten om te voorkomen dat Unilever vertrekt.

Ook de andere onderhandelaars-politici en beoogd coalitiegenoten zijn overtuigd, ze denken dat ze deze maatregel goed aan de samenleving kunnen uitleggen. Ze willen nou eindelijk wel eens gaan regeren en stemmen in met de afschaffing van de dividendbelasting. Ze bereiden zich erop voor dat de oppositie vooral zal gaan schieten op de voorgestelde verhoging van het lage btw-tarief van 6 naar 9 procent.

Dat pakt anders uit. Bart Snels, de financieel-economisch specialist van GroenLinks, valt bijna van zijn stoel als hij het regeerakkoord doorneemt. De jaarlijks 1,4 miljard euro kostende maatregel stond in geen enkel verkiezingsprogramma. Hij weet meteen zeker dat het ministerie van Financiën hier niet blij mee kan zijn. Daar hebben ze vast uitgerekend dat een paar buitenlandse aandeelhouders van Unilever zo worden geholpen, maar dat de rest van het geld verdwijnt in buitenlandse schatkisten. Dit is spannend. Met die boodschap stapt hij de kamer van zijn fractievoorzitter Jesse Klaver binnen. In het debat met informateur Gerrit Zalm vraagt Klaver vervolgens op hoge toon welke brieven lobbyclubs hebben gestuurd om voor de plotselinge afschaffing van de dividendbelasting te pleiten. Dit riekt naar kiezersbedrog. Er komt geen duidelijk antwoord. Klaver ruikt bloed.

De enige Nederlander in de top-100 van de beste CEO's volgens de net gepubliceerde *Harvard Business Review* begint de ochtend van de derde november vroeg in Wageningen. Polman moet de aftrap geven bij de nieuwbouw van het voedingsinnovatiecentrum. Dat feestje wordt verstoord door tweehonderd medewerkers van Unox-Oss. Unilever gaat die fabriek verkopen aan de Zwanenberg Food Group. Het volume is te laag en de lonen liggen te hoog. Door de productie bij Zwanenburg onder te brengen, hoopt Unilever de worsten betaalbaar en duurzaam te kunnen blijven maken. De suggestie om de productie in huis te houden en zelf Zwanenburg te kopen is eerder van tafel geveegd. Bij Zwanenburg worden veel eigen-merkworsten in opdracht van supermarkten geproduceerd, daar kan Unilever als A-merk-fabrikant geen eigenaar van zijn.

De Unox-werknemers hebben het werk neergelegd omdat ze het niet eens zijn met de sterk verslechterde arbeidsvoorwaarden bij Zwanenburg. Polman legt ze uit waarom Unilever de fabriek verkoopt: 'Unox was, ondanks jullie harde werken, niet rendabel meer. Dan kun je wel zeggen: we moeten Nederland meer rookworst laten eten, maar ondertussen gaat iedereen wel winkelen bij Aldi en Lidl. De markt staat onder druk.'

Die middag heeft Unilever een veertigtal vertegenwoordigers van overheden en ngo's uitgenodigd om in Amsterdam met Polman in gesprek te gaan. Anniek Mauser is blij dat het eindelijk is gelukt om haar relaties in contact te brengen met haar baas. Ze heeft veel tijd in de voorbereiding gestopt en is teleurgesteld als ze merkt dat Polman daar weinig mee heeft gedaan. Tegelijk begrijpt ze het wel, het schema van de CEO is moordend.

Polman steekt van wal. Dit is zijn publiek. Hier is hij op zijn best. In een uur tijd neemt hij ze mee langs zijn favoriete thema's, zijn USLP-successen en de toenemende zorgen. De SDG's en het Parijse klimaatakkoord komen voorbij evenals de nog steeds toenemende ontbossing en groeiende CO_2-uitstoot. 'We hebben al 120 miljoen vluchtelingen als gevolg van klimaatverandering. Er moet zo snel mogelijk een prijs op CO_2-uitstoot komen. Normaal zouden we vertrouwen op onze democratie, op onze overheden, maar die instituten zijn na de Tweede Wereldoorlog gebouwd voor wat er toen nodig was. Ze bieden geen oplossing voor de grote vragen van deze tijd, die vragen om een wereldwijde afstemming.'

Hij geeft een voorbeeld: 'De Rotterdamse haven is de grootste als het gaat om de overslag van niet-duurzame palmolie. Ik zeg vaak tegen Rutte: doe hier wat aan. Maar het probleem van overheden is dat ze 2030 te ver weg vinden, daar kunnen ze niet op sturen.'

'Het belangrijkste is misschien wel dat de mensen bang zijn. Mijn vrouw komt uit het midden van de Verenigde Staten, ze zijn daar bang voor hun baan, voor nieuwe technologie. Ze zijn kwetsbaar, hebben gemiddeld een pensioen van 17.000 dollar opgebouwd. Er ligt een enorme uitdaging om de sociale cohesie goed te krijgen.'

De zaal reageert enthousiast. Sommigen zijn bezorgd. Heske Verburg van Solidaridad ervaart een groeiende spanning binnen Unilever. Met de mensen die over duurzaamheid gaan heeft ze goede ontmoetingen, maar zodra ze met hun Unilever-collega's van inkoop praat is de sfeer duidelijk anders. Die kijken vooral of ze de afgesproken percentages voor gecertificeerde producten halen. Het antwoord op de vraag of ze daarmee arme boeren werkelijk hebben geholpen, vinden ze te ver van hun bed. Het is duidelijk: de beloofde margeverbetering richting 20 procent zal hier moeten worden gerealiseerd.

Polman reageert geïrriteerd op de vraag of de beloftes van Unilever om die arme boeren te helpen wel kunnen worden gehouden nu de financiële doelstellingen zo hard zijn aangescherpt: 'Daar moeten we nu niet te lang bij stilstaan, de afgelopen jaren hebben we 2,5 miljoen banen voor kleine boeren gecreëerd.'

'Mijn grootste probleem zijn de financiële markten. Als we er niet voor gaan zorgen dat ze daar veel meer gaan sturen op langetermijnvraagstukken, dan lossen we niks op. Er is per jaar 3000 tot 4000 miljard dollar aan investeringen nodig. Dat is veel geld, maar het levert uiteindelijk 12.000 à 22.000 miljard dollar aan waarde op. Er is heel veel lui, passief geld. En helaas doen de pensioenfondsen niet echt mee. Ik vraag me steeds vaker af hoe zij hun fondsmanagers belonen. Ik ben ervan overtuigd dat het technisch allemaal kan worden opgelost. Het kost vooral tijd. Maar leg dat maar eens uit aan zo'n financiële man.'

Die avond moet Polman speechen tijdens de jaarlijkse door Unilever gesponsorde bijeenkomst in het Concertgebouw. Dit jaar zijn de nieuwe vrienden, de fractieleiders van de regeringspartijen, uitgenodigd. Alleen CDA-fractievoorzitter Van Haersma Buma gaat erop in. Maar in zijn speech zegt Polman niks over moedige politici die zich tegen de stroom in hard maken voor de afschaffing van de dividendbelasting en daarmee voor Unilever. Polman heeft het alleen maar over het redden van de wereld, terwijl die discussie over de dividendbelasting steeds meer pijn begint te doen.

Als de naam van de CEO van Unilever valt, herinnert Jesse Klaver, de leider van de oppositie, zich dat hij twee jaar geleden, toen hij net fractievoorzitter was geworden van GroenLinks, graag bij Paul Polman op bezoek was gegaan. Klaver wilde de duurzaamheidsagenda leren kennen van de CEO's van interessante bedrijven als TNT, DSM en Unilever. Zulke contacten zijn altijd handig, voor later. Alleen Feike Sijbesma van DSM had de voorman van de toen slechts vijf zetels grote fractie uitgenodigd voor een gesprek. Zowel Tex Gunning als Paul Polman had Klaver laten weten dat zo'n ontmoeting niet in hun prioriteiten paste.

De fractieleider van GroenLinks is ervan overtuigd dat het besluit om de dividendbelasting af te schaffen in ieder geval te vroeg komt. Het is veel beter de Brexit af te wachten, daarna komen Unilever en Shell misschien vanzelf wel deze kant op. Nu lopen de emoties in het Verenigd Koninkrijk nog zo hoog op dat het de vraag is of de afschaffing van deze belasting ze wel over de streep zal trekken. Als hij dit tegen Rutte zegt, reageert de premier geprikkeld. Hij wil Klaver ervan overtuigen dat de verhuizing van Unilever naar Rotterdam juist wordt bepaald door de afschaffing van de dividendbelasting. Klaver vraagt zich dat af, in Britse kranten leest hij vooral dat ze de maker van dat vreselijke, typisch Engelse goedje, Marmite, niet zomaar zullen laten gaan.

Kabinet-Rutte III staat vooral voor een verduurzaming van de economie. Nederland moet een inhaalslag maken, het loopt ver achter op de in Parijs afgesproken klimaatdoelen. In het nieuwe kabinet wordt Wiebes de minister van Economische Zaken én Klimaat.

Zijn ambtenaren leggen hem een vernieuwde versie van het bidbook voor dat het bestuur van Unilever moet overtuigen om naar Nederland te komen. Unilever is goed voor 3100 banen, waarvan 1800 op het hoofdkantoor. Het bedrijf heeft 4200 leveranciers, die met elkaar een kleine 1 miljard euro omzetten. In Nederland geeft het bedrijf jaarlijks 120 miljoen euro uit aan R&D. Vorig jaar heeft het besloten 70 miljoen euro te investeren in het wereldwijde R&D-Foods-centrum op de campus van de Wageningen Universiteit.

'Hierbij stuur ik u de bijdrage van de Nederlandse overheid aan Unilevers unificatie-studie.' Op 15 november zendt een ambtenaar van EZ dat bidbook, met daarin voor het eerst de voorgenomen afschaffing van de dividendbelasting, naar Unilever. Dezelfde dag is er een Kamerdebat over dit onderwerp. De oppositie vraagt de regering naar de onderliggende memo's, welke stukken zijn gebruikt om tot dit besluit te komen. Premier Rutte zegt dat er naar zijn beste weten geen memo over de dividendbelasting op tafel heeft gelegen.

Voor Klaver staat nu vast dat Rutte niet de waarheid spreekt. Hij heeft in het voorjaar de eerste honderd dagen aan de formatietafel gezeten en ervaren dat zelfs over een besluit van 50 miljoen euro al stapels ambtelijke memo's worden geproduceerd. Stukken waarin de voors en tegens van een voorstel op een rij worden gezet. Als minister Wiebes vervolgens zegt dat hij ook niet meer weet welke documenten wel of niet een rol hebben gespeeld, groeit het wantrouwen in de Tweede Kamer snel. Wat is hier aan de hand?

Het gaat om 1,4 miljard euro per jaar, daar kunnen eventueel ook grote problemen in de zorg of het onderwijs mee worden aangepakt. Dat die vergelijking niet opgaat omdat het bedrijfsleven voor het tekort zal opdraaien laat de oppositie wijselijk buiten beschouwing. Onmiddellijk wordt de suggestie gewekt dat hier sprake is van achterkamertjes waar multinationals proberen de overheid voor hun karretje te spannen.

Rutte maakt de afschaffing van de dividendbelasting opeens persoonlijk. In het debat zegt hij: 'Tot in mijn diepste vezels voel ik dat het verdwijnen van de dividendbelasting nodig is om internationale bedrijven naar Nederland te krijgen en Nederlandse multinationals hier te houden.' Hiermee legt de premier een duidelijke koppeling met belangen van Unilever en Shell. In commentaren wordt schamper opgemerkt dat Rutte in de jaren negentig als personeelschef bij Unilever heeft gewerkt. Zou zich toen die liefde voor Unilever zo diep in zijn vezels hebben genesteld?

De oppositie verscherpt zich als vervolgens uit vrijgegeven documenten blijkt dat er nogal wat strijd is geweest tussen de ambtenaren van het ministerie van Financiën en die van Economische Zaken. Voor Jesse Klaver is dit in ieder geval het bewijs dat er geen duidelijke argumenten zijn om voor de afschaffing van de dividendbelasting te zijn.

De fractievoorzitter van GroenLinks zou het goede contact dat hij inmiddels met Feike Sijbesma heeft opgebouwd kunnen gebruiken om te achterhalen waarom Unilever naar Nederland zou moeten komen, wat daar nu precies achter zit en of dit misschien zou passen bij opvattingen over duurzaamheid die op die van GroenLinks lijken. Maar dat doet hij niet. Klaver realiseert zich niet eens dat Sijbesma in het bestuur van Unilever zit, dat hiertoe heeft besloten. Dat hij die link niet legt komt misschien door de wijze waarop hij twee jaar eerder werd afgepoeierd toen hij met Polman wilde kennismaken. De CEO van Unilever neemt ook geen contact met Klaver op. Hij begrijpt niet waarom Unilever niet met open armen in Nederland wordt ontvangen.

Britse media schamperen ondertussen in koor over 'de hoge moraal in de Lage Landen'. Het zal toch niet zo zijn dat hun Unilever het hoofdkantoor daarnaartoe verplaatst? Rotterdam in plaats van Londen, AEX in plaats van FTSE100? Ze kunnen zich daar geen voorstelling van maken.

Veel Haagse ambtenaren en een handvol politici wel. De afgelopen maanden zijn ze er druk mee geweest. Ze lijken alleen niet in de gaten te hebben dat het bestuur van Unilever hier niet over gaat. Dat kan van alles willen, maar het zijn de aandeelhouders van de plc die in grote meerderheid moeten instemmen met de eventuele opheffing ervan.

Eind november laat Unilever weten dit jaar geen besluit te nemen. Tegen de *Financial Times* zegt Polman: 'Het speelveld beweegt door alle politieke turbulentie. De emoties van dit moment zijn het probleem.' Op de suggestie dat de voormalige medewerker van Unilever, de Nederlandse premier Rutte, in ieder geval actief bezig is om het hoofdkantoor naar Nederland te halen, wil Polman nog wel bevestigen dat 'ook de Britse overheid wakker is geworden'.

Sybrand van Haersma Buma is boos. Dit is het tweede uitstel, in november zei Unilever dat er in december beslist zou worden, nu hebben ze het over het begin van 2018. Zo neemt de irritatie hand over hand toe. Coalitiegenoot Gert-Jan Segers van de ChristenUnie heeft al verklaard dat hij het afschaffen van de dividendbelasting ervaart als het doorslikken van een meloen. D66-politici houden zich met een 'afspraak is nou eenmaal afspraak' op de vlakte.

Met Hans de Boer, Mark Rutte en Sybrand Buma zijn er nog maar drie musketiers over die het besluit actief blijven verdedigen. De fractievoorzitter van het CDA heeft inmiddels het gevoel dat hij ver voorbij zijn pijngrens moet gaan om het voorstel in zijn eigen fractie overeind te houden. Hoe langer het besluit van Unilever op zich laat wachten, hoe groter de pijn en politieke schade worden. En er is nog iets wat hem stoort. Hij snakt naar munitie. Waarom krijgen ze niet veel meer informatie over het belang van Unilever voor de Nederlandse economie? En waarom spreekt Unilever, Paul Polman, niet veel nadrukkelijker in de media zijn liefde voor Nederland uit? Dat zou zijn werk makkelijker maken.

Hij begrijpt Polman niet, heeft constant het gevoel dat hij Nederland maar een klein landje vindt en zich niet echt verdiept in hoe het hier werkt. Hij heeft wel eens tegen Polman gezegd dat hij voor de meeste Nederlanders sowieso niet deugt omdat hij 10 miljoen euro per jaar verdient. Dat hij dat beter moet uitleggen. Maar Buma heeft niet de indruk dat zo'n boodschap aankomt. Hij krijgt de reactie van een wereldburger, ver verwijderd van het kleine Nederland, in de trant van: in de grote echte wereld, in de wereld van Unilever, gaat het nou eenmaal zo.

Het salaris van Polman is het laatste waar de ongeveer veertig financieel analisten die zich eind november op het Unilever-hoofdkantoor in New Jersey hebben verzameld om door de top van het bedrijf te worden bijgepraat, zich druk over maken. Ze vragen zoals gewoonlijk naar plannen om omzet en marge te kunnen laten groeien. Aan het eind van de presentaties schiet Polman volledig uit zijn slof als hij de vraag krijgt of Unilever niet beter meer kan investeren in omzetgroei in plaats van zich zo druk te maken over het verbeteren van de marge.

'We investeren jaarlijks 7,5 miljard euro in reclame, dat is genoeg om onze merken te laten groeien,' zegt hij. 'De verbetering van de marge komt uit iets wat jullie zouden moeten eisen, maar jullie doen dat maar niet en dat vind ik eigenlijk ongelooflijk. Al jaren klagen jullie dat de marges te laag zijn en leg ik uit dat we investeren om dit bedrijf wat dat betreft weer "back on track" te krijgen. Vorig jaar vertelde ik jullie dat deze investeringen zich gaan uitbetalen, dat de marge van 14 naar 18 procent zal gaan. Maar dan zeggen jullie nu allemaal opeens: 18 procent moeten we misschien niet doen, want dan investeren we niet genoeg in het laten groeien van de omzet. Maar dan begrijpen jullie het echt niet, dit is de *pay-out*, het rendement, van de investeringen die jullie ons eerder lieten maken. Als jullie het toch niet willen, waarom hebben jullie ons daar dan mee laten wegkomen?'

Het lijkt erop dat Polman zich wil revancheren voor de bijeenkomst van vorig jaar, toen zijn boodschap met scepsis werd ontvangen en de koers van Unilever onderuitging. Dat werd de opmaat voor de vijandige benadering door Kraft Heinz. Wild zwaait hij met zijn armen in de lucht: 'O, o, o, hier zitten jullie allemaal met steeds dezelfde boodschap: geef ons aandeelhouderswaarde! Maar jullie lijken het gewoon niet te begrijpen. Als wij een fabriek bouwen, dan investeren we en kost het vijf jaar voordat we er geld mee verdienen. Maar vervolgens gaat de omzet omhoog, dat is het gevolg van de investeringen die we al die jaren hebben gedaan. Dit is het bewijs dat we een sterker bedrijf zijn geworden.'

Hij schudt zijn hoofd over zo veel domheid: 'Ik ben een Nederlander, misschien hebben we meer nuchtere Schotten en Nederlanders nodig in jullie wereld.' Boos sluit Polman de sessie af.

Misschien was dit wel zijn laatste eindejaarsontmoeting met analisten. Polman heeft een paar weken eerder bevestigd dat de zoektocht naar zijn opvolger, onder regie van Egon Zehnder, is begonnen. Op expliciet verzoek van Marijn Dekkers is deze door Polman verfoeide executive searcher toch weer in de arm genomen. Egon Zehnder probeert zo'n zoektocht altijd binnen een halfjaar af te ronden. Maar Polman zegt tegen de *Financial Times* dat hij van plan is pas eind 2018 op te stappen.

De krant maakt alvast de balans op van zijn erfenis en omschrijft Polman als een 'zelfgestileerde langetermijndenker' die waarschuwde voor de gevaren van klimaatverandering en stelde dat meer waarde voor aandeelhouders wordt gegenereerd door kleine, duurzame merken op te kopen en die groter te maken. Maar door Kraft Heinz is hij gedwongen een andere koers te varen. Want '3G Capital, de investeerders achter het Amerikaanse bedrijf, bepaalt de nieuwe normen voor winstgevendheid in de wereld van consumptiegoederen'.

Het is precies deze scepsis die ervoor zorgt dat Polman steeds meer naar een hoofdkantoor in Nederland begint te verlangen. Maar in die Lage Landen groeit het wantrouwen aan zijn adres en laait de discussie over de afschaffing van de dividendbelasting verder op. Wie bepaalt de agenda van de nieuwe regering: de kiezers of een paar multinationals in achterkamertjes?

Op 14 december worden Unilever, Shell en een handvol hoogleraren uitgenodigd voor een rondetafelgesprek met leden van de Tweede Kamer over de dividendbelasting. Een paar weken eerder opende *De Telegraaf* al met het verhaal dat 'negen van de tien economen niets zien in de afschaffing'.

Zijn vrouw heeft hem gewaarschuwd niet te gaan, omdat het toch alleen maar verkeerd kan uitpakken. Maar Kees van der Waaij vindt dat hij dit moet doen. De president-commissaris van Unilever Nederland gelooft in het verhaal van Polman, dit móet lukken. Als het bedrijf een plc wordt, dan valt hun duurzame verhaal om, dan is het weg. Hij wil optimistisch blijven.

In de voorbereiding praat Van der Waaij twee keer met Polman. Hij wil die gesprekken per se in het Nederlands met hem voeren, dat is straks ook de taal in de Tweede Kamer. Mopperend stemt Polman daarmee in. Hij vindt dat zijn Nederlands niet goed genoeg meer is om er optimaal in te kunnen communiceren. Die zorg heeft hij constant als hij in zijn vaderland moet optreden, schiet zijn taalgebruik niet tekort?

Conny Braams vindt het vanzelfsprekend dat Van der Waaij in haar plaats gaat. Hij zit helemaal in de materie, is er in 2005 met Burgmans al mee bezig geweest. Marjan van Loon, haar evenknie als directeur Shell Nederland, heeft een crash course van tien dagen moeten doen om het vraagstuk helemaal te kunnen doorgronden. Dat wordt Braams nu bespaard. De directeur Benelux vraagt zich steeds vaker af of het gaat lukken om het hoofdkantoor naar Rotterdam te krijgen. Ze begrijpt het verwijt van de Nederlandse politici wel. Het is helaas niet mogelijk vanuit Unilever expliciet de liefde aan Nederland te verklaren, het Verenigd Koninkrijk is een belangrijk en veel groter Unileverland, waar veel meer ijsjes en wasmiddelen worden verkocht.

In de leiding van Unilever is er heel weinig enthousiasme voor Nederland. Welke Brit wil nou van Londen naar Rotterdam? De paar Nederlandse juristen die een rol speelden lijken uit de commissies over de plc-nv-discussie te zijn geduwd. In Rotterdam gaat het gerucht dat de Unilever Leadership Executive zich gepasseerd voelt, dat Polman en Pitkethly flink woorden hebben gehad.

Wat is het belang van Nederland om dat ene hoofdkantoor van Unilever hier naartoe te halen? Die vraag staat centraal in het rondetafelgesprek met de politici. Het Centraal Planbureau heeft laten weten geen positief werkgelegenheidseffect te zien. Verschillende hoogleraren zijn genuanceerd kritisch. Harry Garretsen, hoogleraar internationale economie in Groningen, vindt afschaffing ronduit een slecht idee: 'Voor het vestigingsklimaat in Nederland is de dividendbelasting niet van wezenlijk belang, dan is het tarief van de vennootschapsbelasting belangrijker.'

Het is allemaal olie op het snel groter wordende vuur. In de publieke opinie is het woordje 'dividendbelasting' inmiddels een synoniem voor een cadeautje aan Shell en Unilever of 'het duurste banenplan ooit'.

Dat Rutte en Polman contact hebben wordt alleen in de wandelgangen genoemd. 'Unilever praat met vele overheden en kan die vertrouwelijkheid niet eenzijdig schaden,' stelt Van der Waaij als hem naar dat contact wordt gevraagd. De Kamerleden willen duidelijkheid. 'Wie is de baas in Nederland? Door geen antwoord te geven voedt u het populisme,' snerpt Jesse Klaver. Op de vraag wanneer hij Rutte voor het laatst heeft gesproken antwoordt Van der Waaij slim: de laatste keer dat ik hem zakelijk heb gesproken was veertien jaar geleden, toen hij nog in dienst was van Unilever.

Aan de Nassaukade in Rotterdam zitten de Unilever-werknemers in een emotionele achtbaan. Aan de ene kant is er de groeiende hoop dat het Brits-Nederlandse bedrijf een Nederlands bedrijf zou kunnen worden. Het gerucht gaat dat het bedrijf daarbij nog een hele stap verder gaat dan Shell. Een keuze voor Rotterdam zou niet alleen de verhuizing van het fysieke hoofdkantoor betekenen, het bedrijf als geheel zou ook een nv worden. Dat zou een geweldige opsteker zijn omdat een deur verderop al wordt bekeken hoe afscheid moet worden genomen van de margarinetak.

Een dag na het rondetafelgesprek maakt Unilever bekend dat het de spreadsdivisie voor 6,83 miljard euro heeft verkocht aan de investeringsmaatschappij Kohlberg Kravis Roberts & Co. Er zijn geen afspraken gemaakt over het behoud van de in totaal 2290 banen, waarvan zo'n vierhonderd in Rotterdam. KKR heeft wel moeten beloven dat het bedrijf in 2019 alleen nog maar duurzame palmolie in zal kopen.

Polman houdt het zakelijk in het persbericht: 'Na een lange geschiedenis hebben we besloten dat de toekomst van de smeersels buiten Unilever ligt. De aankondiging van vandaag markeert een verdere stap in het hervormen en aanscherpen van onze portefeuille voor groei op lange termijn. Ik heb er vertrouwen in dat deze divisie met zijn iconische merken onder het eigenaarschap van KKR zijn volledige potentieel en maatschappelijke verantwoordelijkheden zal kunnen vervullen.'

De droom van Huët is vervlogen. Uiteindelijk heeft Blackstone samen met een andere investeringsmaatschappij (CVC) een bod uitgebracht. Maar na de tweede ronde waren ze eruit gestapt. Toen ze hoorden dat KKR uiteindelijk 15 procent boven hun bod is gaan zitten, was het duidelijk. Voor zo'n hoge prijs zou het in de ogen van Huët ruw slagerswerk zijn geworden. Om die investering op tijd te kunnen terugverdienen was hij verantwoordelijk geworden voor het afbreken van het werk van zijn overgrootvader.

Na 125 jaar zal de productie van Becel en Blue Band in Rotterdam worden afgesplitst van de Unilever-kantoren en in handen van een Amerikaanse durfinvesteerder komen. Rogier Smeets heeft daar vertrouwen in. Het lelijke eendje binnen Unilever gaat al een tijdje de goede kant op. Hoewel Unilever nog even aan hem trekt, heeft hij besloten met de boedel mee te verhuizen. Hij denkt dat KKR wel inziet dat de markt snel en radicaal verandert, dat plantaardige margarine de standaard wordt. Alle KKR-investeringen bewegen sinds 2008 die kant op, zijn erop gericht om de juiste impact op mensen en de planeet te hebben.

Veel oudgedienden zijn er minder gerust op. KKR kan dit allemaal wel beloven, maar als zij de boel weer verkopen – en dat doen dit soort partijen vaak al na een jaar of zes – wat gebeurt er dan? Analisten berekenen enthousiast dat KKR er nog heel veel geld uit kan persen. Oud-Unilever-bestuurder Anthony Ruys bedenkt dat de Hogeschool van de marketing met KKR heeft plaatsgemaakt voor de Hogeschool van de Kostenbesparing. Dat is iets waar Unilever nooit goed in is geweest.

In *de Volkskrant* doet PvdA-senator Erik Jurgens, 'een verre nazaat van een van de grondleggers', zijn beklag over de Unilever-leiding. 'De bewindvoerders missen blijkbaar gevoel voor de historie van hun bedrijven. Verkoop aan een durfinvesteerder, omdat je zelf geen durf meer hebt: laat KKR het maar doen. Unilever heet dus voortaan "Lever", zonder Unie. Totdat ze ook de zeep verkopen. Dan heet het KKR.'

18 'Rotterdoom': Mission impossible

januari-september 2018

Niet met hun hart en ook niet met hun hoofd; de Britten hebben eigenlijk nooit begrepen waar die Nederlanders het over hebben als ze beweren dat er ook nog een hoofdkantoor van Unilever in Rotterdam staat. En als ze opmerken dat de Nederlandse nv met 55 procent toch echt de grootste van de twee pijlers onder de multinational is, kijken ze wat meewarig voor zich uit. Alsof dat ertoe doet! Het gebeurt hier, in hun taal, in hun sfeer, de geschiedenis van Lever krijgt een veel prominentere rol dan die van het net verkochte Van den Bergh & Jurgens, de groei komt al jaren uit hun verzorgingsproducten en het schitterende Blackfriars Unilever-house staat aan de Theems in Londen. Waar hebben jullie het over?

Decennialang hebben de Nederlanders zich gedomineerd gevoeld door de Britten. Dat gevoel manifesteert zich op de vreemdste momenten, zo kunnen de Britse collega's tijdens een bedrijfsuitje en na een paar biertjes op liederlijke toon oude reclametunes van hun grootste merken gaan zingen. Dat zullen de Nederlanders niet snel doen. De afgelopen tien jaar was dat Brits-Nederlandse gedoe duidelijk naar de achtergrond geschoven, het management was internationaler geworden, de groei kwam vooral uit Azië. Dat was ook een verdienste van Polman geweest, een Nederlander die zich nauwelijks nog Nederlands voelt en dat ook helemaal niet uitstraalt.

Maar nu de unificatie prominent op de agenda staat en er gekozen moet worden, dient die oude spanning zich weer in alle hevigheid aan. Sinds de Nederlandse regering heeft aangekondigd dat de dividendbelasting zal worden geschrapt zijn de Britten er niet helemaal meer gerust op dat ze hun zin zullen krijgen. In de wandelgangen van het Londense hoofdkantoor gaat het al een tijdje over een dreigende Hollandse coup. Want de grote rode stip achter de keuze voor Londen, de Brexit, die blijft gewoon staan. Die voor Unilever zo ongunstige Brexit is onafwendbaar.

Geen Brit wil verhuizen van Londen naar 'Rotterdoom'. De gedachte dat Polman, die straks met pensioen gaat en er zelf nooit zal hoeven wonen, hen hiermee opzadelt, maakt ze woest. Ook mensen die direct aan hem rapporteren houden hun hart vast. Dit irriteert de CEO. Polman had er natuurlijk rekening mee gehouden dat ook de Britten om hem heen dit spel zouden gaan spelen. Maar deze in zijn ogen domme, nationalistische houding begrijpt hij niet, vindt hij onverantwoord. Soms hebben ze een punt. De manier waarop AkzoNobel PPG de deur heeft gewezen is voor veel mensen in Londen het bewijs dat alle stakeholders van werknemers tot milieubelangen in Nederland worden gesteund en beschermd, behalve de aandeelhouders. Maar Unilever is een wereldspeler, unificatie is het best voor het bedrijf, daar moet het om draaien, niet om Rotterdam of Londen, vindt Polman.

Net als de CEO stellen de bestuurders van Unilever steeds dat het om de argumenten gaat in het belang van alle belanghebbenden, dat emoties geen rol mogen spelen. Dat vinden velen naïef. Bij deze bijna negentigjarige Brits-Nederlandse multinational weet iedereen dat nationaliteit er op cruciale momenten juist wel toe doet. Bovendien zitten in dit waarschijnlijk meest diverse bestuur ter wereld naast een Deen, twee Chinezen, een Italiaan, een Oostenrijkse, een Zimbabwaan, twee Amerikanen en twee Britten ook drie Nederlanders. Drie Nederlanders, en twee daarvan maken de dienst uit.

Maandenlang staat het onderwerp op de agenda van dat bestuur. Dan worden de rode en groene stippen toegelicht en groter of kleiner gemaakt. Bereikbaarheid van luchthavens, onderwijs, woningmarkt, infrastructuur, R&D-klimaat, geschiedenis, het belastingregime voor hoofdkantoren, alles komt meermaals voorbij. De bestuurders beschouwen de kwestie vooral als een bittere pil die ze nu maar moeten slikken.

Steeds zijn er weer nieuwe inzichten of ontwikkelingen waardoor de kleurtjes iets verschuiven. Eén onderwerp wordt nooit expliciet tijdens deze vergaderingen besproken: dat Unilever als een nv in Rotterdam beter beschermd zal zijn tegen agressieve aandeelhouders. Dat kan zo niet op de agenda worden gezet. Dan zou het bestuur immers niet handelen in overeenstemming met zijn in de Britse wet duidelijk omschreven primaire opdracht: het zo goed mogelijk bedienen van de eigenaren van het bedrijf, de aandeelhouders. Toch komt Rotterdam er steeds een beetje beter uit. Een absolute voorwaarde is wel dat de dividendbelasting inderdaad van tafel gaat.

Het stemgedrag van de grote aandeelhouders in de plc is nauwkeurig in kaart gebracht. Een aantal indexfondsen dat in de Londense FTSE 100-index moet investeren en om die reden ook in Unilever zit, zal het niet leuk vinden. Als het bedrijf een Nederlandse nv wordt, is de kans klein dat het aandeel Unilever in de Londense FTSE-index mag blijven. Die fondsen zullen dan gedwongen worden hun aandelen te verkopen. Dat zal niet in de beste prijs resulteren. Het bestuur gaat ervan uit dat 16 procent van de aandeelhouders in de plc daarom waarschijnlijk tegen een Rotterdams hoofdkantoor zal stemmen. Van 72 procent weten ze zeker dat ze voor zullen stemmen, de resterende 12 procent is onzeker.

Het irriteert Polman dat er feitelijk een enorme weeffout in de governance van Unilever zit. De beleggers in de Nederlandse nv zijn goed voor 55 procent van de stemmen, die zijn voor. Als daarbij de 32 procent die de Britse voorstemmers in het gehele bedrijf hebben wordt opgeteld, is feitelijk bijna 90 procent van alle aandeelhouders het dus al eens met het voorstel. Een minderheid van ruim 10 procent van alle Unilever-aandeelhouders kan een besluit van het bestuur dus frustreren. Nog een goede reden om een einde aan deze bizarre verhoudingen te maken.

Dat bestuur koerst af op een nv in Rotterdam. Een groep van twintig tot dertig adviseurs en juristen wordt aan het werk gezet om naar deze uitkomst toe te werken. Twee keer per week bellen ze met elkaar om updates over inzichten en onderhandelingen te geven.

De invloedrijke Lex-column van de *Financial Times* voelt die stemming goed aan en waarschuwt: 'Nu Unilever door elkaar is geschud door een voor moderne Angelsaksische begrippen typische overnamedreiging kunnen ze makkelijk kiezen voor de "*moral high ground from the Low Countries*". De wetten daar staan een verdediging toe die in het VK verboden is.'

De paar Nederlanders die weten dat de keuze voor Rotterdam verder wordt uitgewerkt, lopen met een grote grijns rond. Jan Zijderveld is een van hen. Hij weet dat de Britten eindeloos hebben gehamerd op de onmogelijkheid van een hoofdkantoor in Rotterdam vanwege de dividendbelasting in Nederland. Zij waren in één klap weggespeeld toen duidelijk werd dat Polman had geregeld dat de Nederlandse regering daar een streep door zou halen. Nu hebben ze geen poot meer om op te staan.

Hij kan het nog nauwelijks geloven, heeft ervaren hoe groot de Britse weerzin tegen Rotterdam is. Een paar jaar geleden was Nederland in bestuurlijke zin dood geweest. Zijderveld was het enige lid van het ULE-team dat nog regelmatig in Rotterdam zat. Door vier jaar geleden de Europese activiteiten daarnaartoe te halen had hij het kantoor op het Weena tot leven gewekt. En nu dit: de hoofdprijs. Deze lifer, alweer zeven jaar de baas van de Europese activiteiten, beschouwt het als een adembenemende overwinning op die vaak zo slimme maar onbetrouwbare Britten. Britten die op het hoofdkantoor altijd in de meerderheid zijn en nooit zin hebben om voor een vergadering naar het *backwater* Rotterdam af te reizen. Nu zullen ze wel moeten.

Zijderveld gaat zelf trouwens niet mee. Hij was graag de volgende CEO van Unilever geworden. Maar dat zit er niet in. Zijderveld is ervan overtuigd geraakt dat Unilever een huis moet worden van lokale, duurzame merken. Hij gelooft niet dat het verstandig om verder door te gaan met de mondiale boodschap van Polman. Polman is op zijn beurt tot de conclusie gekomen dat Zijderveld niet genoeg met het USLP heeft. Zijderveld wordt CEO van het in grote problemen verkerende cosmeticabedrijf Avon. Hanneke Faber, chief e-commerce and innovation officer bij Ahold, volgt hem op.

Opnieuw iemand met een atypische achtergrond. Faber was ooit Nederlands kampioen schoonspringen en studeerde bedrijfskunde en journalistiek in de Verenigde Staten. Haar oma reageerde verbijsterd toen Hanneke haar in 1993 vertelde dat ze bij Procter & Gamble ging werken: 'Maar meisje, je hebt gestudeerd, waarom ga je wasmiddelen verkopen?' Ook haar vader, Mient-Jan Faber, in de jaren zeventig en tachtig het gezicht van de vredesbeweging in Nederland, kon zijn dochter niet goed volgen.[1]

Ze is door haar voormalige collega Paul Polman gebeld met het verzoek om voor Unilever op zoek te gaan naar nieuwe manieren om direct met de consument in contact te komen. Het afgelopen jaar zijn de onlineverkopen met 80 procent gegroeid tot 1,7 miljard euro. Ze is enthousiast over Polman en gefascineerd door het USLP. Eenmaal binnen komt ze al snel tot de conclusie dat het USLP vooral in de tussenliggende lagen, op het niveau van de merken, nog niet wordt gedragen. Hoe verbind je een merk als Cif concreet aan de inspanning om de wereld beter te maken? Daar moet ze mee aan de slag, dat moet duidelijker worden. In de geest van haar vader wil ze ieder merk een eigen missie meegeven.

Paul Polman wil zich ervan verzekeren dat zijn erfenis straks in goede handen is. En omdat Marijn Dekkers wil dat 2019 helemaal voor rekening van de nieuwe CEO komt, hebben ze afgesproken dat hij aan het einde van dit jaar het stokje zal overdragen. Voor zijn erfenis zou het handig zijn om dit nu al bekend te maken maar dan verandert hij onmiddellijk in een *lame duck*. In het bedrijf zoemt nog een oude anekdote rond over hoe dat bij Niall FitzGerald was gegaan. Een mailtje met 'N wil dit' was altijd voldoende geweest, maar vanaf het moment dat hij zijn vertrek had aangekondigd veranderden die mailtjes in: 'N. vraagt dit, hoe gaan we daarmee om?'

Hier heeft Polman geen zin in, hij wil zo lang mogelijk effectief blijven. Zolang niemand weet wanneer hij vertrekt kan hij zijn stempel drukken op zijn opvolging en ervoor zorgen dat het iemand is die zijn gedachtegoed straks verder tilt.

Ondertussen is hij ook al druk bezig te bedenken hoe zijn rol er na Unilever uit zal zien. Polman heeft ingestemd met het verzoek van VN-secretaris-generaal António Guterres om vicevoorzitter te worden van United Nations Global Compact. Dit is voor Polman de plek waar de agenda van de Verenigde Naties en het bedrijfsleven zoals hij dat voor zich ziet, samenkomen. Het past ook mooi bij zijn nieuwe rol als voorzitter van de Internationale Kamer van Koophandel (ICC). Met die agenda zal hij straks verdergaan, met de wereld als zijn toneel. Als het aan Polman ligt wordt zijn toekomstige gesprekspartner bij

Unilever, zijn opvolger, iemand van binnen het bedrijf. Alleen met een kandidaat uit eigen kweek levert hij het bewijs dat zijn boodschap wortel heeft geschoten.

Maar wie? De meeste Unilever-watchers denken dat Alan Jope de grootste kanshebber is. De 53-jarige Schot is een lifer, onder zijn verantwoordelijkheid is de persoonlijke-verzorgingdivisie de afgelopen jaren hard gegroeid. Het bestuur ziet vier interne kandidaten: Amanda Sourry, Kees Kruythoff, Nitin Paranjpe en Alan Jope. Polman besluit ze allemaal uit te testen door ze nog even een andere baan te geven. Sourry neemt het stokje van Kruythoff in de Verenigde Staten over, de Nederlander neemt de huishoudelijke-verzorgingdivisie van Paranjpe over en Paranjpe pakt de voedingsdivisie van de Britse Sourry op. Polman en Dekkers willen zien of ze in staat zijn om in korte tijd nieuwe vraagstukken te doorgronden en op te lossen.

De enige die op zijn stek blijft zitten, is Alan Jope. De Schot heeft zich niet aangemeld als kandidaat-CEO. Hij heeft gezien hoe hard Polman werkt. Dat wil hij niet, er is meer in het leven. Jope wil een goede vader en echtgenoot zijn en zijn vriendschappen onderhouden, daar draait het om in het leven. Hij vindt zestig uur Unilever per week meer dan genoeg. Met vier vrienden heeft hij een plan gemaakt om op de motor de hele wereld over te toeren, minstens twee keer per jaar gaan ze een paar weken op pad. Binnenkort gaat hij naar Mexico, Guatemala en Honduras, en over een halfjaar staan Columbia, Ecuador en Peru op het programma. Ze zijn van verschillende kanten gewaarschuwd dat het niet zonder gevaar is om in deze landen te reizen. Maar dit gevaar geeft Jope juist energie. Hij snakt naar avonturen waarbij het niet helemaal zeker is dat je terugkomt. Jope weet dat het Unilever-bestuur dit niet leuk vindt.

Er is nog iets. Een vriend heeft hem uitgelegd dat het CEO-zijn feitelijk een degeneratieve ziekte is. Als je succesvol bent, krijg je veel applaus, ga je denken dat het om jou draait. Uiteindelijk ga je in je eigen waarheid geloven, dan stopt het luisteren. Je gaat je vanzelf steeds slechter gedragen. Met alle dramatische gevolgen van dien. Waarom zou hij dit pad op gaan?

Vooral Marijn Dekkers blijft toch aan hem trekken. Jope is zijn favoriet. Heeft hij wel in de gaten dat hij nog veel meer kan bereiken? Ooit zelf een goed tennisser, is de bestuursvoorzitter gefascineerd door het verhaal van meervoudig Grand Slam-winnaar Björn Borg, die al op zijn 26ste stopte met tennissen. Dat had hij toen onbegrijpelijk gevonden. Met een goede coach had Borg nog veel meer kunnen bereiken. Jope laat zich overtuigen om ook met een coach aan de slag te gaan en te onderzoeken of hij dit echt niet wil. Of misschien toch wel.

Alan Jope gaat een paar dagen op reis met *executive coach* Sander Tideman. Om een belangenconflict te voorkomen, huurt Egon Zehnder via het Amerikaanse Mobius Executive Leadership af en toe coaches in om de geschiktheid van mensen voor bepaalde functies te wegen. Tideman kent Unilever goed, twaalf jaar geleden heeft hij Patrick Cescau geholpen de top-100 van Unilever-managers op een ander pad te krijgen, het was de tijd waarin de macht van de landenmanagers moest worden gebroken.

De voormalige ABN Amro-bankier in China verrichtte de afgelopen jaren voor verschillende Nederlandse universiteiten onderzoek naar de kenmerken van duurzaam leiderschap. Hij organiseert ook al jaren leiderschapsreizen, vooral naar Bhutan, om managers die nog nauwelijks in verbinding staan met zichzelf, te helpen duidelijkheid te krijgen over hun motieven. Tideman wil ze stimuleren zo hun echte potentieel te ontwikkelen en te transformeren tot leiders die kunnen bijdragen aan een duurzame economie. Deze kenner van het boeddhisme en meditatieleraar moet Jope tijdens hun reis helpen om helder te krijgen wat hij nou eigenlijk wil, wat hij belangrijk vindt.

Marijn Dekkers kan tevreden zijn. Jope heeft besloten zich toch kandidaat te stellen. Hij heeft zijn purpose opnieuw onder woorden gebracht. In 2010 was hij ontevreden geweest over de gang van zaken. Wat hij toen had bedacht is hij vrijwel meteen vergeten. Hij concludeert dat hij er toen nog niet klaar voor was, nu wel. Hij wil het avontuur van Unilever gaan leiden, dat is zijn nieuwe doel.

Wie het ook wordt, Polman vindt het belangrijk dat de complete top van Unilever zich duidelijk uitspreekt over de toekomst van zijn belangrijkste kindje, het Unilever Sustainable Living Plan. Hij wil dat ze allemaal het stevige gevoel krijgen dat hij heeft. Dat is nodig om erop voort te kunnen bouwen. Hij heeft Valerie Keller van het Beacon Institute van EY gevraagd om de elf leden van het ULE en de laag managers daaronder uitgebreid te interviewen. Ze moet hen helpen om hun persoonlijke betekenis, hun purpose goed onder woorden te brengen, en te vertellen hoe ze de komende jaren invulling zullen gaan geven aan een nieuw USLP. Polman is onder de indruk van Keller. Samen met de Said Business School en de *Harvard Business Review* heeft ze onderzoek gedaan naar de mate waarin CEO's zichzelf succesvol vinden. Daaruit is gebleken dat wereldwijd slechts 34 procent tevreden is met hetgeen ze tot stand hebben gebracht. Uit datzelfde onderzoek blijkt dat 84 procent van de CEO's gelooft dat ze veel succesvoller zouden kunnen zijn als hun inspanningen worden geïntegreerd met hun persoonlijke purpose. Keller heeft het over een 'geheime saus'. Die saus brengt ze nu voor EY aan de man met de belofte dat 'door betekenis geleide transformatie productiviteit en winstgevendheid aanjaagt'. Keller stelt steeds dezelfde vraag: wat is de reden van jouw werkende bestaan, dient het de mensheid? Ze waarschuwt ervoor de lat niet meteen te hoog te leggen. Je purpose kunnen ook tevreden klanten of werknemers zijn. Het hoeft niet meteen te betekenen dat je het armoedevraagstuk van Afrika wilt oplossen, hoewel dat natuurlijk ook goed zou passen.[2]

Polman bewondert de manier waarop Keller interviewt. Ze vraagt haar gesprekspartners als eerste wat ze hopen dat hun kinderen, vrienden en collega's over hen zullen zeggen als ze om hun graf staan. Het is meteen duidelijk waar dat over zal gaan: ben je een goed mens geweest, wat heb je bijgedragen aan deze wereld? Nadat dit onder woorden is gebracht moeten de deelnemers een vertaling maken naar het hier en nu. Eigenlijk herhaalt Keller wat Polman acht jaar geleden op touw heeft gezet met het Unilever Leadership Development Program. Dat blijkt hier en daar toch duidelijk wat weggezakt.

De CEO van Unilever weet dat dit een beslissing is die de rest van zijn leven zwaar op zijn schouders zal rusten. Begin maart maakt hij bekend dat het hoofdkantoor van de multinational naar Nederland zal verhuizen. Sterker nog: het Britse bedrijf zal opgaan in een nieuwe Nederlandse nv.

Onder zijn leiding houdt het Brits-Nederlandse Unilever op te bestaan, na 89 jaar. De CEO van Unilever loodst 'zijn' Unilever voor het einde van dit jaar een veilige haven in. Zo voelt dat. En dat komt goed uit, want dan kan de kapitein eind december met een gerust hart vertrekken.

In Rotterdam geloven ze hun oren nauwelijks. De opwinding is groot, maar hard juichen is er niet bij. Kees van der Waaij is door Polman gebeld, ze hebben afgesproken dat ze dit nieuws niet van de daken zullen schreeuwen. Het Verenigd Koninkrijk blijft ontzettend belangrijk voor Unilever, de Britten moeten nu vooral geholpen worden om deze tegenslag te verwerken. Relativerende geluiden over de verhuizing naar Rotterdam zijn belangrijk: het is maar een hoofdkantoor, het gaat maar om een paar banen, twee van de drie divisies blijven in Engeland, de 7200 banen daar blijven allemaal behouden, er zal jaarlijks nog steeds 1 miljard pond aan R&D worden uitgegeven. Deze unificatie is nou eenmaal nodig om in de toekomst sneller grote overnames te kunnen doen of grote stukken van Unilever te kunnen verkopen, al zijn er nu echt geen plannen in die richting.

Het bestuur is unaniem. Maar aan de elf leden van het ULE heeft Polman nooit gevraagd wat zij ervan vinden. Het hele onderwerp is niet met de dagelijkse leiding van Unilever besproken. Zij krijgen feitelijk de opdracht van het bestuur om het uit te voeren. Het is duidelijk dat niet iedereen daar gelukkig mee is. En de collega's in de lagen eronder ook niet. Sommigen vragen zich af of dit niet een probleem kan worden.

In interviews proberen Polman en Dekkers niemand tegen de schenen te schoppen. Ze leggen uit dat de keuze voor Nederland niks met de Brexit te maken heeft en ook niks met het afschaffen van de dividendbelasting in Nederland. Het staat er allemaal los van. 'Ons commitment aan beide landen blijft even groot. De keuze voor Nederland is logisch omdat de nv met 55 procent nou eenmaal de grootste van de twee is.'

Niemand gelooft deze uitleg, maar iedereen begrijpt de gevoeligheden. Polman heeft verschillende keren met de Britse premier Theresa May overlegd, haar meegenomen in de besluitvorming. Een Britse overheid die zich negatief over het besluit uitlaat, kan de weg naar de stemming van de plc-aandeelhouders eind oktober behoorlijk frustreren. De regering-May houdt zich inderdaad op de vlakte, heeft er natuurlijk ook belang bij om uit te leggen dat het besluit van Unilever niks met de door de meerderheid van de Britten gewenste Brexit te maken heeft. Ook premier Rutte reageert ingetogen, hij wil niet de indruk wekken dat het bij de afschaffing van de dividendbelasting vooral hierom te doen is.

De Nederlandse oppositie reageert fel en stelt smalend de vraag waarom er jaarlijks 1,4 miljard euro op tafel moet worden gelegd als niemand het belangrijk vindt. Rutte wordt verweten dat hij zich heeft laten inpakken door een paar multinationals. Ze zullen alles op alles zetten om hier een streep door te halen.

CDA-leider Van Haersma Buma is tevreden met dit besluit, eindelijk. Het lucht op. Hij heeft het er vaak met Rutte over gehad nadat ze weer een lading woedende kritiek over zich heen hadden gekregen en ze elkaar een beetje moed moesten inpraten. Ze hadden zich dan voorgesteld dat ze voor een parlementaire-enquêtecommissie zouden staan en de vraag zouden krijgen waarom ze niets hadden gedaan om te voorkomen dat Unilever, Shell en AkzoNobel uit Nederland waren vertrokken. Ze zouden dan moeten zeggen dat ze gezwicht waren voor de publieke opinie. Dat was laf geweest. Gelukkig hebben ze hun rug recht gehouden.

Maar de fractieleider van het CDA maakt zich ook zorgen: hij leest nu voor het eerst dat 75 procent van de aandeelhouders in de Unilever-plc er in oktober nog mee moet instemmen. Dat is een verrassing, dat heeft niemand hem verteld. Hij is er altijd van uitgegaan dat de leiding van Unilever weet wat zij doet, hier geen enkel risico loopt. Het zal wel goed komen. Maar reden voor een feestje is het besluit niet. De politieke schade is te groot en wordt door de keuze voor Rotterdam niet gerepareerd.

Antony Burgmans vindt het verstandig dat Polman de hele zaak afdoet als een onbelangrijke en vooral juridische kwestie, zo kan hij de emoties een beetje in bedwang houden. Hij weet als geen ander hoeveel pijn dit besluit bij het Britse smaldeel doet en die mensen heeft Unilever ook in de toekomst heel hard nodig. Polman moet de gevoelens van de Britten respecteren en niet vergeten dat veel van die werknemers ook aanhangers zijn van het nu gekozen stakeholdermodel.

In zijn ogen is Unilever door de Brexit en de bijna-overname door Kraft

Heinz gedwongen om dit duivelse dilemma nu op te lossen. De keuze voor Nederland vindt hij logisch. Het Nederlandse governancemodel past veel beter dan het harde, op de belangen van aandeelhouders gerichte Britse model. Dat vindt hij al jaren. De Brexit brengt bovendien te veel risico's met zich mee. Kunnen buitenlandse werknemers straks bijvoorbeeld nog makkelijk in Londen terecht?

In de Britse media regeert de emotie. Daar wordt de link met de Brexit wel gelegd. Ze wijzen erop dat de twee Nederlanders aan de top van het bedrijf natuurlijk in samenspraak met voormalig Unilever-werknemer, premier Rutte, een goede deal hebben kunnen sluiten. Rajesh Agrawal, plaatsvervangend burgemeester van Londen, roept de Britse regering op om snel maatregelen te nemen en ervoor te zorgen dat er een Brexit-deal wordt gemaakt waarin de plek van Londen als centrum voor Europese economische bedrijvigheid wordt verzekerd. 'We kunnen daarom maar het best lid blijven van de gemeenschappelijke markt,' zegt hij tegen *The Guardian*.

In de *Financial Times* wordt bokser Mike Tyson geciteerd: 'Iedereen heeft een plan tot hij op zijn bek wordt geslagen.' Die klap kwam van Kraft Heinz en nu heeft Polman een nieuw plan: Unilever zal als Nederlands bedrijf veiliger zijn voor overnames.

Al een paar dagen na het besluit laat een van de tien grootste beleggers, Columbia Threadneedle Investments, weten dat Unilever te weinig heeft gedaan om uit te leggen waarom ze naar Rotterdam moeten verhuizen. Vooral het vertrek uit de FTSE-index doet pijn. Een tweede aandeelhouder laat weten waarschijnlijk tegen te gaan stemmen.[3]

De *Financial Times* begint daarop onmiddellijk de grote aandeelhouders in de plc te bellen en meldt in april al dat 'Unilever wordt geconfronteerd met toenemende onrust onder investeerders door het vertrek uit het VK'. Drie top-20-aandeelhouders zouden overwegen tegen te gaan stemmen. De krant zal verslag blijven doen van de groeiende onvrede. Langzaam loopt het percentage tegenstemmers op. Het helpt niet dat 'bokser' Polman langzaam maar zeker weer in zijn oude vechtstand staat.

Op een bijeenkomst in New York van de Chief Executives for Corporate Purpose, ooit opgericht door filmster Paul Newman, beklaagt Polman zich ouderwets nadrukkelijk over de wijze waarop financiële markten zijn plannen frustreren. 'We moesten compromissen sluiten. Ik zou het nooit zo gedaan hebben, maar we moesten voor 5 miljard euro aandelen inkopen om anderen tevreden te stellen. We waren goed bezig, maar ik vond het niet nodig om een marge van 20 procent te beloven. Ik kom uit een stuk van Nederland waar we niet te veel beloven maar gewoon leveren en de getallen laten spreken. Helaas stellen financiële markten dit soort gedrag niet op prijs.' Hij noemt Kraft

Heinz en Warren Buffett niet maar beschrijft de overnamepoging van een jaar eerder als 'een clash tussen mensen die denken aan de miljarden mensen die niks hebben en mensen die alleen maar denken aan een paar miljardairs'.

Tegen de zaal, gevuld met portfoliomanagers die voor zo'n 25.000 miljard dollar aan beleggingen beheren, zegt hij: 'Waarom vragen jullie dit soort bedrijven niet om eens uit te leggen waar ze de moed vandaan halen om deze prachtige planeet te vernietigen?' Polman is boos: 'Ik begrijp het niet. Als een bedrijf niet kan aantonen wat zijn positieve bijdrage is, waarom laten de burgers van deze wereld zo'n bedrijf dan bestaan?' Ook de analisten krijgen er weer van langs: 'In al die toelichtingen op de cijfers, bijna tien jaar lang, hebben ze me nooit een vraag gesteld over onze impact op klimaatverandering, diversiteit of mensenrechten.'

Polman zit klem. Er moet bezuinigd worden, de ruimte voor een positieve bijdrage is ook voor Unilever ernstig beperkt. En dus wijst hij een verzoek om steun van IBFD CapaBuild af. Deze erkende goededoelenorganisatie helpt ontwikkelingslanden met het opbouwen van kennis en kunde op fiscaal gebied, om zo de capaciteit op te bouwen om zelf belastingen te innen. De afwijzing is pijnlijk. Maandenlang is met enthousiaste fiscalisten van onder meer Unilever, Shell en DSM samengewerkt om dit initiatief van de grond te krijgen. Het Nederlandse ministerie van Buitenlandse Zaken wil de stichting voor drie jaar 500.000 euro subsidie geven, mits de bedrijven ook meebetalen. Oud PwC-fiscalist Paul de Haan, een van de dragers van CapaBuild, had ze voorgesteld om ieder voor 150.000 euro mee te doen. Omdat dit al ingewikkeld lag, was het verzoek verlaagd tot 75.000 euro, 25.000 euro per jaar. Maar tot zijn grote verrassing had Unilever afgehaakt. Meedenken prima, maar geld overmaken zat er echt niet in. Daar was geen budget voor. En juist omdat Unilever, dat als geen ander het belang van dit soort initiatieven uitdraagt, afhaakte, waren ook andere bedrijven gaan twijfelen.

De Haan heeft nog geprobeerd Polman zelf over te halen. Training van belastingdiensten in ontwikkelingslanden zorgt voor stabielere overheden en daarmee voor een florerend bedrijfsleven. Daar profiteert Unilever toch ook van? Dit zou een prioriteit voor hem moeten zijn. Polman laat hem weten het een belangrijk initiatief te vinden, maar hij zal het besluit dat zijn mensen al hebben genomen niet overrulen. De CEO van Unilever vraagt zich af waarom de private sector zo'n groot stuk van deze rekening zou moeten betalen.

Zo weinig vrienden als Paul Polman in de financiële wereld heeft, zoveel heeft hij er nog steeds bij ngo's en overheden. Alleen al in de afgelopen twee jaar kreeg hij de Climate Visionary Award, de Ordre National de la Légion d'honneur, de UN Champion of the Earth Award en de Oslo Business for Peace Award. Nu krijgt Polman in de Stevenskerk in Nijmegen de Vrede van

Nijmegen Penning uitgereikt. Deze tweejaarlijkse prijs gaat naar 'een internationale hoofdrolspeler die zich inzet voor Europa'.

Een deel van zijn familie, inclusief zijn bijna 90-jarige moeder, is erbij. Thea Polman wordt door iedereen gefeliciteerd maar ze wil het liever niet over Paul hebben, het gaat de hele dag al over Paul. Ze is trots op al haar zes kinderen, die doen allemaal bijzondere dingen. Ze wordt zelfs even boos op haar zoon als ze hoort dat de CEO van Unilever aan een collega heeft gevraagd om even een broodje kroket voor hem te halen. Het is een van de weinige dingen waar hij naar verlangt als hij in Nederland is. Maar zijn moeder vindt dat je zoiets niet van een collega moet vragen, dat moet je zelf regelen. Er zijn meer zuinige vrouwen in het leven van de Unilever-CEO. Omdat Kim Polman het zichtbaar koud heeft, stelt een medewerkster van Unilever voor even de stad in te lopen om een warme sjaal te kopen. Maar dat vindt ze zonde van het geld, ze zal een schoonzus vragen een extra sjaal mee te nemen.

Hoogleraar filosofie en Denker des vaderlands René ten Bos is van tevoren bij Han van Krieken, de rector magnificus van de Radboud Universiteit, ontboden. Er was een flinke discussie geweest over de keuze voor Polman. Nijmegen is door de Europese Commissie verkozen tot European Green Capital 2018, past het dan wel om de baas van zo'n grote vervuiler als Unilever, producent van fast moving consumer goods, deze prijs te geven? Van Krieken waarschuwde Ten Bos: dit is een feestje! Het is niet de bedoeling dat de eigenwijze hoogleraar de laureaat gaat beledigen. Ten Bos laat de rector weten dat hij toch niet van plan is een feestrede te houden. Dat zal minister Kaag waarschijnlijk wel doen.

De filosoof wil de mensen aan het denken zetten, wil waarschuwen voor de nieuwe religie die 'duurzaamheid' heet. Hij heeft van tevoren met Paul Polman gesproken. De filosoof gelooft dat de CEO worstelt met wat hij 'het probleem van de schone ziel' noemt. Zelf gelooft hij daar niet in: er zijn geen schone zielen, in deze toxische wereld is iedereen besmet.

In de volgepakte Stevenskerk zegt hij: 'We zijn allemaal zandkorrels die bijdragen aan de wereldwijde crisis. Alleen moeten we het misschien geen crisis noemen. Immers, waar crisis is, komt management en komt automatisch ook het idee dat het allemaal wel degelijk op te lossen is, omdat dat management denkt dat deeloplossingen vanzelf zullen leiden tot hele oplossingen, alsof die kloof tussen korrel en zandhoop er niet is. "Duurzame ontwikkeling" noemt men dat tegenwoordig.

Ik ben tegen het vertrouwen in die oplossingen: alsof we er inderdaad voor gaan zorgen dat het goede klimaat er komt. Onze wanverhouding met de wereld moeten we beter doordenken. We beheren die wereld niet. We zijn geen rentmeesters. We zijn geen verzorgers. We zijn samen met alle andere bezielde en onbezielde dingen die wereld. Niet meer en niet minder. Dit is een elementair ecologisch inzicht [...]. Een interessante paradox dient zich aan: we zijn als soort verantwoordelijk voor wat we de natuur of de omgeving noemen, maar tegelijkertijd staan we er niet boven. Dat is de les van de ecologie. We moeten over verantwoordelijkheid gaan denken zonder dat we een morele superioriteit claimen. We zouden er wat dit betreft goed aan doen het begrip "duurzaamheid" te bevrijden van zijn oeroude band met rentmeesterschap, schuld, zorg en alle andere katholieke residuen.'[4] De zaal klapt niet al te hard, heeft in de gaten dat de hoogleraar het feestvarken stevig bekritiseerd.

Ten Bos krijgt gelijk. Minister Sigrid Kaag van Buitenlandse Handel en Ontwikkelingssamenwerking zet de CEO van Unilever wel nadrukkelijk in het zonnetje. 'Redeloos, radeloos en reddeloos zijn kenmerken die wel eens bij me opkomen als ik kijk hoe de wereld ervoor staat. Maar gelukkig zijn er mensen als Paul Polman die zo'n sombere gedachte met een enkele tweet kunnen laten verdwijnen.' De minister somt op: 'Vorig jaar ging een beschamende 82 procent van de welvaartsgroei naar de rijkste 1 procent van de wereldbevolking. We overschrijden de grenzen van biodiversiteit en bodem. We verwoesten de aarde, onze aarde, die ook onze kinderen moet voeden en huisvesten. Het besef dat het vijf voor twaalf is, leeft breed. Bij regeringen. Bij ngo's en ook steeds vaker bij bedrijven. Want wat is onze welvaartsgroei waard als de kleding waarin wij lopen onder slechte arbeidsomstandigheden wordt gemaakt door kinderen die niet kunnen lezen of schrijven? Als achter de luxe chocolaatjes die wij eten cacaoboeren zitten die geen eerlijke prijs krijgen en nauwelijks het hoofd boven water kunnen houden? Als bossen op grote schaal worden gekapt om palmolieplantages aan te kunnen leggen voor onze huidverzorgingsproducten? Om extreme armoede te bestrijden moeten een aantal onderliggende oorzaken aangepakt worden. Zoals honger, gezondheid, onderwijs, schoon water, hygiëne, fatsoenlijke lonen, gelijkheid, natuur en milieu, duurzaamheid. Een sleutelwoord daarin is "partnerschap". Door maatschappelijk verantwoord te ondernemen kunnen we misstanden in de keten van grondstof tot eindproduct aanpakken en zelfs voorkomen. Maar daarvoor is samenwerking een basisvoorwaarde.' De minister suggereert grappend om van het poldermodel naar het 'Polman-model' over te stappen. Afsluitend steekt ze Polman nog wat veren in zijn hoed: 'Voor u is duurzaamheid geen botsend belang, maar een bron van kansen. Zolang er mensen als u zijn, is de wereld niet radeloos, de toekomst niet reddeloos en ben ik niet redeloos.' Even later twittert ze: 'Duurzaamheid verbinden met inclusieve groei, dat is het Polmanmodel. Gefeliciteerd met de Vrede van Nijmegen Penning.'

Die avond zitten Polman en Ten Bos naast elkaar aan het diner. De eerste is in Enschede geboren, de tweede vlak ernaast. Tegenover de filosoof zit de moeder van Polman, ze doet hem aan zijn eigen moeder denken. Die zei ook altijd dat er maar één ding erger is dan druk zijn en dat is niet druk zijn. De CEO legt uit dat hij is grootgebracht met arbeiderisme, alleen door hard te werken kon je iets bereiken in de wereld. Hij complimenteert Ten Bos met zijn doortimmerde betoog. De filosoof wil weten waarom, maar krijgt geen inhoudelijk reactie. Ergens begrijpt hij dit wel. Dit is niet het moment, dit is een feestdag.

Gesterkt door alle erkenning wijst Polman in zijn speeches steeds indringender op de tekortkomingen van de financiële wereld. Hij klaagt over het gebrek aan loyaliteit van zijn grote aandeelhouders. Die moeten voor een holistische benadering kiezen en kortetermijnverleidingen weerstaan. Sue Garrard vindt dit een ongezonde redenering. Voor haar is het vanzelfsprekend dat pensioenfondsen hun belang in Unilever verkopen als ze daar een premie van 30 procent op krijgen. Dat moeten ze doen, het is de rol van aandeelhouders om het management scherp te houden, als ze opeens 30 procent op hun investering kunnen verdienen, dan is er duidelijk iets niet in orde met het bedrijf. Kennelijk ziet de koper iets wat het huidige management niet ziet.

Als een van de weinigen op het hoofdkantoor zegt Sue Garrard tegen Polman dat ze het een erg slecht idee vindt om het hoofdkantoor naar Rotterdam te verhuizen. Ze krijgt volop signalen dat veel investeerders die keuze niet begrijpen. In het gesprek met Valerie Keller was Garrard ook al erg openhartig geweest. Bij het onder woorden brengen van haar USLP-ambities had ze uitgelegd dat ze al een tijd met een klein team bezig is om de gaten die Polman volgens haar laat vallen te dichten.

Haar directe baas, Keith Weed, ontslaat haar. Sommige leden van het ULE begrijpen dat wel: waarom vond Garrard het nodig om zo openlijk kritiek op Polman te leveren, dat is disloyaal. Garrard had bovendien veel kritiek op Weed gehad, die in haar ogen maar weinig van duurzaamheid begreep.

Anderen vinden dat Polman hier had moeten ingrijpen. Ze begrijpen dit plotselinge ontslag niet. Garrard heeft de communicatie rondom de aanval van Kraft Heinz erg goed aangepakt. Juist nu Unilever met veel tegenwind wordt geconfronteerd en alles op alles moet zetten om de belangrijkste investeerders in de plc aan zijn zijde te krijgen teneinde de unificatie goedgekeurd te krijgen, wordt de belangrijkste generaal in die oorlog eruit gegooid. Dit vinden ze een grote strategische fout. Polman vindt dit een onzinnige redenering. Op het moment dat iemand zijn waarden niet respecteert kan hij niet anders, daar is hij keihard in. Bovendien is de unificatie maar een slag in een veel grotere oorlog, die gaat over het redden van de wereld.

Er zijn meer vrouwen die gedesillusioneerd vertrekken. Inkoopdirecteur Heidi Knight heeft in Singapore ruim een halfjaar geworsteld met de opdracht om haar leveranciers een prijsverlaging van 10 procent af te dwingen. De gezamenlijke plannen om de komende drie tot vijf jaar te investeren in verduurzaming van de keten kwamen hierdoor enorm onder druk te staan.

Leveranciers vroegen haar waarom zij op deze blaren moeten zitten. Ze willen weten hoe belangrijk het USLP nou echt voor Unilever is. Knight kan het niet uitleggen, ze heeft ontslag genomen. Haar baas bij Unilever, Karen Hagen-Gierer, was eind 2017 al vertrokken.

Ook Cherie Tan is teleurgesteld. Het baart haar zorgen dat op het kantoor in Singapore zo veel vrouwen vertrekken. Het zijn toch vooral de vrouwen die het USLP begrijpen. De mannen die ze veel aan de inkoopkant onder Dhaval Buch tegenkomt, denken vooral in meetbare doelen. Sinds 'Kraft Heinz' is dat opeens weer veel belangrijker geworden en voelt ze dat de cultuur aan het veranderen is. De mensen die al langer twijfelden over de boodschap van Polman grijpen nu hun kans. Tan vindt dat het USLP-denken nog onvoldoende in de organisatie is doorgedrongen om hier weerstand tegen te bieden. Alles begint onder grote druk te staan, en het was al niet makkelijk.

Tan is vijf jaar bezig geweest om lokale producenten van palmolie richting een duurzamer aanpak te bewegen. Als je samen bezig wilt zijn met duurzaamheid, dan gaat het over het bouwen van vertrouwen, van langetermijnrelaties. De harde kostenbesparingen die nu zijn opgelegd frustreren dat proces. Ze vindt sowieso dat Unilever niet voldoende opschiet met de daadwerkelijke implementatie van duurzaamheid. Het bedrijf is te gefragmenteerd. De verschillende functies hebben bovendien verschillende prioriteiten. Er wordt heel veel over duurzaamheid gepraat, maar veel te weinig gedaan.

Ze is jaar in jaar uit naar dezelfde bijeenkomsten bij Unilever gegaan, waar ze steeds hetzelfde verhaal hoorde. Het kost haar inmiddels meer energie dan het oplevert. Ze moet steeds meer moeite doen om aan haar omgeving uit te leggen dat het wel goed komt. Ze gelooft haar eigen woorden niet meer als ze voor de zoveelste keer probeert uit te leggen dat er ondanks de bezuinigingen nog voldoende ruimte over is om stappen vooruit te zetten. Ook Cherie Tan keert haar grote liefde van vijf jaar geleden de rug toe.

Marc Engel, de baas van Dhaval Buch, is ongerust over deze ontwikkelingen in Singapore. Het is duidelijk dat Buch wat minder affiniteit met duurzaamheid heeft. Hij heeft bovendien veel slimme Indiërs om zich heen verzameld die de neiging hebben zich op de kosten, op het behalen van de KPI's, te richten. De Kraft Heinz-dreiging heeft ze hiervoor extra munitie gegeven. Maar dit heeft tot gevolg dat de mensen die zich vooral met de realisatie van duurzame doelen bezighielden afhaken. Dat proces moet gekeerd worden. Gelukkig gaat Buch binnenkort met pensioen.

Tevreden stuurt Polman steeds berichten door naar zijn relaties waaruit blijkt dat het helemaal niet goed gaat met Kraft Heinz. Het ene artikel stelt dat de werknemerstevredenheid bij de voormalige belager naar een dieptepunt is gedaald. In het volgende constateren analisten dat de magische formule is uitgewerkt. Zeven kwartalen achter elkaar daalt de omzet, de koers is inmiddels met 30 procent gedaald. Warren Buffett, nog steeds goed voor een belang van 27 procent, is er klaar mee. In april 2018 kondigt hij aan uit het bestuur van Kraft Heinz te stappen. De 87-jarige zegt het gereis beu te zijn.

Voor Polman bewijzen al deze ontwikkelingen dat het Unilever-model superieur is aan dat van Kraft Heinz. Dat mag niet meer op het spel worden gezet. Dat vindt de Nederlandse premier ook. Mark Rutte moet alle zeilen bijzetten om de deur voor Unilever naar een Nederlandse nv open te houden. De emoties lopen hoog op tijdens een debat in de Tweede Kamer. GroenLinks-leider Jesse Klaver stelt vast dat de premier de Tweede Kamer niet goed heeft geïnformeerd. Hij vindt dat Rutte moet opstappen en dient namens de bijna voltallige oppositie een motie van afkeuring in. Die wordt na een hoofdelijke stemming verworpen.

Op de aandeelhoudersvergadering van de plc in mei in Londen bedankt Marijn Dekkers Polman voor de 'geweldige uitvoering' van de plannen in het afgelopen jaar. De omzet is met 3,5 procent gegroeid, opnieuw zorgde Azië voor de grootste groei. Vooral door besparingen verbeterde de marge tot 17,5 procent. De duurzame merken, inmiddels 26 van de 40, groeiden 46 procent sneller dan de rest en waren goed voor 70 procent van de omzetgroei. Polman vult aan: 'Hoe dieper hun betekenis, hoe harder ze groeien. Dit is het bewijs dat ons model werkt. We willen daarbij zo transparant mogelijk zijn, dat is cruciaal, want transparantie geeft het bedrijfsleven zijn belangrijkste kwaliteit: vertrouwen.'

Even gaat het over de aangekondigde verhuizing naar Nederland. Een aandeelhouder brengt zijn chagrijn onder woorden: 'Jullie zeggen het niet hardop, maar ons land heeft besloten de wereld de rug toe te keren, hier zitten maar 65 miljoen klanten, het is logisch dat jullie vertrekken.' Een andere aandeelhouder wil de garantie dat hij straks geen dividendbelasting hoeft te betalen. Pitkethly is voorzichtig: 'We praten over de plek van de plc in de nieuwe constructie. Het is absoluut onze intentie dat jullie niet in een nadelige positie komen in vergelijking met aandeelhouders in de nv.'

Polman heeft de pest in dat de stemming over de verhoging van zijn salaris, of eigenlijk het salaris van zijn opvolger, veel aandacht en kritiek krijgt. Vorig jaar had het bestuur al aangegeven dat die beloningen marktconform moeten worden gemaakt om een goede opvolger aan te kunnen trekken. Opmerkelijk veel aandeelhouders zijn het daar niet mee eens. Slechts 64 procent van de beleggers stemt ermee in dat het basissalaris van de CEO met 5 procent wordt verhoogd, de maximale bonus kan zelfs 23 procent hoger uitvallen. Maar daarvoor zal de nieuwe CEO veel meer eigen geld in aandelen Unilever moeten stoppen en op de langere termijn nog een stuk beter moeten presteren.

Ergens begrijpt Polman de weerstand ook wel. Over 2017 steeg zijn inkomen al fors naar meer dan 11 miljoen, zijn opvolger kan 14 miljoen euro gaan verdienen. Als een aandeelhouder hem daarop wijst steekt hij nog een keer de hand in eigen boezem: 'Ik schaam mij voor mijn salaris, ik zou het gratis doen. Echt waar.' Een dag later, tijdens de aandeelhoudersvergadering van de nv in Rotterdam, stemt 27 procent tegen de loonsverhoging.

Rients Abma, directeur van beleggerskoepel Eumedion, belangenbehartiger van de grote institutionele beleggers, wil weten waarom zo'n verhoging nodig is: Nederlandse pensioengerechtigden zitten al jaren op de nullijn. Wat ze helemaal steekt is de voorgestelde transitievergoeding van vele miljoenen die een eventueel van buiten aan te trekken CEO zou kunnen krijgen. Die moet van tafel. Het stoort Abma dat de voorstellen van Eumedion door Unilever nauwelijks serieus worden genomen. Hij krijgt alleen maar te horen dat er aan de plc-kant onvoldoende draagvlak voor is. Van zijn Britse collega's krijgt hij terug dat zij juist te horen krijgen dat er aan de nv-kant te weinig draagvlak voor is.

Abma hoopt dat de leiding van Unilever deze kritische stemming als een wake-upcall ervaart. Het wordt de hoogste tijd om eens goed met de aandeelhouders om de tafel te gaan en goed naar ze te luisteren. Juist ook als het gaat om de unificatie. Maar Abma vraagt zich af of ze dat echt zullen gaan doen. Hij vindt het raar dat Unilever niet van tevoren aan de aandeelhouders heeft gevraagd wat hun voorkeur zou hebben: Londen of Rotterdam. En hij begrijpt de keuze voor Nederland niet. Eumedion heeft trouwens liever een verlaging van de vennootschapsbelasting dan afschaffing van de dividendbelasting. Abma schat dat maar 17 procent van de beleggers in de plc Brits is, slechts een beperkt deel daarvan heeft er werkelijk last van. Het kost de Nederlandse schatkist gewoon te veel geld om die paar beleggers tegemoet te komen.

Hij begrijpt niet waarom Unilever niet voor een openbaar bod heeft gekozen, dan kan de nieuwe nv de aandelen van de nv en de plc kopen. Als je die Britten een premie geeft gaan ze echt wel overstag. Bij Unilever vinden ze dit een onzinnige suggestie: we zijn één bedrijf, we kunnen niet aan een deel van onze aandeelhouders een premie gaan betalen en aan een ander deel niet.

Op Schiphol hebben Paul Frentrop en Jacques Schraven een ontmoeting met Marijn Dekkers. De twee bestuurders van de Stichting Administratiekantoor Unilever willen weten waar ze aan toe zijn. Deze onafhankelijke stichting voert de administratie uit van de aandelen in de nv waarvoor ze certificaten heeft uitgegeven en oefent het stemrecht dat aan die certificaten zit uit, als de aandeelhouder van tevoren niet heeft aangegeven zelf te willen stemmen. Dat is een belangrijke stem want voor ongeveer 74 procent van de aandelen zijn certificaten uitgegeven. De komst naar Rotterdam in de vorm van een nieuwe nv betekent het einde van deze stichting.

Vooral Frentrop is de afgelopen jaren kritisch op Polman en zijn USLP geweest. Hij vindt het mooi zoals de CEO van Unilever veel publiek geld mobiliseert om duurzamer te gaan werken maar vraagt zich bezorgd af hoeveel geld Unilever zelf in duurzaamheid investeert. Op die vraag heeft hij nooit een formeel antwoord gekregen, informeel wel: het zou om een verwaarloosbaar bedrag gaan. Dat lucht Frentrop op. Unilever opereert in een competitieve wereld, ze zouden worden weggespeeld als ze hier direct serieuze bedragen in zouden stoppen.

De heren vragen bij Dekkers door naar de achterliggende motivatie om voor unificatie te kiezen. Wat zijn de voordelen voor hun certificaathouders, waarom staat dit allemaal zo onduidelijk in de documenten? Ze vinden de argumentatie van Dekkers mager en willen weten of er een plan B is. Dat blijkt er niet te zijn. Volgens Dekkers kan dat ook helemaal niet. Er ligt maar één plan, daar ga je mee de boer op, met autoriteiten praten, je maakt een inschatting wat de gevolgen zijn. Hij stelt Schraven en Frentrop gerust, maximaal 15 procent zal tegenstemmen.

Dekkers wil de Britse beleggers ook voor zich winnen en legt in interviews uit dat ze niet bang hoeven te zijn voor de dominantie van preferente aandeelhouders in de Nederlandse nv. Voor 437 miljoen euro heeft Unilever de preferente aandelen, 0,5 procent van het totaal maar goed voor een stemrecht van 17 procent, teruggekocht van verzekeraars ASR en NN. Hij legt uit dat de Stichting Administratiekantoor ook zal worden opgeheven. Straks is het echt één stem voor iedere aandeelhouder.

Op de Amsterdamse Zuidas, op bezoek bij Kempen & Co, probeert Sarah Williamson in juni Nederlandse beleggers en bedrijven ervan te overtuigen dat het in hun beider belang is met elkaar die langetermijnrelatie aan te gaan. Het valt de CEO van Focusing Capital on the Long Term (FCLTGlobal) op dat Polman het hoogste woord heeft.

De Amerikaanse heeft ergens met de gepassioneerde Polman te doen. Hij is te veel een evangelist, schrikt beleggers af, die willen zich niet verantwoordelijk voelen voor alle ellende in de wereld, ze zijn ook maar gewoon op zoek naar rendement. De meeste beleggers, zeker Amerikanen en de algoritmes die hun beleggingsstrategieën sturen, zullen Polman nooit begrijpen. Laat staan volgen. Maar misschien helpt het als je, zoals hier in Nederland, eenzelfde cultuur hebt en dezelfde taal spreekt. Williamson heeft het idee dat er iets groeit in dit zaaltje. Misschien kan het een '*Dutch model*' opleveren, iets waar de wereld wat van kan leren. FCLT wil wel helpen het te bouwen. Aan de andere kant twijfelt ze. Die grote Nederlandse beleggers stoppen maar 3 tot 5 procent van hun vermogen in Nederlandse bedrijven. De aanwezigen hebben misschien maar 1,5 procent van de aandelen Unilever. Dat is veel te weinig.

Jaap van Dam, directeur strategie van PGGM, vond het geen spannende bijeenkomst. Maar Polman heeft wel gelijk: ook PGGM zal instemmen met de verkoop van de aandelen Unilever als Kraft Heinz nog een keer op de stoep staat. Een premie van 30 procent zullen ze niet laten liggen, wie de koper ook is. Het is ondenkbaar dat PGGM de mogelijkheid van een lager pensioen gaat accepteren in ruil voor een betere wereld. Dat komt vooral omdat er zo veel antwoorden mogelijk zijn op de vraag wat nou precies een betere wereld is.

Van Dam hoopt dat in 2030 de pensioensector zover is dat een derde van het vermogen echt met een langetermijncommitment in bedrijven kan worden gestoken. In zijn ogen zal het aantal bedrijven waarin een pensioenfonds investeert daarvoor drastisch moeten worden beperkt. Alleen dan kun je je echt met die bedrijven verbinden en die manisch-depressieve beurs negeren. Het zal een lange weg zijn, je hebt er een andere taal, andere rekenmethodes en een heel ander type werknemers voor nodig. De ruimte daarvoor zal de komende jaren door de besturen van pensioenfondsen moeten worden gemaakt. Helaas ontbreekt daar precies het leiderschap waar Polman vanmiddag weer zo gepassioneerd een lans voor heeft gebroken.

Ondertussen groeit gedurende de zomer in de Londense City de weerstand tegen de verhuizing naar Rotterdam. Er wordt volop geklaagd over de slechte dialoog met Unilever. Andy Griffiths, directeur van het Investors Forum, merkt dat Unilever wel met hen wil praten, maar niet echt wil luisteren. Zijn organisatie heeft de krachten gebundeld van 23 grote beleggers in de plc. Vooral het vertrek uit de FTSE gaat ze geld kosten. Unilever is volgens Griffiths niet in staat om die beleggers duidelijk te maken wat de voordelen van een verhuizing naar Rotterdam voor hen inhouden.[5]

Deze dertigste augustus zal Paul Polman op een knop drukken en vieren dat de nieuwbouw van het Global Foods Innovation Centre in Wageningen zijn hoogste punt heeft bereikt. Verschillende media hebben zich gemeld voor een interview. Dat zal alleen niet gaan over die nieuwbouw en dus overlegt Polman tijdens het ontbijt in het hotel met zijn communicatiemensen of dit het moment is om zich positief uit te laten over de afschaffing van de dividendbelasting.

Het kabinet van zijn vriend Mark Rutte kan wel wat steun gebruiken. Uit peilingen blijkt dat inmiddels 85 procent van de bevolking tegen afschaffing is. Agenten, verpleegkundigen en onderwijzers hebben aangekondigd dat ze op het Malieveld zullen gaan demonstreren. Door de aantrekkende economie is de verwachte derving voor 2020 opgelopen tot 1,9 miljard euro. Dat geld kunnen zij goed gebruiken. Ze krijgen de sympathie van het grote publiek.

Bij Unilever vinden ze dat Rutte volstrekt onvoldoende heeft duidelijk gemaakt dat die 1,9 miljard helemaal geen cadeautje aan Unilever is. Communicatiedirecteur Fleur van Bruggen wijst op het 'wij van WC-Eend bevelen WC-Eend aan'-risico. Besloten wordt om ingetogen te reageren.

Staand voor het geraamte van de nieuwbouw vraagt Polman zich in zijn feestrede hardop af hoe het komt dat er mensen in Nederland zijn die zeggen dat grote bedrijven niet belangrijk zijn. 'Waar hebben ze het dan over? De kranten hebben er duidelijk geen zin in om goed uit te zoeken hoe belangrijk zo'n hoofdkantoor voor de Nederlandse economie is. Er zitten 4200 bedrijven in onze waardeketen.'

Louise Fresco, bestuursvoorzitter van Wageningen University en voormalig commissaris van Unilever, doet er even later nog een schepje bovenop: 'We weten dat Unilever voor de beste kwaliteit gaat en echt vernieuwend is. Dit gaat over partnerschappen, is goed voor alle betrokkenen, is goed voor Nederland.'

Polman is er niet meer gerust op. De media hebben zich duidelijk tegen de verhuizing gekeerd en de oppositie is er alleen maar op uit om deze regering te laten vallen. Het blijft hem verbazen dat Unilever hier niet met open armen wordt ontvangen. Het is toch logisch dat het hoofdkantoor hier alleen naartoe kan komen als die dividendbelasting wordt afgeschaft? Anders doen de Britse aandeelhouders echt niet mee. Je kunt net zo goed tegen Nederlanders zeggen dat ze hun pindakaas voortaan bij een duurdere winkel moeten gaan kopen, of morgen allemaal Duits moeten gaan praten.

Het zou doodzonde voor Nederland zijn als de verhuizing niet doorgaat. Want dan wordt Unilever een Brits bedrijf. Nu investeert Unilever jaarlijks ongeveer 1 miljard euro in Nederland en dat komt echt door het hoofdkantoor in Rotterdam. In Oostenrijk, een markt met een vergelijkbare omvang, investeert het niet meer dan 300 miljoen euro. Polman vindt het niet zijn taak om dit te constateren, dat moet uit onafhankelijke hoek komen. De tijd begint te dringen.

Hij heeft Rutte al gewaarschuwd. De politiek maakt het zo kapot. Hij vindt dat vooral minister Wiebes erg onhandig heeft geopereerd door niet meteen duidelijk te zijn over de memo's tijdens de onderhandelingen over een nieuw kabinet. Die minister van Economische Zaken was er een paar dagen eerder tijdens zijn deelname aan *Zomergasten* ook al niet goed uit gekomen. Interviewster Janine Abbring vroeg hem of hij zonder blozen kon uitleggen waarom de dividendbelasting zou moeten worden afgeschaft. Wiebes: 'Nee, ik kan het niet in drie zinnen uitleggen, dat duurt een halfuur.' Dan wil Abbring weten of de voormalige consultant, de man die zich voor laat staan op zijn slimme, op feiten gebaseerde analyses wel wat kan met een premier die als argument vooral stelt tot in zijn vezels te voelen dat het een goed idee is. Wiebes zoekt naar woorden: 'Maar als iets niet precies te berekenen is, betekent dat niet dat het niet waar is. Rutte is zeven jaar lang premier, heeft veel ervaring met het naar Nederland halen van bedrijven. Hij is tot de conclusie gekomen dat het waar is en dus is het een valide inbreng in het debat.'

In het Wageningse interview voor het NOS-*Journaal* drukt Polman zich ook onhandig uit. Zijn ongeoefende Nederlands helpt hem niet als hij de media verwijt dat ze de voorstanders voor afschaffing van de dividendbelasting te weinig aan het woord laten. Die wordt volgens Polman wel degelijk breed gedragen. 'Globaal is de tendens dat de dividendbelasting naar beneden gaat. Het is een dubbele belasting. Maar ja, in de krant is het leuker dat een vliegtuig neerkomt dan dat een vliegtuig blijft vliegen. En mensen aanspreken en zeggen dat het een goed ding is, is natuurlijk minder interessant voor het nieuws. We moeten Nederland welvarend houden, open en competitief. Daarvoor is het aantrekken van grote en kleine bedrijven onnoemelijk belangrijk. Ik ben blij dat een boel mensen in Nederland dit toch wel begrijpen.'

De premier probeert de gemoederen wat te sussen en laat weten het ook echt een heel vervelende maatregel te vinden. 'Je gaat toch niet voor de lol een belastingvoordeel geven aan buitenlandse aandeelhouders?' Toch is het nodig, anders lopen we het levensgrote risico dat grote bedrijven en multinationals uit Nederland weggaan op zoek naar een beter belastingklimaat. 'Dat zou een verarming van het land zijn.'

Alleen Mark Rutte, Hans de Boer en Sybrand Buma spreken zich nog hardop uit voor de afschaffing. De voorzitter van VNO-NCW verwoordt het zo: 'Ik heb maling aan al die mannen die met politiek gewin bezig zijn, het zijn opvattingen die niet deugen. Ik ben blij dat ik aan de goede kant mag strijden.'[6]

Maar ook De Boer weet zijn eigen achterban niet bij zich te houden. Partner MKB Nederland begint te schuiven. De net aangetreden voorzitter, Jacco Vonhof, laat weten dat de afschaffing niet zijn keuze zou zijn geweest. Zo neemt de belangenclub voor het midden- en kleinbedrijf afstand van het standpunt van grote broer VNO-NCW.

Zelfs het grote internationale bedrijfsleven haakt af. De invloedrijke Amerikaanse Kamer van Koophandel (AmCham), goed voor 450 bedrijven en 450.000 banen, heeft de maatregel een jaar gesteund maar is nu toch tegen de afschaffing van de dividendbelasting. 'Het gereserveerde bedrag van 1,9 miljard euro zou door het kabinet moeten worden gebruikt om het vestigingsklimaat in den brede te versterken, door een verdere verlaging van de vennootschapsbelasting en de 30 procent-regeling voor expats ongemoeid te laten,' stelt AmCham-directeur Patrick Mikkelsen.

Hans de Boer was al woedend op de uitlatingen van Eumedion, maar dit beschouwt hij als een vorm van verraad. De 450 leden van de AmCham, waarvan 60 procent grote Amerikaanse multinationals, hebben in 2006 via een belastingverdrag tussen Nederland en de VS al geregeld dat ze geen dividendbelasting meer hoeven te betalen. Bij VNO-NCW hadden ze solidariteit met de belangen van Shell en Unilever vanzelfsprekend gevonden.

Maar de AmCham is boos. Dat de zo gewenste verlaging van de vennootschapsbelasting in het Regeerakkoord maar tot 21 procent beperkt was gebleven, omdat jaarlijks die derving van 1,4 miljard moest worden gefinancierd, konden ze nog billijken. Maar nu dat bedrag tot 1,9 miljard is opgelopen en de verlaging van de vennootschapsbelasting verder is beperkt tot 22 procent, wordt het ze te duur.

Er is nog iets. Buitenlanders die in Nederland werken, krijgen acht jaar lang 30 procent korting op hun inkomstenbelasting. De overheid heeft aangekondigd die periode naar vijf jaar terug te brengen. De AmCham wil een overgangsregeling, anders kampen verschillende van hun leden over een paar maanden met acute financiële problemen. Uitgaande van een inkomen van bijvoorbeeld 100.000 euro moeten ze opeens 20.000 euro extra aan belastingen betalen. De AmCham waarschuwt Den Haag, Nederland dreigt een onbetrouwbaar land te worden. Een land waar het woord 'multinational' besmet dreigt te raken. En dat is allemaal heel schadelijk voor het vestigingsklimaat.

In de Britse media worden deze berichten met gejuich ontvangen. Hoe welkom is Unilever eigenlijk in Nederland? Waarom wil de multinational er eigenlijk zo graag naartoe? De Boer en Van Haersma Buma zijn woedend. De CDA-politicus vindt het onacceptabel dat zo'n lobbyclub zich direct met politieke aangelegenheden bemoeit. En dan ook nog op een 'America First'-manier. Hij vindt het bijna trumpiaans.

GroenLinks-fractievoorzitter Jesse Klaver haalt nog een troefkaart uit zijn mouw en laat weten dat hij volgend jaar een voorstel tot een herstelwet in zal dienen om ervoor te zorgen dat de afschaffing van de dividendbelasting zal worden teruggedraaid. Hij vindt het een heel lelijk voorstel, het is ook nog nooit gedaan, maar een wet die pas in 2021 van kracht wordt, kun je op die manier intrekken nog voordat hij is ingegaan. Na de Provinciale Statenverkiezingen zal deze coalitie haar meerderheid in de Eerste Kamer waarschijnlijk kwijt zijn, dat is het moment om deze stap te zetten. Zijn medewerkers hebben het voorstel al klaarliggen.[7]

Terwijl in Nederland het gekrakeel ongekende vormen aanneemt, geniet Polman in San Francisco van een daverend applaus van de meer dan duizend deelnemers aan een congres over duurzaam beleggen door pensioenfondsen. 'We kunnen de oceanen niet beschermen in een ratrace van kwartaalresultaten. We zijn gewaarschuwd en weten wat we moeten doen, het enige wat ontbreekt is wilskracht.'

Een paar dagen later wordt hij uitgeroepen tot de meest invloedrijke CEO als het gaat om het promoten van 'vrouwelijk leiderschap' in de wereld. De jury is lyrisch over het snelgroeiende aantal vrouwen in leidinggevende rollen binnen Unilever, inmiddels is 47 procent van de managers vrouw. Veel bewondering is er ook voor de binnen het USLP gegroeide inzet om miljoenen vrouwen in de waardeketen van Unilever te helpen om economisch sterker te worden.[8]

In Londen wordt vooral geklaagd over de aanhoudende afwezigheid van Polman in de ontmoetingen met aandeelhouders. Het helpt ook niet dat hij zich de afgelopen jaren nauwelijks heeft laten zien in de talloze exclusieve clubs waar bankiers, analisten en beleggers elkaar informeel ontmoeten en tot afspraken komen. Polman heeft daar geen zin in en geen tijd voor.

In sommige analyses wordt gesteld dat juist de wens om makkelijker grote overnames te kunnen doen, de belangrijkste reden voor unificatie, beleggers helemaal niet bevalt. Het gaat toch goed zo? De koers is de afgelopen tien jaar bijna verdrievoudigd. Waarom zouden ze het management de ruimte geven om voor tientallen miljarden euro's grote, gevaarlijke avonturen te gaan beleven? Onderzoek wijst keer op keer uit dat die in driekwart van de gevallen niet de waarde opleveren die van tevoren wordt beloofd.

Formeel ligt de verantwoordelijkheid voor het overtuigen van de aandeelhouders op het bord van Marijn Dekkers en Graeme Pitkethly. De laatste geeft een toelichting in een video op de website van Unilever. Op de vraag waarom het hoofdkantoor naar Rotterdam moet, geeft de CFO geen antwoord. In een ongemakkelijk gesprek somt hij vooral op wat er allemaal in het Verenigd Koninkrijk blijft.

Pitkethly weet ook dat binnen zijn eigen ULE bijna niemand naar Rotterdam wil verhuizen. Daarom was intern even onderzocht om, net als Feike Sijbesma eerder met DSM heeft gedaan, een klein hoofdkantoor op de Amsterdamse Zuidas neer te zetten. Het idee was om met de CEO en de CFO en in totaal misschien dertig mensen daar in bijvoorbeeld het World Trade Centre te gaan zitten. Een verhuizing naar Amsterdam is voor de meeste Britten waarschijnlijk net iets draaglijker. Maar dat ballonnetje liep snel weer leeg met als argument dat het toch belangrijk is om dicht bij de collega's op het Rotterdamse Weena te zitten.

Naarmate de datum van de stemming dichterbij komt, groeit vooral in de Britse media de overtuiging dat het nog helemaal geen gelopen race is. Volgens de *Financial Times* heeft inmiddels 20 procent van de top-50 aandeelhouders grote zorgen over de verhuizing naar Rotterdam. De organisatie achter de Londense FTSE heeft inmiddels definitief duidelijk gemaakt dat Unilever zijn plek in die index kwijt zal raken. De twee grootste aandeelhouders, waarvan nog niemand weet wat ze gaan stemmen, zouden wel eens het verschil kunnen gaan maken. Indexbelegger BlackRock heeft ongeveer 7 procent en zit via verschillende fondsen in Unilever, de managers mogen zelf beslissen wat ze doen. Bij Unilever gaan ze ervan uit dat ongeveer de helft voor zal stemmen en de helft tegen.

Spannend is de positie van de Leverhulme Trust. Deze stichting beheert een groot stuk van de nalatenschap van Lord Leverhulme. De ongeveer 80 miljoen aandelen zijn goed voor bijna 7 procent in de plc, zo'n 9 miljard euro. Niall FitzGerald, voorzitter van het twaalf leden tellende Stichtingsbestuur, heeft medebestuurders Paul Polman, Leena Nair en Amanda Sourry gevraagd zich buiten deze discussie te houden. Hij vindt het verdrietig dat het zover moet komen, pijnlijk ook. In zijn beleving vormt de nv-plc-structuur in operationele zin totaal geen obstakel meer voor de toekomst van Unilever.

Polman vertrouwt erop dat het bestuur van de stichting van William Lever de plannen om naar Rotterdam te gaan zal steunen. Hij heeft de afgelopen jaren veel constructieve steun van FitzGerald gehad. Niet iedereen is hiervan overtuigd. Zou William Lever zich niet in zijn graf omdraaien? Op het hoofdkantoor zoemt het hardnekkige gerucht rond dat de Leverhulme Trust wel eens tegen zou kunnen stemmen of hooguit blanco. Daarmee zou de verhuizing naar Rotterdam, nu het zo spannend is, niet zijn gediend.

'U bent een kleine aandeelhouder in Unilever en denkt geen verschil te kunnen maken als straks de eigenaren van de bijna 1,2 miljard aandelen gaan stemmen. Dat klopt niet. Het voorstel om naar Rotterdam te verhuizen vereist dat de eigenaren van 75 procent van de aandelen ermee instemmen, maar het is direct daarna ook nodig dat meer dan de helft van de fysiek aanwezige aandeelhouders op de aandeelhoudersvergadering ermee instemt. Ook een meerderheid van kleine aandeelhouders kan ervoor zorgen dat de verhuizing niet doorgaat. Dan kan de plc niet worden opgeheven.'

Neil Collins, gezaghebbend columnist van de *Financial Times*, heeft het 120 pagina's dikke prospectus helemaal door gevlooid en zet de stemming die over een paar weken in Londen moet plaatsvinden op scherp. In het overleg met adviseurs en juristen, dat aan Unilever-kant inmiddels helemaal uit Britten bestaat, is de mogelijke impact van deze door het Britse recht opgelegde tweede stemming pas heel laat duidelijk geworden. Niemand heeft het eerder expliciet genoemd. In de top van Unilever zijn velen hierdoor verrast. Nederlandse adviseurs van Unilever zijn daar boos over. Ze verdenken hun Britse collega's ervan dit stukje typisch Britse regelgeving steeds heel verdekt in de stukken te hebben gezet. Ze moeten het drie keer nalezen om het terug te vinden. Maar het staat er wel.

Een paar dagen na het stuk van Collins stuurt Marijn Dekkers een open brief naar de media, gericht aan alle aandeelhouders, klein en groot. Hij lijkt de wanhoop nabij: 'Voor het eerst in onze geschiedenis krijgt iedere aandeelhouder straks iets te zeggen over onze toekomst volgens het "één aandeel, één stem-principe". We beloven dat we geen gebruik zullen maken van beschermingsmethoden die door andere beursgenoteerde bedrijven in Nederland worden gebruikt. U krijgt als aandeelhouder in de nieuwe nv echt geen extra dividendbelastingen aan uw broek. Slechts een kleine minderheid van de institutionele beleggers heeft last van ons vertrek uit de FTSE100. We voelen met ze mee, maar hier gaat het om het grotere belang van al onze aandeelhouders.'

Op 28 september schat de *Financial Times* dat nu van zo'n 16 procent van de aandelen vaststaat dat de houders ervan tegen de verhuizing naar Rotterdam zullen stemmen. Uitgaande van een gebruikelijke opkomst van 70 procent is nog maar 1,5 procent aan tegenstemmen nodig om het voorstel in de eerste ronde al af te schieten.

Een kat in het nauw maakt vreemde sprongen. Op 1 oktober doet het bedrijf nog een allerlaatste poging om twijfelende plc-aandeelhouders over de streep te trekken. Het bedrijf belooft plechtig nooit gebruik te zullen maken van de in Nederland besproken 250 dagen 'timeout-wet' van de door Polman zo bewonderde voormalige minister Kamp. Die wet, die nog steeds niet door het Nederlandse parlement is behandeld, was nou juist bedacht om, na de dreiging van Kraft Heinz, bedrijven als Unilever in de gelegenheid te stellen een goede afweging te maken en hun verdediging te organiseren.

19 De pionier voelt zich onbegrepen

oktober 2018-december 2018

Opeens schiet Marijn Dekkers uit zijn slof. Hoezo moet Unilever hierbij nu opeens ook vooroplopen? Marc Engel heeft het net gehad over de enorme impact van de plasticvervuiling op het milieu. Hij vindt dat Unilever, als een van de grootste gebruikers van plastic ter wereld, daarin een grote verantwoordelijkheid heeft. Paul Polman is het direct met zijn directeur *supply chain* eens, hij vindt dat Unilever hier veel nadrukkelijker het voortouw moet nemen.

Dit irriteert Dekkers. Het onderwerp gaat hem aan het hart, meer dan 25 jaar geleden zocht hij als jonge chemicus al naar oplossingen voor dit vraagstuk. Juist bij dit snelgroeiende probleem had Unilever de afgelopen tien jaar heel concreet een verschil kunnen maken. Unilever is de op één na grootste inkoper van plastic ter wereld, maar heeft er tot voor kort nauwelijks naar omgekeken. De bestuursvoorzitter vindt dat Polman hier jarenlang een belangrijke opdracht heeft laten liggen. Dat vindt hij ernstig. Hij vindt het te makkelijk van de CEO om nu, vlak voor zijn vertrek, te roepen dat Unilever hierin ook voorop moet lopen.

Paul Polman reageert als door een adder gebeten en zegt tegen zijn bestuursvoorzitter dat mensen die zo denken als Dekkers niet in het bestuur van Unilever thuishoren. Het is even muisstil. De meeste aanwezigen wisten al langer dat de bestuursvoorzitter en de CEO elkaar niet goed verstaan, maar dat de twee Nederlanders hun vertroebelde relatie zo zichtbaar voor de groep uitspelen vinden ze pijnlijk, erg pijnlijk.

De eerste dagen van oktober zijn het bestuur en de Unilever Leadership Executive van Unilever bij elkaar om over de strategie voor de komende jaren te praten, de jaren na Polman. Ook het Rotterdam-Londen-vraagstuk staat natuurlijk op de agenda. Over drie weken zal de steeds spannender wordende stemming van de plc-aandeelhouders plaatshebben.

Door de pijnlijke botsing tussen de CEO en de bestuursvoorzitter krijgen verschillende aanwezigen de indruk dat Dekkers de volgende generatie leiders zo kennelijk een boodschap wil meegeven. Hij heeft al een paar keer benadrukt het in 2020 aflopende USLP weliswaar inspirerend te vinden, maar dat de belangrijkste les van de afgelopen twee jaar toch moet zijn dat een bedrijf als Unilever zich, zorgvuldig en duurzaam, toch vooral op het verdienen van geld moet richten. Daar kun je het wel mee oneens zijn, zoals Polman, maar zo zit de wereld nou eenmaal in elkaar. Anderen vinden deze boodschap slecht getimed van Dekkers, Paul Polman zit er nog wel bij. De verwarring die nu ontstaat helpt ook niet. De leden van het ULE moeten over een paar weken hun met behulp van Valerie Keller geformuleerde visie op de opvolging van het USLP presenteren aan de top-200.

Dat geldt ook voor de vier interne kandidaten die Polman willen opvolgen. Eind volgende maand zal het bestuur de knoop doorhakken. Een van hen, Kees Kruythoff, vindt de confrontatie tussen zijn twee bazen erg verwarrend. Wat moet hij hiervan vinden? Hoe kan hij zich het best positioneren als de logische opvolger van Polman? Hij praat nog uren door met Dekkers en Polman over dit toch vrij fundamentele verschil van mening.

Eén les kan in ieder geval worden getrokken. Marijn Dekkers wil dat de opvolger van Polman het vraagstuk van de plastic verpakkingen vanaf zijn start de hoogste prioriteit geeft. Het vraagstuk is onontkoombaar geworden. De afgelopen jaren is de wereld overspoeld met beelden van door plastic vervuilde rivieren, stranden en oceanen. Volgens de Verenigde Naties is in vijftig jaar tijd zo'n 100 miljoen ton plastic in de oceaan terechtgekomen en ieder jaar komt daar zo'n 8 miljoen ton bij. Met Unilever als een van de vijf grootste afzenders.[1]

Jaarlijks gebruikt het concern zo'n 600 miljoen kilo plastic. Volgens Marc Engel is daarvan minder dan 1 procent van gerecycled materiaal. Als je, zoals in het USLP acht jaar geleden gesteld, de impact op het milieu wilt halveren, dan ligt hier een concrete opdracht. Maar ook een erg ingewikkelde. Want in het kader van datzelfde Unilever Sustainable Living Plan zal straks trots worden gemeld dat het bedrijf er sinds 2010 in is geslaagd om 653 miljoen mensen te helpen met het verbeteren van hun hygiënische levensomstandigheden. Van handenwassen met Lifebuoy tot tandenpoetsen met Prodent en van het gebruik van een schoonmaakmiddel als Domestos tot waspoeders als Persil en Omo: Unilever verbetert de hygiëne en helpt mensen zo om gezonder te leven en uit de armoede te klimmen. Dat is geweldig maar al die producten zitten wel grotendeels in plastic verpakt.

Om die spullen voor zo veel mogelijk arme mensen bereikbaar te maken en er ook nog geld aan te kunnen verdienen, is Unilever lang geleden begonnen met miniverpakkingen voor onder meer waspoeder. Engel, net weer uitgeroepen tot invloedrijkste inkoper van Europa, schat dat in landen als India en Indonesië ieder jaar het overgrote deel van zo'n 100 miljard kleine Unilever-sachets in het milieu komt. Om te voorkomen dat het waspoeder gaat klonteren, zit het spul verpakt in multi-laags plastic. Op zich een duurzame gedachte, want goed voor de houdbaarheid, maar het gebruik van meerdere lagen van verschillende soorten plastic heeft als keerzijde dat het zeer moeilijk is om te recyclen. Daar komen ze in deze landen nog nauwelijks aan toe. Een infrastructuur voor de inzameling en verwerking van afval moet grotendeels nog worden ontwikkeld. Met als gevolg dat veel van dat plastic via een paar grote rivieren uiteindelijk in de oceaan terechtkomt.

Wat natuurlijk ook niet helpt is de wijze waarop de spullen worden verkocht in de wereld van de fast-moving consumer goods. Bij het voordelig neerzetten van een merk speelt de verpakking een hoofdrol. Los van allerlei veiligheids- en houdbaarheidsvereisten moeten de flesjes van Dove bijvoorbeeld hagelwit zijn om een zekere kwaliteit te onderstrepen en van een bepaalde dikte om vertrouwenwekkend aan te voelen. Het valt niet mee om met gerecycled plastic aan die eisen te voldoen. Het wordt er in ieder geval niet goedkoper door. En dat terwijl de prijs van gerecycled plastic structureel hoger ligt dan die van plastic dat direct uit olie is gemaakt, het *virgin plastic*.

Producenten van gerecycled plastic vinden het mooi dat Unilever bereid is iets meer te betalen voor hun materiaal. Maar dat betekent niet dat er ook volop wordt besteld. Want bij Unilever levert de door inkopers voorgestelde hogere prijs intern de nodige spanningen op. De verantwoordelijke marketeers weten dat 'hun' consumenten daar niet voor gaan betalen, en ze willen die extra kosten ook niet in hun winst-en-verliesrekening terugzien. Hetzelfde geldt voor de inkopers, die hebben ook hun targets. Eigenlijk zou de top van het bedrijf nu heel duidelijk moeten maken dat het genoegen neemt met wat minder marge, maar dat zit er, zeker sinds de bijna-overname door Kraft Heinz, niet in. Want dat zullen de aandeelhouders niet op prijs stellen.

Het wordt daarom belangrijk dat het gebruikte plastic op grote schaal wordt ingezameld en gerecycled. Dan gaat de prijs van gerecycled plastic vanzelf naar beneden. Wat daarbij enorm zou helpen is een forse belasting op CO_2 en het gebruik van fossiele brandstoffen, de grondstof voor plastic. Zo wordt virgin plastic veel duurder.

Paul Polman weet dat de grote plasticfabrikanten hier al jaren mee worstelen. Sinds begin 2010 zit hij als commissaris in het bestuur van het Amerikaanse Dow Chemical, de grootste plasticproducent ter wereld.[2] Tijdens die vergaderingen merkt hij dat Dow zich bedreigd voelt. Het bedrijf wil wel, maar weet niet hoe het onderdeel van de oplossing kan worden. De technologie ontbreekt nog om met gerecycled plastic op grote schaal geld te verdienen en de aandeelhouders gelukkig te houden. Omdat de vraag naar hun virgin plastic ondertussen onverminderd groot blijft, is het lastig hiermee aan de slag te gaan. In de laatste jaarverslagen van Dow komt het bedrijf niet veel verder dan de belofte te zullen onderzoeken hoe plastic beter kan worden gerecycled.

Daar kan Unilever niet op wachten. Als het in 2025 de belofte waar wil maken dat 25 procent van het door het bedrijf gebruikte plastic uit gerecycled materiaal komt, moet er nu iets gebeuren. Op allerlei plekken worden initiatieven ontplooid. Annemarieke de Haan, baas Unilever in Maleisië, probeert samen met de lokale overheid te onderzoeken hoe de inzameling van plastic kan worden verbeterd. In Indonesië investeert Unilever een paar miljoen euro in een proeffabriek waar wordt geëxperimenteerd met het recyclen van het plastic dat voor die miljarden kleine sachets wordt gebruikt. Unilever heeft beloofd eventuele technologische doorbraken gratis aan alle concurrenten ter beschikking te stellen. Omdat zwart plastic nauwelijks kan worden hergebruikt onderzoekt de verantwoordelijke marketingmanager van de zwarte lijn van Robijn of dat merk ook kan worden verkocht in donkergrijs plastic.

Duurzaamheidsmanager Anniek Mauser gelooft dat de marketeers van Unilever door de zichtbaarheid van het plasticdrama eindelijk doordrongen zullen worden van het belang van hun duurzame opdracht. Ze moeten wel. De stelling dat er in 2050 meer plastic dan vis in de oceaan zit, zou wel eens een gamechanger kunnen zijn bij de bewustwording van milieuvraagstukken. De consument gaat dit zo belangrijk vinden dat het probleem automatisch verschuift van de inkopers naar de marketeers. En dan kan het snel gaan, denkt Mauser. Omdat vooral Europese consumenten hier als eerste een streep in het zand zullen trekken heeft Hanneke Faber, verantwoordelijk voor Europa, het tot haar prioriteit gemaakt: minder plastic, beter plastic, helemaal geen plastic.[3]

Ze durven het niet aan. Verschillende juristen hebben erop gehamerd de stemming over de verhuizing naar Rotterdam alleen door te laten gaan als het bestuur nagenoeg zeker weet dat ze hun zin krijgen. Willens en wetens een groot risico lopen om vervolgens te worden weggestemd door je eigen aandeelhouders betekent feitelijk dat er sprake is van onbehoorlijk bestuur. Dan hebben ze allemaal een probleem.

Dat risico gaan ze niet lopen. Het bestuur van Unilever besluit om de voor eind oktober geplande stemming over de keuze van het hoofdkantoor voor onbepaalde tijd uit te stellen. Ze schatten de kans dat ze over een paar weken de vereiste 75 procent van de stemmen niet gaan halen op 30 à 40 procent. Het is daarnaast zeer de vraag of ze vervolgens van 51 procent van de fysiek aanwezige aandeelhouders het groene licht zullen krijgen.

Even was gedacht dat met zevenduizend Britse werknemers die tevens aandeelhouder zijn, deze horde eenvoudig zou kunnen worden genomen.

Maar het stemrecht op hun aandelen in de plc is ondergebracht bij één bedrijf, Computershare, en telt daardoor maar als één stem. Het vergt nogal wat papieren rompslomp om dat stemrecht op te eisen en dus gebeurt dat nauwelijks. De steun van de eigen werknemers zal dus beperkt zijn. En wat erger is: het lijkt erop dat vooral werknemers die zijn opgehitst door het Brexit-sentiment en helemaal niet willen dat het hoofdkantoor uit Londen vertrekt hun stemrecht wel opvragen. Een paar bussen gevuld met dit soort tegenstemmers kan het hele plan torpederen. Het bestuur van Unilever is verrast door dit scenario.

Een voormalige Unilever-bestuurder is vooral opgelucht: Niall FitzGerald. Het bestuur van de stichting die de nalatenschap van Lord Leverhulme beheert, hoeft zich nu niet voor of tegen Londen uit te spreken.

Hans de Boer wil zich net gaan scheren als hij op 5 oktober om zeven uur 's ochtends een lang sms-bericht van de CEO van Unilever krijgt waarin hij uitlegt dat de stemming niet doorgaat. Het bericht eindigt met de oproep vooral te bellen als er nog vragen zijn. Het hoofdkantoor van Unilever komt niet naar Rotterdam. De voorzitter van het VNO-NCW was er al niet gerust op geweest. Twee dagen eerder had De Boer Polman voor iets anders gebeld en hem gevraagd naar de stand van zaken van hun gezamenlijke project. Polman had toen gezegd dat hij bang was dat het misschien toch niet zou lukken. De Boer had onmiddellijk de premier gebeld maar die had hem verzekerd over andere informatie te beschikken en zich geen zorgen te maken.

Het is lang geleden dat hij op zo'n lullige manier is wakker geworden. Meteen belt de voorzitter van het VNO-NCW Mark Rutte. Die heeft hetzelfde sms-bericht gekregen maar dan met 'Beste Mark' erboven. Vloekend constateren de mannen dat ze na de enorme uitputtingsslag van de afgelopen maanden toch aan het kortste eind trekken. Het tegen heug en meug overeind houden van de afschaffing van de dividendbelasting is niet genoeg geweest om Unilever hiernaartoe te halen. De premier trekt meteen zijn conclusie: nu is het klaar. De afschaffing van de dividendbelasting is onhoudbaar geworden.

De Boer is woedend. Hij vindt dat Polman ze eerder op de hoogte had moeten brengen, dan hadden ze zich in ieder geval kunnen voorbereiden op de mediastorm die zo losbarst. Diens tegenargument dat het strafbaar is om koersgevoelige informatie met buitenstaanders te delen, begrijpt hij niet. Hier zaten ze toch samen in, dan kun je in vertrouwen ook samen een plan maken om het in goede banen te leiden. In zijn VNO-NCW-achterban wordt hardop gesuggereerd dat Polman de Nederlandse premier voor de trein heeft gegooid. Diens derde kabinet is er bijna aan onderdoor gegaan.

De Boer begrijpt het besluit ook niet. Waarom heeft Polman er niet voor gekozen om strijdend ten onder te gaan? Hij is toch een man van waarden en principes? Natuurlijk maak je op dit soort posities vuile handen, moet je pragmatisch zijn. Maar je hebt kleine en grote principes. Dit is een groot onderwerp, hier staat veel op het spel. Dit is het waard om te zeggen: ik ga door tot het einde. Zo zou hij het in ieder geval hebben gedaan.

Tegelijkertijd moet De Boer Rutte gelijk geven. Die is niet dol op Polman. De premier had De Boer er al eens op gewezen dat de tukker geen Nederlander meer is. Polman is een wereldburger die eigenlijk verrassend weinig met Nederland heeft. Dat verklaart voor De Boer ook waarom Polman die stemming nu zo makkelijk afblaast.

Ook de derde 'musketier', Sybrand van Haersma Buma, heeft hetzelfde sms'je gekregen. Hij is totaal verrast, heeft nooit een indicatie gekregen dat het wel eens zou kunnen mislukken. In september had hij nog bij Unilever geïnformeerd of hij zich zorgen moest gaan maken, de campagne in de Britse media om het hoofdkantoor in Londen te houden was hem niet ontgaan. Nee, hij hoefde zich geen zorgen te maken. En nu dit. Dat je de premier met een sms'je van zoiets belangrijks op de hoogte stelt, vindt hij onbeschoft.

Van Haersma Buma belt meteen met Rutte. De twee mannen komen snel tot dezelfde conclusie. De afschaffing van de dividendbelasting is niet meer vol te houden, die zullen ze nu moeten schrappen. Van Haersma Buma verwijt Polman dat hij niet veel duidelijker is geweest, over het tijdspad, de keuzes en de risico's. De voorman van het CDA vindt dat ze allemaal voor de gek zijn gehouden.

Tien dagen later meldt Rutte dat de afschaffing van de dividendbelasting van de baan is. Die 1,9 miljard euro gaat naar de verbetering van het vestigingsklimaat. De vennootschapsbelasting gaat omlaag en de expats krijgen hun overgangsregeling. De Boer vindt het jammer maar begrijpt het wel: hier wint de politieke werkelijkheid het van de economische. Niet in de laatste plaats omdat de perceptie in de media weinig te raden overlaat.

Ook Jesse Klaver vindt dat deze stap onvermijdelijk is geworden. Nu doorgaan zonder de gegarandeerde komst van Unilever is politieke zelfmoord. Dat hadden de ChristenUnie en D66 niet getrokken, dan had een motie van wantrouwen het wel gered.

Polman begrijpt het niet. Hij vindt het dom dat Rutte meteen een streep door de dividendbelasting haalt. Zo laat hij duidelijk zien dat hij als een poppetje aan een touwtje aan Unilever heeft vastgezeten. Na het sms'je heeft hij natuurlijk nog een tijd met Rutte aan de telefoon gezeten. Polman had het niet passend gevonden om zo vroeg, voor de opening van de beurs, met de premier te bellen. Ze hadden hun teleurstelling uitgesproken. Rutte heeft de pest in dat hij in één keer voor het blok is gezet, geen tijd heeft gekregen om zich voor te bereiden. Polman had daarop nog een keer uitgelegd dat hij dan nu in de gevangenis had gezeten. Paul Polman beschouwt Mark Rutte nog steeds als een goede vriend.

In de Nederlandse media wordt het nieuws over de dividendbelasting gevierd als een overwinning van de democratie op de particuliere belangen van multinationals. In het Verenigd Koninkrijk wordt het schrappen van de stemming gevierd als overwinning van de aandeelhoudersdemocratie.[4]

Marijn Dekkers heeft er vooral spijt van. Dit hebben ze niet goed gedaan. Hij vindt dat ze beter hadden moeten weten en dat het Unilever-bestuur het sentiment van de aandeelhouders totaal verkeerd heeft ingeschat. De Britten willen dit echt niet, willen niet door 'hun' Unilever verlaten worden, juist nu hun land Europa de rug toekeert. Daarom is in de media keihard campagne gevoerd tegen het vertrek uit Londen. Die vreselijke Brexit, een van de belangrijkste redenen voor vertrek, was zo het belangrijkste obstakel voor dat vertrek geworden.

Analyserend komt Dekkers tot de conclusie dat het bestuur dat voor Rotterdam had gekozen vooral uit globalisten, wereldburgers, bestaat. Net zoals hij en Polman hebben ze hun geboorteland al jong achter zich gelaten. Voor studie en werk zijn ze de hele wereld over gegaan, ze betalen vaak belasting in meerdere landen. De enige Brit, John Rishton, is zelfs een tijdje CEO van Ahold geweest. Dit type wereldburger begrijpt niks van de om zich heen grijpende behoefte om het eigen nationale belang centraal te stellen. Ze zijn juist opgevoed met de overtuiging dat een open en voor iedereen toegankelijke wereldmarkt voor iedereen uiteindelijk het best is, *the global village*. Het maakt ze niet uit of hun vliegtuig op weg naar een volgende vergadering in Rotterdam of in Londen landt. Een tikje weemoedig vraagt Dekkers zich af of mensen zoals hij en Paul Polman de dinosauriërs van deze tijd zijn. Zullen ze het afleggen tegen dit nationalistische geweld?

In Rotterdam is de teleurstelling enorm. Ze schamen zich voor de gang van zaken, vinden dat Unilever de Nederlandse premier in zijn hemd heeft gezet. Dat merken ze meteen. De ontvangst in Den Haag is opeens een stuk minder hartelijk. Ze beschouwen dit niet alleen als een grote nederlaag, dit is een grote flater. Er zijn enorme inschattingsfouten gemaakt. Daarbij wordt intern vooral verwijtend gekeken naar president-commissaris Marijn Dekkers en CFO Graeme Pitkethly. Het is hun verantwoordelijkheid. Die Nederlander en die Schot hadden de aandeelhouders in de plc moeten overtuigen. Ter verdediging vertellen de mannen dat ze minstens tweehonderd bijeenkomsten met aandeelhouders hebben georganiseerd. Daar is het dus misgegaan.

Martine Zeegers heeft enorm de pest in dat het hoofdkantoor niet naar Rotterdam komt. Het stoort haar dat de Britten het zo hard hebben gespeeld, dat nota bene de belangen van aandeelhouders de plannen uiteindelijk hebben gedwarsboomd. De verhuizing naar Rotterdam, naar de veilige haven, had het prachtige logische slotakkoord van de periode-Polman moeten zijn.

De 41-jarige Zeegers is verantwoordelijk voor het personeelsbeleid in de Benelux. Regelmatig krijgt ze de vraag of ze ook premier van Nederland wil worden, Mark Rutte is een van haar voorgangers in deze functie. Die ambitie heeft ze niet maar ze weet ook al jong wat haar te doen staat. Komend uit een kleine, hechte, Limburgse gemeenschap van ondernemers had ze wat uit te leggen toen ze besloot om met haar vriendin te trouwen. Sindsdien is ze nergens meer bang voor.

Dat geldt ook voor haar baas: Leena Nair. De Indiase, die bijna tien jaar geleden samen met Paul Polman de terroristische aanslag in Mumbai overleefde, is door hem naar het ULE gehaald en verantwoordelijk gemaakt voor het personeelsbeleid. Haar grootste leiderschapsles leerde ze die nacht in dat hotel van de jonge Malika. 'Als ik mensen hoor twijfelen dat ze alleen maar dit of dat kunnen, dan denk ik: o mijn God, je hebt zo veel meer kracht en invloed dan je je kunt voorstellen. Sta op, laat zien waar je toe in staat bent.' En dan vertelt ze het heroïsche verhaal van de hotelmedewerkster die de groep Unilever-leiders, allemaal zonder uitzondering een stuk ervarener en ouder, zeer vastberaden uit die hel heeft geleid.[5]

Vrouwen als Leena Nair en Martine Zeegers staan voor de toekomst van Unilever. Daarin moet de dienstbaarheid van de werknemers aan de samenleving, het 'purpose-denken', een centrale rol vervullen. Ze willen af van de persoonlijke financiële doelen. In hun fantasie bestaat de organisatie uit een netwerk van teams, van mensen die elkaar vertrouwen en constant eerlijke feedback op elkaars functioneren geven. Dan zijn functioneringsgesprekken tussen baas en ondergeschikte gelukkig ook verleden tijd. In hun droom is er dan zelfs helemaal geen top-down sturende leiding meer nodig. De komende jaren willen ze onderzoeken of het bedrijf al een paar van de zes hiërarchische lagen kan schrappen. Voorwaarde is wel dat alle medewerkers hun purpose kennen, niet alleen de leiding.

Sinds anderhalf jaar organiseert Zeegers 'purpose-workshops' voor de zeshonderd collega's van de marketing & sales-organisatie in Nederland. Tijdens die sessies moeten het doel van het individu, het doel van een merk en het doel van Unilever bij elkaar komen. Sommige collega's vragen zich af waarom het zo lang heeft geduurd, waarom in 2010 niet meteen is begonnen om iedereen in deze reis mee te nemen. Als die taal in de hele organisatie van meet af aan door iedereen was verstaan, was het leiderschap succesvoller geweest bij het uitdragen en vooral laten uitvoeren van de doelen van het USLP.

Vooral nieuwe jonge collega's moeten de basis leggen voor een nieuwe manier van werken. De potentie om dat talent aan te trekken is er; met zo'n 2 miljoen open sollicitaties per jaar staat Unilever naast Google, Facebook, Amazon en Apple in de top van meest gewilde werkgevers.

De wijze waarop Unilever uit dat enorme aanbod het beste talent probeert te halen is in de Benelux al drastisch veranderd. Twee jaar geleden waren ze erachter gekomen dat ze ondanks het enorme diverse aanbod nog steeds te veel uitkwamen bij dezelfde universiteiten, dezelfde tikje corporale, elitaire vaak witte jonge mannen. Dezelfde types als 25 jaar geleden. Dat gebeurde vaak onbewust. Bladerend door de CV's gingen ze op zoek naar iets bijzonders. En dan kom je al snel uit bij studenten die ook nog in een bestuur hebben gezeten of in het buitenland hebben gestudeerd.

Besloten werd om in de eerste rondes de intermenselijke actie eruit te halen en ook niet meer naar CV's te vragen. Wie voor Unilever wil werken, wordt uitgenodigd online twee games te spelen. Daarin wordt duidelijk hoe ze naar zichzelf en hoe ze naar de wereld om hen heen kijken. Zo moet duidelijk worden wat ze al goed kunnen maar ook waarom ze iets willen. Of ze al een idee hebben van de betekenis van hun leven en hun bijdrage aan de wereld. In de tweede ronde wordt digitaal een interview opgenomen en geanalyseerd. Pas in de laatste ronde is er een echte ontmoeting van vlees en bloed. Het komt voor dat sollicitanten pas bij het aanbieden van een baan wordt gevraagd wat ze eigenlijk hebben gestudeerd. In de Benelux is inmiddels meer dan 60 procent van de nieuwe trainees vrouw.

Op het hoofdkantoor in Londen presenteren de leden van het ULE in november hun stevige, door hun persoonlijke purpose geleide ideeën over de toekomst van het USLP aan de top-200. Polman is geroerd door de presentaties. De ene collega heeft het over het aannemen van achtduizend mensen met een handicap. Een andere vindt dat Unilever een sociale onderneming, een B-corp, moet worden.

Marc Engel heeft plannen om al in 2019 het gebruik van gerecycled plastic naar 18 tot 20 procent te laten groeien, in totaal 113.000 ton, een verzesvoudiging ten opzichte van dit jaar. Hij vertelt over de samenwerking met het vuilverwerkingsbedrijf Veolia, die dat plastic op moet halen en daarom investeert in collectiecentra waar tienduizenden 'base pickers' zullen worden ingezet om het plastic overal uit te vissen. Die krijgen per kilo betaald. Engel is opgelucht, de afgelopen tijd lag de bal bij hem omdat hij onvoldoende gerecycled plastic kon leveren, binnenkort is hij niet langer de bottleneck. Marketeers van Dove die blijven zeuren over de gebrekkige witheid van het geleverde plastic zullen voor het plastic dezelfde boodschap moeten gaan uitdragen als voor hun merk: schoonheid hoeft niet perfect te zijn.

De jaarlijks door Unilever gesponsorde bijeenkomst in het Concertgebouw wordt door verschillende aanwezigen dit jaar als tenenkrommend ervaren. Polman spreekt uit het hoofd en is vooral aan het klagen over Nederland en over het onhandige politieke gedoe rondom de mislukte verhuizing naar Rotterdam. Hij relativeert de kwestie en benadrukt dat de aandacht naar de echt grote problemen van deze tijd zou moeten gaan: armoede, het klimaat. Dat vinden Nederlanders toch ook belangrijke vraagstukken? Waarom wordt Unilever hier dan niet met open armen ontvangen, waarom krijgt hij hier zo weinig steun? Het is toch raar dat de media de mislukte verhuizing naar Rotterdam als een overwinning hebben gevierd. Hij is ervan overtuigd dat het hoofdkantoor naar Nederland was gekomen als het negatieve sentiment in Nederland niet zo sterk was geweest. Paul Polman voelt zich onbegrepen in zijn vaderland.

Tijdens een grote bijeenkomst met het personeel in Rotterdam heeft Polman op rustige toon aan het personeel uitgelegd waarom de unificatie nog steeds een goed idee is en waarom de verhuizing naar Rotterdam niet door kan gaan. De leiding van de Benelux heeft het idee dat hun CEO de tegenslag heeft verwerkt en dat hij klaar is voor een interview met het Rotterdamse *Algemeen Dagblad*. De doelstelling is simpel: red de reputatie van Unilever en red je eigen reputatie. Het gesprek is minutieus voorbereid. Polman zal benadrukken dat Unilever heel erg verbonden blijft aan Nederland, dat Rotterdam belangrijk blijft en dat bijvoorbeeld het merk Unox niet zal worden verkocht.

Maar Annemieke van Dongen en Sander van Mersbergen van het *Algemeen Dagblad* willen vooral weten wat er is misgegaan met de verhuizing van het hoofdkantoor naar Rotterdam. De journalisten krijgen geen moment het idee dat hun gesprekspartner beseft dat zij er voor de gewone lezers van hun krant zitten, dat ze zijn gekomen om de vragen te stellen waar die lezers mee zitten. Polman steekt meteen van wal, maar omdat ze maar een uur hebben, sturen de journalisten het gesprek al snel naar Polmans relatie met premier Mark Rutte.

Annick Boyen, verantwoordelijk voor de communicatie, zit erbij op het hoofdkantoor in Londen en ziet het tot haar verbijstering helemaal misgaan. De journalisten vragen Polman of het klopt dat hij een sms'je naar Rutte heeft gestuurd. Dit vindt hij een onbegrijpelijke vraag. Dit is waarschijnlijk zijn laatste interview, over een paar dagen zal zijn aftreden bekend worden gemaakt, hij heeft zoveel voor dit bedrijf en de wereld gedaan en dan willen ze het hierover hebben? Hij raakt geïrriteerd en stelt dat de journalisten niet de juiste vragen stellen. Over de oorzaak voor het mislukken van de verhuizing naar Rotterdam richt Polman zijn pijlen op Jesse Klaver: 'Op zich is het goed dat er discussie is. Maar als je een oppositiepartij hebt die zegt "wij gaan het meteen weer afschaffen als wij aan de macht komen en je weet dat regeringen in twee seconden kunnen omslaan...".'

Als de journalisten suggereren dat hij, na alles wat hij heeft bereikt op het gebied van duurzaamheid, in Nederland misschien de geschiedenisboeken in zal gaan als de man die een belasting voor buitenlandse aandeelhouders wilde afschaffen, zegt Polman: 'Dat is toch volledig belachelijk. Ik denk dat jij in een te klein land woont en te klein denkt. Ik denk dat de meeste mensen in de wereld wel zien wat wij als bedrijf aan het doen zijn. Ik denk niet dat ik me ergens voor hoef te verontschuldigen.'

Als de journalisten buiten staan kijken ze elkaar verwonderd aan: wat is hier gebeurd? Dit hadden ze totaal niet verwacht. Zou Unilever dan helemaal geen goede verklaring hebben voor het mislopen van de zo gewenste verhuizing naar Rotterdam? Ze hebben nog nooit meegemaakt dat een CEO zich zo in zijn ziel liet kijken, kennelijk zonder zich om de koers van het aandeel of de impact op het bedrijf te bekommeren.

De communicatiecollega's van Polman zijn verbijsterd. Dit is een inschattingsfout geweest. Hun CEO heeft de frustratie over het mislukken van de verhuizing naar Rotterdam duidelijk nog niet verwerkt. Dit is de prijs die ze zullen moeten betalen.

Het interview heeft dramatische gevolgen. Met een donderend geraas valt Paul Polman in Nederland voor veel mensen van zijn voetstuk. Hij wordt neergezet als een verwerpelijk lid van de losgezongen globale elite. Kan deze man niet tegen zijn verlies, waar staat hij eigenlijk voor? Sybrand van Haersma Buma vindt het onbegrijpelijk dat Polman zo moppert over de politieke discussie in Nederland. Eigenlijk zegt hij daarmee dat hij vindt dat de oppositie maar beter haar mond kan houden. Dat vindt Buma vooral naïef. Mensen die hem beter kennen, dichter bij hem staan, hebben vooral met Polman te doen. Ze kunnen dit interview alleen maar verklaren vanuit verlies aan controle. Dit heeft hij niet verdiend.

En Unilever ook niet. Met lede ogen ziet Conny Braams hoe de reputatie van Unilever na het interview opnieuw in elkaar klapt. Net als Philips, IKEA en Sligro krijgt Unilever doorgaans de goedkeuring van 70 procent van de ondervraagden. Als er iets misgaat, zakt die score. Het gedoe over de salarisstijging van Polman zorgde voor een daling naar 64 procent. Maar na het *AD*-interview zakt de score zelfs tot 60. Ze denkt dat het wel even zal duren voordat die schade is hersteld.

Terwijl Nederland zich opwindt over dit interview, vieren Paul en Kim Polman in Kenia het tienjarig jubileum van hun Kilimanjaro Blind Trust. Polman schat dat ze inmiddels zo'n 10 miljoen euro hebben gedoneerd om blinde kinderen te leren lezen en schrijven. Op een seminar worden de resultaten opgesomd. Met de reparatie van 25.000 braillemachines zijn evenzoveel blinde kinderen geholpen. Er zijn bijna duizend nieuwe machines gekocht en er is 70 ton aan braillepapier gekocht. Dit verwarmt Polmans hart.

Wat zal hij in 2019 gaan doen? Als hij straks CEO af is, blijven er tachtig uur per week over. De gedachte alleen al maakt hem onrustig. Dat zal niet gebeuren. De klussen bij UN Global Compact en de internationale Kamer van Koophandel (ICC) zullen hem het platform bieden om in WTO-verband verder te bouwen aan het besef dat de komende jaren de finale slag plaats gaat vinden om de ziel van het kapitalisme. Het kapitalisme dat alleen kan worden gered door de langetermijnhorizon centraal te stellen, te laten zien dat iedereen ervan profiteert. Als het niet lukt hiervoor het vertrouwen te winnen van het grote publiek, dan zou er wel eens iets vreselijks voor in de plaats kunnen komen.

Maar er is nog tijd. Emmanuel Macron heeft hem gevraagd te helpen met de voorbereiding van de G7 in het Franse Biarritz in augustus 2019. De Franse president wil dat de regeringsleiders van het Verenigd Koninkrijk, Frankrijk, Duitsland, Italië, Japan, de VS, Canada en de Europese Unie concrete afspraken gaan maken over de aanpak van de klimaatverandering.

Voor Polman persoonlijk is het allemaal niet genoeg. Hij wil nieuwe, spannende dingen gaan doen. Hij moet zijn grenzen kunnen verleggen. Hij wil een keer de ramadan gaan doen en heeft plannen om, amuzikaal als hij is, saxofoon te leren spelen. En hij wil in een jaar tijd de vijf grootste marathons lopen, in een acceptabele tijd. Even heeft hij serieus overwogen om zich alsnog voor een studie medicijnen in te schrijven. Maar zijn vrouw wil het echt niet hebben, die vindt het onzin om daar straks op je 63ste nog aan te beginnen. Komende zomer gaat hij in ieder geval met een goede vriend de rally Beijing-Parijs rijden. Ze zijn al een jaar bezig om een Citroën DS uit 1967 helemaal om te bouwen. Dit is het echte autorijden, het gebruik van gps is verboden. Het is de vijfde keer dat de rally wordt gereden, van de honderd auto's halen er maar zeventig het einde. Bij iedere editie zijn er slachtoffers gevallen. Nee, hij is niet bang voor de dood, als het zijn tijd is, dan is dat zo.

Vanuit Afrika vliegen ze naar de VS. In New York verzamelt het bestuur van Unilever zich voor een bijzondere vergadering. Op de agenda staat de opvolging van Polman. Feike Sijbesma wil even apart met hem zitten. Hij vindt het ontzettend vervelend, tien jaar heeft Polman zijn ziel en zaligheid gegeven, keihard voor Unilever gewerkt, nu gaat hij in de beleving van velen toch op een nare manier weg. De CEO van DSM wil weten wat er met die journalisten van het *AD* is misgegaan. Sijbesma kan zo twintig dingen aanwijzen die hij niet had moeten zeggen. Hoe is dit mogelijk? Polman reageert geïrriteerd, zegt dat het hem niks kan schelen, dat het maar journalisten zijn. Dat hun impact flinterdun is, de volgende dag schrijven ze weer wat anders. Maar zijn commissaris neemt hier geen genoegen mee. Sijbesma vindt dat hij tegenover journalisten moet gaan zitten als de CEO van Unilever, en zo het gesprek moet sturen. Hij kan daar niet gaan zitten als Paul Polman die de wereld wil redden en zich onbegrepen voelt als daar niet de juiste vragen over worden gesteld. Dat kan niet, dat begrijpen die journalisten ook niet. Dan gaat het mis.

Polman realiseert zich dat hij dit nooit had moeten doen. Hij is boos op de in zijn ogen zwakke collega's van de communicatieafdeling. Hij heeft het idee dat hij in een val is gelokt, dat de journalisten er precies hebben uit gehaald wat ze wilden. Hij heeft zoveel meer gezegd. Maar hij verwijt zichzelf nu ook dat hij zich zo heeft laten gaan, zo boos is geworden. Dat was onhandig.

Sijbesma voelt zich zeer verbonden met Polman. Hij begrijpt die emotie, ze staan voor hetzelfde. Maar hij vindt ook dat Polman de weg is kwijtgeraakt. Zelfs de CEO van Unilever kan de spelregels niet veranderen. Je kunt niet tegen de financiële sector zeggen dat je niks met hun manier van werken hebt, dat jij het beter ziet en dat je een ander systeem wilt. Dat kan niet, de hele wereld speelt dit spel. Als je gaat dammen terwijl de rest zit te schaken, dan zet je jezelf buitenspel. Daar kun je dan heel boos over worden, maar dat heeft geen zin. Die emotie mag je naar buiten toe in ieder geval nooit tonen, dat is onverantwoordelijk.

Marijn Dekkers, Laura Cha en Feike Sijbesma hebben bijna twintig gesprekken gevoerd. Uit zes kandidaten moet deze benoemingscommissie de opvolger van Polman kiezen en aan het hele bestuur voordragen. Drie kandidaten komen van buiten, het zijn de nummers twee of drie van grote bedrijven als Nestlé en Danone die hopen ergens anders de nummer één te worden. De door Egon Zehnder geselecteerde kandidaten komen allemaal uit de wereld van de fast-moving consumer goods. Amanda Sourry, Kees Kruythoff en Alan Jope zijn hiertegenover gezet.

Uitgangspunt voor de zoektocht naar de beste kandidaat is het gemaakte profiel. Naast de bewezen leiderschapskwaliteiten en het resultaatgericht zijn, zoekt het bestuur een open, inclusieve, transparante leider die het digitale domein begrijpt en het USLP onderschrijft. Een van de onderwerpen waarmee de CEO aan de slag zal moeten is het plasticvraagstuk. Het bestuur gaat ervan uit dat overheden binnen afzienbare tijd ingrijpende regelgeving zullen invoeren. Unilever moet daar klaar voor zijn.

De afgelopen zomer zijn allerlei adviseurs ingeschakeld om de zes kandidaten te testen op hun ervaring, kennis en leefstijl. De bestuurders spreken af dat ze bij gelijke geschiktheid voor de interne kandidaat zullen gaan. Een nadeel is misschien dat je alle vlekjes kent, aan de andere kant weet je ook precies met wie je in zee gaat. Ze vinden dat Polman zijn werk op dit punt goed heeft gedaan: onder zijn leiding zit genoeg talent om de zaak verder te tillen.

Het gaat uiteindelijk tussen Kees Kruythoff en Alan Jope. De Nederlander heeft duidelijk gemaakt dat hij harder wil gaan, de duurzame agenda agressiever wil transformeren. Hij wil vooral meer kleine, vanuit de sociale missie van een ondernemer-activist geboren merken overnemen. Kruythoff beschouwt zichzelf als een Polman 2.0. Polman is een fan van Kruythoff. Die heeft net als hij een groot netwerk en wat belangrijker is, hij heeft het USLP in zijn bloed.

Alan Jope is de zoon van een huisvrouw en een drukker. Zijn vader komt er pas op zijn zestigste achter dat hij niet dom is maar dyslectisch. Na zijn bachelor bedrijfseconomie aan de universiteit van Edinburgh moest er geld worden verdiend door Jope junior. Accountantskantoor Arthur Andersen wilde hem graag hebben. Maar Jope vond marketing het leukste vak en solliciteerde in 1985 bij Procter & Gamble en Unilever. De Amerikanen boden hem een baan aan in Newcastle, het Brits-Nederlandse concern in Londen. Zijn vriendin Rosie feliciteerde hem met zijn baan bij Unilever, want ze weigerde in Newcastle te gaan wonen. De twee zijn nog steeds bij elkaar, hebben drie kinderen gekregen. Hij noemt haar niet zijn betere helft maar zijn betere driekwart.

Jope vindt het de grote verdienste van Polman dat hij het DNA van Unilever heeft herontdekt, het bedrijf heeft teruggebracht naar zijn wortels. De Nederlander heeft het verdienen van geld op een briljante manier gecombineerd met een grote focus op het goede doen. Als potentiële opvolger heeft hij zich gecommitteerd aan de voor 2020 beloofde verbetering van de marge tot 20 procent en een omzetgroei van 3 tot 5 procent. Over tien jaar, in 2029, moet de omzet in ieder geval vele miljarden euro's hoger liggen. Maar 80 miljard vindt hij niet realistisch.

De 54-jarige Jope heeft duidelijk gemaakt dat hij de accenten de komende jaren anders wil gaan leggen. Hij wil zich op de interne processen concentreren. Dat hele Brits-Nederlandse gedoe van het afgelopen jaar moet zo snel mogelijk verleden tijd worden. Dat is ook logisch, er zitten meer Indiërs in de top dan Britten of Nederlanders. De veertien mensen in zijn team hebben twaalf nationaliteiten. Dat hij Schot is, heeft voordelen: technisch is hij een Brit maar qua karakter voelt hij zich meer een Nederlander, net zo bot en direct.

Hij zal niet ingaan op tijdrovende verzoeken van de Verenigde Naties, ngo's of andere belangrijke publieke instellingen. Waar Polman vooral bezig was met het mobiliseren van het merk Unilever op wereldschaal, wil Jope zich op de consumentenmerken, op de markten richten. Hij wil ervoor zorgen dat hun duurzame boodschappen beter worden geformuleerd en veel duidelijker worden gecommuniceerd. Consumenten die nu een product uit de schappen pakken, zien nog nergens staan wat de bijdrage van dat Unilevermerk aan een duurzamer leven is.

Jope is enthousiast over Hanneke Fabers boodschap dat ieder merk een beweging moet worden. Uitgangspunt voor alle rekensommen is de *brandequity*, een goede analyse van de waarde van het merk. Shampoo is bijvoorbeeld waardevol omdat het haar ervan gaat glanzen en lekker gaat ruiken en omdat het roos tegengaat, maar ook steeds meer door de belofte dat het in flessen van gerecycled plastic zit. Omdat die laatste waarde steeds meer gewicht krijgt voor de consument kan Unilever het meenemen in het bepalen van de prijs.

Als hij klaar is zal Unilever niet per se groter zijn geworden in de voedingssector maar als geheel wel flink zijn gegroeid. De merken zullen bekend zijn vanwege de ondubbelzinnige, authentieke, duurzame bijdrage die ze leveren. Jope zal niet proberen de hele wereld van een leefbaar inkomen te voorzien maar hij wil het werken voor Unilever hebben geherdefinieerd. In zijn ogen werken er geen 160.000 mensen voor Unilever maar meer dan 3 miljoen. Al die mensen halen hun inkomen uit de activiteiten van de multinational, daar voelt hij zich verantwoordelijk voor. Daar wil hij meer mee en voor doen.

Voor bestuursvoorzitter Marijn Dekkers is de keuze niet zo moeilijk. Hij vindt Jope veruit de beste keus. Dit is zijn man. Na Polman wil hij een CEO die met beide benen op de grond staat, pragmatisch is. Dat vindt de rest van het bestuur kennelijk ook. Alan Jope wordt unaniem voorgedragen en door het bestuur benoemd om op 1 januari 2019 het stokje van Paul Polman over te nemen.

Kees Kruythoff is diep teleurgesteld. Hij denkt dat hij het niet is geworden omdat hij Nederlander is. De belangrijkste Nederlander in het bestuur, Marijn Dekkers, loopt na het debacle rond de dividendbelasting toch met een bloedneus rond. Dat hele gedoe heeft de oude Brits-Nederlandse spanningen weer helemaal teruggebracht in het bedrijf. Na een Nederlander wordt het daarom nu weer tijd voor iemand uit het Verenigd Koninkrijk. Het is duidelijk, hij zal Unilever na 26 jaar moeten verlaten.

'CEO Unilever weg na mislukken verhuizing naar Rotterdam'. Met die conclusie opent de *Financial Times* de volgende ochtend. Tot grote verbijstering van veel direct betrokkenen. De krant lijkt nu zelf op een boxer die maar niet kan stoppen met aanvallen.

'Paul Polman, een cruciale stem voor maatschappelijk verantwoord ondernemen', kopt *The New York Times* een dag later. De krant portretteert de vertrekkende CEO in een lovend portret. Als een van de eerste CEO's voegde hij de daad bij het woord en ging serieus en met succes met het grote duurzame vraagstuk en een daarvoor verantwoordelijk bedrijfsleven aan de slag.

Polman vindt het ongelooflijk dat hij zijn allerlaatste speech als CEO van Unilever in Mumbai zal geven. De cirkel is rond. Tien jaar na het drama dat zijn leven zo ingrijpend heeft veranderd moet hij in dezelfde stad nog een keer het gevecht aangaan met de groep mensen die hem het slechtst begrijpt. Hij kijkt de zaal rond, de meeste analisten kent hij inmiddels bij hun voornaam. Hij vertelt ze openhartig dat hij dit niet makkelijk vindt, dat hij net nog even met zijn vrouw heeft gebeld en dat zij het advies heeft gegeven: *when in doubt, hug it out*. Geef ze een knuffel als je er niet uit komt. De zaal grinnikt zachtjes.

Natuurlijk wijst hij op het resultaat: 'Ik voel me beschaamd als ik mijn

90-jarige moeder uitleg dat we over tien jaar een rendement van 290 procent hebben gemaakt, dat heeft zij nooit gehad.' Dit is toch het bewijs dat bedrijven zoals Unilever die de multistakeholder-benadering kiezen de toekomst hebben.

'Hoe komt het dat nog maar weinig bedrijven ons voorbeeld volgen?' Dat is ernstig. 'De kosten van klimaatverandering worden nu al op 5300 miljard dollar geschat, bedrijven die hier niet mee bezig zijn, zijn gek. Dit is de grootste intergenerationele misdaad in de geschiedenis van de mensheid.'

Hij somt de successen van de afgelopen tien jaar op. Persoonlijke verzorging is van 12 naar 22 miljard gegroeid. De voedingsdivisie is gestroomlijnd. 'Van bijna 75 procent omzet uit volwassen markten zijn we nu op weg naar 75 procent omzet uit zich ontwikkelende markten.' En met de kosten gaat het dankzij zero-based budgetting sinds kort ook de goede kant op. Met een grijns op zijn gezicht stelt hij dat zelfs de consultants van Accenture onder de indruk zijn: 'Ze hebben nog niet eerder zo snel zulke resultaten gezien.'

'Maar bovenal staat onze betekenis voor de samenleving centraal. Jullie moeten ons helpen dit naar een hoger plan te tillen. Ga dit onderzoeken, niet als "sell-side-analist", of in mijn geval als "CEO", maar als mensen, als burgers. De betekenis van ons leven is dat we andere levens betekenis geven, zodat de samenleving vooruitgaat en de wereld overleeft. Met het USLP hebben we een nieuw model gebouwd, dat zal steeds meer navolging krijgen. Dat is logisch, omdat wie zo denkt zijn risico's verkleint. Minder ontbossing, staan voor mensenrechten, groene energie, minder water- en plasticverbruik, het maakt ons model robuust. We lopen voor op wetgeving die onvermijdelijk wordt, omdat overheden en consumenten er klaar mee zijn.'

Polman roept zijn gehoor op om CEO's zoals hijzelf een beetje ruimte en vooral wat meer vertrouwen te geven en daarbij verder te kijken dan de harde cijfers. 'Kijk naar de fatsoenlijke bedrijven die zich over een termijn van twintig, dertig jaar ontfermen over de wereld waarin de mensen die jullie representeren met pensioen zullen gaan.'

Een analist vraagt Polman of hij niet teleurgesteld is. Unilever is qua omzet de afgelopen vijf jaar niet meer gegroeid. Polman haalt zijn schouders op: 'Ach, we hebben zoveel gedaan. Het was niet altijd makkelijk. En kijk eens hoe de wereldleiders zich hebben gedragen. Ik had echt gehoopt dat ze de uitdagingen op zouden pakken. Maar dat gebeurt niet en dat helpt ons niet.'

Een andere analist wil weten welk advies Polman aan zijn opvolger geeft als het gaat om de omgang met analisten. Polman kijkt naar Jope: 'Als hij dit bedrijf gaat leiden op basis van de eisen van aandeelhouders, dan gaat het mis. Dat leidt tot een faillissement. De komende tijd moeten de niet goed meetbare zaken meetbaar worden gemaakt, daar gaat het vooral om. Zo kun je beter uitleggen waarom het USLP echt de grote *driver* achter waarde is. Dat is onze verantwoordelijkheid. Ik heb het geprobeerd, ben niet altijd succesvol geweest. En jullie zitten nog steeds vast in jullie oude denkpatronen. We zijn het niet altijd eens geweest. Toch wil ik jullie bedanken voor de samenwerking.'

De analisten klappen voorzichtig, zijn Unilever-collega's klappen harder. Marijn Dekkers blijft met zijn armen over elkaar zitten.

Tijdens de kerstvakantie bellen Polman en Sijbesma een paar keer met elkaar, ze hebben behoefte om de balans op te maken. Het was een heftig jaar. Sijbesma heeft bedacht dat hij zo'n laatste jaar als dat van Polman moet zien te vermijden. Hij is al meer dan elf jaar de CEO van DSM, hoelang nog? Hij wil op het hoogtepunt van het feestje vertrekken. Maar wat is het hoogtepunt? Hij is net door *de Volkskrant* uitgeroepen tot meest invloedrijke Nederlander. Polman, die vorig jaar op de tweede plek stond, staat niet meer in die lijst van tweehonderd namen. Zo snel kan het gaan.

Er is nog zoveel te doen. Sijbesma hoopt vooral dat ondanks het mislukken van de unificatie en de onhandige mediaoptredens de erfenis van Polman overeind blijft. De man heeft zo veel goed werk verzet.

20 Het eenzame gelijk van Paul Polman

januari-juli 2019

Minzaam glimlachend, maar vooral met een ferme blik kijken ze de verte in. Floris Maljers, Michael Perry, Morris Tabaksblat, Niall FitzGerald, Antony Burgmans, Patrick Cescau, op de hoofdkantoren van Unilever hangen de geschilderde portretten van de voormannen van de afgelopen 25 jaar op chronologische volgorde naast elkaar. De Britten en de Fransman hangen in Londen, de Nederlanders hangen in Rotterdam.

Paul Polman heeft laten weten dat hij niet in zo'n rijtje wil hangen. Niet in Londen en ook niet in Rotterdam. Als je daar hangt, dan lijkt het net of je klaar bent, of de klus geklaard is. Daar is geen sprake van. Natuurlijk verdient hij het wel, daar twijfelt hij niet aan. Unilever was een zelfvoldaan, in zichzelf gekeerd rommeltje toen hij er in 2009 begon. Hij heeft het bedrijf van de ondergang gered. Unilever gaat nu de juiste kant op, zet de toon in de industrie en is behoorlijk gegroeid. Het heeft alle mogelijke prijzen gewonnen die je kunt winnen.

Het bedrijf krijgt van hem een goede beoordeling. Maar zichzelf geeft Polman geen hoog rapportcijfer. Hij is er nog niet in geslaagd om de verandering te brengen die de wereld nodig heeft. Het redden van Unilever was slechts een middel geweest om dat doel te verwezenlijken, te laten zien dat het kan. Helaas volgen veel te weinig leiders zijn voorbeeld. Nee, hij is nog lang niet klaar.

De 'stagiair' van 2009 zit tien jaar later weer op een klein kamertje op het hoofdkantoor in Londen. Hij zal nog zes maanden als adviseur bij Unilever betrokken blijven. Op zijn bureau ligt een stapeltje *Imaginary Cells,* het boek van zijn vrouw. De 62-jarige Polman geniet van de daarin gebruikte metafoor, de ingewikkelde maar gelukkig ook onvermijdelijke transformatie van een volgevreten, luie rups naar een kleurrijke, energieke vlinder. Het einde van het oude, op eigen gewin gerichte kapitalisme voedt het begin van het nieuwe, op gemeenschappelijke belangen gerichte kapitalisme.

Als hij het boek aan zijn gasten geeft, vertelt hij gepassioneerd over Reboot the Future, de stichting van zijn vrouw. De wereld zal die draai maken. Bedrijven moeten laten zien dat ze welvaart en welzijn voor iedereen creëren. Dat niemand wordt buitengesloten.

Helaas gaat het sinds 2016 de verkeerde kant op. De wereld zit in een negatieve *loop*. De ontbossing neemt nog steeds toe, de klimaatverandering versnelt, de armoede groeit, zowel absoluut als relatief. Allemaal ontwikkelingen die het wantrouwen bij veel burgers verder voeden. Wantrouwen jegens de globalisering en de elite die daar als enige van lijkt te profiteren. Dat geeft het om zich heen grijpende populisme een angstaanjagende impuls. Die houdt politici in een ijzeren greep. Gedachten over meer samenwerken, verbinden en mondialiseren staan bij veel overheden duidelijk niet meer op de eerste plaats. Dat betekent dat het initiatief nog meer bij het bedrijfsleven komt te liggen.

Het grote publiek geeft het bedrijfsleven op dit moment meer vertrouwen dan de politiek, dat is een lichtpuntje.[1] Hiervoor geeft hij zichzelf wel een schouderklopje. Zijn grootste wapenfeit van de afgelopen jaren vindt hij de creatie van de Sustainable Development Goals, zijn deelname aan het High-Level Panel van de Verenigde Naties. Daar waren multinationals lang de grote vijand. Nu zien ze de private sector als de belangrijkste aanjager van de noodzakelijke verandering. Dat is winst.

Bij zijn aantreden, tien jaar geleden, stelde Polman dat hij blij was met de crisis. Die stelde de ethiek van het zakendoen aan de kaak, maakte duidelijk dat de financiële sector veel te dominant was geworden. De crisis gaf hem het mandaat om bij Unilever het roer om te gooien en het Unilever Sustainable Living Plan voorop te stellen. Van meet af aan heeft hij voorspeld dat hooguit een deel van de beloftes van het USLP zou worden gerealiseerd. Met vallen en opstaan. Toch is hij trots op het resultaat. Unilever heeft zo'n 653 miljoen mensen geholpen met het verbeteren van hun hygiënische levensomstandigheden. En als het om de eigen productiefaciliteiten gaat, is de halvering van de belasting van het milieu op sommige plekken ruimschoots gerealiseerd. Kijkend naar de hele impact van de jaarlijks geproduceerde ruim 200 miljard Unilever-producten op het milieu valt het resultaat tegen. De doelstelling om in 2020 alle landbouwproducten duurzaam in te kopen, blijft eind 2018 steken op 56 procent. De halvering van de berg afval als gevolg van het gebruik van al die Unilever-producten staat op -31 procent, de gehoopte halvering van het watergebruik op een magere -2 procent. Het lukt bijvoorbeeld nauwelijks de met Unilever-producten soppende en wassende mensen korter te laten douchen. De beloofde halvering van broeikasgassen noteert eind 2018 zelfs een plus van 6 procent. Voor wat betreft het verbeteren van de levensomstandigheden en het aanpakken van armoede is het beeld gemengd. Bijna twee derde van alle inkopen wordt gedaan bij bedrijven die het door Unilever gevraagde respect voor mensenrechten onderschrijven. Bijna 2 miljoen (van de voor 2020 beloofde 5 miljoen) vrouwen zijn geholpen bij het vergroten van hun mogelijkheden op de arbeidsmarkt. En 2,6 miljoen, van de beloofde 5,5 miljoen, kleine boeren en retailers zijn geholpen bij het verduurzamen van hun inkomen en werkmethodes.

Ook over 2018 is Unilever weer uitgeroepen tot meest duurzame speler in haar sector, zowel in de Dow Jones-Duurzaamheidsindex als in de Globescan.[2] Polman vindt dat eigenlijk teleurstellend: het zou veel beter zijn geweest als Unilever inmiddels was ingehaald door andere bedrijven. Hier moet een race naar de top ontstaan, moeten bedrijven elkaar opjutten om nog duurzamer te gaan werken.

Waar zijn ze? Hij heeft het vaak geroepen: het Unilever Sustainable Living Plan faalt als het voorbeeld niet door andere bedrijven wordt opgevolgd. Wat dat betreft is er nog niet veel veranderd. Terwijl de urgentie alleen maar toeneemt. Sinds acht jaar staan de duurzame resultaten in ieder jaarverslag van Unilever opgesomd naast de conventionele financiële resultaten. Maar de onderliggende boodschap dat ze in elkaars verlengde liggen, niet zonder elkaar kunnen, is onvoldoende opgepikt. Analisten hebben er tien jaar lang geen vraag over gesteld. Nee, het beweegt allemaal veel te langzaam. Het vliegwiel draait niet hard genoeg. Er is nog steeds een nijpend tekort aan bomen en aan leiders.

Als hij nu, een paar maanden nadat hij het stokje aan Alan Jope heeft overgedragen, de balans opmaakt vraagt hij zich af wat hij als leider bij Unilever beter had kunnen doen. Het aanhoudende verwijt dat hij te weinig naar de mensen om hem heen heeft geluisterd, dat hij heeft verzuimd om van het Unilever Leadership Executive een echt team te maken, begrijpt hij wel.

Hij weet nog precies waarom hij in 2009 zo nadrukkelijk boven al die Unilever-managers was gaan staan, ze allemaal een-op-een aan hem had laten rapporteren. Hij had zich in die beginjaren enorm geërgerd aan de top van Unilever. Dat was een grote kletsclub, een *debating society*, typisch Brits maar de Nederlanders deden er lekker aan mee. Iedereen wilde altijd overal over kunnen meepraten. Dat had hij doorbroken door ze top-down duidelijke verantwoordelijkheden te geven. Zo zou er niet te veel tijd verloren gaan met eindeloze discussies. Zo zou er geen ruimte meer zijn om steeds weer terug te komen op genomen besluiten.

Hij was er vervolgens van uitgegaan dat ze door de logica van het USLP, de wens om de wereld beter te maken, door het vinden van hun purpose automatisch aan elkaar waren verbonden. Maar dat was tegengevallen. Niet genoeg geweest. Ze bleven ook maar klagen over zijn afwezigheid, leken maar niet te begrijpen dat hij in de buitenwereld voor ze bezig was, bezig was om hun speelveld groter te maken. Misschien had hij zich wat beter moeten realiseren dat niet iedereen tachtig tot honderd uur per week kan of wil werken. Misschien had hij het management van Unilever toch wat meer aandacht moeten geven, consistenter bezig moeten zijn ze te helpen het purposedenken in de organisatie verder te stimuleren.

Het was een zwaktebod dat hij vorig jaar met Valerie Keller hulp van buiten heeft ingeroepen om de top van het bedrijf over hun persoonlijke betrokkenheid bij de toekomst van het USLP na te laten nadenken. Dat had hij natuurlijk zelf met ze moeten doen. Als hij meer naar ze had geluisterd, ze meer ruimte had gegeven om naar buiten te treden, dan was het allemaal veel meer een inspanning van het team geworden, en was het ULE als team effectiever geweest. Hij vindt sowieso dat hij meer fouten heeft gemaakt dan dingen goed heeft gedaan. Maar hij heeft er wel voor gezorgd dat de dingen die hij goed heeft gedaan, meer gewicht hebben gekregen. Dat niet iedereen dat ziet, begrijpt hij ook. Dat is de tragiek van de pionier. De erkenning komt pas later. Polman beseft nu dat hij zeker vijf en misschien wel tien jaar voor de troepen uit loopt. Niet voor de ngo's en overheden, daar heeft hij genoeg applaus gekregen. Maar vooral vanuit het perspectief van de aandeelhouders.

Hij vindt het vreselijk dat de financiële markten de afgelopen jaren alleen maar kortademiger zijn geworden. Het speculatieve stuk van de economie is in vergelijking met de reële economie nog dominanter geworden. En dat betekent dat de financiële resultaten van kwartaal tot kwartaal belangrijker worden. Om beleggers tevreden te houden keren de op Wall Street genoteerde bedrijven inmiddels bijna 100 procent van hun winst uit aan aandeelhouders in de vorm van dividend of de inkoop van aandelen. Soms zelfs meer. Unilever ontkwam er zelf ook niet aan, tot zijn grote verdriet. Polman vindt deze ontwikkelingen rampzalig. Bedrijven zouden hun winsten moeten gebruiken om te investeren in hun werknemers en de ontwikkeling van duurzame innovatieve producten en diensten.

Tegelijkertijd is hij ook trots op de forse koersstijging die het aandeel Unilever onder zijn leiding heeft gerealiseerd. Metend vanaf het dieptepunt van de koers in maart 2009 is het aandeel Unilever met bijna 270 procent in waarde gestegen. De koersen van Procter & Gamble en Nestlé stegen over diezelfde periode met respectievelijk 155 en 191 procent. Daarmee is de jarenlange stagnatie van het beleggersvertrouwen in het Unilever-aandeel in de vijftien jaar vóór Polman trouwens nog niet helemaal gecompenseerd. Wie 25 jaar geleden, in 1994, in de aandelen van Unilever, Procter & Gamble en Nestlé, 1000 euro, 1000 Amerikaanse dollars en 1000 Zwitserse francs zou hebben geïnvesteerd, zou nu respectievelijk zo'n 5900 euro, 6700 dollar en 8300 Sfr aan koerswaarde noteren.

Dat hebben die bedrijven niet helemaal op eigen kracht gedaan. Natuurlijk weet de voormalige Unilever-CEO ook dat centrale banken de afgelopen jaren vreselijk veel geld in de wereldeconomie hebben gepompt. Dat geld is op zoek naar rendement, moet ergens naartoe. Dat verklaart een deel van de koersstijgingen.

Die financiële wereld moet nu snel een grote draai gaan maken. Dat is essentieel. Noem hem eigenwijs, noem hem naïef, maar hij weigert het systeem te accepteren zoals het nu is. Hij zal ze blijven provoceren. Eind januari was Polman in Davos Larry Fink tegengekomen. Lachend had hij aan de baas van BlackRock gevraagd hoe hij het zou vinden om van een paar grote bedrijven – waaronder Unilever – een brief te krijgen: een 'Dear Larry'-brief in plaats van de jaarlijkse 'Dear CEO'-brief van zijn hand. Misschien kunnen ze hem er zo toe bewegen om nou eens de daad bij al die mooie woorden te voegen. De mate waarin de grootste belegger ter wereld de beleggingen naar duurzame initiatieven verlegt, valt enorm tegen.

De CEO van BlackRock had benauwd gereageerd en gezegd dat het nu niet goed uitkwam. Polman begrijpt dat, hij weet dat Fink muurvast zit in een cultuur waar Polmans gedachtegoed nog maar nauwelijks landt. Amerikaanse politici die voor een stakeholdermodel pleiten, zoals recent de Democratische presidentskandidate Elizabeth Warren, worden ervan verdacht de rol van de overheid groter te willen maken en al snel als gevaarlijke socialisten weggezet.

Hij is ervan overtuigd dat hij uiteindelijk gelijk gaat krijgen. De prijs van dat gelijk loopt alleen wel op naarmate de tijd verstrijkt. Hij schat dat we nog zo'n vijftien jaar hebben om het klimaat in goede banen te leiden. Soms vreest hij dat er toch eerst nog een paar grote rampen nodig zullen zijn om de wereld wakker te schudden. Is het niet altijd zo gegaan? We moeten kennelijk eerst de pijn voelen, de kosten ervaren, voordat we er wat aan willen doen. Rampen veranderen het gedrag in één klap. Australiërs douchen structureel korter sinds ze in een periode van uitzonderlijke droogte hebben ervaren wat waterschaarste met ze doet.

Tegelijkertijd irriteert dit scenario hem, hoeveel rampen zijn er nodig om wakker te worden? Hij schat dat er nu al jaarlijks voor 500 miljard dollar aan extra schade wordt aangericht als gevolg van klimaatverandering. Alleen wordt die schade vaak niet zo gelabeld, worden orkaanschade en overstromingen nog steeds als onvermijdelijke incidenten gezien. Die schade moet meer gelinkt worden aan klimaatverandering.

Een groot probleem vormen de op historische gegevens gebaseerde voorspellingen van beleggers en financieel analisten. Daarin wordt nu nog nauwelijks rekening gehouden met zoiets als een belasting op CO_2. Simpelweg omdat dergelijke belastingen nog nauwelijks een geschiedenis hebben, tellen ze niet echt mee. Het is een lichtpuntje dat verschillende Europese landen, waaronder Nederland, inmiddels zo'n belasting hebben of van plan zijn zo'n belasting in te voeren.

Hij was in dit verband ook blij geweest met de eerste klimaatstresstest van De Nederlandsche Bank eind vorig jaar. Daarin berekende de toezichthouder op Nederlandse banken en pensioenfondsen wat het voor hen betekent als de belasting van een ton CO_2-uitstoot wereldwijd naar 100 dollar zou gaan. Nederlandse financiële instellingen verliezen dan 111 miljard euro aan vermogen omdat ze de waarde van beleggingen in energie-intensieve industrieën fors naar beneden moeten bijstellen. Tegen NRC *Handelsblad* had de president van DNB, Klaas Knot, gezegd dat het scenario waarbij deze 'beleidsschok' wordt gecombineerd met een 'technologieschok', hem het meest waarschijnlijk lijkt. Omdat door technologische doorbraken oude technologieën versneld moeten worden afgeschreven verdampt in dat geval zo'n 159 miljard euro aan vermogen. De boodschap van de toezichthouder is duidelijk: met het tijdig inzetten van klimaatbeleid kunnen de toekomstige negatieve gevolgen van klimaatverandering worden beperkt. Het is alsof Paul Polman zichzelf hoort praten.

Hij ziet meer lichtpuntjes. In Europa moeten beursgenoteerde bedrijven sinds 2017 in hun jaarverslag uitleggen hoe ze omgaan met niet-financiële informatie zoals hun impact op milieu, mensenrechten en diversiteit. Die nu vaak nog korte paragrafen zullen langer worden naarmate consumenten, werknemers en beleggers daar meer om vragen. Het zal de fondsmanagers van de grote beleggers helpen om langzaam de bocht te nemen en hun gedrag te veranderen.

Zijn opvolger zit op dezelfde lijn maar Alan Jope waakt er voor niet te ver voor de troepen uit te lopen. In zijn eerste week is Jope naar het hoofdkantoor in Rotterdam gekomen om zich voor te stellen. Dat vond hij spannend. Die Nederlandse collega's hebben het wel voor hun kiezen gehad: hun margarinedivisie is verkocht en dat ene hoofdkantoor komt niet naar Nederland. Hoe zullen ze hem ontvangen?

Van tevoren had hij vier punten op papier gezet. Unilever zal weer gaan groeien. Er komt geen verdunning van het USLP omdat de duurzame merken bijna 70 procent harder groeien dan de rest. De organisatie blijft dezelfde. Hij zal zich richten op meer diversiteit en inclusie. Maar de vragen van zijn Nederlandse collega's gingen vooral over hem. Ze willen weten wat voor man hij is. Jope had benadrukt dat hij geen Polman is en een 60-urige werkweek meer dan genoeg vindt. Omdat Jope een jonge vragenstelster niet goed kon zien, probeerde hij met armgebaren de honderden collega's voor zich duidelijk te maken dat ze uit elkaar moesten gaan. De Schot was geschrokken van zijn eigen theatrale gebaar en had grappend vastgesteld dat hij een waarschuwing nodig had, dat hij zichzelf niet groter moest maken dan hij is.

Hij had beloofd zich te zullen houden aan de afspraken die zijn voorganger met de aandeelhouders had moeten maken. Net als Polman heeft hij een lijstje met negen operationele indicatoren gemaakt, die leidend zullen worden in de constante bespreking van de gang van zaken. Alleen heten ze nu het '9-voor-2019'-lijstje. Tot opluchting van veel collega's heeft hij het besluit van Polman om in 2014 geen opvolger voor Harish Manwani als COO te benoemen, teruggedraaid. Nitin Paranjpe zal die rol op zich nemen.

Jope maakte zijn Rotterdamse publiek ook duidelijk dat na het fiasco van de afgelopen maanden de unificatie nu even niet in de top-10 van zijn prioriteiten zit. Maar omdat het zo nadrukkelijk is aangekaart zal hij er waarschijnlijk volgend jaar wel mee aan de slag moeten. De mededeling dat een eventuele keuze voor Rotterdam wat hem betreft nog steeds in de top-5 staat, is een heel kleine pleister op die wond.

Een dag later was Alan Jope langsgegaan bij *Het Financieele Dagblad* en *De Telegraaf*, de relatie met de Nederlandse media moest worden hersteld na de desastreuze laatste maanden van vorig jaar. De Nederlandse persvoorlichters hadden voorgesteld de tijd goed te benutten en Jope maar meteen groot te laten interviewen door deze kranten, maar daar hadden hun Britse collega's een stokje voor gestoken. De nieuwe CEO moest eerst de ruimte krijgen om te oefenen met deze media. Aan redacteuren van het *FD* legde Jope uit dat de relaties tussen Unilever en de media wat roestig waren geworden en wel een beetje glans konden gebruiken. Toen de journalisten hem vertelden dat zijn voorganger de vreemde gewoonte had om te klagen over het gebrek aan positieve berichtgeving, had Jope geknikt en gezegd dat hij de boodschap had begrepen.

Bij verschillende gelegenheden heeft Jope Polman bedankt: 'Hij heeft een zeer opmerkelijke bijdrage geleverd, niet alleen voor Unilever, maar voor de hele wereld.' Tegen de *Financial Times* zegt hij dat Unilever vooral zal investeren in het uitbouwen van de divisie persoonlijke verzorging. Daar zit meer marge. 'Voor wat betreft voeding zullen we hier en daar wat kopen, maar vooral doorgaan met het afstoten van activiteiten die intrinsiek minder snel groeien.' Op de aandeelhoudersvergadering in Rotterdam stelt Jope dat Unilever 'een dwingende opdracht heeft om te voorzien in de verlangens en instincten van mensen en zo een positieve bijdrage te leveren aan de grote problemen van de wereld'. En hij benadrukt dat purpose daarbij niet belangrijker kan zijn dan winst, maar dat een met purpose geladen benadering zal zorgen voor betere winst.

In verschillende media wordt geconstateerd dat er met Jope weer een gewone CEO aan het roer staat, eentje die zich nu vooral zal richten op het verkopen van zo veel mogelijk flesjes Dove en Magnum-ijsjes. Eerst geld verdienen, dan het goede doen.

Alan Jope hoopt dat vooral overheden ervoor gaan zorgen dat het duurzame speelveld vorm krijgt. Het zou mooi zijn als in de Britse regelgeving de ook in zijn ogen eenzijdige verplichting jegens de belangen van de aandeelhouders in de toekomst breder wordt getrokken. Zo krijgen andere belangen meer gewicht en krijgen bedrijven als Unilever de ruimte om zich meer door de in het USLP gestelde doelen te laten leiden.

Zijn 'adviseur-voorganger' heeft daar duidelijk radicalere ideeën over. Paul Polman vindt dat Unilever er de komende jaren aan zou moeten werken om een *Benefit-corporation* te worden. Zo'n B-corp – er zijn er nu circa 10.000 – heeft in de Verenigde Staten een aparte juridische status. Het geeft bescherming tegen agressieve, op kortetermijngewin beluste aandeelhouders omdat statutair is vastgelegd dat hun belangen altijd zullen worden afgewogen tegen de belangen van alle andere stakeholders. B-corps hebben geld verdienen formeel en juridisch ondergeschikt gemaakt aan hun specifieke maatschappelijk belang, en dus zal het overgrote deel van het resultaat daar ook steeds in worden geïnvesteerd.

Tot nu toe werd Polman uitgelachen als hij voorstelde van Unilever een B-corp te maken. Om die status te krijgen moet het bedrijf aan zeer specifieke vereisten voldoen, wordt bij wijze van spreken precies vastgelegd welke palmolie, thee of tomaten je lokaal moet kopen, omdat alleen die producten aan de gestelde eisen voldoen. Experts geloven dat Unilever hier simpelweg veel te groot voor is. En te beursgenoteerd. Polman pareert die kritiek met de constatering dat ook het beursgenoteerde Danone, qua omzet ongeveer de helft van Unilever, hier heel serieus mee bezig is. De Amerikaanse dochter van Danone is inmiddels als B-corp gekwalificeerd.

Samen met Jay Coen Gilbert, in 2006 een van de oprichters van de B-corpbeweging, onderzoekt hij daarom hoe ze zo'n proces voor grote bedrijven als Unilever kunnen versnellen. Polman denkt dat het mogelijk moet zijn voor Unilever om over een jaar of vijf deze status te bemachtigen. Hij hoopt dat overheden zich ondertussen veel meer gaan inspannen om deze vorm van sociaal ondernemerschap juridisch te faciliteren. Dat hoopt de Organisatie voor Economische Samenwerking en Ontwikkeling ook. Die heeft de Nederlandse overheid net opgeroepen iets te doen aan het gebrek aan 'institutionele erkenning' van de sociale onderneming.[3]

Ondertussen groeit Unilever als het ware van binnenuit voorzichtig naar die status toe. Ben & Jerry's werd jaren geleden als een van de eerste bedrijven met de B-corp-status beloond. Polman heeft de afgelopen jaren een paar B-corps overgenomen, zoals Seventh Generation, Tazo (thee) en Sir Kensington's. Keer op keer blijkt dat bedrijven die zijn gestart door activisten, door mensen die geloven dat ze het best als ondernemer een maatschappelijk probleem kunnen oplossen, de minste moeite hebben om het gat tussen het goede doen en geld verdienen te dichten.

Binnen Unilever zijn ze zonder twijfel de belangrijkste motoren en inspiratoren van het duurzame denken. Polman had best meer van dergelijke bedrijven willen overnemen de afgelopen tien jaar. Maar het kost veel tijd om het vertrouwen van dit soort ondernemers te winnen. Je moet een reputatie opbouwen die ze ervan overtuigt dat hun gedachtegoed intact blijft, en verder wordt opgetild. Het feit dat het gedachtegoed van Ben & Jerry's nu alweer bijna twintig jaar in Unilever-verband overeind is gebleven, helpt daarbij enorm.

Dat was in ieder geval een van de belangrijkste redenen voor Jaap Korteweg, oprichter van De Vegetarische Slager, om exclusief met Unilever te gaan praten. In december 2018 werd zijn bedrijf ingelijfd. Korteweg is ervan overtuigd dat de overname door Unilever de snelste weg is om met zijn vleesvervangers een zo groot mogelijke impact te realiseren. Vanaf de oprichting negen jaar geleden hanteert hij een businessplan dat hij nooit hoeft bij te stellen: hij wil de grootste producent van vleesvervangers ter wereld worden. Met de inzet van de marketing- en retailpower van Unilever hoopt hij dat er fors in het verder verbeteren van zijn vleesvervangers zal worden geïnvesteerd. In de wetenschap dat consumenten nooit meer willen betalen gaat hij ervan uit dat Unilever met het vergroten van de schaal de prijzen snel zal verlagen. Zo moet het mogelijk zijn om in 2023 voor 1 miljard euro om te zetten, bijna vijftig keer zoveel als over 2018. Anders is deze pionier teleurgesteld.

De boerenzoon die zijn dramatische schoolcarrière graag samenvat met de constatering dat hij daar in ieder geval niets heeft afgeleerd, wilde vroeger de natuur in, woudloper worden. Zijn vader leerde hem al dat de woest consumerende mens helaas bezig was die natuur kapot te maken. Dat heeft hijzelf aan den lijve ervaren. Na een dag iets te intensief met pesticiden in de weer te zijn geweest, zweefde de jonge boer op de intensive care op het randje van de dood. Na de varkenspest in 1999, toen er meer dan een miljoen varkens moesten worden geruimd, besloot de 37-jarige Korteweg vegetariër te worden. Het dierenleed werd hem te veel. Twaalf jaar geleden bedacht de ondernemer dat je niet moet proberen mensen te laten stoppen met vlees eten, ze moeten alleen stoppen met het eten van dieren. Mensen willen helemaal geen koe of varken eten, ze willen een lekkere biefstuk of schnitzel op hun bord. Hij bedacht dat er maar één oplossing is voor de aan vlees verslaafde mens: iets plantaardigs zo lekker maken dat het verlangen naar vlees erdoor wordt ingelost.

Daar profiteert de hele wereld van. Ruim 70 procent van alle landbouwgrond wordt nu ingezet om jaarlijks miljarden dieren te voeren die vervolgens worden opgegeten. Voor de productie van plantaardige gehaktballen en dito 'kipstuckjes' is maximaal 30 procent van alle landbouwgrond nodig. Zo kan de belasting van het milieu drastisch worden verminderd.

Geen bank, eigenlijk niemand, wilde zijn plannen om plantaardig vlees te ontwikkelen financieren. Men vond het een onzinnig, onhaalbaar plan. En dus stak Korteweg zijn spaargeld erin. Hij gaf zichzelf 10 procent kans, maar wist dat hij dit moest gaan doen. In 2010 ging zijn winkel open en in 2013 eindigde zijn 'gehacktbal' op de derde plaats in een wedstrijd om de 'gouden gehaktbal'. Vijf jaar later zet zijn bedrijf zo'n 25 miljoen euro om.

Natuurlijk had Korteweg de afgelopen tijd boze reacties gekregen. Hoe kan hij zijn ziel en zaligheid verkopen aan een beursgenoteerde multinational als Unilever? Steeds had hij uitgelegd dat de wens van Unilever om er goed geld mee te kunnen verdienen juist een voorwaarde voor het vergroten van de impact van zijn vleesvervangers is. Hij wil niet meer als sympathiek, goedbedoeld 'knuffelmerk' vastzitten in een kleine niche.

Jaap Korteweg is gevallen voor het enthousiasme van de mensen die hij bij Unilever heeft gesproken. Zonder voorwaarden vooraf heeft hij al zijn aandelen verkocht. Hij is ook niet in dienst van Unilever. Maar net als Ben & Jerry's staat zijn gezicht op iedere verpakking. In ieder geval de komende vijf jaar zal Korteweg zich inspannen om de omzet zo snel mogelijk te laten groeien. Hij maakt zich geen zorgen over Unilever-managers die straks misschien moeten bezuinigen en aan de kwaliteit beginnen te morrelen. Net zoals met de oprichters van het ijsmerk zal Unilever er wel voor oppassen om ruzie met hem te krijgen. Ze hebben zijn missie gekocht, maar ze zullen hem echt wel serieus nemen. Daar hebben ze allebei belang bij.

Hijzelf ook trouwens. Uiteindelijk kan de verkoop hem honderden miljoenen euro's opleveren. Voor enkele tientallen miljoenen daarvan heeft Korteweg al een bestemming: melk uit gras produceren zonder koeien. Het eerste prototype van deze machine wordt gebouwd. Tijdens een lezing in de Koepel in Breda heeft hij de managers van Unilever-Benelux al laten weten over tien jaar met deze vinding weer voor hun deur te staan. Omringd door enthousiaste Unilever-managers had Korteweg zich vermaakt en verbaasd. Hij hoorde ze praten over hun zoektocht naar 'betekenis'. Het woord purpose viel regelmatig. Eigenlijk begrijpt hij daar niks van. Dat je betekenis wilt hebben in dit leven is toch iets vanzelfsprekends? Dat wéét je toch, daar praat je niet over, dat doe je. Korteweg hoopt dat het vertrouwen dat De Vegetarische Slager van veel consumenten krijgt zal helpen om het wantrouwen waar Unilever de afgelopen tijd mee te maken heeft, te keren. Het is in ieder geval duidelijk dat ze bij Unilever ook wat van De Vegetarische Slager kunnen leren.

Alan Jope moet nog een beetje aan die gedachte wennen. In de *Financial Times* noemt de nieuwe CEO de overname van De Vegetarische Slager een 'experimenteel uitstapje'. Hij legt uit: 'Plantaardige voeding is een megatrend, het is dus van groot belang dat we voor al onze voedingsmerken ook vegetarische en veganistische varianten op de markt brengen.'[4] Jaap Korteweg is gerustgesteld als hij een paar weken na dit interview hoort dat zijn vleesvervangers in een vergadering van het Unilever Leaderschip Executive zijn omarmd als een grote strategische prioriteit. De Unilever-managers zijn daarbij ongetwijfeld geïnspireerd door de beursgang in mei van de Amerikaanse fabrikant van vegetarische hamburgers Beyond Meat. Met een omzet van 90 miljoen dollar is dat bedrijf ruim drie keer zo groot als De Vegetarische Slager. Beleggers geloven erin: op de beurs is het nu al ruim 12 miljard dollar waard. Door de in de VS exploderende vraag naar vleesvervangers houden analisten al rekening met een waarde van meer dan 20 miljard dollar in 2024.

Paul Polman wil geen afscheid nemen. Wil daar in ieder geval niet te nadrukkelijk bij stilstaan. Dan lijkt het net alsof hij stopt met werken. Maar hij moet. Het hoort erbij. Er zijn mensen die afscheid van hem willen nemen. Ook in Rotterdam.

Op het Weena is een parodie op het ooit beroemde televisieprogramma *In de hoofdrol* voor hem georganiseerd. Conny Braams is verkleed als Mies Bouwman. Ze presenteert het afscheid samen met een in een oranje pak gestoken Harry Brouwer. Braams kondigt met de kenmerkende, van enthousiasme overslaande stem van Mies haar gasten aan. Sommigen live, anderen op video. Louise Fresco, koningin Máxima, prinses Laurentien, Kitty van der Heijden, Anniek Mauser, Jan Peter Balkenende, Johan de Koning en Kees van der Waaij steken de 'gepensioneerde' Polman veren in zijn hoed. Er wordt een lied gezongen. Brouwer komt het podium op met de negentigjarige moeder van Polman aan zijn arm. Ze laat weten trots te zijn op haar eigenwijze zoon, die soms luisterde maar vaak ook niet. Die zoon houdt het niet droog.

Sommige gasten herinneren zich het afscheid van voorgangers van Polman. Die kregen bij deze gelegenheid allemaal een lintje. Burgmans werd Commandeur in de Orde van Oranje-Nassau, Tabaksblat Grootofficier in de Orde van Oranje-Nassau. De organisatie heeft er nu niet eens aan gedacht om het aan te vragen. Er zijn ook bijna geen externe gasten uitgenodigd.

Sommigen ervaren het als een ongemakkelijke bijeenkomst, bespeuren iets van droefenis als ze naar de geëmotioneerde Polman kijken. Ze zien dat hij zich juist op dit soort momenten, en die waren er veel de afgelopen maanden, onbegrepen voelt. Polman wil vooral nog één keer duidelijk maken dat dit geen afscheid is, dat hij verdergaat met zijn missie. Hij is allergisch voor het woord pensioen, er is nog zoveel te doen.

De komende jaren zal hij er hard aan trekken om de ruimte verder te vergroten voor bedrijven als Unilever om het goede te kunnen doen. Hij is blij dat hij door zijn omgeving allang niet meer wordt gezien als een *businessman*, die tijd is voorbij. Die eendimensionale opvatting over zakendoen zal het afleggen.

Natuurlijk wordt tijdens het afscheid stilgestaan bij de mislukte coup van Kraft Heinz twee jaar eerder. Wat was er met Unilever gebeurd als die wel was geslaagd? Polman wijst er tevreden op dat zijn voorspelling van twee jaar geleden is uitgekomen. Destijds werd Kraft Heinz op de beurzen nog omschreven als de kampioen van het nieuwe businessmodel, nu wordt het gebrandmerkt als een bedrijf dat hopeloos vastzit in een mantra van bezuinigingen. Een bedrijf dat totaal niet meer in staat is om naar de wensen van klanten te luisteren. Het *buy-squeeze-repeat*-model werkt alleen als er op tijd iets wordt gekocht om uit te persen. Maar dan moet er wel iets zijn om uit te persen. Ondertussen is op R&D en advertentie-uitgaven de afgelopen drie jaar steeds zo'n 10 procent bezuinigd. De filosofie dat grote merken, met in decennia opgebouwde merkentrouw, altijd hun waarde behouden, blijkt aan erosie onderhevig. Sinds de zomer van 2016 is de omzet van het op vijf na grootste voedingsbedrijf van de wereld niet meer gegroeid, op ruim 26 miljard blijven steken. Beleggers hebben hun vertrouwen grotendeels verloren. Vlak voor het mislukken van de coup op Unilever kostte een aandeel Kraft Heinz bijna 97 dollar, nu niet veel meer dan 30 dollar. De Brazilianen van 3G Capital verloren op papier miljarden en brachten hun belang vorig jaar al terug van 29 naar 22 procent.

Polman hoopt dat hier grote lessen worden geleerd en dat laat hij zijn 58.000 volgers op Twitter ook weten: 'Het is verdrietig om te zien dat deze vorm van kapitalisme nog steeds gevierd wordt. Miljardairs versus de miljarden mensen die we zouden moeten dienen. Af en toe vraag ik me af of ze in staat zouden zijn geweest om Unilever ook te vernietigen. Vele miljoenen mensen hadden daaronder geleden.'

Het falen van Kraft Heinz stemt hem optimistisch. Het vertrouwen in dat type bedrijven is nu zo geërodeerd dat zelfs in de Verenigde Staten iets lijkt te veranderen. Verschillende democratische presidentskandidaten, uitdagers van Donald Trump, vinden dat hier iets radicaal moet veranderen. Jamie Dimon, de CEO van JPMorgan Chase, de bank die garant zou hebben gestaan voor de financiering van de overname van Unilever door Kraft Heinz, zal binnenkort als eerste zijn handtekening zetten op een manifest dat de heersende prioriteit van het creëren van rendement voor aandeelhouders gaat relativeren.

De 181 CEO's van de grootste Amerikaanse bedrijven zullen in een 'Statement on the purpose of a corporation' onderschrijven dat het op duurzame wijze bedienen van de belangen van klanten, werknemers, leveranciers en gemeenschappen zal resulteren in langetermijnwaardecreatie voor aandeelhouders. 'Alle stakeholders zijn essentieel. We committeren ons om ze allemaal goed te bedienen, in het belang van het toekomstige succes van onze bedrijven, onze gemeenschappen en ons land.'

Jarenlang heeft Polman zich opgewonden over de in zijn ogen gedateerde economische spelregels die door het gedachtegoed van Milton Friedman werden gedomineerd. Decennialang was het bedrijfsleven vooral bezig om meer vrijheid te krijgen, het nemen van verantwoordelijkheid kwam op het tweede plan. Zo werd de altijd naar meer vragende consument optimaal bediend, maar schoten de belangen van burgers die zich zorgen maakten over gemeenschappelijke belangen erbij in. Er vond als het ware een grote ontkoppeling plaats. Terwijl de consument genoot, begon de burger daaronder te lijden. Vooral de miljarden mensen die maar weinig kunnen consumeren, betaalden een hoge prijs.

Voor Polman ligt hier de sleutel voor verandering. Naarmate mensen de pijn als burger steeds sterker voelen zullen ze als consumenten andere keuzes gaan maken. En die pijn wordt gevoeld. De maand juni was in 2019 de warmste ooit gemeten wereldwijd. Het belang van het beprijzen van deze effecten, waarbij de vervuiler betaalt, zal voor steeds meer mensen vanzelfsprekend zijn. Het spanningsveld tussen de burger die zich zorgen maakt en de consument die niet te veel wil betalen, zal langzaam maar zeker afnemen. Zo zal het op korte termijn gerichte 'economische dier' in ons als het ware worden getemd omdat duidelijk wordt dat vrijheid en verantwoordelijkheid twee kanten van dezelfde medaille zijn. De lessen van Victor Frankl zullen worden geleerd.

Vooral technologie zal daarbij helpen, verwacht Polman, onder meer door productie- en consumptiepatronen aan elkaar te koppelen en zo duidelijk te maken dat er maar één wereld is. Dat we maar één wereld hebben. Hij zet zijn kaarten op de volgende generatie. Die heeft het door. Dat ziet hij ook bij zijn drie zonen. Ze zijn veel bewuster in hun keuzes, veel meer verbonden met de wereld om hen heen. Jonge mensen doen aan mindfulness, meditatie helpt ze in hun bewustwording dat alles met elkaar samenhangt. Ze zijn massaal op zoek naar hun betekenis, hun purpose. Hier ziet Polman een omslagpunt. De nieuwe generatie zoekt naar producten, naar merken die door echte, verantwoordelijke mensen worden gemaakt.

Onderwijs is daarbij essentieel. Nog steeds worden jonge economen vooral opgeleid met de op kwantitatieve kennis gebaseerde wetenschap dat de mens bezig is zijn behoeften te maximaliseren in een wereld die door schaarste wordt geregeerd. Het is ontzettend belangrijk dat de Sustainable Development Goals van de Verenigde Naties een plek in het onderwijs krijgen. Zo worden studenten uitgedaagd om te onderzoeken hoe ze als econoom, jurist of bedrijfskundige een bijdrage aan een betere wereld willen leveren.

Hij is hoopvol. Ondanks al het cynisme waar hij de afgelopen jaren mee is geconfronteerd, al die mensen die maar niet bereid bleken om uit hun oude denkframes te stappen, heeft hij ervaren dat de meeste mensen wel degelijk willen samenwerken. Hij zegt het nu in bijna iedere lezing: wie snel wil gaan reist alleen, wie ver wil komen reist samen. Polman zal de komende tijd op zoek gaan naar nieuwe reisgenoten. Er moet nog heel veel scepsis worden overwonnen. Hij zal nog harder gaan werken.

Begin juli, op zijn laatste dag in dienst van Unilever kondigt Polman de start van Imagine aan. Deze stichting zal het bedrijfsleven stimuleren om de SDG's tot uitgangspunt van hun handelen te maken. Samen met onder meer Valerie Keller wil hij moedige leiders in het bedrijfsleven helpen om uit hun comfortzone te komen en persoonlijke risico's te nemen. Hij belooft zelf substantieel geld te investeren om dit nieuwe vliegwiel aan de praat te krijgen.

'We staan op het punt om de grootste intergenerationele misdaad in de geschiedenis van de mensheid te begaan', zegt hij tegen *The Guardian*. Hij legt uit hoe Imagine dit wil voorkomen. 'We proberen in iedere sector *tipping points* te creëren.' Hij geeft een voorbeeld. Volgens Polman zijn honderd bedrijven verantwoordelijk voor 71 procent van alle CO_2-uitstoot. 'Door een handvol van de bazen in die sector te overtuigen van de economische en morele voordelen om hierin een draai te maken, kan het speelveld helemaal ten goede worden veranderd. Het uitgangspunt is dat bedrijven het voortouw moeten nemen omdat politici daar nu niet toe in staat zijn. Ik weet waar ik het over heb, ik heb geprobeerd hetzelfde bij Unilever te doen. Het is een kwestie van wilskracht.'

Als hij diezelfde dag op Twitter Imagine aankondigt, citeert Polman de gelijknamige song van John Lennon: *'You may say I'm a dreamer, but I'm not the only one'*.

De lezer in zijn tijdlijn maakt het refrein gedachteloos af: *I hope someday you will join us. And the world will be as one.*

Verantwoording

Is het mogelijk? Kan een groot beursgenoteerd bedrijf zoals Unilever geld verdienen door het goede te doen? Of sterker nog, kunnen ondernemers zich laten leiden door de wens om het goede te doen, en het verdienen van geld op het tweede plan zetten?

Dat is de vraag waarmee ik in april 2017 aan dit verhaal ben begonnen. De directe aanleiding was de poging van vier miljardairs achter het Amerikaanse Kraft Heinz om voor zo'n 135 miljard euro Unilever over te nemen. Ze hadden uitgerekend dat als ze drastisch in de kosten zouden snijden, ze met elkaar zo'n 50 miljard euro zouden kunnen verdienen.

Op dat moment was Paul Polman acht jaar CEO van Unilever. Een spraakmakende CEO die wereldwijd vooropging met een duurzame boodschap. *Saving the soul of capitalism* kan volgens hem maar op één manier: ondernemers moeten investeren in het verduurzamen van de economie. Inclusief kapitalisme gericht op de lange termijn is de enige weg. Uit welbegrepen eigenbelang trouwens, want niemand kan uiteindelijk succesvol zijn in een wereld die faalt. Maar ja, wanneer is dat? En wat doen we in de tussentijd? Unilever heeft consumenten nodig die in dit verhaal meegaan, hun producten blijven kopen. Want de financiële markten zijn genadeloos: wie het komende kwartaal niet genoeg verdient, heeft een probleem. Deze belangrijke en ingewikkelde balanceeract wilde ik in kaart brengen.

Het grote gevecht woedt in velen van ons. We maken ons steeds meer zorgen over de verandering van het klimaat, over plastic in de oceaan, over voedseltekorten, groeiende armoede en overbevolking. We worden ons bewust van de grenzen van onze planeet. Denkend aan de volgende generatie groeit het onbehagen.

Maar zodra we gaan consumeren, werken of investeren verdwijnen deze zorgen naar de achtergrond. Hoezo moet ik nu gaan betalen voor de zorgen van straks, de zorgen van anderen? Waarom zou ik nu met minder rendement genoegen moeten nemen? Het 'economische dier' in ons neemt het over en rekent uit wat het kost. Omdat het mag, omdat het kan, omdat we geen dief van onze eigen portemonnee willen zijn – en iedereen het doet. Omdat het hemd nader is dan de rok.

Terwijl wij, gewone mensen, worstelen met onze dubbele moraal, wachten we op leiders die ons helpen dit onbehagen om te zetten in verstandig gedrag. In de hoop dat de schade straks meevalt.

Paul Polman is zo'n leider. De afgelopen tien jaar was hij de baas van de Brits-Nederlandse multinational. Na de crisis van 2008 nam hij de handschoen op en weerstond de heersende *the business of business is business*-moraal. Hij gelooft dat in een geglobaliseerde economie nationale overheden per definitie tekortschieten en multinationals daarom het voortouw moeten nemen in het duurzaam maken van die economie. Geld verdienen is een middel, kan nooit het doel zijn. Hij wil laten zien dat zelfs een groot beursgenoteerd bedrijf uiteindelijk alleen maar geld kan verdienen door het goede te doen. Als de producent van Blue Band, Knorr, Dove, Magnum en Hellmann's kan groeien door beter voor de wereld te zorgen, dan kan iedereen het. Het vraagt alleen wel wat moed, geduld en vooral vertrouwen.

Ik leerde Polman in 2011 kennen. Toen hij begin 2017 met succes de aanval van Kraft Heinz wist af te slaan, wist ik dat deze CEO het onderwerp van mijn volgende onderzoek moest zijn. Na mijn boeken over Ahold (2004) en ABN Amro (2008) en vooral over hun falende leiders, Cees van der Hoeven en Rijkman Groenink, wilde ik het verhaal vertellen van een CEO die het goede voorbeeld geeft. Een leider die de belangrijkste les van de crisis van 2008 heeft begrepen en moedig genoeg is om voorop te gaan in de zoektocht naar dat 'verantwoordelijke kapitalisme'. En met hard vallen en weer opstaan probeert zijn ideaal te verwezenlijken.

Het Grote Gevecht gaat verder terug. Om goed te kunnen begrijpen waarom de combinatie Polman-Unilever zo bijzonder was, beschrijf ik de laatste 25 jaar van de geschiedenis van dit bedrijf. Maak af en toe een uitstapje nog verder terug om te laten zien dat dit bedrijf al eerder heeft geprobeerd voorop te gaan in de zoektocht naar een duurzame wereld. Niet vanuit altruïsme trouwens, maar vanuit welbegrepen eigenbelang.

De afgelopen twee jaar had ik 163 gesprekken met (voormalige) bestuurders, directeuren, medewerkers en adviseurs van Unilever. Maar ook met bestuurders en uitvoerders van pensioenfondsen, politici, ambtenaren, accountants, leveranciers en concurrenten. Ik bedank hen van harte voor hun tijd en moeite. Het waren leerzame ontmoetingen waarvoor ik de wereld ben over gereisd.

In totaal werden zeker zo'n vijftig verzoeken om te worden geïnterviewd niet gehonoreerd. Ik heb ervaren dat Unilever nog steeds uit twee bedrijven bestaat. Van de Nederlandse kant kreeg ik 'passieve steun', want dat boek zou er toch wel komen. Aan de Britse kant van het bedrijf (maar ook onder Britse bankiers, adviseurs, et cetera) was de animo beperkt en werd vooral de vraag gesteld wat hun 'upside' was om aan dit verhaal mee te werken.

In de hoop tot een kloppende en inspirerende geschiedenis te komen combineerde ik de herinneringen van mijn gesprekspartners met beschikbare stukken, presentaties, boeken, artikelen, jaarverslagen, interviews en lezingen tot dit verhaal. Ik heb ze steeds uitgelegd: we praten op off the record-basis, wat betekent dat ik de informatie die ik krijg gebruik maar je niet direct zal citeren. Ik zal bovendien niet vertellen dat ik met je heb gesproken.

Ik heb het verhaal geschreven vanuit het perspectief van 'de alwetende verteller'. In de hoop zo tot een leesbare reconstructie te komen, een optimum te vinden tussen betrouwbaarheid en toegankelijkheid.

Een kanttekening is op zijn plaats. Unilever is een gigantisch bedrijf waarin de afgelopen 25 jaar tienduizenden managers in 198 landen hebben gewerkt en inmiddels zo'n 200 miljard producten per jaar verkopen. Ik was er niet bij en kijk met de kennis van nu naar deze geschiedenis. *Het Grote Gevecht* is mijn 'impressionistische' samenvatting, vooral gebaseerd op de verhalen van mijn gesprekspartners. Net als bij *De Prooi* en *Het Drama Ahold* heb ik ervaren dat we allemaal onze eigen herinneringen koesteren, maar dat in het hart daarvan iets zit wat door de meeste betrokkenen wel wordt herkend. Dat is het verhaal dat ik heb opgeschreven. Het overgrote deel van de feiten is controleerbaar of minimaal twee keer bij verschillende gesprekspartners opgetekend of gecheckt. Daar waar dilemma's ontstonden heb ik gekozen voor een beschrijving die in de context van het geheel het meest waarschijnlijk leek. Het spijt me als er desondanks nog onjuistheden in het boek staan.

Ten slotte, natuurlijk woedt dat grote gevecht ook in mij. Gedurende het leggen van deze puzzel realiseerde ik me hoe moedig het is om tegen de stroom in te roeien, het huidige systeem uit te dagen. Een eenzame pionier als Polman wordt constant omgeven door scepsis, onbegrip en wantrouwen. De realiteit is dat misschien 1 procent van alle mensen zich zorgen maakt over het einde van de wereld en de rest gewoon over het einde van de maand. Ik vrees dat we pas in beweging komen als die wereld faalt, als die grenzen van de planeet echt pijn gaan doen.

Paul Polman accepteert dit niet. Waarom zouden we nog meer rampen afwachten? Hij blijft erop hameren dat de kosten straks veel hoger zullen zijn, als we nu niks doen. Toch zijn er nog maar weinig bedrijven en CEO's die zijn voorbeeld volgen, ze vrezen het sentiment op de financiële markten, dat onverminderd wordt bepaald door de kortetermijnrendementen. Polman heeft gelijk, de vraag is vooral of hij het op tijd krijgt, of we in staat zijn om met elkaar op tijd een grote draai maken. Ik hoop dat dit verhaal daarbij helpt.

Een aantal mensen heeft mij bij het schrijven van dit boek enorm geholpen. In de eerste plaats uitgever Mai Spijkers, die meteen enthousiast was toen ik me in april 2017 met dit idee bij hem meldde. Eindredacteur Marieke van Oostrom dank ik voor haar professionele begeleiding. Ik dank Thomas van den Bergh voor zijn scherpe eindredactionele oog en Geert Dekkers voor het checken van zo veel mogelijk feiten.

Roland Dorhout Mees, Martijn Bennis, Joost Kuiper en Reinout van Lennep vormden de afgelopen maanden mijn belangrijkste inhoudelijke klankbord. Vier wijze vrienden die zo goed waren om mij op vriendelijke maar dringende toon van allerlei goede adviezen te voorzien. Zonder hen was dit boek twee keer zo dik geworden.

Lieve lieve Doret, fijn dat je de ruimte voor me hebt willen maken om zo vaak met mijn gedachten elders te zijn. Maar vooral ben ik dankbaar dat jij er was en me inspireerde als ik twijfelde, als de zoektocht naar dit verhaal haperde. Ik heb het verhaal geschreven, hoe kan het ook anders, voor onze drie geweldige kinderen: Jack (15), Rover (14) en Kate (9). De reden is simpel en dit boek is ervan doordrenkt: we hebben de wereld niet van onze ouders gekregen maar slechts te leen van onze kinderen.

Amsterdam, 1 september 2019

Noten

Hoofdstuk 1. MEA CULPA, WE ZITTEN HELEMAAL FOUT

1. Geoffrey Jones, *Unilever. Verandering en traditie*, Den Haag 2005, p. 275.
2. 'Hoe Floris Maljers het slapende Unilever wakker schudde', in: *NRC Handelsblad*, 25 februari 1994.
3. Pieter Couwenbergh en Hein Haenen, *De regels en het spel. Gesprekken met Morris Tabaksblat*, Amsterdam 2007, p. 77.
4. 'De tragikomische soap-opera van Omo Power', in: *NRC Handelsblad*, 25 juni 1994.
5. Couwenbergh en Haenen 2007, hoofdstuk 8 en 9.
6. Couwenbergh en Haenen 2007, hoofdstuk 8 en 9.
7. Couwenbergh en Haenen 2007, hoofdstuk 8 en 9.
8. Couwenbergh en Haenen 2007, hoofdstuk 8 en 9.

Hoofdstuk 2. TWEE KAPITEINS RUKKEN AAN ÉÉN ROER

1. *Corporate leader and global citizen. Een portret van Antony Burgmans in 16 persoonlijk verhalen*, gepresenteerd bij Burgmans' afscheid in 2007.
2. 'The Fortune at the bottom of the pyramide', in: *Strategy + Business*, 10 januari 2002.
3. Dirk Sampselle, *Unilever – Ben & Jerry's. A Merger for Good?*, Pepperdine University, [z.j.].
4. Brad Edmondson, *Ice Cream Social. The Struggle for the Soul of Ben & Jerry's*, Oakland 2014, p. 157-165.
5. 'My liquidity moment: Ben Cohen of Ben & Jerry's', in: *Financial Times*, 23 juni 2010.
6. 'That's not Sir to you', in: *The Guardian*, 24 februari 2002.
7. Couwenbergh en Haenen 2007, p. 153.

Hoofdstuk 3. MUITENDE MANNEN; ZO KAN HET NIET LANGER

1. *Unilever-magazine*, nummer 128, 2003.
2. Arjan Overwater en Thomas W. Malnight, 'Unilever's path to growth: Reflections on a journey in progress', in: *Human Resources in the 21st Century*, Hoboken 2003, p. 212.

3. 'Unilever FitzGerald remains on the Path to Growth', in: *The Independent*, 14 februari 2003.
4. 'Cleaning agent', in: *The Guardian*, 5 juli 2003.
5. 'Robert Polet', in: *de Volkskrant*, 12 april 2008.
6. 'Bericht van de voorzitters', in: *Unilever Jaarverslag 2004*, Londen/Rotterdam 2005.
7. Erik Weihenmayer, *Touch the Top of the World*, New York 2001.
8. 'Nestlé taps P&G-veteran Polman for key job in rare look outside', in: *Wall Street Journal*, 27 september 2005.
9. 'Gevoel voor cijfers en mensen', in: *NRC Handelsblad*, 2 november 2005.

Hoofdstuk 4. FRANSE BOEKHOUDER ZET BEURSKOERS CENTRAAL

1. 'Patrick Cescau: Unilever's X-factor that kills 99% of all known failings', in: *The Independent*, 15 oktober 2005.
2. 'Strategy and leadership in action', speech Patrick Cescau, 18 januari 2006.
3. Speech Cescau, 18 januari 2006.
4. Speech Cescau, 18 januari 2006.
5. Francisco S. Homem de Mello, *The 3G-way. Dream, People and Culture*, [z.p.] 2014.
6. Cristiane Correa, *Dream Big*, [z.p.] 2014, p. 30.
7. 'Crisismanager', in: *FEM Business*, 18 februari 2006.
8. Kees van der Graaf, *Defining Moments. What Every Leader Should Know about Balancing Life*, Lausanne 2011.

Hoofdstuk 5. BUITENWACHT AAN DE MACHT

1. 'Unilever executives embark on soul-searching', in: *Financial Times*, 12 september 2007.
2. 'State of the Nation', speech Patrick Cescau, 27 november 2007.
3. 'Nestlé-topman Paul Polman vergeet zijn hoesnummer nooit', in: *Twentevisie*, juni 2006.
4. 'Nestlé's CEO to Wall Street: I did it my way', in: *Fortune*, 12 februari 2008.
5. Laurentien van Oranje en Jeroen Smit, *Nog lang en gelukkig. Voorleesboek voor volwassenen die de weg een beetje kwijt zijn*, Amsterdam 2016.
6. Tom Malnight, Tracey Keys en Kees van der Graaf, *Ready? The 3Rs of Preparing Your Organisation for the Future*, Rivaz 2013, p. 25.

Hoofdstuk 6. ALLEEN VERANTWOORDELIJKE BEDRIJVEN LEVEN LANG

1. 'Polman tears up Unilever targets', op: Thisismoney.co.uk, 6 februari 2009.
2. Thomas Dreier, *How Viscount Leverhulme Built His World Wide Organization*, Whitefish 2012.
3. 'Going from grey to green, environmental policy for Unilever EFDC companies', een intern Unilever-rapport uit februari 1990, p. 6-11.
4. *Corporate leader and global citizen. Een portret van Antony Burgmans in 16 persoonlijke verhalen*, p. 35.
5. 'Sustainability, Unilever's approach', speech Iain Anderson, 5 maart 1997.
6. Hans Broekhoff en Jan-Kees Vis, *Sustainable Development and Unilever. Putting*

the Corporate Purpose into Action, ongepubliceerd rapport, 1997.
7. *Vrijblijvend verantwoordelijk. Ben ik vrij om onverschillig te zijn?* De Veer Stichting, Leiden 1996.
8. *P&G Sustainability Report*, Newcastle 2000.
9. 'Unilever's updated environmental strategy', oktober 2000; interne notitie met feedback van een eerdere discussie met het Executive Committee, november 2002.
10. N. Craig Smith en Robert Crawford, *Unilever and Oxfam. Understanding the Impacts of Business on Poverty*, Fontainebleau 2008.
11. Jason Clay, *Exploring the Links Between International Business and Poverty Reduction. A Case Study of Unilever in Indonesia*, [z.p.] 2005, p. 13 e.v.
12. 'Beyond corporate responsibility', speech Patrick Cescau, 25 mei 2007.
13. Philip H. Mirvis, 'Unilever's drive for sustainability and CSR – changing the game', in: *Organizing for Sustainability*, Bingley 2011, p. 46.
14. Bradley K. Googins, Philip H. Mirvis en Steven A. Rochlin, *Beyond Good Company. Next Generation Corporate Citizenship*, New York 2007, p. 52.
15. Googins, Mirvis en Rochlin 2007, p. 5.
16. 'Ik weet niet wat voor bos dat was', in: *de Volkskrant*, 11 november 2008.
17. Christian Conrad en Marjorie Ellis Thompson, *The New Brand Spirit. How Communicating Sustainability Builds Brands, Reputations and Profits*, New York 2016, p. 85.
18. *Back to the Taj Mahal Hotel*, 2017, documentaire Carina Mollier.
19. https://www.unilever.com/about/who-we-are/our-leadership/leena-nair.html.

Hoofdstuk 7. **GROEIEN, GROEIEN, GROEIEN... EN HET GOEDE DOEN**

1. Brian Lewis, *So Clean. Lord Leverhulme, Soap and Civilization*, Manchester 2008, p. 16-19.
2. Thomas Dreier, *How Viscount Leverhulme Built His World Wide Organization*, [z.p.] 1923, p. 13.
3. Samuel Smiles, *Self-Help*, [z.p] 2016 (1859[1]), p. 4-9.
4. Charles Wilson, *Geschiedenis van Unilever*, Den Haag 1970, deel 1, p. 37-40.
5. Wim Wennekes, *De aartsvaders. Grondleggers van het Nederlandse bedrijfsleven*, Amsterdam 1993, p. 261.
6. Dreier 1923, p. 16.
7. W.P. Jolly, *Lord Leverhulme. A Biography*, Edinburgh 1976, p. 38-39.
8. Wilson 1970, deel 1, p. 263-264.
9. Wilson 1970, deel 1, p. 304.
10. Wilson 1970, deel 2, p. 313.
11. Wilson 1970, deel 2, p. 342.
12. 'Karambir Kang. The Stoic', in: *Forbes India*, 29 december 2009.
13. Brad Edmondson, *Ice Cream Social. The Struggle for the Soul of Ben & Jerry's*, Oakland 2014, p. 212-229.
14. 'McKinsey conversations with global leaders: Paul Polman of Unilever', mckinsey.com, oktober 2009.
15. Van Oranje en Smit 2016, p. 67.
16. 'Unilever's Paul Polman: Developing global leaders', in: *Harvard Business Review*, mei 2013.

Hoofdstuk 8. HET IS GEEN BAAN, HET IS EEN ROEPING

1. 'Lunch with the FT, Niall FitzGerald', in: *Financial Times*, 25 juli 2014.
2. 'Unilever Leadership Development Programme, Finding your true north', Four Acres, Alumni Manual.
3. Nick Craig, *Leading from Purpose. Clarity and the Confidence to Act When it Matters Most*, New York/Boston 2018.
4. 'Unilever's Paul Polman: Developing global leaders', in: *Harvard Business Review*, mei 2013.
5. *UN Global Compact Leaders Summit 2010 Summary Report.*
6. Christopher A. Bartlett, *Unilever's New Global Strategy. Competing through Sustainability*, Boston 2016, p. 5.
7. 'Verantwoord Unilever is ook eigenbelang', in: *het Financieele Dagblad*, 30 november 2010.

Hoofdstuk 9. OP HET SCHILD GEHESEN

1. 'Paul Polman: The power is in the hands of the consumers', in: *The Guardian*, 21 november 2011.
2. *Catalyzing Transformational Partnerships between the United Nations and Business*, New York 2011.

Hoofdstuk 10. MAAR WE KUNNEN HET ECHT NIET ALLEEN

1. Wetenschappelijke Raad voor het Regeringsbeleid, *Minder pretentie, meer ambitie. Ontwikkelingshulp die verschil maakt*, Den Haag 2010, p. 21.
2. Joseph Bower, Herman Leonard, Lynn Paine, *Capitalism at Risk. Rethinking the Role of Business*, Boston 2011.
3. 'Unilever's Paul Polman: Challenging the corporate status quo', in: *The Guardian*, 24 april 2012.
4. Robert G. Eccles, Ioannis Ioannou, George Serafeim, *The Impact of a Corporate Culture of Sustainability on Corporate Behavior and Performance*, Boston 2012.
5. 'Captain Planet', in: *Harvard Business Review*, juni 2012.
6. Rick Tocquigny en Andy Butcher, *When Core Values are Strategic. How the Basic Values of Proctor & Gamble Tranformed Leadership at Fortune 500 Companies*, Upper Saddle River 2012.
7. 'Duurzaamheid en winst zijn niet tegengesteld', in: *de Volkskrant*, 28 april 2012.
8. 'Certified Unilever tea: small cup, big difference?', in: *SSRN Electronic Journal*, oktober 2011.
9. 'Taking the long view', in: *The Economist*, 24 november 2012.
10. *Labour Rights in Unilever's Supply Chain. From Compliance to Good Practice*, Oxfam 2013, p. 5.
11. 'Berkshire and 3G Capital in a $23 billion deal for Heinz', in: *The New York Times*, 14 februari 2013.
12. Bob Fifer, *Double Your Profits in 6 Months or Less*, New York 1994.
13. 'Paul Polman: Rebuilding capitalism form the basics', In: *The Globe and Mail*, 10 maart 2013.

Hoofdstuk 11. GELD VERDIENEN KAN NOOIT HET DOEL ZIJN

1. United Nations, *A New Global Partnership. Eradicate Poverty and Transform Economies through Sustainable Development. The Report of the High-Level Panel of Eminent Persons on the Post-2015 Development Agenda*, New York 2013.
2. 'Sustainable palm oil: How succesful is RSPO certification', in: *The Guardian*, 4 juli 2013.
3. 'Unilever plans to double its turnover while halving its environmental impact', in: *The Telegraph*, 23 juli 2013.
4. 'Unilever's Paul Polman on diversity, purpose and profits', in: *The Guardian*, 2 oktober 2013.

Hoofdstuk 12. WIJ ZIJN DE GROOTSTE NGO

1. 'Stiffest competition from local business, says Unilever CEO Paul Polman', in: *Financial Times*, 30 juli 2014.
2. 'Wie der Unilever-chef die Welt retten will', in: *WirtschafsWoche*, 6 augustus 2014.
3. 'In search of the good business', in: *The Economist*, 9 augustus 2014.
4. 'Unilever finds that shrinking its footprint is a giant task', in: *The New York Times*, 21 november 2015.
5. Van Oranje en Smit 2016.

Hoofdstuk 13. MEER PRIESTER DAN CEO

1. 'The tao of Paul Polman', in: *The Washington Post*, 21 mei 2015.
2. Christopher A. Bartlett, *Unilever's New Global Strategy. Competing through Sustainability*, Boston 2016.
3. Mattheüs 6:24-34.
4. Paus Franciscus, *Laudato Si'. Over de zorg voor het gemeenschappelijke huis*, Rome 2015.
5. 'Unilever's Paul Polman: CEO's can't be "slaves" to shareholders', in: *Forbes*, 20 juli 2015.
6. www. unccd.int/sustainability-stability-security.
7. 'Bangladesh's climate change migrants', in: *The New Humanitarian*, 13 november 2015.
8. David Wallace-Wells, *De onbewoonbare aarde*, Amsterdam 2019, p. 42.
9. Van Oranje en Smit 2016, p. 55.
10. 'Het Bono-complex van Unilever', in: *het Financieele Dagblad*, 12 september 2015.
11. 'Can Unilever's Paul Polman change the way we do business?', in: *Financial Times*, 29 september 2016.
12. Presentatie van Karen Hamilton tijdens de Meaningful Brands conference, Havas, juli 2015.
13. '195 landen sluiten historisch klimaatakkoord in Parijs', in: *de Volkskrant*, 12 december 2015.
14. Rainforest Action Network, *Testing Commitments to Cut Conflict Palm Oil*, San Francisco 2015.
15. *Enhancing Livelyhoods, Advancing Human Rights. Human rights report 2015*, Londen/Rotterdam 2015.

Hoofdstuk 14. TE VER VOOR DE TROEPEN UIT

1. Kim Polman en Stephen Vasconcellos-Sharpe, *Imaginal Cells. Visions of Transformation*, Londen 2017, p. 8.
2. Polman en Vasconcellos-Sharpe 2017, p. 8.
3. *Tijd voor collectieve actie. Unilever Sustainable Living Plan samenvatting voortgang 2015*, Rotterdam 2016.
4. 'Can Unilever's Paul Polman change the way we do business?', in: *Financial Times*, 29 september 2016.
5. 'Capitalism for the long term', in: *Harvard Business Review*, maart 2011.
6. 'Breaking the tragedy of the horizon – climate change and financial stability', speech Mark Carney, 29 september 2015.
7. Oliver Hart en Luigi Zingales, *Should a Company Pursue Shareholder Value?*, [z.p.] 2016.
8. 'Unilever moet het nu zonder rugwind van de lage rente doen', in: *het Financieele Dagblad*, 30 januari 2017.
9. *Better Business Better World. The Report of the Business & Sustainable Development Commission*, Londen 2017.

Hoofdstuk 15. 'GERED' DOOR WARREN BUFFETT

1. 'When Warren met Jorge Paulo: Buffett and Lemann recall their first deal', in: *The New York Times*, 10 april 2017.
2. Cristiane Correa, *Dream Big. How the Brazilian Trio behind 3G Capital Acquired Burger King and Heinz*, [z.p.] 2014, p. 30.
3. 'The $143 flop: How Warren Buffett and 3G lost Unilever', in: *Financial Times*, 21 februari 2017.

Hoofdstuk 16. BURGEMEESTER IN OORLOGSTIJD

1. 'Unilever calls for revamp UK Takeover Code after Kraft bid', in: *Financial Times*, 14 maart 2017.
2. 'Theresa May steps back from tough stance on foreign investment', in: *Financial Times*, 20 januari 2017.
3. 'Werkgevers: stop uitverkoop Nederlandse bedrijven', in: *het Financieele Dagblad*, 30 maart 2017.

Hoofdstuk 17. UITGEMOLKEN NEDERLANDS DNA MOET VERKOCHT

1. Wennekes 1993, p. 223-226.
2. Pim Reinders, *Sam van den Bergh (1864-1941). Steeds voor alle arbeiders aanspreekbaar*, Amsterdam 2016, p. 29-40.
3. Wilson 1970, deel 2, p. 36.
4. Wennekes 1993, p. 233.
5. Reinders 2016, p. 78.
6. Wennekes 1993, p. 238.
7. Wennekes 1993, p. 248.
8. Reinders 2016, p. 154-155.
9. Wilson 1970, deel 2, p. 306-307.

10. Wennekes 1993, p. 264.
11. 'Notitie vragen dividendbelasting', ministerie van Financiën, 28 april 2017.
12. 'Notitie bespreking Unilever', ministerie van Financiën, 8 juni 2017.
13. Nota 'Cover letter aanbieding bidbook Unilever', ministerie van Economische Zaken.
14. 'Companies must come clean on climate risks', in: CNN *Money invest*, 29 juni 2017.
15. *Buitenhof*, 10 december 2017.
16. 'Code in bedrijf', in: *Economische Statische Berichten*, 10 augustus 2017.

Hoofdstuk 18. **ROTTERDOOM: MISSION IMPOSSIBLE**

1. 'Topvrouw Unilever: merken moeten vijanden durven maken', in: *het Financieele Dagblad*, 9 dec 2018.
2. https://www.youtube.com/watch?v=5NiRNkULmiQ).
3. 'Unilever shareholder balks at London HQ move to Rotterdam', in: *Financial Times*, 22 maart 2018.
4. 'Hoe religieus is duurzaamheid', lezing René ten Bos, 5 april 2018.
5. 'Andy Griffiths, the cheery scrapper who keeps UK PLC in line', in: *Financial Times*, 25 oktober 2018.
6. *WNL op Zondag*, 16 september 2018.
7. *Buitenhof*, 16 september 2018.
8. https://www.out-standing.org/heroes/2018-top-50-male-executives/.

Hoofdstuk 19. **PIONIER VOELT ZICH ONBEGREPEN**

1. 'What are the world's biggest plastic polluters doing about the problem?', op: www.eco-business.com, 20 april 2018.
2. 'Top 10 largest plastic roducing companies', op: www.plastics-technology.com, [z.d.].
3. 'Hanneke Faber: "Unilever mag misschien wel iets minder bescheiden zijn"', in: *MT*, 20 augustus 2018.
4. 'Unilever U-turn a resounding victory for shareholder-democracy', in: Sky News, 5 oktober 2018.
5. 'HR should be laying the road, rather than filling the cracks. Our interview with Leena Nair', op: www.learnerbly.com, [z.d.].

Hoofdstuk 20. **HET EENZAME GELIJK VAN PAUL POLMAN**

1. *Sustainability Leaders Survey*, Globescan, 2018.
2. 'Edelman Trust Barometer 2019: In Brands we trust?', op: www.edelman.com, 18 juni 2019.
3. OECD/EU, *Boosting Social Entrepreneurship and Social Enterprise Development in the Netherlands*, Parijs 2019.
4. 'New Unilever CEO Jope banks on recovery in sales growth', in: *Financial Times*, 12 juni 2019.

Fotoverantwoording

Katern 1

Pagina 1
Vanaf linksboven met de klok mee:
Unilever Archief
Keystone/Hulton Archive/Getty Images
Nationaal Archief/Collectie Spaarnestad/Het Leven
Joods Historisch Museum
Unilever Archief

Pagina 2
Roger Dohmen/Hollandse Hoogte
UPPA/Photoshot
Unilever Archief

Pagina 3
Fotopersbureau Roel Dijkstra
Rick Nederstigt/ANP Foto

Pagina 4
Gary Lee/UPPA/Photoshot
Peter Boer
Shutterstock

Pagina 5
UPPA/Photoshot
Peter Boer

Pagina 6
Evert-Jan Daniels/ANP Foto
Peter Boer

Pagina 7
UN Photo
Fotopersbureau Roel Dijkstra
Cynthia Boll/De Beeldunie

Pagina 8
Kevin Coombs/Reuters/Getty Images
Lorenzo Tugnoli/AFP/ANP Foto

Katern 2

Pagina 1
Heri Mardinal/Getty Images
Fabrice Coffrini/AFP/ANP Foto

Pagina 2
Roel Burgler/Hollandse Hoogte
Adrie Mouthaan/De Beeldunie
Fotopersbureau Roel Dijkstra

Pagina 3
Evan Schneider/UN Photo
Cia Pak/UN Photo
Robin Utrecht/ANP Foto

Pagina 4
Lucy Nicholson/Reuters/ANP Foto
Keith Srakocic/Associated Press/Hollandse Hoogte
Ben Baker/Redux/Hollandse Hoogte

Pagina 5
Vanaf linksboven met de klok mee:
Camera Press/Rota/Hollandse Hoogte
Peter Boer
Bloomberg/Getty Images
Michael Stewart/Getty Images

Pagina 6
Dirk Hol/Novum RegioFoto/ANP Foto
Peter Boer
Maarten Hartman/Hollandse Hoogte

Pagina 7
Peter Hilz/Hollandse Hoogte
Oliver Tjaden/laif/Hollandse Hoogte
Johannes Christo/Reuters/ANP Foto

Pagina 8
Vanaf linksboven met de klok mee:
Kilimanjaro Blind Trust
Foto Jeroen Smit
@PaulPolman/Twitter

Literatuurlijst

Balkenende, Jan Peter, *Het woord is aan de minister-president. Acht jaar premierschap in 50 speeches*, Den Haag 2010

Beijersbergen, Patrick, *De kleine Buffett, zijn beleggingsfilosofie samengevat*, Amsterdam 2016

Blom, Philipp, *Wat op het spel staat*, Amsterdam 2017

Bruni, Luigino en Allessandra Smerilli, *De ongekende kant van de economie. Gratuïteit en markt*, [z.p.] 2014

Collier, Paul, *The Future of Capitalism. Facing the New Anxieties*, Londen 2018

Craig, Nick, *Leading from Purpose. Clarity and the Confidence to Act When it Matters Most*, New York/Boston 2018

Correa, Cristiane, *Dream Big. How the Brazilian Trio behind 3G Capital acquired Burger King and Heinz*, [z.p.] 2014

Couwenbergh, Pieter en Hein Haenen, *De regels en het spel. Gesprekken met Morris Tabaksblat*, Amsterdam 2007

Cuadros, Alex, *Brazillionaires. The Godfathers of Modern Brazil*, Londen 2016

Dreier, Thomas, *How Viscount Leverhulme Built His World Wide Organization*, Boston 2012 (1923[1])

Dutilh, Chris, *De duurzame voedingsketen. Twintig jaar ervaring bijeen gebracht*, Den Haag 2012

Edmondson, Brad, *Ice Cream Social. The Struggle for the Soul of Ben & Jerry's*, Oakland 2014

Fifer, Bob, *Double Your Profits in 6 Months or Less*, New York 1994

Foroohar, Rana, *Makers and Takers. How Wall Street Destroyed Main Street*, New York 2016

Frankl, Viktor E., *Man's Search for Meaning*, Boston 2006 (1959)

Fresco, Louise O., *De utopisten*, Amsterdam 2007

Fresco, Louise O., *De idealisten*, Amsterdam 2018

George, Bill, *Discover Your True North. Becoming an Authentic Leader*, Hoboken 2015

Graaf, Kees van der, *Defining Moments. What Every Leader Should Know about Balancing Life*, Lausanne 2011

Hartmann, Kathrin, *Groene leugens. Duurzaamheid als verkooptruc*, Amsterdam 2019

Homem de Mello, Francisco S., *The 3G-Way. Dream, People, Culture*, [z.p.] 2015

Hurst, Aaron, *The Purpose Economy*, [z.p.] 2016

Jones, Geoffrey, *Unilever. Verandering en traditie*, Den Haag 2005

Klomp, Kees, Stefan Wobben, Jesse Kleijer, *Handboek betekenisvol ondernemen. Het gat in de maatschappij*, Amsterdam 2017

Lafley, A.G. en Roger L. Martin, *Playing to Win. How Strategy Really Works*, Boston 2013
Lager, Fred 'Chico', *Ben&Jerry's. The Inside Scoop. How Two Real Guys Built a Business with a Social Conscience and a Sense of Humor*, New York 1994
Richard Layard, *Happiness. Lessons from a New Science*, Londen 2005
Lewis, Brian, *So Clean. Lord Leverhulme, Soap and Civilization*, Manchester 2008
Maljers, Floris, *Memoires*, [z.p.] 2015
Mayer, Colin, *Prosperity. Better Business Makes the Greater Good*, Oxford 2018
Mayer-Schönberger, Viktor en Thomas Ramge, *De data-economie. Waarom data geld gaat vervangen, wat dit betekent voor onze economie en hoe je hierop in kunt spelen*, Amsterdam 2018
Mazzucato, Mariana, *The Value of Everything. Making and Taking in the Global Economy*, New York 2018
Mirvis, Philip, Karen Ayas, George Roth, *To the Desert and Back. The Story of One of the Most Dramatic Business Transformations on Record*, San Francisco 2003
Ogg, Sandy, Move. *The CEO's Playbook for Capturing Value*, Charleston 2017
Oranje, Laurentien van en Jeroen Smit, *Nog lang en gelukkig. Voorleesboek voor volwassenen die de weg een beetje kwijt zijn*, Amsterdam 2016
Paus Franciscus, *Laudato Si'. Over de zorg voor het gemeenschappelijk huis*, Rome 2015
Peck, M. Scott, *The Different Drum, Community Making and Peace*, New York 1987
Polman, Kim en Stephen Vasconcellos-Sharpe, *Imaginal Cells. Visions of Transformation*, Londen 2017
Raworth, Kate, *Doughnut Economics. 7 Ways to Think Like a 21st Century Economist*, White River Junction 2017
Reich, Robert B., *Superkapitalisme. En de bedreiging van onze democratie*, Amsterdam 2008
Reinders, Pim, *'Steeds voor alle arbeiders aanspreekbaar'. Sam van den Bergh (1864-1941), grootindustrieel*, Amsterdam 2016
Riezebos, Rik en Eric Waarts, *Power play. De slag om de wasmiddelenmarkt*, Groningen 1994
Rompuy, Herman van, *Op zoek naar wijsheid*, Leuven 2010
Rooij, Martijn de en Redmar Kooistra, *Unilever Matters. A Global Company Interacting with Society*, [z.p.] 2006
Sandel, Michael J., *Niet alles is te koop. De morele grenzen van marktwerking*, Utrecht 2012
Scharmer, Otto en Katrin Kaufer, *Leading from the Emerging Future. From Ego-System to Eco-System Economies*, San Francisco 2013
Scheepens, Wouter, *Duurzaamheid in de boardroom*, [z.p.] 2017
Schlosser, Eric, *Het fastfoodparadijs. Een onthullende kijk op Amerika en de fastfoodindustrie*, Utrecht 2002
Schoenmaker, Dirk en Willem Schramade, *Principles of Sustainable Finance*, Oxford 2019
Shift, Oxfam en Global Compact Network Netherlands, *Doing Business with Respect for Human Rights. A Guidance Tool for Companies*, [z.p.] 2016
Sitalsing, Sheila, *Mark, portret van een premier*, Amsterdam 2016
Smiles, Samuel, *Self-Help*, Oxford 2002 (1859)
Stuart, Tristram, *Waste. Uncovering the Global Food Scandal*, New York 2009
Stuijvenberg, dr. J.H. van (red.), *100 jaar Margarine 1869-1969*, Den Haag 1969
Swasy, Alecia, *Soap Opera. The Inside Story of Procter & Gamble*, New York 1993
Timmermans, Frans, *Broederschap. Pleidooi voor verbondenheid*, Amsterdam 2015
Tocquigny, Rick en Andy Butcher, *When Core Values are Strategic. How the Basic Values of Proctor & Gamble Tranformed Leadership at Fortune 500 Companies*, Upper Saddle River 2012

Veer, Jeroen van der, *My A to B. Speeches, articles and letters*, [z.p.] 2009
Wallace-Wells, David, *De onbewoonbare aarde*, Amsterdam 2019
Weihenmayer, Erik, *Touch the Top of the World*, New York 2001
Wennekes, Wim, *De aartsvaders. Grondleggers van het Nederlandse bedrijfsleven*, Amsterdam 1993
Wilson, Charles, *Geschiedenis van Unilever* (3 delen), Den Haag 1970

Personenregister

Abma, Rients 321, 370
Aboutaleb, Ahmed 230, 345
Anan, Kofi 176-177
Anderson, Iain 132-133
Artz, Ed 31

Bakker, Peter 191, 228, 275, 281
Balkenende, Jan Peter 191, 199, 214, 260, 406
Banga, Vindi 120, 192
Barton, Dominic 289
Baumann, Werner 277
Behring, Alexandre 11-16, 19, 211, 300, 303, 308, 312
Bennink, Jan 218
Bergh, Sam van de 175, 332, 335-338
Bergh, Simon van de 12, 36, 38, 58-60, 65, 128, 130, 149-150, 172, 214, 355
Bleker, Henk 194
Boer, Hans de 320-321, 330-331, 344-345, 350, 374-375, 383-384
Bolland, Marc 163, 221, 332-333
Bono 265, 306
Bordewijk, Jeroen 49-50, 134-135, 196
Borg, Björn 359
Bos, Else 289, 291, 311
Bos, René ten 365-367
Bos, Wouter 345
Bots, Herman 263-264, 316
Boyen, Annick 388
Braams, Conny 76, 173, 323, 325, 352, 389, 406
Brabeck-Letmathe, Peter 88-89, 118-119, 123
Brando, Marlon 206
Branson, Richard 228
Broekhoff, Hans 34-35, 162
Brouwer, Harry 341, 406
Brown, Mark Malloch 275-276
Brundtland, Gro Harlem 130, 135, 228
Buch, Dhaval 288, 342, 368
Buchner, Ton 320, 343
Buffetts, Warren 14
Bulcke, Paul 119, 164, 221
Buma, Sybrand van Haersma 345,348, 350, 362, 374-375, 384, 389
Burgmans, Antony *passim*
Butler, Clive 80, 85

Cable, Vince 306
Cadbury, Sir Adrian 20, 40, 77, 319
Calderón Hinojosa, Felipe 253
Cameron, David 197
Carney, Mark 292, 342
Cescau, Patrick *passim*
Cescau, Ursula 143
Cha, Laura 391
Clasper, Mike 44
Clift, Simon 99, 111, 146, 174
Cohen, Ben 53-55, 158, 329
Collins, Jim 146, 170, 247
Collins, Neil 377
Collomb, Bertrand 67
Cooper, Francis D'Arcy 150
Covey, Stephen 58
Craig, Nick 169-171, 242

Dadiseth, Keki 80
Dam, Jaap van 372
Davie, Jane 295

Dekkers, Marijn *passim*
Dieren, Wouter van 130
Dijsselbloem, Jeroen 314, 321, 330
Dik, Wim 77-78, 101, 122, 156
Dimon, Jamie 300, 407
Dongen, Annemieke van 388
Donner, Jonathan 166, 169, 171-172
Dreier, Thomas 128
Dumoulin, Sven 95
Dut, Erwin 314-315
Dutilh, Chris 129-130, 141, 162, 183-185

Eccles, Robert 203, 282
Eenhoorn, Hans 86, 134, 136, 146-147, 162, 185, 196
Egmond, Klaas van 181
Elder, Bryce 304-305
Elkington, John 34
Elverding, Peter 257
Engel, Marc 114, 160-161, 173, 220-221, 272, 277, 287-288, 327, 342, 368, 379-380, 387
Erdogan, Recep Tayyip 275

Faber, Hanneke 358, 382
Faber, Mient-Jan 358
Fabius, Laurent 271
Fifer, Bob 211
Fink, Larry 262-263, 289, 400
FitzGerald, Niall *passim*
Frankl, Viktor 5, 120, 127, 171, 261, 408
Frentrop, Paul 370-371
Fresco, Louise 157-158, 217, 231, 238, 247, 259, 261, 269, 274, 281-282, 303-304, 318, 373, 406
Friedman, Milton 158, 184, 189, 202, 212-213, 226, 408
Frijns, Jean 292
Fudge, Ann 157-158, 231-232, 237, 247, 249-250, 252, 303, 318

Gamble, James *passim*
Garrard, Sue 267-268, 278-279, 284, 305, 367
Garretsen, Harry 353
George, Bill 166-167, 169, 232
Gibbons, Corinne 288
Gilbert, Jay Coen 403
Goizueta, Roberto 212
Golden, Charles 152
Gore, Al 5, 139, 275, 306, 309
Graaf, Kees van der 74, 81, 89, 103-107, 111-112, 190
Greenhalgh, Richard 64, 92
Griffiths, Andy 372
Groot Ruiz, Adrian de 213-214, 344
Gunning, Tex 37-38, 58-61, 65, 75-76, 79, 114, 138, 172-173, 348
Guterres, António 358

Haan, Annemarieke de 382
Haan, Paul de 364
Hagen-Gierer, Karen 368
Hamilton, Karen 165, 174, 180, 268
Hammond, Philip 319
Hart, Oliver 292-293
Heemstra, André van 68-69, 71, 79-80, 99, 131, 176-177
Hees, Bernardo 212, 226-227
Heijden, Kitty van der 254, 406
Hertzberger, Rosanne 333
Heyningen Nanninga, Joost van 108, 121, 269-270
Highbury, Lord Simon of 67, 82, 107-109, 120-121
Hollender, Jeffrey 289
Hommen, Jan 339
Houwelingen, Eric van 263-264, 328
Huët, Jean-Marc 175-176, 216-218, 238, 247-248, 252, 303, 310, 332-333, 354
Huffington, Arianna 228
Huibregtsen, Mickey 289
Hurks, Paul 283
Hutchins, Dwight 280-281

Ibrahim, Mo 228, 275
IJzerman, Jan 340

Jager, Durk 43, 86-87, 119
Jansen, Paul 266-267
Jenkins, Antony 275
Jeucken, Marcel 291
Johnson, Susy 226
Johnson, William 210-211, 227
Jongstra, Pieter 191
Jongstra, Robert 87, 89
Jope, Alan 111, 173, 359-360, 391-394, 398, 401-403, 406
Jurgens, Anton 150, 336-338
Jurgens, Antoon 12, 37-38, 60, 65, 128, 130, 149, 172, 214, 335-338, 355
Jurgens, Erik 354
Jurgens, Jan 335

Kaag, Sigrid 365-366
Kamp, Henk 313, 321, 339-341, 378

Kang, Karambir 144, 155
Kaviratne, Nihal 91-92, 98, 122, 143, 155
Keller, Valerie 360-361, 367, 380, 399, 409
Kemner, Alexander 42
Keuning, Wouter 266
Kidd, David 108, 121, 269
King, Martin Luther 146, 231
Klaver, Jesse 346, 348-349, 353, 369, 375, 384, 388
Klein, Michael 309
Klintworth, Gail 153, 169, 172, 199-201, 225, 241-243, 267, 279
Knapen, Bernard 194-198, 206, 214
Knight, Heidi 288, 367-368
Knot, Klaas 292, 401
Koning, Johan de 345, 406
Koolmees, Wouter 344
Korteweg, Jaap 404-406
Kranendijk, Stef 31-32, 43
Krieken, Han van 365
Kruythoff, Kees 60, 76, 111, 146, 236, 243-245, 278, 289, 322, 329, 359, 380, 391, 393
Krzus, Michael 282
Kulve, Peter ter 111, 114-115, 173, 210, 223, 225, 229, 243, 245, 280-281, 287, 321

Laan, Robert van der 282-283
Lafley, Alan George 86-87, 100, 204
Lanters, Felix 328-329
Laskewitz, Angelique 325
Laurentien, prinses 224, 406
Lawrence, Jim 113, 120, 154, 175-176, 192
Lee, Tom van der 341
Leijnse, Michiel 139, 186
Lemann, Jorge Paulo 14-15, 102-103, 210-212, 247, 299-300, 309
Lever, William Hesketh (Lord Leverhulme) *passim*
Liabeuf, Nicolas 323

MacArthur, Dame Ellen 276
Macron, Emmanuel 390
Malika 144, 386
Maljers, Floris 33, 40, 322, 396
Malnight, Tom 62-63, 190
Mandela, Nelson 169-170
Manen, Jaap van 292
Manwani, Harish 75, 120, 142, 192, 235-236, 307, 332, 402
Marken, Jacques van 149
Markham, Rudy 80, 84, 102
Martin, Claude 132
Masiyiwa, Strive 228
Mauser, Anniek 184-185, 223-224, 279, 346, 382, 406
Maxima, koningin 213, 406
May, Theresa 319, 362
McDonald, Bob 87, 204
McKee, Annie 62-63
Mège-Mouriés, Hippolyte 335
Meijaard, Leen 262-263
Mersbergen, Sander van 388
Mitchell, Andrew 197
Moeder Teresa 170
Mullen, Michael 226
Murphy, Paul 305

Nair, Leena 144, 377, 386
Neath, Gavin 139-141, 160-161, 165, 173-175, 179-180, 185, 198, 209, 213, 220, 225-226
Neerbos, Roel van 31, 43, 211-212, 227
Nijhuis, Joost 190
Nooyi, Indra 228
Norton, Scott 329

Obama, Barack 211, 271
Odak, Perry 55
Ogg, Sandy 75-76, 99-100, 111, 116-117, 120, 146, 155, 188
Olins, Wolff 85
Oorthuizen, Joost 185-186, 327
Opstelten, Ivo 96
Overwater, Arjan 50, 62

Palomar-Fresnedi, Rhodora 69-72
Paranjpe, Nitin 111, 359, 402
Parme, prins Jaime de Bourbon de 254
Patijn, Rudolf Johan Hendrik 338
Pechtold, Alexander 344
Peelen, Jan 50, 133
Perry, Michael 33, 36, 39, 42, 55, 396
Pitkethly, Graeme 252, 281, 285, 294, 300-301, 303, 310, 341-342, 352, 369, 376, 385
Ploumen, Lilianne 214, 253, 259-260
Poetin, Vladimir 275
Polet, Robert 36-37, 75, 81
Polk, Michael 120, 158-159, 192
Polman, Kim 147, 274-275, 296, 303, 365, 389
Polman, Paul *passim*
Polman, René 189
Polman, Sebastian 285

Polman, Thea 365
Ponsonby, Vere Brabazon 338
Prahalad, C.K. 52, 111
Procter, William *passim*

Ramadan, Mark 329
Reijn, Gerard 205
Reynolds, Russel 269-270
Rijkens, Paul 337-338
Rijnders, Rob 59
Rishton, John 253, 285
Rooij, Erik-Jan de 60-62
Roozen, Nico 178-179, 238-239
Rosenmöller, Paul 48
Ruggie, John 176-177
Rutte, Mark *passim*
Ruys, Anthony 354

Schaerlaeckens, Rob 61
Schippers, Edith 320
Schmettow, Johannes von 270
Schraven, Jacques 370-371
Schumacher, Hein 226-227, 239-240
Schwab, Klaus 199
Segers, Gert-Jan 350
Selman, Willem 32
Shoemate, Dick 56
Sicupira, Carlos Alberto da Veiga 14, 247
Sijbesma, Feike 191, 199, 214, 256-259, 268-270, 290-291, 303, 321-322, 348-349, 376, 390-391, 395
Simon, Anthony 57, 64-65, 67
Slagter, Jan Maarten 181
Smeets, Rogier 322-324, 333-334, 354
Smiles, Samuel 148
Smith, Adam 212
Snels, Bart 346
Sorrell, sir Martin 309
Sourry, Amanda 359, 377, 391
Stocking, Barbara 137
Storm, Kees 15, 101-102, 107, 122, 152, 156, 158, 164, 176, 188, 216-218, 231, 237, 246-247
Strauss, Charles 80
Sutton, Michael 131
Swartbol, Rob 194, 197, 219

Tabaksblat, Morris *passim*
Tan, Cherie 221-223, 288, 268
Telles, Marcel Herrmann 14, 247
Tideman, Sander 359-360
Tielenius-Kruythoff, Kees 60
Tiggelen, Marijn van 209
Tinbergen, Jan 196
Treschow, Michael *passim*
Truman, Harry 186
Trump, Donald 9, 19, 275, 294-295, 407
Tutu, Desmond 275
Tyson, Mike 363

Vasconcellos-Sharpe, Stephen 275, 296
Veer, Jeroen van der 66-67, 82, 95-96, 107-109, 120-122, 157, 176, 188, 191, 289, 319-320, 339
Veiga-Pestana, Miguel 166, 170, 174, 176, 201, 209, 213, 242
Verburg, Heske 347
Victoria, koningin 145
Vis, Jan Kees 133-135, 139-140, 144, 162, 185, 224, 327
Visée, Pascal 154-155
Vlissingen, Frits Fentener van 66-67, 73
Vries, Manfred Kets de 190

Waaij, Kees van der 79, 183, 304, 325, 352-353, 361, 406
Wakkie, Peter 339
Walsh, Paul 158, 188, 237, 249-250
Warren, Elizabeth 9, 14-15, 19-20, 47, 153, 159, 210-211, 240, 247, 299, 303-305, 307, 309, 311, 313, 364, 369, 400
Weed, Keith 111, 174, 180, 201, 243-244, 367
Weihenmayer, Erik 88, 251
Welch, Jack 212
Wiebes, Eric 340, 345, 348-349, 373
Wijffels, Herman 181
Wijn, Joop 96-97, 329, 335, 345
Wilders, Geert 197
Williamson, Sarah 290, 371
Willems, Niels 265
Wilshaw, Rachel 209-210

Yudhoyono, Susilo Bambang 221
Yunus, Muhammad 228, 275

Zalm, Gerrit 96, 344, 346
Zeegers, Martine 385-386
Zegger, Marcel 190
Zehnder, Egon 107-108, 122, 176, 269-270, 351, 359, 391
Zijderveld, Jan 111, 113, 155, 173, 187, 223, 225, 229-230, 236, 245, 278, 280, 357-358
Zuckerberg, Mark 111